LAS ENIGMÁTICAS PARÁBOLAS DE JESÚS

Métodos e interpretación

Ruben Zimmermann

Editorial CLIE
www.clie.es

EDITORIAL CLIE
C/ Ferrocarril, 8
08232 VILADECAVALLS
(Barcelona) ESPAŃA
E-mail: clie@clie.es
http://www.clie.es

LAS ENIGMÁTICAS PARÁBOLAS DE JESÚS
ISBN: 978-84-18204-95-1
Depósito Legal: B 5937-2022
Comentarios bíblicos
Nuevo Testamento
REL006800

ACERCA DEL AUTOR

Ruben Zimmermann es un teólogo alemán, erudito y ético del Nuevo Testamento, actualmente profesor en la Universidad Johannes Gutenberg de Mainz (Alemania).

Zimmerman recibió su doctorado en la Universidad Ruprecht-Karls-Heidelberg en 1999 y su habilitación en la Universidad Ludwig-Maximilians de Munich en 2003. Desde 2005-2009 fue profesor de estudios bíblicos en la Universidad de Bielefeld y desde entonces es profesor de Nuevo Testamento y Ética en la Universidad Johannes Gutenberg de Mainz.

Es codirector del Centro de Investigación de Mainz para la Ética en la Antigüedad y el Cristianismo (e / ac), y ha sido elegido como uno de los 15 académicos de carrera avanzada en el "Proyecto de mejora de la vida" de Templeton.

Sus áreas de investigación son la ética (teoría ética, ética bíblica, ética aplicada), el Evangelio de Juan, las parábolas de Jesús y los relatos de milagros.

En Honor de

Elsa Tamez

receptora del doctorado honorario
de la Facultad Protestante
de la Universidad Johannes Gutenberg de Mainz, Alemania
en enero de 2019

CONTENIDO

PARTE I
TRES ENFOQUES DE LAS PARÁBOLAS

PARTE II
CÓMO INTERPRETAR UNA PARÁBOLA

PREFACIO Y RECONOCIMIENTOS

Estudiar las parábolas de Jesús es un desafío. Es un desafío debido al concepto de *Jesús como el autor* de estos textos. Las parábolas siempre han jugado un rol importante en la investigación del Jesús histórico. Aun cuando no hay duda alguna de que Jesús relataba parábolas, es evidente que hay diferencia en la voz autentica de Jesús y en el texto de las parábolas como son encontradas en los evangelios. ¿Cómo podemos reconciliar este problema? En este libro he decidido no seguir las rutas principales tradicionales de investigación del Jesús histórico, argumentando en su lugar por un enfoque a las parábolas del Jesús recordado. En otras palabras, las parábolas son el medio de la memoria colectiva.

El estudio de las parábolas de Jesús representa también un reto con respecto *al texto de las parábolas* en sí mismo. Las parábolas son textos intrigantes. La falta de comprensión no solo se debe a la distancia que nos separa del texto original y los vacíos resultantes en conocimiento y falta de entendimiento, sino también es una característica del género de las parábolas en sí mismo. Las parábolas son textos metafóricos que no pueden ser transformados en un solo mensaje y un solo significado unísono. La incertidumbre y la ambivalencia siempre permanecen. Sin embargo, el género de las parábolas en sí mismo no es fácil de definir. En este libro proveo una nueva definición de lo que es una parábola, la cual toma en consideración tanto la intención de los evangelistas en el uso del género literario, así como también aportaciones nuevas de la teoría moderna de géneros literarios.

El estudio de las parábolas de Jesús representa también un desafío con respecto a *su significado*. Existe una tendencia creciente entre los eruditos de las parábolas para reconocer la imposibilidad de reducir el significado de estos textos a una única interpretación. Por el contrario, existe una multiplicidad de interpretaciones, las cuales son evidentes también en el Nuevo Testamento mismo cuando una parábola, se encuentra dentro de dos o tres evangelios, es narrada en contextos distintos. En este libro, yo valoro y aprecio las interpretaciones diferentes –e incluso contradictorias– presentándolas de tal manera hasta permitirles estar lado a lado. Esta multiplicidad, sin embargo, plantea la pregunta de si el lector o lectora puede hacer lo que desee con el texto. En otras palabras: ¿existen límites para la interpretación que uno postula y el lugar donde una mala interpretación comienza? Mi meta es buscar una "apertura vinculante", que de un lado, acepte una gran variedad de interpretaciones, mas sin embargo, del otro lado, no renuncie a un marco general interpretativo para la veracidad de las parábolas.

Adicionalmente, estudiar las parábolas de Jesús es un desafío con relación a la *metodología* que se emplea. Hay muchas maneras de abordar estos textos, existen enfoques que se han desarrollado en metodologías complejas y sofisticadas. De manera general, podemos distinguir los métodos exegéticos histórico-críticos (e. g., critica de las formas, critica de la redacción), métodos literarios (e. g., critica de la narrativa, estudio de las metáforas), así como también métodos orientados al contexto contemporáneo de los lectores (e. g., exegesis feminista, teología de la liberación). Cada uno de estos métodos tiene valor y cada uno de ellos ofrece una perspectiva importante. Al mismo tiempo, cada perspectiva individual no llega a agotar el amplio potencial para la exégesis de las parábolas, una amplitud de interpretación que las parábolas mismas demandan. En este libro intento de ofrecer (y aplicar en la segunda parte) un "método de integración", que incluye los aspectos de los tres enfoques mencionados anteriormente. Por tanto, el método es matizado e incluye una amplia gama de preguntas hermenéuticas. Podría ser comparado con un mosaico o un rompecabezas, en el que muchas piezas diferentes deben de estar unidas entre sí para obtener una imagen completa al final. A pesar de que una cierta cantidad de complejidad es inevitable, el enfoque se puede manejar con mayor facilidad en lo que llamo el *organon* de cuatro pasos, que será analizado y presentado más adelante.

El estudio de las parábolas de Jesús, finalmente, es un desafío en cuanto a la *historia de la investigación*. La investigación moderna de las parábolas se inició con la obra magna de Adolf Jülicher escrita hace más de cien años. Desde ese momento, una gran cantidad de libros acerca de las parábolas han sido escritos, y no es fácil de obtener una visión general de este campo de investigación cada vez más amplio y en ocasiones confuso. Esto es aún más cierto si uno desea mantenerse al tanto del mismo y mantenerse informado de los estudios internacionales. A pesar de fuertes raíces alemanas de Jülicher y Joachim Jeremías, una cierta brecha ha aparecido entre los estudios continentales (especialmente de Alemania) y estudios americanos, y los dos amenazan con seguir a la deriva, separándose aún más. En este libro, es mi intención cerrar esta brecha y demostrar cómo las preguntas actuales siguen siendo influenciadas por las decisiones tomadas por los investigadores alemanes de antaño. Por otra parte, espero ser capaz de reunir, al menos en cierta medida, las investigaciones alemanas y americanas actuales en el ámbito de las parábolas y en el proceso para obtener perspectivas de engarce entre sí mismas.

Ha habido mucha gente involucrada en este proyecto a la que me gustaría expresar mi más sincero agradecimiento. Los orígenes de este libro se remontan a un retiro de investigación celebrado en Sudáfrica en 2008. Recientemente había publicado en el *Kompendium der Gleichnisse Jesu* (Gütersloher Verlag 2007; 2ª ed., 2015) y estaba en el proceso final de la edición de la *Hermeneutik der Gleichnisse Jesu: Methodische Neuansätze zum Verstehen urchristlicher Parabeltexte* (WUNT 231; Tübingen:. Mohr Siebeck, 2008; 2ª ed, 2011).

En mi enseñanza y en mis conferencias como invitado en Pretoria y algunas otras universidades de África del Sur, muchos colegas y estudiantes lamentaron que no había ningún libro de parábolas con mis ideas en el idioma inglés o aún en otros idiomas, ya que cada día hay menos estudiantes y académicos que son capaces de leer en alemán. Por lo tanto, ellos me animaron a escribir una monografía en inglés.

Este libro en inglés tuvo una resonancia sorprendentemente grande en los Estados Unidos y Australia, así también como en las conferencias internacionales.

Ahora incluso ha sido traducido al español, lo que me hace feliz porque he tenido una conexión especial con América Latina desde mis estudios en Santiago de Chile.

Estoy profundamente agradecido a David Jiménez Cárdenas por la traducción al español y también por la revisión final a la Profª. Dr. Nelida Naveros Cordova y al Dr. Antonio Portalatín. Sin su extraordinaria ayuda, nunca habría tenido el valor de publicar tal monografía en español.

Además, me gustaría dar las gracias a Alfonso Triviño por la aceptación de este libro para su publicación por CLIE y a Silvia Martínez por sus esfuerzos en la revisión editorial.

El libro de las parábolas en inglés estaba dedicado a Luise Schottroff, quien era profesora de Nuevo Testamento en la Universidad de Mainz años atrás y era una excelente investigadora de las parábolas (como es evidente en su *Die Gleichnisse Jesu* [Gütersloher, 2005]; en portugués: *As Parábolas de Jesus. Uma nova hermenéutica* [Sinodal, 2007]).

Luise Schottroff era amiga de la profesora del Nuevo Testamento Elsa Támez (Costa Rica). Ha escrito, por ejemplo, prefacios de las varias obras traducidas en alemán, lo cual demuestra su estrecha relación con la hermenéutica bíblica desde la perspectiva de los oprimidos y marginados.

En enero del 2019 Elsa Támez recibió el Doctorado honorario de la Facultad Protestante de la Universidad Johannes Gutenberg de Mainz, en Alemania.

Por tanto, esta traducción al español está dedicada a Elsa Támez.

De esta manera me gusta honrar su compromiso de leer la Biblia en contextos locales y en la vida diaria, lo que corresponde exactamente a la hermenéutica de las parábolas. El mensaje de Dios se revela en la vida cotidiana y en contextos marginales.

Ruben Zimmermann,
en Mainz, Alemania, enero de 2019.

PARTE I

Tres enfoques de las parábolas

1

INTRODUCCIÓN

Y les dijo:
—¿No entendéis esta parábola?
¿Cómo, pues, entenderéis todas las parábolas?
(Marcos 4:13)

Las parábolas de Jesús son enigmáticas. La falta de comprensión no es nada inusual cuando uno se encuentra con estas "historias cortas. Incluso los textos cristianos más antiguos comparten esta misma evaluación como se encuentra en relatos de los evangelios que nos relatan que aquellos que escuchaban las enseñanzas de Jesús no entendían las parábolas (Marcos 4:10,13; Juan 10:6). Los discípulos mismos tenían que pedir a Jesús, "¡Explícanos la parábola ...!" (Mat. 13:36, ver también Marcos 4:10), lo que quiere decir que aún no entendían las parábolas, o por lo menos no inmediatamente. El discurso parabólico es incomprensible y misterioso. Esto también se expresa por el termino παραβολή (*parábolé*), este término predominante con el que se identifica el género en el Nuevo Testamento, y su derivación tradicional-histórico viene de la palabra hebrea משל (*mashal*) sugiriendo precisamente este carácter enigmático (por ejemplo, Ez. 17:2; Prov. 1: 6).[1] En este capítulo delineo un enfoque que conserva el carácter desconcertante de las parábolas al tiempo que ofrece perspectivas para capturar el potencial de las parábolas para hablar en diferentes contextos. De esta forma el rompecabezas de las parábolas no permanece en trozos dispersos, sino que se convierte en una imagen significativa.

---

1. En la LXX, *mashal* generalmente es traducido como παραβολή; véase también la discusión Schüle Andreas, "Mashal (משל) and the Prophetic 'Parables,'".

LAS PARÁBOLAS DE JESÚS: UN DESAFÍO HERMENÉUTICO

Comprender[2] las parábolas claramente sin complicaciones, o sin polémica, no es sencillo.[3] Este es el caso de las parábolas más largas y más complejas, así como de las narrativas más cortas que antes se llamaban "dichos metafóricos" o "símiles".[4] El exegeta alemán Adolf Jülicher, uno de los eruditos de las parábolas más influyentes del siglo XX, fue de la opinión de que una interpretación de este último no era necesario porque el mensaje del texto de estas parábolas era inmediata y directamente aparente.[5] Después de un momento de consideración, sin embargo, no es absolutamente evidente, por ejemplo, por qué la levadura es mezclada con mucha harina, cómo un grano de mostaza puede convertirse en un árbol lo suficientemente grande como para albergar un nido de pájaros, o la forma en que la sal puede perder su sabor. Las parábolas no son simplemente claras e inequívocas. Ellas no siguen las leyes de la lógica filosófica o matemática, ni expresan tópicos simples. Tampoco es la diversidad de interpretación más reciente la que proporciona la confirmación de esta conclusión.

Las notables diferencias en la comprensión de estos textos dentro de las primeras décadas de su recepción, como puede ser vistas en las tradiciones paralelas de Mateo, Lucas, y el Evangelio de Tomás, ya documentan una notable variedad de interpretaciones. Los evangelios más antiguos reflejan la necesidad de una interpretación de estos textos (Marcos 4:34) y ofrecen interpretaciones explícitas para dos parábolas para servir como lecciones explicativas para los discípulos (sembrador, Marcos 4: 13-20; la cizaña del campo, Mateo 13: 36-43).

¿Cuál es el significado y la intención de esta misteriosa forma de comunicación? ¿Por qué Jesús emplea precisamente esta manera de hablar y la hace propia? Y ¿por qué fue tan exitosa en la formación de la tradición y la memoria primitiva cristiana? ¿Que ha permitido que las parábolas, a pesar de su ambivalencia

---

2. La siguiente es una traducción y revisión de Zimmermann, "Im Spielraum des Verstehens: Chancen einer integrativen Gleichnishermeneutik". 3-13.

3. En el mismo sentir, Wenham, *The Parables of Jesus: Pictures of Revolution* (London: Hodder & Stoughton, 1989), 244: "Pero las parábolas no son tan simples e inequívocas que no se pueda confundir su significado". También Thomas Söding, "Gottes Geheimnis sichtbar machen: Jesu Gleichnisse in Wort und Tat," *Bibel und Kirche* 63 (2008): 60: "Al mismo tiempo, es ingenuo asumir que las parábolas de Jesús son tan claras como el día y tan fáciles como un pastel".

4. Estos términos conforman las clasificaciones presentadas en los estudios de lengua alemana: *Bildwort* (Bultmann) y *Gleichnis im engeren Sinn* (Jülicher).

5. Vea Jülicher, *Die Gleichnisreden Jesu*, I, 114: "No necesitan ninguna interpretación; son tan claras y transparentes como es posible; llaman para una aplicación práctica. Si uno... sostiene un espejo delante de alguien para que vea su fealdad o las manchas que arruinan su aspecto, uno no necesita palabras para explicarlo. El espejo simplemente presenta la realidad mejor de lo que uno podría explicar —incluso con la más larga de las descripciones".

interpretativa, permanezcan atesoradas hasta este mismo día? ¿Es solo la estrecha relación que tienen con Jesús como el autor de estos textos, o llevan el mensaje del Nuevo Testamento en una forma concentrada la cual no puede ser sustituida por cualquier otra forma de hablar? ¿Es esta la forma literaria, en particular, por el cual la verdad religiosa toma su forma?

O por el contrario, es que acaso ni siquiera deberán de ser entendidas? ¿Qué buscan explícitamente al velar el mensaje de Jesús? Esta es la sugerencia en Marcos 4:11, que establece que solo a los discípulos se les confiará el secreto (τὸ μυστήριον) y no "a los de fuera" (τοῖς ἔξω). ¿Son acaso los dichos de Jesús un discurso misterioso y esotérico destinado únicamente a un círculo interno de los seguidores de Jesús? Y ¿son los de afuera, a los que las parábolas son dirigidas, los que deberían permanecer confundidos o incluso ser engañados? ¿Acaso Marcos quiere decir "que la falta de comprensión ya estaba allí en respuesta al mensaje de Jesús y por tanto Jesús utilizó parábolas para aumentar y castigar esa incomprensión"?[6] ¿O debe la llamada "teoría del endurecimiento" de las parábolas entenderse en un nivel pragmático narrativo como el intento de procesar teológicamente la ambivalencia interpretativa de las parábolas?[7] Además de los oídos para oír (Marcos 4: 9), ¿no es qué también necesitamos una explicación de por qué algunos de los oyentes de Jesús eran sordos al mensaje, y también al significado de la palabra parábolas?

Uno puede tener la tentación de relativizar, de quejarse, de racionalizar, o incluso de maldecir la naturaleza enigmática de las parábolas. Sin embargo, este es el rasgo en particular, que se da a las parábolas de Jesús su carácter absolutamente inconfundible y su impacto correspondiente. La falta de comprensión es un elemento constitutivo de la narrativa de las parábolas.

Sin embargo, la ambigüedad de las parábolas no es creada como parte de algún juego o con el fin de molestar o frustrar a los lectores. De hecho, las parábolas realmente se encuentran en contextos de comunicación donde se requiere claridad de sentido y sencillez, ya que están destinadas a cumplir una determinada función comunicativa. Tienen el propósito de, por ejemplo, ayudar a resolver los argumentos acerca de la Torá, para exponer los problemas de los roles familiares, o para denunciar las injusticias sociales. Deben hacer que uno se detenga por un momento, deben dar lugar a puntos de vistas, o incluso deben llevar a la gente a

6. Crossan, *The Power of Parable*, 21. Según Crossan Marcos interpreta las parábolas de Jesús como "parábolas enigmáticas y punitivas por sus oponentes" (ibid.), Pero al hacerlo, que "no era apropiada o adecuada a la intención de Jesús... porque se contradice con el propio contexto de Marcos 4, con el que, por ejemplo, la parábola de la lámpara. Las parábolas no son para ser incomprendidas más que una lámpara es destinada a no dar luz" (ibid., 26-27).

7. Vea la reflexión sobre este tema en Popkes, "Das Mysterion der Botschaft Jesu;" Del mismo modo Wenham, *Parables*, 244: "Por tanto, el ministerio de las parábolas de Jesús viene como un regalo de Dios para algunos y como su juicio a otros".

la movilización. Las parábolas en realidad deben de ser comprendidas y adquirir importancia en situaciones y circunstancias concretas. Deben de ser significativas para la vida personal.[8] Pero ¿cómo se puede reconciliar la expectativa a la comprensión de las parábolas con su incomprensibilidad y su carácter misterioso?

La lógica interna, aparentemente paradójica, de esta supuesta contradicción es que las parábolas tienen el propósito de crear un entendimiento a través de su misterio. La falta de comprensión inicial da como resultados un proceso de cuestionamiento, asombro, y una búsqueda que en última instancia pueden conducir a una comprensión más profunda. Las parábolas son incomprensibles con el fin de conducir a la comprensión. Es decir, existe un potencial calculado para malos entendidos, para crear una comprensión más profunda.[9] Es precisamente esta estrategia hermenéutica que es seguida por las parábolas y sus narradores.[10] Al mismo tiempo, el proceso de comprensión no puede limitarse a un solo sentido. A pesar de que la comprensión y el entendimiento es el objetivo final del proceso hermenéutico, este objetivo no se puede equiparar con la búsqueda de la solución a un problema matemático. Las parábolas no son ecuaciones. Puede haber diferentes significados, y pueden inclusive contradecirse entre sí. El significado de una parábola será diferente según el tiempo y contexto, una realidad que se ha demostrado inequívocamente en la historia de la interpretación de las parábolas. Diferentes lecturas de la misma parábola también pueden ocurrir en diferentes puntos de la vida de un individuo.[11] Sin embargo, esto no significa que alguna de ellas sea incorrecta. Por otra parte, el significado no debe limitarse a un mero proceso individual de descubrimiento. Las parábolas no cuestionan solo a un lector u oyente. El intento de comprender una parábola anima a una búsqueda comunal por el significado. Es precisamente las muchas interpretaciones divergentes, las

---

8. No estoy de acuerdo en este punto con Hedrick, *Many Things*, 103: "Ellas plantean preguntas y problemas, pero no proporcionan las respuestas".

9. La función pragmática de los malentendidos en Juan se puede describir de manera muy similar (véase Rahner, "Mißverstehen"). Esta estrategia puede verse con mayor claridad en las "historias de milagros," que presentan un desafío hermenéutico en el que se presentan intencionadamente el "absurdo," tratando de irritar y provocar la incomprensión mientras presionan más allá del final de la "realidad" con el fin de lograr una nueva forma de entendimiento. Sobre este tema, véase mi artículo reciente Zimmermann, "Wut des Wunderverstehens".

10. Vea también Lohmeyer, "Vom Sinn der Gleichnisse", 156-57: "El discurso parabólico es intencional discurso oscuro ... Cada parábola es capaz puede y tiene que ser interpretada; las parábolas individuales pueden ser más fáciles o más difíciles de entender –incluso el conocido dicho: "No lo que entra por la boca contamina al hombre; pero lo que sale de la boca, esto contamina al hombre". (Mateo 15:11) es una parábola y necesita una interpretación. La interpretación no siempre necesita ser declarada explícitamente si se garantiza su comprensión (ver Mateo 13:51), pero sin la interpretación de cada parábola, es básicamente abstrusa y oscura".

11. Crossan se refiere al proceso de "auto educación". "Las parábolas eran la manera explicativa especial de Jesús del reino de Dios". Crossan, "The Parables of Jesus". 253.

controversias resultantes, y los debates[12] que ellos crean y que son un aliciente para la comunicación y estimulan una búsqueda colectiva por el significado.

Lo cual es cierto para la primera comunidad de oyentes o una comunidad de lectores posteriores, es igualmente cierto para el discurso académico respecto a la interpretación de las parábolas. Tolbert se encontró con un interesante rompecabezas en la investigación de parábola: no solo hay una variedad de interpretaciones. Incluso "los estudiosos que comparten las mismas suposiciones con respecto a cómo se deben de oír las parábolas a menudo presentan interpretaciones radicalmente diferentes de las mismas parábolas".[13] La ambivalencia de las parábolas de Jesús plantea, en particular, un reto hermenéutico y por lo tanto provoca una reflexión hermenéutica. El hecho de que la comprensión de las parábolas sea tan controversial da como resultado preguntas básicas no solo en relación con los prerrequisitos y las diversas posibilidades de comprensión, sino también con su justificación y establecimiento. En otras palabras, el ser confrontado con la falta de comprensión demanda una discusión de la "hermenéutica de las parábolas de Jesús". De esta manera, las parábolas se convierten en una plataforma para descubrir y crear perspectivas en la interpretación bíblica en términos más generales.

TRES PERSPECTIVAS PARA LA COMPRENSIÓN DE LA BIBLIA

La cuestión de la comprensión de textos parabólicos conduce a la cuestión fundamental de cómo el entendimiento de los textos bíblicos —o incluso textos en general —toma lugar en primera instancia. La hermenéutica de las parábolas de Jesús por tanto permanece vinculada a las cuestiones fundamentales de la hermenéutica bíblica, que a su vez están estrechamente entrelazadas con el discurso hermenéutico de disciplinas relacionadas, como la filosofía, estudios históricos, o estudios literarios.[14] Es evidente que no es posible en el contexto de esta monografía discutir el comienzo de la hermenéutica bíblica[15] o considerar una multitud de aspectos individuales.[16] Por esta razón, me centraré, en un sentido heurístico, según varios aspectos que son importantes y útiles para la comprensión de textos parabólicos.

---

12. Ibídem

13. Tolbert, *Perspectives*, 15.

14. Vea el resumen lúcido de las definiciones de la hermenéutica en las diversas disciplinas en Wischmeyer, *Lexikon der Bibelhermeneutik;* y más recientemente el libro de texto con fuentes de Luther y Zimmermann, *Studienbuch Hermeneutik*.

15. Vea la reseña en la obra de cuatro volúmenes de Reventlow, *History of Biblical Interpretation*.

16. Vea Körtner, "Biblische Hermeneutik;" tambien Luther y Zimmermann, *Studienbuch Hermeneutik*.

En primer lugar, el termino *comprensión* debe de ser aclarado, especialmente debido a la posibilidad de entender un texto o el descubrimiento de significado en general, ha sido puesta en cuestión por las indagatorias tales como el deconstructivista radical (Derrida) o el posmodernista (Mersch).[17] ¿Es la comprensión realmente posible, y que significa cuando pensamos que hemos "entendido" un texto?[18] Teniendo en cuenta Körtner, podemos empezar diciendo que en la comprensión, la pregunta del sentido es planteada siempre.

"comprensión significa asir el significado de algo. El significado y la importancia son las categorías fundamentales de toda hermenéutica".[19]

Sin embargo, al mismo tiempo emerge la cuestión del nivel sobre el cual se manifiesta este sentido. Concretamente, ¿qué debe entenderse? ¿dónde es que el sentido y el significado se vuelven visibles? ¿Debería ser reconstruida la intención del autor o debería ser decodificada la importancia inherente a la estructura del texto? ¿O acaso un lector debería descubrir el significado a través del compromiso productivo con un texto?

Estas preguntas revelan tres aspectos que han definido el discurso (bíblico) de la hermenéutica a lo largo de los siglos, a saber, el autor (histórico), el texto, y los lectores.

Siguiendo la definición de la hermenéutica general como el empleo de reglas metodológicas que sirven a la interpretación general de los textos de Dannhauer,[20] la hermenéutica fue considerada durante mucho tiempo como la técnica metodológicamente gobernada del *arte de la interpretación* de una obra escrita. El objetivo del proceso de entendimiento era, por tanto, captar el significado inherente del texto por medio de la correcta aplicación de ciertas reglas interpretativas. Este significado tenía que ser idéntico a la intención original del autor. En este contexto, el entendimiento fue considerado en su totalidad como un proceso de reconstrucción a través del cual, por ejemplo, déficits en

---

17. Vea a mi reseña general sobre la llamada "Antihermeneutics" y "Posthermeneutic" en Zimmermann, "Wut des Wunderverstehens". 37-41. Véase, tambien el debate Gadamer-Derrida Michelfelder / Palmer, *Dialogue and Deconstruction*; más recientemente Gumbrecht, *Production of Presence*; Albert, *Kritik der reinen Hermeneutik*; Mersch, *Posthermeneutik*.

18. Estoy enfocándome en la comprensión de un texto (es decir, la hermenéutica textual, que es solo un aspecto de una teoría general de la hermenéutica)

19. Vea Körtner, "Biblische Hermeneutik," 11: "Verstehen heißt, den Sinn von etwas zu erfassen. Sinn und Bedeutung sind grundlegende Kategorien jeder Hermeneutik. "En contraste con los enfoques deconstructivista radical e interpretacionista, el discurso filosófico y la crítica literaria se adhieren al significado o al menos postulan una comunicación exitosa, compatible con el significado como la demanda mínima para el entendimiento, aunque sin pretender la objetividad y uniformidad de tal significado.

20. Vea Dannhauer, *Idea boni interpretis*; vea los extractos de este texto con la traducción alemana en Luther y Zimmermann, *Studienbuch Hermeneutik*, CD-Rom y la introducción que se encuentra en Sparn, "Juan Conrado Dannhauer (1603-1666)".

la comprensión del texto surgieron y fueron compensados debido a la distancia cronológica del autor y de la ignorancia acerca de los orígenes y la procedencia del mismo. El texto y su autor estaban claramente en la delantera de la búsqueda del sentido. Más tarde, Schleiermacher hizo hincapié en dos polos en el proceso de entendimiento y por tanto asignó un valor en la construcción del significado no solamente al texto y su autor, sino también al lector o intérprete. Por tanto, la hermenéutica debe describirse tanto como "histórico-gramatical", como también interpretación "psicológica".[21] Según Schleiermacher, el intérprete entra en una interacción con el texto y su autor en la que el arte de la interpretación se describe como un proceso (post)creativo.

A consecuencia de Schleiermacher y Dilthey, la hermenéutica fenomenológica del siglo XX desafió el concepto de la comprensión como un "proceso relacionado con el objeto de decodificación" y en su lugar se concentró en el proceso de la percepción subjetiva de o recepción. Gadamer escribió:

> Una hermenéutica filosófica llegará a la conclusión de que la comprensión solo es posible cuando el que busca comprender pone en juego su propia perspectiva. La contribución productiva del intérprete pertenece, de manera indisoluble, al sentido mismo del significado. Esto no legitima los prejuicios subjetivos individuales y arbitrarios, ya que el tema en cuestión -el texto que se quiere entender- es el único criterio que se acepta. Pero la distancia irresoluble y necesaria del tiempo, la cultura, la clase, la raza -o la persona misma- es, sin embargo, una circunstancia súper subjetiva que trae tensión y vida a todo entendimiento. También se puede describir esta situación en la que el intérprete y el texto tienen cada uno su "horizonte" y que cada acto de comprensión constituye una fusión de horizontes".[22]

En la hermenéutica (post)estructuralista y de respuesta del lector a la hermenéutica, centrándose en el lector, aún dio lugar a un desplazamiento explícito del texto de su autor y de su entorno original, el cual Barth puso en el bien conocido dicho: la "muerte del autor".[23] El texto fue considerado como una obra de arte autónoma que despliega su significado solo en el provechoso "acto de leer" (Iser)[24] y de la interpretación. "El significado del texto ya no coincide con lo que el autor quería decir".[25] Por tanto, la hermenéutica ya no se limita a la interpretación de un texto sino que se expande a una consideración general de la comprensión y del mundo en el que la interpretación se lleva a cabo. Como tal, el objetivo del

---

21. Schleiermacher llegó a esta visión retrospectiva volviendo sobre los orígenes de un discurso; por tanto, la comprensión es la reconstrucción de la lengua y el pensamiento en un discurso, ver Schleiermacher, *Hermeneutik und Kritik*, 93-94.

22. Gadamer, "Hermeneutik", 28.

23. Vea Barthes, "La mort de l'auteur", 491.

24. Vea Ise, *Akt des Lesens*.

25. Ricœur, "Theologische Hermeneutik", 28.

proceso hermenéutico ya no es la decodificación del significado textual, sino la interpretación comprehensiva de sí mismo y del mundo que es iniciado a través del convenio con el texto.[26]

Los enfoques críticos estructuralistas de forma y de manera incontrovertible toman, por una parte, el crédito de enfatizar la autonomía del texto, y por otra, la autonomía del receptor en el otro. Sin embargo, muchas preguntas permanecen sin ser respondidas. Los enfoques estructuralistas excesivos deben ser cuestionados en base a la cuestión de cómo el significado de un texto puede afirmarse cuando un lector no lo ha descubierto y descrito en primera instancia. Una estructura autónoma de texto sin lectores carece de sentido. Por otro lado, ¿puede la construcción de sentido dejarse completamente en manos del lector? ¿No reduce esto el significado –o inclusive la verdad del texto– a una construcción subjetiva arbitraria? Entonces ¿qué garantiza la comunicabilidad exitosa del significado (textual)? ¿Cómo es que las construcciones de significado permanecen justificadamente relacionadas con el texto y no son sujetas a un continuo reajuste en el acto de hablar o de la cognición? ¿No hay, al menos, una continuidad mínima en la comprensión de un texto?

Aun cuando la diferenciación de los distintos puntos de vista pareciera útil, sería un error separar y aislar los aspectos individuales en sí mismos. Con respecto a los enfoques deconstruccionistas, U. Eco insistió por un equilibrio entre la intención del lector (*intentio lectoris*), el autor (*intentio auctoris*), e incluso del propio texto (*intentio operis*).[27] El significado y la importancia no deben de permanecer solo de manera unilateral limitándolos únicamente a uno de los tres aspectos [antes descritos]. De acuerdo con esta perspectiva, el enfoque hermenéutico de este volumen está marcado por la convicción de que el autor histórico, el texto, y el receptor pertenecen todos contiguos y que el significado se constituye en y a través del compromiso recíproco entre sí mismos.

Una posible integración de los tres componentes involucrados en la comprensión de un texto se puede demostrar mediante la explicación del proceso hermenéutico a través de un modelo de comunicación. Mientras que Gadamer describe el proceso de entender con el uso de la metáfora de la "conversación" como un diálogo de dos componentes –texto e intérprete– en sus respectivos ámbitos de conocimiento;[28] ya que existe una tendencia dentro de los estudios bíblicos a

26. Ver ibídem: La hermenéutica tiene como objetivo "en realidad no una hermenéutica del texto, sino una hermenéutica que comienza con los problemas que plantea el texto".

27. Vea Eco y Goll, *Autor und Text;* Eco *Grenzen der Interpretation.*

28. Gadamer, *Wahrheit und Methode,* 391: "Por tanto, es completamente justificado hablar de una conversación hermenéutica. ... La comunicación que es más que simple asimilación tiene su lugar entre los socios en esta "conversación" tal como lo hace entre dos personas. El texto puede hablar de algún asunto, pero que lo haga es, en última instancia, el logro del intérprete. Ambos participan en el proceso".

tener en cuenta sobre todas las cosas al autor histórico, o más generalmente, al contexto histórico del origen del texto. Desarrollando un poco más la metáfora de la conversación de Gadamer, la comprensión de los textos bíblicos debe ser descrita como *un proceso de tres puntos de comunicación* que implica, en la misma medida, el texto, el ajuste de su origen, y su recepción contemporánea.

El denominado modelo del *organon*[29] desarrollado por Karl Bühler es útil para describir y revelar cómo se genera el significado en el proceso comunicativo. Con referencia a Platón, el lenguaje es un *"organum* para que una persona sea capaz de comunicarse con otros acerca de ciertas cosas".[30] Bühler distingue aquí tres "bases" en el proceso lingüístico de comunicación que corresponde al emisor, receptor, y el objeto. Por tanto, la comprensión se lleva a cabo en un acto de comunicación entre un emisor (S) y un receptor (R) sobre los objetos y circunstancias (O).[31]

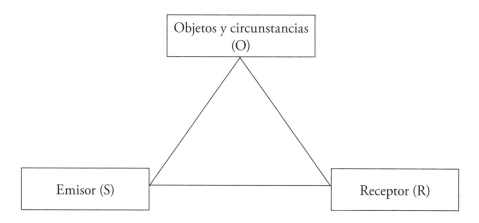

El trabajo de Bühler tiene actos de habla contemporáneos a la vista, y por tanto, creo que varias modificaciones son necesarias con respecto a la comprensión de un texto o de la Biblia. El medio u *organon* a través del cual se transfiere el mensaje entre S y R en sí se convierte en un objeto.[32] En el texto (T), el asunto en el que tiene lugar la comunicación se convierte en la representación. El objeto de

29. Vea Bühler, *Sprachtheorie*, 24-33. El término griego *organon* (instrumento) se ha utilizado tradicionalmente para una selección de textos de Aristóteles, que sirve como una introducción metodológica primaria para los humanistas. Bühler utiliza el término *organon* más ampliamente, de manera metafórica. Una aplicación similar para la exégesis de la forma se lleva a cabo por Backhaus, "Die Göttlichen Worte".

30. Bühler, *Sprachtheorie*, 24.

31. Vea el diagrama en ibídem, 28.

32. Relativizando, la percepción de la Biblia como *"organon"* está vinculada a dos implicaciones. Por un lado, la Biblia no es entonces directamente "la obra de Dios", sino que el portador

la comprensión, por tanto, no se encuentra fuera del texto, sino más bien en el texto y con el texto.[33] Además, el emisor puede ser descrito como autor (A) y el receptor como lector (Rd). Si tratamos de llenar este modelo comunicativo de la comprensión tomando en cuenta la dimensión del tiempo, podemos vincular al remitente con el contexto que rodea el origen del texto y al receptor con el proceso de lectura. Debido a que el lector original (Rdo) ya no es directamente accesible y al igual que el autor histórico, este debe de ser reconstruido, el aspecto del receptor puede concentrarse en el proceso contemporáneo de la lectura. El texto como un artefacto filológico ocupa una posición central en el que rompe a través de la dimensión del tiempo y se convierte en un conector entre la historia y la actualidad.

Por lo tanto, el proceso hermenéutico para la comprensión de la Biblia puede ser representado esquemáticamente de la siguiente manera (vea Fig. 2):

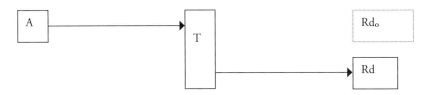

Figura 2: Hermenéuticas del texto como un proceso comunicativo.

Las flechas en el diagrama (fig. 2) deben, por tanto, no ser mal interpretadas como una transferencia unilineal de significado. La comprensión no es el facsímil de un camino lineal y de sentido histórico. En su lugar, la cuestión del significado puede plantearse solo a través de enfoques en los tres niveles, con el uso de diferentes métodos en cada nivel. Aun cuando los enfoques anteriores a la hermenéutica bíblica diferenciaban estrictamente entre exégesis metodológicamente controlada y aplicación hermenéutica,[34] mientras que enfoques más recientes han distinguido la estrecha interconexión entre la hermenéutica y la metodología.[35] En la hermenéutica, por una parte, no puede reducirse a un problema de método; mientras que por

---

de un mensaje indirecto; Por otra parte, no es un fin en sí mismo, sino "solo" una herramienta –que es un medio dentro de un evento de comunicación.

33. Alternativamente se podría describir el proceso en una constelación de cuatro puntos (tal vez en forma de un rectángulo tetraédrico) en la que el "asunto" es individual y separadamente identificado además del texto, el remitente y el receptor como el desarrollado por Oeming, *Biblische Hermeneutik*, 176.

34. Vea Weder, *Neutestamentliche Hermeneutik*, 5, que separa estrictamente la hermenéutica de la metodología. También la distinción entre exégesis y aplicación en Berger, *Hermeneutik*.

35. O. Wischmeyer "programaticamente supone que la exégesis, que es la interpretación basada en la metodología de los textos del Nuevo Testamento, es también el instrumento adecuado para la comprensión de estos textos. Una comprensión de los textos del Nuevo Testamento que evita su interpretación metodológica carece de sentido". Wischmeyer, *Hermeneutik*, IX-X.

la otra los métodos de interpretación no pueden escapar del círculo hermenéutico. Por consiguiente, es útil vincular los métodos individuales de interpretación bíblica a cada uno de las perspectivas hermenéuticas.[36] Esto permite a cada lado del triángulo hermenéutico ser conectado con ciertos métodos de interpretación (vea la fig. 3). Con el fin de interpretar el texto apropiadamente, uno necesita métodos lingüísticos. Los métodos de la investigación histórica se pueden utilizar para entender al remitente o el autor del texto en su contexto histórico, mientras que el lado del receptor se puede iluminar usando métodos orientados a los lectores.

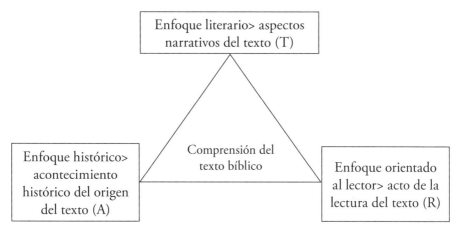

Fig. 3: Triángulo hermenéutico para la comprensión del texto bíblico.

La comprensión o el significado de un texto bíblico, por tanto, no debe ser mal entendido como un proceso meramente de comunicación fijada por el autor, o solamente como una *Wirkungsgeschichte* (historia de los efectos) relacionada con el texto, o únicamente como un proceso de construcción dirigido al lector. En el proceso de búsqueda del significado, el marco original, la estructura y la forma del texto, y la situación del receptor interactúan y se influyen mutuamente. Aún cuando el significado puede ser decisivamente influenciado por la estructura y el contenido lingüístico de un texto, no es posible descifrar por completo lo que es registrado en un texto histórico si se desconoce el contexto histórico del origen de ese texto. Un lector contemporáneo también aporta ideas preconcebidas y sus propias preguntas e inquietudes en el proceso de leer, lo que resulta en la

---

36. Vea en Oeming resumen del diagrama con la clasificación de los catorce métodos de interpretación a los cuatro polos del proceso de comprensión, Oeming, *Biblische Hermeneutik*, 176; O. Wischmeyer también integra los métodos de interpretación de la Biblia en la hermenéutica, que se estructura como "A: comprensión histórica" (21-59), "B: comprensión de la crítica de la forma" (61-125), "C: comprensión de los hechos" (127 -71) y "D: comprensión textual" (173-209), Wischmeyer, *Hermeneutik*; Backhaus, por otra parte, habla de hermenéutica "reconstructiva" o "aplicativas," ver Backhaus, "Die göttlichen Worte", 153-60.

transformación del significado de un evento puramente reconstructivo en una actividad productiva.[37] Cada dimensión tiene su propio valor intrínseco y al mismo tiempo interactúa con las otras dimensiones de modo que todas se influyan entre sí en un proceso circular o en forma de espiral. Por tanto, la comprensión se lleva a cabo solo con la cooperación recíproca de los tres componentes del triángulo.

Si consideramos a la hermenéutica bíblica de un marco centrado en el texto como un acto de comunicación, es posible la integración de las diversas perspectivas y enfoques encontrados en la historia de la investigación en un modelo cabal.[38] De esta manera, la hermenéutica se ocupa principalmente de preguntas de historia, desde Semler con el método histórico-crítico o en la arqueología bíblica contemporánea, puede ser considerada como un valor incalculable por su atención a la situación y el contexto en relación con el origen del texto. Métodos de interpretación lingüística desarrolladas durante el *turno lingüístico* posicionan el texto a la delantera, mientras que los métodos orientados a los lectores se enfocan en el texto, ya que han surgido de forma clara y con gran reflejo en la teología de la liberación o en los enfoques feministas, proporcionando así información importante acerca de la perspectiva del receptor. Los aspectos individuales, sin embargo, no tienen que ser yuxtapuestos o demarcados el uno del otro. Cada uno de ellos tiene su propio y justo lugar en el esfuerzo hermenéutico en el que cada uno aporta a la interpretación por medio de métodos específicos que conmutan aspectos individuales de significado evocados por el texto bíblico a un primer plano. Cada perspectiva también tiene sus limitaciones debido a que se centra en un aspecto descuidando a otros aspectos igualmente importantes. Una comprensión apropiada de los textos bíblicos es solo posible cuando se emplean las diferentes perspectivas en cooperación de unas con otras.

BÚSQUEDA DE UN ENFOQUE INTEGRADOR DE LAS PARÁBOLAS

Los enfoques anteriores para la comprensión de la Biblia, los cuales pueden ser etiquetados heurísticamente como histórico, literario, y enfoque orientado al lector, pueden verse con especial claridad en la interpretación de las parábolas.

---

37. El enfoque dirigido en particular al lector ha sido empleado de manera más útil en los estudios literarios más recientes, sobre todo en la crítica a la estética de la recepción, para la comprensión de los textos bíblicos. Vea Warning, *Rezeptionsästhetik*, también Iser, *Akt des Lesens*; Nißlmüller, *Rezeptionsästhetik*; Körtner, *Der inspirierte Leser*.

38. Vea también Oeming, *Biblische Hermeneutik*, 175: "Por un lado, se ha demostrado que cada uno de los métodos puede iluminar claramente ciertas facetas del texto bíblico y, por tanto, tiene cierto derecho de ser escuchado, pero por otra parte, cada uno tiene sus puntos ciegos que necesitan suplementación crítica".

Thiselton tiene razón cuando afirma que "las parábolas ofrecen un excelente taller de ejemplos"[39] en los cuales la hermenéutica puede ser estudiada. El hecho de que una hermenéutica de la parábola puede ser desarrollada en esta triple forma ya que es en realidad evocada y provocada por los propios textos. Las parábolas se pueden entender desde una perspectiva histórica, así como desde una perspectiva literaria basada en el texto. Sin embargo, como también son orientadas al lector en gran medida, se le debe de dar al receptor de igual manera su debido espacio. Por tanto, no es de extrañar que toda la interpretación parabólica de los últimos cien años puede entenderse dentro de un marco que incluye estas tres perspectivas.[40]

La hermenéutica de las parábolas está basada en estas diferentes perspectivas: En la *perspectiva histórica*, el problema no es la reconstrucción de las palabras auténticas de Jesús y un camino propuesto de la transmisión. Sin embargo, hacemos preguntas históricas cuando miramos sociológica e históricamente la "realidad" en la que la metáfora de la parábola extrae su imaginería (*Bildspendender Bereich*), cuando los procesos de transmisión se pueden colocar diacrónicamente en la tradición de la imaginería (*Bildfeldtraditionen*) o cuando los primeros signos de impacto (*Wirkungsgeschichte*) pueden ser percibidos en las tradiciones textuales paralelas.

La *dimensión literaria* pasa a primer plano en la medida en que un "análisis exacto narrativo" de los textos es solicitado. En este análisis, el examen de la estructura de la trama, los personajes, el tiempo y espacio, la focalización, etc., revelan aspectos importantes en la manera de contar esta parábola en particular. Consiguientemente, las parábolas son textos metafóricos. Por lo tanto, cabe preguntarse cómo una metáfora debe ser reconocida, y cómo funciona. Buscamos señales en el texto indicando una transferencia de significado (por ejemplo, el reino de Dios es como...) y la manera en la que la interacción entre los dos campos semánticos que son reunidos en el texto metafórico. Con el fin de proteger el texto de las agendas puramente ideológicas y apropiaciones articuladas prematuramente, su forma literaria y estructura estética deben ser primero examinadas y descritas. Sin embargo, las parábolas no son consideradas en este proceso como "obras de arte autónomas" poéticas que pueden entenderse de manera aislada solamente. La lectura de un texto en particular dentro del contexto del texto macro es también un aspecto importante del análisis literario.

El objetivo de las parábolas es instigar el proceso de la comprensión. Los aspectos históricos y literarios no deben ser investigados por su propio bien; en cambio, sirven para alcanzar una comprensión más profunda. Aun cuando una cierta estructuración ya toma lugar en el nivel literario, en última instancia el

---

39. Thiselton, *Hermeneutics*, 35. Véase el capítulo III completo (pág. 35-59).

40. Vea la historia de la investigación en el capítulo 2.

significado de cada parábola debe ser descubierto de nuevo por cada *lector*. ¿De qué manera es el lector interpelado? ¿Cuáles son los recursos literarios o "huecos" en el texto que hacen un llamamiento al lector tanto en su dimensión cognitiva como en la afectiva? En esta consideración, por lo tanto, el receptor está en la delantera. Sin embargo, la estructura de comunicación de las parábolas es más compleja que la que se encuentra en otros textos bíblicos. Las parábolas son narrativas narradas con un narrador narrando y destinatarios narrados. Por lo tanto, en realidad hay tres niveles identificables de destinatarios: (1) los oyentes de la parábola en el mundo narrado, (2) los primeros destinatarios del evangelio, y (3) los lectores contemporáneos. El tercer nivel es el enfoque principal de la respuesta del lector en la búsqueda de sentido; sin embargo, los otros niveles de destinatario o niveles del receptor también pueden influir en el proceso contemporáneo de construcción de significado. El percibir esta complejidad en la estructura de comunicación es particularmente relevante cuando se presentan preguntas relativas a los requisitos necesarios, así también como las posibles dificultades de entender y comprender las parábolas.

Aunque es útil en un sentido heurístico distinguir cada uno de estos temas o focos tan marcadamente como sea posible, los resultados de una delimitación tan aguda a menudo son parciales e inapropiados. Es demasiado fácil distorsionar otras posiciones a través de parodias o de emplear únicamente los métodos más inclinados a apoyar posición de uno mismo. Los diversos enfoques para la comprensión de las parábolas de Jesús no deben de ser puesto a competir en contra de sí mismas.

En cambio, es mi objetivo el unificar las diferentes perspectivas en una hermenéutica integradora. Los pasos individuales de interpretación que, por cierto, se emplean en los ejemplos de los capítulos 7 a 12 no son métodos nuevos, ni tampoco conducen al descubrimiento de detalles nuevos previamente desconocidos. Nuevo, es en cambio, la combinación integradora y equilibrada de los diferentes aspectos que van más allá de las interpretaciones anteriores y conducen a una multi-perspectiva, abierta, y por tanto —en cierta medida— a una hermenéutica postmoderna.[41]

Sin embargo, antes de llevar este enfoque más adelante, es importante ubicar la discusión actual en el contexto de la situación actual de la investigación sobre las parábolas.

---

41. Es evidente, sin embargo, que el aspecto de solapamiento entre este enfoque y el pensamiento posmoderno es la apertura a las diferentes variaciones y "verdades". Muy diferente de la filosofía posmoderna es la búsqueda de sentido e incluso el uso del término *hermenéutica*; para la mayoría de los pensadores posmodernos un término como la *hermenéutica posmoderna* sería —siguiendo a Derrida— un oxímoron.

2

ENTENDIENDO LAS PARÁBOLAS EN EL ÚLTIMO SIGLO: UNA VISIÓN GENERAL DE LA HISTORIA DE LA INVESTIGACIÓN

Como se demostró en el capítulo anterior, las parábolas de Jesús son textos que pueden considerarse desde tres perspectivas diferentes. En primer lugar, se trata de textos históricos que surgieron en un momento y en un espacio cultural determinados los cuales son parte de una historia de la tradición. En segundo lugar, se trata de textos de ficción que tienen una forma típica y estilo poético y que utilizan los recursos literarios. En tercer lugar, se trata de textos especialmente dirigidos a sus destinatarios, sus oyentes y lectores, con el fin de evocar un proceso de reflexión y un replanteamiento que, en última instancia, conducen a un conocimiento más profundo y a una (re)acción correspondiente. Con el fin de entender las parábolas, los tres aspectos deben ser tenidos en cuenta, y de hecho la investigación parabólica ha enfatizado exactamente estas tres dimensiones en diversas ocasiones.

En lo consiguiente, me gustaría presentar sistemáticamente la investigación de estas tres perspectivas concerniente a las parábolas en los últimos cien años.[42]

---

42. Según Charles W. Hedrick, se han producido, en total, solo cinco etapas distintivas en la comprensión de las parábolas en los últimos dos mil años: 1) interpretaciones auténticas de la primera audiencia de Jesús; 2) anti-históricas, interpretaciones alegóricas de la iglesia primitiva y más tarde (aprox. 50 CE hasta el siglo XIX); 3) interpretaciones histórico-moralistas desde Jülicher; 4) interpretaciones simbólico-metafóricas desde Dodd (con el reino de Dios como referencia); 5) interpretaciones estético-existenciales desde Via; vea Hedrick, *Parables*, 7-10. Sin embargo, esta clasificación, sobre todo en el segundo período, es simplificada debido a que la exégesis de las parábolas, a lo largo de tantos siglos, apenas se puede contener bajo el título de "alegoría" por sí misma.

Aunque los autores individuales pueden incluir más de una de estas perspectivas en su trabajo, la dirección fundamental del enfoque adoptado es generalmente clara, permitiendo que, a manera de simplicidad, las obras se coloquen en una categoría interpretativa u otra diferente. Este resumen de la investigación parabólica, por tanto, no sigue una estricta representación cronológica[43] y no puede hacer frente a todas las obras individuales en detalle.[44] Más bien se intentará trabajar en las parábolas, siguiendo el sistema antes mencionado, en los *aspectos hermenéuticos* de varias obras de gran formato. ¿Cuál es la contribución de un enfoque individual con respecto a la comprensión de las parábolas? ¿En qué sentido ayuda este enfoque a fomentar la comprensión de un aspecto particular de las parábolas? ¿Cuáles son las oportunidades y los límites creados de una perspectiva particular en las parábolas?

Además, se busca diferenciar aún más entre las tres dimensiones fundamentales de la comprensión de las parábolas a través de los enfoques histórico, literario, y orientado al lector.[45] Bajo cada una de estos encabezados se pueden identificar otras perspectivas más diversas. Dentro del enfoque histórico, por ejemplo, se podría considerar la búsqueda del Jesús histórico como narrador de parábolas o plantear cuestiones relativas al contexto socio-histórico o la tradición histórica de una parábola.

Al mismo tiempo, esta visión general tratará de construir un puente entre el inglés y el español en la investigación de las parábolas en la lengua alemana, que se lleva a cabo a menudo a lo largo de vías paralelas. Por lo tanto, investigaciones alemanas recientes concerniente a las parábolas son tomadas en consideración más ampliamente que lo que generalmente se ha llevado a cabo en publicaciones de habla inglesa –o española.[46]

---

43. Reseñas cronológicas de la historia de la investigación se pueden encontrar en Perrin, *Jesus*, 89-193; Kissinger, *Parables*, 1-239; Dschulnigg, "Positionen"; Blomberg, "Parábolas"; Erlemann, "Einführung"; idem, "Gleichnisforschung"; idem, "Jülicher"; Gowler, *Parables*; Snodgrass, "Allegorizing"; Liebenberg, *Language*, 5-75; Müller, "Exegese"; Neubrand, "Gleichnisse"; Mell, "Gleichnisforschung 1" y "2 Gleichnisforschung"; Blomberg, *Parables*, 33-194; Thuren, *Parables Unplugged*, 3-50. Iluminador es también la lectura hermenéutica de la investigación parabólica en Thiselton, *Hermeneutics*, 35-59.

44. Me concentraré sobre todo en las publicaciones que se ocupan de las parábolas de Jesús en un sentido más amplio y no podré tomar en cuenta todos los libros de las parábolas en sus aspectos particulares o fuentes (por ejemplo, parábolas de Mateo).

45. K. Erlemann estructura su visión general de la historia de la investigación, la cual está fundamental e históricamente orientada, en los epígrafes "el enfoque histórico-religioso", "El enfoque hermenéutico- metafórico", "El enfoque de la crítica literaria", "El enfoque de la historia de los efectos", y, finalmente, "enfoques recientes", vea Erlemann, *Gleichnisauslegung*, 5-52.

46. En la mayoría de las publicaciones sobre parábolas en el idioma inglés, solo se conocen las obras antiguas y básicas de Jülicher y Jeremías.

ENFOQUE HISTÓRICO

El dominio de las cuestiones histórico-críticas en la exégesis de los últimos siglos ha permitido que el enfoque histórico ocupe una posición central en la investigación de las parábolas desde hace ya varios años. La investigación parabólica fue también estrechamente relacionada con la cuestión del Jesús histórico.[47] A lo largo de todas las fases de la investigación sobre el Jesús histórico, los investigadores se arraigaron a la convicción fundamental de que las parábolas pertenecen a la base misma de la tradición de Jesús. Se creía que las parábolas nos pueden traer muy cerca de Jesús y de su ministerio.

Los enfoques históricos individuales, sin embargo, han tenido énfasis bastante diferentes. Algunos estudiosos de las parábolas miraron *el inventario original* de Jesús y trataron de reconstruirlo en su número y forma, en algunos casos, hasta el texto original y literal de las parábolas. El objetivo de tal interpretación era romper a través de la voz de Jesús en las parábolas, que es conservado solo indirectamente en los textos bíblicos. Esta forma de trabajo histórico va desde la obra máxima[48] de *Adolf Jülicher* hasta la búsqueda de *Joachim Jeremías* para la "*ipsissima vox*" y "significado original"[49] o la búsqueda de *Jonathan Breech* de la "voz auténtica"[50] hasta a las primeras obras de *John D. Crossan*[51] y en camino al Seminario de Jesús, fundada por *Robert W. Funk* en el Instituto Westar, con el objetivo, incluso al final del siglo XX, de determinar las palabras auténticas de Jesús y por lo tanto las parábolas auténticas.[52] Un trabajo más reciente que queda en este grupo es de *Bernard Brandon Scott*,[53] quien era miembro fundador del Seminario de Jesús. En su libro, se basa en los resultados del Seminario de Jesús y por tanto se concentra en un número limitado de las parábolas de Jesús consideradas

---

47. Vea este aspecto en particular, en el capítulo 3 de este libro. Véase también el resumen en mi artículo, R. Zimmermann, "Jesuserinnerung", aquí: 1. Gleichnisse und der 'historische Jesus'.

48. Vea Jülicher, *Gleichnisreden* I. El título de la obra magna de Jülicher es sorprendente. Él estaba buscando el "discurso parabólico" de Jesús en un sentido literal, que en si era el desempeño oral de las parábolas por el Jesús histórico; una valoración integral de Jülicher se encuentra en Mell, *Gleichnisreden*.

49. Vea Jeremías, Gleichnisse, 18; traducción al inglés: *Parables*: "La principal tarea todavía queda por hacer: se debe hacer en el intento de recuperar el *significado original* de las parábolas" (19); "Nuestra tarea es un retorno a la voz viva real de Jesús" (114).

50. Breech, *Silence*.

51. Crossan, *In Parables*, que se refiere a los "dichos originales" y en su reconstrucción emplea el requisito de la doble disimilitud (ibíd., 5).

52. Vea Funk, *Five Gospels*; en las parábolas Beutner, *Parables*; para la lista de "auténticas parábolas" de Westar véase el capítulo 3 de este libro.

53. Vea Scott, *Parable*.

auténticas.[54] Scott, tomando de la investigación de la oralidad, intentó resolver la "*ipsissima structura*"[55] de las parábolas de Jesús con un método de tres pasos. Basándose en la tradición sinóptica (y tomando del Evangelio de Tomás), primero reconstruyó la estructura original del texto. Luego trató de demostrar cómo la estructura original afecta al significado con el fin de entender la pragmática de la parábola en relación con el ministerio del reino de Dios.[56] Este reino, llamado por Scott el "mundo re-imaginado"[57] hace que sus seguidores vean una nueva opción para la vida, que contrasta con el mundo predeterminado de lo cotidiano. Las parábolas de Jesús, por tanto, representan las palabras y los hechos de Jesús en un sentido más amplio y demuestran una imagen sorprendente y provocadora de Jesús como figura histórica.

Charles H. Dodd se centra menos en el discurso de Jesús y mucho más en la *situación original* en la aplicación de categorías de forma crítica (en particular la "posición en la vida").[58] ¿En qué situación histórica fueron pronunciados estos textos? ¿Cómo se puede determinar el contexto histórico? Dodd, y siguiendo sus pasos, Jeremías,[59] diferencia claramente entre la situación en la vida de Jesús y la iglesia primitiva, con el fin de que la interpretación vuelva a su contexto original. "A veces habrá que quitar una parábola de su posicionamiento en la vida y en el pensamiento de la iglesia, como es representada por el Evangelio, y hacer un intento de reconstruir su configuración original en la vida de Jesús".[60]

Los trabajos posteriores ampliaron este enfoque en dos direcciones. En uno, el marco histórico se examinó más concretamente como un evento comunicativo. *Eta Linnemann*,[61] fuertemente influenciada por la hermenéutica de *Ernst Fuchs*,[62]

---

54. En su segundo libro se refería únicamente a nueve parábolas como la base para el mensaje de Jesús del Reino de Dios, ver Scott, *Re-Imagine the World*. Las parábolas son: 1. La levadura; 2. La semilla de mostaza; 3. La jarra vacía (Thom Gos 97..); 4. El tesoro escondido; 5. El buen samaritano; 6. El hijo pródigo; 7. El mayordomo infiel; 8. El esclavo implacable; 9. La gran cena.

55. Este termino es encontrado por primera vez en Crossan, *Cliffs of Fall*, 27.

56. Vea Scott, *Parable*, 74-76.

57. Vea el titulo de Scott, *Re-Imagine the World*.

58. Vea Dodd, *Parables*, capítulo IV, 84-114.

59. Vea Jeremías, *Parables*, capítulo II: "The Return to Jesus from the Primitive Church" (23-114), en el que señala "diez leyes de la transformación" como una ayuda para la recuperación del significado original de las parábolas de Jesús "(114). "A medida que han llegado hasta nosotros, las parábolas de Jesús tienen un marco histórico doble. (1) El contexto histórico original de las parábolas... es una situación específica en el patrón de la actividad de Jesús. ... (2) Si consecuentemente, antes de que asumieron una forma escrita, 'vivían' en la iglesia primitiva" (23).

60. Dodd, *Parables*, 84.

61. Linnemann, *Gleichnisse*.

62. Véase ibíd., VI. Die ALS Gleichnisse Sprachgeschehen, con referencia a Fuchs, *Hermeneutik*.

entendió la configuración original de la parábola como una conversación: "... La parábola es una forma de expresión... Su configuración original es la discusión, la conversación".[63] En un evento comunicativo, un proceso de entrecruzamiento que tiene lugar entre el juicio del narrador de la parábola y el del oyente,[64] y este proceso lleva consigo el potencial para la comprensión más profunda:

> Una parábola exitosa es un evento que cambia definitivamente la situación. Crea una nueva oportunidad para que el destinatario y el narrador superen sus diferencias y lleguen a un acuerdo. Esta posibilidad se basa en el hecho de que el narrador vuelve a abordar la cuestión que está causando el desacuerdo entre él y sus oyentes y con ello abre nuevas comprensiones.[65]

Más a menudo, sin embargo, la situación histórica se ha analizado intensamente con respecto a sus *condiciones socio-culturales y contextos.* Hay varios autores, como *Kenneth E. Bailey*, que han descrito el trasfondo agrícola de Galilea en las parábolas,[66] o que se han elaborado estudios de casos sobre determinadas cuestiones socio-histórico, como *John S. Kloppenborg* hizo en la viticultura, el pastoreo, y robo con base en la evidencia encontrada en fuentes papirológicas.[67]

Otros han conectado el análisis del entorno socio-cultural a la atribución de una función política a los textos de las parábolas. En esta franja, las obras de William R. Herzog II y, más recientemente, Luise Schottroff han atraído gran interés. Según *William R. Herzog II,*[68] las parábolas de Jesús pueden entenderse adecuadamente solo dentro del marco de un análisis socio-histórico y sociológico de su contexto. Debido a que las parábolas hablan de los detalles reales de la vida diaria, el contexto social debe estar iluminado, lo que implica el micro contexto campesino galileo, tanto como el macro contexto de la antigua sociedad mediterránea. Herzog preguntó: "¿Cómo es que las escenas sociales y escritos sociales de las parábolas revelan y exploran los sistemas sociales, políticos, económicos, ideológicos y de Palestina de mayor envergadura durante el tiempo de Jesús?"[69]

63. Linnemann, *Gleichnisse,* 27.

64. Ibid., 27.

65. Ibid., 38.

66. Por ejemplo, Bailey, *Poet and Peasant.*; idem, *Through Peasant Eyes*; idem, *Poet and Peasant and Through Peasant Eyes*; idem, *Finding the Lost.* Las propias experiencias regionales del autor como misionero en el Líbano son tanto una ventaja como una desventaja, ya que corre el riesgo de proyectar la cultura actual aplicada a tiempos antiguos. También Rohrbaugh. "Parable"; Bösen, *"Figurenwelt".*

67. Vea Kloppenborg, *Tenants in the Vineyard,* esp. 278–313; Kloppenborg, "Pastoralism", Kloppenborg, "Parable of the Burglar".

68. Herzog II, *Subversive Speech.*

69. Vea Ibid., 7.

De acuerdo con él, las parábolas cumplen una función educacional y liberacionista[70] primero para quien escucha al convertirse en un reflejo de un instrumento analítico de la realidad social. Mediante la sensibilización y la exposición de la configuración de la opresión social, estos textos dan a sus lectores una construcción social alternativa y en el proceso, se convierten en el discurso subversivo que llama a visiones del mundo ya establecidos.[71]

Para *Luise Schottroff,* es posible entender las parábolas solamente al situar con precisión los textos o a sus primeros oyentes en una situación social y socio-culturalmente definida.[72] Al revelar el contexto socio-histórico, ella presenta su crítica a grandes segmentos de una tradición de "interpretación eclesiológica" y contrasta, y explora una "interpretación escatológica", que da a conocer el mensaje liberador de Jesús como lo que era originalmente: un mensaje que era consciente de las circunstancias de la vida real de sus destinatarios y tenía el poder para cambiarlas. Estas ideas conducen a algunas decisiones metodológicas básicas: Schottroff explora una teoría parabólica denominada no dualista, lo que significa que la "imagen" (*Bild*) de la parábola no debe ser separada del "contenido" (*Sache*). Por lo tanto, una "virgen" o "propietarios de tierras y esclavos" no se pueden leer simplemente como una metáfora de otra cosa, sino que deben entenderse en el contexto de la configuración socio-cultural de "mujeres jóvenes" o "condiciones de trabajo" en la sociedad antigua. Al mismo tiempo, ella niega la influencia de "metáforas existentes",[73] es decir, las metáforas ya se perciben como meras metáforas en los tiempos de Jesús, porque de acuerdo con Schottroff las metáforas están más estrechamente vinculadas a la configuración socio-histórico y menos con el lenguaje religioso tradicional. Así, por ejemplo, uno se debe resistir a asociar cada referencia de un rey con "Dios como rey". Por lo tanto, ella concluye que los reyes sedientos de poder o los propietarios violentos no tienen nada en común con Dios o el reino de Dios. De hecho, las parábolas como Marcos 12: 1-12 (los labradores malvados) o Mateo 22: 1-14 (el banquete del rey), solo pueden entenderse como "anti-parábolas".[74] Al igual que el enfoque de Schottroff es el trabajo de *Sigrid Lampe-Densky,* que presenta un modelo para la lectura de parábolas mediante la aplicación de análisis socio-histórico, especialmente con respecto a la economía

---

70. Herzog también se refiere explícita al educador liberacionista, Paulo Freire, cf. ibid., 7, 25-29.

71. Véase ibid., 29: "El intérprete debe prestar atención a las escenas que ellos mismos codifican e intentan comprender el cómo generan conversaciones que mejoraron la capacidad del oyente para decodificar la realidad opresora, o cómo se codifican las situaciones límites que representan los actos límites con el fin de desafiar los límites de su mundo cerrado".

72. Schottroff, *Gleichnisse.* Vea también su resumen en "Gleichnisauslegung".

73. Ibid., 131: "Gegen die Annahme stehender Metaphern" eadem. *Parables,* 99.

74. Vea, por ejemplo, los comentarios en Schottroff, "Verheißung".

y ámbitos de trabajo.[75] Más recientemente, algunos investigadores honraron a Schottroff con un "Festschrift" titulado "*Gott ist anders*" (Dios es diferente), en la que su planteamiento es tomado en maneras diferentes.[76]

Las interpretaciones socio-revolucionarias de las parábolas tampoco son nada nuevos. Leonard Ragaz las propuso con gran patetismo en 1943.[77] En una obra que ha recibido poca atención, *David Wenham* caracteriza las parábolas como "imágenes de la revolución":[78]

En el anuncio del reino de Dios, Jesús estaba anunciando la llegada de la revolución de Dios y del nuevo mundo de Dios, como se había prometido en el Antiguo Testamento. Dios estaba por fin interviniendo, Jesús declaró, para establecer su reino sobre todo, para salvar a su pueblo, renovación y la reconciliación con el mundo. Pero, afortunadamente, Jesús no anunció su mensaje en tales términos teológicos en general; lo anunció principalmente a través de parábolas vívidas y concretas.[79]

La atención a las situaciones de la vida real también es una característica en la investigación de las parábolas de *Charles W. Hedrick*.[80] Él apoya la idea de no sobrecargar las parábolas con un significado teológico, sino más bien, leerlas simplemente como construcciones poéticas en un contexto histórico, es decir, como la "voz creativa de Jesús".[81] "Las parábolas son totalmente ordinarias, y tajadas realistas de la vida palestina del primer siglo".[82] El lector debe de tratar de entender estos textos como "historias ordinarias".[83]

Ellas no "enseñan" algo en particular o en general; no proporcionan guías normativas para el comportamiento humano ético; no revelan la verdad teológica

75. Vea Lampe-Densky, *Gottes Reich und antike Arbeitswelten*.

76. Crüsemann, Janssen, Metternich, *Gott is anders*.

77. Vea Ragaz, *Gleichnisse*. De acuerdo con Ragaz, una mala interpretación de las parábolas es que "su enorme significado revolucionario" no ha sido reconocido, o que solo se les ha dado "un significado individualista o mejor aún, privado. En realidad, su significado es sobre todo social, se dirige a la sociedad. Enteramente en el espíritu de los profetas de Israel" (7-8). "Una cosa por encima de todo se presenta con enorme fuerza y de potencia luminosa de esta nueva forma de entender las parábolas de Jesús –el mensaje social de Jesús o, en otras palabras, el significado *social* del mensaje de Jesús" (9).

78. Vea Wenham, *Parables*.

79. Ibíd., 25. En este contexto, el apéndice 2 del libro también es interesante "La interpretación de las parábolas", cf. ibid., 225-38.

80. Hedrick, *Many Things*, 35.

81. Vea el subtítulo de Hedrick, *Poetic Fictions*.

82. Hedrick, *Many Things*, 35.

83. Hedrick, *Poetic Fictions*, 4: "Debemos comenzar a leer las parábolas en sus propios términos, como historias ordinarias, más que por lo que nos imaginamos que podría "revelar" acerca del reino de Dios, la moral, la existencia humana, o algún otro valor".

o abiertamente empujan ningunos valores particulares, ciertamente tampoco valores religiosos.[84]

Al igual que Schottroff, Hedrick establece que el "carácter figurativo de las parábolas no puede suponer simplemente... las historias de Jesús no son inherentemente figurativas".[85]

Una de las más recientes monografías sobre las parábolas de Jesús fue escrita por *Amy-Jill Levine*[86] y sigue la línea histórica de la interpretación. Según Levine, los evangelistas quisieron "domesticar la parábola al convertirlas en una lección"[87] (por ejemplo, la constante oración, o el perdón). Levine está convencido de que "Jesús enseñó en parábolas",[88] sin embargo, las "parábolas... comenzaron su proceso de domesticación tan pronto como los evangelistas las escribieron, y probablemente antes de esto".[89]

Levine supone que la enseñanza moral o interpretación cristológica "no es el mensaje que una audiencia judía del primer siglo habría escuchado".[90] Por lo tanto, es necesario descubrir y sacar a la luz el "contexto inicial"[91] o la "provocación original"[92] de la voz de Jesús. "Las parábolas deben tener sentido, no solo para aquellos que optaron por seguirlo, pero para aquellos que lo veían tan solo como un sabio maestro, un vecino de Nazaret, o un colega judío".[93]

Podría decirse que con Schottroff, Hedrick, Levine el enfoque histórico regresa en círculo a Jülicher y Jeremías. Jülicher también quería descubrir, en contra de la tradición de la iglesia primitiva, lo que en realidad quería decir Jesús con las parábolas. Al igual que Schottroff o Levine, él también quería que las parábolas fueran entendidas por lo que eran y significaban "originalmente". Si bien Jülicher, y una vez más Levine,[94] hicieron una cruzada en contra de la tradición alegórica, Schottroff, con su teoría no-dualista, niega todas las imágenes existentes tradicionalmente, y convencionalmente que se encuentran en las metáforas tradicionales (*Bildfeldtraditionen*). De acuerdo con Schottroff, uno debe "leer detalles socio-históricos como narrativas de la vida humana y no

---

84. Hedrick, *Many Things*, 103.

85. Ibid., 102.

86. Vea Levine, *Short Stories*.

87. Vea Ibid., 14.

88. Ibid., 13.

89. Ibid., 278.

90. Ibid., 14.

91. Ibid., 9.

92. Ibid., 10.

93. Ibid., 17.

94. Vea Ibid., 7; para más información vea el capítulo 4.

como una imagen de otra cosa".[95] Hedrick va un paso más allá y, además de las interpretaciones figurativas, critica cada generalización o interpretación ética de las parábolas. Para él, las parábolas pueden "ser analizadas aparte de su contexto literario"[96] y entendidas con sencillez y claridad, por sí mismas en su relación con la realidad,[97] exactamente como fue postulado por Jülicher.

Por último, dentro de la perspectiva histórica hay interpretaciones parabólicas que perciben el proceso de transmisión de los textos y su manifestación en el Nuevo Testamento no solo para deconstruirlo en la búsqueda de la forma original de la parábola, sino también para evaluar el desarrollo tradicional en sus propios términos. Este enfoque tradicional-histórico o de transmisión histórica existe en las obras de *Michael G. Steinhauser* en la "*Doppelbildworte*" (parábolas dobles),[98] así como en las obras de *Hans Weder* en las parábolas sinópticas.[99] Aunque Weder se basa en la teoría metafórica filosófica y teológica para el marco general de la comprensión, el análisis individual demuestra una interpretación "tradicional-histórica consistente":

> Un proceso analítico reconstruye la forma original; un proceso sintético reflexiona sobre la historia de la parábola en su empleo en el mundo de la experiencia del escucha.... Las interpretaciones que se añadieron a lo largo de la tradición deben estudiarse a sí mismas con respecto a el encaje armonioso de la parábola.[100]

A su manera, *Jacobus Liebenberg*, más recientemente, trazó la transmisión de las parábolas individuales de la fuente Q a través de los sinópticos hasta el Evangelio de Tomás.[101] Su enfoque central, sin embargo, no es una descripción detallada de las transformaciones en los textos individuales, sino más bien la influencia del contexto respectivo en el entendimiento de la parábola. Con esta perspectiva "uno será capaz de describir las distintas recepciones de estas parábolas del Reino y aforismos de una manera que permitirá identificar sus diferentes matices".[102]

Por último, para concluir esta primera sección histórica, me gustaría recurrir a las palabras de Crossan. Aunque Crossan es una figura bastante reciente teniendo en cuenta cómo se puede acceder al Jesús histórico a través de las parábolas, sus ideas pueden actuar como un recordatorio para sondear las oportunidades y límites de las investigaciones históricas:

95. Vea Schottroff, "Sommer", 74.

96. Hedrick, *Poetic Fictions,* 5.

97. Vea Hedrick, *Many Things,* 103.

98. Vea Steinhauser, *Doppelbildworte.*

99. Vea Weder, *Gleichnisse Jesu.*

100. Ibid., 97.

101. Liebenberg, *Language.*

102. Ibid., 165.

La historicidad es siempre una pregunta válida, y hay momentos en los que es absolutamente crucial. Pero nótese cómo, en las parábolas por o especialmente acerca de Jesús, pueden utilizarse estas preguntas sobre la exactitud histórica y aceptarlas para evitar preguntas sobre el desafío parabólico.[103]

ENFOQUE LITERARIO

Una segunda área de investigación de las parábolas se puede resumir bajo el encabezado *enfoque literario*, que se estableció particularmente durante el giro *lingüístico* en la exégesis bíblica. Ya no es más la importancia central el origen histórico o la prehistoria textual sino más bien los mismos textos transmitidos. El principio hermenéutico aquí es que una parábola puede entenderse adecuadamente si uno entiende su estructura lingüística. Varios trabajos se pueden resumir bajo la etiqueta de "el giro literario en el estudio de las parábolas", el cual tuvo un efecto innovador. Dos ejemplos son los estudios de Robert W. Funk y Dan O. Via, que también son representantes de los dos enfoques principales y de los campos de estudio en el análisis lingüístico de las parábolas. Via enfatizó desde una perspectiva estructuralista, la narratividad de las parábolas; Funk puso su foco central en la metaforicidad.

El trabajo de *Geraint V. Jones*[104] representa una primera aplicación de las dimensiones de la teoría literaria a la interpretación de las parábolas, que fue recogida y seguidamente ampliada en gran medida por *Dan O. Via*.[105] Via rechaza conscientemente los paradigmas históricos y considera a las parábolas como "auténticas obras de arte, objetos estéticos reales".[106] Por tanto, él trata de desarrollar un método de interpretación que hace justicia a este carácter estético.[107] Como obras de arte autónomas, las parábolas no se refieren a nada fuera de sí mismos; en cambio su contenido y forma se funden en una unidad orgánica.[108] El significado de las parábolas se expresa *en* y *a través* de la estructura lingüística y no fuera de este.[109] Como estructuras básicas, Via diferencia "dos tipos básicos

---

103. Vea Crossan, *In Parables,* 259.

104. Vea Jones, *Art and Truth.*

105. Vea Via *Parables*; la traducción alemana de E. Güttgemanns fue sin duda la responsable de la amplia acogida en los círculos de habla alemana, cf. Via, *Gleichnisse.*

106. Via, *Parables,* ix.

107. Vea particularmente el primer capítulo en ibid., Parte Uno: Metodologico, 1-107.

108. Vea Ibid., 96.

109. Via habla de "sentido dentro" y "a través de sentido" (79): "una obra de arte literaria significa tanto en y a través de sí mismo, pero... el significado no referencial interno, es dominante". Ibid, 86.

de movimiento de la trama... la comedia y la tragedia",[110] que combina con una serie de tres partes de episodios (acción-crisis-solución o crisis-respuesta-solución). La estructura lingüística refleja una cierta comprensión de la existencia humana, que luego puede abarcar tiempo para convertirse en un puente hermenéutico entre el narrador y el lector contemporáneo. Por lo tanto, las parábolas se pueden tomar de su contexto original, e histórico, y se pueden desplegar el impacto de su mensaje a través de su estructura lingüística.

Los enfoques estructuralistas narrativos o semióticos seguían siendo dominantes —no solo en la investigación americana de parábolas— en la década de 1970 y encontraron expresión a través de diversos canales. Por ejemplo, cabe mencionar el Seminario de la Parábolas, un grupo de trabajo de la Sociedad de la Literatura Bíblica y de la discusión resultante, documentados en Semeia.[111] Además, las contribuciones a una conferencia en la Universidad de Vanderbilt, en Nashville, Tennessee, en 1975 se publicaron en un volumen titulado *Semiología y Parábolas*.[112] Estas contribuciones demuestran que las parábolas se clasifican como paradigmáticas para una hermenéutica semiótica de la Biblia. Un trabajo de grupo de exegetas en Francia, que se nombraron as mismos como el Grupo Entrevernes debido a la localización de sus reuniones, aplica la teoría narrativa estructuralista-semiótica de AJ Greimas a los textos de las parábolas.[113] En correspondencia con el paradigma rector de la semiótica estructuralista, el contenido y la estructura lingüística de la parábolas están estrechamente relacionados, aunque la dimensión del destinatario (por ejemplo, en el papel que desempeña en el símbolo triple en la definición de Peirce) todavía no está adecuadamente resuelta.

Dentro de la exégesis de lengua alemana, *Erhart Güttgemanns* adoptó el enfoque estructuralista de Vía y lo desarrollo aún más en el ámbito de la teoría narrativa de Propp, así como la de "poéticas generativas".[114] El análisis de las acciones de las figuras narrativas individuales, o en términos lingüísticos, los "actantes", es de vital importancia. Para *Wolfgang Harnisch*, la constelación de figuras en una serie particular de escenas (ideal típicamente en tres actos) es constitutiva para cada parábola,[115] que él define como "dramática narración de la parábola".[116] De acuerdo con Harnisch, el abundante uso del lenguaje directo hace de las parábolas "la edición en miniatura de una obra de teatro compuesta en la narración con la

---

110. Ibid., 96.

111. Vea por ejemplo, Semeia 2 (1974(y el articulo de Funk "Structure".

112. Patte, *Semiology*.

113. Vea Groupe d'Entrevernes, *Signes*, Una traduccion al ingles puede ser encontrada en The Entrevernes Group, *Signs*.

114. Vea particularmente Güttgemanns, "Methodik"; idem, "Narrative Analyse".

115. Harnisch, *Gleichniserzählungen*.

116. Ibid., 71.

estructura de la trama estilizada y el arreglo estructural de figuras".[117] Constelaciones tipificadas de figuras (por ejemplo, las relaciones entre una constelación de tres caracteres) pueden ser vistas en parábolas individuales[118] y la ley estilística del "peso de la popa" (*Achtergewicht*) es dominante, lo que significa que la trama se vuelve clara solo al final de la historia. Por lo tanto, el oyente está formalmente obligado "a dejar la narración pasar adelante de él de nuevo con el fin de descubrir lo que puede entenderse a partir de la historia entera".[119]

Junto con la narratividad, la metaforicidad de las parábolas ha entrado en una nueva apreciación a través de la perspectiva lingüística. Jülicher y la investigación de las parábolas que le siguieron devaluó la metáfora como un bloque de construcción de la alegoría, pero *Robert W. Funk*[120] y más tarde *Norman Perrin,*[121] basados en una comprensión renovada de la metáfora, fueron capaces de demostrar la metaforicidad como una categoría fundamental de todas las parábolas y trabajar su potencial creativo e impacto con respecto a los destinatarios.

En Europa, *Paul Ricoeur* ha sido capaz, más que cualquier otro investigador, de emplear con provecho la llamada teoría de la interacción de la metáfora, tomando de E. Richards y M. Black, para contribuir a la comprensión de las parábolas.[122] En esta teoría, las metáforas no se limitan a la condición de una palabra sustituida sino que siempre están relacionadas con una sección de texto en el que se crea una interacción entre dos campos semánticos que normalmente no van de la mano, sino queel lector pueda reunirlos en un nivel nuevo y significativo. Esta comprensión de la metáfora implica que los textos narrativos más largos, como las parábolas, también pueden ser considerados como metafóricos en su totalidad.

Ricoeur transfirió el valor intrínseco tanto lingüístico como epistemológico de la metáfora a la parábola. De la misma manera que las metáforas no son traducibles y son constructivas, las parábolas no se ocupan de una ilustración, sino de una "nueva introducción del significado" o, en última instancia, de "una nueva visión de la realidad".[123] Explorando lingüísticamente nuevos territorios, las parábolas, al final, amplían la comprensión de la realidad que se pueden observar e interpretar en el ámbito de las parábolas como una realidad divina.

---

117. Vea ibid., 12.

118. Ibid., 74-80.

119. Ibid., 41.

120. Vea Funk, "Parable as Metaphor", 133, 137 (la traducción parcial al alemán en idem, "Gleichnis als Metapher"); Los ensayos de Funk son ahora fácilmente accesible en una antología editada por Scott, véase Scott, *Funk on Parables*.

121. Perrin, *Jesus.*

122. Vea aquí principalmente Ricoeur, "Stellung"; después teoría de la metáfora integral de Ricoeur en Ricoeur, *Lebendige Metapher.*

123. Ricoeur, "Stellung". 49.

Hans Weder toma directamente en este tipo de comprensión de las parábolas y expande sobre ella con una visión a las consideraciones teológicas. Las
"innovaciones semánticas" de las parábolas metafóricas no solo describen la realidad, sino que crean puntos de contacto con la existencia y la actividad de Dios.
"Es la intención de Jesús de entender a la gente y al mundo en el ámbito de Dios
y no hacer de Dios una función de la existencia humana".[124] En las parábolas,
"el *Basileus* y por ende Dios mismo, se hacen muy comprensibles" para el oyente
"que él al mismo tiempo llega a conocerse a sí mismo de manera diferente, y más
apropiada".[125] Las parábolas nos permiten, por tanto, no solo hablar de Dios con
imágenes del mundo, sino también nos permiten crear un espacio para Dios con
y dentro del mundo.

Aunque los enfoques metafóricos y narrativos juegan un papel en casi todos
los estudios posteriores de las parábolas, existen obras que estudian aspectos más
particulares de manera más intensa o que crean explícitamente una síntesis de
ambos aspectos. En tales obras, el énfasis puede ser variado distinguiendo entre
la "narrativa metafórica",[126] en la que la narrativa en su totalidad lleva el proceso
metafórico, y la "metáfora narrada".[127] Este último enfoque es empleado por
Bernhard Heininger en su obra acerca de las parábolas únicas de Lucas (*Sondergut-
gleichnisse*). El núcleo de cada parábola es "el metafórico, es decir, el acoplamiento
tenso de dos conceptos semánticos... fuera de la interacción o interanimación
(Soskice) de la cual surge una narración. Es favorable en este proceso si el narrador
puede recurrir a un campo de imagen distintiva".[128] Por lo tanto, el análisis de las
metáforas tradicionales y fundamentales de la acción es de importancia central
en la interpretación de la parábola de Heininger.[129] En cuanto a la narratividad
de los textos, las obras de Heininger merecen un reconocimiento particular por
elaborar la importancia del monólogo en el ámbito de otros textos antiguos (la
novela, la comedia).[130]

Una continuación directa del enfoque de Ricœur se puede ver en la disertación de *Hermann-Josef Meurer*.[131] Meurer adopta los enfoques de la investigación
de las parábolas estructuralistas en detalle (basándose en Propp y Greimas) y los
vincula a la metáfora de Ricoeur y a la teoría de símbolos. Retomando la dialéctica

---

124. Vea Weder, *Gleichnisse Jesu,* 68.

125. Ibid., 69.

126. Harnisch, *Gleichniserzählugen.*

127. Vea Heininger, *Metaphorik.*

128. Ibid., 27.

129. Vea la exegesis de ejemplo. Ibid., 83-218.

130. Ibid., 32 - 77; cf. Igualmente-y según el autor-independientemente: Sellew,
"Monologue".

131. Meurer, *Gleichnisse Jesu.*

de la "explicación" y la "comprensión", el proceso hermenéutico alcanza su objetivo cuando "las personas que siguen a Jesús implementan en su existencia histórica concreta los conceptos de sus parábolas de una vida llena de salvación".[132] Así, la metáfora no es solo el modelo explicativo de las parábolas, pero es un nuevo "concepto de revelación" que permite la comunicación de las verdades bíblico-cristianas de la salvación.

Una dirección diferente es delineada por la investigación que considera no tanto los elementos de la microestructura lingüística sino más bien la macro estructura del texto en una perspectiva de forma crítica y por lo tanto se concentra en el *género de la parábola*.

Paul Fiebig, uno de los primeros críticos del enfoque de Jülicher, protestó el estado exclusivo, postulado por Jülicher, del género de la parábola del Nuevo Testamento y en su lugar acentuó la relación cercana al Meshalim judaico-rabínico.[133] No fue sino hasta que hubo un interés renovado en la influencia judía en el cristianismo primitivo en la década de 1970 que este aspecto fue retomado de nuevo por los estudiosos tanto judíos como cristianos, como se puede ver en las obras de *David Flusser* o *Peter Dschulnigg*.[134] La investigación anterior se definió mediante preguntas diacrónicas relativas al desarrollo de las parábolas rabínicas de los primeros cristianos y las cuestiones de la posible dependencia;[135] sin embargo, durante la último década la discusión se ha concentrado, basándose en una evaluación matizada del material de las parábolas rabínicas,[136] sobre una comparación sincrónica intertextual de estructuras y motivos lingüísticos, Por las obras de *Brad H. Young* o *Frank Stern*.[137] Más recientemente, *R. Steven Notley* y *Ze'ev Safrai* proporcionaron una colección anotada de parábolas narrativas encontradas en el estrato más temprano del judaísmo rabínico –la literatura tannaitica y amoraica primitivas (por ejemplo, *m.Sukkah* 2:9, *m. Nid.* 2:5, 5:7). En

---

132. Ibid., 735.

133. Vea Fiebig, "Chronologie"; idem, *Gleichnisreden*; cf. Tambien Oesterley, "Gleichnisse".

134. Flusser, *Gleichnisse;* Dschulnigg, *Gleichnisse*.

135. Vea, por ejemplo, Oesterley, *Gospel Parables*.

136. La mayoría de las parábolas rabínicas en su tradición redaccional escrita no pueden ser fechadas antes del tercer/cuarto siglo EC (por ejemplo, la Pesiqta de Rav Kahana en el siglo V dC). Incluso si algunos textos en su forma literaria, inacabada se remontan al período pre-rabínico (PesK 11:3) o al segundo siglo (PesK 1:3) (vea Thoma, Lauer y Ernst, *Gleichnisse*, 63-64.), Esto apenas puede funcionar como base para una hipótesis sobre la historia de la transmisión. El término *mashal* se usa solo tres veces en la Mishná (*m.Sukkah* 2:9, *m Nid* 2:5, 5: 7); cf. Neusner, "Parable", 260-61.

137. Young, *Jesus*; idem, *Parables*; Stern, *Rabbí*; cf. Hezser, "Rabbinische Gleichnisse". El libro de McArthur y Johnston es predominantemente una mera colección de parábolas rabínicas, cf. McArthur y Johnston, *Parables*.

el capítulo introductorio se reconsidera la relación entre las parábolas de Jesús y las de los judíos.[138]

Los modelos de entendimiento a través de los cuales las parábolas del Nuevo Testamento se clasifican en la historia literaria greco-romana y las categorías de retórica antigua son tanto críticos de la forma como y histórico-religiosos. *Klaus Berger y Detlev Dormeyer*[139] elaboraron los paralelismos lingüísticos formales entre las parábolas de los textos greco-romanos y las parábolas del Nuevo Testamento. Con referencia a los retóricos antiguos, tales como Aristóteles y Quintiliano,[140] la dimensión retórico-argumentativa de las parábolas fue enfatizada en estas obras. *Eckhard Rau* planteó la hipótesis, sobre todo, basándose en Quintiliano, "que la retórica helénico-romana, ejerciendo influencia sobre la escolarización judaica, influyeron indirectamente en la localización en la que se originaron las parábolas".[141] *Jeffrey T. Tucker* demostró que una simple transferencia de las distinciones hechas en la antigua retórica al Nuevo Testamento o incluso la configuración de un sub-género "ejemplo de cuento" (*Beispielerzählung*) no es posible.[142] Él llega a la conclusión: "Los *Beispielerzählungen* no pueden ser distinguidos como un grupo único de παραβολαί en base a la forma".[143]

Incluso la alegoría, que había sido repudiada por Jülicher, fue reevaluada, en gran medida a través de la obra de *Hans-Josef Klauck*[144] y su definición de la alegoría como un dispositivo estructural literario:

> La alegoría es un "proceso retórico y poético que cuenta entre los pocos modos fundamentales que se pueden emplear en la producción de textos. No constituye un género en sí mismo, sino que entra en una relación más o menos estrecha con diversos géneros, no menos con formas parabólicas como la parábola y la fábula. Su impacto es prestar a los textos una dimensión simbólica".[145]

---

138. Véase Notley y Safrai, *Parables of the Sages*, 67: "hemos visto que hay estrechas conexiones entre las parábolas de Jesús y las de los sabios, y a la misma vez con muchas diferencias". Véase también la tabla con el resumen, 67-69.

139. Berger, "Materialien", 25-33; idem, "Gattungen", 1110-24 (una expansión histórico-religiosa y popular con referencia a las parábolas de todas las religiones del mundo en Berger, *Gleichnisse des Lebens*); También Dormeyer, *Literaturgeschichte*, 140-58.

140. Rau, *Reden en Vollmacht*, 18-107. Tanto Aristóteles en el segundo libro de la *Retórica* (Arist. Rhet 1393a, 28-31) como Quintiliano en el capítulo 11 del quinto libro de su *"Institutio Oratoria"* (Quint. Inst.) Citan la παραβολή, bajo la categoría principal del ejemplo (Παραδείγμα) como uno de los dispositivos estructurales y persuasivos del habla. Vea mi contribución, Zimmermann, "Ancient Rethoric".

141. Rau, *Reden in Vollmacht*, 17.

142. Vea Tucker, *Example Stories*.

143. Ibid., 399.

144. Klauck, *Allegorie*.

145. Ibid., 354.

Así, la alegoría ya no se consideraba como un género en sí, sino como un proceso hermenéutico, empleado tanto en la producción como en la recepción de diversos textos, como por ejemplo en las parábolas. Aunque la diferenciación terminológica sugerida por Klauck entre alegoría, alegorizar y alegorización[146] ha sido empleada a menudo, el término *alegoría* ha seguido siendo tabú dentro de la investigación alemana de la parábola.[147] En la investigación americana, sin embargo, la alegoría se ha utilizado con menos inhibición como clave interpretativa para las parábolas del Nuevo Testamento.[148] Craig L. Blomberg incluso la declaró como una estructura central y la explotó para una interpretación teológica de las parábolas.[149]

En el discurso de la parábola en lengua alemana, este tema se ha abordado solo recientemente. *Renate Banschbach-Eggen*[150] llevó a cabo una comparación de varias interpretaciones de Lucas 15:4-7; Mateo 16:1-16; Lucas 16:1-7; y Marcos 4:26-29 en la historia de la investigación sobre estas parábolas y llegó a la conclusión de que las interpretaciones concretas practican exactamente lo que Jülicher calificó de "alegorizante." El trasfondo, las decisiones interpretativas preliminares, y las concepciones de los exegetas son incluidos en gran medida en sus respectivas interpretaciones. Por esta razón, Banschbach-Eggen llama para que los términos de referencia del texto sean tenidos en cuenta constantemente en la interpretación de las parábolas (constelación narrativa, énfasis contextual); sin embargo, en última instancia, apela al término alegoría, a la que Jülicher atribuyó connotaciones tan negativas, para que sea evitada en la investigación de las parábolas y para emplear una terminología de metáfora más matizada.

De la misma manera que Jülicher, en su subclasificación de los géneros de la "parábola", se refirió a las fábulas de Stesichorus y de Esopo como géneros paralelos a las parábolas del Nuevo Testamento,[151] *Wolfgang Harnisch,*[152] *Mary*

---

146. La alegoría se entiende como un proceso poético para la ilustración de contenidos sin sentido; alegorizar como la relectura alegórica de un texto que originalmente no tenía elementos alegóricos; Alegorización, finalmente, como enriquecimiento de un texto con elementos alegóricos en el proceso de transmisión, en el caso de un texto que contenía elementos alegóricos desde el principio, cf. Klauck, *Allegorie*, 190 y 354-57.

147. El ensayo de Sellin es una excepción: Sellin, *"Allegorie"*.

148. Crossan, *In Parables*, 8-10; Boucher, *Mysteriou Parables*; Sider, "Analogy", Drury, *Parables*, trata a los textos como "parábolas alegóricas históricas".

149. Blomberg, *Interpreting the Parables*, 33-81.

150. Vea Banschbach-Eggen, *Gleichnis*.

151. Jülicher, *Gleichnisreden* I, 98, 100: Jülicher habla de una "equivalencia de la narración παραβολαί de Jesús con las fábulas". Véase la discusión completa en ibíd., 94-101. Jülicher es reacio a aplicar el término "fábula" a las parábolas narrativas de Jesús debido a la naturaleza divertida de las fábulas y por lo tanto en última instancia decide emplear el término "parábola".

152. Vea Harnisch, *Gleichniserzählungen*, 97-105.

Ann Beavis,[153] y *Francis Vouga* también postularon tales relaciones en una fecha posterior. Vouga veía las fábulas como el equivalente antiguo a las parábolas. "La parábola no es una παραβολή (*Gleichnis*), aunque ambas formas de parábola apropiada y similitud pertenecen al grupo de ejemplos inventados y ficticios (παραδείγματα). El equivalente griego de la parábola/fábula es λόγος (logos) o μῦθος (mythos), o el latín *fabula*".[154] Mientras que Jülicher consideraba que las parábolas de Jesús carecían del tono entretenido de las fábulas antiguas, Vouga ve exactamente esto como una característica de las fabulas de Jesús.[155]

En las obras de crítica a la redacción, ha sido menos el género que la incorporación en el *contexto lingüístico* más cercano, sobre todo en los textos evangélicos, que han sido de importancia central. En la década de 1970, *Gerhard Sellin*,[156] usando el ejemplo del Evangelio de Lucas, argumentó que es posible entender las parábolas solo a través de la percepción del contexto de la macro-narrativa. Posteriormente, otras obras sobre cómo los Evangelios individuales entendieron una parábola siguieron este ejemplo, como puede demostrarse examinando estudios sobre el Evangelio de Mateo, *Jack Dean Kingsbury* asumió que en las parábolas de Mateo 13, Jesús estaba reaccionando ante el rechazo de los judíos a su ministerio porque las revelaciones que se les dieron fueron solo en forma de parábolas, en una forma que era incomprensible para ellos.[157] *Michael D. Goulder*, por otra parte, apoyó la tesis de que las parábolas de Mateo son una "expansión midráshica de Marcos".[158] *Ivor Harold Jones* trató las parábolas como un aspecto de las preguntas que rodean al género de toda la obra.[159] La obra postumamente

---

153. Beavis, "Parable and Fable".

154. Vouga, *"Parabeln Jesu"*; también idem, *"Jesus als Erzähle"*; idem, *"Überlegungen"*; idem., *"Definition"*.

155. Vea Vouga, *"Definition"*, 77: "Las fábulas de Esopo son historias pedagógicas y morales. Los relatos de la tradición de Jesús, sin embargo, contienen un giro divertido por el cual pertenecen más bien a la tragicomedia". Por otro lado, Jülicher, *Gleichnisreden* I, 101.

156. Vea Sellin, *Studien;* idem., *"Lukas"*; cf. vea tambien Gerhardsson, *"Parables"*.

157. Kingsbury, *Parables of Jesus*, 31: "Sobre la base de estos hechos, podemos ahora definir la función que Mateo asigna la palabra παραβολή en el capítulo 13: Mateo usa la palabra παραβολή y, por tanto, el capítulo de las parábolas tiene en su evangelio un gran "punto de inflexión", y este punto de inflexión puede describirse de la siguiente manera: Jesús ha venido a los judíos predicando y enseñando (4:17, 23; 9:35; 11:1) pero fue rechazado por ellos; En reacción a esto, Jesús dirige una disculpa a los judíos, pero no habla abiertamente, sino en parábolas, es decir, formas incomprensibles de discurso, y así modela un discurso que en forma y contenido (una "apología de la parábola") revela que los judíos ya no son el pueblo privilegiado a los que Dios imparte su revelación, sino que están en juicio por haber desechado a su Mesías".

158. Vea Goulder, *Midrash*.

159. Jones, *Matthean Parables*.

publicada De *Jürgen Roloff*, titulado *Jesu Gleichnisse im Matthäusevangelium*,[160] es un comentario, planificado como parte de una obra más grande, sobre el discurso de la parabólica de Mateo. El trabajo de *Christian Münch* merece atención especial. Münch trató de capturar la función de Mateo como un receptor y narrador de parábolas y así aumentar la estimación de la comprensión de la parábola por un evangelista sinóptico. El género de la parábola debe entenderse claramente basado en el Evangelio y no en el Jesús histórico, sin rechazar en principio la cuestión diacrónica. Utilizando el proceso del análisis del texto narrativo o *critica de la narrativa*, Münch analizó el marco de las parábolas, las introducciones y conclusiones de las parábolas, así como los dispositivos narrativos en ellas. En el trasfondo de este procesamiento contextual, él fue capaz de elaborar no solo el uso intencional del género de la parábola por el evangelista, sino también demostrar que la "teoría de la parábola" en Mateo revela una concepción específica de la forma de una parábola.[161]

Más recientemente, *Lauri Thurén* siguió esa línea e incluso radicalizó el enfoque crítico de la redacción con su libro *Parables Unplugged*, enfocándose en las parábolas de Lucas.[162] Para Thurén, la "lectura desconectada" significa que las parábolas deben leerse solo dentro de su contexto actual (esto es el Evangelio de Lucas) y ser liberadas de cualquier "pregunta de los lectores modernos y la información agregada por ellos".[163] Sobre la base de la teoría moderna de la argumentación (Toulmin), Thurén señala "cinco directrices"[164] para una "lectura desconectada" de las parábolas para demostrar su "función original como piezas de argumentación en su contexto real".[165] Aunque las cuestiones históricas y hermenéuticas no se excluyen categóricamente, Thurén se centra en el nivel del texto mismo. "Uno no debe sobreestimar la necesidad de información cultural que Lucas presupone. ... Así pues, a menos que se demuestre lo contrario, basta

---

160. Roloff, *Gleichnisse.*

161. Vea los detalles en Münch, *Gleichnisse Jesu,* sobre los marcos de la parábola (61-72), la introducciones de la parábola (129-60), los dispositivos narrativos en la parábola (161-248) y las conclusiones de parábola (249-90).

162. Thurén, *Parables Unplugged.* Después de una introducción metodológica, Thurén analiza cuatro historias parabólicas ("El Mal Samaritano", "Persuadir a los Fariseos", "El Administrador Injusto", "Los Inquilinos Malvados"), luego da un "Mapeo General" de las parábolas de Lucas (capítulo 6, 181248) incluyendo varios detalles y tablas, antes de concluir con una observación más general sobre la función persuasiva de las parábolas.

163. Ibid., 41.

164. Ibid., 29. Ver ibid., 22-50 para las "Guidelines for an Unplugged Session": 1) Respete El Corte Del Autor: No Añada Nada; 2) Deje Que La Audiencia Decida El Mensaje; 3) Busque Convenciones Narrativas; 4) Busque El Propósito; 5) Pregunte Al Evangelista Por El Nivel Teológico.

165. Ibid., 374.

con la información con la que proporciona a sus destinatarios en la narrativa y en su contexto más amplio, o que asume que ya poseen".[166] El criterio crucial es el público implícito. La información que no conocen puede distorsionar la historia, aunque sea correcta".[167]

Con este limitado enfoque en la parábola "tal como está",[168] Thurén no está lejos de leer las parábolas como "obra de arte autónoma", que se remonta a la aproximación de Dan O. Via.

Antes de abordar esta perspectiva en particular, quiero abordar el opus magnum de *Klyne R. Snodgrass*, que no es fácil de situar dentro esta cuadrícula, ya que ofrece una guía completa para interpretaciones polivalentes que proporciona materiales históricos y culturales de fondo, así como da la oportunidad para una lectura teológica contemporánea de las parábolas. Por lo tanto, también puede situarse en la perspectiva histórica así como en la orientada al lector. Sin embargo, he decidido ubicarlo dentro del enfoque literario por varias razones: por un lado, el propio Snodgrass sigue siendo escéptico sobre si cualquier reconstrucción histórica de la intención de Jesús, la redacción del texto original, el lugar de la comunicación "tienen las bases suficientes para inspirar confianza".[169] Por otra parte, advirtió que las actividades del lector deberían ser limitadas para evitar "sobre-interpretar" las metáforas o llenar cada vacío con el conocimiento y la teología del lector.[170] "Las parábolas no necesitan ser restringidas, reescritas, domesticadas, psicologizadas, teologizadas con contribuciones cristologicas y de expiación foráneas, descontextualizadas, o controladas. Necesitan que se les permitan hablar y necesitan ser escuchadas".[171] Con esta personificación, Snodgrass demuestra claramente, que los textos de parábola deben ser centrales. No es el contexto histórico, sino el marco narrativo, lo que revela la referencia al ministerio de Jesús. Refiriéndose a Dunn,

166. Ibid., 41.

167. Ibid., 43.

168. Ibid.

169. Snodgrass, *Stories with Intent,* 32: "Las reconstrucciones de las parábolas ofrecidas a nosotros por los estudiosos del NT *nunca* tienen la base suficiente para inspirar confianza. En el mejor de los casos, convencen solo a unos pocos y nunca tienen suficiente amplitud para convertirse en la base del pensamiento ético o la autoridad para instruir a la iglesia o aquellos que buscan entender a Jesús. ... La idea de reconstruir un original no es ni siquiera un objetivo legítimo, y cuanto más se toma en serio la naturaleza de la tradición oral, menos se puede pensar en reconstruir un original".

170. Ver ibid., 28: "*La clave es saber cuándo dejar de interpretar.* Al igual que con la metáfora*, la interpretación de la parábola consiste en entender los límites -y el significado- de la analogía* [cursiva original]". También: "Interpreta lo que se da, no lo que se omite. Cualquier intento de interpretar una parábola basada en eso que no está ahí, es casi seguro que es incorrecto" (ibid., 29).

171. Ibid., 3.

él declara que "el único Jesús accesible para nosotros es el Jesús recordado".[172] Es la historia narrada en sí misma en la que la memoria de Jesús está disponible; y es la historia misma que es convincentemente interesante, desvía la atención, y desarma en un conflicto. "El objetivo final de una parábola es despertar la percepción, estimular la conciencia *y* pasar a la acción. La razón principal por la que las parábolas de Jesús son historias con intención es... que son instrumentos proféticos, la herramienta especialmente de aquellos que tienen un mensaje de Dios".[173]

Por tanto, los enfoques polivalentes ofrecidos por Snodgrass, que incluyen el material de fuente, la información cultural y los rasgos textuales, conducen a una "explicación final de la Parábola" en la que se rechazan las malas interpretaciones exteriores y la "intención" interna y el "reto teológico" son traídos al frente.[174]

ENFOQUE ORIENTADO AL LECTOR Y ENFOQUE TEOLÓGICO

Finalmente, correspondiendo con la tercera dimensión del proceso de comprensión, me gustaría discutir sobre los enfoques de la *respuesta del lector* u *segúnel lector*. La orientación del lector ha sido referida repetidamente en lecturas éticas o existenciales. Los enfoques hermenéuticos de *Ernst Fuchs* y la tesis de su estudiante *Eta Linnemann*[175] sobre el "entrelazamiento" del juicio del narrador y el del oyente o la inclusión de *Georg Eichholz*[176] del oyente en la estructura del texto han ido más allá de su tiempo de la investigación primaria históricamente orientada. Sin embargo, la idea de que los destinatarios no solo eran destinatarios, sino también verdaderos participantes en la narrativa de las parábolas, se ha estudiado más intensamente desde los años setenta.

En particular *Eberhard Jüngel* y *Paul Ricoeur*[177] defendieron el carácter de la parábola como un acontecimiento. "Las parábolas de Jesús son eventos

---

172. Ibid., 35.

173. Ibid., 8.

174. Cada análisis sigue los mismos pasos: 1) Tipo de parábola; 2) Cuestiones que requieren atención; 3) Material útil de la fuente primaria; 4) Características textuales dignas de atención; 5) Explicación de la parábola; 6) Adaptación de las parábolas; 7) Para más lecturas. Vea también las once recomendaciones metodológicas sobre "¿Cómo deben interpretarse las parábolas?", Ibid., 24-31.

175. Vea Fuchs, "Gleichnis und Parabel"; cf. Linnemann, *Gleichnisse,* 35.

176. Vea Eichholz, *Gleichnisse*. Eichholz hace hincapié en "hasta qué punto la parábola 'considera' al oyente, hasta qué punto es válido para él, hasta qué punto es 'producido' por él. El oyente pertenece tan fuertemente a la parábola que se puede decir, que pertenece a la estructura de la parábola". (Ibid., 38, para toda la discusión, véase 17-38).

177. Véase especialmente Ricoeur y Jüngel, *Metapher*; Ahi mismo: Ricoeur, "Philosophische und theologische Hermeneutik", 24-45, e idem, "Stellung und Funktion", 45-70; También idem, "Hermeneutics Biblical" (= "Biblische Hermeneutik").

de alocución en el que el tema de enfoque se ha puesto en palabras en ellos está *completamente* presente porque está presente *como* una parábola".[178] La tensión que se acumula en la estructura metafórica fundamental empuja al lector a liberarlo creando un nuevo significado. A través del acto de recepción, el mensaje del discurso de parábolas de Jesús se libera y en el acto de recepción, crea una nueva comprensión de estar más allá de lo que se encuentra en la realidad cotidiana. El carácter escatológico del ministerio parabólico de Jesús se realiza cuando el poder de lo posible que puede transformar cada realidad aparece de esta manera. Este tipo de carácter de apelación kerigmático de las parábolas puede entenderse como una orientación que proporciona el ímpetu para descubrir la disonancia de la propia existencia. En este proceso, el oyente está motivado para entender a Dios como el poder del amor en el trabajo.[179] O en otras palabras, el oyente se siente motivado a la fe.

Esta interpretación teológica de las parábolas se basa en varias premisas. Por un lado, se basa en la identificación cristológica del narrador de la parábola con el contenido de su mensaje. El narrador de la parábola es la "parábola de Dios".[180] Esto se manifiesta sobre todo a través de la narrativa integrada de las parábolas en los Evangelios. De este modo, las parábolas aparecen no solo "como citas añadidas a un texto",[181] sino que el narrador de parábolas es también el "narrador narrado" que fue introducido como un "héroe". Según Ricoeur, esta conexión entre el héroe del Evangelio narrado y el hablante de las parábolas dan a la interpretación cristológica de las parábolas su poder revelador de la realidad.[182] Finalmente, la inclusión dentro de un canon mayor de parábolas de Jesús es definitiva para la constitución del significado. Las parábolas entonces "tienen significado... solo si se consideran en conjunto. La parábola aislada es un producto artificial del método histórico-crítico. Las parábolas constituyen una colección, un 'corpus', que solo adquiere un significado comprensivo en su totalidad".[183]

Tomando de otras disciplinas académicas, desde entonces ha sido posible describir y elucidar la orientación del lector en la comprensión de la parábola que fue formulada lingüística y existencialmente por Ricoeur y Jüngel. Al hacerlo, se ha dado especial importancia a *las teorías de la comunicación* que se aplicaron de diversas maneras a las parábolas de Jesús. *Tulio Aurelio*[184] tomó la teoría del acto

---

178. Jüngel, *Paulus und Jesus*.

179. Véase Jüngel, *Paulus und Jesus*, 196: "El poder del gobierno de Dios se concreta como el poder del amor en el ministerio de Jesús".

180. Vea Jüngel, *Gott*, 470-96, particularmente 491, 495. Vea tambien idem, "Problematik".

181. Ricoeur, "Biblische Hermeneutik", 314.

182. Ibid., 314-15.

183. Ibid., 310.

184. Vea Aurelio, *Disclosures*.

alocución de Austin y Searle y miró las parábolas como "actos de discurso de ejercicio" que no solo discuten un tema sino que también lo ponen directamente en acción. En las parábolas, el reino de Dios estaba destinado a ser nombrado y establecido argumentativamente, pero lo más importante, era que, en el acto de recepción, este también se hacía visible y eficaz.[185] El discurso evocador de las parábolas conduce así a un compromiso personal y una visión holística, la cual es ilustrada por Aurelio, usando la teoría de la revelación de I. T. Ramsey.[186] La "revelación original" de Jesús podría ser considerada como la base de estas situaciones de descubrimiento y el lugar cristológico a los cuales se dirigen los actos individuales del oír:

> Comprender significa... más que 'darse cuenta'. Comprender significa llegar a la revelación–realizarse e involucrarse uno mismo. Así, el oyente participa en la revelación de Jesús y entra en una relación positiva con él. La relación positiva con Jesús puede llamarse 'seguir' a Jesús o 'discipulado' o 'fe' o finalmente 'comunidad' con Jesús.[187]

El objetivo de la comprensión de las parábolas no es nada menos que entrar en una relación o en la fe con Jesús.

Para *Hubert Frankemölle*[188]y especialmente para *Edmund Arens*,[189] las parábolas son acciones lingüísticas que se caracterizan por tres elementos: "Son las acciones de un hablante en relación con sus oyentes por medio de textos que todos tienen un tema".[190] Las parábolas de Jesús se encuentran en situaciones concretas de comunicación (por ejemplo, Jesús con los fariseos) en las que Jesús aborda el tema de "la realidad de Dios y la *basileia*" mediante el discurso indirecto y práctico.

Como textos ficticios, los textos metafóricos rompen con la realidad de la vida cotidiana, es decir, la construcción social establecida y sancionada de la realidad con la que entran en contacto, y crean imaginativamente una nueva realidad en la que el oyente es invitado y desafiado a participar.[191]

Christoph Kähler profundizó el aspecto comunicativo de las parábolas de una manera diferente. Él les atribuyó un efecto transformador y terapéutico y los clasificó como "fenómenos del discurso curativo".[192]

---

185. Ibid., 106.

186. Ibid., 32.

187. Ibid., 137.

188. Frankenmölle, "Kommunikatives Handeln".

189. Arens, *Handlungen;* idem., "Metaphorische Erzählungen".

190. Ibid., 13.

191. Ibid., 333-34.

192. Kähler, *Jesu Gleichnisse*, 125.

Las parábolas, como metáforas, consolidan insustituiblemente las declaraciones sobre el status quo. De esta manera, asumen funciones cognitivas. Al mismo tiempo, son análogas al instinto del juego y al placer estético porque tratan con el mundo que está atrapado en las necesidades del lenguaje terminológico de una manera inusual. Representan claramente una forma creativa de protesta contra la mudez y el silencio ambiguo. Al mismo tiempo, crean una identidad para la comunidad lingüística en un mundo asustadizo que no es o no puede ser interpretado.[193]

Los procesos de desarrollo y transformación del receptor no son llamados por la estética de estos textos en el sentido de belleza, sino más bien a menudo por su incomodidad y oposición. *John Dominic Crossan* habló en su segundo libro acerca de las parábolas sobre un choque entre las expectativas del lector y el habla de parábolas, y utilizó la metáfora apropiada de los "acantilados de la caída" para describir el efecto paradójico de las parábolas.[194] Del mismo modo, *Unmoralische Helden*,[195] Tim Schramm y Kathrin Löwenstein demostraron que las parábolas objetables en particular son las que atraen más la atención del lector a través del "efecto alienación" y luego llevan al lector a la comprensión liberadora. "él debe distanciarse de lo normal, debe cuestionar los estándares conocidos de orientación, estudiar los prejuicios y, por lo tanto, en un estado de ser perturbado y liberado por la percepción gobernada por la automatización, por las limitaciones de lo normal, él debe reconocer lo viejo como viejo y aprender algo nuevo".[196]

Incluso antes de Crossan, *Mary Ann Tolbert* (1979) había valorado positivamente la pluralidad encontrada en la interpretación de las parábolas y la describió como una teoría de interpretación polivalente.[197] Las parábolas requieren interpretación tanto en consideraciones semióticas como retóricas:

> En términos del modelo semiótico, el texto de parábola indeterminado requiere que el intérprete suministre el significado de segundo orden para completar el proceso de significación en el trabajo dentro de la historia. Del mismo modo, el modelo retórico revela la ausencia de un tenor en el movimiento de tipo epifórico de la parábola, una ausencia que hay que remediar para que la historia funcione metafóricamente. ... Las parábolas obligan a la participación activa del intérprete, sea o no consciente de su implicación. ... Las percepciones particulares, los entendimientos y los valores del intérprete forman parte del proceso interpretativo.[198]

193. Vea ibid., 34-35.

194. Crossan, *Cliffs of Fall*, 67: un choque entre "la estructura de la expectativa del calentador y la estructura de la expresión del que habla".

195. Vea Schramm y Löwenstein, *Unmoralische Helden*.

196. Ibid., 154.

197. Tolbert, *Perspectives*.

198. Ibid., 67, 69.

Este tipo de participación del lector en el proceso de comprensión prohíbe la interpretación lineal de una parábola, como explica Tolbert con el ejemplo de dos interpretaciones divergentes del Hijo Pródigo. Ella llega a la conclusión siguiente:

> De este modo, nuestro primer principio de interpretación propuesta de una manera efectiva restringió la gama de interpretaciones probables y apropiadas, mientras que al mismo tiempo alentaba la obra de la hermenéutica moderna a explotar la polivalencia de las parábolas.[199]

Esta apertura en el proceso hermenéutico ha sido repetidamente mencionado, especialmente en la investigación de parábolas en inglés, y fue dada programáticamente como el principio principal del volumen colectivo editado por *V. George Shillington*: "Es en el carácter de una parábola de Jesús, como en la pintura de un artista o el poema de un poeta, evocar respuestas mezcladas, y por lo tanto interpretaciones polivalentes".[200]

Dieter Massa ha intentado explicar cómo estos diversos procesos de comprensión trabajan basándose en la metáfora cognitiva y la teoría lingüística. Su hipótesis es que "partiendo de los elementos de textos individuales y procediendo a través de procesos inferenciales, los complejos conceptuales se actualizan yendo más allá de la narrativa y gobiernan una transformación de la construcción de significado".[201] El receptor activa conocimiento fuera del texto debido a las señales de transferencia de los textos parabólicos, así como sus contextos. Este conocimiento se introduce en la construcción teológica del significado y es necesario para lograr la transferencia metafórica del significado más allá del nivel de la imagen. Así pues, el significado solo se produce a través de esta interacción entre el texto y el receptor y no puede determinarse objetivamente.[202]

La hermenéutica de la respuesta del lector de Massa es retomada por *Kurt Erlemann* en su libro de texto pero está ligada a los contextos históricos a través de una interconexión consciente de las perspectivas del autor y el lector.[203] La reconstrucción del contexto histórico es, para Erlemann, tan necesaria como la percepción del papel activo del receptor en la creación del sentido.[204] La conexión entre aspectos históricos y orientados al destinatario está predeterminada por el

---

199. Ibid., 116.

200. Hillington, "Parables", 17-18. Véase antes Crossan, *Cliffs of Fall*, 102, como en el subtítulo.

201. Massa, *Verstehensbedingungen*, 146.

202. Ibid.

203. Erlemann, Gleichnisauslegung, 173: "Al corregir un punto de vista puramente respuesta del lector, la perspectiva del autor y del lector debe estar entretejida". La obra de Erlemann pudo haberse publicado antes, pero la monografía de Massa es una disertación que fue aceptada en el verano de 1998 por la Facultad de Teología de la Universidad de Heidelberg.

204. Vea especialmente ibid., 171-75.

texto y la función orientada al destinatario del autor mismo: "provisto que la intención del autor, su interés teológico y pragmático sea reflejado en la formulación y estructura de los textos. Y de hecho, de tal manera que las respectivas señales de texto (indicadores) sean reconocibles para el lector. El autor proporciona un marco de significado a través de la inclusión en el texto y a través de señales internas para la parábola".[205] Así, Erlemann desarrolla un método de interpretación que integra la "definición del género" "análisis de la trama narrativa interna", "reconstrucción de la convención lingüística", "desarrollo del marco temático de relación" y "procesamiento de la pragmática textual".[206] La comprensión de la parábola no es tan solo el resultado del "procesamiento lingüístico cognitivo", sino también requiere una "voluntad existencial a seguir".[207] En una obra más reciente,[208] Erlemann explora una guía de cinco pasos para la exégesis de la parábola, incluyendo elementos lingüísticos y retóricos,[209] que finalmente conducen a una interpretación teológica cuádruple[210] parecida al modo cuádruple medieval de la interpretación bíblica (literal, alegórica, moral, anagógica).

Las obras de *Mary Ann Beavis* y *Tania Oldenhage* están menos interesadas en explicar el proceso hermenéutico o la diversidad interpretativa de una variedad de lectores diferentes que en las lecturas relevantes para un grupo específico de lectores, especialmente las mujeres cristianas en la era posterior al holocausto. Beavis considera que la perspectiva de las mujeres es particularmente relevante; ya sea que las mujeres sean partícipes en el nivel narrativo de la parábola o lectores que la reciben. En su antología, ella y otras exegetas exclusivamente femeninas han considerado principalmente textos de parábolas en los que las mujeres son personajes de la trama, como la moneda perdida (Lucas 15: 8-9), la viuda persistente (Lucas 18: 2-5), o la jarra vacía (Evangelio de Tomás 97).[211] La introducción informativa también proporciona una reflexión sobre la hermenéutica de la interpretación de

---

205. Ibid., 174.

206. Vea con explicaciones "Methodik der Gleichnisauslegung" en ibíd., 175-217. Los términos alemanes son: "Gattungsbestimmung", "Analyse des bildinternen Erzählgefälles", "Rekonstruktion der Sprachkonvention", "Erschließung des thematischen Bezugrahmens", y "Erarbeitung der Textpragmatik".

207. Ibid., 173.

208. Vea Erlemann, "Biblisch-theologische Gleichnisauslegung".

209. Ibid., 52–55: "Ermittlung der erzählinternen Pointe", "Ermittlung des Gleichnistyps", "Ermittlung des Spiels mit konkurrierenden Erfahrungen", "Dekodierung von Metaphern und Bildfeldern", and "Ermittlung der sachbezogenen Pointe und der 'Sache'".

210. Segun Erlemann, "El meollo de las parábolas, es por tanto, lo que es el enfoque de la teología... un conjunto complejo de la experiencia teológica. Una distinción debe ser de al menos cuatro niveles: 1) el nivel propiamente teológico; 2) el nivel cristológico...; 3) el nivel escatológico...; 4) el nivel ético". Ibid., 55-56.

211. Beavis, *The Lost Coin.*

las parábolas feministas que revelan que el lector tiene una influencia directa en el resultado del proceso de lectura.[212]

Oldenhage toma la orientación del lector de las parábolas de Jesús tan en serio que el tema, la ubicación, y el tiempo de la lectura afectan definitivamente al proceso de comprensión.[213] Una lectura contemporánea orientada al lector de las parábolas, por supuesto, no puede ignorar el holocausto. En reacción a los matices antisemitas que se oyen repetidamente en la segunda mitad del siglo XX, por ejemplo, en la tradición de la interpretación de la parábola de los obreros de la viña (Marcos 12: 1-12), ella desarrolla una "hermenéutica bíblica posterior al holocausto" que no niega las tensiones entre el anti judaísmo cristiano y la *Shoah* sino que reflexiona sobre ellas hermenéuticamente.

Las *interpretaciones explícitamente teológicas de las parábolas*, las cuales me gustaría clasificar en la perspectiva orientada al receptor, no se centran menos en una posición particular que las obras de Beavis y Oldenhage, aun cuando la dirección de su interpretación es bastante diferente. *John R. Donahue* trabaja con la hermenéutica narrativa-metafórica de Ricoeur y desarrolla el modelo de los "textos en contexto" del Evangelio, un contexto que solo fue sugerido por Ricoeur. Lo hace analizando las parábolas centrales de cada uno de los Evangelios Sinópticos con referencia a toda la obra.[214] En el capítulo final, Donahue quiere atraer la diversidad teológica de las parábolas en una unidad canónica buscando en la interpretación contemporánea "el evangelio en parábola".[215] Esto se desarrolla en un manual para predicar con parábolas.

La extensa obra de *Arland J. Hultgren*[216] proporciona un marco interpretativo teológico-eclesiástico explícito: "El estudio presente se lleva a cabo principalmente para interpretar las parábolas de Jesús dentro de la iglesia cristiana".[217] Esto también expresa la primacía del texto sobre la situación histórico de origen. Los Evangelios canónicos representan el marco al que toda interpretación de las parábolas debe referirse.[218] Sin embargo, para Hultgren, esto no es de ninguna manera una limitación de la libertad interpretativa o la polivalencia de la interpretación. Por el contrario, el proceso de comprensión no llega a su fin:

---

212. Vea Beavis, "Introduction".

213. Oldenhage, *Parables for Our Time*, 145: "Who is reading the parable? When, where, and how does this reading takes place?"

214. Donahue, *Gospel*, here: on Mark: 28–62, on Matt.: 63–125, and on Luke: 126–93.

215. Idem., 194–216.

216. Hultgren, *Parables*.

217. Ibid., 17.

218. Vea ibid.: "La iglesia considera los textos canónicos de la Escritura como autoritarios, no el Jesús de la reconstrucción de uno mismo".

(Las parábolas) continúan provocando interpretaciones que, aunque son similares, ciertamente no son todas idénticas, ni deberían de serlo. Las interpretaciones siguientes son, por lo tanto, apenas exhaustivas y definitivamente no concluyentes.[219]

Craig L. Blomberg[220] intenta una inusual síntesis en la interpretación de la parábola con la que le gustaría superar una polarización introducida por Jülicher. Por un lado, comienza con la premisa de que las parábolas sinópticas pueden considerarse como las "auténticas palabras de Jesús". Mientras que por otro lado, apoya la idea de que estos textos siempre han demostrado una estructura alegórica subyacente. En sus propias palabras, el defiende "dos tesis principales: las parábolas Sinópticas atribuidas a Jesús son alegorías y son auténticas".[221] La reflexión sobre la teoría en la primera parte, que en gran medida se dedica a la rehabilitación de la alegoría, y el análisis del sentido y el significado de las parábolas individuales en la segunda parte conducen finalmente a una "teología de las parábolas",[222] que se dividen en tres subsecciones. Dentro de la primera subsección, denominada clasificación, Blomberg quiere agrupar diferentes pasajes de manera tópica. Esta clasificación resulta en una triple perspectiva: "Enseñanza sobre Dios", "Enseñanza sobre el pueblo de Dios", y "Enseñanza sobre los que no son el pueblo de Dios".[223] Segundo, el concepto que encapsula mejor toda esta enseñanza es el reino de Dios: la dinámica de Dios y su reinado personal en todo el universo, una pauta que organiza una comunidad de seguidores fieles para modelar sus mandatos para la creación".[224]

Más allá de esto, y quizás el más desafiante, las parábolas según Blomberg expresan una "Cristología implícita",[225] que significa que "Jesús estaba enseñando más general e implícitamente su propia misión e identidad a través de las imágenes de las parábolas".[226] Blomberg argumenta en varios niveles para sus tesis: Jesús justifica sus "acciones escandalosas" (por ejemplo, la comunión de mesa con los pecadores) al referirse al comportamiento similar a Dios.[227] Además, las parábolas mismas traen división entre la audiencia de Jesús y el "discurso parabólico que

---

219. Ibid., 19.

220. Las referencias a siguientes son para la segunda edición revisada Blomberg, Interpreting the Parables (primera edición de 1990, véase también la traducción al alemán de la primera edición, *Gleichnisse Jesu*).

221. Vea Ibid., 151.

222. Vea Ibid., 408-46 (vea *Gleichnisse Jesu,* cap. 9, 261-96).

223. Vea Ibid., 414-15.

224. Vea Ibid., 445.

225. Vea Ibid., 434-45.

226. Ibid., 438.

227. Vea Ibid., 439-41.

incluye afirmación auto-referenciales".[228] Así, las parábolas de Jesús plantean la cuestión cristológica, y aún más, si varias figuras (como el Rey, el pastor, etc.) se refieren a Dios, y Jesús actúa como Dios lo hace, "entonces en cierto sentido Jesús debe estar reclamando prerrogativas divinas".[229]

De la misma manera que el público de Jesús "debe decidir si acepta estas afirmaciones y le adorar o las rechazar como equivocadas e incluso como blasfemias",[230] así también los lectores actuales tenían que decidir si aceptan este requisito o si lo rechazan. Las parábolas funcionan hoy en día de la misma manera que en tiempos anteriores. No dejan un terreno imparcial sino que plantean a sus lectores esta pregunta decisiva.

En última instancia, la orientación explícita del lector encuentra aplicación específica en los enfoques práctico-teológicos, *homiléticos* o *didácticos* de la interpretación de las parábolas. La "didáctica de las parábolas" representa un campo específico de la hermenéutica de la parábola teológica práctica en el contexto de las escuelas.[231] Si bien *Karlheinz Sorger*[232] estaba comprometido con las pautas exegéticas de la tradición de Jülicher, el intentó conectar el "mundo infantil de la experiencia" a través de los principios fundamentales de constelaciones antropológicas (por ejemplo, "comunidad y extraños") con el mundo de la experiencia de los primeros oyentes.

Chris Hermans tomó un nuevo camino cuando conectó explícitamente su teoría de la comprensión de la parábola con la investigación empírica y la afirmó con trabajos generales sobre la comprensión de las parábolas por los niños.[233]

Según Hermans, el objetivo no es explicar las parábolas, sino más bien enseñar y "aprender a entender parábolas y similitudes".[234] El justifica la "comprensión" de tal manera que los niños deben de ser capaces de crear de manera independiente una transferencia entre los acontecimientos de la narrativa de la parábola y el contexto narrativo (*Sachhälfte*), que solo el 5 por ciento de los niños de prueba en el séptimo grado pudieren hacer. La conclusión resultante de que ciertos requerimientos cognitivos formales y operacionales son necesarios para la comprensión de las parábolas, sin embargo, ha sido cuestionada por estudios más

---

228. Vea Ibid., 440.

229. Ibid., 446.

230. Ibid., 449.

231. Véase el número especial de la revista "Evangelischer Erzieher" 41/5 (1989), también la reseña en
Müller y Heiligenthal, *Arbeitsbuch*, 48-73.

232. Sorger, *Gleichnisse im Unterricht*.

233. Vea Hermans, *Gleichnisse*.

234. Ibid., 163-208.

recientes sobre la comprensión de las parábolas.[235] No hace mucho, el estudio de *Joachim Theis* retomó el tema empírico. Estudió la recepción de la parábola de El Buen Samaritano entre unos mil estudiantes de los grados diez, once y doce y demostró que la comprensión de los argumentos narrativos, la constelación de personajes y el dilema de la parábola permanecen proporcionalmente vinculados al texto.[236]

El libro de *Peter Müller, Gehard Büttner, Roman Heiligenthal* y *Jörg Thier-felder*, que fue conceptualizado como un libro de texto, considera que el concepto de elementarización de Klafki es particularmente adecuado "para tener en cuenta los diversos aspectos del tratamiento de las parábolas en la clase religiosa, tales como la exégesis y la psicología del desarrollo".[237] De acuerdo con Müller et al., en la didáctica de las parábolas, la elementarización debe ser descrita como un proceso que coloca los campos de la elementarización concernidos con los textos en correspondencia con los relacionados a los estudiantes e intenta hacer su relación interactiva útil para la clase de religión. La interpretación erudita y la tradición interpretativa Cristiana pueden servir en este proceso como dimensiones reguladoras que acompañan al proceso de comprensión principalmente abierta a los niños y jóvenes "sin limitar desde el principio la posible diversidad de interpretaciones e ideas".[238]

Un enfoque diferente es adoptado por mi esposa y yo bajo el encabezado "didáctica mimética",[239] que toma la medialidad, la forma literaria de los textos, como punto de partida para cerrar la brecha entre la Biblia y el lector. Los diversos elementos que constituyen el género de la parábola pueden inspirar el proceso didáctico, que se explorará con algunos ejemplos. La *narración*, por ejemplo, puede estimular el relato, la modificación y la transmisión de los textos del Nuevo Testamento. En la replicación mimética se conservan los elementos básicos de la mimesis poética (Aristóteles)–las estructuras, la rigurosidad de la trama, la constelación de personajes, etc. La *ficcionalidad* de las parábolas desafía a uno a seguir trabajando creativamente, por ejemplo, pensando en nuevas visiones para el reino de Dios u otras historias. Debido a que las parábolas describen eventos *realistas*, también nos invitan a buscar en ejemplos actuales de las experiencias del

235. Vea Gardner, Winner, Bechhofer et al., "Figurative Language'" Pfeifer, *Kinder*.

236. Theis, *Biblische Texte*.

237. Müller y Heiligenthal, *Arbeitsbuch*, 63. Véase también la explicación de su "concepto integrador", ibid., 74-81, así como la discusión de las parábolas individuales sobre la base de la estructura elementarizante.

238. Ibid., 78.

239. Vea Zimmermann y Zimmermann, "Mimesis in Bible Didactics", véase también Zimmermann, "Gleichnisse / Parabeln Jesu". Véase Parris similar e independientemente, "Imitating The Parables".

mundo real de los niños y jóvenes que son apropiadas como fuentes de dominios para declaraciones religiosas. La didáctica de la parábola mimética ofrece una invitación para inventar nuevas parábolas que incorporen todos los aspectos de las parábolas bíblicas y también las presenten de una nueva manera. Este proceso no solo imita el material bíblico de las parábolas, sino que también se atreve a hablar de Dios de una manera nueva usando las imágenes del mundo. Mimesis hace posible ir mucho más allá de los mundos parabólicos bíblicos (por ejemplo, incluir el mundo electrónico y el mundo de los medios de comunicación).

Hay muchos libros que ofrecen a los pastores y teólogos una guía accesible de las parábolas de Jesús con el fin de ayudarles a preparar sermones y aplicarlos en su trabajo pastoral. Además, algunas de las publicaciones ya mencionadas tienen también intereses didácticos u homiléticos (entre otros) como elementos de sus discusiones.[240]

Dentro del contexto alemán, el libro comprensivo de *Otto Knoch*[241] sigue una meta práctico-teológica en la interpretación de la parábola:

> Las parábolas de Jesús no solo quieren ser entendidas, sino ser tomadas en serio, su mensaje debe der ser contestado, traducido a la vida y vivido. Por lo tanto, el esfuerzo de encontrar el significado de una parábola no debe permanecer solo en el pensamiento, en la comprensión intelectual. Debe continuar con el procesamiento espiritual y la implementación en la vida real.[242]

Koch identifica cuatro áreas de uso en las que las parábolas pueden ser efectivas: enseñanza, estudio bíblico, meditación, y lectura personal y espiritual de las Escrituras. En cada una de estas áreas, hay diferentes niveles en los que la comprensión del texto de la parábola puede llevarse a cabo metodológicamente.[243] Según *Martin Dutzmann*, la eficacia de las parábolas en la apertura de la comunicación puede ser particularmente útil en el estudio del sermón.[244]

Una de las obras en inglés más recientes que aparece publicado es la estimulante e inspiradora monografía escrita por *Richard Lischer*.[245] El eligió conscientemente la "lectura" como título, porque mientras que "la *interpretación* liga a la persona promedio en nudos ... *leer* nos da un espacio para respirar. Nos recuerda que ninguna parábola de Jesús ha encontrado jamás su interpretación

---

240. Vea por ejemplo, Snodgrass, *Stories with Intent*.

241. Vea Knoch, *Wer Ohren hat, der höre*.

242. Ibid., 64.

243. Por ejemplo, en la adquisición meditativa, se dan una serie de ocho pasos, cuyo objetivo es un encuentro espiritual con el mensaje del texto.

244. Dutzmann, *Gleichniserzählungen*, 181: "La parábola narrativa abre la comunicación".

245. Lischer, *Reading the Parables*. Richard Lischer es profesor de predicación/homilética en Duke Divinity School.

definitiva e incuestionable".[246] Según Lischer, una parábola no puede ser limitada a "un significado exclusivo, ni a un significado que no esté relacionado con el medio en el que se originó o la situación de los que lo leen. La lectura comienza con escuchar atentamente el texto y dejarse perplejo por él. La lectura viene en una avalancha de percepciones, incluyendo mensajes mixtos y simultáneos, así como ecos de otra literatura y de la experiencia propia".[247]

Pero el enfoque de Lischer no solo refleja la apertura de los lectores posmodernos, así como trata cuidadosamente con el proceso de leer parábolas en la historia. Por lo tanto, el incluye un capítulo "leyendo las parábolas con Marcos, Mateo y Lucas",[248] contiguo a la lectura de las parábolas "con los santos" (incluyendo a Agustín, Lutero, el Rey, o los hombres y mujeres de Solentiname).

Dentro de las parábolas, Jesús ofreció un "lente a través de la cual vislumbrar la presencia real y actual de lo Divino en la situación ordinaria que describe. Así, sus parábolas no consagran un cuerpo de verdades, sino que sugieren un *método* para acercarse y experimentar la verdad".[249]

---

246. Ibid., 2.
247. Ibid.
248. Ibid., capítulo 3, 69-112.
249. Ibid., 11.

3

ENFOQUE HISTÓRICO: LAS PARÁBOLAS COMO MEDIO PARA RECORDAR A JESÚS

Jesús habló en parábolas. Esta declaración fundamental genera un amplio consenso en la erudición de Jesús. Sin embargo, por el contrario, no hay consenso en cuanto a la forma en que la erudición alcanza esta conclusión, en qué se basa, cómo está salvaguardada o cuáles conclusiones históricas o teológicas están conectadas con ella.

Este capítulo comenzará a demostrar cuán estrechamente se relaciona la investigación de las parábolas con los estudios del "Jesús histórico" y el papel que estos desempeñan en las diversas fases de esta área de erudición. Dentro de la erudición de Jesús, está surgiendo un cambio de paradigma desde el Jesús "histórico" al Jesús "recordado". Comenzando con este cambio de perspectiva, nos preguntaremos si las parábolas pueden ser reposicionadas dentro de los estudios de Jesús orientados a la memoria. Al hacerlo, las parábolas serán evaluadas como medios para recordar a Jesús; medios por los cuales, con su forma lingüística específica, funcionan como creadores de tradición, comunidad y significado.

LAS PARÁBOLAS Y LA BÚSQUEDA DEL JESÚS HISTÓRICO

La investigación de las parábolas está estrechamente ligada a la búsqueda del Jesús histórico. Las parábolas siempre han desempeñado un papel central en la búsqueda del Jesús terrenal.[250] A lo largo de las diversas etapas de los estudios históricos de Jesús, los eruditos han acordado que las parábolas representan una forma auténtica del habla de Jesús.[251] Este hallazgo es aún más notable porque los estudios históricos de Jesús, con su potencial crítico, se distinguieron por clasificar partes de la tradición canónica de Jesús como "falsas" o "no auténticas", lo que llevó a la carga de prueba sobre aquellos que deseaban afirmar la autenticidad de los elementos integrados en la extensa tradición literaria.[252] Sin embargo, este no es el caso de las parábolas. A pesar de los debates sobre los aspectos individuales de su perfil y forma en el canon, fueron y siguen siendo el "fundamento"[253] o el "núcleo de la enseñanza de Jesús",[254] , al menos en lo que respecta a su ser, sin duda un componente constitutivo del ministerio de Jesús. En esta línea, Bernard Brandon Scott sostiene que, en el caso de las parábolas, la autenticidad puede ser asumida mientras que la inautenticidad debe ser probada: "(Para las parábolas)

---

250. John D. Crossan declara: "El estudio contemporáneo del Jesús histórico comenzó con la investigación de sus parábolas". Véase http://www.westarinstitute.org/Polebridge/polebridge. html en "Funk on Parables". Además Crossan, *Parables of Jesus",* 248: "Desde el principio ha sido claro para mí que mi interés estaba en las parábolas por causa de Jesús, no en Jesús por casusa de las parábolas".

251. Vea, por ejemplo, Meier, *Marginal Jew vol. 2,* 145: "Que las parábolas eran una forma privilegiada de la enseñanza de Jesús es un hecho aceptado por casi todos los buscadores de el Jesús histórico, por mas que puedan diferir entre sí cuando se trata de interpretar las parábolas. La abundancia de parábolas en la tradición sinóptica, distribuida entre todas las fuentes, además de la ausencia de otras parábolas artísticas en el NT, argumenta bien el origen de muchas parábolas del evangelio en la enseñanza de Jesús, aunque no todas".

252. Vea, por ejemplo, Käsemann, *"Das Problem",* 203: "Debido al trabajo sobre la historia de las formas, nuestro cuestionamiento se ha intensificado y ampliado tanto que ya no tenemos que examinar y hacer creíble la autenticidad del bien individual, sino más bien la autenticidad del bien individual". Además Perrin, *Enseñanza de Jesús,* 39: "(cuando nosotros) hacemos la pregunta de si este dicho ahora debe atribuirse a la iglesia primitiva o al Jesús histórico ... *la naturaleza de la tradición sinóptica es tal que la carga de la prueba será sobre la demanda de autenticidad"* (cursivas en el original).

253. Véase la citada declaración de Jeremías, *Parábolas* 7: "El estudioso de las parábolas de Jesús, tal como nos han sido transmitidas en los tres primeros evangelios, puede estar seguro de que se apoya en un fundamento histórico particularmente firme. Las parábolas son un fragmento del fundamento original de la tradición. "Similar Theißen y Merz, *Der historische Jesus,* 304:" Por tanto, todavía es cierto: Las parábolas son piedra angular de la tradición".

254. Véase Hahn, *Theologie,* 67; Además Hengel y Schwemer, *Jesus und das Judentum,* 396 (con referencia a Jülicher): "Las parábolas son consideradas como el centro real de la proclamación de Jesús, y según el consenso general de la investigación tienen casi sin excepción un núcleo genuino que se remonta al mismo Jesús". También Snodgrass, *Stories with Intent,* 31: "Estoy convencido, sin embargo, de que las parábolas son de hecho el lugar más seguro donde tenemos acceso a la enseñanza de Jesús".

la carga de prueba (recae) sobre el que pretendiera reclamar que la estructura originadora de una parábola no es de Jesús".[255]

El "Jesús histórico" hablaba en parábolas. Con esta declaración uno refleja un amplio consenso y forma la primera oración de este capítulo con una visión hacia y enfocándose en los estudios histórico de Jesús. Sin embargo, las diferentes etapas de los estudios de Jesús han construido esta convicción básica sobre fundamentos divergentes. Estos fundamentos diferentes se ilustran a continuación en una discusión de algunos representantes de cada una de las etapas de la investigación.

Las parábolas en la primera etapa de los estudios históricos de Jesús (Strauß, Jülicher)

Dos convicciones fundamentales son reveladas en las primeras fases de los estudios de Jesús en el llamado liberalismo alemán clásico: 1) Las parábolas son las palabras auténticas de Jesús[256] y 2) las parábolas son características de las enseñanzas o la proclamación de Jesús.

David Friedrich Strauss (1808-1874)[257] estaba convencido de que las parábolas pueden ser consideradas como "la parte más auténtica de las palabras de Jesús que permanecen hoy".[258] Él se dedicó a las parábolas especialmente en su examinación de "la enseñanza de Jesús". Según Strauss, "por un lado, la profundidad de la mente religiosa de la que brotaron las palabras y, por otra parte, la simple naturalidad de su forma"[259] eran características de las palabras de Jesús. "El modo de expresión es siempre sencillo, animoso y descriptivo. Los ejemplos se toman de la vida, las imágenes de la naturaleza. Siempre son bien elegidos y, a menudo, ejecutados poéticamente".[260] Él vio esta forma de enseñanza de Jesús

---

255. Scott, *Hear then The Parable*, 63. Scott presenta tres argumentos para esta "inversión" de la carga de la prueba: 1. El género de la parábola se encuentra en la Biblia Hebrea pero en gran parte desconocido en la literatura Helenística; 2. No se encuentran parábolas en la tradición farisaico-rabínica antes del 70 EC; 3. Las parábolas rara vez se encuentran en el desarrollo de la tradición Cristiana (están presentes solo en Q, los evangelios sinópticos, *Evangelio de Tomás y el Ap. Jas.*), Ibid., 63-64. Esta evaluación es aceptada por Crossan, *Parables*, 249.

256. Así también Baur, *Christentum*.

257. Theißen y Merz localizan a Strauß en la primera fase de su "Modelo de Cinco Fases" de los estudios históricos de Jesús bajo el título *"Die kritischen Anstöße zur Frage nach dem historischen Jesus durch* H. S. Reimarus y D. F. Strauss", vea Theißen y Merz, *Der historische Jesus*, 22-23. 10. Ibíd., 320.

258. Strauss, *Leben Jesu*, 322 (refiriéndose a las siete parábolas en Mateo 13).

259. Ibíd., 320.

260. Ibíd., 322.

reflejada particularmente bien en las parábolas: "El aspecto poético prevalece aún más en las parábolas. A Jesús le gustaba usar esta forma para su enseñanza, tanto para atraer a las personas a través de las imágenes como para dar a los más receptivos entre ellos la oportunidad de ejercer sus facultades de comprensión y pensamiento crítico".[261] De acuerdo con Strauss, las parábolas tienen una función tanto misionera como pedagógica. Su intención no es ensalzar el significado en el misterio,[262] sino que pueden y deben ser entendidas en su simplicidad y claridad.

Adolf Jülicher (1857-1938) adoptó estas ideas y se basó en ellas, vinculándolas a las ideas de la crítica de las formas y la crítica de las fuentes en su obra magna, *Die Gleichnisreden Jesu*, que apareció a finales del siglo XIX (volumen 1: 1886; volumen 2: 1899).[263] Este trabajo paradigmáticamente representa el papel de las parábolas en el marco de los estudios históricos de Jesús de esa época.

Jülicher también sostuvo la creencia fundamental de que "los discursos de las parábolas en la tradición evangélica pueden atribuirse a Jesús mismo", y "que son algunos de los discursos más seguros, transmitidos por Jesús a los que tenemos acceso".[264] Sin embargo, los Evangelios no conservaron las parábolas sin cambios. Jülicher vio una diferencia fundamental entre las parábolas de Jesús y la tradición de parábola en los evangelios; una diferencia que, para Jülicher, es particularmente aparente en el evangelio de Juan, que proporciona solo "explicaciones de las parábolas".

"El período de registro de las parábola terminó antes que Juan. Debido a que faltaban las condiciones necesarias para un período de adaptación a las parábolas, lo que siguió fue un período de explicación de las parábolas".[265] Según Jülicher, las parábolas sinópticas también difieren claramente de las propias palabras de Jesús. "Las parábolas de los evangelios no pueden equipararse necesariamente con las que Jesús dijo".[266] Jülicher explicó las diferencias, citando el hecho de que las palabras arameas de Jesús fueron traducidas al griego. Pero aún más decisiva fue la formación literaria de los evangelistas, quienes cambiaron las parábolas de Jesús y, en la evaluación de Jülicher, las corrompieron.[267] "Cualquiera que exa-

---

261. Ibíd., 322. Vea también su discusión de algunas parábolas particulares ibíd., 322-28.

262. Véase ibíd., 322, n. 1: "Que Jesús, por otra parte, haya escogido esta forma para entender el secreto de la esconder el reino de los cielos de la gente, y así cumplir la profecía de Isaías 6:9 (Mateo 13:10-15), es solo la visión hipocondríaca del evangelista".

263. Jülicher, *Gleichnissereden Jesu I-II*.

264. Ibíd., I, 24.

265. Ibíd., I, 202.

266. Ibíd., I, 2.

267. Por ejemplo, ibíd., I, 8: "No necesito solamente señalar que estos cambios buscan mejoras, lo refinamientos son escasos". Así también el sentimiento en los siguientes comentarios: "altamente alienado", "se ajusta un poco de lo anterior", "(están) cerca de ser diluidas" (ibíd., II,

mine cuidadosamente las diferencias de forma y pensamiento contenidas en las diversas versiones de una misma parábola no se atreverá a profesar la autenticidad definitiva de las parábolas en la tradición evangélica. En cambio, admitirá que algunos pueden permanecer solo en un estado muy corrupto".[268]

Jülicher compartió las suposiciones fundamentales de la denominada crítica de la vieja forma, que se basaba en un paradigma de formas puras y originales que asumía una mayor modificación durante el proceso de transmisión.[269] Jülicher también se ubicó dentro del marco de la crítica de las fuentes y con respecto a los evangelios del Nuevo Testamento, trabajó particularmente dentro del marco de la teoría de las dos fuentes, que estaba creciendo con influencia en este tiempo. Para él, "la crítica de las fuentes" era "de la mayor importancia en los estudios históricos".[270]

Así, la cuestión del procesamiento de redacción de las parábolas recibe una gran atención en sus obras. Sin embargo, el no evaluó las obras de los evangelistas como obras literarias, sino que las analizó con el objetivo de descubrir las palabras reales de Jesús. Jülicher también asumió que existían etapas intermedias en la tradición, lo que le llevó a postular que, después de las palabras originales de Jesús, había etapas de tradición de primera generación que difieren de las versiones de los evangelistas. Para Jülicher, la primera tarea era "entender la mayor parte de las palabras transmitidas por Jesús, que pueden ser caracterizadas como discurso parabólico, tan objetivamente como sea posible, tal vez incluso superando los malentendidos de los referentes más antiguos. En otras palabras, comprender las palabras de Jesús como Jesús quería que fueran entendidas y así contribuir al conocimiento de Jesús mismo".[271] Las palabras, las intenciones y la teología de Jesús deben colocarse en primer plano. En la mente de Jülicher, el objetivo de toda la interpretación era aproximarse a las palabras originales de Jesús, revelar su intención real y liberarlas de los intereses de los editores posteriores.

Jülicher creía que podía entender las palabras de Jesús mejor de lo que habían hecho los primeros cristianos o los evangelistas.[272] Es evidente que él y

---

161a), etc. Véase también frases tales como: "eso, pero principalmente las palabras escatológicas, las palabras de Jesús se han doblado en la próxima generación de sus estados de ánimo, diferentes y de acuerdo a las necesidades" (ibíd. II, 145 Haciendo referencia a la parábola del ladrón).

268. Ibíd., I, 9.

269. Vea por ejemplo, Dibelius, *Formgeschichte,* 227-34.

270. Jülicher, *Gleichnisreden, 1*, 1.

271. Ibíd., II, 1.

272. Es sorprendente que más de cien años después de Jülicher, Amy-Jill Levine todavía está expresando un sentimiento similar como se evidencia en declaraciones tales como "Lucas intenta domesticar la parábola... Ese no es el mensaje que una audiencia judía del primer siglo habría oído". (Levine, *Short Stories,* 14) y "Tales enfoques... leyeron mal a Jesús, y leyeron mal al judaísmo. Podemos hacerlo mejor" (ibíd., 279).

muchos de sus seguidores desconocían, que tropezaban con una trampa herme-néutica surgida de un retrato particular de Jesús en el siglo XIX. En este retrato, Jesús era considerado como un modelo ético o como un "apóstol del progreso"[273] y sus parábolas encarnaban las máximas éticas y eran modelos de una "genuina humanidad religiosa".[274]

Las parábolas en la segunda etapa de los estudios históricos de Jesús (Dodd, Jeremías, Crossan, Käsemann)

Del mismo modo, para el erudito británico *Charles Harold Dodd* (1884-1973), las parábolas pertenecían a los elementos característicos de las enseñanzas de Jesús.[275] Sin embargo, para Jülicher, Dodd no redujo las parábolas a los principios éticos. En lugar de eso, expuso que, para entenderlas adecuadamente, las parábolas deben estar vinculadas a una situación concreta en la vida de Jesús: "Así debemos esperar que las parábolas se apoyen en la situación real y crítica en la que Jesús y sus oyentes estuvieron; y cuando preguntamos de su aplicación, debemos mirar primero, no al campo de los principios generales, sino al contexto particular en el cual fueron entregadas. La tarea del intérprete de las parábolas es averiguar, si puede, el contexto de una parábola en la situación contemplada por los evangelios y, por tanto, la aplicación que sugeriría a uno que estuviera en esa situación".[276]

Según Dodd, uno puede reconocer en la proclamación del reino de Dios el contenido resumido de todas las parábolas. Él ve en esta proclamación una "escatología realizada:"[277] "Jesús declaró de inmediato que el reino de Dios había venido, y que él mismo debía morir. Si no hay paralelo o anticipación de tal idea en el trasfondo judío del pensamiento cristiano, eso no está en su contra. Como hemos visto, la declaración de que el reino de Dios ha venido rompe, en todo caso, el viejo esquema escatológico y abre espacio para un nuevo conjunto de ideas".[278]

En su enfoque, Dodd aplicó ideas de la crítica de las formas y la "Religions-geschichtliche Schule" a la investigación de la parábola de manera tan convincente

---

273. Jülicher, *Gleichnisreden Jesu II*, 483

274. Vea este término en Jeremías, *Parables,* 19, discutiendo contra Jülicher.

275. Vea la declaración introductoria del programa en Dodd, *Parables of the Kingdom,* 13: "Las parábolas son quizás el elemento más característico de la enseñanza de Jesucristo, tal como se registra en los Evangelios. ... Ciertamente no hay ninguna parte del registro del evangelio que tenga para el lector un anillo más claro de autenticidad".

276. Ibíd., 23.

277. Ibíd., 54.

278. Ibíd., 60.

que su trabajo se convirtió en definitiva para la investigación posterior. El enfoque temático de las parábolas sobre la "proclamación del reino de Dios" también definió la investigación subsecuente.[279] Adicionalmente, Dodd ayudó a aclarar la diferenciación tradición-historia entre las versiones de las parábolas postulando un doble "situación en la vida"[280] que distinguía entre el establecimiento original en la vida de Jesús y el de la iglesia posteriormente. "A veces habrá que quitar una parábola de su entorno en la vida y el pensamiento de la iglesia, tal como se representa en el evangelio, e intentar reconstruir su situación original en la vida de Jesús".[281] Como puede verse a partir de esto, el criterio empleado es el de la disimilitud. La proclamación del reino de Dios que tiene lugar en las parábolas es algo genuinamente nuevo.

Joaquín Jeremías (1900-1979) continuó por este camino. Él también creía que Jülicher y la escuela de la crítica de las formas que le siguió "se detuvieron a medio camino. Jülicher limpió las parábolas de la gruesa capa de polvo con que la interpretación alegórica las había cubierto, pero después de lograr esta tarea preliminar no avanzó. La tarea principal todavía necesita ser realizada".[282] Por tanto, Jeremías radicalizó la cuestión histórica con una referencia explícita a Dodd,[283] al atribuir a las parábolas de Jesús una "doble situación histórica".[284] Esto es, por un lado, "una situación específica en el patrón de la actividad de Jesús".[285] y, por otro lado, la vida de la iglesia primitiva, "de cuyas proclamaciones, predicación y enseñanza, las palabras de Jesús fueron el contenido, en sus actividades misioneras, asambleas o en sus instrucciones catequéticas".[286] La doble localización llevó a Jeremías a la siguiente conclusión metodológica: "En muchos casos será necesario quitar los dichos y las parábolas de Jesús de la situación en la vida y el pensamiento de la iglesia primitiva, en el intento de recuperar su configuración

---

279. Vea Crossan, *In Parables*, 23-36; Breech, *Silence*, 66-74; Knoch, *Wer Ohren hat, der höre*, 62: "El mensaje del reino de Dios es también 'el tema principal de las parábolas'"; Hultgren, *Parables*, 384: "El reino fue ciertamente un tema principal, incluso *el* tema principal, del mensaje de Jesús". Nota también las declaraciones encontradas en los estudios de Jesús como, por ejemplo, Pokorný, *"Eigentümlichkeiten"*, 395: Es "casi imposible sobreestimar la importancia del reino de Dios en Jesús proclamando la tradición". "Véase también Söding, *"Lehre in Vollmacht"*, 10-14; Onuki, *Jesus*, 89-94: "Parábolas del Reino de Dios", por mencionar solo algunos ejemplos. Hedrick, *Parables*, 16-17, critica esta perspectiva al señalar que en realidad solo trece parábolas tratan con el reino de Dios.

280. Vea específicamente Capítulo IV en Dodd, *Parables*. 84-114.

281. Vea ibíd., 84.

282. Jeremías, *Parables,* 19.

283. Ibíd., 21.

284. Ibíd., 23.

285. Ibíd., 23.

286. Ibíd., 23.

original en la vida de Jesús, si queremos escuchar una vez más los tonos originales de las expresiones de Jesús y experimentar de nuevo las cualidades vitales de fuerza, conflicto y autoridad en los acontecimientos históricos".[287] Por tanto, la tarea principal es "recuperar el significado original de las parábolas... Las parábolas deben colocarse en el contexto de la vida de Jesús".[288]

Para poder recorrer este camino "El retorno a Jesús desde la iglesia primitiva",[289] uno debe estar familiarizado con las "leyes de transformación" que fueron definitivas en el proceso de transmisión. Jeremías diferenció diez aspectos: 1. Traducción del arameo nativo de Jesús al griego; 2. La transformación de los objetos de consideración (cambios representacionales); 3. Los adornos; 4. La influencia de los temas del Antiguo Testamento y de la historia popular; 5. El cambio de audiencia; 6. El uso exhortativo de las parábolas por la iglesia; 7. La influencia de la situación de la iglesia (por ejemplo, el retraso de la parusía); 8. La alegorización; 9. La recolección y confusión de las parábolas; 10. El establecimiento en contexto secundario (marco de redacción).

Según Jeremías, el análisis crítico de parábolas no debe hacer nada más que "crear un acceso lo más seguro posible a la *ipsissima vox* de Jesús".[290] Al final, la pregunta decisiva es: "¿qué pretendió decir Jesús en tal o cual momento en particular?"[291] Sin embargo, aún más fuertemente para Jeremías que para Dodd, tanto la diferenciación de la tradición eclesiástica como, en particular, la disimilitud con el judaísmo, sirvieron como criterio para identificar las parábolas en su estatus especial como las palabras auténticas de Jesús. "Las parábolas de Jesús son algo completamente nuevo. En toda la literatura rabínica, ninguna parábola ha llegado hasta nosotros desde el período anterior a Jesús; solo dos símiles de Rabí Hillel".[292]

Así podemos demostrar a través de Jeremías cómo el "doble criterio de la disimilitud"[293] que se convertiría en definitiva para la más reciente "Nueva Búsqueda" en los estudios históricos de Jesús se correlaciona con los principios

---

287. Ibíd., 23.

288. Ibíd., 19, 21.

289. Así el encabezado de la segunda parte de la obra de Jeremías, vea ibíd., 23-114.

290. Jeremías en el prólogo de la sexta edición Alemana de *Gleichnisse Jesu*, 5. Véase Jeremías, *Parables*, 22: "Estas son las preguntas que debemos pedir, en la medida en que sea posible, para revivir el significado original de las parábolas de Jesús, para escuchar de nuevo su auténtica voz".

291. Jeremías, *Parables*, 22.

292. Ibíd., 12. Véase también la versión alemana, Jeremías, *Gleichnisse Jesu*, 8: "Las parábolas de Jesús son también algo completamente nuevo".

293. Vea Theißen y Merz, *Der historische Jesus*, 116-19, así como la discusión más amplia en Theißen y Winter, *Kriterienfrage*.

fundamentales de la erudición de las parábolas o incluso se ha derivado de esta investigación.

Dentro de la erudición norteamericana, *John Dominic Crossan* (nacido en 1934) empleó en particular el criterio de disimilitud en la investigación de las parábolas en su obra temprana titulada *"In Parables: The Challenges of the Historical Jesus"* (1973).[294] Por esta razón, situaré a Crossan en la segunda etapa, a pesar de la discrepancia cronológica.[295] Según Crossan, la radicalidad del Jesús histórico solo aparece a través de la escisión rigurosa de todos los primeros elementos eclesiásticos y judíos.[296] Para él, "[el criterio de la disimilitud] se aplicará no solo al sujeto y al contenido, sino más especialmente al estilo y la forma"[297] al considerar las palabras de Jesús. "Esas parábolas narrativas parecían ser seguramente su propio género pedagógico característico tan distinto del uso de la iglesia primitiva y también del judaísmo contemporáneo".[298] Crossan vuelve a revelar cuán fuertemente están definidas tanto la búsqueda del Jesús histórico como la investigación de las parábolas por principios fundamentales de la forma crítica.

Ernst Käsemann (1906-1998), que puede ser considerado como el iniciador y representante público de la "Nueva Búsqueda" (del Jesús histórico),[299] logró un grado de reflexión notablemente complejo sobre la historicidad en los estudios de Jesús. Käsemann acusó a Jeremías de haber cambiado, a través de su enfoque, "el problema teológico de la representación del Nuevo Testamento de la tradición de Jesús solo en la forma y la revisión de su testimonio de Cristo" en un problema histórico al caracterizar a Jesús como el origen en el que todas las tradiciones están relacionadas. Jeremías tuvo "gran dificultad... en encontrar el camino de regreso a Jesús, por ejemplo, en el análisis de las parábolas".[300] Además, la confianza de Jeremías en los sofisticados métodos de su tiempo, que fue la crítica de las fuentes y de la redacción, revelaron "a que antepasados está atado".[301] "¿Qué etapa [de los

294. Vea Crossan, *In Parables*.

295. Crossan es, a veces, también visto como un proponente de la llamada Tercera Búsqueda, aunque esto es especialmente con respecto a su importante y posterior obra *The Historical Jesus*.

296. Vea Crossan, *In Parables*, 5: "Hay que buscar especialmente la divergencia entre esta primera forma y la actitud general de la iglesia primitiva. Solo cuando se puede discernir uno puede estar metodológicamente seguro de que proviene del Jesús histórico y no de la creatividad de la iglesia. Esto será más seguro cuando el dicho original haya sido reinterpretado hacia el judaísmo en el uso del primer cristianismo judío mismo. En tales casos uno puede ver la radicalidad de Jesús silenciado nuevamente a la normalidad".

297. Ibíd.

298. Crossan, *"Parables of Jesus"*, 248, con una referencia a su trabajo anterior.

299. Vea Käsemann, *"Das Problem"*; idem, *"Sackgassen"*.

300. Käsemann, *"Sackgassen"*, 34.

301. Ibíd., 36.

estudios históricos de Jesús] no habría apreciado sus métodos sofisticados y sus logros intelectuales? ... Así, heredan el legado del pasado; un pasado que es liberal por impulso, fascinado por la magia del pensamiento evolutivo, que ha capitulado a una creencia en la ciencia, y ha terminado en el positivismo y, complementariamente, en la especulación".[302]

En su trabajo anterior, *"Das Problem des Historischen Jesus"*, Käsemann demostró que la búsqueda de hechos históricos o material auténtico de Jesús estaba desatinada. Sin embargo, no fue tanto la "imposibilidad metodológica de la reconstrucción"[303] como necesidad hermenéutico-teológica la que condujo a esta comprensión. "No tenemos acceso directo a ella [la historia], aunque la examinemos con la mayor exactitud y minuciosidad posible. Hablamos un idioma diferente, pensamos en imágenes diferentes, nos enfrentamos con situaciones y decisiones diferentes que sus contemporáneos. ... Así, que dependemos de volver a contar si queremos recibir un relato de la historia. Toda la historia solo es accesible para nosotros a través de la tradición y solo es comprensible mediante la interpretación".[304]

Sin embargo, lo que hace que el enfoque de Käsemann sea significativo no es el enfoque hermenéutico-kerigmático que adoptó de su maestro Bultmann, sino su decisión de no ignorar por completo la búsqueda histórica. De hecho, precisamente porque los propios evangelios reclaman la historicidad, deben seguir siendo considerados en la investigación: "Debido a que el Cristianismo antiguo de Jesús experimentó la historia terrenal como *kairos*, escribieron evangelios y no simplemente abandonaron la historia de Jesús después de pascua".[305]

Aunque Käsemann escribió solo indirectamente sobre el rol de las parábolas, su percepción crítica y matizada de la historicidad dejó su huella en la investigación de las parábolas. En los círculos de habla alemana desde su época, la investigación de las parábolas ha hecho todo pero ignorar la búsqueda de la *ipsissima vox*, y la cuestión de la historicidad de las parábolas ha dado lugar a una consideración principalmente lingüística.

Parábolas en la tercera etapa de los estudios históricos de Jesús (Funk, Theißen / Merz, Onuki, Levine)

La tercera etapa de la investigación histórica de Jesús (la llamada "Tercera Búsqueda") fue sustancialmente influenciada por la investigación norteamericana,

---

302. Ibíd., 38.
303. Käsemann, *"Das Problem"*, 191.
304. Ibíd., 190-191.
305. Ibíd., 201.

donde la erudición de la parábola abordó la cuestión y la determinación de la autenticidad con un poco menos de reserva que en los círculos de habla alemana. Por ejemplo, *Robert W. Funk* (1925-2005), fundador del llamado Seminario de Jesús –un grupo formado por exegetas norteamericanos fundado en 1985 en el Instituto Westar, quienes se han dado a la tarea de definir las palabras y los hechos auténticos se Jesús[306]– era a la vez un excelente erudito de las parábolas. Basándose en el Seminario de Jesús, Robert W. Funk identificó una lista de veintidós parábolas como "auténticas".[307] Según él, las parábolas originales de Jesús son las siguientes:

1. La levadura (Lucas 13:20-21, Mateo 13:33, *Evangelio de Tomás*. 96:1-2)
2. El buen samaritano (Lucas 10:30-35)
3. El mayordomo astuto (Lucas 16:1-8a)
4. Los obreros de la viña (Mateo 20:1-15)
5. La semilla de mostaza (*Evangelio de Tomás*. 20:2-4, Marcos 4:30-32, Lucas 13:18-19, Mateo 13:31-32)
6. La moneda perdida (Lucas 15:8-9)
7. La oveja perdida (Lucas 15:4-6, Mateo 18:12-13, *Evangelio de Tomás* 107:1-3)
8. El tesoro (Mateo 13:44, *Evangelio de Tomás* 109:1-3)
9. El hijo pródigo (Lucas 15:11-32)
10. El juez corrupto (Lucas 18:2-5)
11. La fiesta de la cena (*Evangelio de Tomás* 64:1-11, Lucas 14:16-23, Mateo 22:2-13)
12. La perla (*Evangelio de Tomás* 76:1-2, Mateo 13:45-46)
13. El asesino (*Evangelio de Tomás* 98:1-3)
14. El esclavo implacable (Mateo 18:23-34)
15. La viña arrendada (*Evangelio de Tomás* 65:1-7, Lucas 20:9-15, Mateo 21:33-39, Marcos 12:1-8)
16. El hacendado rico (*Evangelio de Tomás* 63:1-3, Lucas 12:16-20)
17. Los talentos (Mateo 25:14-28, Lucas 19:13-24)
18. El hombre poderoso (Marcos 3:27, Mateo 12:29, *Evangelio de Tomás* 35:1-2, Lucas 11:21-22)
19. El fariseo y el recaudador de impuestos (Lucas 18:10-14)
20. La semilla y la siega (Marcos 4:26-29)
21. El sembrador (Marcos 4:3-8, Mateo 13:3-8, *Evangelio de Tomás* 9:1-5, Lucas 8:5-8)
22. La jarra vacía (*Evangelio de Tomás* 97:1-4)

306. Vea Funk y Hoover, *Five Gospels*; Funk, *Acts of Jesus*. En cuanto a las parábolas, vea ahora particularmente Beutner, *Listening to the Parables*.

307. Vea Funk, "Silent Sage".

La inclusión de fuentes extra-canónicas tales como el Evangelio de Tomás (vea números 1, 5, 7, 8, 11, 12, 15, 16, 18, 21, 22) fue típica de la tercera etapa de la investigación de Jesús. En cierta medida, se atribuyó mayor fiabilidad histórica a tales fuentes que a las fuentes canónicas.

A diferencia de Jeremías, el Seminario de Jesús no pretendía recuperar la *ipsissima vox* de las parábolas. En cambio, estaban más preocupados por la estructura fundamental, la trama, que se había preservado auténticamente en estos textos. "Aunque los evangelios probablemente no han conservado las palabras reales de Jesús, es totalmente posible que los evangelistas hayan conservado la trama original en la mayoría de los casos".[308] Mientras que el deseo del Seminario de Jesús era aislar el material de Jesús clasificado como auténtico, el propio Funk se comprometió a crear un cuadro completo del Jesús histórico narrador de parábolas de los fragmentos que se obtuvieron.[309] Así, Jesús se posicionó en la tradición de la sabiduría y se introdujo como "el primer cómico judío" o como un "sabio silencioso": "Un sabio cómico es un sabio que incorpora la sabiduría en el humor, un humorista que rehúye el consejo práctico".[310] Muy diferente a la primera etapa de la investigación de Jesús (véase Strauß), es menos la claridad y más el misterio de las parábolas con que Jesús cautivó a su primera audiencia. En este sentido, Funk logró conectar la dimensión literaria de las parábolas, que fue el enfoque especialmente de sus primeras obras, con la perspectiva histórica, reconectando el impacto de las parábolas en la primera audiencia de Jesús a su forma retórica y metafórica genuina. De esta manera, el público fue desafiado a crear su propia, y nueva ficción del reino de Dios. Esto permitió a Funk enfatizar el origen de las parábolas en el Jesús histórico sin tener que negar las modificaciones y las desviaciones de las formas posteriores de la tradición.[311]

Otras obras en los estudios de la "Tercera Busqueda" de Jesús también enfatizan la importancia e incluso la autenticidad de las parábolas. *Gerd Theißen* (nacido en 1943) y *Annette Merz* (1965) dedican a este tema todo un capítulo titulado "Jesús como Poeta: Las Parábolas de Jesús".[312] Aquí, según las premisas de la tercera etapa de los estudios de Jesús, destaca la incorporación de las parábolas en la tradición judía. Hace hincapié en que "las parábolas se hacen evidentes

---

308. Ibíd., 165.

309. Vea especialmente Funk, *"Voice Print"*, 171: "Sin embargo, de estos fragmentos de discernimiento podemos comenzar a reconstruir un sentido del todo. Juntos esos fragmentos nos brindan destellos de la figura histórica".

310. Ibíd., 174.

311. Ibíd.: "[Las parábolas] también están abiertas a interpretaciones múltiples y más profundas como una forma de mantenerlas abiertas a la interpretación en contextos siempre nuevos".

312. Vea Theißen y Merz, *The Historical Jesus*, 316-46.

históricamente en el judaísmo en gran cantidad con Jesús, aunque aquí él estaba adoptando una forma que era prevalente en su tiempo... En los últimos años la investigación ha demostrado que Jesús y los rabinos se basaron en el mismo almacén de campos familiares de imágenes y motivos y crearon estructuras básicas de narrativas; mientras que sus parábolas difieren en algunos aspectos, son expresiones del mismo género".[313] La cuestión de la forma literaria, y particularmente narrativa, de las parábolas permanece así en primer plano mientras que la cuestión histórica de la autenticidad de las parábolas se reduce a un lugar significativo de menor importancia.[314] Aunque las características literarias y de forma crítica de las parábolas no se convierten en el criterio definitivo, como fue el caso en fases anteriores de la investigación de Jesús, la "plausibilidad de tanto el contexto como del impacto... sugiere que la parábolas derivan del Jesús histórico: pueden derivarse de la tradición judía pero tener un sello individual en su contexto actual".[315] Incluso las múltiples atestiguaciones faltantes no son un argumento contra la autenticidad. En cambio, "todavía es cierto que las parábolas de Jesús 'son la piedra original de la tradición'" (Jeremías, *Parables*, 11).[316]

La inclusión de las parábolas de Jesús dentro del judaísmo puede considerarse como una tendencia general en la etapa más reciente de los estudios de Jesús. Varias obras, tanto desde el punto de vista cristiano como judío, enfatizan la proximidad de los *Meshalim* rabínicos y las parábolas de Jesús[317] para destacar, como dijo Young, las "raíces judías" de las parábolas de Jesús.[318]

Más recientemente, la erudita judía *Amy-Jill Levine* (nacida en 1956) ha argumentado firmemente sobre estas líneas. Ella consideraba esencialmente las parábolas de Jesús como auténticas: "Hay varias otras razones para pensar que él dijo muchas, si no es que la mayoría o incluso todas, las parábolas registradas en el Evangelio".[319] Según Levine, las parábolas reflejan situaciones también encontradas su enseñanza (por ejemplo, la relación entre padres e hijos). Las parábolas encajan en la proclamación de Jesús del reino e incluso su misma presentación. Uno puede reconocer el criterio de "atestiguación múltiple" que funciona dentro de este argumento. Las parábolas reflejan el contexto cultural de Jesús como

---

313. Vea ibíd., 316-17. Un sentimiento similar es encontrado en Kollmann, "Gleichniserzähler", 457-75.

314. Theißen and Merz, *The Historical Jesus,* 329-30.

315. Ibíd., 338.

316. Ibíd., 339.

317. Vea Flusser, *Gleichnisse*; Dschulnigg, *Gleichnisse*; Hezser, *Lohnmetaphorik*; Young, *Jewish Parable*s; idem, *Jewish Tradition*; Stern, *Rabbi*.

318. Vea el subtítulo de Young, *Jewish Parables*: "Rediscovering the Roots of Jesus' Teaching".

319. Levine, *Short Stories,* 11.

un Judío, reflejan las escrituras judías y son adecuadas para su estilo de vida de encontrar a la gente alrededor de las mesas y en las calles. Incluso ella deduce que Jesús habló las parábolas por la "lucha del evangelista con un intento de controlar su significado".[320] Por todas estas razones, Levine es una buena representante del enfoque de la tercera búsqueda en su uso de los criterios tradicionales de la investigación histórica de Jesús y en señalar el matiz Judío de Jesús y sus parábolas. Ella quiere oír las parábolas "como la gente que las escuchó por primera vez, los judíos en Galilea y Judea, lo hizo por tanto, para recuperar lo mejor que podemos, la provocación original".[321]

Martin Hengel (1926-2009) y *Anna Maria Schwemer* (nacida en 1942), sin embargo, señalaron en su obra, *Jesus und das Judentum*, que Jesús no puede ser incluido en la tradición Judía como un "narrador de parábolas Judío".[322] Ellos se refieren, entonces, a la antigua tradición eclesiástica de Jerónimo, que caracterizó a los Sirios y Palestinos como narradores de parábolas,[323] pero luego cuestionó correctamente su juicio, que se formó aproximadamente trescientos años después de la vida de Jesús. Como en las Escrituras del Antiguo Testamento, las parábolas y las fábulas también permanecen limitadas a solo unos cuantos textos a principios de la era temprana Judía y Rabínica.[324] El término *mashal* se usa solo tres veces en la Mishna (*m. Sukkah* 2: 9, *Nid* 2:5; 5:7).[325] En Qumrán solo existe un fragmento de una sola parábola (4Q302 frg., 2:2). Como resultado, explicar el discurso de parábolas de Jesús simplemente clasificándolo y subordinándolo a los textos Judíos no le hace justicia. "Jesús no inventó la enseñanza con parábolas; sin embargo, tal abundancia de parábolas atribuidas a un solo maestro es muy inusual en la literatura Judía temprana".[326]

Por otra parte, me gustaría abordar la obra del erudito japonés *Takashi Onuki* (nacido en 1945) porque concentra su búsqueda del Jesús histórico en su

---

320. Ibíd., 14.

321. Ibíd., 10.

322. Kollmann, *"Gleichniserzähler"*.

323. Véase Jerome, *Comm. Mtt.* 18:23 (*The Fathers of the Church*, 213): "Es costumbre en Siria, y más aún en Palestina, unir parábolas a todas las palabras de uno. De esta manera, mediante comparaciones y ejemplos, los oyentes pueden captar lo que no puede ser captado por simples comandos "(traducido por T.P. Scheck).

324. Parábolas: 2 Samuel 12:1-14 (la parábola de Natán); 14:1-11; 1 Reyes 20:35-40; Isaías 5: 1-7 (el cantar de la viña); 28:23-29 (los obreros en la viña); Fábulas: Jueces 9:8-15; 2 Reyes 14:9-10; Ezequiel 17:3-10; 19:2-9, 10-14; 21:1-5; 24:3-5.

325. Vea Neusner, *"The parable* ('Mashal')", 4-6.

326. Hengel y Schwemer, *Jesus un das Judentum*, 399.

libro de 2006,[327] sobre el argumento de una "red figurativa" (*Bildnetzwerk*)[328] De las palabras y los hechos, así como el impacto de Jesús. Aquí, las parábolas juegan un papel central[329] porque proporcionan el "tejido" de la red figurativa. Onuki vincula conscientemente el discurso de la parábola a las premisas de la antigua forma crítica. Las parábolas se han transmitido "oralmente" y "en principio, independientemente unas de otras. ... El contexto narrativo en el que las parábolas de Jesús se encuentran ahora en los evangelios sinópticos ya no tiene nada que ver con el contexto histórico en el que Jesús las dijo originalmente".[330] Sin embargo, una investigación literaria o lingüística más reciente, no puede simplemente ignorar la cuestión histórica basada en premisas literarias. De hecho, debido a que las parábolas son "declaraciones performativas" o "actos de expresión", hay que aclarar "cuando, quién, a quién, y por qué las parábolas de Jesús fueron dichas".[331] Onuki caracteriza su búsqueda de la "situación histórica concreta" como "recontextualización".[332] Las "metáforas radicales" de la caída de Satanás, la fiesta o la introducción de Abba-Padre, que ya fueron definidas por Onuki usando otros dichos de Jesús, pueden ser confirmadas a través de las parábolas (por ejemplo, en Marcos 3:27, Lucas 14:15-24, Mateo 2:1-14, Lucas 15:11-32). Otras parábolas, como las parábolas de crisis, revelan el significado y el propósito o el "porqué" del mensaje de Jesús. Onuki las llama la "recreación de lo perdido" y "llamado a una decisión". Sin embargo, existe cierta tensión entre la proclamación del reino de Dios y su realización, una dificultad sobre la cual Jesús mismo reflexiona, particularmente en las parábolas de crecimiento (la semilla de mostaza, la semilla que crece por sí misma): "En estas parábolas, Jesús se concentra principalmente en la proclamación y habla de la situación actual de aquellos que no están a la altura de sus propias expectativas".[333] El "estatuto contemporáneo del ministerio de Jesús" exige la exposición en particular de la paciencia de Dios, como se señala en Marcos 12:1-9a.

Antes de concluir esta presentación selectiva (y hasta cierto punto arbitraria) de trabajo sobre las parábolas dentro de la tercera búsqueda, es importante mencionar brevemente también una forma particular de escepticismo con respecto

---

327. Vea Takashi Onuki, *Jesus.*

328. Vea los siguientes encabezados en su volumen (seleccionado): "III. *Entstehung des Bildernetzwerks*", "IV. *Weben des Bildernetzwerks*", "V. *Gelebtes Bildernetzwerk*", "VI. *Zerreißen des Bildernetzwerks*", "VII. *Neugestaltung des Bildernetzwerks*".

329. Vea Onuki, *Jesus,* 89-113.

330. Vea Ibíd., 89.

331. Ibíd., 90.

332. Ibíd., 91

333. Ibíd., 111.

al habla parabólica de Jesús. Debido a que las parábolas están abiertas a interpretaciones diferentes, algunos eruditos no quieren construir su representación del Jesús histórico y su mensaje sobre una base incierta.

Ya en 1990 *Ben Witherington III* (nacido en 1951) declaró: "Aunque las parábolas pueden ser el modo característico de la enseñanza de Jesús, ciertamente son una manera indirecta y metafórica de hablar sobre nuestro tema [el reino de Dios], y por tanto, se puede pensar que si hay una enseñanza más directa y clara, debemos comenzar con ella".[334] De manera similar, *John P. Meier* (nacido en 1942), aunque aceptando las parábolas como "una forma privilegiada de la enseñanza de Jesús",[335] sigue siendo escéptico al usarlas para su propia reconstrucción del mensaje de Jesús. Incluso se disculpa por no haber tratado con más parábolas al discutir la enseñanza de Jesús sobre el reino de Dios: "Algunos lectores se sorprenderán al ver que muy pocas parábolas se usan en la parte principal de mi argumento. Esto puede parecer extraño a aquellos que han sido enseñados a enfocarse inmediatamente en las parábolas de Jesús sobre el reino como la ruta principal en su escatología. ... Sin embargo, la erudición reciente, al abordar las parábolas como piezas autónomas de arte retórico, nos ha recordado cuán abierta es cada parábola a las múltiples interpretaciones —al menos si se toma por sí misma, aislada del resto del mensaje y la praxis de Jesús. Es por eso que la reciente investigación de las parábolas ha sido tan rica en sugerencias, pero también tan variada hasta el punto de la confusión cuando se trata de determinar qué significaban o pretendían las parábolas que provenían del Jesús histórico".[336]

Más recientemente, *Dale Allison* (nacido en 1955) también ha dedicado un poco de atención a las parábolas. De hecho, en su volumen de 2013 *Constructing Jesus* uno no encuentra "parábola" en absoluto en el índice temático. En el capítulo breve sobre "The Parables and Eschatology" (tres páginas), concluye que debido a las interpretaciones arbitrarias de las parábolas "parece que debemos dilucidar las parábolas a la luz de lo que de otra manera podríamos aprender sobre Jesús y su proclamación del reino de Dios"[337]—y no viceversa. Para Allison esto incluso conduce a una degradación más general de las parábolas. En contradicción con Jüngel/Ricoeur, para quienes consideran que las parábolas forman el centro de la enseñanza de Jesús tanto en el contenido como en la forma (no hay otra manera de expresar el mensaje de estos textos),[338] las parábolas eran solo "auxiliares,

---

334. Witherington III, *The Christology of Jesus, 198.*

335. Meier, *A Marginal Jew. Vol 2,* 145.

336. Meier, *A Marginal Jew. Vol 2,* 290.

337. Vea Allison, *Constructing Jesus,* 118.

338. Para los detalles vea en Jüngel y Ricoeur, capítulo 2. Allison no se refiere a este enfoque en particular.

aclaratorias".[339] Según Allison, una parábola no es más que una "ilustración" para el mensaje real.

Conclusión y límites de la investigación de las parábola históricas

Si tratamos de identificar aspectos clave de la relación entre la investigación de las parábolas y los estudios históricos de Jesús, nos damos cuenta de varios elementos presentes en cada "búsqueda" del Jesús histórico.

Cada vez que los estudios del Jesús histórico han tratado con las parábolas, se revela una hermenéutica histórica. Independientemente de si se intentó determinar las palabras reales de Jesús (Jülicher), la situación histórica original (Dodd), el contexto histórico (Theißen/Merz, Onuki, Levine), una selección de textos (Funk), o incluso la *ipsissima vox* (Jeremías), siempre hay un retorno al discurso original, a las parábolas del mismo Jesús.

En este sentido, se hizo una distinción clara entre la tradición canónica y el material original postulado, que implícita o explícitamente condujo a una devaluación o desinterés en los textos canónicos de las parábolas. La tradición de la parábola en el Nuevo Testamento era considerada como una etapa de menor valor dentro del proceso de transmisión, una etapa que necesitaba ser examinada y evaluada históricamente pero que al final tuvo que ser superada. Las parábolas necesitan ser liberadas de la "domesticación"[340] sucesiva.

El marco metodológico para este tipo de erudición de las parábolas históricas fue proporcionado en gran medida por la llamada "crítica de la vieja forma". Así, la erudición postuló una oralidad original del discurso de la parábola, así como una "forma pura", la cual fue incrementadamente modificada a través del proceso de transmisión y la puesta por escrito de las parábolas. A las parábolas también se les dio una particular "situación en la vida" o un contexto histórico. Había una confianza básica en la capacidad de reconstruir las etapas originales del texto bajo la tradición canónica por medio de los métodos de la redacción y la crítica literaria.

Las cuestiones hermenéuticas y metodológicas de la conexión entre la investigación de las parábolas y los estudios históricos de Jesús fueron, por tanto, apenas examinadas. Es cierto que la relación entre los estudios históricos de Jesús y la investigación de las parábolas a menudo conduce a un argumento circular porque el retrato reconstruido de Jesús fue confirmado mediante una apelación a las parábolas, incluso como la representación particular de Jesús se construyó

---

339. Allison *Constructing Jesus,* 118.

340. Este término es utilizado con frecuencia por Levine, *Short Stories, 14, 277-78.*

por primera vez mediante una selección particular de parábolas o aspectos individuales de las mismas.[341] El problema subyacente a este argumento circular está estrechamente vinculado a la cuestión de la interacción entre la historia y las formas lingüísticas, que ha sido insuficientemente investigada. Por un lado, la naturaleza interconectada de la crítica de la forma y la búsqueda histórica de Jesús han sido repetidamente reveladas en las obras individuales; sin embargo, la cuestión de cómo el género de las parábolas y el Jesús de la historia están relacionados entre sí apenas ha sido examinado. La erudición, a pesar de los acontecimientos más recientes, ha persistido en gran parte con las premisas de la vieja crítica de la forma. En lo que sigue, me gustaría ver estos déficits y utilizar nuevos enfoques en los estudios de Jesús y la investigación de género.

EL PARADIGMA DE LA MEMORIA Y LAS PARÁBOLAS

Aunque el motivo de la memoria ha desempeñado repetidamente un papel al considerar la historia de Jesús,[342] en los últimos años ha habido una mayor utilización de esta herramienta interpretativa en la exégesis del Nuevo Testamento, en gran parte debido a la influencia de la teoría histórico-constructivista[343] e investigaciones recientes acerca de la memoria.[344] Como resultado, uno puede estar justificado al ver un cambio importante o incluso una transformación completa del paradigma de los estudios de Jesús.[345]

La clave de este cambio de perspectiva ha sido, en los círculos de habla alemana, las obras de Jens Schröter[346] y, en los círculos de lengua inglesa, la obra

---

341. Vea el artículo de Ostmeyer, "Urgestein".

342. Ya en el siglo II, Justino Mártir se refirió a los Evangelios como "las memorias de la Apóstoles "(Véase Justin, Apol. 66: 3: ἀπομνημονεύματα τῶν ἀποστόλων.) Véase Hermann, *"Der erinnerte Christus"*; Gerhardsson, *Memory and Manuscript*.

343. Además de las primeras obras de White (*Metahistory*) y Franklin R. Ankersmit (*Narrative Logic*) Vea, más recientemente, Rüsen, *Grundzüge einer Historik I-III*; Goertz, *Umgang mit Geschichte*; idem, *Unsichere Geschichte*; Lorenz, *Konstruktion der Vergangenheit*. Véase también la útil colección de ensayos en Schröter, *Konstruktion von Wirklichkeit*.

344. Vea J. Assmann y Hölscher, *Kultur und Gedächtnis*; A. Assmann y Harth, *Mnemosyne*; Fischer, *Gedächtnis und Erinnerung*; Tuving y Craik *The Oxford Handbook of Memory*.

345. Vea las contribuciones de Kirk y Thatcher, *Memory*, y la historia del estado actual de la investigación en el capítulo "Social Memory". Véase también Horsley, Draper y Miles, *Performing the Gospel*; Schwankl, *"Recordati sunt"*; Söding, *Ereignis und Erinnerung*. Häfner, "Ende der Kriterien?", 103: "He visto en su conjunto lo que no me puede convencer, de que la categoría de la memoria es un modelo hermenéutico adecuado para la investigación de Jesús".

346. Schröter, *Erinnerung*; idem, *Anfänge*; Idem, *Konstruktion von Wirklichkeit*; idem, *"Historizität"*; idem, *"Tod und Auferweckung"*.

de James D. G. Dunn *Jesus Remembered*.[347] Más recientemente, este enfoque de la memoria ha sido desarrollado aún más por la "próxima generación" de estudiosos de la memoria como Chris Keith, Anthony Le Donne, y Sandra Hübenthal.[348] Describiré brevemente los principios básicos aquí. De acuerdo con la teoría moderna de la historia, la historia solo existe como una interpretación de los materiales limitados y existentes en los que el historiador introduce su propia perspectiva temporalmente definida. El resultado de tal escritura constructivista de la historia es siempre una interpretación que "nunca es idéntica al pasado real".[349] Por tanto, un historiador está bien aconsejado de intentar interpretar fuentes y no reconstruir "hechos". En la erudición de Jesús, debemos dejar de intentar de enfrentar a un Jesús históricamente reconstruido contra las fuentes. En cambio, la búsqueda de Jesús debe reformularse en la búsqueda de un modelo, basado en las fuentes, del Jesús *recordado* como el contenido de la memoria social del Cristianismo primitivo. Como dice Keith: "Solo podemos acceder al Jesús recordado, pero la forma en que Jesús fue recordado permite las especulaciones informadas sobre como el Jesús histórico produjo esos recuerdos".[350] Por esta razón, el evangelio de Marcos, por ejemplo, debe interpretarse como una obra de la memoria.[351] El evangelista "conserva los recuerdos de las personas y los acontecimientos del entorno de Jesús –de los discípulos, oponentes, familiares– y les da sentido a través de su narración".[352] Desentrañar las tradiciones individuales y antiguas del marco narrativo en las primeras fuentes de la enseñanza de Jesús (Marcos y Q) es problemático debido a que el ministerio y el impacto de Jesús "solo son accesibles en la forma del mundo interpretativo del texto".[353] Sin embargo, el marco interpretativo no es algo que deforme la tradición de Jesús; más bien, se desarrolla exactamente por ella. "El Jesús histórico no está escondido por las interpretaciones de él. Él está más disponible para el análisis cuando estas interpretaciones son más pronunciadas. Por tanto, el Jesús histórico es claramente

347. Dunn, *Jesus Remembered*.

348. Vea mi resumen en Zimmermann, *"Geschichtstheorie"*, 420-22; Vea Rodríguez, *Early Christian Memory*; Le Donne, *The Historiographical Jesus*; Keith, *Jesus' Literacy*; Le Donne, *Jesus*; Keith / Le Donne, *Demise of Authenticity*.

349. Schröter, *Konstruktion von Wirklichkeit*, 209.

350. Keith, *Jesus' Literacy*, 64; de la misma manera Schröter, *Anfänge, 34*.

351. Vea Hübenthal, *Das Markusevangelium als kollektives Gedächtnis*.

352. Schröter, *Konstruktion von Wirklichkeit*, 211. James D.G. Dunn también resalta la importancia y el significado del efecto de Jesús como puede verse a través de su uso de términos como "impulso originante", "inspiración originante", y especialmente "impacto original". Cf. Dunn, *Jesus Remembered*, 329, 333-34.

353. Schröter, *Anfänge, 41; 55*.

visto a través de las lentes de la agenda editorial, la reflexión teológica, y la contra-memoria intencional".[354]

Schröter también critica la "Tercera Búsqueda" de los estudios históricos de Jesús para reducir el enfoque al pasado y, a veces, abandonar la dimensión teológica. De la misma manera que la teoría histórica reciente enfatiza particularmente el entrelazamiento del pasado y del presente en la categoría de "recordar", la historio-grafía teológica desde el tiempo de los evangelistas hasta los exégetas de hoy está también ligada al presente, como debe ser por causa del significado teológico.[355] "La relevancia teológica de la búsqueda de Jesús se puede ver en la expresión del significado permanente del impacto de Jesús a través de representaciones de Jesús que se basan en premisas epistemológicas modificadas".[356]

Este desarrollo en los estudios de Jesús me parece sumamente útil, aunque me gustaría construir sobre él un aspecto clave en que me gustaría ampliar el alcance de la interacción de este enfoque con las fuentes, en particular en lo que se refiere a las formas y tradiciones individuales. Aunque los recientes enfoques de "memoria" enfatizan fuertemente la importancia de las fuentes y la forma lingüís-tica de las fuentes, el recuerdo de Jesús recibe muy poca consideración. Schröter discute la estructura formal de las narraciones de Jesús con respecto a los macro-géneros "colección de refranes" o "biografía";[357] sin embargo, apenas se ocupa de las tradiciones individuales y de las perícopas. Si el objeto de la memoria se aclara solo por medio del vago término "impacto" (Dunn), corremos de nuevo el riesgo de postular un hecho o por lo menos una historia de eventos como el objetivo del proceso de memoria y la explicación de la palabra impacto.[358] El argumento de Schröter de que hay "una continuidad del recuerdo de Jesús" dentro del proceso de memoria "a través de la cual se aclararon los aspectos centrales de su impacto" parece más útil. Como señala Schröter: "Se pueden reconocer ciertas formas en las que la tradición de Jesús existía y se transmitieron antes de que se desarrollaran las narraciones escritas".[359]

El recordar ocurre medialmente, y esta naturaleza medial del recuerdo está ligada no solo al lenguaje, sino también a la forma. A pesar de que conduce a conclusiones problemáticas en la crítica de las formas, este punto fue correctamente

354. Le Donne, *Jesus,* 134.

355. Vea Herms, *"Geschichtsschreibung";* tambien, Reinmuth, *Historik.*

356. Schröter, *Anfänge,* 60-61.

357. Vea Schröter, *Erinnerung,* 459-62.

358. Vea los comentarios críticos en Häfner, *"Ende der Kriterien?",* 103-08, que termina rechazando el paradigma de la "memoria" y la afirmación de una historia real de los acontecimientos en Söding, *Ereignis und Erinnerung,* 21-23, 36-40.

359. Schröter, *Anfänge,* 42.

reconocido por los críticos de la forma crítica.[360] M. Dibelius reconoció que las memorias colectivas no se producen completamente libres, sino que están ligadas a la forma –en palabras de Dibelius– a un "estilo particular". "Para los desconocidos que crean este estilo lo crean de acuerdo con leyes supra-individuales. Por tanto, el estilo caracteriza al género".[361] La memoria colectiva requiere lugares concretos y espacios en los que el recuerdo comunitario dentro de la comunidad en particular toma forma. La "situación en la vida" es, por tanto, un mnemotopo, un lugar de memoria que puede describirse como ideal –normalmente como parte de la memoria formalizada– y es un componente de la estabilización de la memoria cultural.

Para los propósitos actuales, sin embargo, es la investigación de "qué géneros eran posibles o probables en este contexto sociológico" lo que es de particular interés.[362] Hay claramente cierta concordancia de que los evangelios, como un macro género en el Nuevo Testamento, grabaran un proceso de remembranza. Sin embargo, ¿qué pasa con las llamadas "pequeñas formas", que fueron examinadas por la crítica a la forma clásica? ¿Podemos suponer que el recuerdo de Jesús hizo uso de ciertos medios, o digamos formas recurrentes de memoria, mucho antes de que el género primitivo del evangelio fuera "descubierto" y empleado? Por tanto, la tarea es investigar la continuidad medial y la transformación formal de un proceso de memoria que fue capaz de conducir al producto literario final del evangelio.

A continuación, propongo que las parábolas son formas tan pequeñas que, además de otras formas, influyeron en la memoria colectiva del cristianismo primitivo y así se convirtieron en medios de memoria definitivos y dadores de identidad de memoria. Antes de desarrollar esta tesis, sin embargo, explicaré más precisamente la función de memoria de los géneros proporcionando un resumen breve de la investigación de la memoria literaria.

Medios y formas de la memoria

La memoria está ligada a los medios de comunicación. La memoria no tiene lugar aleatoria o libremente, sino que emplea formas particulares que están genuinamente conectadas a un evento pasado. Aleida y Jan Assmann en particular han demostrado cómo los procesos de memoria colectiva y cultural tienen lugar en su conexión con los medios de comunicación.[363] Para que el pasado pueda funcionar

---

360. Vea mis observaciones acerca de este punto en Zimmermann, *"Formen und Gattungen"*.

361. Dibelius, *Formgeschichte*, 7.

362. Ibíd., 8.

363. Vea A. Assmann, *Medien des Gedächtnisses*; J. Assmann, *Das kulturelle Gedächtnis*. Ver más en Borsó, Krumeich, y Witte, *Medialität und Gedächtnis*; Erll y Nünnig, *Medien*.

como un factor de identidad para una comunidad cultural, debe ser procesado y estabilizado en una forma que pueda recordarse.[364] Aunque un gran número de artefactos diferentes pueden convertirse en medios de la memoria, la literatura juega un papel muy importante en la memoria cultural.[365] Sin embargo, el entretejido de la literatura y la memoria es tan complejo que parece necesario enfocarse precisamente en varios aspectos y emplear una teoría compleja de reflexión.[366] Debido a esto, el grupo de investigación que trabaja con Ansgar Nünning y Astrid Erll en Gießen ha distinguido entre cinco conceptos de memoria en la teoría literaria.[367] En otro artículo, condensé estos en tres aspectos: 1. La memoria de la literatura; 2. la literatura como medio de memoria colectiva; y 3. la mimesis de la memoria a través de la literatura.[368]

Al considerar el proceso de la memoria literaria, las formas o *géneros* convencionalizados son de particular importancia,[369] aunque los géneros también desempeñan un papel importante en los procesos individuales de la memoria, como mostró Frederic C. Barlett en su estudio "Remembering".[370] Las examinaciones de recuerdos seriales revelaron que los esquemas individuales se han superpuesto con esquemas de género. Por tanto, las personas de prueba agregaron la frase "erase una vez, en un tiempo muy lejano", que ocurre comúnmente al principio de cuentos de hadas, incluso cuando faltaban en las narraciones dadas, clasificando así historias extranjeras a sus culturas en formas familiares del género. En el caso de la memoria cultural, esta categorización en formas conocidas es un factor constitutivo aún más fuerte en la memoria colectiva. El acto de la memoria en la memoria cultural puede ser considerado como dando sentido al "horizonte lejano de la comunicación cultural".[371] Para preservar el pasado recordado para las

---

364. J. Assmann, *"Das kulturelle Gedächtnis"*, 241.

365. Aleida Assmann, por ejemplo, distingue entre metáforas, literatura, imágenes, cuerpos y localizaciones en la segunda parte de su *Erinnerungsräume*.

366. Erll y Nünning, "Gedächtniskonzepte", 2: "La relación entre la literatura y la memoria o de la memoria (en su dimensión individual y colectiva) se ha convertido en una cuestión cultural de primer orden"; Erll y Nünnig, *Literaturwissenschaft*. Ver también Nalbantian, *Memory in Literature*.

367. Véase Erll y Nünning, "Gedächtniskonzepte", 2-27: 1. La memoria de la literatura; 2. Los géneros como la ubicación de la memoria; 3. El canon y la historia literaria como memoria institucionalizada de la literatura y la sociedad; 4. Mimesis de la memoria; y 5. La literatura como medio de memoria colectiva en las culturas históricas de la memoria. Véase también el resumen en Erll, *"Gedächtniskonzepte"*.

368. Vea mi artículo "Formen und Gattungen"

369. Vea van Gorp y Musarra-Schroeder, *Cultural Memory*; Erll y Seibel, *"Gattungen"*; Humphrey, *"Gattung und Gedächtnis"*.

370. Barlett, *Remembering*, 123, 180-82.

371. A. Assmann, *"Lebenswelt"*, 14.

generaciones posteriores en una comunidad cultural, debe ser estabilizado. Según Jan Assmann, esta estabilización se logra en particular a través de "la forma y la concisión como procesos mnemotécnicos". A modo de ejemplo, llama la atención sobre la función de las formas literarias de expresión y estilos lingüísticos. "La rima, la asonancia, el paralelismo de los miembros, la aliteración, el metro, el ritmo y los *melos* son los procesos de estabilización que otorgan permanencia a todo lo fugaz en el paso del tiempo".[372]

Cada comunidad cultural tiene a su disposición un fundamento básico de formas convencionalizadas a través de las cuales su pasado toma forma y puede convertirse en el objeto de la memoria cultural. Aunque hay géneros literarios –como la historiografía o la novela histórica– donde el acto de la memoria es inmediatamente visible, no hay mucho sentido, según R. Humphrey, al hablar de "géneros de memoria"[373] porque "la memoria y el recuerdo" son el fundamento de "toda la literatura y, por tanto, de todo género literario". En otras palabras, "solo hay géneros de memoria".[374]

Formas y funciones de la memoria

La existencia de "formas de reutilización" lingüísticas puede describirse como una memoria que se establece a través de relaciones intertextuales. La convencionalización de ciertas características textuales es el resultado de un proceso recordatorio de comunicación en el que la repetición y la variación de ciertas formas revelan continuidad. Por ejemplo, cuando un acontecimiento pasado es dicho repetidamente de una cierta manera o en un estilo distintivo (por ejemplo, con la ironía, la alabanza), la memoria de este acontecimiento se moldea en esta forma especial. Además, la memoria solo es posible gracias a esta forma.

Las formas lingüísticas, sin embargo, no son de ninguna manera vehículos de la memoria sin contenido. Como entidades dadoras de formas, tienen un impacto definitivo en los procesos de memoria de cualquier cultura.[375] En el género de la historiografía, H. White nombró esta característica de dar sentido a la forma "el contenido de la forma".[376] Retomando los conceptos del formalismo

---

372. J. Assmann, *Das kulturelle Gedächtnis,* 241.

373. Como usualmente es hecho por van Gorp y Ulla Musarra-Schroeder, *"Introduction",* iii.

374. Humphrey, *"Gattung und Gedächtnis",* 74.

375. Erll y Seibel, "Gattungen", 191: "Las identidades colectivas, los valores, las normas y las relaciones entre los sexos no se estabilizan en las culturas de la memoria solo por medios definidos de memoria. Sus procesos formales como la parábola, alegoría, tragedia y *Bildungsroman* contribuyen a la comunicación del significado cultural".

376. White, *Content of the Form.*

ruso (J. Lotman) y de la Escuela de Praga (R. Jacobson), A. Nünning, desde una perspectiva crítico-literaria, se refiere a una "semantización de las formas literarias".[377] Los procesos y estructuras de la representación lingüística actúan como independientes portadores de significado y juegan un papel central en la concesión de significado en los procesos de memoria. La forma y estructura del lenguaje se perciben como los sedimentos del contenido, de tal manera que permiten el potencial de significado en el proceso de memoria que entonces otorga significado a los productores, comerciantes y receptores de los artefactos de la memoria. Uno puede identificar tres funciones diferentes que los géneros cumplen en el proceso de recordar: a) una función de creación de tradición; B) una función de creación de la comunidad; C) una función de creación de significado.

La función de los géneros creadores de tradición

La memoria de eventos y personajes del pasado es un proceso de interpretación que clasifica las experiencias contingentes en patrones definidos de pensamiento y comprensión. Se deben utilizar patrones conocidos para interpretar eventos desconocidos y, por tanto, incomprensibles. Una comunidad cultural particular tiene un conjunto de patrones que permite que ocurran tales procesos de interpretación recolectora. Así, el cuento de la Cenicienta puede ser utilizado como un patrón conocido para explicar el surgimiento de estrellas del pop contemporáneo.

Sin embargo, los acontecimientos no están completamente subordinados a estos procesos interpretativos formalizados. Una aplicación actual del patrón mismo forma y cambia el patrón. Por una parte, en el contexto de la teoría contemporánea del género,[378] no es posible entender la existencia de géneros como "redes de clasificación". Los géneros ya no pueden considerarse como conjuntos *a priori* normativos como era el caso en la época de la "normativa Gattungspoetik" (género poético). Sobre la base de Klaus Hempfer y Rüdiger Zymner, me gustaría hablar de un "constructivismo sintetizador" que entiende los géneros como parte de una práctica comunicativa. Hempfer habla de *faits normatifs* (hechos virtualmente normativos) que son perceptibles para el analizador como normas de comunicación en los textos, pero que también pueden diferenciarse de hechos como el nacimiento de Napoleón.[379] Rüdiger Zymner considera este "nominalismo débil" de los géneros en desarrollo como una parte de una práctica hermenéutica

---

377. Nünning, *"Semantisierung"*; Respecto a este término, véase también Schmid, *"Semantisierung"*.

378. Vea para detalles el capítulo 4 sobre la teoría del género.

379. Hemper, *Gattungstheorie*, 125: "Distinguimos, pues, entre 'géneros' como fenómenos del sistema de comunicación histórico, literario o general de la lengua, observables a causa de los constituyentes específicos del texto y de su descripción científica".

en actos de comunicación. Para citar a Zymner: "El sujeto cognitivo se basa en los hechos cuasi-normativos, en la evidencia textual y en las formas tradicionales de pensar acerca de los géneros, de modo que la construcción es en realidad una reconstrucción".[380] Así, la forma en el acto de comunicación recordado se asume simultáneamente, así como se constituye y se extiende. Por esta razón, la memoria formalizadora es central en el proceso de construcción de la tradición.

La función de los géneros creadores de comunidad

Las formas lingüísticas son también un "medio de memoria colectiva". El sociólogo Maurice Halbwachs, pionero de la investigación de la memoria moderna, investigó en particular el papel de los grupos sociales en los procesos de la memoria colectiva.[381] El recuerdo no se da solo en grupos sociales concretos. Los actos comunes de memoria también crean identidad colectiva. Del mismo modo que la literatura es un "medio de la representación y la reflexión, el modelado y la construcción de la memoria y la identidad",[382] los actos de comunicación basados en el lenguaje pueden prefigurar este proceso literario. En el proceso del recuerdo colectivo y, por tanto, también cultural, se establecen ciertas formas o medios de memoria que luego se convierten en portadores de la memoria. En este proceso, las formas convencionalizadas del lenguaje, en particular los géneros, pueden convertirse en la condición y el medio de expresión de la memoria cultural.[383]

La identidad colectiva puede construirse en gran medida por medio de una memoria formalmente convencionalizada. Una comunidad habla sobre los mismos eventos; sin embargo, los sucesos no se recuentan en cada caso de manera diferente, sino de manera reconocible. Esto no requiere una continuidad literal, pero requiere una identidad estructural o formal. La memoria de ciertos eventos que se desvía y se actualiza a sí misma es reconocible debido al uso de una forma definida. Así, la forma garantiza la permanencia y la estabilización de la memoria, así como de la comunidad.

Esto puede verse, por ejemplo, en los mitos de origen de una comunidad, así como, en casos especiales, en la canonización de cierta literatura de memoria. La construcción y consolidación de un conjunto de elementos formadores puede describirse como un tipo de proceso de canonización que presagia la trayectoria del discurso oral al memorando literario.

---

380. Zymmern, *Gattungstheorie,* 59.

381. Vea Halbwachs, *Das kollektive Gedächtnis.*

382. Erll, *"Einleitung"*, v.

383. Vea primero van Gorp y Musarra-Schroeder, *"Introduction"*, i-ix.

La función de los géneros creadores de significado

La cultura de la memoria que es garantizada por formas convencionalizadas vincula la dimensión colectiva a la dimensión individual de la memoria. En este proceso, los géneros se convierten en los modelos que dan sentido para la codificación de las experiencias de vida. La *Mimesis* describe así no solo un simple reflejo de las realidades, sino una *poiesis* o, en términos modernos, una construcción de la realidad colectiva, así como de la realidad individual, por medio del lenguaje.[384] Los géneros narrativos en particular se convierten en modelos prestables para la narración e interpretación de las experiencias de la vida personal, como lo demostraron recientemente William L. Randall[385]o Paul Ricoeur.[386] Basándose en la teoría de la mimesis literaria de Aristóteles, Ricoeur ha descrito la comprensión de una narración como un proceso mimético triple:[387] La construcción concreta, así como la comprensión de un texto documentado (*configuration*) siempre requiere pre-comprensión y pre-desarrollo (*préfiguration* = mimesis I) a la que el texto puede estar relacionado. Los géneros son conceptos de memoria preexistentes que prefiguran el proceso de memoria porque tanto los productores como los receptores de obras literarias deben referirse a ellos. La comprensión, sin embargo, solo ocurre en la refiguración y reconstrucción de la existencia temporal y secular de la vida del lector (*refiguration* = mimesis III). De esta manera, el trabajo productivo con los textos en su forma específica conduce a través del proceso de prefiguración, configuración y refiguración a la "identidad narrativa".[388] Los géneros de la memoria se convierten así en el espacio recolector e interpretativo de la historia de la vida de uno mismo.

El cristianismo primitivo como comunidad recordadora

Veamos ahora específicamente el cristianismo primitivo. Jesús de Nazaret, sus palabras y sus obras, así como su destino en la cruz, son temas centrales de la

---

384. Vittoria Borsò también enfatiza la "medialidad constitucional de la memoria": "las técnicas de almacenamiento no son dispositivos externos a la memoria para la reproducción de conocimientos preexistentes almacenados en la memoria funcional. En cambio, el conocimiento del pasado se produce primero a través de la relación entre el medio y la forma". Véase Borsò, "Medialität", 36.

385. Vea Randall, *The Stories We Are*.

386. Vea Ricoeur, *Zeit und Erzählung*, 12.

387. Vea la reseña en Ricoeur, *Zeit und Erzählung 1*, 87-135, así como la estructura completa de el volumen de tres partes.

388. Vea particularmente Ricoeur, *Zeit und Erzählung 3*, 395: "La delicada descendencia que se origina de la unión de la historia y la ficción es la asignación de una identidad específica a un individuo o a una comunidad que uno puede llamar su *identidad narrativa*". El término identidad narrativa se discute más a fondo en su obra *Soi-même comme un autre*

memoria cristiana primitiva. Como se ha señalado anteriormente, en los últimos estudios de Jesús se han hecho varios intentos de mirar a Jesús tomando varias consideraciones de la teoría de la memoria[389] y de hablar del "Jesús recordado".[390] La teoría de la memoria también se está utilizando cada vez más para explicar los orígenes del cristianismo y particularmente la transmisión de los primeros textos cristianos. Este enfoque parece ser bastante útil, y me gustaría continuar con esta línea de investigación. Además de la convicción fundamental de que la retrospectiva del recuerdo y no la idealización de los comienzos es definitiva, más estudios son necesarios para mirar particularmente los detalles del proceso de recordar. ¿Cómo se produce el recuerdo? ¿Cómo se pueden comprender mejor los detalles de la transición de la tradición narrativa oral a la tradición del texto escrito?

El desarrollo de ciertas formas lingüísticas en los medios de la memoria juega un papel central en el recuerdo. La crítica de la forma clásica usó las consideraciones sociológicas para anclar la construcción de la forma en situaciones típicas de transmisión, o en términos más modernos, en "situaciones de memoria", y llegó al término *Sitz im Leben* (situación en la vida, situación sociológica) para ello. Esto no describe una situación coincidente o históricamente única sino una situación típica de la transmisión de la tradición. En consecuencia, la investigación de la memoria asume una tipicidad de la situación recolectora. La memoria colectiva requiere lugares concretos en los que una comunidad particular pueda formar y llevar a cabo su recogimiento común. El "Sitz im Leben"[391] es, por tanto, un mnemotopo, un lugar de memoria que puede describirse normalmente como parte de la memoria formalizada y es un componente de la estabilización de la memoria cultural. Es la producción y recepción de una tradición lingüística común que promueve definitivamente la construcción de la identidad del grupo Cristiano adoptando y demarcando las formas y tradiciones del ambiente.

Basándome en la crítica de las formas inicial, estoy convencido de que las formas lingüísticas para la preservación de la memoria Cristiana temprana no se descubrieron por primera vez a través de los esfuerzos literarios de los evangelistas. En cambio, mucho antes, las formas menores actuaban como los medios de comunicación de una cultura de memoria principalmente oral. Podemos describir tales formas menores tipificadas como géneros que todavía pueden ser reconocidos dentro de los macro escritos de los evangelios. Las parábolas, por ejemplo, pueden ser vistas como una de las formas en que la memoria colectiva del cristianismo primitivo se convirtió en el medio definitivo de dar la identidad de la memoria.

---

389. Vea J. Assmann y Hölscher, *Kultur und Gedächtnis*; A. Assmann y Harth, *Mnemosyne*; Fischer, *Gedächtnis und Erinnerung*; Tuving y Craik, *The Oxford Handbook of Memory*.

390. Dunn, *Jesus Remembered*. Véase también Schröter, *Erinnerung*; idem, *Anfänge*; idem, *Von Jesús zum Neuen Testament*.

391. Byrskog, "Sitz im Leben".

LAS PARÁBOLAS COMO MEDIO PARA RECORDAR A JESÚS

Según Dunn, "Jesús fue evidentemente recordado usando parábolas".[392] "Se puede afirmar con plena confianza que la parábola era un rasgo distintivo de su enseñanza, tanto en el uso extendido que hizo de ella como en su carácter de una metáfora extendida... y debería de haber poca duda de que estamos en contacto con el impacto perdurable que dejó Jesús".[393]

Sin embargo, más allá de una declaración tan básica, la manera en que podemos intentar juzgar la historicidad de las parábolas utilizando el enfoque de la memoria no está muy clara. Evidentemente, un cambio fundamental de perspectiva debe tener lugar. La búsqueda histórica no puede tener como objetivo ni la reconstrucción de los orígenes, ni los hechos de las palabras de Jesús, ni el texto, ni el acontecimiento de la comunicación original. Aunque tales situaciones y datos originales pueden presuponerse lógicamente,[394] no es posible acceder a ellos de una manera que sea controlable críticamente por la erudición.

El punto de partida sigue siendo el texto de la parábola canónica. Sin embargo, estos textos no tienen que ser considerados como las obras de un solo autor; estos pueden ser percibidos como diferentes artefactos escritos de un proceso de memoria. Las narrativas de los Evangelios conservan los recuerdos tanto de las personas como de los acontecimientos del campo de influencia de Jesús, así como de las formas lingüísticas en que se expresó, o más exactamente, fue posible por primera vez.

Así, nos encontramos una vez más basándonos en la estrecha conexión de la búsqueda histórica a la crítica de las formas que se encuentra en tiempos anteriores de la erudición. Aquí, sin embargo, recibe una nueva base teórica por medio de una evaluación de la crítica de las formas que es transformada por la teoría de la memoria. En este nuevo fundamento teórico se presupone la historicidad de los géneros mismos.[395] Los géneros no son tipos de texto que deben ser analizados de forma puramente sincrónica, tal como se subraya en la crítica a la forma más reciente. Tampoco su historicidad existe en un proceso constante de declinación de la "forma pura" original, como asumió la antigua crítica de las formas. En su lugar, los géneros son medios de memoria que, como formas de reutilización, pueden ser sujetos a la historicidad, pero al mismo tiempo, también determinar juntamente del proceso de la memoria de manera productiva y constructiva. De esta forma, la historicidad de las parábolas de Jesús que está ligada a los medios

---

392. Dunn, *Jesus Remembered,* 385.

393. Ibíd., 698.

394. G. Häfner nos ha recordado acertadamente este punto; Véase Häfner, "Ende der Kriterien?", 102-08.

395. Vea la discusión detallada en Zimmermann, "Formen und Gattungen".

no debe definirse fuera o más allá de la estructura textual, sino más bien a causa de ella y en medio de ella.

La función creadora de tradición de las parábolas

Si miramos las parábolas como medios de memoria que crean tradiciones, podemos captar mejor el contexto histórico en el que se encuentran. De acuerdo con sus creencias fundamentales, la etapa más reciente de los estudios de Jesús ha enfatizado el carácter judío de las parábolas, aun cuando ha sido capaz de producir solo algunos ejemplos de parábolas en la tradición judía antes y durante el tiempo del Nuevo Testamento (véase más arriba). Los resultados negativos se deben principalmente al hecho de que la búsqueda está restringida a lo largo de líneas críticas de la forma y busca directamente textos comparativos. La búsqueda de "formas puras" o formas originales tiene poca o ninguna esperanza de lograr resultados.

Sin embargo, si consideramos las parábolas de Jesús como "formas de reutilización", podemos postular una conexión consciente con el *Mashal* o el griego παράδειγμα, sin tener que negar las diferencias permanentes. En la LXX, ambos términos del género παραβολή y παροιμία, que se usan en el Nuevo Testamento, son traducciones del término hebreo מָשָׁל (*māshāl*). El uso introductorio y superior del término *māshāl* revela que los autores judíos del Antiguo Testamento unieron una conciencia de género a este término. Sin embargo, el registro del texto es multifacético.[396] Además de la ocurrencia frecuente en los textos proféticos (Ezequiel 12:22-23, 18:2-3, etc.) o textos de sabiduría (Sal 49:5, en resumen también Prov 1:1, 10:1, 25:1), en el cual oraciones y dichos individuales se llaman a menudo *māshāl* (por ejemplo, 1 Sam 10:12: ¿Está Saúl también entre los profetas?), También hay siete casos en la narración de Balaam que caracterizan el discurso figurativo y basado en comparación de Balaam con מָשָׁל (Números 23:7, 18, 24:3, 15, 20-21, 23).[397] En el contexto de una comprensión funcional del género, Karin Schöpflin fue capaz de demostrar que una comparación forma el elemento de la forma conectora de los diversos textos, de modo que *māshāl* podría ser traducido como "sinónimo/palabra comparativa". "Un מָשָׁל se crea a través de un proceso de comparación. La comparación puede existir tanto en la relación análoga como en la relación de contraste de dos unidades".[398]

---

396. Debido a los diversos géneros subsumidos bajo el término, la crítica de la forma originalmente negó que *mashal* funcionara como un dador del género. Como resultado, *mashal* no fue visto como un término de género y sirvió como un referente a "una serie de géneros literarios ... en el AT: dicho popular, lema, sermón, parábola, el habla del oráculo". Eißfeldt, *Maschal*, 20.

397. Vea Caesar, "Studying mashal".

398. Véase Schöpflin, "22-23 מָשָׁל; Véase también el artículo de Schüle "Mashal (מָשָׁל)"; Desde una perspectiva Judía, véase Neusner, "The parable ('Mashal')", 259-83.

No es difícil reconocer que tal comprensión funcional de la forma también influyó definitivamente en la consciencia del género en la comunicación de la comunidad Cristiana primitiva.[399] Para los textos de diferente longitud y complejidad se usa el término παραβολή, lo que contradice las distinciones de género adicionales que Jülicher y otros formularon.[400] Sin embargo, las parábolas no pueden estar unidas a la tradición judía mono causalmente. En su función argumentativa también adoptan la conciencia de género colectivo de las parábolas paradigmáticas del mundo Griego, como se refleja en la retórica de Quintiliano.[401]

Las formas de reutilización están vinculadas a las formas existentes de tradición. Ellos usan patrones lingüísticos bien conocidos para lograr la comprensión, pero al mismo tiempo modifican estos patrones en su uso contemporáneo. Las parábolas de Jesús demuestran esa dinámica del género. Ellas mismas crean tradición, en la medida en que la transmisión de parábolas dentro del cristianismo primitivo puede considerarse como un proceso de memoria. En el contexto de una cultura de la memoria literaria (y aún más de una oral), las tradiciones divergentes reflejan la preservación recordada de formas anteriores de la tradición mientras que simultáneamente trabajan para mediar algo en una manera contemporánea. Las parábolas destacan como géneros de la memoria debido a su potencial para el desarrollo dentro del proceso de la memoria, como es atestiguado por las variaciones de la tradición de muchas parábolas. La búsqueda histórica, entonces, no pretende buscar el núcleo auténtico de la parábola de la Oveja Perdida (Q 15:4-5a.7; Mateo 18:12-14; Lucas 15:1-7; *Evangelio de Tomás* 107) o el Banquete (Mateo 22:1-14; Lucas 14:15-24; *Evangelio de Tomás* 64). En cambio, traza la historia de la variación de forma de estas parábolas de Jesús dentro del marco de la historia de la memoria cristiana primitiva.[402] Por esta razón los editores del *Kompendium der Gleichnisse Jesu* llegaron a la conclusión metodológica de que el intento de reconstrucción de la forma original a lo largo de las líneas críticas de la fuente deberían ser abandonadas[403] y, en su lugar, las distintas versiones de una tradición en particular deberían ser discutidas individualmente bajo el título "Aspectos de la tradición paralela y *Wirkungsgeschichte*".[404]

---

399. Véase la conexión a la forma elaborada por Gerhardsson en su artículo *"Meshalim"*. Sin embargo, hay que señalar que Gerhardsson distingue entre *meshalim* aforístico y narrativo, una distinción que los autores judíos y cristianos primitivos no hacen.

400. Vea mi artículo "Parabeln-sonst nichts!"

401. Vea mi artículo "Ancient Rhetoric".

402. Vea el trabajo importante de Liebenberg, *Language of the Kingdom*.

403. Una notable excepción aquí es Q, que, debido a la transmisión literal de la tradición en Mateo y Lucas, Q es visto como una fuente "intertextual" existente y no una construcción puramente hipotética.

404. Vea los comentarios en Zimmermann, *Gleichnisse Jesu*, 43-44.

La función creadora de comunidad de las parábolas: formas de comunicación

Como resultado de investigaciones recientes sobre culturas de memoria oral,[405] la importancia de la estructura lingüística para la capacidad de memoria de una comunidad se señaló inicialmente en los estudios del Nuevo Testamento como parte del esfuerzo por demostrar una continuidad entre la tradición oral de Jesús y la escrita.[406] Además de los textos poéticamente estructurados (por ejemplo, en *parallelismus membrorum*) son, sobre todo, los textos narrativos figurativos o parábolas (Gerhardsson habla de "*Meshalim* narrativa") los que desempeñaron un papel central en la memoria colectiva de los primeros cristianos.[407] Los textos figurativos se pueden memorizar más fácilmente que los textos abstractos y por tanto eran particularmente adecuados para su uso por una comunidad narrativa. Los antiguos retóricos también estaban familiarizados con la importancia de las imágenes y la opinión para el apoyo de la memoria –el famoso *Loci-Mnemotechnik* siendo un ejemplo.[408] Más recientemente, Armin D. Baum señaló la gran importancia de la figuración para la memoria.[409] Él delinea la investigación del aspecto psicológico de la memoria que ha demostrado empíricamente que las imágenes lingüísticas son mucho más fáciles de memorizar que los temas abstractos.[410] "Cuanto más figurativa sea una información que se debe almacenar, más fuerte es el apoyo de lo verbal por el sistema de codificación de imágenes".[411] Así, podemos concluir que los textos narrativos figurativos, o bajo nuestra definición, las parábolas, son de importancia constitutiva para las culturas orales de la memoria.

---

405. Vea la reseña en Rubins, *Memory*; tambien Foley, "Memory".

406. Vea especialmente Gerhardsson, *Memory and Manuscript*; También Riesner, *Jesús als Lehrer*, especialmente 392-404: "Bewahrende Überlieferung".

407. Vea Gerhardsson, "Illuminating the Kingdom". Hengel y Schwemer se refieren a la función retórica de las parábolas en un contexto oral, una función todavía visible en la colocación de las parábolas en los relatos del Evangelio: La parábolas " deben ser utilizadas al final de los discursos con el fin de impresionar a los oyentes lo que alguien dijo una vez mas". Véase Hengel y Schwemer, *Jesus und das* Judentum, 398.

408. Véase Quint. *Inst.* XI 2,39; Platón Fedro (*Phaedrus*) 267a. Véase, por ejemplo, Herwig Blum, *Die Antike Mnemotechnik*, especialmente 12-32: "Die mnemotechnischen Bilder".

409. Véase Baum, "Bildhaftigkeit".

410. La "teoría de codificación dual" de Paivio es fundamental aquí en que demostró que la memoria funciona a partir de una combinación de codificación verbal y de imágenes, véase Paivio, *Mental Representationes*; idem, *Images in Mind*

411. Baum, *"Bildhaftigkeit"*, 8.

No es posible ofrecer aquí una extensa discusión sobre la transformación de la oralidad a la cultura escrita en el cristianismo primitivo;[412] sin embargo, es importante destacar la dimensión dadora de comunidad de los textos figurativos y especialmente de las parábolas. Fueron parábolas las que fueron dichas por los discípulos de Jesús y que pusieron así en marcha una comunidad de memoria oral temprana que no murió con la escritura de los evangelios. El gran número de parábolas en Q[413] conserva una etapa temprana de esta cultura de la memoria en la transformación de la oralidad a la escritura. Junto con Horsely y Draper, uno puede entender Q como "texto derivado oralmente"; eso significa que aunque Q sea accesible a nosotros hoy solo como un medio intertextual de fuentes escritas, preserva la forma de cultura narrativa oral que conectó al grupo de los primeros cristianos.[414] Y aunque uno ponga un salto cuántico en la tradición en la escritura del evangelio de Marcos, como lo hace Kelber, sería erróneo creer que las formas de comunicación oral no existían además y como resultado de las fuentes escritas.[415] Los textos escritos eran también textos fonéticos que no marcaban el final de la memoria sino que la lanzaron a una nueva fase. Se puede hablar con razón de una "oralidad secundaria" en la que los textos fueron realizados, contados y re-contados. Las perícopas individuales de estos textos, como las parábolas, también jugaron un papel decisivo en este proceso.

Teniendo en cuenta estas observaciones generales, intentemos examinar más de cerca el objeto de este recuerdo colectivo. ¿Qué se recordaba en las parábolas? Las parábolas hablan de relaciones de vida concretas; son "realistas".[416] En el marco de los estudios de parábolas históricas, esta observación ha llevado cada vez

---

412. W. H. Kelber, en particular, rechazó una transición sin fisuras de la oralidad a la tradición escrita, planteando una diferencia radical entre las dos. Véase Kelber, *Gospel*, 210: "Tanto en la forma como en el contenido, el evangelio escrito constituye una alternativa radical al evangelio oral". Para una discusión crítica de esta posición, véase Schröter, *Erinnerung*, 27-30, 40-65. Para una visión general del estado actual de la investigación sobre la oralidad en el judaísmo y cristianismo temprano, véase Kelber, *"Orality and Biblical Studies"*.

413. En el *Kompendium der Gleichnisse Jesu*, veintiocho pasajes en Q fueron identificados como parábolas. Véase Kern, *"Parabel in der Logienquelle Q"*, 54-55; Consulte las parábolas en el capítulo 7 del documento Q.

414. Vea Horsley y Draper, *Whoever Hears You Hears Me*. Horsley y Draper se basan en el trabajo de Foley en su definición de un "texto derivado oralmente": "obras que revelan características tradicionales orales pero que solo nos han llegado por escrito", véase Foley, *Immanent Art*, 15.

415. Así también Kelber, *"Orality and Biblical Studies"*, 19: "En el antiguo Israel, la actividad del escribano trabajaba mano a mano con una intensa vida oral y comunitaria. ... En su mayor parte, el conocimiento bíblico se adquirió escuchando recitaciones orales en ausencia de ayudas textuales, porque las tradiciones bíblicas eran una parte esencial del repertorio oral y comunitario".

416. Este es uno de los criterios en la definición de una parábola como es explicado en el capítulo 4.

más a reconstruir un contexto histórico particular, una situación social particular o un grupo de oyentes. En su artículo "Gleichnisse–Quelle des Verständnisse de Umwelt Jesu?", Ostmeyer revela la frecuencia con que la erudición, en este proceso, corre el riesgo de sucumbir a un argumento hermenéuticamente circular.[417] Si, por el contrario, utilizamos la teoría de la memoria para examinar la conexión de las parábolas con la realidad, podemos observar que en los textos de las parábolas, las memorias de las experiencias del mundo de la vida real se conservan y se trasladan a cuestiones teológicas. Los textos de las parábolas son, pues, una forma de memoria literaria de las raíces sociales del movimiento de Jesús. Es indiscutible que la vida de los agricultores de Galilea se refleja en las parábolas de la semilla, la cizaña y el grano. Lo mismo ocurre claramente con el mundo de las mujeres (por ejemplo, masa de pan, moneda perdida o vasija de harina).[418] Sin embargo, una restricción socio-histórica retroactiva de la significación y el significado de las parábolas sería inapropiada por dos razones.[419] Por un lado, estas relaciones de vida se recuerdan en contextos de comunicación contemporáneos, de manera que se consigue una mezcla consciente de las relaciones sociales, sirviendo a la intención pedagógica. Los comerciantes, los lectores y los oyentes están destinados a reflejar sus propias relaciones sociales en el proceso de la memoria. Por tanto, el espacio se crea para la inclusión de una variedad de dominios sociales que históricamente han sido ignorados, por ejemplo, los dominios de las finanzas o de la justicia.[420] Debido a que las acciones realistas de los personajes de las parábolas pueden convertirse en un (contra) modelo ético para la vida comunal real, la comunidad social se crea a sí misma a través de las parábolas.[421]

Por otra parte, el punto constitutivo de las parábolas también radica en la transposición de estas relaciones reales a las afirmaciones teológicas. Un ejemplo destacado revela hasta qué punto está intensificación teológica representa un acto de memoria. La investigación de las parábolas ha señalado repetidamente que el tema preferido de las parábolas de Jesús es el reino de Dios (ἡ βασιλεία

---

417. Ostmeyer, *"Quelle des Verständnisses"*.

418. Para una consideración sistemática de los reinos concretos de los cuales surgen estas imágenes (el *bildspendende Bereiche*), véase Zimmermann, *Gleichnisse Jesu*, 36-39. Para la localización socio-geográfica, véase, por ejemplo, Rohrbaugh, *"Peasant Reading"*; Herzog, *Subversive Speech*; Bösen, "Figurenwelt"; Beavis, *The Lost Coin*.

419. Tal restricción es evidente en varias interpretaciones en Schottroff, *Gleichnisse Jesu*.

420. Vea, por ejemplo, el contemplar el costo de la construcción (Lucas 14:28), sacando el tesoro de un almacén (Mateo 13:52), problemas de deuda (Mateo 18:23-35, Lucas 7:41-42, 16:1-8), etc. Más ejemplos abajo.

421. Este aspecto es desarrollado particularmente bien por Herzog, quien señala: "Las parábolas son vistas como una codificación diseñada para estimular el análisis social y para exponer la contradicción entre la situación real de sus oyentes y la Torá de la justicia de Dios". Véase Herzog, *Subversive Speech*, 28. En cuanto a la dimensión ética, véase también Labahn, *"Reich Gottes"*.

τοῦ θεοῦ).[422] La búsqueda histórica de las fuentes más antiguas, sin embargo, no ha sido capaz de sustanciar esta declaración. En cambio, el hecho generalmente ignorado de que las fuentes más antiguas, Q y Marcos, introducen el reino de Dios solo dos veces (Q 13:18-21, Marcos 4:26, 30) en medio de una abundancia de parábolas[423] es significativo. La unificación de dos corrientes de la memoria (la memoria de las parábolas de Jesús y la memoria de la importancia constitutiva del "reino de Dios" en el ministerio de Jesús) no está documentada hasta más tarde en las tradiciones de los evangelios, particularmente en Mateo.[424] Según Dunn , "El uso más extensivo de este motivo por parte de Mateo ("el reino de los cielos es como "...) puede indicar la técnica del narrador que cuenta las parábolas tanto como el propio estilo característico de Jesús".[425] Esta memoria definitiva creativa, sin embargo, está enraizada en el sujeto mismo. La forma de las parábolas se considera constitutiva para el hablar de Jesús sobre el reino de Dios. Es más, el "mundo real" del pueblo que la alta tradición teológica o las instituciones religiosas, que es el lugar en el que Jesús presenta su mensaje teológico. Por ello, el mensaje mismo puede expresarse a través del "mundo real". Solo en el contexto de la creación cultural de la memoria se puede estar de acuerdo con la opinión de Hengel y Schwemer: "[Jesús] permaneció en la memoria como el que habló del reinado de Dios en parábolas".[426]

Sin embargo, esta memoria documenta simultáneamente un proceso de reflexión cristológica que se convierte en constitutivo para la comunidad recordadora. Un rasgo distintivo particular de la cultura de la memoria es que los textos de las parábolas estaban siempre vinculados a *Jesús como el narrador de parábolas*. Uno no necesita disputar que la narración original de la parábola ya contenía una dimensión cristológica.[427] Sin embargo, solo en el proceso de recordar por

422. Vea las obras citadas en la nota de pie de la página número 29.

423. En el *Kompendium der Gleichnisse Jesu*, veintiocho textos son identificados como parábolas en Q y diecisiete en Marcos. Ver las tablas en Zimmermann, *Kompendium der Gleichnisse Jesu*, 59-60, 262-63.

424. Véase Mateo. 13:24-30, 44-46, 47-50, 52; 18:23-35; 20:1-16; 21:28-32; 22:1-14; 25:1-13; Además Juan 3: 3-5; *El Evangelio de Tomás* 22, 64, 97, 98.

425. De alguna manera curiosa, Dunn, al menos en algunos aspectos, duda en leer cualquier significado en este hallazgo mientras continúa: "El punto aquí es que haría poca diferencia de cualquier manera: si Jesús mismo introdujo todas estas parábolas (y otras) con esta fórmula, fue recordado como característicamente enseñando sobre el reino usando parábolas" (*Jesus Remembered*, 385). Yo argumento que sí hace una diferencia, y trae el proceso de la memoria creativa a primera instancia.

426. Hengel y Schwemer, *Jesus und das Judentum*, 398. Véase también Dunn, *Jesus Remembered*, 385: "Evidentemente Jesús fue recordado como usando parábolas para ilustrar o iluminar lo que tenía en mente cuando hablaba del reino".

427. Vea por ejemplo, Blomberg, *Interpreting the Parables*, 434-46. Un contraste marcado se encuentra en el análisis de Gerhardsson, *"The earthly Jesus"*, y su conclusión negativa: "El

los discípulos esta dimensión verdaderamente puede desplegarse. Al involucrar el marco narrativo de la memoria, el recuento del propio relato se convierte en un importante componente contextual de las parábolas. Los evangelistas pueden incluso registrar, en pocas palabras, que todo el ministerio de Jesús ha sido recordado en forma de parábolas (Marcos 4:33-34, Juan 16:25). Similar a otros casos en la tradición judeo-cristiana, la memoria de una persona en particular ocurre por medio de un género específico (por ejemplo, David como escritor de Salmos, Salomón como escritor de proverbios, Isaías como profeta, Pablo como escritor de cartas),[428] y por tanto, las parábolas están ligadas a Jesús como el narrador de parábolas. Jesús es la parábola por excelencia. Este no es el Jesús histórico, sino el Jesús recordado o, más concretamente, el Jesús recordado como "narrador de parábolas".

Simultáneamente, la comunidad narrativa descubre por sí misma una identidad colectiva por medio de esta memoria vinculada a la forma de Jesús. En esta situación, el género de la parábola no puede ser examinado aisladamente. Sin embargo, elementos importantes de este proceso se combinan en el uso de los textos figurativos narrativos, por ejemplo, la narración y el relato del material notable de las parábolas, el redescubrimiento de entornos familiares en las parábolas, la atención particular dada a ciertos temas teológicos (como el reino de Dios), y el enfoque en Jesús como narrador de parábolas. Al final, esto también ha llevado a una comprensión más profunda de Jesucristo mismo. Esta construcción cristológica del significado a través de parábolas no puede ser reconocida a través del contenido reconstruido históricamente de las parábolas, sino más bien solo a través del proceso de recordar parábolas y su narrador. Esta construcción de sentido, sin embargo, fue finalmente definitiva para la formación de una identidad colectiva como comunidad en Cristo.

La función creadora de significado de las parábolas

Al igual que los estudios históricos de Jesús con su tendencia a mirar hacia atrás en la historia, la erudición en el estudio de la parábola enfocada en cuestiones históricas a menudo ha prestado muy poca atención a la aplicabilidad contemporánea de las parábolas. Esta realidad ha llevado a una cierta pérdida de relevancia teológica. Fue en gran parte solo después del surgimiento de la interpretación de

---

resultado llamativo de nuestro estudio es que ni el mismo Jesús... ni los diferentes elementos de su actividad y su destino en la tierra son los objetos de preguntas y elucidaciones en la narrativa *meshalim* en Mateo. Obviamente, no ha habido interés en tomar estos últimos motivos y elucidarlos con parábolas" (ibíd., 58). Los comentarios hechos aquí concernientes a Mateo también se aplican a la totalidad de la tradición sinóptica de la parábola (ibíd., 60-61).

428. Vea Zimmermann, *"Pseudepigraphie/Pseudonymität"*.

las parábolas lingüísticas, comenzando por D. O. Via, que se dio consideración significativa a la orientación al lector en las parábolas disponibles, aunque esto a menudo ocurrió enteramente a costa del examen histórico. En lecturas puramente lingüísticas, las parábolas han llegado a ser consideradas como "obras de arte autónomas" que son capaces de desarrollar su impacto independientemente del tiempo y el lugar.

Sin embargo, si consideramos las parábolas como géneros de la memoria, su importancia para el pasado y su impacto contemporáneo pueden desarrollarse igualmente. Las parábolas conservan la memoria de Jesús y su mundo; Sin embargo, desarrollan su significado solo a través del proceso de recepción. Así, la memoria mimética tiene lugar dentro de las parábolas –ya que recuerdan algo del pasado para hacer una nueva declaración, son una forma de "memoria creativa".[429]

El requisito más importante para la relevancia contemporánea de las parábolas es que han sido recibidas como "santas" o "canónicas". Según A. Assmann, el "acto de decisión" de un individuo o de un grupo colectivo otorga a un texto el estatus de "cultural" o "literario".[430] Esta atribución cambia fundamentalmente la forma en que estos textos son vistos. Los textos reciben una dimensión adicional de significado, basada en la que comunican normas y valores juntamente compartidos, así como la identidad colectiva. Las parábolas son consideradas como parte de los textos definitivos y posteriores de la memoria canónica que relacionan la historia de Jesús con la propia vida. Las parábolas son, pues, no solo fuentes históricas o testigos de la obra narrativa redaccional. Son textos miméticos que traen el recuerdo de Jesús a la vida. Debido a la "semantización de las formas literarias "(véase más arriba), es la forma de las parábolas la que se convierte en el elemento de significación y significado del recuerdo de Jesús o, en otras palabras, que apoya la creación de un cierto retrato de Jesús. Debido a que Jesús es recordado como un narrador de parábolas, un retrato específico de Jesús es simultáneamente preservado y creado.

La estrecha convergencia del medio y el mensaje de la parábola fue determinada hace muchos años por E. Jüngel en su conocida declaración: "La *basileia* se expresa *en* la parábola *como* parábola".[431] Sin embargo, como una parábola no se da como un texto aislado, pero es recordado dentro del marco narrativo de la tradición de Jesús en la que Jesús es el narrador de parábolas cabal, esta afirmación puede intensificarse cronológicamente: El Jesús recordado como narrador de parábolas se convierte así mismo en la parábola. El narrador de las parábolas es la

---

429. Aquí vea en los títulos de libros de van Noppen, *Erinnern* y Zumstein, *Kreative Erinnerung.*

430. Vea A. Assmann, *"¿Was sind kulturelle Texte?"*

431. Jüngel, *Jesus und Paulus,* 135.

"parábola de Dios".[432] El hecho de que Jesús es recordado como el que hablaba de Dios figurativamente en forma de parábolas confunde con la confesión cristológica de que el mismo Cristo es "la imagen de Dios" (2 Corintios 4:4; Colosenses. 1:15) el cual revela al Padre (Juan 1:17; 14:7).

Al traer el recuerdo de Jesús a la vida, las parábolas inician un proceso hermenéutico para los receptores. En su narrativa ficticia y en su estructura de apelación, las parábolas en particular ofrecen identificación y ayuda interpretativa al lector.[433] Dado que el significado del lenguaje figurativo no está exactamente determinado por el texto, el lector debe buscarlo. Debido a que las parábolas están abiertas a la interpretación, también son interpretativamente activas, lo que significa que ellas mismas evocan la interpretación. En otras palabras, las parábolas invitan a los lectores y oyentes a entrar en un proceso de comprensión. El llamado expresamente formulado a "escuchar" en Marcos 4:9 al principio del capítulo de la parábola también es encontrado en los textos de las parábolas mismas. Esto va más allá del llamado de la percepción auditiva. Las parábolas no solo quieren ser escuchadas o comprendidas cognoscitivamente; quieren ser comprendidas, sentidas e incluso vividas. Debido a que las parábolas crean su propio mundo en el que las figuras de identificación a veces actúan y hablan, son llevadas a las crisis, y sacadas de ahí, literalmente llevan al lector a su mundo en particular. El lector o el oyente deben vivir las parábolas y deben vivir en ellas. Para adoptar una frase de Christian Link, las parábolas son "mundos figurados habitables". "El entendimiento se basa en la posibilidad de 'entrar en' el escenario y de asumir el papel de uno de sus actores".[434]

Sin embargo, las parábolas no son simplemente un juego. No son una invitación meramente a la autorreflexión a través de un medio literario. Los vínculos de los textos con la historia lo obstaculizan. El proceso de comprensión se inicia no solo por cualquier texto sino por las parábolas de Jesús. El objetivo de la comprensión de las parábolas no es, pues, solo el reconocimiento de las ideas objetivables o máximas éticas (Jülicher/Jeremías), sino la vinculación de toda la persona a Jesús y su mensaje. "Las parábolas quieren ser traducidas al 'núcleo' de la práctica de vida"[435] y así ayudar a los oyentes y lectores a verse a sí mismos en su situación concreta bajo una luz diferente. Usando las palabras de la tradición, las parábolas quieren llevarnos a la fe o, más cabalmente, a una vida de creencia

---

432. Schweizer, *Gleichnis Gottes*, 26-41, quien toma las formulaciones de E. Jüngel y E. Schillebeeckx (*Jesus*, 114). Véase Jüngel, *Geheimnis*, 491, 95; Schillebeeckx, *Jesus*, 555-56.

433. Vea en este punto la dimensión estético-receptiva de la comprensión en Zimmermann, *Gleichnisse Jesu*.

434. Christian Link, "Bildwelten", 149.

435. Rau, *Reden in Vollmacht*, 25.

en Jesús. Las parábolas de Jesús constituyen no solo una comunidad narrativa sino también una comunidad de fe y de acción.

La estructura narrativa y la forma lingüística del género de parábola juega un papel central en esta constitución de una comunidad. Las parábolas invitan a uno a entrar en su propio pasado y experiencias en la memoria formalizada y así darles un significado. Tanto la historia individual como la colectiva pueden ser interpretadas, procesadas e incluso construidas en las historias parabólicas. Esto no siempre ocurre de manera lineal. El misterio y la apertura interpretativa de las parábolas plantean desafíos. Alientan la contradicción y la discusión.[436] Sin embargo, en los esfuerzos comunitarios de comprensión, las parábolas pueden convertirse en un modelo de la comunidad de cristianos que las narra. Las parábolas pueden ser consideradas como formas de vida dadoras de significado en este proceso mimético-hermenéutico de recordar.

CONTEXTO SOCIO-HISTÓRICO DE LAS PARÁBOLAS

Las parábolas de Jesús extraen su poder de la transferencia de las experiencias reales y la vida cotidiana en el ámbito religioso. Para poder comprender este proceso de transformación, es necesario conocer los significados reales de los dominios imaginativos utilizados y los procesos descritos. Antes de que uno pueda juzgar lo que significa cuando la parábola compara el reino de Dios con una semilla de mostaza, una masa leudada, o un sembrador, primero uno debe saber qué es la masa leudada, como es una semilla de mostaza, o cómo trabaja un sembrador. Para juzgar la importancia de la pérdida de un dracma, el valor de esta moneda debe ser conocido. Para poder juzgar las consecuencias de podar una vid, debo aprender algo sobre la antigua cultura del vino. ¿O qué es un odre, un celemín o un cuadrante? ¿Quién es un samaritano, Mammon, o Beelzebub? Estos últimos ejemplos demuestran que, aunque los términos especiales de las fuentes originales son comunes en el lenguaje contemporáneo, pueden utilizarse en un significado completamente diferente. Debido a la parábola del samaritano y su impacto, el término *samaritano* tiene una connotación positiva en español. Sin embargo, para el público judío del tiempo de Jesús, el término tenía una connotación muy negativa porque se usaba para extranjeros y extranjeros que eran despreciados. De la misma manera, el manejo de talentos o deudas descritas en las parábolas no debe ser transferido prematuramente a nuestro sistema económico capitalista. La concisión y la proximidad real de las parábolas solo se pueden alcanzar al precio de la conectividad con la historia.

---

436. Vea las observaciones de Crossan, *Parables of Jesus*, 251-53.

Más allá de algunas experiencias humanas elementales básicas, como la luz de una antorcha, o un niño cuestionado, las parábolas reflejan principalmente el ambiente y la vida de las personas en Palestina del siglo I DC. Si queremos entender las parábolas, debemos intentar entrar en ese mundo.[437] Los intérpretes deben mantener los ojos abiertos para el plausible significado de términos individuales, eventos completos y escenarios en sus contextos históricos. El descubrimiento de este trasfondo de significado debe primero conducirnos a la alienación. Cualquiera que quiera entender las parábolas de Jesús debe sumergirse en una perspectiva histórica de un mundo extraño. Esto debería producirse en una etapa interpretativa llamada "análisis socio-histórico".[438] Utilizamos este término porque se ha convertido en un término clave en la exégesis para los pasos analíticos que emplean métodos sociológicos, históricos y arqueológicos que buscan los aspectos socio-antropológicos (por ejemplo, relaciones de vida concretas, conexiones con la historia, y evidencias arqueológicas) que pueden haber influido en el texto. La investigación de la geografía, la alimentación, y la indumentaria, los objetos cotidianos, las formas de trabajo, etc., tienen un interés tan grande como lo son las condiciones políticas y socioculturales. "Análisis socio-histórico" significa, en general, la búsqueda de las necesidades reales de comprensión y no se limita a las relaciones sociales humanas o la sociología del cristianismo primitivo.

Además de la información que está disponible en la Biblia o en las antiguas parábolas cristianas, debemos investigar los textos relacionados de la época, ya sean apócrifos judíos o cristianos o textos greco-romanos. Los escritos rabínicos también deben ser considerados. Fuentes no textuales tales como descubrimientos arqueológicos (por ejemplo, monedas) también juegan un papel central en la reconstrucción.

El dominio figurativo referido en las parábolas cristianas primitivas es extremadamente multifacético.[439] Casi todas las áreas de la vida privada y pública están incluidas. Comenzando con situaciones básicas de la vida tales como nacimiento (Juan 16:21) y muerte (Juan 12:24-25), o enfermedad y salud (por ejemplo, pérdida de la vista en Q 6:39, 42-43; cuidado de enfermos en Lucas 10:34-35), continuando con el cumplimiento de necesidades básicas tales como el sueño (Mateo 25: 5, Lucas 11: 7, *Evangelio de Tomás* 61), comida y bebida (Q 11:11-12; Lucas 11:15: Juan 4:13; *Evangelio de Tomás* 60), incluyendo la preparación de comida (por ejemplo, Q 13:21: la masa leudada), o los elementos individuales

437. Vea también Levine, *Short Stories*, 16-17: "la comprensión de las parábolas en el contexto del primer siglo".

438. Ver la obra reciente de Lampe-Densky, *Gottes Reich y antike Arbeitswelten*. Véase también el capítulo 6 sobre el punto "realidad" dentro de la red metodológica.

439. Una lista detallada de los diversos dominios según el motivo se puede encontrar en Zimmermann, *Kompendium der Gleichnisse Jesu*, 1003-10 (Motivfeld-Register).

de las comidas (por ejemplo, la sal en Q 14:34, el pan en Marcos 7:27-28; Juan 6:31-51; harina en el *Evangelio de Tomás*. 97) o ropa (Q 12:24-28, Marcos 2:21-22, Lucas 10:30; 16:19), e incluyendo relaciones de vida espacial tales como la construcción o destrucción de una casa (Q 6:47-49, Las habitaciones de una casa (Juan 14:1-4), o la mención de un pueblo entero (Mateo 5:14, *Evangelio de Tomás* 32, Mateo 22: 1-14).

En muchos casos, la importancia se une no tanto a las propiedades de un objeto como a las relaciones sociales conectadas con el objeto. Por tanto, en el ejemplo de la casa, es interesante notar la división de la casa (Q 17:34, Marcos 3:25, *Evangelio de Tomás*. 61). La observación se refiere a las relaciones tensas entre las personas, tales como la relación entre padres e hijos (Q 11:9-13) o especialmente entre un padre y su(s) hijo(s) (Lucas 15:11-32, Mateo 21:28-32), así como entre hermanos (Lucas 14:12; 16:28), y entre compañeros de cama (*Evangelio de Tomás* 61) o amigos (Lucas 11:5-8; 15:8-10), e incluso incluye argumentos entre niños (Q 7:31-35). La relación entre esclavos y sus maestros es su propio dominio, y esto incluye de nuevo un amplio espectro de situaciones comunes, como la lealtad fundamental en una relación de servicio (Q 16:13), las tareas especiales, por ejemplo, de un portero, o de los guardianes (Lucas 12:35-38: Juan 10:3), o de un gerente en ausencia del propietario (Q 19:12-26) e incluso de situaciones individuales tales como el perdonar deudas (Mateo 18:23-35) o de una comida después del trabajo (Lucas 17:7-10). También desempeñan un papel importante las relaciones de trabajo y de servicio en un sentido más amplio, tales como la relación entre el arrendatario y el dueño de una viña (Marcos 12:1-13), el pago de los jornaleros (Mateo 20:1-5), o el despido de un mayordomo (Lucas 16:1-8).

A menudo se hace referencia, en el mundo del trabajo, a las relaciones que se habrían encontrado en el medio de los campesinos de una villa Galilea. También juegan un papel central el pescar (Mateo 13:47-50, *Evangelio de Tomás*, 8), el cultivar grano (sembrar, cosechar, vea Marcos 4:4-10, Q 10:2, Juan 4:35-38; 12:24; el crecimiento y su mantenimiento: Marcos 4:26-29, Mateo 13:24-30, 15:13), vinicultura (Marcos 12:1-12, Juan 15:1-8, *Evangelio de Tomás,* 40), o la cría de ganado, particularmente la cría de ovejas (Q 15:4-7, Mateo 25:32-33, Juan 10:1-5). La vida cotidiana de las mujeres también recibe una atención particular, implícita, por ejemplo, en la preparación de la masa (Q 13:20-21) o en la recolección (Q 10:2) o explícitamente a través de la mención de las mujeres en las actividades comerciales (por ejemplo, en la pérdida de una moneda en Lucas 15:8-10, las sirvientas en Mateo 25:1-13).

Sin embargo, el trabajo narrado de las parábolas no puede limitarse a una clase social particular y su entorno. Un gran número de parábolas se ocupan del dominio de las finanzas y la economía, tales como las parábolas que implican la compra de un campo (Mateo 13:44), contemplar el costo de una construcción, (Lucas 14:28), o sacar tesoros de un almacén (Mateo 13:52), así como problemas de deudas (Mateo 18:23-35, Lucas 7:41-42, 16:1-8) y préstamos de dinero (*Evangelio de Tomás,* 109) o los cambistas de dinero (Ágrafo 31).

El campo del derecho constituye su dominio propio, rara vez considerado. Las parábolas se refieren a los adversarios en el camino a la corte (Q 12:58-59), la autoridad legal (Juan 5:19-24), el conflicto de un juez con una viuda (Lucas 18:1-8), o la ejecución de una sentencia legal (Q 12:58-59, Mateo 18:30-34).

Finalmente, el dominio no humano también puede convertirse en el centro de interés, por ejemplo, cuando los animales o las plantas son los personajes principales o sujetos de parábolas particulares. Así, leemos acerca de cerdos (Mateo 7:6, Ágrafo 164), perros (Marcos 7:27-28, *Evangelio de Tomás* 102, Lucas 16:21), caballos (*Evangelio de Tomás* 47:1-2), cuervos (Q 12:24), lobos (Juan 10:12), y buitres (Q 17:37). Las parábolas también hablan de plantas como la higuera (Marcos 13:28-29, Lucas 13:6-9) y la palmera datilera (*Apócrifa de Santiago* NHC I,2 p.7: 23-35), el lirio (Q 12:27), o aun las semillas individuales de mostaza (Marcos 4:30-32) y granos de trigo (Juan 12:24; *Apócrifo de Santiago* NHC I,2 p. 8:10-27).

El tipo de referencia varía mucho. A veces una sola palabra, por ejemplo, *ladrón* (Q 12:39-40, Ágrafo 45) evoca un dominio entero en particular, y otras veces las parábolas narran con gran detalle a través de monólogos internos (Lucas 15:17-18) o líneas de acción en varios niveles (Mateo 10:1-16) durante largos períodos de tiempo (Q 19:12-26). A veces los detalles individuales, aparentemente insignificantes de la vida son resaltados, tales como las lámparas en una procesión de bodas (Mateo 25:1-13), el envasado del vino nuevo (Marcos 2:21-22), el arreglo de asientos para los huéspedes (Lucas 14:7-11), o el comportamiento de los pastores contratados en la cría de ovejas (Juan 10:12-13). A menudo, el enfoque es el desempeño de una acción particular (arreglar las lámparas, Q 11:33; construir una casa, Q 6:47-49; sembrar, Marcos 4:3-20; las invitaciones a una fiesta, Mateo 22:1-14).

Ciertamente, la "vida real" en el pasado solo puede ser descubierta y reconstruida aproximadamente por medio del material que se encuentra al alcance. Al igual que en un mosaico, uno puede tomar fragmentos individuales de información de diversas fuentes y tratar de armar una imagen, aunque, en la mayoría de los casos la imagen sigue siendo fragmentaria. Además, hay que considerar que muchos textos antiguos a menudo son leídos a contraluz al intentar extraer contenido histórico independientemente de la intención y función real de esos textos. Por tanto, esta información no se puede equiparar una a una con el mundo real. Una vez más, nuestra visión del pasado sigue vinculada a fuentes que deben ser interpretadas. Aquí también solo se encuentra el recuento de la memoria que nos proporciona un acceso al pasado.

En la metodología de interpretación de los textos de las parábolas aquí ofrecida, utilizando el material fuente disponible intento iluminar tan claramente como sea posible los aspectos individuales del material narrativo, que luego podrán convertirse en el "dominio figurativo" para las parábolas. Puesto que los componentes discretos y significativos del dominio figurativo deben ser seleccionados en la transferencia metafórica de ese dominio al dominio teológico, el proceso de selección y transferencia es continuamente equívoco y debe ser emprendido repetidamente por receptores individuales. Por esta razón, mi intención es nombrar y considerar tantas dimensiones de diversos dominios figurativos como sea posible, de manera que, en última instancia, los receptores sean capaces de llevar a cabo sus propias clasificaciones diferentes al descubrir el significado y el significado teológico.

4

ENFOQUE LITERARIO: EL GÉNERO DE LAS PARÁBOLAS. UNA NUEVA DEFINICIÓN

El enfoque literario de las parábolas aquí se centra en la cuestión de la forma crítica del género de parábola. Desde el comienzo de la investigación de la forma crítica de los textos bíblicos, hace aproximadamente cien años, el género de las parábolas ha sido un paradigma popular para demostrar los resultados de la crítica de las formas. Los eruditos creían que en las parábolas tenían un grupo de textos que estaban basados en precursores orales y que, en última instancia, podían remontarse al Jesús histórico. Debido a las escasas analogías a textos anteriores y contemporáneos, los eruditos simultáneamente vieron las parábolas como un género *sui generis* del cristianismo primitivo. Por medio de múltiples tradiciones, introducciones y la formación de colecciones de parábolas en los diversos evangelios (como Marcos 4 o Mateo 13), o incluso meta-reflexión (véase la llamada "teoría de la parábola" en Marcos 4:10-12), los eruditos creyeron haber descubierto una situación ideal para observar la historia de la transmisión y la crítica de la redacción.

A pesar de algunas observaciones correctas, la coherencia de estas consideraciones ha llegado a ser reconocida como profundamente errónea. Tan pronto como el giro literario en la exégesis de los años setenta, muchos de los supuestos básicos de la crítica temprana de la forma relativa a los orígenes del Evangelio, y especialmente de las parábolas, han siendo cuestionados.[440] Además,

---

440. Vea, por ejemplo, las obras de Güttgemanns, *Offene Fragen*; También idem, "Die linguistisch-didaktische Methodik", 142-47, e idem, "Der literaturwissenschaftliche

las evaluaciones de la historia literaria sobre los textos del cristianismo primitivo han cambiado fundamentalmente, debido en parte al uso de los métodos socio-lingüísticos.[441] También se revalorizó la integración del movimiento de Jesús y la producción de textos en su entorno histórico-religioso, particularmente el del judaísmo.

Sin embargo, ciertas asunciones básicas del antiguo paradigma de la crítica de las formas referente a las parábolas permanecen obstinadamente intactos y pueden encontrarse incluso en las publicaciones más recientes. Por tanto, en lugar de discutir los sistemas de clasificación más recientes de los géneros de las pará-bolas, volveré a las raíces y me concentraré en las distinciones —introducidas por Jülicher y ampliadas por Bultmann— de las parábolas en los subgéneros "símiles", "parábolas", e "ilustraciones", así como "figuras (*Bildworte*)" (en Bultmann). Esta clasificación, al menos en las publicaciones alemanas, ha adquirido un carácter canónico. Se encuentra prácticamente inalterada en los libros de texto[442] e incluso en indagaciones muy recientes del tema en el discurso académico,[443] por no men-cionar los materiales pedagógicos y homiléticos.[444]

Yo diría, sin embargo, que esta diferenciación interna no hace justicia ni a los textos del Nuevo Testamento ni a la consciencia sobre el género de sus autores y, por tanto, debe ser abandonada. Comienzo, pues, con un examen crítico de este esquema de clasificación y continúo con las observaciones de que incluso los sistemas de la retórica antigua no son de ayuda, como se revela al considerar las obras de Aristóteles y Quintiliano.

Por último, voy a proponer una definición del género que intenta hacer justicia a la amplitud de los textos unidos bajo el término παραβολή en el Nuevo Testamento sin renunciar a la precisión analítica necesaria en tal definición. Utilizando seis tipos de criterio se propondrá y explicará una definición del género "parábola".

Kontext". También Berger, *Einführung*, Parte A, parte. § 1: "Alte Formgeschichte-neue For-mgeschichte" (13-18); § 8: "Die wichtigsten Grundsätze der herkömmlichen und der neueren Formgeschichte" (85-90).

441. Vea, por ejemplo, Dormeyer, *Literaturgeschichte* y más recientemente Theißen, *Entstehung des Neuen Testaments*.

442. Por ejemplo, Theißen y Merz, *Der historische Jesus*, 294-95; Böttrich, *Themen des Neuen Testaments*, 119-22; Alkier, *Neues Testament*, 131-34.

443. Vea, por ejemplo, Knoch, *Wer Ohren hat, der höre*, 18-20; Heininger, *Metaphorik*, 12; Strecker, *Literaturgeschichte*, 181-89; Vouga, "Gattungen", 76; Erlemann, *Gleichnisauslegung*, 97: "distinciones entre Jülicher del simil, la parábola y la ilustración se pueden confirmar en un análisis sobre el género". Müller y Heiligenthal, *Gleichnisse Jesu*, 22.

444. Vea, por ejemplo, Pentecost, *The Parables of Jesus*, 9-11; Häußler/Rieder, *Wunder und Gleichnisse im Religionsunterricht;* Sohns, *Gleichnisse Jesu.*

LAS DISTINCIONES CLÁSICAS SOBRE EL GÉNERO Y SU CRÍTICA

La diferenciación que la crítica de las formas hace de las parábolas en "figuras/dichos figurados", "símiles", "parábolas", e "ilustraciones" según Jülicher y Bultmann

Una de las ideas más eficaces de Jülicher en su trabajo en dos volúmenes *Die Gleichnisreden Jesu* (1886/1899) fue organizar el material de las parábolas en un sistema claro y relativamente simple; separó el "símil", la "parábola", y la "ilustración".[445] Rudolf Bultmann por su parte amplió el repertorio en su trabajo crítico *Die Geschichte der synoptischen Tradition* con la "figura" (*Bildwort*), que colocó en el nivel más bajo del habla figurativa, paralelo a las metáforas y a las comparaciones.[446] La validez de esta clasificación genérica, con solo unas pocas modificaciones, apenas ha sido cuestionada dentro de la exégesis de lengua alemana y más allá.[447] A continuación, resumiré brevemente estas conocidas distinciones y luego las examinare críticamente. Como los orígenes de estos tipos de géneros son bien comprendidos, parece justificado limitarme a delinear el sistema de clasificación.

El dicho figurado (*Bildwort*)

Rudolf Bultmann trajo el material de la parábola en el grupo "Dichos dominicales" bajo el título "Símiles y formas similares".[448] Al hacer esto, Bultmann diferenció tres formas más pequeñas: "comparación", "metáfora", y "figura". La "comparación apropiada" se caracterizó por la partícula comparativa (como [ὡς]) (ver Mateo

445. Jülicher, *Gleichnisreden Jesu*, I, 25-118. En cuanto a la vida y las obras de Jülicher, vea Klauck, "Adolf Jülicher".

446. Bultmann, *Geschichte*, 181-84. ET: *History of the Synoptic Tradition* (trad. John Marsh; rev. Ed.; New York: Harper & Row, 1968), 167-70. A continuación, los números de página establecidos entre paréntesis se refieren a la traducción al inglés.

447. En la investigación de la parábola en inglés, Charles H. Dodd adoptó la clasificación y habló de "dichos figurados", "símiles", "parábolas propias", e "ilustraciones". (Vea Dodd, *Parables,* 5-7.) Sin embargo, la investigación americana desde Crossan y Funk no ha utilizado el término de *símil* y en su lugar han presentado su propia clasificación en "parábola aforística" y "parábola narrativa". (Vea, por ejemplo, el resumen en Crossan, "Parable".) Una excepción Es Arland J. Hultgren, quien habla de "símiles" para disociarlas de "parábolas narrativas", pero luego solo discute las últimas. Vea Hultgren, *Parables*, 3; Más recientemente Snodgrass, *Stories with Intent*.

448. Vea Bultmann, *Geschichte*, 179-222 (166-205). Bultmann dividió la tradición de los dichos de Jesús en dos grupos: "A. Apotegmas "y" B. Dichos dominicales". Estos últimos se subdividen en "1. Logia", "2. Dichos proféticos y apocalípticos", "3. Dichos legales y normas eclesiásticas", "4. Los 'Yo soy'", y finalmente "5. Símiles y formas similares".

10:16: "Les envío como ovejas entre lobos, sean astutos como serpientes, e inocentes como palomas"), las otras dos formas podrían considerarse comparaciones abreviadas. En el caso del dicho figurado, que también se encuentra a menudo en los *meshalim* del Antiguo Testamento, "la imagen y la cosa [están] yuxtapuestas sin ninguna partícula de conexión".[449] Bultmann distingue entre los dichos figurativos monomios[450] y binomios, que se basan en un *Parallelismus membrorum* (paralelismo de miembros).[451] Algunos dichos figurativos pudieron desarrollarse más y demostrar el uso de un paralelismo antitético.[452] La brevedad del enunciado figurativo exige suplementos editoriales, particularmente en la introducción y conclusión, de modo que su incorporación en el contexto evangélico impide la reconstrucción del "sentido concreto que tenía en mente Jesús (o la iglesia)".[453]

El dicho figurado siguió siendo popular en la siguiente investigación de parábolas. Wolfgang Harnisch usó este término para describir los textos de la parábola que no correspondían a la narrativa dramática de la parábola (parábola) o la pieza narrativa miniatura.[454] "El estilo extraordinario característico [del dicho figurado] son el impacto del lenguaje, la brevedad de la formulación, el uso del *parallelismus membrorum* y la independencia de la declaración tipo oración".[455]

Kurt Erlemann también sostuvo que el "dicho figurado" formaba parte de una serie de "formas básicas"[456] y lo definía como "la forma de un discurso semejante al discurso parabólico que pertenece en cierta medida a la metáfora y a la parábola. Son textos ... que pueden usar la metáfora como un bloque de construcción, pero no demuestran ningún desarrollo dramático con estructura escénica y cronológica".[457]

---

449. Ibíd., 181 (167).

450. Vea la secuencia única de Bultmann: Mateo. 5:14 (ciudad sobre un monte); Mateo 3:10 (el árbol sin fruto arrojado al fuego); Lucas 5:39 (el vino viejo); Marcos 2:17 (el médico y los enfermos); Marcos 2:19 (ayunar estando el novio); Mateo 24:28 (el cuerpo muerto y los buitres); Lucas 4:23 (Médico, cúrate a ti mismo). Vea ibíd., 181 (168).

451. Vea Lucas 6: 44b (higos y uvas); Mateo 10:24 (discípulo y siervo); Marcos 2:21-22 (el remiendo y el vino); Marcos 3:24-25 (el reino y la casa divididos); Mateo 7:9-10 (pedir pan y pescado); Mateo 12:30 (estar a favor y en contra, reunir y dispersar). Vea ibíd.

452. Vea Lucas 6:39 (el ciego que guía a otros ciegos); Lucas 6:43-44 (el árbol y el fruto); Lucas 14:34-35 (Sal); Marcos 3:27 (Saqueo del fuerte); Marcos 4:21 (Luz). Vea ibíd., 182 (168).

453. Ibíd., 182-83 (169); Para la integración editorial, Ibíd., 95-96 (91-92).

454. Vea Harnisch, *Gleichniserzählungen*, 105-07.

455. Ibíd., 106.

456. Erlemann nombra un total de diez unidades más pequeñas, tales como "ejemplo", "comparación", "metáfora", "predicación personal metafórica", "enseñanza metafórica", "cifra", "sinecdoque", "Metonimia", y "Símbolo". Vea Erlemann, *Gleichnisauslegung*, 63-75.

457. Ibíd., 70.

El símil

De acuerdo con Jülicher, el *símil* es "la ilustración de una oración colocándola junto a otra frase similar" y es, por tanto, una comparación basada en la relación de símil.[458] También hizo una distinción aguda entre el símil y la alegoría, en la que los elementos están interrelacionados en el nivel de transmisión.[459]

El símil apela, "por el beneficio de algo nuevo, a algo semejante que es generalmente bien conocido y aceptado".[460] El tiempo presente se utiliza en la representación del acontecimiento típico y repetido. Debido a que el símil remite a un acontecimiento bien conocido y natural o al conocimiento basado en la experiencia, el significado es evidente y la interpretación es innecesaria.

Mientras Jülicher atribuyó veintiocho textos a este subgénero, Bultmann, para quien las "símiles puras" difieren de los dichos figurativos o comparaciones solo en su forma más elaborada y el detalle con el que se presenta la imagen, solo atribuyó diecisiete textos a esta categoría. Estos se enumeran a continuación:[461]

A) Una extensión de palabras de imagen
Lucas 12:39-40 (par. Mateo 24:43-44): el ladrón en la noche
Lucas 12:42-46 (par. Mateo 24:45-51): el siervo fiel y el infiel
Lucas 12:54-56: las señales del tiempo
Lucas 12:57-59 (par.5:25-26): la reconciliación
Lucas 14:28-33: construcción de una torre y planificación de una batalla
Lucas 15: 4-10 (par. Mateo 18:12-14): la oveja perdida
Lucas 17:7-10: el siervo y el amo

B) Ampliación de las comparaciones
Marcos 4:26-29: la semilla que crece por si misma
Marcos 4:30-32: (par. Mateo 13:31-32, Lucas 13:18-19): la semilla de mostaza

---

458. Jülicher, *Gleichnisreden Jesu*, I, 69: "La parábola es la comparación a un nivel superior, la ilustración de una declaración colocándola junto a otra declaración similar".

459. Vea Ibíd., 80: "Defino la parábola como la figura de la palabra en la que se debe asegurar el impacto de una frase (pensamiento) colocándola junto a otra frase similar que pertenece a un dominio diferente y está segura de su impacto. No es posible confundir y mezclar esto con la alegoría, que es la figura del habla en la que se retrata una secuencia cohesiva de términos (una frase o frase compleja) con la ayuda de una secuencia cohesiva de términos similares de otro dominio". También el claro diagrama de Hans Weder en *Gleichnisse Jesu*, 71; Más recientemente, Levine, *Short Stories*, 7: "Una parábola no requiere ninguna clave externa para explicar lo que significan sus elementos; una alegoría sí".

460. Jülicher, *Gleichnisreden Jesu*, I, 73.

461. Vea Bultmann, *Geschichte*, 184-88 (170-74). Él identificó 18 dichos figurativos.

Marcos 13:28-29: (par. Mateo 24:32-33, Lucas 21:29- 31): la higuera estéril
Marcos 13:34-37: El amo que sale de viaje
Lucas 6: 47-49: (par. Mateo 7:24-27): el fundamento firme
Lucas 7: 31-35: (par. Mateo 11:16-19): los niños en la plaza
Lucas 13: 20-21: (par. Mateo 13:33): la levadura
Mateo 13:44: El tesoro escondido
Mateo 13:45-46: la perla de gran precio
Mateo 13:47-50: la red llena de peces

La investigación posterior de las parábolas ha mantenido esta definición con ligeras modificaciones. Snodgrass, por ejemplo, definió los símiles como "comparaciones ampliadas... Lo que identifica a un símil es que es una analogía ampliada *que carece de desarrollo de una trama*".[462] Una notable modificación terminológica se puede ver en el hecho de que la erudición de lengua inglesa y escandinava habló de "parábolas/*meshalim* aforísticas",[463] Mientras en la tradición de la lengua alemana el término *"besprechendes Gleichnis"* se generalizó.[464] En ambos casos, se enfatizó la *narratio* desaparecida y se hizo un contraste entre "parábolas narrativas/*meshalim*" y "parábolas narradas".

La parábola

La *parábola* es otro subgénero que a menudo se describe en contraste con el símil. Para Jülicher, la característica decisiva de la parábola es que se trata de un "interesante caso aislado", narrado en pasado (aoristo), en ocasiones, con una "elaborada complejidad".

462. Snodgrass, *Stories with Intent*, 12 (cursivas de Snodgrass). Vea Vía, *Parables*, 11: La parábola retrata "una escena cotidiana típica, familiar y recurrente con más de un verbo, usualmente en el tiempo presente, aunque pueda aparecer el futuro o el subjuntivo aoristo". Berger también habla sin modificación de "símil(es)" (Berger, *Formgeschichte*: § 14, 45-50, casi sin modificar en Berger, *Formen und Gattungen*, § 24, 101-05); también Harnisch, *Gleichniserzählungen*, 67: "Se remonta a la experiencia cotidiana, habla de acontecimientos típicos, familiares o repetidos, y expresa cosas que son reguladas o naturales".

463. John D. Crossan habla de una "parábola aforística" y una "parábola narrativa". (Vea Crossan, "Parable", 146-52). De manera similar, Gerhardsson se refiere a un *meshalim* aforístico y a un *meshalim* narrativo. Vea Gerhardsson, "Meshalim"; Idem, "Illuminating the Kingdom".

464. Adoptando una sugerencia terminológica hecha por Weinrich, Rau distinguía entre "narrar" y "hablar en parábolas" (Rau, *Reden in Vollmacht*, 26-35). Esta diferenciación fue entonces retomada y ampliada por Erlemann. En los segmentos de texto más grandes, Erlemann, *Gleichnisauslegung*, 79-85, distinguió entre "hablar en parábolas (símiles)", "narrar parábolas (parábolas narradas, parábolas)", "ilustraciones", "discurso parabólico", y *"paroimia* (proverbio) juanina".

La imagen de la parábola sale de la realidad que es accesible para todos. Señala cosas que ocurren todos los días, relaciones cuya existencia debe ser reconocida incluso por los menos inclinados; por otro lado, las historias nos son contadas aquí libremente (por ejemplo, en parábolas), inventadas libremente por Jesús, a veces con lujosa elaboración, hasta el último detalle. Lo que se nos muestra no es lo que todo el mundo hace y que no se puede hacer de otra manera, sino más bien lo que alguien hizo en alguna ocasión, sin cuestionar si otras personas habrían hecho lo mismo.[465]

Las parábolas no tratan así de lo rutinario y habitual, sino de lo extraordinario, de lo sorprendente, de lo inusual. No todo padre tiene dos hijos, uno de los cuales exige su herencia para irse al mundo. Y aún más inusual es el padre que luego celebra que este hijo que se había extraviado haya regresado. En contraste con el símil, la extravagancia de la narración exige una interpretación. Jülicher identificó un total de veintiuna parábolas, que Bultmann redujo a quince textos:

Marcos 4:3-9: (par.): el sembrador
Marcos 12:1-9: (par. Mateo 21:22-44, Lucas 20:9-18): los malos arrendatarios
Lucas 7:41-43: los dos deudores
Lucas 11:5-8: el amigo necesitado
Lucas 13:6-9: la higuera estéril
Lucas 14:16-24: (par. Mateo 22.2-14): el gran banquete
Lucas 15:11-32: el hijo pródigo
Lucas 16:1-8: El mayordomo astuto
Lucas 18:1-8: la viuda insistente
Lucas 19:12-27: (par. Mateo 25:14-30): los talentos
Mateo 13:24-30: el trigo y la cizaña
Mateo 18:23-35: el siervo implacable
Mateo 20:1-16: los trabajadores de la viña
Mateo 21:28-31: los dos hijos
Mateo 25:1-13: las diez vírgenes

Estos criterios también se mantienen en la siguiente investigación de las parábolas.[466] Para citar nuevamente a Snodgrass: "una parábola es una historia ficticia que narra un acontecimiento *particular*, normalmente contado en pasado y está

---

465. Jülicher, *Gleichnisreden Jesu*, I, 93.

466. Por ejemplo, Fuchs, *Hermeneutik*, 222: "Los símiles [*Gleichnisse*] difieren de las parábolas [*Parabeln*] simplemente a través de la transición de la parábola de lo típico y regular al único evento significativo que debe ser narrado". También, Via, *Parables*, 11f.: "En una parábola tenemos... una historia libremente inventada contada con una serie de verbos en pasado. La parábola no se refiere a lo que todo el mundo suele hacer, sino que narra una cosa particular en la que alguna persona o personas alguna vez estuvieron involucradas. La símil [*Gleichnis*] obtiene su fuerza de

destinada a transmitir una verdad moral o espiritual".[467] En algunos casos (por ejemplo, en W. Harnisch o B. Heininger), las parábolas se definen más precisamente a lo largo de una concepción narratológica particular, lo que conduce en última instancia a una reducción a solo diez textos parabólicos.[468]

Las ilustraciones

Jülicher definió las ilustraciones como un género propio de parábolas y clasificó cuatro textos de Lucas en este grupo:

- El buen samaritano (Lucas 10:30-35)
- El rico insensato (Lucas 12:16-21)
- El rico y Lázaro (Lucas 16:19-31)
- El fariseo y el publicano (Lucas 18:10-14)

A medida que se inventan narraciones con un significado más profundo, las ilustraciones comparten algunos criterios con las parábolas; sin embargo, deben estar claramente separadas de las parábolas debido a su contenido e intención:

> Lo que los diferencia es simplemente que ya existen a un nivel superior controlado exclusivamente por los intereses de Jesús. Mientras que las fábulas y las parábolas en Mateo 13-25, en su conjunto, llevan a los lectores a las relaciones seculares, a los huéspedes, al trabajo doméstico y profesional, a las negociaciones entre amos y sirvientes, estos cuatro pasajes nos presentan acontecimientos que pertenecen a la esfera ético-religiosa y que puede ser utilizados en esta esfera, y no solo mediante la comparación con las cosas superiores. La historia no tiene lugar, como exige nuestra definición de "parábola", en otra esfera, sino más bien en la misma en la que reside la frase que ha de entenderse. En otras palabras, la historia es un ejemplo de la declaración expresada. Por tanto, solo puedo llamar a esta categoría como ilustración.[469]

---

su apelación a lo que es universalmente reconocido, mientras que la parábola [*Parabel*] alcanza su poder al hacer que lo particular sea creíble y probable. "También Erlemann, *Gleichnisauslegung*, 81.

467. Snodgrass, *Stories with Intent*, 13.

468. Vea Harnisch, *Gleichniserzählungen*, 80-81. Para Harnisch las parábolas estructuradas según una "triple formación" (*Dreierformation*) representan el subgrupo más claro, él concentra toda su interpretación de las parábolas sobre esta forma. Harnisch identifica (incluyendo las ilustraciones) un total de doce textos con esta estructura, aunque Mateo 21:28-31 y Lucas 7:41-43 solo se dan en forma esquemática. Así que, para él, "diez parábolas narrativas forman el verdadero núcleo del corpus de las parábolas del Nuevo Testamento" (Ibíd., 80-81).

469. Jülicher, *Gleichnisreden Jesu*, I, 112.

Mientras que la parábola indica indirectamente algo más, la narrativa de la ilustración presenta lo que es realmente importante. "La imagen y el sujeto caen el uno en el otro; las imágenes pertenecen a la esfera ético-religiosa".[470]

Según Dan O. Via, la referencia en la ilustración no es "el significado, el pensamiento o la realidad con los que trata la historia". Sino que están "presentes en la historia. La historia es un ejemplo de ello y solo necesita ser generalizada".[471] Parece que el lector puede y debe identificarse directamente con uno de los personajes de la historia; las interpretaciones son superfluas. Los protagonistas deben ser modelos o ejemplos para las propias acciones. Así, el objetivo de la ilustración es también la aplicación ética.[472]

A pesar de algunas críticas al modelo de la ilustración (vea abajo), la mayoría de los eruditos también se adhirieron a este subgénero de parábolas como representado por los cuatro textos mencionados arriba.[473] Bultmann también incluyó Lucas 14:7-11 (humildad y hospitalidad) y Lucas 14:12-14 (los invitados correctos) en el grupo de ilustraciones, aunque los consideraba como una etapa preliminar de esta forma.[474]

Crítica de la ilustración

Comencemos con la crítica del subgénero de la "ilustración" porque aquí es donde el sistema de clasificación de Jülicher ha sido cuestionado en primera instancia.[475]

En primer lugar, la identidad postulada de Jülicher del sujeto y del nivel narrativo en la ilustración es cuestionable, como se puede ver al mirar los temas concretos nombrados por Jülicher. El sostuvo que la parábola del buen samaritano es acerca de los valores del "verdadero amor sacrificial" y la parábola del fariseo y el publicano es sobre la "humildad".[476] En la parábola del rico insensato, el tema es la falsa seguridad a través de las riquezas,[477] y la parábola del rico y

---

470. Ibíd.

471. Via, *Parables,* 12; vea idem, "Parable", 119.

472. Jülicher, *Gleichnisreden Jesu,* I, 114: "desean implementación práctica".

473. Por ejemplo Conzelmann y Lindemann, *Arbeitsbuch*, 105; Sellin, "Allegorie und Gleichnis", 424-28; Erlemann, *Gleichnisauslegung*, 81-82.

474. Vea Bultmann, *Geschichte,* 193 (179).

475. Vea Crossan, "Example"; idem, *In Parables*; Baasland, "Beispielerzählungen"; Harnisch, *Gleichniserzählungen*, 84-97; En detalle Tucker, *Example Stories*. Una última excepción a este respecto es Lischer, que todavía conservaba el concepto de "ilustración", vea Lischer, *Reading the Parables*, 94: "Estas son ilustraciones y no 'verdaderas' parábolas".

476. Jülicher, *Gleichnisreden Jesu,* I, 112; II, 596.

477. Ibíd., II, 616: Se trata de la intuición, "según la cual es temerario creer que la felicidad esté asegurada por las riquezas".

Lázaro debe generar "aprecio por una vida de sufrimiento" y "temor a una vida de indulgencia".[478] Las múltiples historias de interpretación de estos textos ya refutan esta estrechez de interpretación. Y a la inversa, hay muchas otras parábolas en cuyas narraciones la vida religiosa tiene un rol (por ejemplo, Marcos 2:18-20: ayuno, Marcos 3:22-26: Beelzebú, Marcos 7:14-23: puro-impuro; 25:32-33: hijo del hombre) pero no son clasificados por Jülicher como ilustraciones. Por tanto, la identificación de un texto como instancia de una forma particular es problemática porque se ocupa de un tema en particular.

La función del "modelo directo" de las figuras narrativas tampoco es reproducible, como lo ha subrayado W. Harnisch.[479] Por ejemplo, es difícil esperar que la primera audiencia judía haya visto al samaritano en la parábola del buen samaritano como una figura con quién identificarse. En la parábola del fariseo y el publicano, así como en la parábola del rico insensato, no se ofrecen figuras reales de identificación directa. En cambio, la intención es demostrar que los "estándares de un mundo teológicamente normalizado deben ser reconsiderados".[480]

Además, no es correcto que las historias de ejemplo eviten del todo el lenguaje figurativo. El nombramiento de lugares (Jerusalén, Jericó) o de personajes individuales (Lázaro) no libera al lector de la obligación de buscar un nivel abstracto de significado más allá de la situación concreta. Como en otras parábolas, se construye un caso específico que debe ser trasladado a niveles más fundamentales de significado y niveles de significado que están desconectados del sujeto directo. El significado más profundo de la narrativa relacionada con la realidad solo puede descubrirse a través de la interacción metafórica.[481] Concretamente, el hecho de que la historia del buen samaritano es acerca del cumplimiento de la ley de la *Torah* de amar a tu prójimo no se declara en la narración. Esto se revela solo en la manera en que la narración interactúa y toma de su contexto propio. Por esta razón se debe criticar la supuesta falta de figuración y metaforicidad –o, más generalmente, de ficción estética, como ya se ha repetido:[482] "esta tesis de una distancia objetiva ausente o de alguna manera faltante de los acontecimientos narrados resulta engañosa cuando se examina más de cerca".[483]

Además, Ernst Baasland en particular criticó fundamentalmente la derivación de un género basado en consideraciones de contenido. Los géneros solo pueden definirse sobre la base de razones lingüísticas-formales. "No hay evidencia

478. Ibíd., II, 638.

479. Vea Harnisch, *Gleichniserzählungen,* 86-88.

480. Ibíd., 87.

481. Vea Funk, "Metaphor".

482. Por ejemplo Sellin, "Allegorie und Gleichnis", 425: "en la ilustración, la ilustración se encuentra completamente en la esfera del sujeto".

483. Harnisch, *Gleichniserzählungen,* 88.

de una estructura formal común [que surja de las parábolas] en las ilustraciones".[484]
Basado en la estructura narratológica, Harnisch tampoco ve "ninguna razón para evitar que los cuatro textos polémicos de Lucas sean considerados parábolas y de ser clasificados como la forma narrativa de parábola dramatizada".[485]

Desde la perspectiva de la crítica de las formas, es cuestionable que una forma distinta sea reconstruida a partir de cuatro textos pertenecientes a un autor. Los géneros solo pueden crearse comparando textos de contextos variables y demostrando que hay características y funciones textuales comunes o por el hecho de que una meta-reflexión revele una consciencia de género de aquellos que se comunican entre sí. El mismo Lucas no enfatiza en absoluto estos textos, y al menos dos de ellos son, como los otros textos parabólicos, presentados y clasificados con el término de παραβολή (Lucas 12:16; 18:9).

Por último, la colocación en la clasificación como *exempla* de la retórica antigua no justifica en modo alguno el aislamiento como subgénero de una "ilustración", como demuestra en particular Jeffrey T. Tucker.[486] "Los antiguos retóricos consultados aquí no proporcionan criterios específicos con respecto a la función de la parábola y el ejemplo que se puede aprovechar para solidificar una distinción categórica entre la *Parabeln* y los *Beispielerzählungen*".[487] A pesar de que no hay consenso en las obras existentes de los antiguos retóricos sobre la clasificación de las parábolas o de los *exempla*,[488] está al menos claro que todas las formas de narrativas fácticas y parábolas de ficción se agrupan bajo el título más amplio de παραδείγματα, *ejemplos*. En la opinión de los antiguos retóricos, las parábolas son siempre ejemplos (véase Aristóteles, *Retórica* 1393a, 28-31, Quint. *Inst.* V 11, véase más adelante). Correspondientemente, considerando desde esta perspectiva, uno podría estar de acuerdo con Tucker cuando afirma: "Después de leer a Aristóteles y Quintiliano, nos vemos obligados a reconocer que todas las parábolas de Jesús registradas en los evangelios sinópticos son ejemplos (παραδείγματα)".[489]

Una prueba final de contraste también sostiene la crítica –no solo los textos que apelan directamente al lector han sido aislados como ilustraciones; todas las parábolas demandan participación, juicio, e incluso un comportamiento específico de los lectores. Por tanto, una dimensión provocadora y un enfoque ético

---

484. Baasland, "Beispielerzählungen", 197; así como en su disertación, idem, *Teologi og metodologi*, 579.

485. Harnisch, *Gleichniserzählungen*, 91.

486. Vea Tucker, *Example Stories*, capítulo 5: "Parable and Example in the Ancient Rhetorical Tradition", 275-395.

487. Ibíd., 388.

488. Vea Tucker, *Example Stories*, 383: "No hay una teoría unificada de la parábola y el ejemplo en la antigua tradición retórica".

489. Ibíd., 395.

no justifican una clasificación especial.[490] Crossan afirmó que las ilustraciones en última instancia no persiguen solo un interés principalmente ético.

Conclusión: Los textos clasificados por Jülicher como *ilustraciones* no pueden reivindicar una clasificación especial dentro de la red de textos parabólicos basada en criterios lingüísticos o de contenido. Ni la antigua comunidad de comunicación ni, en particular, el autor del evangelio de Lucas, demuestran ser conscientes de un subgénero separado para estos textos. Por tanto, debemos abandonar el género distinto de la "ilustración".[491]

Crítica de la distinción entre "símil" y "parábola"

En contraste, la distinción entre "símil" y "parábola" se ha mantenido con menos críticas incluso en publicaciones muy recientes.[492] Sin embargo, los criterios para esta distinción deben ser cuestionados por una serie de razones:

Crítica de la lengua original

No hay evidencia de una distinción terminológica entre "símil" y "parábola" en el Nuevo Testamento o en los primeros escritos cristianos. En las introducciones a estos textos correspondientes, los autores del Nuevo ''Testamento hablan de παραβολή, a los cuales la tradición académica ha atribuido los géneros de "dicho figurado", "símil", o "ilustración". Esto puede demostrarse con el ejemplo del autor del evangelio de Lucas. En su introducción, el autor llama παραβολή a los así llamados "dichos figurativos", como "el remiendo nuevo en vestido viejo" (Lucas 5:36) o "un ciego guiando a otro ciego" (Lucas 6:39). De la misma manera, los llamados "símiles", tales como "humildad y hospitalidad" (Lucas 14:7) o "el fruto de la higuera" (Lucas 21:29) se introducen como παραβολαί. Incluso los textos clasificados por Jülicher como "parábolas", tales como la parábola del sembrador (Lucas 8:4, 9, 11) o de "la viuda" (Lucas 18:1), se refieren con la misma terminología que las llamadas ilustraciones, como "el rico insensato" (Lucas 12:16) o "el fariseo y el publicano" (Lucas 18:9).

---

490. Crossan tomó la ruta opuesta en este asunto y afirmó que las ilustraciones tampoco pueden reducirse a un impulso ético. Esta evaluación no contradice necesariamente mi argumento; sin embargo, presupone una comprensión ética que se reduce a directivas morales. Vea Crossan, *In Parables*, 55: "tampoco son ejemplos morales".

491. Vea también la conclusión de Snodgrass, *Stories with Intent*, 14: "Confieso que durante algún tiempo traté de mantener la categoría de ilustraciones, pero al final esta etiqueta es inadecuada e inapropiada".

492. Vea también la evaluación de Erlemann, *Gleichnisauslegung*, 79: "La distinción de Jülicher entre 'símil' y 'parábola' se mantiene en su principio básico incluso hoy en día".

Los otros evangelios también demuestran una amplitud correspondiente de los textos llamados παραβολή.[493] La conclusión extraída previamente de esta evidencia es que el término παραβολή no se utilizó consistente y uniformemente en los textos del Nuevo Testamento,[494] y esta se impone a los textos del Nuevo Testamento como una cierta clasificación retrospectiva del género. Ahora armados con la presuposición de que hay parábolas, símiles e ilustraciones, uno se ve obligado a determinar que los autores del Nuevo Testamento no se adherían constantemente a estas distinciones en su terminología. Los lentes hermenéuticos de Jülicher de clasificación del género, sin embargo, ciega la verdadera evidencia textual. Por tanto, debemos cuestionar los criterios para esta diferenciación de género por la misma razón que los autores del Nuevo Testamento traen textos de muy diferentes longitudes y temas juntos bajo un solo encabezamiento de género.

De ninguna manera los escritos del Nuevo Testamento confirman terminológicamente las diferenciaciones internas introducidas por Jülicher. Esto es aún más notable porque el mundo lingüístico griego, que comienza con la retórica de Aristóteles y la escritura poética, es ciertamente rico en términos variados para el lenguaje figurativo, como τὸ ὅμοιον (símil/comparación, cf. ἡ ὁμοιότης [símil/equidad]), μεταφορά (metáfora), ἀλληγορία (alegoría), σύμβολον (símbolo), μῦθος (mito), αἴνιγμα/αἰνιγμός (enigma), etc.[495]

Los antiguos evangelistas cristianos usan un total de solo dos términos para la clasificación de los textos de parábola: παραβολή y παροιμία, lo que a menudo es pasado por alto. Hay una distinción entre ambos términos basada en la fuente, ya que mientras que los sinópticos hablan exclusivamente y con frecuencia llamativa de παραβολή, el cuarto evangelista no utiliza este término en absoluto y en su lugar habla de παροιμία (solo cuatro veces). La referencia en Juan 10:6 se refiere a un texto concreto mientras que Juan 16:25 [*bis*], especialmente en el versículo veintinueve, comprenden el término como una clasificación superordinada del discurso de Jesús y así expresan la idea del género del evangelista ligada a este

493. Otros textos que pueden clasificarse como una "símil", pero se llaman παραβολή en los textos del Nuevo Testamento son Marcos 4:13, 30; 13:28; Mateo 13:18, 31, 33, 36; 24:32; Lucas 8:4, 9, 11; 12:41; 13:6; 15:3; 21:29.

494. El término παραβολή se produce principalmente en los Evangelios sinópticos: diecisiete veces en Mateo, trece veces en Marcos y dieciocho veces en Lucas; También dos veces en Hebreos (Hebreos 9:9; 11:19). Haufe da los siguientes significados posibles: "proverbio (Lucas 4:23, 6:39)", "declaración (Marcos 7:17, Mateo 15:15)", "dicho figurado (Marcos 3:23, Lucas 5:36)", "enigma (Marcos 4:11, Mateo 13:10, Lucas 8:10)", "lineamiento (Lucas 14: 7)", la parábola (que representa un evento típico) (Marcos 4:13, 30; : 13:28, Mateo 13:18, 31, 33, 36, 24:32; Lucas 8 4, 9, 11; 12:41; 13:6; 15:3; 21:29)", "parábola (Mateo 13:24; 21:33; Lucas 18:1; 19:11; 20:9, 19), "ilustraciones" (Lucas 12:16; 18: 9). Vea Haufe, "Παραβολή", 36. Vea en el uso del Nuevo Testamento de este término también Vouga",Gattungen", 78-91.

495. Vea la variedad de términos figurativos en Zimmermann, *Christologie*, 62.

término.[496] Ambos términos, sin embargo, se usan en la LXX como traducciones del término hebreo común משל (*māschāl*) y también aparecen en la *Retórica* de Quintiliano bajo el título de *exempla* (véase más adelante).

Si queremos intentar adoptar la idea del género de los primeros autores cristianos, incluyendo los términos que usaron, la diferenciación de género terminológicamente manifiesta, a mi juicio, no puede derivarse del lenguaje fuente. Esto solo podría determinarse si un autor había utilizado varios términos (por ejemplo, *parabolē* y *paroimia*) de manera diferente en textos similares. Al mismo tiempo, sin embargo, se puede determinar que los autores ciertamente conectan una idea del género a cada término cuando la usan, si se lleva a cabo una meta-reflexión (véase la llamada teoría de la parábola en Marcos 4:10-12 o en *paroimia* en Juan 16:25-29) o si, por ejemplo, los textos adoptados por Lucas se clasifican explícitamente como παραβολή a partir del original (por ejemplo, Lucas 6:39, ver en Q 6:39 , Mateo 15:14 sin el término parábola; Lucas 5:36 en comparación con Marcos 2:21, Mateo 9:16).

Sin embargo, si uno todavía quiere derivar un término superior del género del idioma de origen, "parábola" es la opción más viable. Aunque la traducción etimológica de παραβολή (*parabolē*) como "parábola" no es obligatoria, esta traducción es más cercana que cualquier otro término al concepto terminológico de los primeros autores cristianos, quienes particularmente con el término παραβολή demuestran tener un concepto del género.[497]

Crítica de la historia de la investigación

Incluso si el sistema bien conocido de clasificación no puede derivarse de la conciencia de género de los autores fuente o de otras clasificaciones relacionadas, uno podría adherirse al sistema en el nivel del análisis académico. En el sentido heurístico, es permisible someter los textos a un sistema de clasificación no relacionado con la fuente si se puede obtener información a través de este proceso.

Sin embargo, la justificación académico-teórica de una diferenciación interna formal solo tiene sentido si se espera que los resultados logren al menos un cierto consenso. Y si nos fijamos en la historia de la investigación parábola, es en particular este aspecto que es cuestionable. A veces, el mismo título es aplicado a cosas que se entienden de manera diferente. Según Jülicher, las símiles deben estar estrictamente separadas de las metáforas (Erlemann ve esto de manera similar),[498]

---

496. Para más información sobre el término παροιμία, vea Ibíd., 29-45; Poplutz, "Paroimia"; así como la contribución de Stare, "Johannesevangelium?"

497. Vea para más evidencia para el Evangelio de Mateo, Münch, *Gleichnisse Jesu*, 73-77.

498. Vea Erlemann, *Gleichnisauslegung*, 79: "Las parábolas no son metáforas ampliadas, sino más bien piezas narrativas de ficción".

mientras que para Dodd, Harnisch y muchos otros, las parábolas representan metáforas extendidas.

Los investigadores que afirman el sistema de clasificación de "símil" y "parábola" a menudo obtienen resultados muy diferentes al aplicar la clasificación a los textos concretos. Me gustaría usar como ejemplo a Jülicher y Bultmann, que han tenido una gran influencia en la crítica de las formas en nuestro campo. Ellos han categorizado contradictoriamente los mismos textos como géneros diferentes:

Texto	Jülicher	Bultmann
Marcos 4:26-29 (La semilla que crece por si misma)	Parabel	Gleichnis (símil)
Marcos 4:30-32 (La semilla de mostaza)	Parabel	Gleichnis (símil)
Lucas 7:31-35 (Los niños en la plaza)	Parabel	Gleichnis (símil)
Lucas 15:4-7 (La oveja perdida)	Parabel	Gleichnis (símil)
Lucas 15:8-10 (La moneda perdida)	Parabel	Gleichnis (símil)
Mateo 13:44-46 (El tesoro escondido)	Parabel	Gleichnis (símil)
Mateo 13:47-50 (La red llena de peces)	Parabel	Gleichnis (símil)

Una desviación similar en la categorización también se puede ver en la clasificación de los textos en "símil" y "dicho figurado" o "metáfora".[499]

Aunque los criterios para la diferenciación se definen claramente y sin ambigüedad, la evidencia resultante de la aplicación de los criterios a los textos concretos de la parábola del Nuevo Testamento es poco clara y difusa. Casi todos los estudiosos reconocen la dificultad o incluso la imposibilidad de obtener resultados inequívocos utilizando la diferenciación interna de la crítica de las formas. Jülicher escribió: "Los límites, sin embargo, están borrosos; con algunas perícopas, no está claro si deben ser colocados en el primer grupo o en otro más alto, por ejemplo en Mateo 7:24-27 el dicho figurado del fundamento firme o en Lucas 11:5-8 la παραβολή del amigo insistente".[500] Bultmann también tuvo que

---

499. Por ejemplo, Bultmann, *Geschichte*, 184-86 (170-72), considera los textos concernientes a la higuera (Marcos 13:28-29), los niños que juegan (Lucas 7:31-35), el ladrón (Lucas 12:39-40), la "interpretación de las señales" (Lucas 12:54-56), y la reconciliación (Lucas 12:57-59) como símiles, mientras que Harnisch considera que todos ellos son dichos figurativos (*Gleichniserzählungen*, 106) . O Bultmann, *Geschichte*, 183 (169), identifica el pasaje sobre la paja y la viga (Mateo 7: 3-5) como una metáfora, mientras que para Erlemann es un típico "dicho figurado" (*Gleichnisauslegung*, 107). El enunciado figurativo de Bultmann de servir a dos señores (Mateo 6:24) es contado por Erlemann como una comparación (*Gleichnisauslegung*, 65). Existen muchos más ejemplos de este tipo.

500. Jülicher, *Gleichnisreden Jesu*, I, 92.

admitir las limitaciones de aplicar su sistema de clasificación a textos concretos,[501] de la misma manera que Dodd expresó el problema: "No se puede pretender que la línea pueda dibujarse con precisión entre estas tres clases de parábolas – dichos figurativos, símiles, y parábolas. ... Pero una clase se funde en otra, y está claro que en todas ellas no tenemos nada más que la elaboración de una sencilla comparación".[502] Finalmente, Harnisch también admite en numerosas ocasiones la dificultad de describir géneros distintos de los que corresponden a su definición de la parábola narrativa dramática.[503]

Si un sistema de clasificación analítica no es adecuado para alcanzar resultados claros que encuentren un consenso general, los criterios postulados o las categorías interpretativas superordinadas y los subgéneros deben ser cuestionados.

Crítica lingüística y del contenido

La diferenciación parece convincente principalmente por la convergencia de criterios lingüísticos y de contenido. Los estudiosos estaban convencidos de que el "símil" en el tiempo presente informaba de un procedimiento de la vida cotidiana mientras que la "parábola" contaba un hecho inusual en el pasado aoristo griego (véase más arriba).

Sin embargo, como se ha afirmado a menudo, la distinción entre lo normal y lo inusual es cuestionable.[504] Mientras Jülicher y Bultmann coincidieron en que la parábola del sembrador se refería a un acontecimiento único extraordinario y, por tanto, según su definición, es una parábola,[505] las objeciones de Jeremías se basan en las prácticas de siembra antiguas. Según Jeremías, el texto retrata "una descripción del método regular de siembra y que, de hecho, es lo que tenemos aquí... en la siembra de Palestina precede el arado. Por tanto, en la parábola el sembrador se representa como caminando sobre el rastrojo sin arado... Lo que parece a la mente occidental como mala agricultura es simplemente el uso habitual en las condiciones Palestinas".[506] Otros ejemplos también cuestionan el criterio de lo extraordinario. "Parece casi sensacional"[507] si un juez finalmente cede a una viuda insistente simplemente por la necesidad de paz (Lucas 18: 2-8) o si uno cumple la petición urgente de un amigo (Lucas 11:5-8). ¿Qué padre no se regocijaría y

---

501. Bultmann, *Geschichte*, 189 (174-75).

502. Dodd, *Parables*, 17-18.

503. Harnisch, *Gleichniserzählungen*, 105, 108.

504. Vea Rau, *Reden in Vollmacht*, 26-35.

505. Vea Jülicher, *Gleichnisreden, Jesu*, II, 514-38; Bultmann, *Geschichte*, 188-89 (174-75).

506. Jeremías, *Parables of Jesus*, 11-12.

507. Harnisch, *Gleichniserzählungen*, 67.

celebraría el regreso de un hijo que se creía perdido (Lucas 15:11-32)? ¿Es esto un acontecimiento extraordinario? A la pregunta también se le puede dar la vuelta: ¿es un hecho cotidiano que un ciego ofrezca guiar a otro ciego (Q 6:39)? O ¿que alguien encuentre un tesoro escondido en un campo (Mateo 13:44)? O ¿para un señor dejar su casa a sus siervos cuando se va de viaje (Marcos 13:34-37)?

Los límites entre lo normal y lo extraordinario, entre lo genérico y lo único, son borrosos.[508] Procedimientos que parecen ser normales, como la preparación de la masa, se convierten entonces tras una observación más cercana (la cantidad de masa que sale del amasado) en algo inusual.[509] Ocurrencias que a primera vista parecerían inusuales (tales como la llegada nocturna de un novio en Mateo 25:1-13) pueden, en contraste, ser explicadas por un conocimiento más profundo de la situación socio-histórica.[510] La evaluación de características extravagantes depende en gran medida del conocimiento del dominio figurativo y de la situación en la que tiene lugar la comunicación, que a menudo ya no son accesibles para nosotros o que siguen siendo construcciones hipotéticas. Por tanto, derivar un criterio para un género parece problemático. Los acontecimientos cotidianos son también "únicos" en una presentación de ficción al igual que los acontecimientos "únicos" pueden asumir la característica de algo típico de una parábola.[511] En cada parábola, la transferencia metafórica crea necesariamente una abstracción que es necesaria para comprender el significado de la parábola. Es realmente irrelevante si la transferencia surge de un evento "único" o de una ocurrencia diaria. La distinción entre los textos basados en su forma "única" para asignarlos a diferentes categorías me parece imposible con respecto a su dominio figurativo.

Basándose en el trabajo de H. Weinrich sobre la función de los tiempos, E. Rau quería mantener la distinción tensa como una característica que permitía la diferenciación. A través del uso del tiempo presente (y del tiempo futuro o perfecto), el tema se dirige directamente a los oyentes o lectores, mientras que la elección de un tiempo pasado es la elección de una ruta indirecta a través de la alienación relacionada con el tiempo. En consecuencia, la distinción de Jülicher vuelve a aparecer en los subgéneros de las parábolas que "hablan de" y "narran" inspiradas en la terminología de Weinrich.[512]

---

508. Bultmann había admitido esto, pero quería mantener la diferenciación por razones heurísticas. Vea Bultmann, *Geschichte*, 189 (174-75): "La diferenciación conceptual es necesaria para comprender el motivo que determina la forma; pero ninguna persona inteligente esperaría que cualquier instancia particular diera expresión pura a cualquier forma particular. Esto significa que no hay ningún punto en mucho debate sobre ningún ejemplo en particular".

509. Vea Ostmeyer, "Gott knetet nicht".

510. Vea Zimmermann, "Hochzeitsritual". Vea también el capítulo 10 para más detalles.

511. Tambien Erlemann, *Gleichnisauslegung*, 79, tomando de Rau.

512. Vea Rau, *Reden in Vollmacht*, 26-35, con referencia a Weinrich, *Tempus*.

Independientemente de la transferencia problemática de la función del tiempo del lenguaje moderno a la del griego *koiné*, no puede negarse que cada elección de un tiempo cumple una función diferente y, por tanto, influye decisivamente en la pragmática de un texto. Sin embargo, no es posible identificar claramente dos grupos de texto en los pasajes de las parábolas del Nuevo Testamento mediante el uso del tiempo. Muchos textos contienen una mezcla de tiempos ("el ladrón en la noche" Mateo 24:43-44, "los siervos vigilantes" Lucas 12:35-38, "la reconciliación" Lucas 12:58-59; "pan para los perros "Marcos 7:27-28, etc.) y las formas del tiempo cambia dentro de la tradición sinóptica. La parábola de la semilla de mostaza en Marcos 4:30-32 está en tiempo presente como forma básica, mientras que la misma parábola en Lucas 13:18-19 y Mateo 13:31-32 es contada en aoristo. ¿Acaso, Mateo y Lucas hicieron realmente una parábola a partir de un símil? En última instancia, hay que reconocer que los personajes narrativos también pueden ser creados a través de cambios de escena y dramatización y, por tanto, no están atados al tiempo utilizado.[513] Si uno no une los criterios de la narración demasiado cerca de una constelación dramática de personajes, difícilmente se puede negar que muchas de los llamados "símiles" tienen un carácter narrativo. Por tanto, este criterio también se reduce a un carácter puramente cuantitativo.

En cuanto al uso del tiempo y del carácter narrativo, debemos concluir que no nos conducen a un criterio de diferenciación del género con respecto a los textos concretos.[514]

Conclusión: El subgénero "símil" contradice la percepción del género y el uso del tiempo de las fuentes antiguas. Además, como término de lenguaje académico analítico, no nos aporta ninguna precisión. En última instancia, desde la perspectiva lingüística y no hay criterios convincentes que justifiquen el aislamiento de un grupo de textos especiales como "símiles". Además, es problemático que el término *parábola* sea tanto un encabezado neutro para todos los textos de tipo parábola, así como un término genérico para la descripción un tipo específico de texto. Heininger describió claramente la borrosidad resultante en el *Historisches Wörterbuch der Rhetorik*:

> La determinación exacta de lo que es una parábola se enfrenta a la dificultad de que el término ha sido utilizado a lo largo del tiempo como una especie de "comodín terminológico" en el campo del lenguaje figurativo y, por tanto, reúne en él formas tan variadas como la metáfora, la comparación, la parábola y la alegoría.[515]

---

513. Tambien Kähler, *Gleichnisse,* 45 con referencia a Lucas 15:8-9.

514. Con Snodgrass, *Stories With Intent,* 12: "El tiempo no es un factor para distinguir las formas".

515. Heininger, "Gleichnis", 1000. Vea también la evaluación de Grimm y Grimm, *Deutsches Wörterbuch*, 8195; También Zymner, *Uneigentlichkeit*, 122.

Podemos concluir aquí que los argumentos expuestos en la investigación de las parábolas para el subgénero de "símil" no pueden resistir un examen crítico. Por tanto, la distinción entre "símil" y "parábola" no debe ser mantenida.

Crítica de los dichos figurados (alemán: *bildwort*)

Finalmente, llegamos al subgénero del "dicho figurado". Bultmann incluso no consigue llegar a una clara distinción entre dichos figurativos y metáforas,[516] pues da la misma definición formal para ambos. "La metáfora es también una comparación acortada en la que falta la partícula comparativa".[517] El enfatiza expresamente la conexión y habla del uso metafórico de los dichos figurativos de los evangelistas o de su uso en textos que "tienen lugar entre un dicho figurado y una metáfora" (en Mateo 7:6).[518]

Significativamente para Harnisch, la definición particular que Jülicher postula generalmente para el discurso de la parábola se aplica al dicho figurado.[519] Harnisch mismo admite que "la tarea de la crítica de las formas es mucho resuelta con menos facilidad que la descripción del género de la parábola".[520] A través del procedimiento de sustracción de Harnisch, primero aísla los géneros narrativos dramáticos, así como "un grupo menos detallado de piezas narrativas en miniatura (parábolas)", finalmente no alcanza ningún criterio positivo para la descripción del género de "dicho figurado".[521]

El intento de Erlemann de diferenciar ciertas formas de las demás evidencia un problema similar. Para él, los dichos figurativos son también textos "que (se) encuentran en cierta medida entre la metáfora y la parábola; que no pueden colocarse claramente en una u otra categoría".[522] Para él, estos textos también se caracterizan por deficiencias en el sentido que demuestran "la falta de un desarrollo

---

516. Así también Erlemann, *Gleichnisauslegung*, 70: "Bultmann no logra diferenciar exactamente el dicho figurado de la parábola".

517. Bultmann, *Geschichte*, 183 (169). La traducción aquí sigue al alemán más literalmente que la traducción publicada en inglés.

518. Ibíd.

519. Ver Harnisch, *Gleichniserzählungen*, 105: "Lo que generalmente postula A. Jülicher para el discurso parabolico se aplica al dicho figurado".

520. Ibíd.

521. Vea la conclusión en el Ibíd.: "El resto del material debe ser separado del corpus de las parábolas reales y subsumido en la categoría de dicho figurado".

522. Erlemann, *Gleichnisauslegung*, 70. Vea también su lucha por la terminología cuando hace que el dicho figurado sea sinónimo de "metáfora ampliada", "símil fragmentario", o "bosquejo de parábola (*Gleichnisskizze*)", (Ibíd.).

dramático en su estructuración de escena y tiempo".[523] Sin embargo, los ejemplos concretos nombrados por Erlemann contradicen esta evaluación. Una distinción se hace en la parábola de la paja y la viga entre la primera escena del dicho (Mateo 7:3) y la escena posterior del habla literal (Mateo 7:4). En la apelación subsiguiente, el proceso de sacar la paja se divide en dos escenas más (primero, entonces, véase Mateo 7:5). En Mateo 13:52, el amo de la casa (οἰκοδεσπότης) produce mercancías nuevas y viejas para su tienda –es difícil imaginar que haga las dos cosas al mismo tiempo. La parábola de la sal habla de una triple secuencia de acción: la sal es analizada, arrojada al suelo y pisada (Mateo 5:13). Finalmente hay dos escenas en ambas parábolas, la del remiendo y la del vino (coser-rasgar, llenar-derramar) (Marcos 2: 21-22).[524]

Los llamados dichos figurativos no solo demuestran una secuencia de escenas; los personajes de la trama son nombrados (por ejemplo, hermanos, maestros o médicos, estudiantes-profesores), e incluso uno encuentra discurso directo. Todos estos son criterios que muestran que estos textos son textos narrativos. Ciertamente estos elementos narrativos son a veces reducidos a un mínimo; sin embargo, ningún criterio para identificar un género puede derivarse de la cantidad. La longitud o la brevedad del texto no pueden caracterizar un género porque, en última instancia, incluso las llamadas parábolas largas siguen siendo narrativas en miniatura cuando se consideran dentro de un horizonte literario más amplio.

La reclamación como género independiente no puede derivarse ni de una descripción de déficit ni de reunir textos en un grupo difuso de fragmentos. Por el contrario, a través de su forma narrativa, metafórica y apelativa, así como su inserción contextual, la mayoría de los textos agrupados bajo el rótulo de "dichos figurativos" demuestran características textuales que los alineen con otros textos de parábolas. Por tanto, la idea de un tipo independiente de texto llamado "dicho figurado" debe ser finalmente abandonada.[525]

¿ACASO LA RETÓRICA ANTIGUA ES ÚTIL?

Se ha afirmado a menudo que la distinción entre las diferentes formas en el material de la parábola, particularmente la distinción entre "símil" y "parábola", se correlaciona con las distinciones hechas en los géneros de la retórica antigua. De esta manera, se dice que la distinción terminológica entre παραβολή y λόγος hecha

---

523. Ibíd.

524. Erlemann comete un error en su referencia aquí a Marcos 2:20-21 en lugar de 2:21-22. Vea ibíd.

525. Para más argumentos vea mi artículo Zimmermann, "Bildwort/Bildrede/ Bildersprache".

por Aristóteles en el capítulo 20 de su *Segundo Libro de Retórica* o entre *símilitudo* y *collatio*, tal como lo utiliza Quintiliano en el capítulo 11 del quinto libro de su *Institutio Oratoria*, corresponde directamente a la diferenciación de Jülicher.

Una consideración detallada de la clasificación de las parábolas en obras sobre la retórica antigua[526] revela la incongruencia e incompatibilidad de la terminología utilizada y los fenómenos descritos en esas obras con la clasificación de parábolas en la erudición del Nuevo Testamento. En su *Retórica*, Aristóteles ofrece instrucción sobre la estructura de los discursos y, al hacerlo, introduce los "ejemplos" (παραδείγματα) en analogía con la inducción como un posible medio de persuasión. Como los entimemas, los ejemplos sirven a los argumentos expuestos en una oración y como tales son similares a la inducción. En su conjunto, la prueba retórica funciona a través de un tipo de transmisión en el que se parte de una suposición ya conocida o aceptada para después llegar a una suposición final de la que el receptor al final debería estar convencido.

Παραδειγμάτων δ 'εἴδη δύο ·
Ἕν μὲν γάρ ἐστι παραδείγματος εἶδος τὸ λέγειν πράγματα προγεγενημένα, ἓν δὲ τὸ αὐτὸν ποιεῖν.
Τούτου δ 'ἓν μὲν παραβολὴἓν δὲ λόγοι, οἷον οἱ Αἰσώπειοι καὶ Λιβυκοί.

Hay dos tipos de ejemplos; esto es, uno que consiste en relacionar cosas que han ocurrido antes, y otro que las inventa uno mismo. El último se subdivide en comparaciones o fábulas, como las de Esopo y las de Libia.[527] (Arist. *Rhet*, 1393a 28-31).

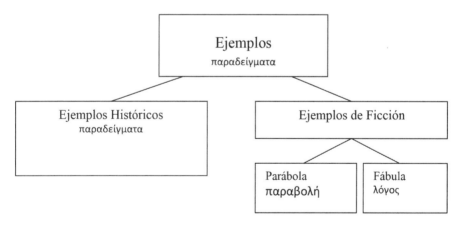

Tabla 1. Aristóteles, Retórica, II, 20 acerca de las clases de ejemplos.

526. Para más detalles, vea mi artículo Zimmermann, "Jesus' parables and ancient rhetoric", 238-58.

527. Texto y traducción según Aristóteles, *The "Art" of Rhetoric*, con una traducción al inglés de Freese. (Nota del traductor: La traducción al español es a partir del texto en Inglés.)

Además de ejemplos que se refieren a cosas que han sucedido, también hay ejemplos de ficción, libremente inventados, que Aristóteles luego divide en παραβολαί y λόγοι. Los primeros describen analogías socráticas basadas en la experiencia, y las últimas son fábulas. Como ejemplo de fábula, Aristóteles cuenta una fábula de Estesícoro y una de Esopo. Ambas son fábulas de animales; por tanto, el componente irreal de los animales (o plantas) que actúan puede ser visto como constitutivo para su definición de fábula. Aristóteles, por lo menos, diferencia claramente entre la parábola y la fábula, que generalmente se mantiene también en la tradición posterior.[528] Desde esta perspectiva, la equiparación de Vouga de las parábolas de Jesús a las fábulas no parece ser justificada. Según Vouga, las fábulas son, además de las fábulas de animales y vegetales, también historias humanas con varios papeles de ficción.[529] Sin embargo, él apoya esto solo con referencias a las parábolas de Jesús, por lo que su argumento se ve debilitado por el razonamiento circular.

Para resumir, parece que Aristóteles usó la palabra παραβολή para aquellos elementos que Jülicher llamó "símiles". Sin embargo, una analogía entre los subgéneros del Nuevo Testamento y las distinciones exploradas en la retórica antigua[530] deben rechazarse si se comparan los ejemplos concretos de Aristóteles con los criterios de Jülicher. En este sentido, la identificación del *logos* (fábula) con la "parábola" de Jülicher no puede derivarse de Aristóteles.

El término παραβολή se encuentra también en las obras del retórico Quintiliano (alrededor de 35-96 DC) en sus escritos sobre argumentos bajo el título de *exempla*.[531] Después de las explicaciones básicas de la retórica, Quintiliano se enfoca en los libros 4 y 5 al razonamiento retórico y en esto, correspondiendo a la retórica aristotélica, diferencia primero entre pruebas externas tales como documentos (V 1-7) y segundo entre pruebas internas que descansan solo en el arte de la oratoria (V 8-14). Después de la presentación detallada de los argumentos (*argumenta*), con la que resume ἐνθυμήματα, ἐπιχειρήματα, y ἀποδείξεις, Quintiliano se enfoca en el capítulo 11 del libro 5 en los "ejemplos". El tercer tipo de prueba, entonces, que es llevado al servicio del caso desde afuera, es denominado παράδειγμα por los griegos, que aplican el término a todas las

---

528. Vea Zymner, "Parabel", 503: "El criterio (4) [vea más adelante] ultimamente distingue a la P[arábola], por ejemplo, de la enteramente fábula antropomorfa". Vea también Zimmermann, "Fable", 650-51.

529. Vea Vouga, "Parabeln Jesu", 149-64; Vouga, "Überlegungen", 173-87.

530. Vea ibíd., 97-105; Beavis, "Parable"; Vouga, "Parabeln Jesu", 150; idem "Überlegungen".

531. Vea sobre el "género de *exempla*" el trabajo integral de von Moos, *Topik*, sobre Quintiliano, 48-68

comparaciones de lo similar con similar pero más especialmente a los paralelos históricos[532] (Quint. *Inst.* 11: 1a).

Incluso en su introducción, Quintiliano deja claro que está manteniendo el doble significado de παράδειγμα, como el introducido por Aristóteles, aunque la intención en la retórica latina era la distinción terminológica entre los ejemplos históricos y los de ficción.[533] Según Quintiliano, los "ejemplos históricos" (*Inst.* V 11:6-16) se caracterizan como "ejemplos en un sentido más estricto" que contienen "la mención de un acontecimiento útil, real o supuestamente real" (*id est rei gestae Aut ut gestae utilis ... commemoratio*, Quint. *Inst.* V 11:6). Junto a ellos se encuentran los "ejemplos ficticios" (*Inst.* V 11:17-21), en los que Quintiliano pone las fábulas (llamadas "fabella") y παροιμίαι (*paroimiai*). Estos últimos son "un tipo de fábula más corta y deben ser entendidos alegóricamente" (Quint. *Inst.* V 11:21). Quintiliano define las *similitudines* (V 11: 22-31) como un grupo adicional que debe distinguirse de los otros grupos. A continuación, diferencia a este grupo en *similitudo* en un sentido más estrecho como una comparación "cercana" que no requiere una transferencia importante de significado (por ejemplo, la comparación entre un marinero y un político) y *collatio* (sinónimo de la palabra παραβολή) como una comparación "distante" que requiere una mayor transferencia de significado (por ejemplo, una comparación entre algo en el reino de los vivos con algo extraído del dominio de los muertos).

Quintiliano deja claro que está usando el término *similitudo* de una manera específica–una que difiere de la comprensión habitual.[534] Según McCall, el concepto de *similitudo* no solo puede incluir metáforas (como en el ejemplo del barco),[535] sino que también utiliza comparaciones entre animales, como abejas y hormigas, así como entre objetos inanimados, es decir, comparaciones entre

---

532. Vea la traducción al inglés de Quintiliano, *The Institutio Oratoria*.

533. Quintiliano se refiere expresamente a Cicerón, que diferencia entre *collatio* (un ejemplo de ficción) y *exemplum* (un ejemplo histórico). Vea Cic. *Inv.* I 30:49: *Collatio est oratio rem cum ex similitudine conferens*; Ver también el *Auct. Ad Her.* IV 45:59: *Símiitudlo est oratio traducens ad rem quampiam aliquid ex re dispari simile*. Sobre Cicerón y *Rhetorical ad Herennium*, vea McCall, *Rhetorical Theories*, 57-129. En contraste, Séneca, divergiendo de esta tradición, tradujo παραβολή como *imago*, vea McCall, *Rhetorical Theories*, 161-77 con referencias.

534. Cf. McCall, *Rhetorical Theories,* 196-203.

535. El conjunto de imágenes que pertenecen a la navegación es altamente metafórico y alegórico para Quintiliano, como se ve en los ejemplos de alegoría en el tratamiento de los *tropoi* (por ejemplo, la cita de Horacio, *Carm.* I, 14: ¡Oh la mala corteza! Nuevas olas te obligan al mar regresar. ¡Oh, prisa en hacer que el puerto sea tuyo!" [*Inst.* IX 2:46]). McCall también lee autores Griegos raramente considerados del siglo I AC al siglo I DC, como Dionisio Thrax, Filodemo, Dionisio de Halicarnaso, así como dos textos anónimos de Ps-Demetrius (Περὶ Τρόπων) y Ps-Longinos. Vea McCall, *Ancient Rhetorical Theories*, 130-60.

elementos que no son intrínseca y particularmente similares. Quintiliano, sin embargo, refiriéndose a Cicerón, utiliza el término παραβολή para esta comparación lejana. No es hasta el 11:26 que Quintiliano vuelve al *similitudo* y provee una comparación entre dos dominios que están muy cerca el uno del otro: "Así como los remeros son inútiles sin un timonel, los soldados son inútiles sin un general".

Podemos retratar la estructura de Quintiliano de la siguiente manera esquemática:

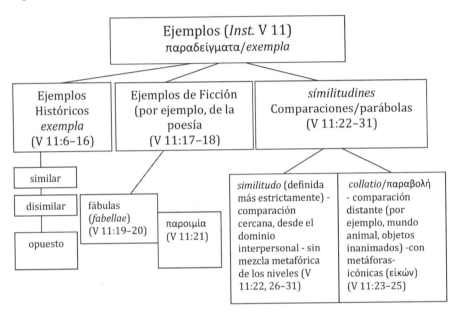

Tabla 2. Estructura de los ejemplos según Quintiliano, *Inst.* V 11

Quien intente hallar en la diferenciación de Quintiliano entre *similitudo* y *collatio*, el "símil" no metafórico de Jülicher y la "parábola" que retrata el evento inusual, verá rápidamente su error en los ejemplos concretos de Quintiliano. No es la normalidad o excepcionalidad del suceso lo decisivo para Quintiliano, sino la proximidad o distancia del objeto de comparación con el objeto de explicación. Así, el caso especial donde a los candidatos a ser elegidos en la plaza se les ha dado dinero puede convertirse en un *similitudo* de caballeros corruptos, mientras que el proceso normal de la explotación de los campos de la granja puede darse como ejemplo de un *collatio/parabolē* traído "de lejos" (Quint. *Inst.* V 11:22, 24). El criterio definitivo para la distinción del género es una relación de símil entre dos niveles. Por tanto, en ocasiones, los mecanismos de formación o las estructuras de interrelación se describían muy sutilmente (parte-todo, de menor a mayor y viceversa, similar-disimilar, de cerca-de lejos, etc.).

El hecho de que el lenguaje usado en la retórica antigua carezca de distinciones claras es revelado por la siguiente cita de Quintiliano, en la que demuestra el sinónimo de los términos παραβολή y *similitudo* o *collatio*:

> Nostri fere símilinem vocare maluerunt, quod ab illis παραβολή dicitur ... quam Cicero collationem vocat.

> Nuestros [autores latinos] generalmente prefieren [el término] *similitudo* por lo que los [autores griegos] llaman παραβολή, ... lo que [*parabolē*] Cicerón llama *collatio* [comparación]. (Quint. *Inst.* V 11: 1, 23)

Para resumir, aunque los términos παραβολή y *similitudo*, e incluso παροιμία, se usan en la retórica antigua, no podemos reconocer una correspondencia de los fenómenos que describen con los subgéneros de las parábolas expuestos en la erudición del Nuevo Testamento.

EL GÉNERO DE LAS PARÁBOLAS: DEFINICIÓN

Los puntos de la crítica descritos anteriormente revelan que la delimitación del material parabólico del Nuevo Testamento en relación con las etiquetas de "dicho figurado", "símil", "parábola", e "ilustración" imponen una lógica extraña a los textos del Nuevo Testamento, lo que impide su sustento. Por tanto, es tiempo no solo de despedirnos del subgénero "ilustración" sino también de abandonar los términos genéricos tales como el "dicho figurado" y el "símil".[536]

Intentos como los de Berger, Erlemann o, más recientemente, Snodgrass, que sugieren nuevas maneras de diferenciar el material de las parábolas, son extremadamente complejos y no han alcanzado un amplio consenso.[537] Así, considero pertinente el sabio consejo de Aristóteles en la *Nichomachean*

---

536. Completamente en contra Entel y Schwemer, *Jesus und das Judentum*, 402: "Esta distinción, a pesar de algunas protestas, resistió a la prueba del tiempo y en nuestra opinión no hay razón para abandonarla". Lo más cercano a mi propia línea de pensamiento es Kähler, *Gleichnisse*, que indica varias veces que las diferencias en los subgéneros son "escasas y menos fundamentales" (Ibíd., 44) que lo que permite la erudición y que los "límites ... permanecen borrosos" (Ibíd., 45).

537. K. Berger creó doce categorías, entre ellas "predicación personal metafórica" o "discurso parabólico", vea Berger, *Formgeschichte*, 25-62; idem, *Formen und Gattungen*, 81-120; K. Erlemann identifica diez "formas básicas" y seis "unidades de texto mayores". Ver Erlemann, *Gleichnisauslegung*, 63-98. Snodgrass presenta cinco categorías, incluyendo subdistinciones: 1. refranes aforísticos; 2. símiles (indirectos dobles); 3. parábolas interrogativas (indirectas dobles); 4. parábolas narrativas, de las cuales hay tres distinciones más; 4.1. Dobles parábolas narrativas indirectas; 4.2. Parábolas jurídicas, un tipo particular de parábolas narrativas indirectas dobles; 4.3. Parábolas narrativas indirectas simples; 5. "mucho más" parábolas (una lógica utilizada con otras categorías). Vea Snodgrass, *Stories with Intent*, 11-13.

Ethics: es señal de un espíritu educado buscar solo el grado de precisión que el sujeto permite.[538]

Basado en la idea de género de los autores del Nuevo Testamento y en el uso de la terminología, así como la extensión del material textual, el de "parábola"[539] me parece ser el único término del género apropiado para el material de las parábolas: ¡parábola y nada más!

¿Existen los géneros? ¿Cómo se puede definir un género?

Antes de ofrecer una definición del género de parábola, es necesario hacer algunas observaciones preliminares y fundamentales sobre la existencia de géneros y la posibilidad de definirlos.[540]

Estas observaciones son particularmente importantes ya que los debates sobre la forma y la extensión del género de "parábola" revelan una noción bastante extendida que supone que hay un género único en el discurso antiguo, por ejemplo, para una parábola, un exegeta bíblico solo necesita descifrar o describir apropiadamente. Este tipo de sistema de clasificación, que asume una determinada realidad ontológica para un género particular, ya no es consecuente en la teoría de género contemporánea.[541]

Primero, sin embargo, demos un paso atrás y preguntémonos si los géneros incluso existen. Desde la obra de Hempfer, la cuestión relativa a la existencia del género ha sido vista como relacionada con el debate entre nominalistas y realistas en la Edad Media sobre el problema de universales.[542] En pocas palabras, este debate implicaba la cuestión de si los universales tenían una existencia ontológica o si

---

538. Arist. *Eth. Nic* I 1, 1094b, 12-27: "Nuestro relato será preciso si su claridad está en consonancia con el tema, debido a que no se debe buscar el mismo grado de precisión en todas las discusiones, más que en las obras de artesanía, ya que es una marca de una persona educada mirar en cada área para solamente ese grado de exactitud que la naturaleza del tema permite".

539. Estrictamente hablando, esto contrarresta el hasta ahora estrechamiento del término de parábola como "parábola en un sentido más estricto" y restablece la "parábola" como el término del género superior. Por diversas razones, incluso en alemán, se da preferencia al término *Parabel* sobre el término *alemán* Gleichnis: 1. El término "parábola" está más cerca del término del lenguaje fuente παραβολή; 2. La "parábola" se establece en la crítica literaria como término genérico; 3. "Parábola" es el término estándar en la erudición del idioma inglés y, por tanto, se crea una mayor compatibilidad; el segundo género del Nuevo Testamento παροιμία no tiene ninguna tradición de traducción, y no hay una opción como término de género superior.

540. Vea mi discusión de este número en Zimmermann, "Gattung Wundererzählung", 313-20.

541. Para el debate actual vea Todorov, *Genres in Discourse*; Duff, *Modern Genre Theory*; Frow, *Genre*; Devitt, *Writing Genres*; Hempfer, *Gattungstheorie*; Zymner, *Gattungstheorie*; Zymner, *Handbuch Gattungstheorie*.

542. Hempfer, *Gattungstheorie*, 30-36.

eran meramente una construcción cognitiva terminológica. La cuestión filosófica fundamental que está detrás de este desacuerdo ha acompañado a las humanidades desde la antigüedad (véase *Kratylos* de Platón) y puede encontrarse en el debate contemporáneo entre constructivistas y realistas. Con vistas al problema del género, una vez se puede formular la cuestión de si los géneros realmente existen o si son construcciones meta-lingüísticas inventadas por aquellos que analizan los textos literarios. En este sentido, la cuestión relativa a la definición de un género puede expresarse con mayor precisión: ¿Debemos ofrecer una "definición realista" que describa los géneros existentes, o solo buscamos una "definición nominalista" que permita varias *construcciones* de un género?[543]

Aunque se pueden encontrar posiciones extremas en la crítica literaria, como las de André Jolles o Emil Staiger,[544] que postulaban una realidad terminológica basada en un universalismo ontológico o arquetípico, o las de Benedetto Croce, que cuestionaba la existencia del género en su totalidad.[545] Es un consenso relativamente amplio en la erudición literaria inclinada a la posición nominalista, o más recientemente constructivista.

Los géneros no se descubren, sino que se crean. Son inventados por la gente y existen solo en los términos creados por ellos. Al mismo tiempo, sin embargo, estas construcciones no son arbitrarias. Se basan en lo que está a la mano, en la medida en que la reflexión sobre el lenguaje presupone siempre el lenguaje y la comunicación. Por tanto, encuentro útil el enfoque de Klaus W. Hempfer y Rüdiger Zymner, y su presentación de un "nominalismo débil".[546] La construcción del género presupone ya un proceso comunicativo de géneros, un cierto discurso sobre el género, y a menudo, inclusive, una historia del género. Hempfer se refiere a los "hechos virtuales normativos", (*faits normatifs*), los cuales el análisis académico puede identificar y describir, llevando a una interacción entre el sujeto y el objeto de cognición de los cuales surge la construcción de un género.[547] En otras

543. Fricke, "Definieren", 10. Sobre el problema en general, vea Zymner, *Gattungstheorieter* cap. 2: Gibt es Gattungen überhaupt ?, 37-60.

544. Vea A. Jolles, *Einfache Formen*, Staiger, *Grundbegriffe der Poetik*. También postulando una cierta "objetividad" del género es A. Horn, aunque también distingue entre los géneros en sí mismos y los términos del género. Vea Horn, *Theorie der literarischen Gattungen*, 9: "Ahora es importante que los géneros como algo objetivo, los productos literarios característicos de una misma línea, y los conceptos del género, como adecuadamente posible para formas retratos [de vida], pero siempre distinguen subjetivamente las condiciones [incorporadas]. Por tanto los géneros en sí son... en la en toda historia y siempre vuelven a aparecer en nuevas formas, los conceptos genéricos de la poética, sin embargo, son de carácter histórico y cultural".

545. Vea Croce, *Ästhetik als Wissenschaft*.

546. Vea Zymner, *Gattungstheorie*, 59; Hempfer, *Gattungstheorie*, 124-25.

547. Vea Hempfer, *Gattungstheorie*, 125. Sobre la función comunicativa del género en el proceso de la memoria, capítulo 3.

palabras, aunque el referirse a los géneros está, en última instancia, gobernado por una construcción y estas construcciones no son flotantes y gratuitas, al menos no cuando están destinadas a servir a la comunicación intersubjetiva.

Así, podemos afirmar que la cuestión relativa a la existencia de los géneros insinúa un malentendido esencialista que no hace justicia a los instrumentos lingüísticos y a la comunicación. En lugar de preguntarse si los géneros existen o no, uno se debe preguntar, en línea con un "nominalismo crítico", en función de qué podemos hablar de géneros o hasta qué punto una construcción de un género particular hace justicia al texto que se describe para que la comunicación significativa sea posible.

Con vistas a los textos antiguos, también es importante considerar si podemos reconocer una consciencia del género entre los primeros autores cristianos que pueda abordarse en la definición de un género, sobre todo si se trata de ofrecer una definición que haga justicia al material a mano. Mis observaciones anteriores han suscitado dudas acerca de los subgéneros postulados de las parábolas precisamente en este sentido, pues se impusieron constructos a los textos que no se reflejan por los autores en su amplio uso del término παραβολή. La pregunta específica acerca de la definición del género de "parábola" puede así formularse de la siguiente manera: ¿Existe un grupo de textos que compartan ciertas características reconocibles y que fueran reconocidos y recibidos por los primeros autores cristianos como comprendiendo una visión general?

Los términos y definiciones de género son construcciones de la meta-comunicación. Se derivan de las decisiones y convenciones lingüísticas de aquellos que los utilizan o desarrollan. Por ejemplo, podría ofrecer la siguiente definición: "Una parábola es un texto que se discute en el *Kompendium der Gleichnisse Jesu* (editor Rubén Zimmermann)". Un ejemplo así demuestra claramente lo poco convenientes que son las posiciones arbitrarias. Cuando ofrecemos una definición, combinamos la clasificación básica de una "historia propia" con uno o más rasgos distintivos (corto, de ficción, metafórico). Un texto puede entonces ser atribuido a un género cuando evidencia las características distintivas.

Aunque la estructura de una definición parece simple a primera vista, es muy difícil aplicarla a la interacción con textos reales. La lista de características se reduce a un mínimo o se amplía a un extenso catálogo de características precisas. En el primer caso, la definición es difusa y permite la inclusión de muchos textos que podrían distinguirse entre sí de una manera más precisa. En este último caso, surge el problema de que prácticamente ningún texto realmente termina cumpliendo todas las características identificadas. Por esta razón, la teoría del género se ha apropiado del término *Familienähnlichkeit* ("semejanza familiar") de Ludwig Wittgenstein para expresar una "pertenencia" en base a las semejanzas, aunque al mismo tiempo creando espacio para ciertas diferencias. Los géneros se pueden definir sobre la base de un cierto grupo de características si algunas de las características son esenciales, pero no todas las características tienen necesariamente que estar presentes.

Una definición que sigue estas líneas no incluye un conjunto fijo de características "necesarias" (por ejemplo, característica 1, característica 2 y característica 3) sino que incluye características "opcionales" identificadas por la idea de "y /o" (por ejemplo, característica 1 y/o característica 2 y/o característica 3). De esta manera, una o más características pueden ser aplicables resultando en una mayor flexibilidad para discutir una variedad de textos individuales. Esta definición, sin embargo, sufre de una cierta imprecisión en el sentido de que no revela qué características deben realmente estar presentes. Es decir, no indica qué características son constitutivas para el género y que permanecen en la periferia. Por esta razón, Fricke ha sugerido una combinación de características "necesarias" y "opcionales" para una definición que sea tanto precisa como flexible (por ejemplo, contiene tanto elementos "y" como "y/o").[548] De esta manera, eso que los textos tienen que tener en común, puede ser identificado claramente, mientras que, al mismo tiempo, hay lugar para una variación concreta de desarrollos y cambios históricos.

El género de las parábolas: definición

Siguiendo a los autores del Nuevo Testamento, me niego a definir un subgénero de parábolas. Independientemente de alguna disparidad en la forma lingüística, los textos que en el Nuevo Testamento se llaman παραβολή demuestran características unificadoras que parecen justificar el hablar aquí de un género común. La narratividad y metaforicidad son a menudo nombradas como los criterios más llamativos[549] y algunos consideran que la brevedad es un criterio adicional.[550] Estas características, sin embargo, están estrechamente vinculadas a otros criterios que también deben ser mencionados con fines de precisión.[551] Basándose

548. Vea Fricke, "Definitionen", 9: "El más determinando más razonable es un concepto de genero ni demasiado rígida por una 'simple adición' características necesarias ni demasiado suave por una 'serie abierta' de características alternativas, sino por una combinación de ambos: por *Flexible Definition*". Vea también Fricke, *Norm und Abweichung*, 144-54.

549. Ricoeur, Hermeneutik, 248; Heininger, *Metaphorik*, 21 - 30; Söding, "Erzählungen:" Dormeyer, "Gleichnisse als narrative und metaphorische Konstrukte".

550. Crossan, *Cliffs of fall*, 2-5; Rau, *Reden in Vollmacht*, 73-83; Scott, *Hear then the Parable*, 35: "una narrativa narrativa corta".

551. Erlemann, *Gleichnisauslegung*, 75-76, nombra doce rasgos comunes que, para él, son verdaderos para todos los textos de parábola.

en las teorías de las parábolas literarias,[552] se debe considerar aplicar la siguiente definición del género:

> Una *parábola* es un relato (1) de ficción (2) textual que se relaciona en el mundo narrado con la realidad conocida (3) pero, a través de señales de transferencia implícitas o explícitas, hace entender que el significado de la narración debe ser diferenciado de las palabras literales del texto (4). En su dimensión provocadora, (5) desafía al lector a llevar a cabo una transferencia metafórica de significado dirigida por información contextual (6).

Concentrándonos en los atributos, podemos nombrar un paquete de seis características de una parábola que examinaremos más de cerca. Cuatro de ellos son criterios básicos (*y*), lo que significa que cuando uno falta, el género del texto en cuestión no es una "parábola". Dos de ellos son criterios suplementarios, que son relevantes para la mayoría de los textos de parábola (*y/o*); Sin embargo, no son necesariamente requeridos.

La "parábola" es:

1. relato, *y*
2. ficción, *y*
3. realista, *y*
4. metafórica, *y*
5. activamente provocadora, *y*
6. relacionada contextualmente.

Es la presencia de los cuatro primeros criterios que caracteriza a un texto como parábola. Cada uno de los criterios podría ser satisfecho por muchos otros textos. Hay muchos tipos de texto narrativo. Un texto, por ejemplo, "de ficción" podría pertenecer a un género de fantasía o un cuento de hadas; sin embargo, es solo la conjunción de "ficción" y "realismo" al mismo tiempo lo que hace que el texto sea una parábola.

Definir no solo determina, sino que también limita. Así, como se verá en la discusión subsiguiente, las características mencionadas anteriormente sirven también para distinguir la parábola de otros géneros de una manera típica e ideal.

---

552. Zymner, "Parabel", 502: "La parábola es un (1) texto épico-ficticio con (2) al menos una señal de *transferencia implícita* o *explícita* que llama la atención al hecho de que el significado de la narración debe distinguirse de la redacción del texto y que, por tanto, desafía a uno a buscar un significado que sea diferente de la redacción del texto; emprender un 'cambio de dirección en el significado.' Este cambio de dirección es (3) guiado, ya sea por el texto contiguo o por la información del contexto... En ningún caso debería (4) haber una figura antropomorfa que sea familiar a una realidad conocida (como 'el roble de habla')".

El carácter narrativo de las parábolas

Las parábolas son narraciones cortas, es decir, textos narrativos en los que se informa o se introduce al menos una secuencia de trama o un cambio de estatus. El carácter narrativo se ha elevado con frecuencia a un criterio definitivo para las "parábolas" (como en Jülicher) y todavía se menciona como un criterio en las "parábolas narrativas" de Snodgrass. El único aspecto nuevo es que se minimizan los prerrequisitos de lo narrativo. Las parábolas son relatos en miniatura que se concentran en la esencia del significado y, en casos extremos, se componen solo de un verbo o un sujeto activo. No es decisivo el alcance cuantitativo de una acción, sino que una acción está siendo narrada o introducida. Así, incluso la parábola en *forma de pregunta* del "ciego que guía a otros ciegos" (Q 6:39) revela una secuencia de trama o secuencia de acción en la que, en la segunda parte del versículo, se narra la caída en la zanja.[553] Para aquellos que están dispuestos a argumentar que la forma de pregunta no es suficiente para una parábola narrativa, vale la pena señalar que la versión de Mateo de la "oveja perdida" también consiste solo en preguntas y una frase con un "si" condicional.[554]

Por otra parte, las historias a menudo presentan una variedad de personajes en complejas constelaciones de relación y de trama multinivel. Como caso de prueba analicé la caracterización directa e indirecta dentro de las parábolas de Q, incluyendo varios aspectos del análisis de los personajes, tales como rasgos, desarrollo, constelación y percepción de la vida interior.[555] Incluso en parábolas breves como el servir a dos maestros (Q 16:13) encontramos una constelación trágica de tres personajes. En la parábola de la paja y la viga (Q 6:41-42), encontramos que el personaje principal es ambivalente y complejo y no simple o plano.

Las estructuras narrativas de las parábolas han sido intensamente discutidas dentro de la erudición de las parábolas, como en el análisis narrativo estructuralista de E. Güttgemanns[556] o R. W. Funk.[557] Similar a Funk, W. Harnisch percibió la constelación de tres personajes como el principio estructural definitivo y lo amplió como la "triple formación dramática".[558] Dan O. Via describió también una trama dramática, y diferenció dos tipos de series: a) acción – crisis – solución; b) crisis – acción – solución. El caracterizó el movimiento de la trama como creciente

---

553. Ver Q / Lucas 6:39: "¿Puede un ciego guiar a otro ciego? ¿No caerán ambos en un pozo? "Para el análisis narrativo, vea Kern, "Absturzgefahr", 61-62.

554. Mateo 18:12: "¿Qué piensas? Si un pastor tiene un centenar de ovejas, y una de ellas se ha extraviado, ¿no deja los noventa y nueve en las montañas y va en busca de la que se extravió?

555. Vea Zimmermann, "Metaphorology and Narratology", 27-29.

556. Erhardt Güttgemanns, "Narrative Analyse", 20-58.

557. Funk, "Struktur".

558. Vea Harnisch, *Gleichniserzählungen*, 80-81.

(comedia) o decreciente (trágico).[559] De acuerdo con B. Heininger, la estructura dramática es subrayada además por los monólogos y diálogos internos frecuentes en las parábolas que para él son simultáneamente un criterio de demarcación entre las parábolas y las fábulas antiguas.[560]

La teoría narrativa influenciada por el estructuralismo puede ampliarse sin dificultad para incluir los componentes de espacio y tiempo, que a menudo están en correlación directa con los contrastes y secuencias relacionados con el contenido, como lo ha demostrado Jurij Lotman en su semántica de lugar.[561]

Sin embargo, incluso las parábolas más complejas o más "estructuradas" se limitan a solo unas pocas frases y evitan el embellecimiento y las muchas palabras. La narración es sumamente breve; cada palabra y cada detalle es colocado con la mayor consideración. Esta concentración en lo esencial es característica de todas las parábolas. No se puede derivar ninguna diferenciación del género de los elusivos resultados cuantitativos de un versículo o quizás de cuatro versículos, como se ha intentado a menudo en la investigación de las parábolas. Como relatos en miniatura, las parábolas ciertamente difieren de los géneros narrativos más largos como la biografía, la epopeya o la historia literaria posterior, la novela o el cuento.

Por otro lado, también hay textos cortos tales como declaraciones sapienciales, proverbios o γνώμη que no son narrativos. Estos también pueden contener elementos figurativos, tales como metáforas o símbolos, que sin embargo deben colocarse al nivel del estilo y del mecanismo literario. Así, las parábolas son diferentes de las formas figurativas de estilo/tropos (metáforas, símbolos, metonimia, sinécdoque) o comparaciones con partículas comparativas. En Q 17:24 (el Hijo del Hombre será "como un rayo del cielo") o en Mateo 10:16 (el envío de los discípulos "como ovejas medio de lobos") son solo comparaciones. En Mateo 5:13-16 ("sois la sal de la tierra, sois la luz del mundo") falta la partícula comparativa, y en su lugar se forman metáforas de oraciones simples en forma de "A es B". Consideradas por sí mismas, estas frases carecen de toda forma de acción y, por tanto, por falta de narrativa, no son parábolas.

La ficción de las parábolas

Desde Aristóteles se ha hecho una distinción entre textos "históricos" y "poéticos". Aristóteles afirma en su *Poética*:

559. Vea Vía, *Parables*, passim.
560. Vea la evaluacion estadistica en Heininger, *Metaphorik*, 14.
561. Vea Lotman, *The Structure of the Artistic Text*, 217-30.

La diferencia entre el historiador y el poeta no es el uso del verso o la prosa... no, la diferencia es esta: que uno cuenta acontecimientos reales; el otro, cosas que pueden ocurrir.[562]

Como se mencionó anteriormente, Aristóteles en el segundo libro de *Retórica* (20), bajo el título "ejemplos" (παραδείγματα), diferenció entre ejemplos históricos e inventados. Definió el παραδείγμα en sentido estricto como ejemplo histórico y separó de ellos los ejemplos "artificiales" o libremente inventados para los cuales, entre otros, se usó el término παραβολή, *parabolē*. También podemos verlo en Quintiliano porque, según él, el *exemplum* es la memoria narrada de un acontecimiento que realmente sucedió o que se considera como histórico.[563]

En el siglo XX, Gérard Genette expuso esta distinción fundamental bajo la rúbrica de teoría narrativa con los términos "narrativa de ficción" y "narrativa fáctica".[564] Siguiendo las líneas de su estudio del estilo narrativo *Discours du récit*,[565] Genette examinó las diferencias entre estos dos tipos de narrativa en estructura, ritmo, frecuencia, modo y voz.

Después de la obra de Genette, los términos "ficción" y "real" han sido ampliamente recibidos dentro de la narratología.[566] Solo en los debates más recientes, ya sea en la teoría literaria acerca de los criterios para diferenciar los textos de ficción y los reales[567] o en la historia narratológica en relación con afirmaciones de la verdad y cuestiones de determinabilidad y referencialidad,[568] que ha quedado claro que la distinción de Genette se exageradamente simplificada y no hace justicia a la manera en que la ficción y los hechos están entretejidos en los textos reales.[569] Existen textos de ficción que tienen una alta reivindicación referencial (por ejemplo, la novela histórica), y hay textos reales con elementos

---

562. Aristóteles, *Poetica*, 1451b.

563. Vea Quint. *Inst.* V 11:6. Vea para más detalles el capítulo sobre "parábolas y retórica antigua" abajo; vea también Moos, *Topik*, 50.

564. Vea Genette, "Narrativa de ficción, narrativa real", 755-74.

565. Vea Genette, *Discours du récit*.

566. Vea, por ejemplo, Martínez y Scheffel, "Fiktionales Erzählen", 10: "puede ser contada por intercambios reales o ficticios. ... La forma de la narración auténtica de los acontecimientos históricos y las personas que se denomina en la presente *historia real*".

567. Vea, por ejemplo, Fludernik, "Fiction vs. Non-Fiction", 85-103; Nünning, "Cómo distinguir entre narraciones de ficción y las reales", 23-56.

568. Bowersock, *Fiction as History*; Munslow, *Narrative and History*; Jaeger, "Erzählen im historiographischen Diskurs", 110-35.

569. Vea aquí Luther, "Erdichtete Wahrheit oder bezeugte Fiktion?"

de ficción o incluso irreales.[570] Dicho más claramente aún, en un texto real solo queda la "ficción de lo real".[571]

A pesar de esta realidad compleja, la distinción básica puede ser retenida en un sentido heurístico. Aquí las pretensiones del texto mismo en su estilo narrativo (*discours*) deben ser consideradas primordialmente. Un texto se considera "real" cuando el propio texto hace la afirmación de que el relato se basa en un hecho histórico. Un texto de ficción es aquel que desde el principio indica que ha sido "inventado". Tal indicación se puede encontrar junto al pasaje en cuestión, como cuando, por ejemplo, la introducción dice: "Te contaré una historia…" o puede deducirse del macro-texto.

Por tanto, si consideramos que una parábola es un "relato de ficción", significa que son narraciones que no reclaman una referencia histórica. La trama de la parábola se inventa –en contraste con una "narración real" que se basa en hechos históricos que han ocurrido (o se cree que han sucedido). Este es el tipo de narraciones inventadas y compuestas que es tratado aquí.

Un ejemplo del Nuevo Testamento para esto se puede encontrar en Mateo 12:40: "Porque, así como tres días y tres noches estuvo Jonás en el vientre de un gran pez, también tres días y tres noches estará el Hijo del hombre en las entrañas de la tierra". Esto es sin duda una pequeña narrativa que está siendo transferida metafóricamente a un tema diferente (el Hijo del hombre). Sin embargo, la narración no es ficción, ya que se refiere a un evento que ha sido concebido históricamente (el profeta Jonás) y, por tanto, no es una parábola en el sentido de la definición aquí introducida. Otros ejemplos bíblicos serían las narrativas de la *semeia* de Juan, así como las bodas en Caná (Juan 2:1-11), cuyo carácter metafórico apenas puede negarse en la perspectiva de un intercambio narrativo de roles,[572] pero que se define en el marco narrativo como una narración real que se refiere a un espacio particular (Caná de Galilea) y un tiempo en particular (al tercer día, vea Juan 2:1).

Relación de la parábola con la realidad

Incluso si las parábolas son ficción –o inventadas– a nivel del discurso permanecen relacionadas con la realidad conocida. Esto ya ha sido expresado claramente por C. H. Dodd: "En las parábolas de los evangelios, sin embargo, todo es fiel a la naturaleza y a la vida. Cada símil o historia es una imagen perfecta de algo que se

---

570. Vea mi artículo Zimmermann, "Phantastische Tatsachenberichte", 476-88.

571. Vea Blanco, "Fiktionen; "idem, "Bedeutung", 14ff. También Rüsen, "Sinnbildung".

572. Vea Zimmermann, *Christologie*, 203-15.

puede observar en el mundo de nuestra experiencia. Los procesos de la naturaleza se observan y registran con exactitud".[573]

Las parábolas pueden ser inventadas, pero, para usar las palabras de Körtner, es una "verdad inventada".[574] Lo que se narró en las parábolas podría haber ocurrido de esa manera; son "realistas".[575] La tarea aquí es capturar metodológicamente esta relación con la realidad lo más precisamente posible a través del análisis histórico y socio-histórico.

La relación con la realidad indicada en las primeras parábolas cristianas es tan concreta como variada.[576] Casi todas las áreas de la *vida privada y pública* están incluidas, comenzando con situaciones básicas de la vida como el nacimiento, la enfermedad y la muerte para satisfacer necesidades fundamentales tales como el sueño, la comida, la bebida o la ropa hasta condiciones de vida espaciales como la construcción o la demolición de una casa. A menudo, sin embargo, la parábola trata menos con el carácter de un objeto que con las relaciones sociales conectadas a él. Al considerar el ejemplo de la casa, la división en el hogar es de interés (Q 17:34-35, Marcos 3:25, *Evangelio de Tomás* 61). Llenas de tensión las *relaciones entre personas*, en particular, se convierten en objeto de observación, como la relación entre padres e hijos, hermanos y amigos, o esclavos y amos. Las *relaciones de trabajo y servicio* en un sentido más amplio también juegan un papel, como el pago de los trabajadores (Mateo 20:1-16) o el despido de un mayordomo (Lucas 16:1-8). En el mundo del trabajo, a menudo hay referencias a las relaciones que se asumirían en el medio agrícola de una aldea Galilea (pesca, agricultura, etc.).[577] El mundo de las mujeres se destaca aquí.[578] Sin embargo, el mundo narrado de las parábolas no se limita a una clase social determinada.[579] Toda una serie de parábolas se concentra también en el ámbito de las finanzas o del derecho. Finalmente, el dominio no humano es a veces también el foco de

---

573. Dodd, *Parables oft he Kingdom*, 19.

574. Ver Körtner, Theologie, 370-73, que adopta una formulación de Marcel Reich-Ranicki, *Erfundene Wahrheit*.

575. Erlemann habla del "pseudo-realismo" para implicar el elemento ficticio en un término. Vea Erlemann, *Gleichnisauslegung*, 75. El prefijo "pseudo" es, sin embargo, un término cargado, no poco debido a las discusiones sobre la pseudoepigrafía del Nuevo Testamento; por tanto, no se puede adoptar aquí.

576. Para una lista detallada de los campos con referencias, vea la compilación en Zimmermann, *Hermeneutik*, 37-39, y los motivos en forma de tabla en el apéndice en *Kompendium der Gleichnisse Jesu*, 1003-10.

577. Vea tambien Bösen, Lebensraum; idem; "Figurenwelt"; also Freyne, *Jewish Galilean*.

578. Vea Beavis, *The Lost Coin*.

579. Por ejemplo, la lectura de la teología de la liberación de Herzog II, *Subversive Speech*.

parábolas en las cuales animales o plantas se convierten en los personajes principales sin ser humanizados.[580]

El tipo de referencia es muy variado. En algunos casos, el uso de una palabra tal como "ladrón" (Q 12:39-40; Ágrafo 45) abre todo un reino imaginativo; en algunos casos los detalles se narran al nivel de monólogos internos (Lucas 15:17-19) o secuencias de argumentos multinivel (Mateo 20:1-16) durante períodos de tiempo más largos (Q 19:12-26). A veces se enfatizan detalles individuales, aparentemente intrascendentes, como las lámparas/antorchas en la procesión matrimonial (Mateo 25:1-13), el envasado del vino nuevo en odres (Marcos 2:22), el arreglo de asientos de los invitados (Lucas 14:7-11), o el comportamiento del asalariado mientras cuida las ovejas (Juan 10:12-13). A menudo el foco está en las partes fundamentales de una acción particular (colocar una lámpara, Q 11:33, construir una casa, Q 6:47-49, sembrar, Marcos 4:3-20, o invitar a los comensales a una fiesta Mateo 22:1-14).

En el análisis de este "mundo real" del texto, se debe intentar ilustrar tan concretamente como sea posible con el material fuente disponible los aspectos individuales del material narrado que podrían convertirse a su vez en el "ámbito figurado" de la parábola dentro de una interacción metafórica (vea abajo). Debido al estado de nuestras fuentes, la reconstrucción de los objetos concretos (*realia*) sigue siendo fragmentaria y está en peligro de caer presa del razonamiento circular hermenéutico.

Debido a su relación con la realidad, las parábolas claramente difieren de la ciencia ficción o visiones apocalípticas. También difieren de las fábulas, en las que los animales o las plantas son capaces de hablar o de actuar antropomórficamente,[581] o de mitos en los que el mundo general de la experiencia se eclipsa.

El carácter metafórico de las parábolas

El relato parabólico, sin embargo, no es una mera composición relacionada con la realidad. Es a la vez un discurso figurado, lo que significa que apunta, basado

---

580. Así leemos acerca de cerdos (Mateo 7:6, Ágrafo 165), perros (Marcos 7:27-28, *Evangelio de Tomás* 102, Vea Lucas 16:21), y caballos (*Evangelio de Tomás*. 47:1-2), así como de cuervos (Q 12:24), lobos (Juan 10:12), y buitres (Q 17:37). También leemos sobre plantas como la higuera (Marcos 13:28-29, Lucas 13:6-9) y la palmera datilera (*Apócrifo de Santiago* NHC I 7:23-35), los lirios (Q 12:27), o incluso semillas de mostaza (Marcos 4:30-32) y granos de trigo (Juan 12:24; *Apócrifo de Santiago* NHC I 8:10-27).

581. Contra Levine, *Stories*, 4-5, que considera la fábula de Jotham (Jueces 9:8-15) como una "parábola", y así mezcla los géneros "parábola" y "fábula". En Jueces 9 los árboles se comportan como seres humanos; hablan entre sí y quieren elegir un rey. Por tanto, el reino realista es abandonado en este texto, y ya no estamos tratando con una parábola. Es útil ser estricto en conservar el elemento del realismo para no solo alcanzar la mayor precisión posible para la definición de una parábola, sino también para reconocer los claros puntos de distinción entre este y otros géneros.

en señales de transferencia internas o externas,[582] a una declaración situada fuera del nivel primario de significado. Citando a Snodgrass: "Se dice de las [parábolas] que enseñan y convencen sobre otra realidad más importante. Son referenciales y son inútiles si no determinamos a qué se refieren, qué enseñan y qué debemos hacer con tal conocimiento".[583] La parábola tiene un significado "transferido" o literalmente "metafórico" (μετα- Φέρειν *meta-pherein* = transferido). En otras palabras, una transferencia semántica de significado tiene lugar entre dos dominios diferentes de significado. Simplificado, en las parábolas de Jesús hay una transferencia de significado del mundo real al mundo religioso y de la realidad de Dios y viceversa. En las parábolas, este impulso de transferencia a veces ocurre incluso en la introducción, en la que en el verso de la estructura la narración subsiguiente está conectada, por ejemplo, con el reino de Dios. Una formulación introductoria frecuente es "El reino de los cielos es como…". (ὡμοιώθη ἡ βασιλεία τῶν οὐρανῶν ... Mateo 13:24, vea Lucas 13:18, 20 etc.). Sin embargo, incluso si esta colocación no ocurre explícitamente o la metáfora del reino de Dios falta, la narración siempre permanece, en el contexto de la tradición cristiana primitiva, relacionada de alguna manera con la realidad de Dios. Las parábolas conectan así el mundo humano y el mundo divino; los ponen en relación unos con otros, ponen el uno dentro del otro, y los ponen al mismo nivel.

El entendimiento metafórico implícito aquí está vinculado a la "teoría de la interacción de la metáfora" descrita por I. Richards y M. Black y desarrollado posteriormente por P. Ricoeur. Según esta teoría, una metáfora no se limita a una palabra sustituida, sino que siempre incluye una sección de texto[584] dentro del cual se crea una interacción entre dos o más dominios semánticos. En este nivel, las secciones más largas del texto han sido en su conjunto capaces de reclamar la calidad metafórica.

Mientras que Jülicher separó estrictamente el lenguaje de la parábola de la metáfora, la investigación de las parábolas ha trabajado duro para desarrollar el carácter metafórico de las parábolas. Uno recuerda los trabajos de los años 70 de R. W. Funk, de P. Ricoeur, y de H. Weder[585] o de B. Heininger o de H. J. Meurer.[586] Si bien no es posible entrar en una discusión detallada aquí, se deben explicar dos aspectos de su carácter metafórico.

---

582. Vea Zymner, *Unigentlichkeit*, 87-96.

583. Snodgrass, *Stories with Intent*, 30.

584. Vea Ricoeur, *Lebendige Metapher*; También la reseña en Zimmermann, "Metapherntheorie".

585. Vea Funk, "Parable as Metaphor"; Ricoeur, "Hermeneutik"; Weder, *Gleichnisse Jesu*, 58-62.

586. Vea Heininger, *Metaphorik*, 15-30; Meurer, *Ricoeurs Hermeneutik*.

En primer lugar, el carácter metafórico del texto es creado por el propio relato. Como en la metáfora, la tensión entre dos áreas de significado que en realidad no van juntas conduce a una innovación semántica. De esta manera, el lector o el oyente de una parábola adquiere una nueva percepción, a veces incluso una "posibilidad increíble", a través de la estructura interna de la narración.[587] Se podría hablar de una "narración metafórica" porque la narrativa en su conjunto es la portadora del proceso metafórico. Por otra parte, el proceso de transferencia se guía por el recurso a las metáforas centrales convencionalizadas como el dominio figurativo de Dios/Padre o por el "contexto no determinante" en el ámbito del evangelio. En este caso, en su lugar estaríamos hablando de la ampliación narrativa de una metáfora.

Entender la parábola tanto como "narrativa metafórica" o "metáfora narrada" es útil, y estos dos aspectos no deben ser enfrentados uno contra el otro.[588] Es precisamente la interacción entre las metáforas establecidas (metáforas tradicionales) y las metáforas audaces, así como la fusión específica de la narratividad y la metaforicidad que crean la originalidad atrayente de las parábolas de Jesús.

La dimensión provocadora activo-interpretativa de las parábolas

La parábola es provocadora; quiere ser interpretada. El carácter metafórico subraya especialmente el hecho de que el significado de una parábola no se capta en la escritura en sí. El proceso de transferencia metafórica y búsqueda del sentido no ha sido todavía completado; debe ser llevado a cabo repetidamente en el acto de la lectura. Son particularmente los elementos narrativos y lingüísticos, como la constelación de personajes, las preguntas retóricas, el final abierto, etc., que llaman a un proceso de interpretación. Por tanto, R. Zymner aplicó el término "dimensión provocativa", tomado de la crítica de la respuesta del lector (Alemán: *Appellstruktur*) de Iser[589] a las parábolas.[590]

Este carácter provocador ha sido repetidamente observado en la investigación de las parábolas. Joachim Jeremías incluso caracterizó la parábola como un "arma cargada" que exige una respuesta inmediata.[591] Otros han trabajado en la apertura (Aurelio), comunicativa (Arens), o incluso en la función terapéutica

---

587. Así Harnisch, *Gleichniserzählungen*, 285-86 con referencia a Lucas 10:30-35.

588. En este esfuerzo de demarcación, por ejemplo, Heininger, Metaphorik, 21-30.

589. Vea Iser, "Appellstruktur".

590. Zymner, *Unigentlichkeit*, 60-62; una transferencia a los textos de las parábolas del Nuevo Testamento también independiente de esto en Baasland, "Beispielerzählungen", 214-15.

591. Jeremías, *Gleichnisse Jesu*, 18: "Las parábolas no son exclusivamente, sino en gran medida, armas cargadas. Cada una de ellas exige una respuesta inmediata". Para Jeremías, este carácter de dirección está primordialmente "ligado a la situación concreta de la vida de Jesús",

(Kähler) de este tipo de discurso.[592] No es solo la respuesta del individuo, sino también, y aún más, la respuesta del grupo que es demandada. Crossan enfatizó exactamente esta dimensión comunicativa de la provocación: "Corresponde a los oyentes sacar su propia percepción a través del acuerdo y el desacuerdo comunitario. Las parábolas de Jesús eran señuelos no para el pensamiento personal de lectores aislados, sino para el debate corporativo de oyentes interactivos".[593] Herzog, por quien Crossan fue influenciado, va un paso más allá. Él caracteriza las parábolas como "iniciadoras de discusión"[594] que no solo invitan a la audiencia a una discusión compartida, sino con intenciones educativas de liberación, y, en última instancia, las habilitan y las estimulan a la acción común. La problematización parabólica de la injusticia empuja al oyente a implementar la justicia de Dios como se describe en las parábolas en el mundo concreto del cual hablan las parábolas.

Esta perspectiva conduce simultáneamente a dos criterios parciales. La orientación al lector no solo debe conducir a una reacción, sino específicamente a una respuesta personal, a una interpretación. Por tanto, las parábolas son "activamente interpretativas".[595] Mientras que, según Jülicher opina, las parábolas y las ilustraciones no toleran la interpretación (véase más arriba),[596] en mi opinión, un elemento constitutivo de las parábolas es que no consisten en un lenguaje inequívoco que retrata hechos o solo los discute. En cambio, las parábolas se basan en la interpretación debido a su estructura narrativa y metafórica. Por medio de su "borrosidad concisa" (alemán: *konzise Unschärfe*, Zymner), repetidamente provocan en los lectores y en los oyentes una respuesta. Los estimulan al discernimiento, a una comprensión más profunda, e incluso a la acción.[597]

Por mucho que se espere una constitución específica y personal del significado del lector/oyente, las parábolas siguen estando "abiertas a la interpretación" no porque su significado esté determinado, sino que se desarrolla por sí mismo según su recepción. De esto derivo la consecuencia metodológica de identificar no una sola interpretación vinculante sino más bien otros horizontes de significado.[598]

---

que él describe como una situación de batalla; "¿Cómo deben haber influido sus palabras en los oyentes?" (Ibíd.).

592. Vea Aurelio, *Disclousures*; Arens, *Kommunikative Handlungen*; Kähler, *Gleichnisse*, 46-62

593. Crossan, "Parables of Jesus", 251.

594. Vea Herzog II, *Subversive Speech*, 261: "Las parábolas eran iniciadoras de debate. Fueron utilizadas para invitar a la conversación y para atraer a sus oyentes en el proceso de descodificación y problematización de su mundo".

595. Vea mi introducción a este volumen

596. Jülicher, *Gleichnisreden Jesu*, I, 114

597. Para más detalles, vea el capítulo 5.

598. Ver la discusión en el capítulo 5, vea también Zimmermann, "Gleichnisse Jesu", 41-43.

El contexto de las parábolas

Las parábolas están insertadas en contextos narrativos más amplios o en discursos y argumentos que influyen mucho en la constitución del sentido y la dirección del lector. La relación de la parábola con el contexto se considera aquí como constitutiva. En contraste con una consideración estructuralista anterior que enfatizaba la autonomía de la forma de la parábola y la resultante "descontextualización",[599] es el contexto en cuestión el que caracteriza el hallazgo de significado en la interpretación de una parábola.[600] Las señales de transferencia que demuestran el carácter metafórico de una parábola, así como los impulsos de comprensión que pre-estructuran el significado del texto, generalmente no se encuentran exclusivamente en la parábola misma. Solo su ubicación concreta dentro de una colección de refranes, en su entorno literario, o dentro del contexto de la obra completa, permite que se le asigne el significado. Esto se revela en particular en parábolas con tradiciones paralelas en contextos tan diferentes como Q, Lucas, o el *Evangelio de Tomás*.[601] El contexto, sin embargo, no se limita al macro texto, por ejemplo, de un Evangelio, sino que puede ser ampliado a colecciones enteras de texto, como se puede ver en particular en la discusión sobre el Evangelio de Tomás. Aunque la separación del *Evangelio de Tomás* de su contexto Gnóstico está particularmente ampliada en la discusión americana, la interpretación de los textos de las parábolas en el Evangelio de Tomás no puede ignorar el contexto de transmisión existente del texto disponible concreto dentro de los códices de Nag Hammadi. E. E. Popkes lo ha demostrado con el ejemplo del *Evangelio de Tomás*.[602]

La implicación del texto en una situación comunicativa–es decir, su lugar en un contexto de habla y lectura, así como la comunicación de un "mundo real "–no puede limitarse al momento histórico de la producción de ese texto.[603] En cambio, debe ser válido también con respecto al proceso correspondiente de recepción. La parábola será entendida como un término de género dinámico cuando

---

599. Por ejemplo Meurer, *Ricoeurs Hermeneutik*, 185.

600. Vea también Snodgrass, *Stories with Intent*, 31-32: "La tendencia de algunos eruditos de abandonar las introducciones, conclusiones y explicaciones como procedimiento de trabajo estándar es inaceptable. Los eruditos han reducido repetidamente las historias artísticas en los evangelios a estructuras incoloras argumentales con significados tan banales que uno se pregunta para qué habrían sido contadas. ... Dado que las parábolas de Jesús fueron contadas en un contexto, que los evangelistas las colocaran dentro de ese contexto general y mostraran cómo se relacionan con él, es natural y a la vez necesario".

601. Vea, por ejemplo, la parábola de la oveja perdida en los diferentes contextos tales como Q 15:4-5a, 7, Mateo 18:12-14, Lucas 15:1-7, y *Evangelio de Tomás*. 107, vea también Oveja, "Neunundneunzig sind nicht genug!"

602. Vea Popkes, "Licht".

603. Así también Heininger, *Metaphorik*, 26.

el proceso hermenéutico específico de la comprensión se considera constitutivo. En cuanto a los textos canónicos, el contexto narrativo debe considerarse no solo en su forma limitada, sino también en su forma fundamental. En este proceso, las parábolas del Nuevo Testamento están fundamentalmente vinculadas a Jesús. Sin embargo, la inclusión de los textos en los Evangelios no solo crea un marco histórico en la vida de Jesús, sino que también crea un contexto cristológico que presenta a Jesús como el narrador de parábolas inmarcesible. La limitación previa de la cuestión a un "lugar en la vida de Jesús" y su primera audiencia debe ser expandida a un "lugar en la vida de los lectores". Debido a que las parábolas están incrustadas en el contexto mayor del canon del Nuevo Testamento, reciben el significado duradero como un estándar para cada lector para una vida de fe. Esta dimensión teológica de las parábolas debe ser traída a la conciencia en la interpretación.

5

ENFOQUE SEGÚN EL LECTOR: UN CAMPO DE JUEGO PARA LAS PARÁBOLAS POLIVALENTES

Las parábolas nos hablan. Atraen al lector hacia su mundo narrado por medio de su estilo narrativo, su proximidad a la realidad y, en particular, su lenguaje figurado. Las parábolas necesitan un lector para ser interpretadas y entendidas. El significado de una parábola no puede simplemente ser captado absolutamente en y por sí misma. En cambio, las parábolas requieren el proceso de lectura, es decir, la recepción.

EL LENGUAJE REQUIERE UN LECTOR

Fue Mary Ann Tolbert la primera que discutió fuertemente en este sentido. Al explorar un modelo semiótico y retórico, destacó "la naturaleza indeterminada o dependiente de la forma [de las parábolas]".[604] Según Tolbert, "para completar la comparación que comienza la historia de la parábola o completar el proceso de significación de sistema parabólico del lenguaje, el intérprete debe proporcionar algún material de su propia experiencia e inquietudes".[605] De manera más general, los descubrimientos y las posiciones de la erudición en la hermenéutica y la teoría literaria en el área de la "crítica de la respuesta del lector"[606] son muy aplicables a los textos de las parábolas.

---

604. Tolbert, *Perspectives,* 115.

605. Ibíd., 50.

606. Vea, por ejemplo, el resumen en Parris, *Reception Theory*

En el siglo XX, las percepciones sobre todo de la *hermenéutica* fenomenológica, como las de H.-G. Gadamer, contradecían la postulación de una idea objetiva y en su lugar desarrolló la relación intencional entre el receptor y el objeto de comprensión. Las limitaciones de los enfoques históricos son ya evidentes en nuestra capacidad limitada de comprender el pasado. Sin embargo, los enfoques históricos también limitan la posibilidad y el potencial de significado, un estado de cosas insatisfactorio como lo advirtió Gadamer en su observación: "El alcance de la comprensión no puede ser limitado ni por aquello que el autor originalmente significó ni por el alcance del destinatario para a quien el texto fue escrito originalmente".[607] Esta visión, sin embargo, no fue redescubierta sino hasta la fase de la exégesis histórico-crítica en el siglo XX, que subrayó el marco histórico de los textos bíblicos. A lo largo de la larga historia de la interpretación de la Biblia, ha habido un equilibrio de enfoques diferentes, y la situación actual y las preguntas planteadas por los lectores siempre han jugado un papel importante al abordar los textos.[608]

Además de esta necesidad hermenéutica, existe también una *necesidad literaria* de interpretación polivalente. El crítico literario Peter Szondi elogió la ambigüedad, por ejemplo en los textos de Celan, como elemento estructural: "La ambigüedad no es ni un defecto ni un simple recurso estilístico, es la estructura del texto poético".[609] Para Szondi, la hermenéutica estética se caracteriza por el hecho de que "no considera el carácter estético del texto solo en una valoración que sigue a la interpretación, sino que la convierte en la premisa de la interpretación misma".[610] Esto es aún más aplicable a los textos metafóricos. Las imágenes poseen una "dinámica abierta de sentido".[611] Así pues, la necesidad de la interpretación polivalente corresponde verdaderamente a la forma de los textos metafóricos y en particular a la de las parábolas si la intención es tomar en serio su forma lingüística.

Esta visión tiene implicaciones de largo alcance para el método y objetivos de la interpretación de las parábolas. Sería igualmente erróneo traducir las parábolas al lenguaje teológico abstracto o tratar de extraer de ellas afirmaciones dogmáticas fundamentales, como catalogarlas bajo el epígrafe de un principio ético general (Jülicher) o dentro de una situación histórica particular en la recepción de Jesús (Dodd, Jeremías).

Corresponde mejor al carácter metafórico y provocador de las parábolas dirigirlas a un público (más o menos históricamente reconstruibles) con la

---

607. Gadamer, *Wahrheit und Methode,* 398.

608. Para la historia de la interpretación y la reflexión sobre la hermenéutica, vea la fuente y el libro de texto Luther y Zimmermann, *Studienbuch Hermeneutik.*

609. Szondi, *Essays,* 374.

610. Szondi, *Hermeneutik,* 13.

611. Zimmermann, "Bildersprache", 25-35.

intención de atraer continuamente a estos lectores hacia un nuevo proceso de comprensión. La participación del intérprete en el proceso de comprensión no se limita simplemente al investigador, sino que se extiende a cada lector. Sería presuntuoso que los exégetas u otras autoridades religiosas prescribieran cómo debe entenderse un texto bíblico. El material que Jesús y los primeros autores cristianos conscientemente formularon utilizando la ambigüedad del lenguaje figurado no debe ser forzado por ningún exegeta a un lenguaje inequívoco. El lenguaje figurado no sigue las leyes de la definición lógica.

Pero, ¿cómo funciona la orientación hacia el lector en el caso de las parábolas? ¿Cómo están involucrados los receptores en el proceso hermenéutico? La teoría reciente de la metáfora, en particular, ha demostrado que no es posible entender el lenguaje metafórico como un sustituto del lenguaje terminológico. Este tipo de "teoría de la sustitución" reduccionista ya ha sido criticado en el caso de las metáforas por las teorías de interacción de Black, Richards y Ricoeur,[612] y es menos aplicable a las parábolas, que por definición nunca son una única palabra, sino que siempre consisten en un breve relato.

La introducción de la parábola puede ser capaz de identificar el objeto a comparar con una palabra: "El reino de Dios es como…" Sin embargo, el dominio de la fuente figurada nunca puede reducirse a un solo término, tal como "semilla de mostaza" (Mateo 13:31) o "levadura" (Mateo 13:33), aunque esto pueda ser sugerido por un conocimiento superficial del griego (por ejemplo, Mateo 13:31: ὁμοία ἐστὶν ἡ βασιλεία τῶν οὐρανῶν κόκκῳ σινάπεως, "El reino de los cielos es como una semilla de mostaza".) En todo el proceso la historia que es posteriormente narrada es importante. La frase citada continúa diciendo: ὃν λαβὼν ἄνθρωπος ἔσπειρεν ἐν τῷ ἀγρῷ αὐτου ("que alguien tomó y sembró en su campo").

Sin embargo, un proceso en sí plantea preguntas que exigen interpretación. ¿Qué significa que el reino de Dios es como una semilla de mostaza que ha sido sembrada y ha comenzado a crecer? ¿En qué aspecto de la narración debemos enfocarnos? ¿Qué se debe transferir?

En este caso, incluso el término implicado en la transferencia (reino de Dios/cielo) es una metáfora y como tal está abierta a la interpretación. ¿Es un espacio en el sentido de "reino de Dios"? ¿Es una función en el sentido del "gobierno de Dios"? ¿O es una categoría ontológica en el sentido de "la realidad de Dios"? La frase *reino de Dios*, que es bastante difícil por sí sola, se explica entonces por una historia que requiere interpretación. Esto nos deja con una transferencia de una metáfora a otra, un juego lingüístico que está lejos de ser un lenguaje inequívoco. Por lo tanto, incluso si se identifica un punto de comparación, su definición no se puede precisar necesariamente. Y en muchos casos, el nivel de transferencia de la parábola solo puede ser descubierto a través del contexto.

---

612. Vea mi reseña en Zimmermann, "Metapherntheorie".

La teoría de la recepción puede dar luz sobre otras dimensiones de la narración. Hay tres niveles distintos entre los cuales uno puede diferenciar: el cognitivo (conceptual), el emotivo, y el nivel comunicativo.

Las parábolas sugieren algo, y al hacerlo, hacen que el lector piense. Establecen un proceso cognitivo en movimiento que conduce al conocimiento. La teoría conceptual de la metáfora habla de las llamadas inferencias, que son las conclusiones que un destinatario extrae de la información encontrada en el texto, así como de las experiencias y conocimientos que él o ella traen al texto.[613] Por lo tanto, la inferencia de una parábola no puede entenderse como un proceso de deducción estrictamente lógico. En cambio, utilizando la combinación metafórica de los campos semánticos, una perturbación consciente, se crea una paradoja que no puede ser resuelta "simplemente" en el sentido de una argumentación lineal. La confusión metafórica de significado en la parábola sigue sin embargo ciertas reglas que deben ser descritas en detalle. Basado en la estructura narrativa (por ejemplo, las tres escenas paralelas de un encuentro en Lucas 10:30-35) o sobre la tradición semántica y las metáforas base, se puede localizar la transferencia de significado o reconocer una dirección de significado. Así, el significado parabólico no es libremente asociativo, sino que es específico y según el objetivo. Al mismo tiempo, con respecto a una parábola, una inferencia nunca tiene un efecto de estrechamiento en la percepción del nuevo conocimiento, sino que en cambio crea apertura y revelación. El producto cognoscitivo de las parábolas se puede entonces describir como ideas nuevas y creativas. En la parábola de los obreros de la viña (Mateo 20:1-6), ¿es acaso cuestionada la linealidad del concepto de equidad radicalmente? ¿Acaso la parábola de la levadura (Q 13:20-21) contiene tanto la percepción de que el reino de Dios en el mundo funciona de la misma manera que la imperceptible levadura en última instancia permea toda la masa, así como la percepción de que la harina y la levadura se mezclan tan profundamente que ya no es posible separarlos? Otros han llegado también a conclusiones teológicas acerca de ciertas características de Dios de la idea de que es una tarea de la mujer o que la persona que amasa se ensucia las manos.

Peter Lampe elaboró esta dimensión cognitiva desarrollando un modelo de síntesis del constructivismo y de la sociología del conocimiento.[614] El oyente puede construir un contexto plausible de significado basado en una conexión entre la tradición teológica y la experiencia cotidiana.

"Lo importante en este proceso de apropiación fue que la enseñanza de la parábola formulada de manera significativa por Jesús proveyó solo el estímulo para una serie de conexiones cognitivas y construcciones que el propio oyente

---

613. En este aspecto ver las monografías de Massa, *Verstehensbedingungen*.

614. Cf. Lampe, "Gleichnisverkündigung"; también idem, *Wirklichkeit*, 153-60.

tuvo que crear, basado en la parábola. Sin embargo, precisamente por esta razón, las parábolas ganaron poder persuasivo adicional (construcción cognitiva como fuente de evidencia)".[615]

Sin embargo, las parábolas también tienen un impacto emocional-afectivo en el lector. Una parábola moviliza las emociones porque los personajes de la trama se representan a sí mismos como personas con emociones. Así, podemos simpatizar con la caída del hijo pródigo (Lucas 15:11-23). Su monólogo interno desesperado atrae inmediatamente al lector a la empatía con el personaje. Ni siquiera es necesario que un lector se identifique con un solo personaje de la historia. Al cambiar el enfoque de la narrativa en el ejemplo mencionado, también se podría poner el énfasis en los sentimientos del padre al ver a su hijo regresar o sobre la ira del buen hijo que se quedó en casa.

Por supuesto, los personajes también proporcionan un medio para la sobre-interpretación porque las experiencias de la vida del lector, sus esperanzas y temores se colocan en la parábola a través de ellos sin que el texto exprese estos en un sentido más estricto. Sin embargo, esta activación emotiva (así como cognitiva) no es en modo alguno inapropiada o ajena al texto. Por el contrario, a menudo son las brechas narrativas las que invitan al destinatario a llenarlas con sus propias experiencias. Al principio uno podría sorprenderse del estilo narrativo encontrado en la parábola del Buen Samaritano, porque las acciones de los ladrones se reportan en gran detalle y un estilo vívido, mientras que los encuentros con el sacerdote y el Levita se narran solo en lo más elemental.[616] ¿Por qué no aprendemos nada acerca de la motivación, los pensamientos o el conflicto interior del sacerdote? ¿Estaba restringido por las leyes de la pureza? ¿Estaba en camino a un evento sagrado? ¿Acaso creía que el herido ya estaba muerto? El texto no proporciona ninguna evidencia para apoyar tales ideas. Y precisamente esta parece ser la estrategia narrativa de la historia. Los vacíos obligan al lector a llenar los espacios en blanco. Es decir, las lagunas en la situación descrita conducen inevitablemente a hacer preguntas, a buscar justificaciones y argumentos, y tal vez también –como lo demuestra la historia– a ser afectados emocionalmente. El impacto cognitivo y emocional de la parábola está así estrechamente entrelazado. El mundo figurado de la parábola nos desafía en varios niveles y proyecta su encanto sobre el lector. Las parábolas son mundos figurados destinados a ser habitados.

Finalmente, podemos reconocer una función comunicativa de las parábolas. Vemos esto a veces en el nivel textual cuando, en medio de un discurso, una parábola reemplaza un argumento o asume una función argumentativa. La función retórica de las parábolas fue reconocida en la retórica antigua, por lo que las parábolas/*exempla* fueron discutidas por Aristóteles o Quintiliano dentro de sus

---

615. Ibíd., 236.

616. Para más detalles vea el capítulo 8.

obras retóricas. Sin embargo, la función retórica de la parábola no puede limitarse al contexto amplio. En otras palabras, la función retórica no se agota simplemente en la observación, por ejemplo, que cuando Jesús se involucra en una discusión con un maestro de la ley, dice una parábola como parte de su estrategia argumentativa (ver Lucas 7 y 10). La parábola también tiene poder retórico descubierto en el proceso de leer la parábola misma. Las parábolas hacen que sus lectores piensen y desafíen a tomar una posición. Como lo expresó Tolbert: "Las parábolas invitan, e incluso obligan al intérprete a convertirse en creador, a comprometer el texto uniéndose a la creación de su significado".[617]

La función teológica de las parábolas no se limita al conocimiento y a la fe, sino que también se extiende a la comunicación. Por mucho que el discurso de la parábola apele y alcance a cada individuo, también establece un proceso de comunicación debido a su potencial multifacético de interpretación. Los lectores deben trabajar juntos para llegar a un entendimiento correcto de las parábolas. Esto es especialmente cierto para las personas que esperan encontrar sentido y dirección para sus vidas en la Biblia y en particular, en las parábolas que allí se encuentran. Pero, ¿se limita la manera de hablar a la comunicación interna? ¿Las parábolas hablan un lenguaje "cristiano" interno que pierde su significado fuera del grupo de "fieles"?

TEOLOGÍA ENCARNACIONAL EN CURSO

La teología surge por medio del proceso de la lectura. Tomemos un momento para considerar más las declaraciones teológicas expresadas por las parábolas. ¿Cuáles son los mensajes teológicos? ¿Qué podemos entender teológicamente a través de las parábolas? ¿Y cómo se expresa la teología en este proceso?

La búsqueda de la dimensión teológica de las parábolas puede comenzar con el término mismo de *teología*. Literalmente traducido, la teología (θεολογια, *theologia*) es "la palabra de Dios" o "el discurso de Dios". Pero, ¿cómo podemos hablar de Dios? ¿No es el intento de cada persona hablar de Dios bajo la sospecha de que sea una proyección? ¿No son éstos simplemente ideales y deseos humanos proyectados en los cielos, como suelen decir las voces críticas del discurso religioso-filosófico y psicológico?

La teología dialéctica de Karl Barth argumentó radicalmente contra el peligro de tal humanización de la palabra de Dios y las correspondientes implicaciones teológicas. Dios no debe convertirse en el objeto del discurso y del pensamiento humano. La teología no puede ser un discurso humano sobre Dios; solo puede ser Dios hablándonos a nosotros. Según Barth, la única palabra de

---

617. Tolbert, *Perspectives*, 70.

Dios que debemos escuchar es "Jesucristo". La teología como palabra de Dios se entiende entonces como una palabra y una enseñanza que se origina en Dios y que se nos hace accesible a través de la revelación. Como resultado, la gente realmente no puede hablar de Dios. Sin embargo, como creyentes y teólogos deberíamos al menos intentarlo. Al principio, Barth sugirió que este conflicto fuera mediado apelando a un elemento de abnegación: "Debemos saber que debemos hablar de Dios, pero no podemos honrar a Dios".[618] Más tarde, Barth identificó una manera en la que podríamos hablar más concretamente de Dios: "Las parábolas del Nuevo Testamento son como el prototipo de un orden en el que puede haber otras palabras verdaderas junto a la única palabra de Dios y éstas son creadas y definidas por la única palabra verdadera, que corresponde exactamente a ella y la sirve perfectamente en su poder y autoridad".[619]

¿Son las parábolas, por tanto, palabras que verdaderamente hablan de Dios? ¿Son capaces de hacer esto ya que fueron habladas por Jesucristo, la única y verdadera palabra de Dios? Esto justificaría teológicamente la extensa investigación llevada a cabo por la erudición del Jesús histórico en la autenticidad de las parábolas de Jesús. Sin embargo, tal como se demostró anteriormente, tal erudición frecuentemente estaba menos relacionada con cuestiones teológicas que con cuestiones puramente históricas o socio-históricas. Craig Blomberg y en alemán, Kurt Erlemann tomaron una ruta diferente postulando que la auto-revelación de Dios que tuvo lugar en Jesucristo fue continuada en las parábolas. Las parábolas no solo hablan del reino de Dios. Blomberg prefiere considerarlos como auto-interpretaciones de Jesucristo, teniendo principalmente una función cristológica.[620]

De ninguna manera quiero negar que las parábolas también tienen implicaciones cristológicas. Sin embargo, me parece unilateralmente restrictivo concentrar la dimensión teológica de las parábolas en este único aspecto. Las parábolas también tratan claramente asuntos eclesiásticos, escatológicos y éticos. Por lo tanto, debemos profundizar en esta cuestión. Quizás la producción teológica de los textos tenga menos que ver con el contenido específico y más con el modo en que se formula la teología.

Veamos el Nuevo Testamento y la meta-reflexión revelada por Marcos: "También dijo: '¿Con qué podemos comparar el reino de Dios, o qué parábola vamos a utilizar para él?' (Marcos 4:30) La segunda frase contiene la respuesta a la

618. Barth, "Aufgabe", 176.

619. Barth, *Kirchliche Dogmatik* IV/3:1, 126.

620. Vea Blomberg, *Interpreting the Parables*, 434-45; Vea también el capítulo 2 en Blomberg. Años antes, Ernst Fuchs destacó la función Cristológica de las parábolas, vea Fuchs, *Hermeneutik*, 227-28: "Sin embargo, estas parábolas guardan en todo caso un testimonio propio de Jesús... Lo especial de la enseñanza de Jesús es el poder análogo con el que Jesús se pronuncio tácitamente acerca de sí mismo, su obediencia, la medida para la reflexión de sus discípulos".

pregunta planteada en la primera. No podemos hablar directamente de Dios y del reino de Dios. Podemos hablar de el solo aproximadamente, comparativamente, en parábolas. Las parábolas no son simplemente una manera arbitraria con la que podemos hablar del reino de Dios, el mundo de Dios. Son, de hecho, las palabras más apropiadas con las que podemos hacerlo. Ernst Fuchs enfatizó el entrelazamiento de la forma lingüística, el impacto del lector y la declaración teológica.[621] Eberhard Jüngel tomó esto y aumentó el enfoque en el valor intrínseco y en el carácter de evento de las parábolas. De acuerdo con su tesis, Dios y la realidad de Dios pueden representarse adecuadamente *solo* en el habla parabólica.[622] Esto es ciertamente exagerado; sin embargo, las parábolas expresan algo que corresponde particularmente a la teología cristiana. Es una teología encarnacional. En otras palabras, es la palabra de Dios manifestada en contextos concretos y cotidianos.

Esto está relacionado con la forma lingüística y el carácter metafórico de las parábolas. Como hemos demostrado en el capítulo 4, las parábolas yuxtaponen dos dominios. Esto también es indicado por la etimología de la terminología fuente: παραβολε, *parabolē*, viene de παρα-βαλλειν, *para-ballein,* que significa lanzar o colocar una cosa junto a otra. Esto es cierto en general para las parábolas y también para las metáforas. El potencial especial de tal discurso es que uno de los dominios es familiar y bien conocido, mientras que el otro es complejo y desconocido y la conexión creada entre los dos permite comprender mejor el nuevo campo desconocido. La parábola metafórica revela; crea nuevas ideas. Esto se aplica a todos los dominios posibles. En gran medida, el conocimiento humano está y ha sido determinado por tales procesos metafóricos. Así, Taureck expuso toda una historia de la filosofía usando "metáforas y parábolas".[623] El espíritu humano necesita modelos e imágenes para producir nuevos pensamientos. Requerimos un proceso de transferencia con el fin de obtener una comprensión, al menos en los casos en que el objeto que se entiende elude la percepción directa. Esto es tan cierto en las humanidades como en las ciencias naturales, por ejemplo, en los campos de la investigación macro y micro-cosmológica. Incluso el lenguaje en el "nanomundo" de la nanotecnología (en griego, νάνοσ significa enano) pone de manifiesto el hecho de que la ciencia está impregnada de metáforas. Cuando no podemos entender algo por medio de nuestros sentidos, los datos instrumentales deben ser transferidos a un campo de percepción concreta. Un proceso metafórico tiene lugar cuando consideramos la luz como "partículas" u "olas". Los científicos auto-reflexivos y críticos pueden por lo tanto estar de acuerdo con Hans-Peter Dürr: "Incluso la ciencia (como ciencia natural) habla en parábolas".[624]

621. Vea ibíd., 211-48.

622. Jüngel, "Problematik", 281-342.

623. Taureck, *Metaphern;* vea tambien Blumenberg, *Paradigmen.*

624. Dürr, *Wissenschaft.*

Cuando Jesús cuenta parábolas, el poder perceptivo de la metáfora crea teología. El dominio de Dios es desconocido y no fácilmente cognoscible. Sin embargo, al estar vinculado a un dominio de la experiencia diaria, puede ser revelado al oyente o lector. Las parábolas se ocupan de asuntos mundanos con los que estamos familiarizados, mientras que apuntan a dominios divinos que no nos son familiares. Las parábolas hablan de Dios con imágenes del mundo. Este "al lado de y dentro del otro" se hace particularmente claro cuando el dicho introductorio de una parábola relaciona directamente la narración subsiguiente con la *basileia* de Dios (βασιλεία τοῦ θεοῦ). Tomaremos *basileia* aquí para significar la realidad de Dios en un sentido extendido. Sin embargo, incluso en los casos en los que no existe tal referencia explícita o en los que falta la "metáfora del reino de Dios", el día a día permanece en cierto modo relacionado con la realidad de Dios en el contexto de la tradición cristiana más antigua. Las parábolas son un discurso metafórico, y tanto para Jesús como para los evangelistas, la transferencia de la experiencia cotidiana tiene lugar en el dominio de la religión. Las parábolas son discurso religioso y por lo tanto son teología en un sentido extenso.

Las parábolas relacionan entre si el mundo humano y el mundo divino. Y mucho más: siguiendo las líneas de la teoría de la interacción de la metáfora, las parábolas relacionan estos dos mundos análogamente, y también colocan uno dentro del otro, haciéndolos equivalentes. Frecuentemente, el dicho introductorio consiste en "es como"... (ὅμοιός ἐστιν ..., Q 6:48-49, 7:32; Lucas 12:36; Mateo 13:52; etc.) Sin embargo, esto no es una ecuación que obedece a la lógica de las matemáticas. Cosas que no tienen nada que ver unas con otras semánticamente se unen por la fuerza sintácticamente y al hacerlo, el "no es como" se hace transparente en el "es como". La correlación llena de tensión que se crea así en la parábola preserva nuestro conocimiento acerca de las limitaciones de todo discurso humano sobre Dios. En su ficción poética, sin embargo, se atreve a entrar en las afueras de la capacidad de percibir y expresar, lo que puede conducir a la comprensión teológica. El potencial innovador de las metáforas, en particular, permite que lo que antes estaba oculto, aquello que para lo cual no había previamente ninguna terminología ni conceptos, pueda ser captado en el lenguaje.

Por lo tanto, las parábolas pueden conducir a una nueva revelación de Dios y de la realidad de Dios a pesar de que esta realidad no puede ser descrita y entendida como lo sería un objeto. Debemos ir un paso más allá. Debido al carácter factual de estos textos, las parábolas tienen una dimensión de revelación, así como de percepción. Jüngel dijo: "La *basileia* se expresa *en* la parábola *como* una parábola. Las parábolas de Jesús expresan el reino de Dios como una parábola".[625]

---

625. Jüngel, *Paulus und Jesus*, 135: "La *Basileia* se presenta *en* la parábola *como una* parábola del lenguaje. Las parábolas de Jesús hacen que el reino de Dios venga *como* una parábola del lenguaje".

Para Jüngel, esta oración se refiere principalmente a como Dios entiende a Jesús, pero no se limita a esto.[626] Las parábolas no revelan a Dios como un objeto externo, sino que traen al mundo humano y divino en confluencia. Le dan a Dios espacio en vestidura humana.

Esto tiene consecuencias directas para el proceso de recepción. En la apropiación de una parábola tiene lugar un proceso extenso de comprensión de sí misma y del mundo a la luz de Dios. Las parábolas son instrumentos de mediación y formas de constituir la realidad. De esta manera, las fronteras entre las funciones de la parábola que estructuran la realidad y las que crean la realidad son borrosas.

Particularmente en su dimensión teológica, las parábolas no son solo espejos o copias de la realidad existente. Pueden convertirse en modelo y ejemplo de la realidad en el sentido de una "doble referencia".[627] Ofrecen visiones, son un anticipo de lo que está por venir, y dan lo que es espacio lingüístico y lo ayudan a convertirse en realidad durante el proceso de lectura y comprensión concretos. Las parábolas a menudo proponen un contra-mundo[628] que trata de cuestionar el mundo existente (conceptos de justicia en Mateo 20:1-6) o liberar a los marginados en el orden mundial contemporáneo (las parábolas de lo perdido en Lucas 15).[629] Sin embargo, el desafío de buscar significado en el presente no viene tanto del orden mundial en el pequeño mundo de las parábolas, sino mucho más de su misma manera del hablar.

La teología de las parábolas puede abrir un nuevo camino a los lectores debido a la orientación hacia el lector. Esta teología se origina en el proceso de apropiación; no evoluciona verdaderamente hasta su recepción. Por lo tanto, sería incorrecto resumir la teología de las parábolas con términos tradicionales como "justicia" o "misericordia". No debemos extraer de forma abstracta de los textos las cosas que Jesús conscientemente reservó para el lenguaje figurado de las parábolas. La teología de las parábolas se abre solo a aquellos que entran en su mundo, que tratan de entenderlos desde dentro hacia afuera. Pero al hacerlo, el lector también dibuja el mundo de las parábolas en su propio mundo contemporáneo y crea un nuevo espacio para esta teología en un mundo alterado. La interacción entre Dios y el mundo que se demuestra en el ámbito narrado encuentra así su correspondencia y la terminación en el proceso de lectura. Al leer y repetir las parábolas, el lector es introducido a hablar de Dios, a hacer teología. Al mismo tiempo, las parábolas también enseñan el lenguaje de la fe. Podríamos comparar esto con el proceso de aprender a leer. Con las parábolas aprendemos a leer y escribir teológicamente.

---

626. Ibíd., 173. "El evento del lenguaje de las parábolas trae a colación indirectamente la relación de Dios mismo con Jesús y el lenguaje".

627. Ricoeur, "Stellung und Funktion", 53.

628. Stolz, "Paradiese".

629. Herzog, *Subersive Speech*.

Esto puede llevarnos a reconocer la realidad de Dios en las imágenes del mundo de hoy y luego a descubrir y crear parábolas nosotros mismos. Por lo tanto, la teología de las parábolas no es una dogmática históricamente determinada, sino una teología dinámica en construcción.

INTERPRETACIÓN POLIVALENTE: ¿MÁS DE UNA VERDAD?

Si cambiamos radicalmente la perspectiva –hermenéutica o teológicamente– según el lector, nos vemos obligados a considerar la cuestión sobre si es posible hablar incluso de *una* verdad de la parábola.

Reducir el significado de las parábolas a una sola idea

La erudición centrada en las cuestiones históricas ha vinculado la tarea de reconstruir la versión original de las parábolas a la cuestión de la verdad, ya sea una reconstrucción de las parábolas auténticas en la voz de Jesús, una reconstrucción de las versiones escritas de los evangelistas o una reconstrucción del camino diacrónico de la tradición. En consecuencia, se han realizado investigaciones sobre las verdaderas intenciones de Jesús y de los evangelistas (*intentio auctoris*) o con un mayor enfoque en los textos, sobre las intenciones de las mismas parábolas (*intentio operis*). Esto supone un modelo de hermenéutica que postula una sola verdad en la situación o el texto original que debe entonces ser redescubierto y revelado en el proceso de interpretación.

Adolf Jülicher, un prominente representante de la erudición de las parábolas históricas, intensificó aún más este enfoque al declarar superflua la interpretación de los símiles.[630] Ciertamente, es necesario situar a Jülicher en el contexto de su tiempo. El quería contrarrestar la, a veces, salvaje alegorización de las parábolas –una arbitraria determinación del significado y una apropiación inadecuada del texto– que estaba teniendo lugar durante su era. Así, expuso la claridad y la falta de ambigüedad de las similitudes en particular. Al mismo tiempo, Jülicher estaba tan convencido de la capacidad de los símiles y de las parábolas de generar verdad que creía poder condensar las parábolas hasta un punto importante.[631] En general, el definió éticamente este punto como el "principio moral". Según Jülicher, es posible resumir lo que dice la parábola del buen samaritano como un "verdadero, amor sacrificial" ("*opferfreudige Liebe*")[632] o identificar el tema de la parábola del agricultor rico como una "falsa seguridad a través de las riquezas"

---

630. Jülicher, *Gleichnisreden Jesu* I, 114. Vea el capítulo 1 para más detalles.

631. En cuanto al enfoque de Jülicher, Vea los capítulos 2 y 3.

632. Jülicher, *Gleichnisreden Jesu* I, 112; *Gleichnisreden Jesu* II, 596.

(*"falsche Sicherheit durch Reichtum"*).[633] Por tanto, el denominado enfoque de una idea, la búsqueda del *tertium comparationis* (la "tercera cosa") en la investigación de las parábolas, se puede atribuir correctamente a Jülicher.[634]

En la obra de Daniel Boyarin podemos reconocer una restricción comparable a la de Jülicher que considera la forma textual como la base de una interpretación condensada. El escribe lo siguiente sobre el *mashal*, que, como género de raíz, ha sido a menudo vinculado a las parábolas de Jesús: "Por último, el *mashal* como estructura interpretativa es todo menos indeterminado: No existe espacio para la interpretación del *mashal*. Su significado está rígidamente controlado por su forma textual... El *mashal* es un texto cerrado, no abierto, al menos en la medida en que cualquier texto puede ser cerrado".[635] Esta concentración de la interpretación en un único punto o dirección convincente continúa hoy en varias formas en la investigación de las parábolas. A raíz de Dodd, la concentración en el "reino de Dios" surge repetidamente.[636] Otros como Blomberg ven una concentración cristológica, mientras que el análisis socio-histórico como el de Herzog o Schottroff declara el mensaje de liberación como la declaración central. Schottroff enfatiza este enfoque de una manera extremadamente unilateral, llegando incluso a caracterizar elementos de los textos que contradicen este enfoque como reelaboraciones eclesiológicas o parábolas enteras como "anti-parábolas" porque no caen en la línea con su teología postulada.[637]

Sin embargo, incluso una rápida mirada a la temprana historia de la recepción y la tradición múltiple de las parábolas nos hace dudar de esta unilateralidad. ¿Podemos realmente suponer que Lucas y Mateo (o por lo menos uno de los dos) malentendieron completamente la parábola de la oveja perdida en Q de modo que la volvieron a contar en contextos completamente diferentes con temas divergentes?[638] ¿Acaso los primeros intérpretes y también los más recientes simplemente hicieron mal uso de los textos para sus propios fines cuando descubrieron un potencial de significado que conducía en direcciones completamente diferentes? ¿O acaso las variaciones en la tradición y la diversidad de la interpretación en si misma nos forzaron a reconocer el significado polivalente de estos textos?

---

633. Ibíd., II, 616: Se trata de la intuición, "según la cual es temerario creer que la felicidad de uno puede ser asegurada por las riquezas". Vea ejemplos adicionales en el capítulo 4 (en historias de ejemplo).

634. Vea, por ejemplo, Lischer, *Reading the Parables*, 58-59.

635. Daniel Boyarin, "Historia", 56.

636. Vea más recientemente Lischer, *Reading the Parables*, 58: "Quiero reconocer que en las parábolas de Jesús ... está presente de manera vital un claro símbolo teológico, una "cosa" (*res* = realidad): el reino de Dios".

637. Por lo que respecta a Schottroff, vea el capítulo 2.

638. Para más detalles, vea el capítulo 7.

La interpretación polivalente de las parábolas

A pesar de la presencia e influencia de las aproximaciones de buscar solo una idea en las parábolas, también ha habido numerosas voces eruditas que rechazan las interpretaciones únicas. En este punto, quisiera mencionar a un teólogo alemán poco conocido que viene de la tradición Jülicher pero va más allá. En su hermenéutica, *Ernst Fuchs* ha reducido los "temas" de las parábolas a solo un punto. El punto de "el pródigo y su hermano" (Lucas 15:11-32) es que "el arrepentimiento crea discernimiento"; o el de "la cizaña entre el trigo" (Mateo 13:24-30) es "el tiempo libra del mal".[639] Al mismo tiempo, es obvio para Fuchs que esta reducción no hace justicia a las parábolas. ¿Qué sucede con el padre y el segundo hijo en la parábola del hijo pródigo? ¿Qué significa la parábola del trigo y la cizaña para la idea de Mateo acerca de la iglesia? Por lo tanto, Fuchs caracterizó esta concentración en un tema como superficial y en contraste, enfatizó el significado analógico más profundo de las parábolas: "Esta vez la analogía no se esconde en el evento descrito sino en la gente de ejemplo. En esto, las parábolas se acercan a la alegoría".[640] Se refiere con mayor énfasis a lo abierto de los símiles, que en su opinión "deberían permanecer abiertos precisamente (para forzar) a la otra parte a una respuesta".[641] La forma lingüística de las parábolas tiene un gran potencial hermenéutico. Activa a los destinatarios y, por lo tanto, ilumina su dimensión teológica.

La diversidad interpretativa no fue redescubierta y legitimada en la erudición de las parábolas hasta el giro lingüístico y el redescubrimiento del lector en los estudios culturales (por ejemplo, en la crítica de la respuesta del lector). *John Dominic Crossan* hizo un trabajo innovador en esta área. En su artículo "A Metamodel for a Polyvalent Narration",[642] estableció la diversidad y el juego como las dimensiones más importantes de la producción de los textos y la recepción. Crossan comparó la transmisión de las parábolas con el juego de nunca acabar que repetidamente crea nuevas formas de lectura: "Un juego... nunca se puede ganar absolutamente porque destruiría la obra y así mismo también al jugador. Por tanto, se puede reproducir de forma repetida y continuamente. Igualmente, con el juego de la interpretación de una alegoría lúdica en una metaparábola. Como no se puede interpretar de manera absoluta, se puede interpretar siempre".[643] Usando el

---

639. Vea Fuchs, *Hermeneutik*, 224-25. Otros ejemplos incluyen: la parábola del amigo (Lucas 11:5-8) "pedir tiene aliados", en la Gran Cena (Lucas 14:16-24) "el hábito hace ingratos" o en los obreros de la viña (Mat. 20: 1-16) "la bondad enseña el amor".

640. Ibíd., 225.

641. Ibíd., 222.

642. Vea Crossan, "Metamodel for Polyvalent Narration", 105–47. También su artículo incluido en Crossan, *Cliffs of Fall*, 65–104.

643. Crossan, *Cliffs of Fall*, 102.

ejemplo de la parábola del sembrador y la semilla, el demostró que la polivalencia es una característica de la hermenéutica de las parábolas.[644]

Aunque lo que Crossan buscaba era un diálogo con los teóricos de la respuesta según el lector,[645] el retuvo el modelo diacrónico básico que distingue el significado de la "versión de Jesús"[646] de las interpretaciones posteriores polivalentes. Tolbert dio un paso más adelante en esta área. Casi al mismo tiempo que Crossan, estableció la polivalencia de la interpretación en sus *Perspectives on the Parables: An Approach to Multiple Interpretations*.[647] Tolbert comenzó su estudio mediante la observación de que hay una tremenda diversidad de interpretaciones que se encuentra en la erudición de las parábolas.[648] Ella señaló que la parábola no solo está "abierta a múltiples interpretaciones", sino que luego fue más adelante al afirmar que las "múltiples interpretaciones son intrínsecas a la propia forma de la parábola".[649] Según Tolbert, el significado surge de la interacción entre la parábola y su contexto específico inmediato el cual no debe ser limitado al contexto del Evangelio o al contexto de las comunidades cristianas del primer siglo. Sugirió que "por el contrario deberíamos seguir su ejemplo de actividad hermenéutica. Del mismo modo que explotaron la polivalencia de la forma de parábola para hacer que la palabra tuviera que ver con cuestiones que preocupaban a la iglesia primitiva, también debemos explotarla para enfrentar los diversos problemas de la iglesia moderna".[650]

La diversidad interpretativa se ha afirmado desde entonces en muchas variaciones, particularmente en la erudición de habla inglesa. Ha comenzado a considerarse no como un mal necesario que debe ser notado y aceptado, sino como una característica significativa inherente al texto. Shillington escribe: "Las interpretaciones múltiples no deben de ser una vergüenza para la erudición. Las parábolas como tales evocan múltiples respuestas y por ende múltiples interpretaciones",[651] Hedrick describió la polivalencia como" una ambigüedad innata que se encuentra en toda narración que facilita múltiples respuestas (o significados) de los lectores"[652] y elogia la diversidad de las posibilidades interpretativas. De la misma manera que Snodgrass rechaza la reducción de la interpretación a un punto de

644. Vea Ibíd., 25-64.

645. Un ejemplo es el compromiso de Crossan con el trabajo de Stanley Fish, vea ibíd., 59-61.

646. Vea ibíd., 45-51.

647. Tolbert, *Perspectives*, 33.

648. Vea ibíd., 15, 115.

649. Vea ibíd., 50.

650. Ibíd., 115.

651. Shillington, "Engaging", 17-18.

652. Vea Hedrick, *Many Things*, 13, 47-50.

comparación,[653] más recientemente, Levine ha sostenido que "reducir las pará-bolas a un solo sentido destruye su potencial estético, así como ético. ... Cuando nosotros… buscamos un solo significado en una forma que se abre a múltiples interpretaciones, estamos necesariamente limitando las parábolas y, por lo tanto, a nosotros mismos".[654] Y finalmente, Lischer ha defendido la diversidad interpretativa con particular atención a la historia de la interpretación. Él ha yuxtapuesto los conceptos de parábola no solo de los evangelistas, sino también de varias figuras de la historia de la iglesia y de posiciones hermenéuticas polémicas del siglo XX y ha examinado cada uno en sus propios términos.[655] La amplitud de su enfoque también se refleja en su metodología ya que él correctamente crea una conexión entre la diversidad interpretativa pre-moderna y posmoderna: "Si este libro tiene una premisa metodológica, es de naturaleza medieval y posmoderna: ninguna parábola puede limitarse a un significado exclusivo que no está relacionado con el tiempo en el que se originó o la situación de los que leen".[656] Lischer también enlaza la cuestión hermenéutica a la cuestión de la verdad. En su segundo capí-tulo resume varias posiciones de interpretación de las parábolas bajo los títulos "Las parábolas obscurecen la verdad", "Las parábolas enseñan muchas verdades", "Las parábolas enseñan una verdad", y "Las parábolas socavan la verdad".[657] Estos títulos tienen una función principalmente retórica para Lischer, debido a que no discute la cuestión de la verdad en detalle ni tampoco se une al discurso filosófico sobre la verdad.

Precisamente me parece que esta discusión es sin embargo razonable y necesaria. La cuestión de la homogeneidad o diversidad de interpretación plantea la cuestión de la verdad de la Escritura. Debemos reconocer aquí que el término *verdad* se usa de diferentes maneras. Cuando declaramos la verdad del significado de una parábola con respecto a la forma original de la parábola, estamos hablando de una verdad de correspondencia en la que la parábola reconstruida debe mostrarse como las palabras auténticas de Jesús. Si, por el contrario, buscamos la "verdad" como la declaración central de una parábola, la verdad se define como un tema literario o como una convicción teológica predominante que está contenida en el texto y puede ser revelada. Si hablamos de las "muchas verdades" en el proceso de interpretación, lo entendemos como un término pragmático que define la verdad

---

653. Snodgrass, *Stories with Intent*, 33. "Sin duda, más de un punto de comparación puede existir entre la historia y la realidad".

654. Levine, *Short Stories,* 1 y 4.

655. Lischer elige un enfoque explícitamente según el lector y refleja esta elección en el encabezado de su capítulo: "Reading with the Poor" (capítulo 5); "Reading with the Saints" (capítulo 6), incluyendo los "Men and Women of Solentiname". C.f. Lischer, *Reading the Parables*, 162-66.

656. Ibíd., 2.

657. Vea ibíd., 43-68.

solo en un caso particular y con alcance limitado. En el mejor de los casos, un grupo puede ponerse de acuerdo sobre una terminología pragmática de la verdad a la que todos los miembros del grupo se sienten comprometidos.[658] Sin embargo, esta diferenciación terminológica no resuelve el problema teológico. ¿Existe algún tipo de conexión entre la verdad de lo acontecido, del mensaje y del acto de leer? ¿Qué es lo que finalmente protege contra la apertura postmoderna que pierde todo derecho al compromiso y la confiabilidad?[659]

La apertura: superación del alegorismo y relativismo arbitrarios

Hoy en día, la mayoría de los exegetas han aceptado la interpretación polivalente de las parábolas como una cuestión rutinaria. Esto, por supuesto, corresponde a una cultura posmoderna que no solo se ha apartado de las grandes narraciones maestras (Lyotard) y de los principios generales (Marquard), sino que también proporciona espacio dentro de la interpretación bíblica para interpretaciones polivalentes. La amplitud del alcance interpretativo obtenido de esta manera es ciertamente liberadora, pero al mismo tiempo, se acompaña del peligro de desviarse hacia la arbitrariedad y, por lo tanto, hacia la irrelevancia.

Por tanto, quisiera señalar dos limitaciones que puede permitir que una interpretación sea abierta sin degenerar en una destrucción post-estructuralista. ¿Cómo puede una interpretación ser flexible y, sin embargo, vinculante –u otra vez, retomando la metáfora del juego, ¿cómo puede el juego ser libre y sin embargo tener lugar en un campo con límites que, precisamente por determinar lo que está dentro de los límites y fuera de los limites, garantice la libertad y preserve la apertura del caos?

Diversidad interpretativa, más que alegoría indiscriminada

Desde Jülicher, la erudición ha discutido la cuestión de la alegorización de las parábolas. Aunque, a raíz de Jülicher, la alegoría era considerada como una interpretación errónea, el apoyo a la interpretación alegórica volvía a aumentar a fines del siglo XX.[660] No se puede negar que los primeros autores cristianos tendían a esta forma de interpretación –las interpretaciones de la parábola del sembrador

658. Para una introducción a las teorías contemporáneas sobre la verdad, vea Mosteller, *Theories of truth*.

659. Una vez más, fue Tolbert quien ya tomó en cuenta estos problemas: "En tal explotación, sin embargo, la posibilidad de la anarquía todavía se asomaba" (Tolbert, *Perspectives*, 115).

660. En la erudición en inglés en particular es importante mencionar Blomberg, *Interpreting the Parables*. Vea también Boucher, *The Mysterious Parable* y Milbank para el lenguaje religioso en general.

en Marcos 4:13-20, de la parábola del trigo y de la cizaña (Mateo 13:36-43), y de la parábola de la red (Mateo 13:49-50), tienen todas elementos alegóricos. En el último ejemplo, el propio texto no necesariamente sugiere que identifiquemos la separación de los peces buenos y los malos con el juicio escatológico. Es solo el contexto más amplio el que implica la dimensión escatológica en Mateo.

Esto demuestra cómo podemos impedir que una interpretación abierta se convierta en una alegorización fuera de control. Es el contexto lo que sugiere la dirección de la interpretación, pero también establece sus limitaciones. Debido a que las parábolas están ligadas a un contexto,[661] tanto el contexto más cercano como el amplio de un macro texto pueden corregir una remodelación de algo que es demasiado abierto. Las parábolas no deben ser interpretadas como obras de arte flotantes y autónomas cuyo contexto textual es completamente irrelevante.[662] Al mismo tiempo, este criterio es muy débil. En el contexto de los evangelios (o del Nuevo Testamento) abriría un ámbito muy amplio, al menos en la dirección de la determinación teológica excesiva. Tolbert, plenamente consciente de las ambigüedades contextuales, propuso como primer principio de interpretación "la preservación de la integridad de la historia de la parábola misma. Una vez que se conoce la configuración completa de la historia, funciona como guía de interpretaciones y como criterio evaluativo para ellas".[663] Sin embargo, la "configuración plena" (incluyendo la estructura narrativa, el modo de discurso, el estilo retórico) no es tan claro como Tolbert supone que es.

Basándose en Rosemond Tuve, Crossan hizo una sugerencia de interpretación alegórica razonable que desgraciadamente no ha recibido mucha atención.[664] El distinguió entre dos rutas de alegoría: "En la alegoría *mimética* uno disfruta de capas de orden estructural divinamente causadas que reflejan la mente o voluntad divina. ... Pero en la alegoría *lúdica* uno disfruta de la imaginación inquieta humana creando una trama isomorfa como un acto de juego supremo".[665] Mientras que la exégesis medieval se asocia con la alegoría mimética, Crossan vio, después del post-estructuralismo, el juego narrativo de un autor como alegoría lúdica sin una sobrecarga ontológica: "La narración polivalente en su nivel más consciente es la alegoría lúdica, es decir, una paradoja en forma de narrativa, de modo que excluye las interpretaciones canónicas y se convierte en una metáfora de la multiplicidad

---

661. En relación con este criterio, vea el capítulo 4.

662. Vea de la misma manera Hultgren, *Parables of Jesus*, 17: "Cuando las parábolas son sacadas de sus contextos dentro de los evangelios, siempre se esconde el peligro de hacer de ellas lo que se quiera en el camino de los experimentos hermenéuticos". Los comentarios de B. Gerhardsson, "Cut the Parables", 325 (con respecto a la continuidad tradicional).

663. Tolbert, *Perspectives*, 115-16.

664. Vea Crossan, *Cliffs of Fall*, 97-99, refiriéndose a Tuve, *Allegorical Imagery*.

665. Crossan, *Clifs of Fall*, 98-99.

hermenéutica que engendra. Quisiera conservar el término "metaparabola" para esta forma de historia más profunda y perturbadora".[666] Aquí, Crossan permaneció en el dominio de la tradición cristiana primitiva de las parábolas o de los evangelios. Yo ampliaría este camino para incluir al lector contemporáneo. No es solo el evangelista quien juega con las dimensiones de significado de las parábolas. El lector también descubre, intenta, descarta, encuentra sentido y es, por tanto, en el acto de la lectura, un actor en este proceso de interpretación.

Las limitaciones ganan contornos más claros dentro del triángulo hermenéutico, tal como lo he expuesto en este libro. Debe producirse un equilibrio entre los distintos enfoques y cada enfoque debe tener un "derecho de veto" frente a los demás. Esto significa que una interpretación es aceptable solo en la medida en que sea posible dentro del conocimiento de la situación histórica de la comunicación y de la forma lingüística. Así, las señales textuales (por ejemplo, las tradiciones semánticas de una palabra) o señales en el entorno histórico pueden apoyar una interpretación, pero también pueden debilitarla o hacerla ver imposible.

La comunidad lectora, más allá de la interpretación personal del lector individual

Otra limitación que impide una interpretación abierta y libre es la inclusión de una única interpretación en una comunidad lectora. Hasta este punto, he señalado repetidamente que la interpretación de la parábola debe llegar a ser concreta en el acto de lectura individual. Ahora me gustaría ampliar esta idea. Ciertamente es la actuación cognitiva de una sola persona, la participación emocional de un individuo, lo que reduce la diversidad de los posibles potenciales de significado en cada caso. El significado no puede existir de manera absoluta y objetiva, sino que está ligado a un acto concreto de lectura en una situación concreta. Incluso si un erudito de la parábola ofrece su interpretación como la correcta o un ministro presenta su interpretación como la válida, corresponde al lector o al oyente decidir si quiere o no aceptar los modelos propuestos. La polivalencia del significado puede y debe llegar a ser finita en una cierta situación en el momento de la lectura. Pero en el mismo momento, pone algo nuevo en movimiento. Cualquiera que afirme que su manera particular de leer es la única posible, cierra el motor de la parábola y destruye la vida de la parábola que puede y debe siempre producir nuevas interpretaciones. Crossan compara esta interpretación continua con un

---

666. Ibíd., 102. Es interesante observar que Crossan retoma estos pensamientos otra vez en 2012 cuando él considera que los evangelios como "megaparabolas", vea Crossan, *Power of Parable*.

juego en el que nadie puede ganar.[667] Esta es una metáfora hermosa ya que lleva a la exegesis fuera de las metáforas de batalla y enfatiza el carácter de comunidad. Es raramente posible el jugar solo; necesitamos compañeros de equipo que estén de acuerdo con las reglas comunes.

Por esta razón, la interpretación personal debe integrarse en una comunidad de interpretación. Esta comunidad puede tener varias caras diferentes. Puede ser la comunidad de otros lectores a lo largo de la historia interpretativa con la que se entra en un diálogo silencioso. También puede ser la comunidad actual académica o de la iglesia que está luchando con una interpretación contemporánea. Así, dice Lischer: "Una comunidad lee junta para 'acertar' —no necesariamente en el sentido académico, sino de acuerdo con su vida y misión".[668]

Los resultados de la lectura de otra persona necesariamente ponen en tela de juicio nuestras propias percepciones[669] y viceversa, nuestros propios descubrimientos pueden ser invocados contra caminos dominantes de interpretación. El "juego" que está principalmente a la vista en este libro está fuertemente moldeado por ciertas reglas de enfoque académico. Buscamos un equilibrio entre los límites del campo de juego históricos, literarios y según el lector.

Mirando el alcance más amplio de la iglesia y la gente, no podemos afirmar que este enfoque sea el único válido. Solo la genuina "democratización" protestante de la interpretación bíblica puede servir como garante de la verdad de las parábolas. Ni una posición de poder o autoridad en la iglesia, ni la argumentación académica mas sutil pueden convertirse en garantes de la verdad. A las parábolas de Jesús se les niega un enfoque simplificado. Debemos por lo tanto cargar con esta apertura y preservarla por el bien de la vitalidad de los textos mismos. Lo que Herzog relacionó con la situación histórica de las parábolas en la vida de Jesús también es aplicable a su interpretación: Las parábolas son "iniciadores de discusión".[670] Están lejos de ser declaraciones o reglas. Pero provocan discusión

---

667. Crossan, *Cliffs of Fall*, 101-02: "Solo forzar la paradoja puede presentar una lectura final u oficial, aunque, por supuesto, 'toda lectura agresiva insiste en que el significado que encuentra es exclusivo y preciso". Bloom, *A Map of Misreading*, 69: "Pero esta afirmación es simplemente parte del juego de cualquier jugador extremadamente hábil. Un juego... nunca puede ser ganado del todo, porque destruiría el juego y, por tanto, también al jugador. Por tanto, se puede reproducir repetida y continuamente. Así también con el juego de interpretación sobre la alegoría lúdica en una metaparábola. Puesto que no se puede interpretar absolutamente, se puede interpretar siempre".

668. Lischer, *Reading the Parables*, 2.

669. Vea Crossan, *Cliffs of Fall*, 64: "En lugar de nuestra interpretación de la parábola encontramos que su polivalencia se volvió contra nosotros y nos obligó a volver a pensar nuestra interpretación de la interpretación misma".

670. Herzog, *Subversive Speech*, 261: "Las parábolas eran iniciadoras de discusión. Se usaban para invitar a la conversación y para atraer a sus oyentes en el proceso de decodificación y problematización de su palabra".

sobre su interpretación y, en última instancia, sobre la verdad, que no se encuentra en algún otro lugar dentro o fuera del texto, sino que se convierte en realidad precisamente dentro de la discusión actual y común de la parábola misma.

ÉTICA NARRATIVA: SE INSTA AL LECTOR A ACTUAR

El lector está destinado a tomar nota del orden del mundo de Dios, tal como está narrado en las parábolas. Sin embargo, mucho más que esto, el carácter provocador de las parábolas está destinado a dar a este orden mundial un impacto directo, para permitirle participar directamente en la vida del lector. Hermann Hendricks resumió el impacto de las parábolas, diciendo: "Un dicho parabólico nunca debe volver vacío".[671] Yo llegaría a decir que una parábola nunca volverá vacía. Simplemente no es posible escapar del poder de atracción de estos textos. En mi último punto sobre el enfoque según el lector, quisiera considerar este impacto específicamente con respecto a la ética de las parábolas.

Leer las parábolas éticamente no es nada nuevo. Adolf Jülicher consideraba el "tema moral" como el verdadero objetivo de la interpretación, y Herzog vincula sus interpretaciones teológicas liberadoras a un llamado directo a los oprimidos.[672] Incluso en el Nuevo Testamento, por ejemplo, en Mateo, podemos encontrar el uso ético de dichos introductorios y conclusivos.[673] Estos dichos con frecuencia de formula están frecuentemente en el imperativo.[674] La argumentación crea así una conexión directa entre la ilustración y las vidas de los destinatarios. Correspondientemente, al final de la parábola de las diez vírgenes, la vigilancia de las vírgenes se transfiere a los lectores, como lo demuestra la forma plural y más abstracta: "Velad, pues, porque no sabéis el día ni la hora" (Mateo 25:13). La partícula οὕτως (así, de la misma manera), que introduce una aplicación ética al final de una parábola, indica un soporte de redacción similar. Al final de la parábola de la lámpara en el candelero (Mateo 5:14-15) encontramos: "Así alumbre vuestra luz delante de los hombres, para que vean vuestras buenas obras y glorifiquen a vuestro Padre que está en los cielos". La ubicación en el contexto y la función retórica también apoyan esta "aplicación ética" de las parábolas en Mateo[675] y en otras partes del Nuevo Testamento.

671. Hendricks, *Parables*, 12.

672. Vea Herzog, *Subversive Speech*.

673. Vea aquí Zimmermann, "Ethico-Ästhetik", 252-56.

674. Vea Münch, *Gleichnisse Jesu*, 129-60 (sobre las introducciones); 249-90 (sobre las conclusiones).

675. Vea Zimmermann, "Ethico-Ästhetik", 254-56.

Ahora mismo, sin embargo, me gustaría tomar una dirección diferente. La ética en las parábolas no solo se produce a través de los versículos de encuadre y las aplicaciones contextuales, sino que existe en los propios textos. Estas éticas no se expresan en imperativos o en terminología ética clave, como la *rectitud* y la *libertad*. En cambio, es la propia narrativa la que desarrolla un impacto moral. Éstas son éticas que están estrechamente relacionadas con la forma lingüística y la intermediación de las parábolas mismas. Las parábolas son narradas. Por tanto, estamos tratando con la "ética narrativa".[676] ¿Qué significa esto?

El término *ética narrativa* se ha establecido en la ética filosófica, literaria y teológica desde hace bastante tiempo. Dentro de la discusión filosófico-moral, las obras de Alasdair MacIntyre[677] han generado una cantidad significativa de discusión. Aquel que quiera entender su propia vida en su totalidad debe hablar de ella. Las "narraciones promulgadas" se convierten así en un término clave o quizás en una forma principal en la que la ética es manifiesta.[678] Tal "capacidad narrativa no es una forma externa que se agrega a un acontecimiento retroactivamente con fines de comunicación o para producir teatralmente una orquestación eficaz. En cambio, es una *característica de la trama misma*".[679] La forma narrativa se convierte así en el medio preferido para la representación y la comunicación de la ética. MacIntyre afirma: "Solo puedo responder a la pregunta de '¿qué debo hacer?', si puedo responder a la pregunta previa '¿de qué historia o historias formo parte?'"[680] La identidad y unidad de una única vida humana se encuentra solo en la "unidad de una narración encarnada en una única vida".[681] Para MacIntyre, la búsqueda del individuo de la narrativa moral se define por un relato previo que está determinado por la tradición y la comunidad: "la historia de mi vida está siempre incrustada en la historia de aquellas comunidades de las que derivo mi identidad".[682]

Dentro de la ética teológica, estos enfoques fueron tomados por James William McClendon Jr., Stanley Hauerwas y Dietrich Ritschl,[683] quienes, cada

---

676. Joisten, "Möglichkeiten", Hofheinz, "Narrative Ethik".

677. Vea MacIntyre, *After Virtue*.

678. Ibíd., 197: "Estoy presentando ambas conversaciones en particular entonces y las acciones humanas en general como narraciones promulgadas".

679. Günther, "Leben", 18.

680. MacIntyre, After Virtue, 201.

681. Ibíd., 203: "La respuesta es que su unidad es la unidad de una narración encarnada en una vida única".

682. Ibíd., 205.

683. Hauerwas, "The Self"; McClendon, *Ethics*; Ritschl y Jones, *Story*; Vea un resumen de estas posiciones y una crítica en Hofheinz, "Narrative Ethik".

uno a su manera, comenzaron con la postulación de que todas las personas llegar a ser ellos mismos en historias que definen sus acciones y juicios en la comunidad.

Si bien estos enfoques proporcionan la estructura narrativa básica de la reflexión ética en general, hay una rama de la ética narrativa que redescubre las moralejas que se han reunido en el texto. Según Dietmar Mieth, la ética narrativa se denomina "Literaturinterpretation" (interpretación literaria)[684] y Paul Ricoeur denomina a las narrativas como "Forschungsreisen durch das Reich des Guten und Bösen" (expediciones al reino del bien y del mal).[685] Ahora me gustaría examinar la ética de las parábolas como ética narrativa a este nivel.

En particular, las parábolas son narrativas modelo en las cuales las ediciones del diagrama se tratan usando el desarrollo narrativo de situaciones concretas y de constelaciones del carácter. Esto no tiene lugar de manera abstracta, sino por medio de la propia narrativa. Ciertas oportunidades surgen de esto porque esta forma se elimina de una absolutización abstracta. No hay uso del imperativo. El texto desarrolla una estructura de apelación a través de elementos narrativos como una trama en el espacio y tiempo, la caracterización y las relaciones entre los personajes, o recursos literarios estilísticos como monólogos internos (por ejemplo, del agricultor rico) o vacíos (por ejemplo, el final abierto en la parábola del hijo pródigo).

Desde un punto de vista estrictamente lógico, los textos son a veces contradictorios (por ejemplo, Mateo 18 el siervo despiadado) o violan conscientemente las normas habituales de acción (por ejemplo, las normas de equidad proporcional en la parábola de los obreros en la viña, Mateo 20), o la coherencia de la acción y la justificación (por ejemplo, en la parábola de los dos hijos, Mateo 21).[686] La historia aquí narrada dificulta la abstracción de un sistema ético basado en principios o de una norma ética imperiosa. En cambio, la reflexión sobre el comportamiento tiene lugar en la estética del lenguaje y la observación de la escena. El texto presenta a modo de ficción una situación que señala algo que supera el caso individual que aquí se representa. Así, la parábola tiene éxito en estar relacionada concretamente con una situación de la vida real. La ética debe llegar hasta las profundidades de la condición humana. Al mismo tiempo, sin embargo, en forma de un relato en miniatura, las parábolas crean una forma de generalización y transferibilidad. El caso concreto e individual puede ser transferido a otros casos, pero esto no se hace a través de un enfoque abstracto sobre un concepto particular o una regla moral. Es la transferencia de situaciones de la trama a situaciones completamente diferentes y

---

684. Vea Mieth, "Narrative Ethik", 81; Vea también idem, "Literaturethik".

685. Vea Ricoeur, *Das Selbst*, 201.

686. La negación de un segundo perdón contradice el perdón perpetuo que se nos exige. Para la discusión de una lectura ética de estos textos, vea Zimmermann, "Ethico-Ästhetik", 256-65.

nuevas. En este punto, lo metafórico de las parábolas se despliega de nuevo de una manera completamente diferente. Un patrón de acción se convierte en un modelo para una nueva situación forastera en el sentido de la "ética metafórica".[687] Esta transferencia se ilustra claramente en la parábola del Buen Samaritano. La situación geográfica específica (entre Jericó y Jerusalén) y sociológicamente (samaritano, sacerdote, etc.) nos muestra una trama que puede convertirse en un modelo para situaciones similares en otras regiones y tiempos. El impacto de la ética se origina no en lo imperativo, sino en la participación emocional e incluso en la historia que no se cuenta.[688] La escena que se representa tan dramáticamente permite al lector entrar en la historia emocionalmente. ¿Por qué nadie ayuda? ¡Alguien debería de hacer algo! Empezamos a pensar: *¿Que habría hecho yo?*

A diferencia de la ética racional, la ética narrativa no se construye meramente sobre argumentos. Por el contrario, hace uso de la multiplicidad dimensional y de un enfoque holístico. Y esto es más eficaz, porque como todos sabemos, hay una gran diferencia entre tener una visión razonada y actuar en la realidad. La ética de una parábola no se involucra en el combate de reglas y principios. Tales discusiones sobre las motivaciones de las acciones a menudo sirven más para justificar la falta de acción que para motivar la acción.

En lugar de utilizar imperativos que engendran oposición, la ética parabólica depende de la vitalidad de una escena; las acusaciones moralistas ceden ante la belleza de la historia. También se podría caracterizar este tipo de ética como una ética sutil y sugerente. Nos presenta una situación y deja a los lectores u observadores llegar a sus propias conclusiones y tomar sus propias decisiones sobre sus acciones. La ética narrativa de las parábolas parece incluso evadir conscientemente estipulaciones definitivas y unilaterales. Así como la metáfora de las parábolas está abierta a la interpretación, la ética narrativa de las parábolas sigue siendo diversa, pero no arbitraria. El ámbito interpretativo se convierte en el ámbito de acción. Sin embargo, esto también constituye un reto y debe ser negociado en el diálogo de opiniones. Las parábolas son, por tanto, "iniciadores de discusión" sobre normas éticas, acciones apropiadas, y principios morales. Aunque las parábolas quisieran apartarse conscientemente de la abstracción ética, nos desafían a la participación, e "implican al lector en las historias",[689] y así nos empujan a adoptar una posición y a actuar. La concreción del significado en el nivel de comprensión que se mencionó anteriormente se convierte, en lo que respecta a la ética, en una motivación para la acción. Ricoeur, sobre todo, describió

---

687. Para discusión vea Zimmermann, "Moralische Signifikanz durch Sprachbilder" (en preparación).

688. Vea el capítulo 10.

689. Vea Schapp, *In Geschichten verstrickt.*

el proceso de lectura en una triple mimesis y desarrolló así el descubrimiento de la identidad por parte del lector en forma de "identidad narrativa".[690] La nueva identidad ganada por el forcejeo con un texto parabólico le da al lector la capacidad de actuar. De esta manera se hace una contribución concreta e indirecta a la educación del agente moral narrativo.

---

690. Vea Ricoeur, "Narrative Identität", 209-26.

Cómo interpretar una parábola

6

LECTURA Y ANÁLISIS DE LAS PARÁBOLAS

En la segunda parte de este libro, ofrezco algunos ejemplos de interpretación de las parábolas. Al hacerlo, retomo los aspectos históricos, literarios y según el lector que se han explorado en la primera parte de esta monografía. Las diferentes perspectivas sobre cómo acercarse a las parábolas se reunirán para formar un método integrador de análisis de las parábolas. En consecuencia, el primer capítulo de esta sección ofrece una guía metodológica sobre cómo interpretar las parábolas, que puede aplicarse a todas las parábolas del cristianismo primitivo y posterior. Así, proveo un ejemplo de exégesis de la parábola en cada fuente principal del cristianismo primitivo para demostrar cómo funciona este método y, al mismo tiempo, ofrezco interpretaciones ejemplares de parábolas seleccionadas para uso en el aula. Primero, el campo como un todo debe ser demarcado.

DELIMITACIÓN DEL CAMPO: EXPLORACIÓN DE LA DIVERSIDAD DE LAS PARÁBOLAS DE JESÚS

Las parábolas de Jesús son diversas. Dependiendo de cómo se defina una parábola, es difícil incluso determinar exactamente cuántas parábolas existen. Adolf Jülicher identificó y analizó cincuenta y dos textos.[691] Rudolf Bultmann enumeró cuarenta y seis textos de parábola en su *Formgeschichte*.[692] Joachim Jeremías identificó

---

691. Veintiocho símiles, veintiuna parábolas y cuatro ilustraciones. Véase Jülicher, *Gleichnisreden Jesu*, II, VII-VIII.

692. Dieciocho figuras (*Bildworte*), diecisiete símiles, quince parábolas y seis ilustraciones (incluyendo Lucas 14:7-11 y 12-14). Véase Bultmann, *Geschichte*, 181-93.

cuarenta y una parábolas.[693] Otto Knoch enumeró treinta y seis textos, aunque cuatro de ellos son parábolas dobles, lo que da como resultado un total de cuarenta parábolas.[694] Bernard Brandon Scott comentó treinta y una parábolas,[695] mientras que Arland Hultgren clasificó treinta y ocho.[696] Valda Charles Morgan enumeró ochenta y seis parábolas en su colección de parábolas de Jesús en la traducción al inglés.[697] Klyne Snodgrass analizó treinta parábolas en su extenso libro.[698] En el *Kompendium der Gleichnisse Jesu* enumeramos 104 parábolas con nuestro propio comentario, Incluyendo varias parábolas de la *agrapha*, el evangelio de Tomás y el evangelio de Juan. En algunos casos analizamos las transmisiones paralelas por separado (fiesta: Mateo 22:1-14; Lucas 14:12-24; red de pesca/pescadores: Mateo 13:47-50, Evangelio de Tomás 8; ladrón: Q 12:39-40; *Ágrafo* 45; cerdas/ profanación: Mateo 7:6; *Ágrafo* 45).

La desviación en los números se debe, por un lado, a evaluaciones diversas del género como las parábolas más cortas, que Bultmann llama metáforas o *Bildworte*, a menudo no son percibidas como parábola. Por otro lado, la forma en que se evalúan las transmisiones paralelas y se seleccionan las fuentes también conduce a diferente número de parábolas. En algunos casos, las llamadas "parábolas dobles" son tratadas conjuntamente (Mateo 13:44-46: tesoro y perla; Lucas 14:28-33: edificación de la torre y campaña militar). Queda claro que no tiene mucho sentido tratar de establecer un número fijo y absoluto de parábolas porque estas decisiones se ven afectadas por intereses específicos, ya sean históricos (¿qué es una parábola auténtica de Jesús?) o literarios (¿qué es una parábola?), que conducen en una dirección particular.

En cambio, debemos preguntarnos cómo esta diversidad de parábolas puede ser entendida sistemáticamente. ¿Hay criterios según los cuales las parábolas pueden dividirse en grupos más pequeños? La erudición a menudo distingue *entre aspectos formales y textuales*. En su segundo libro analítico, Jülicher categorizó las parábolas de acuerdo con los géneros que había introducido previamente: "Gleichnis im engeren Sinn," "Parabel," y "Beispielerzählung".[699] La categorización según criterios lingüísticos también es popular, ya sea según introducciones específicas tal como τίς ἐξ ὑμῶν (quién de ustedes, Q 11:11, 12:25; Lucas 11:5, 14:28, 17:7), o la colocación ἄνθρωπος τις (una persona, vea Q 19:12; Lucas 10:30; 14:16; 15:11;

693. Jeremías, *Gleichnisse Jesu*, 7, 242.

694. Knoch, *Wer Ohren hat, der höre*.

695. Scott, *Hear then the Parable*.

696. Hultgren, *Parables*.

697. Morgan, *Amazing Parables*.

698. Vea Snodgrass, *Stories with Intent*.

699. Jülicher, *Gleichnisreden Jesu*, II.

16:1, 19; vea Lucas 20:9), o una combinación de ambos: τίς ἄνθρωπος ἐξ ὑμῶν (que persona entre ustedes, Lucas 15:4, véase Mateo 12:11). También es posible organizar las parábolas de acuerdo con una fórmula comparativa particular, ya sea con la partícula ὡς (como en Marcos 4:26, 31, vea Juan 15:6) o ὥσπερ (como en Lucas 17:24, Mateo 13:40 , 25:32), con la colocación ὅμοιός ἐστιν (... *es lo mismo que* ..., Q 6:48-49; 7:32; Lucas 12:36; Mateo 13:52 etc.), o con derivados del verbo ὁμοιόω (comparar: Q 7:31; 13:18; 13:20: ὁμοιώσω; Mateo 13:24; 18:23; 22:2: ὡμοιώθη; Mateo 7:24, 26; 25:1: ὁμοιωθήσεται).

En otra variación, el *número de personajes* involucrados en la trama determina la categorización como parábolas de dos personas (Lucas 12:16-21; 16:1-8; 18:1-9) o parábolas de tres personas (Mateo 18:23-35; 20:1-16; 22:1-10; 25:1-13, 14-30; Marcos 12:1-2, Lucas 10:29-37; 15:11-32, 16:1-13, 19-31).[700] En estos casos, la constelación de personajes a menudo contiene una pareja antitética (dos hijos, deudores, vagabundos) en oposición a una tercera persona (Lucas 7:41-42, 10:30-35, 15:11-32).[701] Según Craig Blomberg, el número de personajes principales está estrechamente ligado a los puntos principales de la parábola. Por lo tanto, arregla el material de acuerdo con "Parábolas simples de tres puntos," "Parábolas complejas de tres puntos," y "Parábolas de dos y un punto".[702]

Otra posibilidad sería diferenciar según los grupos de personajes o incluso los destinatarios reales en el macro nivel del texto, tales como las parábolas del oponente (por ejemplo, Marcos 12:1-12), las parábolas de los apóstoles (Lucas 12:41-48), o las parábolas dirigidas a la congregación (Mateo 18).

Los casos en los que dos ámbitos figurados diferentes están estrechamente conectados y tienen una estructura paralela de modo que uno asume una unidad lingüística, estos han sido referidos como parábolas gemelas o dobles. Las parábolas del tesoro y la perla (Mateo 13:44-46), la construcción de la torre y la campaña militar (Lucas 14:28-32), o los niños en la plaza (Q 7:31-35) pertenecen a este grupo. En la literatura académica, unidades temáticas como la semilla de mostaza y la levadura (Q 13:20; Marcos 4:30-32), la cizaña y la red de pesca (Mateo 13:24-30, 47-50), y la oveja perdida y la moneda perdida (Lucas 15:4-10) se consideran como parábolas dobles, aunque la atribución no puede ser apoyada lingüísticamente con tanta claridad o con un argumento estricto. También podemos identificar una serie de metáforas dobles (*Doppelbildworte*) en las que dos dominios figurativos diferentes están estrechamente alineados.[703] En tales casos, la presencia de algunos elementos narrativos permite

---

700. Según Funk, "Structure," 51.

701. Vea Sellin, "Lukas als Gleichniserzähler," 181-82.

702. Vea Blomberg, *Parables*, parte 2, capítulos 6 al 8, 197-407.

703. Véase Steinhauser, Doppelbildworte; Y la lista en Jeremías, Gleichnisse Jesu, 89.

un agrupamiento con las parábolas (por ejemplo, el remiendo y el odre, Marcos 2:21-22 o la lámpara y el celemín, Marcos 4:21-25), aunque en algunos casos son metáforas puras (por ejemplo, sal y luz, Mateo 5:13-14, discípulo y esclavo, Mateo 10:24-25).

Via creó un *agrupamiento según el tema* que distingue entre las parábolas con un resultado "trágico," como Mateo 18:23-25; 22:1-3,[704] y parábolas de tipo "comedia" con un resultado feliz, como Mateo 10:1-16; Lucas 16:1-8.[705] Crossan también distinguió parábolas en la línea de ciertos temas, agrupándolos bajo los encabezados "parábolas del reino de Dios," "parábolas del advenimiento," "parábolas de reversión," así como "parábolas de acción" éticas.[706]

En un intento por hacer más precisas estas categorías temáticas, podemos, a mi juicio, diferenciar entre agrupamientos según dominios figurados y agrupaciones según dominios de referencia. En una clasificación según las *imágenes* utilizadas en las parábolas, el dominio fuente figurada determina la clasificación temática (ver más abajo). De esta manera podemos poner parábolas de crecimiento (por ejemplo, Marcos 4:26-29; Mateo 13:24-30; Juan 12:24), parábolas de cosecha (Q 6:43-45; 10:2; 12:24; Juan 4:35-38; *Evangelio de Tomás* 63), parábolas de siervos o esclavos (Q 12:42-46; Marcos 13:33-37; Lucas 17:7-10; Mateo 18:23-35), parábolas de bodas (por ejemplo, Marcos 2:18-20; Lucas 14:7-11; Mateo 22:1-14; 25:1-13), y parábolas de animales (Mateo 7:6; 13:47-48; Juan 10:1-5; *Evangelio de Tomás* 47:1; Ágrafo 164, 207) en sus propios grupos individuales.

En la literatura académica, incluso unidades más grandes se forman, por ejemplo, clasificando parábolas de la naturaleza o sociales. Scott agrupa el material en tres grandes secciones: a) familia, pueblo, ciudad etc.; b) señores y siervos; c) el hogar y la granja.[707] Shillington sugiere una agrupación temática diferente, construyendo bloques temáticos bajo los títulos de "parábolas del templo," "parábolas de la tierra," "parábolas sobre economía," y "parábolas de gente".[708]

Por otro lado, los *dominios de referencia* generan estructura cuando el dominio objetivo (vea más abajo) es el enlace unificando las diferentes parábolas. El más conocido de ellos es el agrupamiento de las llamadas parábolas del reino de Dios, en la mayoría de las cuales la clasificación de la narrativa dentro del reino de Dios se da en la introducción, como en Q 13:20: τίνι ὁμοιώσω τὴν βασιλείαν

---

704. Vía, *Parables*, 110-85: "The Tragic Parables".

705. Ibid., 145–.: "The Comic Parables".

706. Crossan, *In Parables*, "Parables and the Temporality of the Kingdom" (4-36), "Parables of Advent" (37-52), "Parables of Reversal" (53-78), "Parables of action" (79-120).

707. Vea Scott, *Hear then the Parable* "family, village, city and beyond" (79–204), "masters and servants" (205–300), "home and farm" (301–418).

708. Vea Shillington, *Jesus and His Parables*: "parables of the temple" (21–52), "parables of the land" (53–84), "parables of the economy" (85–138), y "parables of the people (139–90).

τοῦ θεοῦ (¿con qué debo comparar el reino de Dios?). Un gran número de textos nombran explícitamente el reino de Dios como el campo de referencia (Q 13:20; Marcos 4:26–29; 4:30–32; Mateo. 13:24–30; 13:44–46; 13:47–50; 13:52; 18:23–35; 20:1–13; 21:28–32; 22:1–14; 25:1–13, 32–33; Juan 3:3–5; *Evangelio de Tomás.* 22, 64, 97, 98).

Al mismo tiempo, en vista de la cantidad de material, sería incorrecto considerar el reino de Dios como el único o incluso el dominio de referencia primario. Además, sería un error hacer una suposición diacrónica al clasificar las parábolas del reino de Dios como el material o material más antiguo del Jesús histórico. La evidencia textual en las fuentes más antiguas (Marcos y Q) refuta tal evaluación de que esta agrupación rara vez ocurre.[709]

Otros agrupamientos menos prominentes según los dominios de referencia también se han creado en la colección de las llamadas parábolas de crisis (Lucas 10:30-35; 13:6-9; 15:1-7, 8-10, 11-25), Parábolas de la *parousia* (Q 12:39-40; 19:12-26; Mateo 25:1-13), o parábolas de Beelzebub (Marcos 3:22-27; Mateo 12:22-30; 43-45; Lucas 11:14-26).[710] Longenecker estructuró su colección según "reino," "advertencia y preparación," y "vida cristiana".[711]

Como encabezados Snodgrass eligió temas teológicos más grandes como "gracia y responsabilidad," "parábolas acerca del discipulado," o "parábolas de la escatología futura". Además, también organizó capítulos de acuerdo con áreas temáticas figuradas inmanentes como "parábolas de lo perdido," "parábolas específicas acerca de Israel" o "parábolas sobre el dinero".[712]

Abordando las parábolas en sus fuentes respectivas

Los intentos antedichos de organizar y agrupar las parábolas son indudablemente útiles y sirven, cada uno a su manera, para avanzar en nuestro conocimiento y entendimiento de las parábolas. Al mismo tiempo, sin embargo, ninguna de ellas proporciona un marco completo para agrupar u organizar las parábolas. Al considerar las parábolas desde una perspectiva lingüística, a menudo solo hay unas pocas parábolas seleccionadas que se agrupan de acuerdo con ciertos criterios o formulaciones lingüísticas (por ejemplo, parábolas introducidas con τίς ἐξ ὑμῶν). Estas formulaciones también se alteran periódicamente en los pasajes paralelos

709. Sobre este tema vea la discusión anterior en el capítulo 3.

710. Según Jülicher, *Gleichnisreden Jesu*, II, 214-40.

711. Vea Longenecker, *Challenge of Jesus' Parables*: "parables of the kingdom" (77–148), "parables of warning and preparedness" (149–96) y "parables of Christian life" (197–305).

712. Asi, Snodgrass, *Stories with Intent*: "parables about discipleship" (327–88); "parables of the future eschatology" (477–564); "parables of lostness" (93–143); "parables specifically about Israel" (255–325); "parables about money" (389–435).

(por ejemplo, Q 6:46-49 recogido en Mateo 7:24-26). Organizar las parábolas de acuerdo con sus personajes es igualmente problemático, ya que ciertas suposiciones y nociones preconcebidas influyen en la determinación sobre quienes son los "personajes principales".[713] Por último, los criterios que se centran en el contenido temático o en la imaginería de las parábolas no pueden evitar un cierto grado de ambigüedad y superposición debido a la naturaleza polivalente de las fuentes que proporcionan las imágenes (*bildspendende Bereiche*) y de la "apertura" intencional de las referencias.

Debido al enfoque de la memoria que se emplea en este libro, no se intenta reconstruir alguna versión original postulada de una parábola. Cada fuente individual es un texto de memoria que ha recordado y preservado una versión de las parábolas de Jesús. Además, mi comprensión y atribución del género considera el contexto de una parábola como un factor significativo en su interpretación. El macro-texto en el que se ha incrustado la parábola juega un papel importante en la interpretación de esa parábola. Por esta razón, el enfoque que me parece más convincente y útil es considerar las parábolas dentro del contexto de la fuente en la que se han transmitido (es decir, dentro del macro-texto de una parábola particular).[714]

Por supuesto, con respecto a los evangelios sinópticos, Marcos, Mateo y Lucas, este enfoque es bastante común y ampliamente empleado.[715] Además de estos textos que se han transmitido, la Fuente de dichos Q también se considera y se toma en consideración como una fuente. Dado que este volumen emplea un enfoque de memoria y que Q es un texto que, a primera vista, no puede demostrar una historia de recepción independiente como parte del canon, esta inclusión podría ser inicialmente sorprendente. Sin embargo, esta visión de Q no es muy exacta. Aunque no existe un manuscrito material de Q, sobre la base de la doble tradición en Mateo y Lucas podemos postular, con un alto grado de certeza, un texto independiente que indirectamente ha encontrado su camino en el canon en una manera mediada. La existencia de una segunda fuente junto a Marcos usada por Mateo y Lucas, posición discutida y defendida desde mediados del siglo XIX,

713. Blomberg, por ejemplo, asigna la parábola de la oveja perdida a las "Parábolas de tres puntos" porque ve a las noventa y nueve ovejas dejadas como un "personaje principal" (Blomberg, *Parables*, 211). Snodgrass, sin embargo, sostiene que las noventa y nueve son a menudo demasiado enfatizadas, lo que resulta en su opinión de que solo el pastor y la oveja perdida son realmente "personajes principales" (Snodgrass, *Stories with Intent*, 104-05).

714. El comentario global en el *Kompendium der Gleichnisse* también refleja esta visión y enfoque.

715. Vea, por ejemplo, Klauck, "Gleichnis," 854: "Es muy inofensivo clasificar el G.se en base a la situación de la fuente: Textos de la fuente especial Marcos, de Q, de texto especial de Mateo y de la fuente especial de Lucas, aunque aquí también se producen solapamientos (p. ej. con exceso de suministro doble)".

no ha podido ser reemplazada, al menos hasta este punto, por una hipótesis más convincente. Aunque la existencia de Q se ha cuestionado de vez en cuando y aunque las reconstrucciones al nivel de las palabras de Q, ahora encontradas en la literatura académica, tienen su buena parte de problemas.[716] El tesoro que se halla en las parábolas de Q es lo suficientemente significativo como para considerar esta fuente en su propio derecho.[717] Esto es tanto más significativo cuanto que la definición del género de parábola aquí empleado permite un mayor reconocimiento y apreciación de las parábolas cortas y concisas predominantemente encontradas en Q.

Además de las parábolas sinópticas, también se incluyen textos del evangelio de Juan. La exclusión general de estos textos en la investigación de las parábolas es, en mi opinión, en gran parte resultado de ciertos desarrollos y direcciones adoptados dentro de la erudición del Nuevo Testamento y no debido a los textos de Juan mismos. La estrecha asociación entre la erudición de las parábolas y la investigación histórica de Jesús,[718] junto con el categórico rechazo de los textos alegóricos por Jülicher, llevó a la desatención del Cuarto Evangelio. Los pasajes de Juan, sin embargo, son –consonantes con la definición de una parábola empleada en este estudio– literalmente para situarse al mismo nivel que las parábolas sinópticas. Incluso el valor histórico de Juan como memoria ha sido considerado de nuevo en la discusión reciente.[719]

El evangelio de Tomás, descubierto en 1946 en Nag Hammadi, también contiene numerosas parábolas y por lo tanto debe ser atraído en la discusión también. Algunos eruditos incluso defienden la opinión de que algunas versiones de las parábolas sinópticas encontradas en este evangelio podrían muy bien ser anteriores y más originales que las versiones encontradas en los textos canónicos. También interesantes por su propio derecho son las parábolas que solo se encuentran en el *Evangelio de Tomás* (por ejemplo, la parábola de la jarra vacía, *Evangelio de Tomás* 97, y la del asesino, *Evangelio de Tomás* 98). La transmisión paralela en el *Evangelio de Tomás*, junto con los paralelos sinópticos, invita a la comparación y permite observar variaciones y alteraciones del mismo material parabólico en diferentes contextos. En eras anteriores, fueron principalmente los estudios diacrónicos de este material los que fueron seguidos, con la intención de postular una historia

---

716. Vea Robinson/Hoffmann/Kloppenborg, *Critical Edition*. Para más información sobre este tema, véase el capítulo 7.

717. La discusión de la hipótesis de Q y el uso de esta fuente en el "Enfoque de Mainz" se puede encontrar en el capítulo 7. En las parábolas de Q, véase Roth/Zimmermann/Labahn, *Metaphor, Narrative, and the Parables in Q*. Y Roth, *Parables in Q* (próximamente).

718. Para más comentarios, véase el debate del capítulo 3.

719. Vea, por ejemplo, los artículos y publicaciones de la sección SBL "Juan, Jesús e Historia".

de transmisión que en última instancia podía remontarse a la parábola original de Jesús. Más recientemente, las diferentes versiones existentes se han visto con más frecuencia como una indicación de la aplicación vibrante y la exposición en el cristianismo primitivo, que son procesos que deben ser apreciados en su propio derecho. Las limitaciones del espacio no permiten, por desgracia, la búsqueda de las diversas transmisiones paralelas de una parábola dentro de los confines de la exégesis que se presentan en este libro.[720]

INTERPRETACIÓN DE LA PARÁBOLA (UNA PROPUESTA METODOLÓGICA)

La cuestión de la comprensión de las parábolas está estrechamente relacionada con la metodología. Una pregunta en particular requiere un método particular para llegar a una respuesta. Visto de esta manera, los métodos son llaves hermenéuticas, cada uno de las cuales abre una cerradura diferente para lograr la comprensión. En otras palabras, una llave en particular puede desbloquear solo una comprensión particular. Por ejemplo, si examino la realidad histórica de una boda (en la parábola de las vírgenes, Mateo 25:1-13), puedo observar a través del análisis socio-histórico que la fiesta de la boda tuvo lugar en la casa de la novia según el ritual griego y fue seguida, tarde por la noche, por la procesión nupcial a la casa del novio.[721] Sin embargo, si examino la clasificación de los personajes en la parábola del buen samaritano, puedo usar un análisis narratológico para reconocer que las dos personas indiferentes (el sacerdote y el levita) contrastan con las dos personas útiles (el samaritano y el anfitrión). Cada método proporciona oportunidades, pero cada uno también tiene sus límites. Algunos métodos de análisis abren posibilidades de entendimiento que requiere que se hagan conexiones con otras dimensiones antes de que puedan contribuir colectivamente a la comprensión del texto.

Comenzando con los criterios mencionados anteriormente para el género de "parábola," en lo que sigue propongo un modelo integrador y abierto para su análisis que puede ser utilizado para todos los textos de las parábolas. Las parábolas se definen como textos narrativos orientados al lector, metafóricos, que se encuentran en contextos comunicativos. En consecuencia, la secuencia de la interpretación distingue entre varios aspectos clave que apoyan esta definición. Para observar la forma a menudo artística y literaria de estos textos de ficción, la interpretación comienza con un análisis lingüístico exacto que identifica la

---

720. Para la discusión de este último punto, véase el epígrafe "Aspekte der Parallelüberlieferung und Wirkungsgeschichte" en el *Kompendium der Gleichnisse*.

721. Vea el capítulo 9.

narrativa y la metáfora como los elementos básicos de la parábola. Para entender los procesos de transferencia metafóricos, hay otros dos aspectos a considerar, los cuales conducen a los siguientes pasos interpretativos. Por un lado, las realidades tratadas en la parábola deben ser iluminadas históricamente y en sus contextos históricos reales Por otro lado, las metáforas siempre han existido dentro de una tradición figurada (metáforas tradicionales) que juega un papel decisivo en la determinación de cómo se crean y se entienden nuevas formulaciones metafóricas. El "análisis de resumen" demostrará entonces cómo, en los textos concretos, se producen los procesos de interacción y transferencia y qué posibilidades interpretativas suscitan. La estructura de interpretación y representación se explicará con más detalle a continuación (véase también el resumen en la tabla 1 al final del capítulo).

El texto: análisis de los elementos narrativos y su contexto

Las parábolas son textos diseñados artísticamente. Es la tarea del análisis narrativo ilustrar esto. Los elementos literarios individuales pueden ser descritos y entendidos con la mayor exactitud posible sin ser restringidos por una teoría literaria en particular o ser limitados a un conjunto de vocabulario lingüístico. De esta manera, se exponen observaciones textuales sobre la palabra, oración o nivel de la perícopa. ¿Cómo se construye el texto? ¿Qué clasificaciones sintácticas y estructurales salen a la luz? ¿Qué dispositivos literarios (por ejemplo, preguntas retóricas, final abierto) según el lector son utilizados?

Debido a que las parábolas son relatos y metáforas, es necesario identificar estos dos aspectos en particular. Por lo tanto, en lo que se refiere a la *perspectiva narrativa*, debemos examinar los dispositivos literarios relativos al discurso, la manera de contar la historia (por ejemplo, la focalización, el narrador y el lector implicados, el tiempo y el espacio).[722] Por ejemplo, ¿cuál es la relación entre "tiempo narrativo," el cual es el tiempo que se tarda en contar una narración, y el "tiempo narrado," el cual es el tiempo que tardan en transcurrir los acontecimientos de la narración? ¿Qué personajes se encuentran dentro de la parábola y cómo la caracterización (directa e indirecta) es desarrollada (por ejemplo, constelaciones de personajes, clasificación de personajes, rasgos, actividades)?[723] ¿Cómo se desarrolla la trama (introducción, acción ascendente, clímax, conclusión)? ¿Cuál es la (mini) secuencia de la trama o el cambio de condición, que clasifica este texto particular como un relato (véase la definición de una parábola)?

722. Vea las presentaciones de Resseguie, *Narrative Criticism* and Tolmie, *Narratology and Biblical Narrative*.

723. Vea las presentaciones de Bennema, *Theory of Character* y Hunt/Tolmie/Zimmermann, *Introduction to Character and Characterization*.

Aquí uno puede ver claras diferencias en el diseño narrativo de las parábolas individuales. En algunos textos, la secuencia de acciones solo es aludida y tiene que ser llenada por el lector. En otros textos, tiene lugar un drama pequeño con una trama multinivel, varios personajes e incluso un discurso directo, como un diálogo o un monólogo interno. Sin embargo, todos los textos contienen tramas en miniatura o cambios de situación de un estado a otro que, ya sea se imaginan o realmente se narran. Por ejemplo, se oye hablar de la iluminación de una lámpara, así como de su colocación y su efecto sobre la casa (Q 11:33), creando así una trama de tres niveles dentro de un solo verso. Otras parábolas cortas representan en muy pocas líneas un diálogo entre hermanos sobre la paja en el ojo (Q 6:41-42). Incluso la representación de un hombre ciego guiando a otro ciego es representada, y luego la consecuencia (caer en el pozo) es sugerida en la siguiente escena (Q 6:39). Uno podría afirmar que este último texto no consiste en más que dos preguntas retóricas y que ninguna historia es en realidad dicha. La observación relativa a la composición es verdadera; sin embargo, las parábolas mas prominentes como la versión de Mateo de la "oveja perdida" también se presentan con dos preguntas principales en las que la trama debe ser imaginado por el lector (Mateo 18:12-13). La longitud y la complejidad de los textos varían, y sin embargo el evangelista todavía los clasifica como parábolas.

Una diferencia entre los textos individuales puede, a los más, ser percibida de manera cuantitativa y no cualitativa o lingüísticamente.[724] Cuando se comparan con géneros narrativos más largos (drama, epopeya), incluso las llamadas "parábolas largas" del cristianismo primitivo, solo son narraciones en miniatura que son notorias en su brevedad y concisión. De hecho, en su definición de parábola, Crossan identificó la "brevedad" como el tercer criterio sobre el género necesario además de lo metafórico y la narratividad.[725] Correspondientemente, no se puede derivar una clasificación del género de una diferencia de longitud, por ejemplo, de dos versos u ocho versos. Y en la historia de la recepción también nos damos cuenta de que algunas parábolas son bien conocidas e interpretadas como parábolas fundacionales de Jesús a pesar de consistir solo de un versículo (por ejemplo, la "parábola de la levadura," Q/Lucas 13:21). Otros, que cuentan una historia compleja con diferentes personajes y escenas, como la parábola del esclavo en Q/Lucas 12:42-46, han sido ignorados. Por lo tanto, la longitud del texto no sirve como un criterio de diferenciación.

Los textos narrativos se extienden más allá de su significado literal primario y por lo tanto son *metafóricos* en el sentido de la definición dada anteriormente.

---

724. Vea, por ejemplo, mi argumento sobre el criterio de los tiempos para distinguir los subgéneros en el capítulo 4.

725. Crossan, *Cliffs of Fall*, 2: "Este es el tercer elemento necesario en la definición genérica de las parábolas: La parábola es una narración metafórica muy corta".

Hay una interacción entre dos campos semánticos diferentes, por ejemplo, cuando el campo de pastoreo se transfiere a un campo teológico de eclesiología (Mateo 18:12-14). Las formas en que se crea esta metaforicidad, el vínculo entre los dos campos, difieren ampliamente. Las formas en que un lector puede reconocer que él o ella debe esforzarse para establecer un segundo nivel de significado varían. Puede haber contradicciones semánticas como las que se encuentran en "metáforas atrevidas" (por ejemplo, los invitados a la boda que ayunan, Marcos 2:18-29; las perlas delante de los cerdos Mateo 7:6) o características extravagantes dentro del mundo narrativo que funcionan como señales de transferencia interna (por ejemplo, la ayuda de un samaritano, Lucas 10:33-34; la destrucción de toda una ciudad, Mateo 22:7). A menudo, sin embargo, el significado solo aparece a través del contexto y el lector es dirigido hacia él a través de señales externas de transferencia, tales como introducciones ("el reino de los cielos es como..." Mateo 13:31, 33) o conclusiones ("Así que ..." Mateo 12:45; 13:49; 20:16). En algunos casos, el impulso de transferencia se limita a las pistas implícitas del contexto como un todo. El posicionamiento y entrelazamiento de los niveles de significado se construyen de manera diferente en cada texto, aunque en la crítica de las formas clásica el ideal era que se pudiera distinguir claramente entre el simple "símil" de los evangelios sinópticos y el "discurso figurado alegórico" de Juan. Sin embargo, en los evangelios sinópticos también se encuentran textos como Q 16:13 (sirviendo a dos señores), Marcos 3:22-26 (texto de Beelzebub), o Mateo. 25:32-33 (Hijo del hombre como pastor) en el cual la dimensión teológica se extiende al mundo narrativo. Lo contrario es cierto a veces en Juan donde, a primera vista, ciertas parábolas permanecen localizadas enteramente con el reino de las experiencias cotidianas normales (por ejemplo, el grano de trigo en Juan 12:24; el pastor en Juan 10:1-5). Debido a la complejidad e individualidad de los procesos de comparación y transferencia y debido a las transiciones fluidas entre las construcciones individuales, debemos abandonar conscientemente una clasificación categórica de prioridad. Las diversas maneras en que funciona el carácter metafórico de las parábolas deben, por tanto, ser descritas individualmente.

Es absolutamente necesario considerar el contexto, no solo en la observación de las señales de transferencia externas. Incluso si las parábolas se discuten individualmente como unidades literarias, cada una de ellas permanece estrechamente conectada con su propio contexto y discurso.[726] El criterio de *"contextualidad"*[727] mencionado anteriormente debe tomarse en serio en la medida en que los contextos más estrechos y amplios de los textos individuales permanezcan en el análisis lingüístico. Esto comienza con las introducciones y las conclusiones, continúa con una clasificación en la perícopa o el contexto literario más estrecho, y termina

---

726. Vea Reinmuth, "Sprachereignis".
727. Vea la discusión en el capítulo 4.

con una colocación dentro de la disposición entera de los escritos de la fuente, en particular con respecto a otras parábolas.

Por tanto, dentro de la perspectiva de una exégesis contextual debemos preguntarnos si realmente hay algún punto al discutir individualmente parábolas por su cuenta. Sí, hay un punto porque los textos bíblicos individuales demuestran cierta consolidación literaria y en toda su historia interpretativa en sermones, lecciones y arte siempre se han considerado individualmente. Sin embargo, no se convierten en obras de arte autónomas. No necesitamos usar un modelo de construcción literario crítico para justificar una consideración separada de los textos de parábolas individuales. En la interpretación, sin embargo, el contexto se toma en consideración tanto como sea posible como marco de referencia.

La realidad: cartografía de los antecedentes socio-históricos

Las parábolas de Jesús adquieren su poder de la transferencia de experiencias reales y contextos concretos de la vida real en el ámbito religioso. Para entender este proceso de transformación es necesario conocer el significado "real" de los conceptos utilizados y los procesos descritos. Antes de que pueda entender lo que significa cuando el reino de Dios se compara con una semilla de mostaza, una masa de pan o un sembrador, primero debo saber, a qué se parece una semilla de mostaza, qué es la masa de pan, o cómo un sembrador hace su trabajo. Para comprender la pérdida de una dracma, debo conocer su valor. Para comprender la importancia de podar una vid, primero debo aprender algo sobre la elaboración antigua del vino. ¿O qué es un odre, un celemín o un cuadrante (Mateo 5:26)? ¿Quién es un samaritano, Mammon o Beelzebub? Este último ejemplo demuestra que, aunque los términos especiales originarios de las fuentes pueden ser comunes en el lenguaje contemporáneo, pueden ser utilizados en la actualidad con un significado completamente diferente. Debido a la parábola del samaritano y su recepción, el término moderno *samaritano* tiene una connotación positiva. Para los oyentes judíos de Jesús, sin embargo, la palabra era muy negativa porque se usaba para caracterizar a aquellos extranjeros y extranjeros que eran despreciados. Del mismo modo, el uso de talentos o el manejo de las deudas en las parábolas no debería ser simplemente transferido uno a uno a nuestro sistema económico capitalista. La cosificación de las parábolas y la proximidad a la vida solo se pueden lograr a través de una conexión con la historia.

Las parábolas reflejan principalmente el ambiente y la vida de la gente en Palestina, o al menos en el mundo mediterráneo, en el primer siglo después de Cristo. Si queremos entender las parábolas, necesitamos intentar entrar en ese mundo. Por lo tanto, los intérpretes deben buscar significados plausibles de los términos individuales o incluso eventos completos o escenarios dentro de ese contexto histórico particular. El descubrimiento de este trasfondo de significado debe conducir primero a la alienación. Cualquiera que quiera entender las parábolas de Jesús debe perseguir una perspectiva histórica y sumergirse en un mundo extraño. Esto se debe realizar en un paso interpretativo llamado "análisis socio-histórico". Yo uso este término porque se ha convertido en un término exegético clave para describir pasos analíticos que buscan relaciones concretas de vida, condiciones históricas y evidencia arqueológica. La investigación sobre la geografía, la vestimenta y los alimentos, los objetos, las formas de trabajo, etc., es tan interesante como las condiciones políticas y socioculturales. Así, el análisis "socio-histórico" en un sentido más amplio se refiere a la cuestión de las necesidades reales de comprensión y no se limita a las relaciones sociales humanas o a la sociología del cristianismo primitivo.

Para familiarizarse con este "terreno realista" de la parábola, en primer lugar, se pueden explorar los textos bíblicos. Hay información sobre los esclavos en un hogar no solo dentro de la parábola particular que debe interpretarse (por ejemplo, Q/Lucas 19:12-24), pero encontramos otras parábolas de esclavos y textos de esclavos en general que proporcionan información adicional para construir una representación de la esclavitud según los textos bíblicos. Sin embargo, debemos ir más allá de la información dada en los escritos bíblicos acerca de estos antecedentes. Aunque la información sobre la vida cotidiana en los textos bíblicos es bastante considerable, es de vital importancia considerar también otros textos relevantes, ya sean apócrifos judíos o cristianos, textos helenístico-romanos o incluso escritos rabínicos. Por otra parte, fuentes no escritas, por ejemplo, monedas u otros hallazgos arqueológicos, juegan un papel central en la reconstrucción de las realidades.

Por supuesto, el "mundo real" de la antigüedad solo puede ser descubierto parcialmente y reconstruido por medio del material a mano. Como en un mosaico, uno puede tomar fragmentos individuales de información de diversas fuentes y tratar de armar una imagen, aunque, en la mayoría de los casos, la imagen sigue siendo bastante fragmentaria. Además, hay que considerar que muchos textos antiguos son evaluados por su contenido histórico en contradicción con su propia intención y función. Así que, esta información, que ha sido descubierta literariamente y con una tendencia hacia el establecimiento de una interpretación, no se puede equiparar una a una con la realidad antigua. De hecho, los argumentos hermenéuticamente circulares pueden ser creados usando ciertas parábolas para crear un mundo con el propósito de interpretar otras parábolas.[728]

En el análisis de las parábolas debemos utilizar el material fuente disponible para intentar iluminar lo más claramente posible los aspectos individuales de la narración que luego pueden convertirse en los "dominios fuente" de las parábolas. Debido a que el proceso de selección y transferencia que tiene lugar

---

728. Ostmeyer, "Urgestein der Jesusüberlieferung".

en la interacción metafórica tiene que tener lugar a través del sujeto intérprete, se proporcionan más información de antecedentes y opciones de comprensión en este paso analítico del que se puede hacer uso en la interpretación final. De esta manera, los destinatarios son capaces de hacer sus propias clasificaciones diferentes.

La tradición: análisis de las metáforas y los símbolos

El análisis de las experiencias reales y de la vida cotidiana como fuente de una metáfora es solo un elemento necesario dentro del proceso del descubrimiento del significado. El segundo elemento es la identificación de las metáforas tradicionales y símbolos que eran comunes en las comunidades judías y cristianas primitivas las cuales podrían haber tenido una influencia definitiva en la comprensión de los textos de las parábolas. Aunque Jülicher, Schottroff y, más recientemente, Thurén repudiaron conceptos tales como la "moldeado excesivo" (Überformung) alegorizante de las parábolas, considero que es absolutamente necesario para investigar la incorporación de los fenómenos de transferencia en las convenciones y tradiciones lingüísticas.

Esto implica una cierta "rehabilitación de la alegoría,"[729] lo que pone en tela de juicio una de las decisiones de la tradición Jülicher. La tradición interpretativa alegórica de la iglesia antigua a menudo condicionó el texto bíblico. Por ejemplo, vio los sacramentos del bautismo y de la eucaristía representados en los dos denarios del samaritano (Lucas 10:35), mientras que no hay ninguna señal en el texto del porqué debamos hacerlo. El significado arbitrariamente atribuido fue forzado a entrar en el texto, lo que resultó en lecturas salvajes usando y abusando del texto con el propósito de avanzar en los propios argumentos teológicos. Hay buenas razones para criticar esta práctica. Jülicher lo hizo siguiendo las líneas de su búsqueda de la voz auténtica de Jesús. Aunque no creo que el discurso de Jesús deba ser puro y no-alegórico, creo también que desde un punto de vista académico, la alegorización descontrolada debe ser cuestionada. Esta forma de lectura está más allá de la exégesis académica, ya que los estándares básicos de la erudición requieren la trazabilidad intersubjetiva del proceso de interpretación.

Sin embargo, tampoco es posible leer las parábolas "desconectadas" como Thurén lo ha sugerido recientemente.[730] El lenguaje no empieza desde cero o *tabula rasa* ya que siempre está condicionado culturalmente. La semántica, la teoría del significado, ha demostrado que el significado de una palabra o textos no está solamente vinculado a un cierto sonido fonético o a una cierta combinación de caracteres lingüísticos. El significado está, de hecho, estrechamente ligado al uso de

---

729. Gadamer, *Wahrheit und Methode*, 76–87.
730. Vea Thurén, *Parables Unplugged*.

una palabra en un contexto histórico y cultural.[731] La llamada lexicología histórica o más precisamente la semántica histórica (*historische Semantik*) ha investigado, en particular, cómo se forma el significado de una palabra, formado dentro del contexto cultural, delineado por el uso tradicional, y transformado en el proceso de la tradición.[732] Esto no solo es cierto para palabras simples, o más precisamente "semantemas," que revelan su significado solo dentro de un contexto cultural.

También es cierto de las metáforas, que son ejemplos extraordinarios para la transformación del sentido.[733] Una metáfora se construye para explicar algo nuevo y desconocido. Sin embargo, el texto metafórico requiere un significado fijo tradicional para ser utilizado dentro de una nueva situación de comunicación. Por tanto, dentro de la metáfora, la interacción de la tradición y la innovación puede obviamente ser vista. Como afirma Buntfuss: "Las metáforas recuerdan para decir algo nuevo y se renuevan para conservar lo viejo".[734]

Las metáforas, sin embargo, no se limitan a aquellas metáforas que toman el significado tradicional de un campo semántico para expresar nuevos puntos de vista en el otro. Como han demostrado las teorías cognitivas más recientes, hay conceptos metafóricos de larga duración que se encuentran en el propio sedimento de la comunicación cultural o incluso en las raíces de las experiencias humanas básicas (como la luz y la oscuridad, la altitud, etc.).[735] Algunas metáforas se han vuelto lexicalizadas y ya no son reconocidas como metáforas. Por ejemplo, si hablamos de "ascender en el mundo" o "la cima de una carrera profesional" utilizando los esquemas escalares de la metáfora.[736] Otras metáforas se han fijado en el contexto socio-lingüístico de un grupo cultural, como cuando los cristianos hablan de los creyentes como hermanos y hermanas, aunque no sean parientes de sangre.

Como resultado, no se puede negar que, dentro de las convenciones lingüísticas de una comunidad particular, los semantemas individuales poseen significados más profundos que son inmediatamente evidentes para cualquier miembro de ese grupo, incluso si los significados no están expresados directamente en el texto. Por ejemplo, en nuestra cultura contemporánea, la "rosa" es reconocida como un símbolo de amor o la "cruz" como un símbolo cristiano sin la necesidad

---

731. Vea, Lyons, *Linguistic Semantics; Löbner, Semantik*, 23–50.

732. Vea Geeraerts, *Diachronic Prototype Semantics*; Keller/Kirschbaum, *Bedeutungswandel*; Fritz, *Historische Semantik*.

733. Vea, por ejemplo, Fritz, *Historische Semantik*, 42-44. Fritz toma la metáfora como el primer ejemplo para "innovative kommunikative Verfahren," puede demostrarse contra la tradición bien conocida y fija del significado.

734. Vea Buntfuß, *Tradition und Innovation*, 227.

735. . VéVeaase, más prominentemente, Lakoff/Johnson, *Metaphors We Live By*.

736. Para más detalles sobre los esquemas de escala y la teoría de la metáfora cognitiva véase Zimmermann, *Christologie*, 219-37, con referencia a la metáfora de concepto de Mark Johnson.

de señales claras de transferencia a nivel textual.[737] Correspondientemente, hay motivos individuales que difícilmente podrían haber sido utilizados dentro de la comunidad lingüística judeocristiana del primer siglo sin evocar un significado más profundo. Dos ejemplos serían el de una viña como símbolo de Israel o el de la casa de Dios para el templo. ¿Significa esto, que cada ocurrencia del término *casa* debe entenderse contra el fondo de la metáfora de la casa-templo? Por supuesto que no. La interpretación metafórica de un semantema debe permanecer metodológicamente controlable para contrarrestar el peligro de una alegorización salvaje o arbitraria.

Aplicando esto a las parábolas, podemos analizar la estructura metafórica de la parábola en su conjunto, así como los matices simbólicos de ciertas palabras, caracteres y motivos utilizados en el discurso de la historia misma. Sin embargo, ¿cómo podemos encontrar criterios para hacer un análisis semántico adecuado y evitar la alegorización salvaje y la eiségesis?

Me gustaría sugerir un enfoque de dos criterios para descubrir una transferencia de significado dentro de la parábola que distingue entre la plausibilidad convencional y la plausibilidad textual.[738] Podemos preguntarnos con respecto a la plausibilidad textual: ¿Hay señales dentro del texto o del propio contexto que insten al lector a encontrar una cierta transferencia de significado? ¿Hay una combinación de semantemas, como los eslabones de una cadena, que hacen la transferencia metafórica más plausible? ¿Qué evidencia textual proporciona una comprensión de la dirección de la transferencia de significado?

En cuanto a la plausibilidad convencional, es muy claro que algunos motivos como el "rey," un "pastor," etc., tienen un significado religioso muy grande dentro de una comunidad lingüística debido al uso tradicional del termino en textos metafóricos. Hay fenómenos convencionales de transferencia que forman campos metafóricos regulares. Basándome en la teoría de Harald Weinrich, hablo aquí de una *"Bildfeldtradition"*[739] (la tradición de esta imagen) en la que vemos un

---

737. De acuerdo a mis definiciones de "metáfora" y "símbolo," este punto realmente constituye la diferencia entre los dos términos. Dentro de una "metáfora" los dos campos semánticos deben estar conectados dentro del propio texto, mientras que un "símbolo" puede consistir en una sola palabra con los interlocutores que proporcionan lo representado. Para las definiciones y la discusión, véase Zimmermann, "Imagery in John," 15-23.

738. Ya he señalado un intento similar de identificar símbolos en Zimmermann, "Imagery in John," 21-23. A pesar de la superposición entre símbolos y metáforas con respecto a la interacción de dos campos semánticos o, en otras palabras, la transferencia de significado de un campo a otro, como se explica en la nota anterior, empleo el término *símbolo* para palabras simples y *metáfora* de la transferencia textualmente construida del significado. Por esta razón, la parábola que demuestra señales de transferencia de significado debe, en su conjunto, ser visto como un texto metafórico; sin embargo, también puede incluir símbolos.

739. En cuanto a este término, véase Weinrich, "Wort und Münze," 276-90; También Zimmermann, "Jesus im Bild Gottes," 97-99.

acoplamiento tradicional de dominios metafóricos.[740] Una comunidad lingüística puede conectar repetidamente ciertos dominios semánticos para que nuevas metáforas se conviertan de manera inmediata en obvias y comprensibles dentro de este marco de referencia. Podemos demostrarlo con un ejemplo del lenguaje contemporáneo, a saber, el campo de la imagen de "dinero/agua". En este acoplamiento, el complejo campo de los sistemas monetarios se representa repetidamente utilizando el fenómeno del agua, provocando la formación de metáforas como "fuente de dinero," "liquidez" o "cerrar el grifo". También se podría hacer nuevas creaciones metafóricas como "una avalancha de impuestos" pueden ser creados dentro de este campo de la imagen. Por lo que sé, no hay traducción exacta del término *Bildfeld* en español. Sin embargo, el termino *metáfora tradicional* es el termino que se asemeja mas y por lo tanto será empleado en lo que continua.[741]

Al analizar la transferencia metafórica del significado dentro de una parábola, la siguiente regla puede ser útil: *cuanto mayor sea la plausibilidad convencional de una metáfora, menor plausibilidad textual será necesaria para la transferencia metafórica y viceversa.* Un ejemplo de esto: debido a que el término *viña* se entendía simbólicamente en el judaísmo temprano y, por tanto, tiene una alta plausibilidad convencional, debe suponerse que el motivo también fue tomado como símbolo en la parábola de los inquilinos malvados (Marcos 12:1-12). De esta manera, hay un fuerte impulso para leer el texto metafóricamente. El motivo de "cosechar" en general en Q/Lucas 10:2 es diferente, sin embargo, en el sentido de que, dentro de una sociedad agrícola, la recolección es una experiencia normal en la vida cotidiana. Por lo tanto, el envío de trabajadores a la cosecha por sí mismo no puede pretender ser leído metafóricamente. Solo la señal textual por medio de la metáfora genitiva "señor de la cosecha" provee una señal buena para leer el texto en contra de los antecedentes de las imágenes proféticas y las metáforas tradicionales de la cosecha escatológica.[742] Volviendo a un ejemplo diferente, dentro de la parábola de la "fiesta de boda" (Mateo 22:1-14), el hecho que sea un "rey" quien invita no juega ningún papel significativo en la parábola. La trama de la parábola funcionaría igualmente bien con cualquier otra figura pública (por ejemplo, un propietario, un funcionario). En el contexto de Mateo, sin embargo, el motivo del reino de los cielos se desarrolla de manera prominente, lo que lleva a la conclusión de que

---

740. Weinrich, "Münze und Wort?"; También Zimmermann, *Geschlechtermetaphorik*, 41-44.

741. La diferencia entre la metáfora tradicional en el uso lingüístico puede ser que una metáfora tradicional también sea una metáfora lexicalizada, que se acepta como semantema en la vida cotidiana. El término alemán *Bildfeldtradition* conserva la perspectiva diacrónica dentro de la combinación tradicional de dos campos semánticos.

742. Vea los detalles en Zimmermann, "Folgenreiche Bitte!," 111-18.

el rey que actúa dentro de esta parábola puede ser entendido metafóricamente y, por tanto, apunta a la conocida metáfora judía de Dios como rey,

Es obvio que, al analizar la transferencia metafórica de una parábola, el conocimiento de la *Bildfeldtradition* de las metáforas tradicionales es esencial para determinar tal como, o en qué medida, algunos motivos y la parábola como un todo pueden ser leídos con un significado metafórico-teológico.

Se pueden identificar varias metáforas tradicionales en los escritos judíos, grecorromanos y del cristianismo primitivo. A veces se usan metáforas similares en más de un conjunto de escritos, como el de "rey-pastor," que era bien conocido en la tradición grecorromana (Platón *República* IV 440d) así como en la tradición judía (2 Samuel 5:2 Salmos 78:70-72). En estos casos, la metáfora de la acción dominante debería dividirse en dimensiones menores más detalladas de las tradiciones metafóricas.[743] Así, el "aspecto gobernante" o el "aspecto defensivo" del pastor pueden ser puestos de manifiesto. Además, la metáfora del pastor en los escritos de Israel claramente contiene una tradición reconocible del "pastor YHWH" (Isaías 40:10-11, Salmo 23:1, 80:2) o el "pastor mesías" (Ezequiel 34:16-22).[744] Si un pastor aparece en una parábola (Q 15:4-7, Juan 10:1-5), es probable que tanto Jesús como el hablante de la narración como sus oyentes puedan sugerir inmediatamente una imagen de campo.[745] Esto es igualmente cierto en el caso de un padre (Lucas 15:11-32), un juez (Lucas 18:1-8), o un rey (Mateo 18:23-35; 22:1-14), en el cual las metáforas clásicas de Dios encontradas en la tradición judía son llamadas a la memoria (YHWH/Los salmos reales). Por supuesto, en el caso de los textos individuales, no siempre podemos determinar con precisión si o en qué medida se invoca realmente una metáfora tradicional.

Para repetirme, la regla general para la relación interactiva es que cuanto más fuerte es la determinación convencionalizada de una metáfora tradicional, menos señales de texto son necesarias para señalar tal transferencia y viceversa. Por otra parte, la apertura interpretativa defendida en este libro hace innecesaria una determinación final y definitiva. Es de primordial importancia que los lectores estén apuntados hacia posibles metáforas tradicionales y símbolos de la antigüedad, o más precisamente el mundo judeocristiano, que podrían ser requisitos previos para la comprensión. En este proceso trataremos de ser lo más amplio posible y utilizar convenciones lingüísticas fuera del cristianismo primitivo, por ejemplo, de diferentes dominios de la tradición, ya sea el Antiguo Testamento y el judaísmo temprano, el judaísmo rabínico, o incluso el mundo lingüístico griego.

---

743. Con respecto al pastor, vea Zimmermann, "Metaphorology and Narratology," 13-16.

744. Vea Zimmermann, "Bild Gottes," 101-06.

745. Para más detalles vea el capítulo 7.

El significado: ampliación de los horizontes de interpretación

En la interpretación resumida, las líneas de razonamiento de los pasos analíticos anteriores se juntan para llegar a varias interpretaciones coherentes diferentes.

Muchos exegetas perciben que su tarea es la producción de interpretaciones inequívocas e irresistibles. En muchos casos, estas interpretaciones se presentan como el único camino posible de comprensión basado en la argumentación lingüística o histórica. Me gustaría adoptar un enfoque metodológico diferente. Aparte de que, desde una perspectiva epistemológica y hermenéutica, la interpretación inequívoca histórica sigue siendo un ideal imposible, es en primer lugar incorrecto creer que podría haber una *interpretatio sancta* para los textos figurativos tratados aquí. En mi opinión, sugerir una sola interpretación equivale incluso a un descuido consciente de la forma del texto expuesto en las parábolas.[746] Aun más, tal estrechamiento de los posibles significados también podría contradecir la hermenéutica y hasta la teología de las parábolas. El paso final en la interpretación de las parábolas debería realmente abrir horizontes de interpretaciones, no restringirlos.

Como se señaló en el capítulo 5, la hermenéutica de las parábolas según el lector debe conducir a una interpretación polivalente. Tolbert reflexionó sobre la afirmación de la polivalencia en la interpretación de las parábolas en su obra *Perspectives on the Parables: An Approach to Multiple Interpretations*.[747] Fue capaz de demostrar que la apertura interpretativa es necesaria, pero al mismo tiempo limitada por la forma lingüística, el contexto, y los intérpretes. La multiplicidad de la interpretación ha sido examinada y evaluada positivamente particularmente en la exégesis en lengua inglesa.[748] Sin embargo, esta apertura interpretativa no debe confundirse con la arbitrariedad o la pérdida postmoderna de la comprensión. Erwin Straus introdujo una imagen precisa de la tensión entre apertura y limitación con la metáfora de un "Spielfeld" (campo de juego).[749] Es posible identificar límites claros para un campo de juego fuera del cual el juego ya no es posible, donde el balón está "fuera de límites". Con respecto a nuestro tema, esto significa que hay limitaciones claras de comprensión que están marcadas por elementos filológicos inequívocos o establecidas por los límites de la plausibilidad histórica, fuera de la cual hay que hablar de un "malentendido".

---

746. Para la discusión de la variedad de interpretaciones que se derivan de la forma del texto, véase el capítulo 5.

747. Tolbert, *Perspectives*.

748. Vea "Polyvalence in Parable Interpretation" en Crossan, *Cliffs of Fall*, 102; Shillington *Jesus and His Parables*, 17-18; Para más detalles, consulte el capítulo 5.

749. Straus, *Sinn der Sinner*, 274-80, así como Zimmermann, "Bildersprache verstehen," 25-26.

Pueden surgir formas de interpretaciones erróneas de las diferentes perspectivas, de las cuales se han tratado en la primera parte del libro. A nivel literario-lingüístico puede haber una mala interpretación filológica, por ejemplo, si el término λαμπάδες[750] se traduce con "lámparas". Tal traducción contradice todos los otros usos del término en griego antiguo, donde significa "antorchas". Una interpretación engañosa en el nivel histórico sería que el samaritano fuera un empleado del templo, siguiendo la línea del sacerdote y el levita (porque es obvio que el término Σαμαρίτης se refiere al origen étnico-geográfico de una persona y no a cierto funcionario religioso), o que el posadero administra un hospital, porque los *hospites* cristianos que cuidan a los enfermos y pobres no se puede demostrar que hayan existido antes del cuarto siglo. De la misma manera, una lectura anti-judía de Marcos 12:1-12, que no entiende la retórica de la parábola de una manera antisemita, no puede tolerarse a nivel de una perspectiva según el lector.[751]

En otras palabras, hay límites a la variedad de interpretaciones que deben ser nombradas, aunque, por supuesto, también debatidas.

Dentro de estos límites, sin embargo, hay un margen considerable para las posibilidades interpretativas. La interpretación y la creación de significado no surgen a lo largo de las rutas de explicación mono-causales. Por tanto, al menos dos o tres interpretaciones diferentes serán proporcionadas dentro de la exégesis de las parábolas.

Sigue siendo un desafío para un intérprete proporcionar apoyo a diferentes interpretaciones y valorar a cada una de ellas igualmente.[752] Normalmente, los intérpretes y comentaristas de los textos bíblicos están capacitados para encontrar, si no es el único, por lo menos la mejor interpretación disponible. Eso lleva al *habitus* de describir normalmente diversas lecturas, pero después de presentarlas en una cierta escala. Al final, esta clasificación resulta en una evaluación de las interpretaciones y destaca cuál de ellas puede ser vista como la mejor o incluso la interpretación verdadera. La siguiente guía no quiere seguir esa vía de investigación de las parábolas.

Como las parábolas son textos metafóricos y ambiguos, deben leerse de diferentes maneras. Para desarrollar y nombrar estos distintos enfoques con claridad, se ofrecen ciertos "títulos": Podría haber títulos tradicionales bien conocidos en la teología sistemática cristiana, como una "lectura Cristológica,"

750. Vea mi interpretación de Mateo 25:1-13 en el capítulo 9.

751. Vea la historia de las lecturas anti-judías de Marcos 12:1-12 en Oldenhage, "Spiralen der Gewalt," 352-66; Más generalmente, Oldenhage, *Parables of Our Time*.

752. El desafío puede verse claramente en el *Kompendium der Gleichnisse*. A cada uno de los colaboradores se le pidió que siguiera la apertura hermenéutica que se explica en esta guía. La mayoría lo hizo, pero quedan algunas evaluaciones y escalas en la presentación de los diferentes enfoques.

una "lectura escatológica" o una "lectura ética". Lecturas que traen una cierta metodología a la vanguardia, como una lectura "feminista," "psicológica," o "post-colonialista". Además, se pueden encontrar títulos creativos para una línea de interpretación menos establecida, como una lectura de "dinámica grupal" o una lectura "ascético-martirológica".[753]

En cualquier caso, la interpretación resumida tiene que ver con la teología de la parábola. La teología no debe ser entendida en un sentido estricto de hacer declaraciones proposicionales sobre Dios el Padre o cualquier tema de la tradición dogmática. La teología aquí se refiere a cualquier mensaje religioso de las parábolas.

El objetivo final del discurso de la parábola no es hacer una declaración sobre la cosecha, el pastoreo, o la fabricación de la masa. Sin embargo, la experiencia de la vida cotidiana, es utilizada para revelar algo sobre la realidad de Dios. Por lo tanto, el significado de la parábola debe buscarse en un nivel teológico. Las parábolas de Jesús son textos religiosos. Todo el que ignora esta dimensión interpretará las parábolas de manera totalmente errónea.

La teología de las parábolas, sin embargo, no debe separarse del medio en el que se proporciona. No hay un "mensaje" que se pueda extraer del texto. El texto de la parábola, el relato y la forma metafórica del discurso no sirven como vehículo puro para algún significado teológico subyacente.

El significado de la parábola está estrechamente ligado a la forma de la parábola misma. Esto significa que no solo el contenido de la parábola tiene que ser asumido dentro de la interpretación, sino que la forma misma debe ser explorada.

Por tanto, la apertura según el lector de las parábolas no es solo una obligación hermenéutica o una carga epistemológica, sino que también promete oportunidades, porque de esta manera las parábolas permanecen abiertas para interpretaciones nuevas y creativas. Así, las "escrituras muertas" vuelven a ser la "palabra viva de Dios". Por lo tanto, las interpretaciones deben ser entendidas como una invitación al lector para entrar en el proceso de interpretación o incluso en el proceso de la narración de las parábolas.

El intérprete, exégeta, o predicador de una parábola no es quien reduce las vívidas posibilidades de interpretación. Lo que él o ella puede hacer es entonces proporcionar y marcar el campo de juego en el que cada lector está invitado a encontrar significado en estos textos. Él o ella pueden ofrecer un "servicio mayéutico" en el mejor sentido socrático de la palabra. De este modo, la tarea principal del exégeta es señalar las posibles vías de comprensión que los lectores deben seguir por sí solos para lograr la creación de sentido y una comprensión personal, incluso hasta para beneficiarse de su fe y vida. Los lectores u oyentes también leerán las parábolas de Jesús desde diferentes puntos de vista, áreas de

---

753. Para ejemplos, vea la interpretación de la oveja perdida (Q 15:1-7, en el capítulo 7) y el grano que muere (Juan 12:24, en el capítulo 11).

interés y motivaciones. También pueden elegir entre la abundancia de información e interpretaciones socio-históricas e históricas tradicionales. La intención de esta apertura no es, sin embargo, una relativización postmoderna de la verdad, sino más bien desafiar al lector a alcanzar su propia interpretación "verdadera" de una parábola. El tomar la estructura de apelación de los textos en serio no significa ofrecer al lector una interpretación terminada que solo necesita ser aceptada. La variedad y apertura de las posibilidades de interpretación solo puede ser procesada en la claridad de una interpretación individual por el lector individual. El significado y, aún más, la verdad teológica, solo pueden encontrarse de manera individual y contextual, aunque no de manera autónoma en una aislada torre de individualismo. El significado descubierto individualmente debe ser compartido con otros lectores, quienes igualmente buscaban encontrar sentido y orientación dentro de la parábola.

Al compartir los diferentes hallazgos, las parábolas pueden servir como iniciadores de la discusión sobre el reino de Dios, es decir, sobre la teología en el medio de la vida cotidiana concreta y del lenguaje. Tal vez este debate sobre las parábolas de Jesús puede incluso estimular a la apertura de las mentes y de los ojos para descubrir la presencia de Dios en el mundo de los lectores actuales. Eso podría conducir a recontar y reescribir las parábolas en diferentes situaciones, o incluso encontrar nuevas y más adecuadas metáforas y seguir la línea de los primeros intérpretes de las parábolas de Jesús, los evangelistas.

Si este libro contribuye como catalizador a este proceso de comunicación sobre el significado de las parábolas de Jesús, habrá cumplido su propósito.

En resumen, sugiero una metodología de cuatro pasos para abordar las parábolas de Jesús (vea la tabla 1). En la siguiente sección se aplicará a parábolas ejemplares de diferentes fuentes para demostrar cómo podría funcionar.

Metodología de cuatro pasos para interpretar las parábolas de Jesús:	
1) Texto:	Analizar los elementos narrativos y contextos
2) Realidad:	Delinear el trasfondo socio-histórico
3) Tradición:	Explorar metáforas tradicionales y símbolos
4) Significado:	Abrir nuevos horizontes de interpretación.

Tabla 1: Método para interpretar una parábola.

7

LA OVEJA PERDIDA (Q/LUCAS 15:1-7) Y LAS PARÁBOLAS EN Q

El documento Q siempre ha jugado un papel importante en la investigación del Jesús histórico.[754] La mayoría de los estudiosos asumiría que el documento Q puede ser considerado como el documento más antiguo de la tradición de Jesús, el cual todavía está disponible por medio de la llamada "doble tradición" de Mateo y Lucas. Como se indicó en el capítulo 3, existe un amplio consenso en la erudición al identificar a Jesús como el narrador de parábolas. Por tanto, es sorprendente que ninguna monografía sobre las parábolas de Q no haya sido nunca publicada.[755] Esto está en parte relacionado con la pregunta, aún sin respuesta, acerca de la forma textual de Q y la tradición del material de Q. Sin embargo, también es debido a influencias en la discusión del género. Antes de analizar un ejemplo de una parábola de Q, discutiremos brevemente estos dos aspectos para explicar el marco metodológico del enfoque que es seguido aquí.

EL DOCUMENTO Q Y SUS PARÁBOLAS

Durante muchos años, la investigación de Q se ha concentrado en reconstruir *la forma y el texto exacto* del documento Q, lo que se traduce en la *Edición crítica*

---

754. 1. Yo asumo la existencia del documento Q aquí, incluso si todavía hay intentos por resolver el 'problema sinóptico' sin esta fuente. Vea Goulder, "Defense", 332; Vea también idem, "Self- . Contradiction". Goodacre y Perrin, *Questioning Q*; Kahl, "Übereinstimmungen". Vea la discusión en Derrenbacker y Kloppenborg Verbin, "Self-Contradiction"; Tuckett, "Existence".

755. Vea Kloppenborg, "Jesus and the Parables in Q". El tema recibió gran atención en el volumen Roth, Zimmermann y Labahn, *Metaphor*; Dieter Roth está trabajando en un libro sobre "Parábolas en Q".

de Q (por sus siglas en Ingles: *CEQ*)[756] en el año 2000, así como la reconstrucción similar, y en ocasiones disidente, de H. Fleddermann [757] Aunque aprecio lo que se ha logrado con estas obras, también revelan una vez más los problemas básicos de una reconstrucción literal. Tanto la *La edicion critica*[758] y el trabajo de Fleddermann[759] siguieron la máxima de que la redacción exacta de las palabras de Q debe ser reconstruida antes de poder interpretar su texto. Debido a que la hipótesis Q se basa en la doble tradición de Lucas y Mateo, la suposición estándar de trabajo es que al reconstruir Q se debe de encontrar el texto literal ya sea en Lucas o en Mateo. Aunque los editores de la *CEQ* reconocen que tanto Mateo y Lucas podrían haber redactado el texto de Q,[760] varios niveles de certidumbre se emplean en estas reconstrucciones, y en ocasiones es admitido que la formulación exacta de Q no puede reconstruirse; es impactante notar con qué frecuencia el texto reconstruido de Q coincide con las palabras encontradas en Mateo o Lucas.[761]

Sin embargo, que el texto Q debe estar de acuerdo con Mateo o Lucas palabra a palabra no es necesariamente el caso. Basado en el "experimento del pensamiento"[762] de cómo se vería el considerar lo que es una reconstrucción del evangelio de Marcos usando Mateo y Lucas (sin referencia a Marcos), se ha demostrado que este experimento da lugar a un texto que se desvía significativamente del evangelio de Marcos tal como lo conocemos. Esta tendencia se intensifica

756. Robinson, Hoffmann, y Kloppenborg, *Critical Edition of Q.*

757. Fleddermann, *Commentary*

758. Vea Robinson en el Preámbulo de la *CEQ*, Lxix: "Mientras que en las generaciones anteriores había sido la tendencia de dejar abierta la redacción exacta, y referirse solo a los versos de "trasfondo" en los que un dicho Q está detrás, allí ha sido, durante el tiempo en que el Proyecto Internacional Q ha estado haciendo su trabajo, una intensificación de esfuerzos, incluso fuera de ese contexto, *para reconstruir las mismas palabras del propio texto de Q*"

759. Fleddermann, *Commentary*, 28: "Al combinar el método estadístico con la redacción crítica Lambrecht forjó una herramienta que resultaría adecuada para reconstruir *el texto original del Q*".

760. Los editores de la *"Edición crítica"* reconocen al menos la posibilidad teórica de que ni Mateo ni Lucas conservaron las palabras originales de Q. Vea Kloppenborg Verbin, *History*, 101: "hay ejemplos donde ambas versiones [es decir, Mateo y Lucas] traicionan los intereses editoriales de los evangelistas y, por tanto, la redacción original de Q puede llegar a ser irrecuperable". Robinson escribió: "Si la lectura de Lucas muestra que no es la de Q, no necesariamente quiere decir que la lectura de Mateo es la de Q, ya que es muy posible que ninguna lectura sea la de Q" (Robinson, "Sayings", 313).

761. Este acuerdo ya sea con Mateo o con Lucas es independiente de si la redacción en los paralelos entre Mateo y Lucas es del 20 por ciento (en Q 6:47-49), 35 por ciento (en Q 15:4-5a.7), 60 por ciento (en Q 7:31-35), 80 por ciento (en Q 10:2), o 98 por ciento (las secciones paralelas a Q 16:13). Los porcentajes se basan en Morgenthaler, *Synopse*, 258-61. Para más detalles ver Roth, "Die Parabel in der Logienquelle".

762. Vea más recientemente, la disertación de Weaks, *Mark*; Además con ligeras diferencias las perspectivas de los estudios anteriores en Evans, "Words of Jesus"; Eva, "Mark".

especialmente en las parábolas de la triple tradición en las que las desviaciones de Mateo y Lucas de Marcos son incluso mayores que el promedio. En lugar de simplemente abandonar Q, sin embargo, hemos intentado desarrollar un método para trabajar con el documento Q sin la necesidad de haberlo reconstruido previamente en un texto literal. Esto ha resultado en el denominado "Método de Mainz",[763] en la que, sobre la base del material encontrado en la doble tradición sinóptica, Q debe ser visto como un intertexto, cuyas características textuales identificables no se encuentran principalmente en el nivel de las palabras, sino en particular en el nivel de la trama, los personajes, el diseño literario, etc. Este enfoque ha sido utilizado para la discusión de las parábolas de Q en el ejemplo siguiente.

El desprecio dado a Q en la investigación de las parábolas también está ligado a la posición adoptada en la *discusión del género* en relación con las parábolas. Seguidores de la antigua forma crítica de Bultmann consideraba que las parábolas cortas son simplemente *"Bildworte"*[764] en el mismo nivel que las comparaciones simples o metáforas. Esto llevó a su exclusión del debate de la parábola.[765] Incluso estudiosos que han trabajado explícitamente con las parábolas de Q en obras más grandes han considerado a menudo solo una cantidad limitada del material.[766] Textos como Q 6:41-42 (la paja y la viga), son en raras ocasiones tomadas en consideración, aunque su forma narrativa, que incluye varios personajes complejos, una trama y un discurso directo, cumple todos los criterios que se encuentran en las llamadas parábolas largas.[767] El documento Q contiene principalmente unas perícopas tan cortas que, basados en los criterios y la comprensión de un género literario establecido anteriormente en este volumen, pueden, sin embargo, ser caracterizadas como parábolas en el sentido pleno del género. De esta manera, llegamos a una selección de veintiocho textos de Q en el *Kompendium der Gleichnisse Jesu* que fueron identificados como parábolas de

---

763. Para más detalles vea Zimmermann, "Metaphorology", Dieter T. Roth, "Die Parabeln in der Logienquelle", y su capítulo metodológico dentro de su monografía sobre las parábolas en Q (que se finalizará en 2016 y se publicará en 2017).

764. Vea Bultmann, *Geschichte*, 181-84.

765. Ver detalles acerca del género en el capítulo 4.

766. Foster ha ofrecido un breve historial de investigación sobre el número de parábolas en el Documento Q, "Parables". Foster anota el número de parábolas de varios eruditos identificados en Q: Dodd (*Parables*) dieciséis parábolas enumeradas, Jeremías (*Parables*) doce parábolas, Scott (*Hear then the Parable*) siete parábolas, Hultgren (*Parables*) diez parábolas, y Snodgrass (*Stories with Intent*), cuatro parábolas. Además de la parábola debatida de la moneda perdida, que solo existe en Lucas (Lucas 15:8-10), El número también varía con respecto a la evaluación de si una versión de Q se encuentra detrás de ciertas tradiciones en Mateo y Lucas en los que hay una diferencia importante en las palabras y contenido, como por ejemplo, Q/Lucas 14:16-21:23 (el banquete de bodas).

767. En las obras examinadas por Foster, esta parábola solo es tenida en cuenta por Dodd; Para el análisis de personajes vea R. Zimmermann, "Metaphorology", 29.

Jesús.[768] Además, hay dos parábolas contadas por Juan el Bautista (Q/Lucas 3:9/ Mateo 3:10; Q/Lucas 3:17/Mateo 3:12) y una por el centurión en Capernaum (Q/ Lucas 7:8/Mateo 8:9). Así, las parábolas forman el subgénero dominante en Q, permitiéndonos derivar de ellas aspectos importantes del trasfondo, el lenguaje, el uso de la tradición y el perfil teológico del documento Q. Según Hoffmann y Heil, las parábolas se encuentran en igual medida en las siete partes de Q y por tanto pueden considerarse como el marco del documento Q.[769]

Debido a su carácter iniciador, ilustrativo y testimonial, las parábolas tienen una función retórica.[770] Poseen claridad y poder persuasivo porque son tomadas de la vida cotidiana de la gente y se originan en la vida rural, en el hogar y en la vida urbana.[771] Conscientemente Adoptan el lenguaje figurado tradicional de las tradiciones judías (por ejemplo, la cosecha, el pastoreo, los árboles y las frutas en contextos religiosos), con el que tratan de salvaguardar el nuevo mensaje del Hijo del Hombre y el reino de Dios. El gran número de metáforas del mundo animal y vegetal recuerda a la tradición de la sabiduría.[772]

Como en el documento Q en su conjunto, la perspectiva escatológica desempeña un papel importante en las parábolas.[773] En esta perspectiva, la expectativa del fin inminente afecta directamente al comportamiento en el presente (Q 6:34-45; 10:2; 13:24-27, 17:34-35). Un principio llamativo de la composición de las parábolas es el uso del contraste, en el cual el comportamiento bueno y correcto

---

768. Vea la tabla de Zimmermann, *Kompendium*, 59-60.

769. Vea la tabla Kern, "Parabeln", 54-55, con referencia a Hoffmann y Heil, *Spruchquelle*, 14-15.

770. Vea, según Kloppenborg, estas sirven como "testigo conclusivo", "ilustración" o como "una historia inicial que el argumento subsiguiente desarrolla", ver Kloppenborg, *"Parables"*, 318; Fleddermann, *Commentary*, 95: "El autor a menudo establece parábolas en puntos estratégicos". De manera similar, J.G. Williams, *"Parable"*, 85: "intensificación".

771. Vea *Metaphors of Rural Life*: La Trilla (Q 3:16-17); mujer en el molino (Q 17:35); fenómenos meteorológicos (sol y lluvia en Q 6:35, predicción del tiempo en Q 12:54-56, el destello en Q 17:24); la paja y la viga (en el ojo) (Q 6:41-42); los trabajadores de la cosecha (Q 10:2); hacer pan (la levadura en Q 13:20-21); la sal desabrida (Q 14:34-35); hombres en el campo (Q 17:34); *Metaphors of Urban Life*: construyendo casas (Q 6:47-49, ver el techo en Q 12:3); tesoro en el Cielo (Q 12:33-34); el campo jurídico (ir a juicio en Q 12:57-59, juzgar en Q 22:30); puerta abierta/ cerrada (con un portero) (Q 13:24-27); invitación a la fiesta (Q 14:16-23); mujer en el molino (Q 17:35); motivos esclavo/amo (Q 12:42-46, 16:13; 19:15). Sobre el fondo social de las metáforas de Q vea Zimmermann, "Metaphorology", 10-12.

772. *Animales*: serpiente (cría de víboras en Q 3:7; Q 11:12); zorros y pájaros (Q 9:58); ovejas (enviar en medio de lobos en Q 10:3, oveja perdida en Q 15:4-7); gorrión (Q 12:6); cuervos (Q 12:24); gallina recogiendo a sus polluelos (Q 13:34) buey (Q 14:5); buitres (Q 17:37); *Frutas/ plantas*: (árbol) que lleva fruto (Q 3:7-9; Q 6:43-45); higos y uvas (Q 6:44); lirios y hierba (Q 12:27-28); semilla (semilla de mostaza Q 13:18-19; Q 17:6).

773. Vea Heil, "Beobachtungen zur theologischen Dimension der Gleichnisrede Jesu en Q".

se contrasta con el comportamiento malo y reprensible (Q 6:47-49; 12:42-46; 17:34-35; 19:12-13, 15-24, 26). La puesta en escena de patrones de comportamiento negativos domina, ya sea como el retrato de "catástrofes" (Q 7:31-35; 11:24-26; 12:39-40; 12:58-59; 13:24-27) o incluso "las posibilidades imposibles" (Q 6:41-42; 11:34-35; 14:34-35; 16:13).[774] Las narraciones en miniatura llevan a los receptores de Q tanto mental como emocionalmente a estas historias de fracaso y "se convierten en testigos directos dentro de las parábolas del juicio que ya ha arrojado su sombra en el mundo narrado".[775] De este modo, las parábolas cumplen una función pedagógica que se intensifica aún más mediante elementos apelativos directos, tales como preguntas (Q 6:39; 6:41-42; 6:44; 7:31; 11:11-12; 12:23-29; 12:56; 13:18; 13:20; 14:34; 15:4) o imperativos (Q 10:2 "¡Pregunta!"; 11:9 "!Pregunta! ¡Busca! ¡Toca!"; 12:24, 27, 29, 31¡Considerad! ¡Aprended! ¡no os preocupéis! ¡Esforzaos!"; 12:40: "¡Estad listos!" 13:24: "¡Entrad!") Que hablan directamente a los lectores y hacen hincapié una y otra vez: se le desafía a decidir por sí mismo a favor o en contra del mensaje.

LA PARÁBOLA DE LA OVEJA PERDIDA

Lucas 15: 3-7	Mateo 18:12-14
Εἶπεν δὲ πρὸς αὐτοὺς τὴν παραβολὴν ταύτην λέγων •	Τί ὑμῖν δοκεῖ;
4 τίς ἄνθρωπος ἐξ ὑμῶν ἔχων ἑκατὸν πρόβατα καὶ ἀπολέσας ἐξ αὐτῶν ἓν οὐ καταλείπει τὰ ἐνενήκοντα ἐννέα ἐν τῇ ἐρήμῳ.	Ἐὰν.γένηταί.τινι.ἀνθρώπῳ.ἑκατὸν. πρόβατα καὶ πλανηθῇ ἓν ἐξ αὐτῶν, Οὐχὶ ἀφήσει τὰ ἐνενήκοντα ἐννέα ἐπὶ τὰ ὄρη
Καὶ πορεύεται ἐπὶ τὸ ἀπολωλὸς ἕως εὕρῃ αὐτό; 5 καὶ εὑρὼν ἐπιτίθησιν ἐπὶ τοὺς ὤμους αὐτοῦ χαίρων 6 καὶ ἐλθὼν εἰς τὸν οἶκον συγκαλεῖ τοὺς φίλους καὶ τοὺς γείτονας λέγων αὐτοῖς • συγχάρητέ μοι, ὅτι εὗρον τὸ πρόβατόν μου τὸ ἀπολωλός.	Καὶ πορευθεὶς ζητεῖ τὸ πλανώμενον; 13 καὶ ἐὰν γένηται εὑρεῖν αὐτό,
7 λέγω ὑμῖν ὅτι οὕτως χαρὰ ἐν τῷ οὐρανῷ ἔσται ἐπὶ ἑνὶ ἁμαρτωλῷ μετανοοῦντι ἢ ἐπὶ ἐνενήκοντα ἐννέα δικαίοις οἵτινες οὐ χρείαν ἔχουσιν μετανοίας.	Ἀμὴν λέγω ὑμῖν ὅτι χαίρει ἐπ ' αὐτῷ1 μᾶνον ἢ ἐπὶ τοῖς ἐνενήκοντα ἐννέα τοῖς μὴ πεπλανημένοις. .14 οὕτως οὐκ ἔστιν θέλημα ἔμπροσθεν τοῦ πατρὸς ὑμῶν τοῦ ἐν οὐρανοῖς ἵνα ἀπόληται ἓν τῶν μικρῶν τούτων.

774. Gabi Kern llama a este principio de composición "la función anticipatoria de las parábolas de Q" ("Antizipatorische Funktion der Parabeln en Q"), vea Kern, "Parabeln", 56.

775. Ibíd.

³ Entonces él les refirió esta parábola, diciendo: ⁴ «¿Qué <u>hombre</u> de vosotros, si tiene <u>cien oveja</u>s y se le pierde <u>una de ellas</u>, no <u>deja las noventa y nueve</u> en el desierto y va tras la que se perdió, hasta encontrarla? ⁵ Cuando la encuentra, la pone sobre sus hombros gozoso, ⁶ y al llegar a casa reúne a sus amigos y vecinos, y les dice: "Gozaos conmigo, porque he encontrado mi oveja que se había perdido". ⁷ Os digo que así habrá más gozo en el cielo por un pecador que se arrepiente, <u>que por noventa y nueve</u> justos que no necesitan de arrepentimiento.	¹² »¿Qué os parece? Si un <u>hombre</u> tiene <u>cien oveja</u>s y se descarría <u>una de ellas</u>, ¿no <u>deja las noventa y nueve</u> y va por los montes a buscar la que se ha descarriado? ¹³ Y si acontece que la encuentra, de cierto os digo que se regocija <u>más por aquella que por las noventa y nueve</u> que no se descarriaron. ¹⁴ De igual modo, no es la voluntad de vuestro Padre que está en los cielos que se pierda uno de estos pequeños.

El texto: análisis de los elementos narrativos y el contexto

Jesús es el narrador de esta corta historia en el contexto de ambos evangelios, así como en el marco narrativo postulado en el documento Q (Q 4:16-7:35). Es un relato dentro de otro relato –un episodio ficcional e imaginario que es, sin embargo, realista porque se basa en una escena de pastoreo que habría sido parte de la vida cotidiana en la sociedad rural en la Palestina del primer siglo.

Aunque es muy breve, apenas más de dos oraciones, la parábola puede dividirse en tres secuencias narrativas. La primera secuencia describe una situación de emergencia. Una persona (ἄνθρωπος) que posee o cuida de 100 ovejas ha perdido una de ellas. Las dos fuentes difieren ligeramente: en Lucas, el pastor perdió una (Lucas 4: 4: ἀπολέσας ἐξ αὐτῶν ἕν), mientras que Mateo toma la perspectiva de la oveja que se ha extraviado (Mateo 18:12: ἀπολέσας ἐξ αὐτῶν ἕν).

En la segunda secuencia, el pastor deja las noventa y nueve detrás (Lucas 15:4 en el desierto; Mateo 18:12: en las montañas) para buscar la que está perdida. Ambas tradiciones exigen la aprobación directa del lector para este acto. En Lucas, vemos esto en la pregunta retórica (que hombre de vosotros... no) que solo permite una respuesta positiva y en Mateo, es una condena condicional (Si un hombre... no ...) en la que la apódosis negada se convierte en una cuestión retórica, con la que el acuerdo se considera algo natural. Evidentemente no cabe duda de que la búsqueda es razonable y necesaria. Sin embargo, nada se dice acerca de la motivación, ¿es una sola oveja lo suficientemente valiosa como para que la búsqueda valga la pena? ¿Es la persona en la parábola en realidad un empleado que pastorea ovejas de otra persona y por tanto se siente responsable de la propiedad de su empleador? Tampoco hay discusión de lo peligroso que podría ser que las otras noventa y nueve ovejas quedasen solas. ¿Es noche y las ovejas ya están seguras en su granero o en la pendiente en las montañas (Mateo)? El desierto (ἔρημος) en Lucas nos hace al menos preguntarnos si podrían no estar en peligro.

A pesar de que puede ser evidente que se iniciará una búsqueda, es evidente que no es de esperar que la oveja se encuentre, de lo contrario el descubrimiento de la oveja en la tercera secuencia no causaría tal regocijo. Sin embargo, la búsqueda continuará obstinadamente "hasta encontrarla" (Lucas 15:4). A pesar de las diferencias entre Mateo y Lucas en la tercera secuencia, la trama permanece constante en que el foco está en el regocijo. En Lucas, la alegría se comparte inmediatamente con los vecinos y amigos, lo que recuerda a la siguiente parábola de la moneda perdida (Lucas 15:9: "Cuando la encuentra, llama a sus amigas y vecinas, y les dice: 'Gozaos conmigo'"). Por el contrario, en Mateo la alegría de encontrar a la oveja perdida se pone en relación con la alegría de las otras noventa y nueve –¡se regocija por ella aún más! Esto no necesariamente tiene que ser entendido negativamente con respecto a las que se quedaron atrás, como si de repente se hubieran vuelto menos importantes. Cada una de ellas podría haber causado la misma preocupación y alegría. El énfasis en el regocijo simplemente refleja una experiencia humana básica. Perder algo y buscarlo pone en movimiento emociones que encuentran su liberación en una alegría extraordinaria cuando se encuentra el objeto.

La parábola busca así crear una parcialidad emocional que atraiga a los destinatarios directamente al evento. Esta franqueza se crea en la forma de hablar: "¿Qué hombre de vosotros…" (Lucas), o "Si un hombre…" (Mateo). Esta forma directa de hablar a los oyentes está destinada a demostrar que la historia se trata de una persona "como tú y como yo"; es también mi historia. El impacto emocional se intensifica a través de los agudos contrastes en la parábola: noventa y nueve en relación a una; buscar-hallar; preocupación-alegría. Finalmente, el orador se dirige a los oyentes directamente: "De cierto, os digo…" (Mateo 18:13, Lucas 15:7).

Cuando los lectores son atraídos a la historia de esta manera, debemos preguntar con qué personajes se deben identificar. Pueden adoptar el papel del pastor cuidando a las ovejas. Sin embargo, también podrían identificarse fácilmente con las ovejas, la que se pierde, ya sea que se haya separado del resto o se haya desviado de sí misma. Esta oveja experimenta el afecto especial del pastor. No solo lo busca, sino que al encontrarlo se regocija. Lucas describe una escena pastoral en la que el pastor levanta la oveja sobre sus hombros y la lleva a casa (Lucas 15:5).

Los lectores, sin embargo, también pueden identificarse con las otras ovejas. Se están comportando de acuerdo con el plan, están donde deberían estar. Pero cuando una de entre ellas se pierde, también se ven afectadas. El pastor las deja solas. En última instancia aprenden, al menos implícitamente, que el pastor tiene un afecto especial por las ovejas perdidas y se alegra más por aquella que por el resto. La segunda mención de las noventa y nueve (Lucas 15:7, Mateo 18:13) las convierte en contra de su voluntad, en una hoja de comparación con la oveja. Por último, Lucas menciona al grupo de amigos y vecinos, a quienes se invita simplemente a participar en el regocijo del pastor.

La historia representa una escena de la vida cotidiana, ya que puede haber ocurrido repetidamente en una sociedad de agricultores y pastores. Sin embargo, tanto la introducción (en Lucas 15:3 παραβολή) como la conclusión no dejan duda de que se trata de una narración con "señales de transferencia" que indican que el relato debe ser transferido a un dominio religioso diferente. Es una narración metafórica.

En Lucas, esta transferencia tiene lugar directamente en el contexto de la parábola. Lucas 15:7 repite los números (uno, noventa y nueve) con pecadores y personas justas en lugar de ovejas. Así, la oveja perdida puede ser identificada con un pecador y los noventa y nueve con los justos. El lector del evangelio sabe que Lucas ya ha hablado de los pecadores (y los recaudadores de impuestos) (15:1-2) quienes fueron contrastados con los fariseos y los escribas. En Mateo, el contexto del discurso a la congregación también proporciona la dirección de la transferencia. Mateo 18:14 habla de uno de estos pequeños y por tanto se refiere a los pequeños dentro de la comunidad de Mateo. 18:6, 10.

La realidad: cartografía de los antecedentes socio-históricos

El dominio visual de la parábola proviene del mundo de los pastores y del pastoreo. No es de extrañar que esta experiencia cotidiana a menudo estimule la construcción de metáforas religiosas y especialmente de parábolas en la sociedad rural mediterránea, en particular en la Palestina del primer siglo.[776] Por tanto, es necesario arrojar luz sobre este "dominio de fuente figurada" dentro del contexto histórico del texto a fin de comprenderlo adecuadamente.[777]

Nuestra parábola describe una situación especial: una oveja de un rebaño de cien se extravía (Mateo 18:12) o se pierde (Lucas 15: 4). El pastor deja las

---

776. Vea por ejemplo, en el Nuevo Testamento los dichos sobre las "ovejas perdidas de la casa de Israel" (Mateo 10:6, 15:24), o las parábolas de las "ovejas y las cabras" (Mateo 25:32-33) y el "Buen Pastor "(Juan 10:1-5, 12-13).

777. En lo siguiente, vea Oveja, "Neunundneunzig", 207-08; Para más detalles, vea Zimmermann, *Christologie*, 290-302 (= "Der Bildspendende Bereich: Schafhaltung"). Para una información profunda sobre problemas económicos y sociales del pastoreo utilizando papiros del siglo I en Kloppenborg y Callon, 221-37.

noventa y nueve ovejas solas para buscar la perdida. La encuentra, se regocija y la trae a casa. Esto lleva a las siguientes preguntas sobre el trasfondo histórico:

- ¿Cómo podría una oveja perderse/extraviarse?
- ¿Son realistas las condiciones descritas (tamaño del rebaño, valor de una oveja, etc.)?
- ¿Es el comportamiento del pastor –tanto la búsqueda como el abandono de las noventa y nueve– normal o es extraordinario?
- ¿Qué sabemos acerca de los pastores y sus responsabilidades?

El hecho de que, según Q/Lucas 15, el pastor se vaya a la búsqueda nos lleva a suponer que el rebaño ha recorrido una cierta distancia, durante el tiempo en el cual se ha perdido la oveja. Así, el narrador implica la práctica del tan llamado pastoreo nómada, que era más predominante en la antigüedad que el pastoreo actual en pastos o campos.[778] Los rebaños fueron atendidos por los pastores, y juntos se movían alrededor dentro de una región en particular o recorrido distancias más largas para buscar nuevos pastos. También era común que los animales fueran mantenidos en los campos durante el día y puestos en los establos, patios, o potreros hechos de piedras o arbustos espinosos por la noche.[779] En estas condiciones, ciertamente era posible que los animales se perdieran. Fuentes antiguas mencionan frecuentemente ovejas que son matadas por animales salvajes (Éxodo 22:12; 1 Samuel 17: 34-35; Amós 3:12). Además, no era raro que las ovejas se desviaren (Salmos 119:176; Isaías 53:6; Ezequiel 34:4). Jeremías reporta que las ovejas que se separaban del rebaño carecían de orientación y se recostaban sin ninguna iniciativa para volver al rebaño por su cuenta.[780] Por tanto era la responsabilidad del pastor cuidar de las ovejas, protegerlas, asegurar su bienestar, y asegurarse de que todas permanecieran juntas (ver Salmos 23, Isaías 40:11, Jeremías 23:1- 4). El escritor romano Columela describe este trabajo en su manual agrícola *Res Rustica* de la siguiente manera:

> El que sigue al rebaño debe ser observador y vigilante –un precepto que se aplica a todo guardián de todo tipo de animal de cuatro patas– y debe ser amable en su manejo y también mantenerse cerca de ellas, porque están en silencio, y cuando las saca o las trae a casa, las debe de amenazar, gritándoles, o inclusive con su

---

778. En lo siguiente, vea Dalman, *Zeltleben,* 204-87; Zimmermann, *Christologie,* 293-301.

779. Vea Florentinus según Geoponica 18:2. También sobre esto Peters, *Tierhaltung,* 75. Para detalles vea Zimmermann, *Christologie,* 294-95.

780. Vea Jeremías, *Parables,* 134: "Cuando la oveja se ha extraviado del rebaño, usualmente se recuesta, impotente, y no se moverá, parará, o correrá. ... y no encontrará el camino de regreso al rebaño sin la ayuda (de su pastor)".

bastón, sin embargo nunca aventándoles ningún tipo de proyectil, ni alejándose demasiado de ellos, tampoco acostándose o sentándose; porque a menos que esté avanzando, debe erguirse de pie, ya que el deber de un guardián exige una elevación erguida y majestuosa, de la que los ojos pueden ver desde una torre de vigilancia, para proteger a las ovejas más lentas y embarazadas, que retrasan, y a las que son activas y hayan dado a luz a sus crías, que apresuran, para que estas no se separen de las demás, por si acaso un ladrón o una bestia no engañe al pastor mientras está distraído. Estos preceptos son de aplicación general y se aplican a ovejas de todo tipo.[781]

El trabajo de pastor podía llevarse a cabo bien o mal. Los malos pastores que descuidaban el bienestar de sus ovejas eran a menudo criticados en las fuentes (como en Jeremías 50:6, Ezequiel 34:1-10, Zacarías 11:15-16, etc.). Los diferentes grados de cuidado y responsabilidad mostrados también estaban relacionados con el hecho de que los pastores eran a menudo empleados como hombres contratados (μιστθωτός) y se ocupaban de ovejas pertenecientes a otra persona. Esto era ciertamente necesario si un rebaño contara con miles de ovejas o cabras (ver 1 Samuel 25:2, Job 1:3, 42:12, Génesis 24:35, 2 Reyes 3:4). Por tanto, todos los pastores no demostraron el mismo grado de responsabilidad o cuidado de las ovejas y, así, la supervisión externa era requerida. Éxodo 22:9-14 describe cómo la responsabilidad de un pastor contratado fue regulada por la jurisprudencia. Un pastor tenía que hacer la restitución por la pérdida de un animal si fue robado o murió de una muerte (normal), pero no si murió mientras era atacado por animales salvajes.[782]

De acuerdo con muchos textos antiguos, el pastoreo apareció en las listas de oficios ilícitos o poco confiables e incluso se asoció con el bandidaje.[783] El texto de la *Mishnah m. Qidd.* 4:14 es un ejemplo temprano de esto: "Un hombre no debe enseñar a su hijo a ser un conductor de asno o un camellero, o un peluquero o un marinero, o un pastor o un comerciante, porque su oficio es la embarcación de un ladrón". El modificador "buen" en Juan 10:11, 14 (buen pastor–ό ποιμὴν ό καλός)) también nos lleva a entender que el término *pastor* no tenía necesariamente buenas connotaciones en el primer siglo, haciendo necesario el predicado.[784]

781. Columela, *On Agriculture*, libro VII 3:26.

782. Vea también el debate rabínico sobre las reclamaciones por daños en *t. B. Meṣ'a* 8:16; *b. B. Meṣ'a* 93b.

783. La asociación del pastoreo con el bandidaje y los descontentos se remonta por lo menos al segundo siglo AC. Vea, por ejemplo, Livy, *Ab urbe condita* 29.39.8-9; Vea Kloppenborg y Callon, "Parable of the Shepherd", 227-30; Además las muchas ocurrencias rabínicas, por ejemplo, *b. Qidd.* 82a. *b. Sahn.* 25b; *b. B. Qam.* 94b; *Midr. Psa.* 23 § 2: "R. Jose bar Hanina enseñó: En el mundo entero no hay ocupación más despreciada que la del pastor". Para más detalles Zimmermann, *Christologie*, 296-301; Algunos textos también se mencionan en Snodgrass, *Stories with Intent*, 102.

784. En la Biblia hebrea, "pastor" también se usa en algunos casos como un término de abuso, vea Jeremías 6: 3; 12:10; 22:22.

Por tanto, debemos preguntarnos exactamente quién estaba cuidando a las ovejas de acuerdo con Q/Lucas 15:3-7. El texto bíblico evita conscientemente las palabras *pastor* (ποιμήν) o *hombre contratado* (μιστθωτός). En lugar de una caracterización directa, la persona responsable de las ovejas se describe indirectamente, utilizando el método de "mostrar".[785] La persona mencionada al principio "tiene" las ovejas; ambas formulaciones (Lucas con ἔχειν, Mateo con εἶναι, dativo) apuntan a una relación de posesión. Siguiendo a Kloppenborg y Callon, sin embargo, es improbable que el pastor de la parábola de Q fuera el dueño del rebaño referente a los papiros que atestiguan cómo se desenvolvía un pastor en el primer siglo DC.[786]

Sin embargo, son sus acciones narradas las que son decisivas: deja las noventa y nueve ovejas detrás para ir en busca de la perdida (v.4). Según Lucas, al encontrarla, la pone sobre sus hombros y la lleva de vuelta a casa.[787] A lo largo de la narración, la búsqueda se describe como una acción positiva. El pastor cumple con su responsabilidad fundamental de cuidar al rebaño. Él se encarga de cada oveja. Una relación tan estrecha entre un pastor y sus ovejas es ciertamente realista y se encuentra en varias fuentes. En *Daphnis y Chloe*, Longos incluso permite que su pastor, Daphnis, dé nombres a sus ovejas.[788] La pregunta retórica al principio en Lucas también revela que una búsqueda es claramente tomada por obvia. "¿Qué hombre de vosotros … no …", asume un acuerdo. Así es, cualquiera haría esto. Sin embargo, una cierta ambivalencia hacia el comportamiento del pastor se ha identificado dentro de la historia de la exégesis de este pasaje. ¿Fue realmente razonable o responsable dejar atrás las noventa y nueve ovejas restantes?[789]

Desde un punto de vista económico, ciertamente hubiera sido problemático poner a noventa y nueve ovejas en peligro para salvar una. Es difícil determinar el precio exacto de las ovejas a las que se refieren las fuentes antiguas. Con respecto a los papiros en el siglo I DC, una sola oveja pudo haber valido alrededor de 11 a 17

---

785. Sobre la diferenciación básica en la caracterización entre "relatar" (presentación directa) y "mostrar" (presentación indirecta) vea Rimmon-Kenan, *Narrative Fiction*, 60-67; 106-08 y la breve introducción en Resseguie, *Narrative Criticism*, 126-30.

786. Vea Kloppenborg y Callon, "Parable of the Shepherd", 225-26.

787. Esta escena se encuentra a menudo en la iconografía antigua, en la que primero Hermes y más tarde Cristo es representado como un "buen pastor". El llevar una oveja enferma o perdida sobre los hombros era presumiblemente una práctica común en el pastoreo y no se deriva directamente de la literatura bucólica (*Theokrit, Virgilio*) o de Lucas 15.

788. Vea *Longos IV* 26:4; 38:4. Ciertamente hay que tener en cuenta el género de la novela, así como el contexto bucólico, de modo que uno no puede asumir que tales detalles siempre se originaron en condiciones reales. Sobre el nombrar, vea también Juan 10:1-5.

789. Vea, por ejemplo, la discusión en Snodgrass, *Stories with Intent*, 104-05: "¿Acaso un pastor abandonaría las otras noventa y nueve ovejas?"; Ver también Bussby, "Shepherd".

dracmas, mientras que el salario de un pastor era de 16 a 24 dracmas por mes.[790] La Mishná indica que el precio de una oveja era de ocho denarios (*m. Ker.* 5:2; *m. Menaḥ*, 13:8). En relación con las vacas o burros (100-200 denarios: *m. Menaḥ* 13:8; *m. B. Qam.* 3:9; asi como *m. B. Qam.* 10:4), una oveja individual no era tremendamente valiosa. Sin embargo, ocho denarios eran de hecho el equivalente de ocho días de trabajo para un jornalero (vea Mateo 20:1-15). Según el decreto de Diocleciano, el salario para los pastores era de veinte denarios por día, menos aún que de un trabajador agrícola que ganaba 25 denarios por un día completo de trabajo.[791] La pérdida de una sola oveja habría sido motivo suficiente para buscar las ovejas, El pastor contratado habría sido responsable de los daños si la pérdida no se debía a un acto de la naturaleza, como un ataque de un animal salvaje (Éxodo 22:9-14; papiro SB XX 14525; *m. B. Meṣi'a* 7:9; *b. Bava Meṣi'a* 10b; 93b, a.o.). Esto es apoyado por el hecho que, con un total de cien ovejas, habría habido más de un pastor.[792] Así, podríamos asumir que las otras noventa y nueve ovejas no quedaron desprotegidas. Sin embargo, según Varrón (*Rust.* II 2:20), un pastor era suficiente para ochenta a cien ovejas, lo cual también puede ser confirmado por los papiros egipcios, que atestiguan un rango promedio de 75 animales atendidos por un único pastor.[793] El texto, sin embargo, no proporciona ninguna base para tales especulaciones. De hecho, basándonos en la manera narrativa de Lucas, debemos concluir que él no tenía interés directo en las noventa y nueve restantes y, podemos estar de acuerdo con Snodgrass, quien dice: "cualquier enfoque en las noventa y nueve está fuera de lugar".[794] Mateo toma el número noventa y nueve y lo usa como un contraste con el regocijo del pastor (Mateo 18:13: "él se regocija más sobre esta que sobre los noventa y nueve que nunca se extraviaron".). Sin menospreciar a las noventa y nueve, el énfasis debe estar en la alegría de encontrar a la oveja perdida, para que inclusive "aún más" se adapte mejor al verdadero significado.

Por tanto, podemos concluir que la escena es realista y nos habla de un pastor bueno y cariñoso. La pérdida de un animal no era inusual, pero sí lo suficientemente grave como para llevar a la acción y para regocijarse cuando se encontró la oveja. Debido a la brevedad de la parábola, muchos detalles se dejan fuera y tienen que ser descifrados a través de los huecos. El lector no aprende nada

---

790. Vea P. Amst I 41 (10 AC); P. Ross. Georg. II 15 (98-102 DC); P. Londres III 1171 (8 AC), siguiendo a Kloppenborg y Callon, "Parable of the Shepherd", 231-32; Sobre aspectos económicos también Kloppenborg, "Pastoralism", 62-64.

791. Para más detalles vea Kloppenborg y Callon, "Parable of the Shepherd", 231.

792. Según Florentino (Geoponica 18:1, 5), se necesitaba un hombre por cada veinte ovejas. Vea en este número Jung, *Geoponica*, 29-30. Vea Bailey, *Finding the Lost*, 72-73. Bailey asume que debe haber al menos dos pastores con cien ovejas.

793. Vea Kloppenborg y Callon, "Parable of the Shepherd", 226 n. 18 (lista de las manadas registradas).

794. Snodgrass, *Stories with Intent*, 105.

acerca de quién era el dueño de las ovejas, si la acción fue motivada por el interés propio o un sentimiento de responsabilidad hacia otra persona, o lo que sucedió a las noventa y nueve ovejas que quedaron atrás.

La tradición: análisis de las metáforas y de los símbolos

Teniendo en cuenta nuestra red de perspectivas diferentes, es necesario centrarse no solo en las cuestiones de la crítica narrativa y el análisis del contexto socio-histórico, sino también en el trasfondo tradicional (*Bildfeldtradition*) de las metáforas contra las cuales las parábolas son contrastadas[795] hay que mencionar varios aspectos de este último trasfondo.

La metáfora del pastor es de uso común en todo el mundo lingüístico de la antigüedad, que va desde las inscripciones reales sumerias y Akkadianas, pasando por ocurrencias en Egipto hasta evidencias que pueden atribuirse al mundo sirio-palestino: el rey es descrito como un pastor instalado por la deidad.[796] El uso metafórico del pastor también se encuentra en el pensamiento hebreo y en las Escrituras hebreas, aunque la plétora de ejemplos encontrados a lo largo del Antiguo Testamento también revela variaciones significativas.[797] He considerado en otro lugar el desarrollo de las tradiciones de la metáfora del pastor y por tanto ofrecemos solo unas cuantas afirmaciones resumidas aquí.[798] Aunque hay una cierta superposición, podría ser heurísticamente útil distinguir entre cuatro *Bildfelder* del Antiguo Testamento para la metáfora del pastor en la que el entrelazamiento de dos campos de significado ha dado como resultado un patrón de discurso. Israel se identifica principalmente con el rebaño, pero las metáforas del pastor varían significativamente:

1. La metáfora del rey-pastor
2. La metáfora del líder-pastor
3. La metáfora YHWH-pastor
4. La metáfora mesías-pastor

795. Vea arriba el capítulo 5.

796. En lo siguiente vea Zimmermann, "Metaphorology", 13-16 (con más referencias a las ocurrencias de la fuente). Solo mencionar algunos ejemplos: Homero identifica a Agamenón como un ποιμὴν λαῶν en la Ilíada (*Il.*2: 243) y Platón se refiere a los gobernantes como "pastores de la *polis*" (ποιμένες πόλεως, *República* IV 440d).

797. El uso metafórico del motivo pastor o simplemente el pastor que se encuentra en cada sección del Antiguo Testamento. Es decir, se encuentra en la Torá (Números 27:17), en los libros históricos (2 Samuel 24:17, 2 Crónicas 18:16), en los profetas (Miqueas 2:12, Isaias 53:6), y en la literatura poética o de sabiduría (Salmo 23:1, Siriaco 18:13). El énfasis particular en esta imagen puede ser visto en varios profetas (Jeremías, Miqueas, Zacarías), así como en los Salmos (Salmos 23, 80, 95, 7).

798. Vea Zimmermann, "Bild Gottes"; Además Zimmermann, *Christologie*, 320-27 (Antiguo Testamento, Judaísmo Temprano); 328-30 (Tradición Griega, Bucólico).

Dentro de cada uno de estos campos, podemos identificar diferentes motivos que se producen estereotípicamente y pueden ser identificados como típicos. Por ejemplo, en el campo del pastor rey/líder, gobiernan los aspectos imperiosos, mientras que en la imagen de YHWH/mesías-pastor es más importante el cuidado de las ovejas (ver, por ejemplo, Salmos 23).

Visto cronológicamente, el discurso metafórico que involucra al pastor de Israel evolucionó particularmente en la era exílica y post-exílica. Junto con otros grupos de motivos, sirvió para procesar las experiencias del exilio. Por tanto, no es sorprendente que la crítica de los malos pastores sea dominante. Los reyes y los líderes religiosos no hicieron un buen trabajo como los pastores del rebaño de Israel. Hay una cantidad significativa de esta crítica religiosa-política de los pastores en Jeremías 23:1-4:

«¡Ay de los pastores que destruyen y dispersan las ovejas de mi rebaño!», dice Jehová.

Por tanto, esto ha dicho Jehová, Dios de Israel, a los pastores que apacientan mi pueblo: «Vosotros dispersasteis mis ovejas y las espantasteis. No las habéis cuidado. Por eso, yo castigo la maldad de vuestras obras, dice Jehová. Yo mismo recogeré el resto de mis ovejas de todas las tierras adonde las eché, y las haré volver a sus pastizales; y crecerán y se multiplicarán. Pondré sobre ellas pastores que las apacienten; y no temerán más, no se amedrentarán ni serán menoscabadas, dice Jehová.

El motivo de la dispersión del rebaño es un *topos* fijo en la crítica de los pastores y es considerado como una consecuencia de las fechorías de los malos pastores (Jeremías 10:21, 23:1; Zacarías 11:16). Según Ezequiel 34, el mal comportamiento de los malos pastores es incluso presentado como equivalente a la situación en la cual un rebaño no tiene ningún pastor en absoluto (Ezequiel 34:5-6; Números 27:17; 1 Reyes 22:17) –un motivo que aparece repetidamente en el NT (ver Marcos 6:34, Mateo 9:36).

Dos conclusiones que revelan una cierta secuencia cronológica pero también se superponen surgen de la crítica de los malos pastores. Primero, YHWH mismo es llamado o proclamado como el pastor del pueblo de Israel, como en Isaías 40:10-11: "He aquí que Jehová el Señor vendrá con poder, y su brazo dominará; he aquí que su recompensa viene con él y su paga delante de su rostro. Como pastor apacentará su rebaño. En su brazo llevará los corderos, junto a su pecho los llevará; y pastoreará con ternura a las recién paridas.

Son, en particular, las acciones de la reunión de las ovejas dispersas (Miqueas 2:12, Jeremías 23:1-4; 50:19; Ezequiel 34:12-13; 37:21), guiándolos (Salmos 78:52), y llevándolos a la seguridad (Ezequiel 20:37; Salmo 80:2) las que conducen a una relación de confianza entre las ovejas y el pastor YHWH. La fórmula de confianza se da en Salmos (LXX) 79:13 (similar en Salmo 95:7):

"Porque él es nuestro Dios; nosotros, el pueblo de su prado y ovejas de su mano. Si oís hoy su voz".

En los primeros textos judíos también hay evidencia de esta relación particularmente estrecha entre el pastor y su pueblo (1Q34 3 ii, 8: "pastor fiel").[799] Ezequiel (aproximadamente 60 AC–70 DC), esta proximidad se pone en la imagen llamativa de una segunda piel: "y yo seré su pastor y estaré tan cerca de ellos como una segunda piel".[800]

En segundo lugar, hay varios textos acerca de un buen pastor como futuro salvador o concretamente como Mesías. Jeremías 3:15; 23:4 y Ezequiel. 24:16-24 prometen a los futuros pastores que cuidarán de las ovejas con visión y entendimiento como un contraste con el fracaso de los malos pastores. En esto, la idealización teológica del reino de David juega un papel clave como lo hace la promesa de un nuevo rey (vea 2 Samuel 5:2, Salmos 78:70-72, Jeremías 23:4-5). Miqueas 5:1-5 en particular habla de un pastor que vendrá de Belén y que cuidará al pueblo en el nombre y el poder de Jehová. "Y él se levantará y los apacentará con el poder de Jehová, con la grandeza del nombre de Jehová, su Dios; y morarán seguros, porque ahora será engrandecido hasta los confines de la tierra". (Miqueas 5:4).

La anticipación de un rey escatológico da como resultado la idea de un pastor mesiánico (ver Targum de Miqueas 5:1, 4 Esdras 2:34). En la obra judía temprana Salmos de Salomón 17:40 leemos explícitamente acerca de este pastor mesías real (Salmos 17:32: βασιλεὺς αὐτῶν χριστός): "Con fidelidad y justicia pastoreando el rebaño del Señor, no dejará que ninguno de ellos tropiece en su pasto (καὶ οὐκ Ἀφήσει ἀσθενῆσαι ἐν αὐτοῖς ἐν τῇ νομῇ αὐτῶν)".

La singularidad del mesías/pastor puede ser nombrada como una de sus características, junto con su función unificadora con respecto a los diferentes animales en el rebaño y su entrada en un tiempo de paz. (Vea Ezequiel 34:23: "Entonces les daré un pastor, mi siervo David, que las apacentará y será su único pastor").

El rey-pastor y el mesías-pastor reciben su comisión como pastores de Dios. A pesar de que son capaces de ser "buenos pastores" cumpliendo su misión, el rebaño sigue siendo propiedad de Dios. La gente se representa constantemente como las ovejas del rebaño de Dios. De esta manera, los tres *Bildfelder* están encapsulados dentro de una imagen de nivel superior: Dios es el dueño del rebaño que, o bien comisiona un pastor o actúa como un pastor mismo.[801]

---

799. Vea también 4Q171:3 iii, 5-6; 4Q270:11 i, 13; CD 19:7.

800. Vea el texto según Denis, *Fragmenta*, 126.

801. Un resultado de la obra de Hunziker-Rodewald es la distinción fundacional entre YHWH como "Señor de su rebaño" (es decir, el dueño del rebaño) y como "Pastor de su rebaño" (es decir, ejerciendo el papel de pastor). Vea Hunziker-Rodewald, *Hirt und Herde,* 15 et passim.

El significado: ampliación de los horizontes de interpretación

Hay varias interpretaciones posibles de la parábola. Cada una de ellas será presentada aquí por su propio mérito; no deben de ser jugados las unas contra las otras. Las metáforas permanecen "abiertas" en su interpretación, al menos hasta cierto punto. Estas abren horizontes de significado y no los estrechan ni los restringen.

Interpretación teológico-cristológica: ¡Dios/Cristo cuida de los perdidos!

El relato de la oveja perdida y luego encontrada de nuevo tiene algo de reconfortante al respecto. Representa una situación de emergencia que sin embargo termina feliz. La oveja perdida es encontrada –una crisis se resuelve con éxito, y el regocijo, un regocijo que es contagioso, lo supera todo. Según la versión de Lucas, la historia termina con una celebración para todos en la que amigos y vecinos se reúnen y comparten la alegría del pastor de encontrar a la oveja perdida.

Este "final feliz" no sería posible sin las acciones intrépidas del pastor. Él se pone en su búsqueda y trae la oveja a casa (Lucas 15:6: "al llegar a casa"). Cualquiera que esté familiarizado con la tradición de las metáforas de Israel asociará al pastor cuidadoso en Q/Lucas 15:1-7 con Dios. Los motivos de cuidar ovejas y recoger las ovejas perdidas o errantes evocan claramente la tradición del YHWH-Pastor *Bildfeld*. Por esta razón, el pastor que busca la oveja perdida en Q 15 puede ser visto, acertadamente, como parte de la *Bildfeld* tradicional de YHWH-Pastor.[802]

La versión de Mateo, en particular, crea una conexión directa entre el cuidado proporcionado por el pastor y el del Padre en el cielo (Mateo 18:14: "De igual modo, no es la voluntad de vuestro Padre que está en los cielos que se pierda uno de estos pequeños"). Y aunque Lucas no habla explícitamente de Dios el Padre, el "gozo en el cielo" en Lucas 15:7 nos transfiere al dominio teológico y divino.[803] El escenario de Lucas de alegría en el cielo, así como la mención de Mateo del ángel en el versículo anterior (Mateo 18:10: "Mirad que no menospreciéis a uno de estos pequeños, porque os digo que sus ángeles en los cielos ven siempre el rostro de mi Padre que está en los cielos") han apoyado incluso la interpretación

---

802. Según Bailey, la parábola puede ser vista concretamente como una expansión del Salmo 23/ vea Bailey, *Finding the Lost,* 75, 91-92 idem, "Psalm 23". Sin embargo, en el contexto de la "tradición de *Bildfeld*" no hay necesidad de restringir el uso de las metáforas tradicionales a un solo texto; Vea también la discusión y conclusión similar en Snodgrass, *Stories with Intent,* 105-06.

803. Por tanto, Hultgren interpreta ambas versiones de la parábola a lo largo de las líneas del mensaje teológico. En cuanto a Mateo, él declara: "Todo el esfuerzo no es simplemente por el bien de la solidaridad comunitaria o de las apariencias. Está basado en la voluntad de Dios de que nadie perezca" (Hultgren, *Parables,* 57).

que ha surgido en el curso de la historia eclesiástica que los noventa y nueve justos se refieren a los ángeles en el cielo mientras que la única oveja está asociada con Cristo, que descendió a la tierra. Tal lectura extiende la interpretación demasiado lejos y debe atribuirse a una interpretación excesivamente alegórica.

En cambio, es la incorporación de las parábolas en la tradición de *Bildfeld* que presagia la transferencia teológica y la interpretación. Además del YHWH-Pastor, el salvador escatológico e incluso el Mesías deben ser tomados en consideración. Esto es apoyado por el hecho de que tanto en Mateo como en Lucas la metáfora del Pastor davídico-mesiánico juega un papel, comenzando con las historias de la infancia de Jesús (vea Lucas 2:1, la tradición de Belén). Mateo incluso cita explícitamente a Miqueas 5:3 (vea Mateo 2:6). La metáfora del pastor se utiliza entonces implícitamente para Jesús cuando habla del rebaño de Israel: "Al ver las multitudes tuvo compasión de ellas, porque estaban desamparadas y dispersas como ovejas que no tienen pastor". (Mateo 9:36).

Con vistas a otra metáfora animal, "reunir" también aparece en el dicho acerca de Jerusalén. Como una gallina reúne a su cría, es Jesús quien quería reunir a los hijos de Jerusalén (Q 13:34). Jesús, que aquí es el sujeto reunir, puede arrojar alguna luz sobre la metáfora del pastor en Q 15. ¿Es por tanto Jesús, como Mesías-Pastor, el que busca la oveja perdida? ¿Podríamos ser confrontados aquí con una cristología narrativa en la cual el "Hijo del Hombre" es representado según la *Bildfeld* YHWH-Pastor con el fin de presentar e interpretar un "propósito pastoral de la cristología del Hijo del Hombre de Q"?[804] En este sentido, Harry Fleddermann interpreta la metáfora del pastor de Q 15 cristológicamente declarando que es "el cuidado del Señor por sus discípulos".[805] En referencia a la pregunta de Juan el Bautista en Q 7:22, Fleddermann compara la acción del pastor con el cuidado de Jesús por los perdidos y los enfermos.[806]

Los versículos que preceden a la parábola del Evangelio de Lucas, en particular, dan una nota cristológica. Los fariseos y los escribas no estaban contentos con Jesús comiendo en la misma mesa que los pecadores y recaudadores de impuestos, y decían: "Este recibe a los pecadores y come con ellos" (Lucas 15:1-2). Lo que Lucas dice directamente en 19:10[807] se expresa en Lucas 15:1-7 en la forma de una parábola. En la parábola, Jesús justifica su propia tarea, su comportamiento, e incluso su existencia. Él demuestra que su comportamiento se corresponde con la conducta con la que estamos familiarizados de la tradición de Dios como pastor

804. Vea Foster, "Pastoral Purpose", quien señala que el "mensaje de consuelo pastoral" de la cristología del Hijo del hombre de Q, pero no trata con Q 15:4-7 en detalle alguno.

805. Fleddermann, *Commentary*, 775

806. Ibíd., 776-77.

807. Lucas 19:10: "Porque el Hijo del Hombre vino a buscar y a salvar a lo que se había perdido".

afectuoso. En otras palabras, Jesús lleva a cabo las obras de Dios. Por tanto, no tiene sentido enfrentar a las dos atribuciones del pastor –ya sea a Jesús o a Dios– una contra la otra, como se ha hecho en la tradición interpretativa.

El poder del discurso parabólico es precisamente que juega con la ambivalencia del lenguaje y la *Bildfelder*. Ciertamente, el narrador de la parábola evoca el simbolismo bien conocido del Pastor YHWH, pero al mismo tiempo, habla de sí mismo. Como dice Snodgrass: "Al menos con respecto a Lucas, la analogía del pastor se refiere tanto al carácter de Dios como a la actividad de Jesús".[808] Es Jesús a imagen de Dios mediante el cual el propio narrador de parábolas se convierte en la parábola de Dios. Las parábolas son una cristología narrativa.

Interpretación dinámico-grupal: ¿que el pecador se arrepienta *o* animarle a que se desvíe?

El contexto de la parábola en Lucas coloca una cuestión teológica básica en primer plano. Los compañeros de Jesús a la mesa, a quienes la parábola habla, incluyen "publicanos y pecadores" (Lucas 15:1). Correspondientemente, Lucas 15:7 habla del gozo en el cielo que es mayor "por un pecador que se arrepiente" que por noventa y nueve personas justas. La serie de parábolas en Lucas es acerca de las cosas perdidas (Lucas 15:1-7: la oveja perdida; 8-10: la moneda perdida; 11-32: el hijo perdido/pródigo) termina también con una narración sobre el hijo que estaba perdido y regresa arrepentido a casa de su padre (Lucas 15:32: "este tu hermano estaba muerto y ha revivido, se había perdido y ha sido hallado"). Así que no hay duda de que Lucas ha interpretado la parábola de esta manera. La oveja puede estar relacionada entonces con un pecador perdido.

Sin embargo, ni la moneda en Lucas 15:8-10 ni la oveja en 15:1-7 "regresaron" por su propia iniciativa, ni tampoco hay arrepentimiento o conciencia del pecado. Son la mujer y el pastor quienes buscan y encuentran los objetos perdidos. Así, se ha notado con frecuencia que la frase final en Lucas carece de una coherencia interna con el argumento de la parábola de la oveja perdida. Si se supone que Lucas se basa en la tradición del documento Q aquí, también se podría suponer que el motivo del retorno y el del pecador faltan completamente en Q y se desarrolla primero en el contexto de Lucas. Esto corresponde a la formulación que hace uso del participio ἀπολέσας (Lucas 15:3), en el cual ya sea que el propio pastor asume la responsabilidad por la pérdida o se expresa una pérdida impersonal. Mateo, por el contrario, pone más énfasis en la propia iniciativa de la oveja (se ha extraviado).

808. Snodgrass, *Stories with Intent,* 107.

Sin embargo, ambas tradiciones están de acuerdo en que el encontrar a la oveja de ninguna manera está ligado con acusaciones de culpabilidad. El pastor no regaña a sus ovejas, diciendo: "¿Cómo pudiste? ¡Deberías haberte quedado con las demás! ¡Imagínate lo que podría haber sucedido si no hubiera venido a encontrarte!" El acto de buscar y encontrar se representa sin ningún matiz de reproche moral.

La dinámica interna del relato ofrece la oportunidad de considerar la separación de las ovejas del resto del rebaño de una manera diferente.[809] La oveja individual se separa del grupo y experimenta algo que no era posible mientras todavía estaba en la multitud homogénea de cien ovejas. Si uno ve a las ovejas como activas en su separación del rebaño, se puede ver a las ovejas disfrutando de la libertad individual y siguiendo su propio camino. Así, la oveja perdida se convierte simultáneamente en oveja emancipada y autónoma. Y toma un gran riesgo. La separación del grupo y del líder podría ser mortal. Desprotegida, podría ser presa de animales salvajes o cazadores furtivos. Sin embargo, al hacerlo, la oveja perdida atrae la atención especial del pastor. Él no solo va a buscarla, sino que, según Lucas, incluso la lleva a casa sobre sus hombros. No es posible que las ovejas evitar el cuidado del pastor. El pastor protege y cuida a las ovejas aun cuando están solas y en un ambiente extraño.

La parábola nos incita a la emancipación porque la historia termina felizmente y la oveja no es castigada. La historia refleja las experiencias humanas básicas del individuo en relación con el grupo. El hecho de que la búsqueda del líder del grupo sea exitosa hace que parezca posible separarse del grupo. La oveja perdida no está llamada a rendir cuentas ni por el pastor (que debe hacer un esfuerzo especial por ella) ni por las noventa y nueve que quedaron atrás. El contexto sugiere que los noventa y nueve "justos" no tienen razón para quejarse; en lugar de eso deberían regocijarse con los demás. "Mientras confían en el cuidado de Dios, extraviarse puede ser probado dentro de la razón, ya sea en forma de representación (Q 7:31-35) o en la realidad".[810]

Sin embargo, la *Bildfeldtradition* que habla de reunir a los que están dispersos y los contextos de Lucas y Mateo ponen mayor énfasis en el aspecto de la reunión. Incluso si es posible separarse del grupo, el objetivo debe ser la comunidad que se hace posible por las acciones del pastor. En última instancia, es el total de los cien lo que causa regocijo en el cielo.

---

809. Vea en esta interpretacion de Oveja, "Neunundneunzig", 211-12: "interpretación dinámico-grupal: Más ánimo para desviaciones!"

810. Ibid., 212

Interpretación ética: ¡la búsqueda de los marginados!

En Lucas, la parábola comienza dirigiéndose directamente a la audiencia, ya sean los oyentes de Jesús o los lectores del Evangelio, preguntando: "¿Qué hombre de vosotros…" (ἐξ ὑμῶν). Mateo también comienza con la gente, identificando al pastor como un "hombre" (ἄνθρωπος, Lucas 15:4, Mateo 18:12), y podemos concluir que este es un hombre ordinario "como tú y como yo".

Mientras que la interpretación que identifica a Dios o a Jesús con el pastor se aleja de identificar directamente al lector con el pastor, desde una perspectiva según el lector, este método de introducir la parábola envía una señal muy fuerte: los destinatarios pueden y deben identificarse con el pastor.

El comportamiento del buen pastor puede convertirse en un modelo para el propio comportamiento; sin embargo, también puede desafiar y suscitar un comportamiento que no es tan bueno o tan cariñoso. En *Bildfeldtradition*, la metáfora del pastor lleva siempre una resonancia de crítica para el mal pastor. Así, la conducta de cuidado del pastor también puede convertirse en un contraste con la mala conducta de los pastores humanos, por ejemplo los líderes políticos o religiosos.

El contexto en Mateo, en particular, sugiere un enfoque en este contraste. En Mateo, la parábola aparece en el marco del discurso eclesial, se introduce y concluye con la preocupación por los "pequeños" (Mateo 18:10, 14). Aunque Mateo 18:2 habla de "niños pequeños", los versículos 10 y 14 se refieren más bien a un uso metafórico de *mikros* (μικρός), en el sentido de los escépticos o los socialmente marginados.[811] A medida que los discípulos son enviados a las "ovejas perdidas de Israel "(Mateo 10:6; 15:24) en el discurso misionero, ahora es la responsabilidad de los pastores humanos en la comunidad[812] el cuidar a los que viven en las afueras de la sociedad. Sin embargo, Mateo 18 no distingue entre los líderes comunitarios y los miembros individuales de la comunidad.[813] Todos en la comunidad se ven obligados a buscar la oveja que se ha extraviado para que no se pierda ni una sola.

El carácter apelativo del texto crea una especial proximidad entre el receptor y el pastor. La parábola apela al comportamiento justo y por tanto tiene el potencial para la interpretación ética, que se toma en el contexto del evangelio de Mateo, así como en el evangelio de Lucas.

Sin embargo, la manera en que tal comportamiento justo se representa y se exige implícitamente está muy lejos de una ética imperativa de los mandamientos. La reflexión ética tiene lugar narrativamente; por tanto, podemos hablar de una

---

811. Vea Luz, *Matthäus,* 1997, 28-29.

812. Vea Hultgren, *Parables, 54.*

813. Vea Davies y Allison, *Matthew,* 754.

"ética narrativa". Es el escenario, los personajes y las emociones que se despliegan narrativamente en la parábola y así se convierten en modelos para el comportamiento correcto. El destinatario es sutil pero efectivamente desafiado a pensar en sus propias acciones y a emular al pastor de forma mimética.

LITERATURA ADICIONAL

Bailey, K. *Finding the Lost*: *Cultural Keys to Luke 15*. St. Louis: Concordia, 1992, 54–92.

Barton, S. C. "Parables on God's Love and Forgiveness (Luke 15:1-7//Matthew 18:12-14; Luke 15:8-32)", in *The Challenge of Jesus' Parables*, edited by N. Longenecker, Grand Rapids/ Cambridge: Eerdmans, 2000, 199–216.

Catchpole, D. R. "Ein Schaf, eine Drachme, ein Israelit. Die Botschaft Jesu in Q". In *Die Freude an Gott—unsere Kraft*. FS O. Knoch, edited by J. Degenhardt. Stuttgart: Katholisches Bibelwerk, 1991, 89–101.

Derrett, J. D. M. "Fresh Light on the Lost Sheep and the Lost Coin", NTS 26 (1979/80), 36-60.

Heil, C. "Beobachtungen zur theologischen Dimension der Gleichnisrede Jesu in Q". In: *The sayings source Q and the historical Jesus*, edited by A. Lindemann, BEThL 158, Leuven: Brill, 2001, 649–59.

Holtz, T. "Das Gleichnis vom verlorenen Schaf (Mt 18,12-14 / Lk 15,3-7) – Die Vollmacht Jesu". In *EPITOAUTO*. FS P. Pokorný, edited by J. Keřkosvký. Prag: Mlýn, 1998, 163–75.

Hultgren, A.J. *The Parables of Jesus. A Commentary*. Grand Rapids/ Cambridge: Eerdmans, 2000, 46–62.

Kloppenborg, J. S. "Jesus and the Parables of Jesus in Q". In *The Gospel Behind the Gospels: Current Studies on Q*. Novum Testamentum Supplements 75, edited by R. A. Piper. Leiden: Brill, 1995, 275–319.

_____. "Pastoralism, Papyri and the Parable of the Shepherd". In *Lights from the East: Papyrologische Kommentare zum Neuen Testament*, edited by P. Arzt-Grabner and C. M. Kreinecker. Wiesbaden: Harrasowitz, 2010, 48–69.

Kloppenborg, J. S. and Callon, C. "The Parable of the Shepherd and the Transformation of Pastoral Discourse", *Early Christianity* 1 (2010), 218-60.

Liebenberg, J. "The Parable of the Lost Sheep in the Synoptic Tradition and the Gospel of Thomas". In idem, *The Language of the Kingdom and Jesus. Parable, Aphorism, and Metaphor in the Sayings Material Common to the Synoptic Tradition and the Gospel of Thomas*. Berlin: De Gruyter, 2001, 414–30.

Müller, P., Büttner, G., and Heiligenthal, R. "Verlieren und Finden (Lk 15,1-7; Mt 18,10-14)". In idem, *Die Gleichnisse Jesu. Ein Studien- und Arbeitsbuch für den Unterricht*. 2nd ed. Stuttgart: Calwer, 2008, 100–08.

Müllner, I., Von Menschen und anderen Tieren. "Das Gleichnis vom verlorenen und wiedergefundenen Schaf—Lk 15,4–7". In *Gott ist anders. Gleichnisse neu gelesen auf der Basis der Auslegung von Luise Schottroff,* edited by M. Crüsemann et al. Gütersloh: Gütersloher Verlag, 2014, 190–201.

Oveja, A. "Neunundneunzig sind nicht genug! (Vom verlorenen Schaf).

Q 15,4–5a.7 (Mt 18,12–14 / Lk 15,1–7 / EvThom 107)". *In Kompendium der Gleichnisse Jesu,* edited by R. Zimmermann et al. 2nd ed. Gütersloh: Gütersloher Verlagshaus, 2015, 205–19.

Petersen, W. L. "The Parable of the Lost Sheep in the Gospel of Thomas and the Synoptics". NT 23 (1981), 128–47.

Snodgrass, K. "The Lost Sheep (Matt 18:12-14/Luke 15:4-7)". In idem, *Stories with Intent.* Grand Rapids, MI: Eerdmans, 2008, 95–111.

Weber, S. "Gleichnisse fühlbar machen. Das Gleichnis vom verlorenen Schaf für Schülerinnen und Schüler mit einer Behinderung". *Reli* 42,1 (2013), 11–13.

8

LA SEMILLA DE MOSTAZA (MARCOS 4:30-32) Y LAS PARÁBOLAS EN MARCOS

Fue el privilegio del evangelista Marcos dar la primera clasificación explícita de los dichos y discursos de Jesús como "parábolas". Él identificó el discurso de Jesús generalmente como parabólico: "Entonces les enseñaba por medio de *parábolas* muchas cosas… Y sin *parábolas* no les hablaba;" (Marcos 4:2, 34: καὶ ἐδίδασκεν αὐτοὺς ἐν παραβολαῖς πονά … χωρὶς δὲ παραβολῆς οὐκ ἐλάλει αὐτοῖς). Según Marcos, Jesús enseñó mucho –o incluso principalmente– usando parábolas, y todos los evangelistas, incluyendo a Juan, así como los modernos eruditos de Jesús, están de acuerdo con esta opinión.[814]

LAS PARÁBOLAS EN EL EVANGELIO DE MARCOS

Fue Marcos quien hizo un uso prominente del término παραβολή[815] y por primera vez reunió una serie entera de los textos de las parábolas juntos en un capítulo, reuniendo así varios temas bajo un tipo de discurso, un tipo específico de texto. Por eso, podemos decir que Marcos tenía una cierta conciencia del género. Los versículos citados anteriormente enmarcan una larga sección del cuarto capítulo del evangelio de Marcos, una sección correctamente identificada como un "discurso de las parábolas" (Marcos 4:1-34). Mucha consideración

---

814. Vea, por ejemplo, Mateo 13:34; Lucas 5:36, 8:10; Juan 16:22-25.

815. Marcos usa παραβολή un total de doce veces, Marcos 3:32; 4:2, 10, 11, 13 (dos veces), 30, 33, 34; 7:17; 12: 1, 12; 13:28.

ya ha sido dada a la composición intencional y el propósito de este capítulo.[816] Marcos presenta un total de cinco textos, cada uno de los cuales puede ser caracterizado como una parábola,[817] así como una interpretación (Marcos 4:13-20) y una meta-reflexión sobre el discurso parabólico, la tan llamada "teoría de la parábola" (Marcos 4:10-12).

Marcos, sin embargo, no limita el uso del término parábola a Marcos 4 ni lo reserva para identificar las llamadas parábolas largas, como se conocen en la erudición. En la controversia de Belcebú, la comparación con la propia casa se caracteriza como una parábola (Marcos 3:27), así como también el discurso sobre la limpieza de los alimentos (Marcos 7:17) y la parábola de los arrendatarios malvados (Marcos 12:1, 12). Las escenas cortas sobre el novio o del remiendo (Marcos 2:18-22) son también llamadas parábolas. De hecho, podemos identificar diecisiete textos parabólicos en el evangelio de Marcos, creando un vínculo desde la primera aparición de Jesús (Marcos 2) hasta su estación final en Jerusalén (Marcos 13:28-29: la parábola de la higuera; Marcos 13:33-37: la parábola del amo de la casa).

Localizando las parábolas de forma compositiva dentro de la estructura del evangelio,[818] encontramos pues parábolas en Galilea (en medio de Marcos 2:1-3:6; así como en el discurso parabólico de Marcos 4:1-34) y en Jerusalén (en medio de Marcos 11:27-12:37; así como en el discurso escatológico de Marcos 13:5-37). No hay parábolas durante el tiempo que Jesús viaja de Galilea a Jerusalén (Marcos 8:27-10:52). Por tanto, a diferencia de los milagros, las parábolas no se pueden asignar a un solo lugar. Sin embargo, apoyan el contraste entre Galilea y Jerusalén, que es central a la semántica espacial de Marcos, porque cada uno retóricamente intensifica el discurso de Jesús. El contenido de las parábolas trae esta tensión a nuestra atención, ya que incluso las primeras parábolas crean un contraste entre las bodas y el ayuno, lo viejo y lo nuevo (Marcos 2:18-22), conflicto y comunión (Marcos 3:22-26). Esta retórica de oposición continúa a través del discurso parabólico y culmina en la narración extraña de los arrendatarios malvados (Marcos 12:1-12), un texto que ha polarizado a los estudiosos.[819]

---

816. Vea por ejemplo, Collins, "Discourse". Ella afirma que "el evangelista ha compuesto 4:1-34 como una composición retórica significativa" (538). Un ejemplo en la erudición alemana es Dronsch, *Bedeutung*.

817. Marcos 4:3-9: el sembrador; Marcos 4:21: la lámpara en el candelabro; Marcos 4:24: la medida; Marcos 4:26-29: la semilla en crecimiento; Marcos 4:30-32: la semilla de mostaza.

818. Vea Dormeyer, "Parabeln".

819. Existen interpretaciones antijudías, así como las interpretaciones que se encuentran consciente y hermenéuticamente "después del Holocausto". Vea Oldenhage, *Parables*; Idem, "Spiralen"; Y Zimmermann, "Collective Memory".

Claramente, Marcos es consciente del efecto polarizador de las parábolas, que encajan bien con la orientación escatológica básica de su evangelio.[820] El entendimiento y la falta de comprensión del mensaje, así como de los dos públicos –los de "dentro" y "los de afuera"– también están enfrentados en la teoría de la parábola de Marcos (Marcos 4:10-12). Sin embargo, sería erróneo simplificar esta sección, como si Jesús hablara principalmente a los de afuera de una manera compleja usando parábolas, pero a los de dentro de una manera sencilla. En cambio, la dificultad de entender las parábolas se ajusta a la teoría del secreto de Marcos (el "secreto mesiánico"),[821] según el cual el proceso de reconocimiento cristológico está orientado hacia la crucifixión. Las parábolas también llevan un camino hacia la percepción para el cual son necesarias preguntas, explicaciones e ideas que, sin embargo, no existen desde el principio (Marcos 4:10, 13). Paradójicamente, este estado de ignorancia o de no comprender es incluso señalado al lector, intensificando así su motivación para ganar entendimiento.[822] Por consiguiente, el "secreto del reino de Dios" (Marcos 4:11) no debe ser descubierto en el más allá, sino más bien a través de las parábolas. Por tanto, Marcos habla explícitamente de las "parábolas del reino de Dios" (Marcos 4:26, 30). Uno de estas parábolas se examinará con más detalle a continuación.

LA PARÁBOLA DE LA SEMILLA DE MOSTAZA (MARCOS 4:30-32)

Texto en griego (Nestle-Aland)	Traducción
Καὶ ἔλεγεν· πῶς ὁμοιώσωμεν τὴν βασιλείαν τοῦ θεοῦ ἢ ἐν τίνι αὐτὴν παραβολῇ θῶμεν; 31 ὡς κόκκῳ σινάπεως, ὃς <u>ὅταν σπαρῇ</u> ἐπὶ τῆς γῆς, μικρότερον ὂν πάντων τῶν σπερμάτων τῶν ἐπὶ τῆς γῆς, 32 καὶ <u>ὅταν σπαρῇ</u>, ἀναβαίνει καὶ γίνεται μεῖζον πάντων τῶν λαχάνων καὶ ποιεῖ κλάδους μεγάλους, ὥστε δύνασθαι ὑπὸ τὴν σκιὰν αὐτοῦ τὰ πετεινὰ τοῦ οὐρανοῦ κατασκηνοῦν.	30 Decía también: «¿A qué compararemos el reino de Dios? ¿Qué parábola nos servirá para representarlo? 31 Es como el grano de mostaza, que <u>cuando se siembra</u> es la más pequeña de todas las semillas que hay en la tierra, 32 pero <u>después de sembrado</u> crece y se hace la mayor de todas las hortalizas, y echa grandes ramas, de tal manera que las aves del cielo pueden morar bajo su sombra.»

820. Vea Lischer, *Reading the Parables*, 75-78, esp. 76: "El proceso natural del reino, sugerido por la metáfora del crecimiento sin trabas, será interrumpido por batallas que terminarán en aparente derrota. Los campos crecientes se convertirán en campos mortales".

821. En contraste con Heikki Räisänen, que ve una inconsistencia entre la incomprensibilidad de las parábolas y el secreto mesiánico. Vea Räisänen, *Messiasgeheimnis*, 232.

822. Lehnert explora la pragmática textual y la función según el lector de las parábolas, *Provokation*, 128-81; Vea también Dormeyer, *Markusevangelium*. Dormeyer ve una analogía con las escuelas de filosofía helenística en la pragmática textual paradójica (ibid., 188-91).

El texto: análisis de los elementos narrativos y del contexto

En primer lugar, me gustaría describir la forma lingüística de la parábola. ¿Cómo se construye el texto? ¿Qué expresiones se utilizan? ¿Qué dispositivos estilísticos podemos identificar?

La parábola se introduce con una doble pregunta: "¿A qué compararemos el reino de Dios? ¿Qué parábola nos servirá para representarlo?" Debido a sus estructuras paralelas, las preguntas se explican entre sí. La comparación se puede relacionar con el término genérico de *parábola*, y el corazón de cualquier parábola consiste en comparar, poner las cosas juntas, o literalmente, juntar cosas (παρα-βάλλειν). La cuestión se identifica explícitamente en la primera parte de la pregunta: es "el reino de Dios" –un importante término religioso en la predicación de Jesús– que se explicará mediante una comparación. Claramente, todavía no ha habido una explicación suficiente de lo que este reino o este reinado es de lo que Jesús quiere decir cuando habla del reino de Dios. Por esta razón, una explicación es necesaria, y esta será dada en forma de parábola.

La siguiente parte, la parábola en cuestión, comienza con una partícula comparativa ὡς, que recoge el verbo ὁμοιόω de la primera pregunta y se refiere de nuevo a la partícula interrogativa (πῶς como –ὡς como esto...). La comparación es muy breve porque la formulación es elíptica y tanto el "reino de Dios" como el punto de comparación, así como el "es como" debe de ser insertado por el lector (NVI: "es como"). Como es común en las parábolas, esto no es una comparación terminológicamente concentrada entre dos sustantivos, sino más bien una historia corta sobre una semilla de mostaza (¡criterio de narratividad!), Que debe de ser entendida como un todo, como la respuesta a la pregunta introductoria. El reino de Dios es como una semilla de mostaza a la que le suceden ciertas cosas.

La parábola consta de dos partes, cada una de las cuales se introduce utilizando la misma fórmula. La semilla de mostaza entra en la trama en el hecho de ser sembrada (v. 31: ὃς ὅταν σπαρῇ–v. 32: καὶ ὅταν σπαρῇ). Este proceso de siembra es claramente importante, pues de lo contrario no se volvería a mencionar en la segunda parte. Lógicamente, es innecesario en la primera parte porque el acto de siembra es inmaterial para el tamaño de la semilla de mostaza.[823] Y en la siguiente parte, la mención de la siembra es, de hecho, estilísticamente mal ubicada, porque la segunda parte es principalmente sobre el crecimiento de la planta y los procesos que tienen lugar tiempo después de la siembra.

---

823. *Evangelio de Tomás* 20 presenta la parábola de esta manera: "Los discípulos le dijeron a Jesús: 'Dinos cómo es el reino de los cielos.' Él les dijo: Es como una semilla de mostaza, la más pequeña de todas las semillas. Pero cuando cae en el suelo cultivado, produce una gran planta y se convierte en un refugio para las aves del cielo'" (http://www.sacred-texts.com/chr/thomas.htm, 4 de enero, 2015). Vea Plisch, *Gospel of Thomas*.

Las dos partes tienen una estructura paralela con la que se puede afilar el contraste. La semilla de mostaza es "la más pequeña de todas las semillas que hay en la tierra" (μικρότερον ὂν πάντων τῶν σπερμάτων) y se convertirá en "la mayor de todas las hortalizas" (μεῖζον πάντων τῶν λαχάνων). La adición de πᾶς convierte al comparativo en un superlativo: aquello que es más pequeño que "todo", es lo más pequeño, y lo que es mayor que "todo", es lo más grande. Aunque una traducción que usa el superlativo está lógicamente justificada, es posible expresar el superlativo a través del comparativo en el griego *koiné*. En efecto, μεῖζον, en lugar de μέγιστος, se usa en el significado superlativo en otras partes del NT (vea Mateo 18:1, Marcos 9:34; 1 Corintios 13:13), lo que también crea analogías con el hebreo.

El contraste central, por tanto, es el de la extrema pequeñez de la semilla de mostaza hasta la extrema grandeza del arbusto de mostaza, pero luego ambas partes se describen con mayor precisión. En la primera parte, la siembra tiene lugar "en tierra"[824] y la semilla de mostaza es más pequeña que todas las semillas "que hay en la tierra". En este ἐπὶ τῆς γῆς se menciona dos veces, como si se construyera un elemento de encuadre. En la segunda parte, la semilla de mostaza se convierte en el sujeto y las variaciones de tiempo cambian al presente. Crece (ἀναβαίνει), y su propia actividad es subrayada en el "echar" (ποίειν) grandes ramas. El hecho de que μέγας vuelva a aparecer al final de esta frase (κλάδους μεγάλους) enfatiza el tamaño como el objetivo de este *proceso de crecimiento*. Todo sucede suave, natural, y extremadamente rápido. En la parábola anterior de la "simiente que crece por sí misma" (Marcos 4:26-29), la relación del tiempo narrado con el tiempo narrativo ya había revelado un impresionante lapso de tiempo, y ahora la dinámica aumenta. Mientras que Marcos 4:28 describe las etapas individuales de crecimiento (semilla-tallo-espiga-grano completo), el observador en Marcos 4:30-32 apenas tiene tiempo para imaginar el proceso de crecimiento desde lo "más pequeño" hasta lo "más grande". No hay ni siquiera el tiempo suficiente para aspirar el aliento entre la siembra de la semilla y el resultado final, una enorme hortaliza.

La tercera y última parte se adjunta al resto de la parábola como una postdata. El verso parcial está estrechamente relacionado con la segunda parte sintácticamente y en su contenido, de modo que también se podría hablar de la segunda parte que tiene dos segmentos. Sin embargo, también tiene cierta independencia debido al vocabulario especial y al nuevo motivo. La conjunción ὥστε indica que la consecuencia de este proceso de crecimiento masivo se revelará ahora. Contrariamente a lo que uno esperaría en una sociedad rural o siguiendo la parábola del sembrador de Marcos 4:3-9 o la semilla en crecimiento (Marcos 4:26-29), la alabanza no es por el alto rendimiento de la cosecha. En cambio, este arbusto de mostaza, que está tan lleno de vida, se convierte en una fuente de vida

---

824. Sobreentendido en la RVR1995. N.T.

para otras criaturas. Este cambio de acento puede describirse con bastante precisión mediante el análisis de los personajes. La expresión reflexiva (se siembra) presume la presencia de un sembrador que lanza las semillas sobre la tierra. Este carácter, sin embargo, no es identificado explícitamente por Marcos, que es diferente de Mateo 13:31, donde la referencia abierta se hace a un ser humano (ἄνθρωπος). El foco de la parábola es claramente la mostaza en sí misma, que, a más tardar en el versículo 32, debe ser considerada como un personaje independiente debido a que aquí las acciones de la semilla de mostaza son narradas: crece, se hace... y echa (literalmente hace, de ποιεῖν) ramas. Aquí la semilla de mostaza es un personaje[825] que desarrolla cierto grado de complejidad porque está sujeto a un proceso muy rápido de desarrollo y cambio. La pequeña semilla de mostaza crece, desarrolla grandes ramas y, como tal, ya no es reconocible.

El crecimiento, sin embargo, no es el fin en sí mismo. El arbusto de mostaza no debe ser admirado y elogiado por sí mismo, sino más bien por como sirve a los demás. Este nuevo giro de la trama se revela en la tercera sección con la introducción de nuevos personajes que se convierten en el sujeto de la trama.

La tercera sección cuenta de las "aves" que vienen y "moran" en sus grandes ramas, en lugar de simplemente posarse sobre ellas. Muchos traductores imaginan nidos construidos por los pájaros,[826] lo cual ciertamente es una opción viable para la perspectiva de la recepción de la parábola. Mateo también interpreta la parábola de esta manera cuando dice ὥστε ἐλθεῖν τὰ πετεινὰ τοῦ οὐρανοῦ καὶ κατασκηνοῦν ἐν τοῖς κλάδοις αὐτοῦ ("de tal manera que vienen las aves del cielo y hacen nidos en sus ramas". Mateo 13:32). Sin embargo, si leemos Marcos 4:32 con mucho cuidado, vemos que él no dice que las aves anidan "en las ramas". En cambio, construyen los nidos debajo de su sombra (ὑπὸ τὴν σκιὰν αὐτοῦ). Esto llama nuestra atención. ¿Son estas aves acuáticas o pájaros voladores que buscan la sombra del arbusto de mostaza para proteger sus nidos en el suelo? Pero ¿porqué, entonces, los pájaros son explícitamente identificados como aves del cielo o del aire? ¿Existe quizá un significado más profundo en la formulación "bajo su sombra"?

¿Y de hecho, estos pájaros construyen nidos? El *terminus technicus* νοσσεύω ("construyó un nido", vea Ezequiel 31:6),[827] que se encuentra en los escritos griegos y bíblicos, no es hallado aquí. El término κατασκηνόω, en particular, que ocurre

---

825. Vea Blomberg, Paraboles, 391: "El principal 'personaje'... es la pequeña planta - la semilla ...".

826. La NVI traduce Marcos 4:32 como sigue: "... que las aves puedan anidar bajo su sombra".

827. Otras referencias son Jeremías 31:28 (LXX); Daniel 4:12: καὶ ἐν αὐτῷ τὰ πετεινὰ τοῦ οὐρανοῦ ἐνόσσευον (ver también Daniel 4:21).

solo una vez en el NT (Hechos 2:26)[828] aparte de la parábola y sus paralelos (Mateo 13:32; Lucas 13:19) es un verbo que se usa frecuentemente en la Septuaginta en la traducción del hebreo שָׁכַן (*schakan*), donde solo ocurre una vez en relación con las aves.[829] De otro modo, κατασκηνόω representa a las personas "viviendo" así como, teológicamente, a la morada de Dios por ejemplo, en el tabernáculo, en el templo, o en Sión (por ejemplo, Zacarías 2:14-15; 8 3; 11QT 29:8-10).[830]

En vista de esta doble semántica, debemos preguntarnos si la forma neutra de las "aves del aire" que se encuentra en el NRSV es una traducción correcta de τὰ πετεινὰ τοῦ οὐρανοῦ. Claramente, está destinado a crear más realismo. Ciertamente, las aves son frecuentemente identificadas en la creación como los animales que pueblan los cielos (Génesis 2:19, LXX Salmo 103:12). Sin embargo, el término οὐρανος significa "cielo" ambiguamente, como lo indica la asignación complementaria de "cielo y tierra" que se hace notar con la doble mención de "tierra" (γῆ). Si miramos semánticamente estos detalles espaciales, lo que tenemos es el espacio más ancho del mundo entero que está ocupado por la pequeña semilla de mostaza (vea Marcos 13:27, 31). Además, en el evangelio de Marcos, el cielo no es solo el lugar de los ángeles (Marcos 12:25; 13:32) y de los eventos apocalípticos (Marcos 13:25). En Marcos 1:10 este fue introducido como el origen de la voz celestial que se puede identificar con Dios el Padre. Correspondientemente, mientras se realizan milagros, Jesús mira hacia el cielo (Marcos 6:41, 7:34: "mirando al cielo") y habla claramente del "Padre en el cielo" (Ὁ πατὴρ ὑμῶν ὁ ἐν τοῖς οὐρανοῖς, Marcos 11:25). El cielo es la esfera divina. Lo que es particularmente claro en la parábola de la semilla de mostaza en Mateo (Mateo 13: 31-32: βασιλεία τῶν οὐρανῶν - τὰ πετεινὰ τοῦ οὐρανοῦ), quien es conocido por hablar del "reino de los cielos" (en lugar de "de Dios"), es también es cierto para Marcos. Con la referencia a las "aves del cielo", la parábola crea un enlace con el "reino de Dios" en la introducción. En última instancia, el nivel de la realidad ya se ha convertido en luz para la dimensión religiosa a la que la parábola apunta metafóricamente.

Las aves del cielo pueden considerarse como una señal de transferencia que se añade a la eterna introducción para-textual y, por tanto, subraya el carácter

---

828. El sustantivo ἡ κατασκήνωσις también se encuentra en Q/Lucas 9:58 y Mateo 8:20 y normalmente se traduce como "nido," análogo a la guarida de un zorro. Sin embargo, esto también es incorrecto porque los nidos de las aves se utilizan normalmente para criar a los jóvenes, pero no para la protección y el escape, como el zorro utiliza su guarida.

829. Vea Salmos 103/104:12: ἐπ᾽ αὐτὰ τὰ πετεινὰ τοῦ οὐρανοῦ κατασκηνώσει ἐκ μέσου τῶν πετρῶν δώσουσιν φωνήν ("Las aves del cielo anidan junto a las aguas y cantan entre el follaje" [Salmos 104:12 NVI]).

830. Vea más recientemente el trabajo de Janowski y Popkes, *Geheimnis*, particularmente Janowski, "Einwohnung".

metafórico del texto. Por tanto, el reino de Dios se explica no solo por la pequeñez y el crecimiento sino también por el hecho de que el arbusto es un hábitat.

La realidad: cartografía de los antecedentes socio-históricos

Para mirar el trasfondo histórico, debemos hacer una excursión a la botánica. ¿Qué tipo de planta se encuentra en la parábola? ¿Es el contraste extremo entre la semilla pequeña y la hortaliza que crece de ella en forma real, o es una extraordinaria exageración retórica? ¿Dónde creció esa planta? ¿Era una planta bien conocida, o Jesús usa algún conocimiento especial para dar más énfasis a su mensaje?

El término griego τὸ σίναπι ("mostaza") usado en el texto es un término colectivo para varias plantas.[831] Corresponde al hebreo חַרְדָּל *ḥaredāl* o arameo חַרְדְּלָא *ḥaredelā*. Los rabinos diferencian lingüísticamente entre *ḥardal baladi* (mostaza común o nativa) y *ḥardal mazri* (mostaza egipcia, véase también *Plinio, Hist. Nat.*, XIX 171), pero también admiten que los dos tipos de mostaza no pueden distinguirse visualmente.[832]

Incluso si no podemos identificar claramente la mostaza de la antigüedad con los tipos que conocemos hoy, podemos crear analogías plausibles que nos llevan a una mayor comprensión.[833] Hoy diferenciamos la mostaza blanca (*sinapis alba*), la mostaza de campo (*sinapis arvensis*), la mostaza negra (*brassica nigra*) y el llamado árbol de la mostaza (*salvadora persica*). La versión de la parábola en Mateo apunta hacia un árbol de mostaza porque leemos en Mateo. 13:32 "y se convierte en árbol" (καὶ γίνεται δένδρον). Sin embargo, esto es muy probable que sea la propia inserción de Mateo, con la que él pudo haber querido introducir la dimensión política del árbol como un símbolo.[834] Incluso si el árbol de la mostaza se ha utilizado como punto de referencia para la parábola en alguna literatura erudita,[835] la clasificación de la mostaza como "hortaliza" o "anual" (verso 32: λάχανον, ver Romanos 14:2) argumenta contra esta interpretación. Como tal, Marcos está de acuerdo con los antiguos manuales agrarios que clasifican a la

831. Sinónimos para el término are νᾶπυ (*napy*) o σίναπις (*sinapis*). Sobre el siguiente, véase Gäbel, "Hoffnung," 330-32.

832. La ley Halájica que prohíbe la mezcla de diferentes semillas durante la siembra (Levítico 19:19, Deuteronomio 22:10), por tanto, no se aplicó a estos dos tipos de semillas (*m. Kil.* 1:2). Vea Dalman, *Ackerbau*, 293; Billerbeck y Strack, *Kommentar*, 668-69.

833. Kogler, *Doppelgleichnis*, 48-51; Hepper, *Pflanzenwelt*, 133.

834. Vea la referencia en Jue. 9: 8-15; Dan. 4: 9 y Ezequiel. 17: 22-24, y Ezequiel. 31, donde los árboles son símbolos para los reyes (por ejemplo, Nabucodonosor en Dan. 4). Vea Carter, "Matthew's Gospel".

835. Esta interpretación se consideró en el siglo XIX, véase particularmente J. Forbes Royle, "Identification," 273-76; Jülicher, *Gleichnisreden Jesu* II, 575-76; Bovon, *Lukas*, 413-14.

mostaza como hortaliza (véase Teofrasto *Hist. plant*, VII 1: 1, *Plinio, Historia Natural* XX 236, *Colum.* XI 3).[836]

Por tanto, nos quedan la mostaza negra, la blanca y la de campo, todas ellas son posibilidades, ya que todas ellas ocurren frecuentemente en Israel como plantas silvestres o malezas.[837] Si consideramos el agudo contraste entre lo "más pequeño" y lo "más grande," tenemos un argumento para la mostaza negra (*brassica nigra*). Las semillas de esta planta son muy pequeñas, con un diámetro de solo un milímetro. La semilla de mostaza blanca es dos veces más grande que la de la mostaza negra. Además, el arbusto de mostaza negra crece más grande que los otros. Dalman informa que los arbustos de mostaza en el mar de Galilea tenían una altura de hasta 2,5 a 3 m,[838] y una altura de más de 2 m no era nada inusual. La planta de mostaza de campo (*sinapsis arvensis*), por el contrario, crece a una altura de solo 1 m. El tronco de un arbusto de mostaza negra completamente desarrollado puede ser tan grueso como un brazo. La parte superior del arbusto tiene muchas ramas, que producen numerosas flores amarillas, de las cuales se desarrollan frutos largos que llevan muchas semillas.[839] Es fácil imaginar pues que las aves anidaran en tales plantas o que proporcionaran buena sombra.

Las fuentes antiguas identifican las características especiales de la planta de la mostaza.[840] La mostaza es elogiada como una planta robusta, que no necesita cuidados (*Columela* XI 3:29, *Plinio, Hist. Nat.* XIX.170-71) y que puede plantarse a lo largo de todo el año (*Teofrasto Hist. plant.* VII 1:2). Plinio en particular, describe su rápida germinación y propagación. Una vez que la planta ha tomado raíz, es muy difícil de quitar. Plinio también menciona los poderes curativos atribuidos a la planta de mostaza. Se usó para tratar las obstrucciones mucosas en la boca y garganta y para dolencias estomacales. Podría ser utilizado como un antídoto, así como para hacer gárgaras o como un frotamiento o compresión para la piel (*Plinio, Hist. Nat.*, XX 237-40).

La literatura rabínica también usaba a menudo el tamaño de la mostaza como punto de comparación. La semilla de mostaza se identifica como la unidad más pequeña (*m. Naz.* 1:5; *m. Nid.* 5:2; *y. Ber.* 5, 8d, 36; *b. Ber.* 31a); asi *y. Pe'ah*

---

836. Para los rabinos, la mostaza es también una planta cultivada que fue sembrada en los campos (*m. Kil.* 3:2, *t. Kil.* 2:8), como se indica en Mateo. 13:31: ἔσπειρεν ἐν τῷ ἀγρῷ αὐτοῦ ("sembrado en su campo").

837. Dalman ha proporcionado pruebas de que los tres tipos se encuentran en Israel. Vea Dalman, *Frühling*, 369 - 70; Idem, *Ackerbau*, 293f; Hepper, *Pflanzenwelt*, 47: "crecer en masas como la mala hierba".

838. Dalman, *Frühling*, 369; Idem, *Ackerbau*, 293. No siempre está claro que Dalman tiene "mostaza negra" en la mira.

839. Vea Zohary, *Pflanzen*, 93. Vea también *Fauna and Flora*, 145-46; Jeremías, Gleichnisse *Jesu*, 147.

840. Vea Steier, "Senf," 815-16.

7:20b, 15-17, dice que un arbusto completamente crecido era tan grande que uno podía cubrir el techo de una cabaña con tres de sus ramas. Según *y. Pe'ah* 7:20b, 10-19, un arbusto completamente crecido una vez alcanzó el tamaño de una higuera. Incluso si esto es una exageración, demuestra que, en el judaísmo, el tamaño de la mostaza era proverbialmente conocido.

Los capullos de las flores de mostaza y las hojas de la planta se comían como vegetales (*t. Ma'aś.* 3:7; *b. Bava Meṣi'a* 86b; *b. Ḥul.* 133a); las semillas se utilizaron para dar sabor a los platos de carne y fueron apreciados y temidos por su picante (*b. Ber.* 40a). La semilla de mostaza también se usó como alimentos para pájaros, creando un enlace a la mención de las aves en la sección final de la parábola.

Para resumir: en la antigüedad y alrededor del Mar de Galilea, la mostaza era una planta bien conocida que a menudo se cultivaba, pero también creció como una mala hierba. Aunque sus características generales de consumo (picante) pueden haber contribuido a su uso metafórico, la parábola de Marcos 4:30-32 parece limitarse a dos aspectos. Un aspecto es su tamaño, como un contraste agudo se dibuja entre la semilla muy pequeña y la planta de metro de altura. Esto se encuentra en particular en el caso de la "mostaza negra" (*brassica nigra*). Por otro lado, la parábola menciona el aspecto de su crecimiento rápido y forma impresionante, que recuerdan a un árbol basado en el tronco y las ramas.

La tradición: análisis de las metáforas y los símbolos

Mirando el uso tradicional de metáforas, podemos determinar que, a pesar de que la mostaza era común en los escritos judíos de la Biblia Hebrea, en los textos de Qumrán, y en los escritos griegos del judaísmo temprano, no tiene ningún papel en el lenguaje religioso. La mostaza no fue escogida como punto de comparación en el discurso religioso. En otras palabras, la parábola de la semilla de mostaza es verdaderamente una metáfora nueva o "atrevida".[841]

El discurso metafórico sobre las plantas como la vid o la higuera es común, mientras que las hortalizas anuales (τὸ λάχανον) generalmente no se mencionan en absoluto. Este desprecio por esas plantas tan sencillas se revela en la narración sobre la viña de Nabot, en la cual Acab quería convertir la viña en un huerto: "Y Acab dijo a Naboth: Dame tu viña para un huerto de legumbres (Ἔσται μοι εἰς κῆπον λαχάνων), porque está cercana a mi casa "(1 Reyes 21:2). Las legumbres no son simplemente comida (ver Proverbios 15:17); también expresan transitoriedad. Se marchitan rápidamente como la hierba, como se dice en los Salmos

---

841. Vea v. Gemünden, *Vegetationsmetaphorik*, 200, 419-20; De manera similar Gäbel, "Hoffnung," 332-33; Más recientemente Schellenberg, "Kingdom".

(LXX Salmos 36:2 "porque como la hierba serán pronto cortados y como la hierba verde se secarán"). Así, si una planta de jardín tan "sencilla", poco estimada, se ha convertido en un dominio de fuente figurativa para el reino de Dios, debe resonar con una dimensión semántica más profunda en comparación con las plantas simbólicas clásicas de la tradición de Israel.

En contraste, "siembra" y "crecimiento" se utilizan con más frecuencia como metáforas en la tradición. "Sembrar y cosechar" son frecuentemente contrastados entre sí. En la tradición de la sabiduría hay una conexión estrecha entre actuar y las consecuencias de esas acciones, y en la profecía la cosecha se usa como una imagen para el juicio temporal o escatológico (de Dios). Hay una cierta consistencia lógica y de rigor en el hecho de que la siembra y cosecha están conectadas. En este sentido, Proverbios 22:8 dice: "El que siembra iniquidad, iniquidad segará" (ὁ σπείρων φαῦλα θερίσει κακά).[842]

La regularidad de la imagen de la siembra y la cosecha era común en los tiempos antiguos, como lo demuestran referencias similares en los escritos griegos. Por tanto, a menudo encontramos declaraciones como "has sembrado vergüenza y has cosechado infortunio" (Gorg, *In Arist. rhet.* 3:3 [1406b 10], Platón *Fedro.* 260d; Cf. Plutarco Moralia 2:182a; 2:394e), "uno cosecha el fruto que uno siembra" (*CPG* 2:774), o que los malvados "siembran injusticia y cosechan impiedad" (Filón *Sobre la confusión del lenguaje* 152).

Las referencias en el NT demuestran que esta idea era también bien conocida en la era del Nuevo Testamento y podía especificarse cuantitativamente, por ejemplo, en 2 Corintios 9:6: "Pero esto digo: El que siembra escasamente, también segará escasamente; y el que siembra generosamente, generosamente también segará".

Teniendo en cuenta este contexto, el contraste descrito en Marcos 4:30-32 es aún mayor, ya que no invoca la consistencia esperada (el que siembra pequeño también tendrá una planta pequeña y una cosecha pequeña). En su lugar, la regularidad esperada se rompe: a pesar de que uno ha sembrado semillas pequeñas, lo que crece será grande.

Este juego con contrastes también se encuentra esporádicamente en la tradición. Hay el contraste de los que siembran trigo, pero cosechan espinas (Jeremías 12:13: cf. Levítico 28:38). Filón habla también de una especie de "cosecha de gracia" en la que los que no sembraron pueden, sin embargo, buscar y encontrar los dones de Dios (Filón *Sobre el cambio de nombre* 268-69, cf. Juan 4:35-39).[843] Una conexión aparentemente lógica demuestra ser el regalo de la salvación de Dios. El dicho en Salmos 125 (126) 5-6, un salmo del exilio, es particularmente poderoso en este aspecto. En la promesa de salvación en el regreso del exilio leemos: "Los

---

842. Vea también Job 4:8; Sir.. 7:3.

843. Con respecto a esta parábola, véase Zimmermann, "Geteilte Arbeit".

que sembraron con lágrimas, con regocijo segarán". Igualmente, sorprendente es el discurso sobre los árboles y arbustos que crecen en la clandestinidad y de los cuales un brote crecerá hasta una eterna plantación (1QH 16:5-6, 10-11):[844] "sus hojas [serán pasto] para todos los pájaros alados" (1QH 16:9).

Finalmente, podemos reconocer la expresión "aves de los cielos" (τὰ πετεινὰ τοῦ οὐρανοῦ) como un dicho establecido. La anidación de aves del cielo en las ramas o a la sombra se remonta a un grupo de motivos que aparece con frecuencia en tres textos del Antiguo Testamento: Daniel 4:7-9, 11, 18-19 (LXX)/Daniel 4:10-12, 14, 21-22 Teodoción; Ezequiel 17:22-24; 31:6.[845] Para citar simplemente un ejemplo: "debajo del cual (el gran árbol = rey Nabucodonosor) vivían las bestias salvajes, y en cuyas ramas (κλάδοις) anidaban las aves del cielo (τὰ ὀρνέα τοῦ οὐρανοῦ κατεσκήνουν)" (Dan 4:21).[846]

Estos ejemplos (como también en Mateo 13) tratan cada uno de un árbol; sin embargo, la imagen de los animales que viven "a la sombra" (Ezequiel 17:23) del árbol, así como la mención de las "aves" que anidan allí, son lingüísticamente tan llamativas que cualquier lector de la parábola que esté también familiarizado con los escritos de Israel necesariamente serán recordados de ellos al leer Marcos 4. Esto se intensifica luego por la introducción de la parábola, que llama al campo semántico del reino. Los contextos respectivos para cada uno de los tres pasajes proféticos son muy similares. Presumiblemente basándose en el antiguo motivo oriental del "árbol del mundo", cada uno es una imagen de reino y soberanía: en Ezequiel 17:1-24, es el rey de Israel; en Ezequiel 31:1-18, el faraón; en Daniel 4:1-34, el gobernante de Babilonia. En cada caso, sin embargo, la imagen está ligada a la predicción de la humillación y la caída, que se interpretan como las consecuencias de la arrogancia real y el abuso de poder. Solo después de la tala del viejo árbol será posible un nuevo comienzo en el que un árbol nuevo crecerá de una rama en la que todas las aves puedan vivir. En Ezequiel 17 se dice así:

> "Así dice el Señor omnipotente: "De la copa de un cedro tomaré un retoño, de las ramas más altas arrancaré un brote, y lo plantaré sobre un cerro muy elevado. Lo plantaré sobre el cerro más alto de Israel, para que eche ramas y produzca fruto y se convierta en un magnífico cedro. Toda clase de aves anidará en él, y vivirá a la sombra de sus ramas. Y todos los árboles del campo sabrán que yo soy el Señor. Al árbol grande lo corto, y al pequeño lo hago crecer. Al árbol

---

844. Vea 1QH XVI (*olim* VIII):4-12 (véase 1QH XIV [*olim* VI]:15-17).

845. Hay referencias posteriores a este motivo en 2 Bar. 36, 39-40 (con referencia a Ezequiel 17) y en 1 Enoc 90:30-33 (aquí particularmente la colección escatológica de animales y pájaros, pero sin el motivo del árbol); 1QH 14:14-16; 16:4-9; Los textos de Qumrán están completamente citados en Snodgrass, *Stories with Intent*, 217.

846. Segun la traduccion al griego del Teodoción.

verde lo seco, y al seco, lo hago florecer. Yo, el Señor, lo he dicho, y lo cumpliré" (Ezequiel 17:22-24, NVI).

Targum de Ezequiel 17:22-23, un texto significativamente posterior, interpreta incluso el árbol de forma mesiánica:

> Así ha dicho Jehová el Señor: Yo mismo acercaré a un niño del reino de la casa de David, que es semejante al alto cedro, y lo pondré entre los hijos de sus hijos; Yo lo ungiré y lo estableceré por mi *Memra* sobre un monte alto y exaltado. Sobre el monte santo de Israel lo estableceré, y juntará ejércitos, y edificará fortalezas, y se convertirá en un poderoso reino.[847]

En el contexto de esta tradición profético-polarizadora hay dos cosas que resuenan en la metáfora de las aves que anidan: el juicio en el caso de un gobernante falso y el abuso humano del poder, así como la esperanza en vista de la intervención de Dios, que promete salvación incluso más allá de las fronteras de Israel.

El significado: análisis resumido (enfoque interpretativo)

¿Cómo podemos reunir estas observaciones para interpretar la parábola? ¿Qué significado se crea al conectar los aspectos de la forma lingüística, los conocimientos sobre la historia real y la tradición lingüística de la parábola? Como en los otros ejemplos, consideraremos varias interpretaciones y fundamentaremos cada una en sus propios méritos en el contexto del evangelio de Marcos.[848]

Parábola de ánimo: todo debe comenzar pequeño, pero puede crecer (fortaleciendo la fe)

La estructura lingüística del texto está particularmente influenciada por el contraste entre lo "pequeño" y lo "grande" o entre "lo menor" y "lo mayor". El contraste tan grande como lo permite la comparación con todas las semillas y arbustos. Al hacer esto, la parábola logra crear una concurrencia aparentemente paradójica de sorpresa y familiaridad.

Cualquier persona en una sociedad rural está familiarizada con la mostaza. Esto se aplica igualmente a los primeros oyentes postulados de la parábola en Israel

---

847. Vea Levey, *Targum*. Agradezco a K. Snodgrass por descubrir este texto. Vea Snodgrass, *Stories with Intent*, 664-65.

848. En Mateo y Lucas, la parábola se transmite en estrecha relación con la parábola de la levadura, lo que sugiere una versión correspondiente en Q como parábola doble (Q 13:18-20). Por tanto, varios aspectos, tales como la expansión universal (de toda la masa), se utilizan para la interpretación de Marcos 4:30-32. En lo que sigue, sin embargo, me estoy centrando en la forma en el Evangelio de Marcos sin tomar decisiones sobre la tradición histórica.

porque la mostaza ocurre con bastante frecuencia en el mar de Galilea. Así, incluso un niño debe saber que una semilla de mostaza es muy pequeña y que crece en un arbusto muy grande. Esta experiencia de la vida cotidiana se utiliza entonces para enseñar una lección teológica, y es en esta lección donde encontramos la sorpresa.

Por lo general, el lenguaje religioso de la tradición hace uso de la consistencia lógica de la semilla, el crecimiento y la cosecha para indicar las consecuencias de la conducta humana o incluso para señalar el juicio escatológico. Así, las comparaciones de la naturaleza se hacen a menudo en un contexto ético.[849] El hombre cosechará lo que siembra (Gálatas 6:7; 2 Corintios 9:6). El que siembra pequeño cosechará pequeño. Sin embargo, el mensaje en Marcos 4:30-33 es todo lo contrario: a pesar de que la semilla que se siembra es pequeña, ¡la cosecha será grande!

Esto no es solo un giro sorprendente; también es reconfortante, especialmente para aquellos que en el momento solo pueden ver la semilla pequeña. Por tanto, con respecto al reino de Dios como objeto de comparación, la parábola proporciona tranquilidad. Si el reino de Dios es realmente tal como se describe aquí, su pequeñez o invisibilidad tal vez actual no tiene por qué ser desalentadora, porque será como la semilla de mostaza. En última instancia será grande, y crecerá rápidamente y robusta, así como los oyentes lo pueden ver de sus vidas diarias.

Así, podemos considerar esta parábola como una de las parábolas del crecimiento,[850] que dominan todo el cuarto capítulo del evangelio de Marcos –comenzando con la parábola del sembrador (Marcos 4:3-9), continuando con la interpretación alegórica de esa parábola (Marcos 4:13-20) y la parábola de la semilla en crecimiento (Marcos 4:26-29), y culminando con la parábola de la semilla de mostaza. Todas estas parábolas están ligadas por la convicción de que el reino de Dios está conectado a un proceso de desarrollo comparable al proceso de crecimiento en la naturaleza. Lischer habla correctamente del "principio del crecimiento".[851] Más allá de esto, sin embargo, las parábolas tienen énfasis llamativos, cada uno de los cuales establece un acento diferente. En contraste con Marcos 4:3-9, la falta de un sembrador o cualquier otra persona en Marcos 4:30-32 es notable. Para Blomberg, Marcos "hace explícito lo que ya está implícito en Q, que el hombre y la mujer[852] no tienen un papel importante que jugar en los dos símiles cortos".[853] Esta idea gana plausibilidad sobre todo en vista del contexto de Marcos 4:26-29. Cualquiera que lea el evangelio cronológicamente

849. Vea por ejemplo Mateo 6:34, árbol y frutos.

850. Vea Dahl, "Parables of Growth," 132-66.

851. Vea Lischer, *Reading the Parables*, 75.

852. Con respecto a la parábola de la levadura, que es muy probablemente combinada con la parábola de la semilla de mostaza en Q/Lucas 13:18-19.

853. Blomberg, *Parables*, 391. Blomberg ve una unidad de las parábolas de la semilla de mostaza y la levadura, como se ve en Q/Lucas 13:18-21.

ha aprendido que el reino de Dios es como la "semilla" que crece por sí sola sin ninguna contribución del hombre. Esta característica es sostenida e intensificada en Marcos 4:30. A pesar de que nadie cava, fertiliza, o incluso riega, el reino de Dios crece a un tamaño inesperado.

¿A quién podría dirigirse este llamamiento? ¿Tal vez para las personas que sufren de un gran celo y son delirantes sobre la viabilidad de un plan o proyecto? El final de la parábola en particular, sin embargo, no se asemeja a un llamado a la humildad o la pasividad. Tal vez esté dirigido a personas que se sienten insignificantes y desalentadas, especialmente en su fe.[854] Los oyentes o lectores de la parábola se animan o incluso se sienten consolados si se desaniman por la pequeñez de su fe. Marcos 9:42, (ἕνα τῶν μικρῶν τούτων τῶν πιστευόντων "uno de estos pequeñitos que creen en mí") demuestra que la "pequeñez" también puede estar ligada a la fe, hablando además de un reto a los "pequeñitos" que creen, la consecuencia de lo cual es un castigo drástico. Como intérprete temprano de la parábola, Mateo es más claro a este respecto: utiliza la imagen de la semilla de mostaza directamente para la fe y para la comunidad. La única otra referencia del término semilla de mostaza (fuera de las parábolas) se encuentra en conexión con una declaración de fe:

Jesús les dijo:

—Por vuestra poca fe. De cierto os digo que si tenéis fe como un grano de mostaza, diréis a este monte: "Pásate de aquí allá", y se pasará; y nada os será imposible. (Mateo 17:30).

El tamaño de la semilla de mostaza es otra vez el tema. La pequeñez de la semilla de mostaza se pone en paralelo con la "poca fe", pero no como un reproche. En su lugar, se entiende como aliento y consuelo:[855] incluso esta pequeña fe es suficiente para causar que grandes cosas sucedan (como el mover montañas). No se puede decir con certeza si la poca fe también permite una conexión directa con los "pequeñitos" de la comunidad. Sin embargo, permitiría una conexión directa con Marcos 9:42. Mateo caracteriza a ciertas personas en la comunidad como los "pequeños" (Mateo 18:6, 10) y en el discurso sobre la iglesia, explícitamente el mismo quiere integrarlos o protegerlos. El hecho de que tengan ángeles "en los cielos" (Mateo 18:10) encaja en la dimensión celestial de la parábola. En Marcos,

---

854. Según Lischer, Marcos 4 como un todo puede leerse como "reflejo de la vida del creyente en el reino, en la cual la esperanza, la alegría, la abundancia y la pérdida coexisten sin otra lógica que la lógica que la historia misma de Jesús. "Lischer, *Reading the Parables*, 76.

855. Por el contrario, la versión en Q/Lucas 17:5-6, que se formula en subjuntivo y por tanto expresa un reproche: "Dijeron los apóstoles al Señor: «Auméntanos la fe». Entonces el Señor dijo: «Si tuvierais fe como un grano de mostaza, podríais decir a este sicómoro: 'Desarráigate y plántate en el mar', y os obedecería»"

los pequeñitos nos recuerdan inevitablemente a los niños, a quienes Jesús coloca centralmente como los receptores ejemplares del reino de Dios (Marcos 10:14-15). Por tanto, no es de extrañar que en la educación religiosa, los niños sean interpelados en particular a través de la parábola de la semilla de mostaza.[856]

Parábola de esperanza: hay una meta que será grande (aspecto escatológico-eclesiástico)

Las consideraciones anteriores llevan a otra posible interpretación que, a pesar de cierta superposición con la primera, debe considerarse por sus propios méritos. Aquí, el énfasis cambia desde el comienzo del proceso hasta su fin. El núcleo de la interpretación ya no es la pequeñez de la semilla de mostaza, sino más bien su desarrollo increíble en un arbusto más grande. Examinaremos dos aspectos en esto: la dimensión temporal y la dimensión relacional.

El crecimiento del arbusto de mostaza ocurre a un ritmo muy rápido y en el presente, como lo subraya el tiempo presente de los verbos. Como referencia para la semilla de mostaza, el "reino de Dios" también tiene una dimensión temporal en Marcos. Se anticipa (Marcos 15:43) y su venida es proclamada, incluso en el primer discurso público de Jesús: "¡El tiempo se ha cumplido, el reino de Dios se ha acercado!" (Marcos 1:15). Marcos 9:1 expresa una expectativa extrema e inminente: "También les dijo: «De cierto os digo que algunos de los que están aquí no gustarán la muerte hasta que hayan visto que el reino de Dios ha venido con poder»". La parábola está destinada a ser una explicación del reino de Dios, no podemos ignorar esta dimensión temporal –los eventos de Marcos 4:30-32 nos llevan a pensarlo. La semilla apenas ha caído a la tierra cuando de repente es un enorme arbusto que es mayor que todas las plantas y está habitado por aves.

El objetivo real, sin embargo, no se realiza en el crecimiento de la planta. En cambio, el objetivo es que el arbusto de mostaza se convierta en un hábitat para otros. En este punto entra en juego la otra dimensión –la dimensión relacional. En Marcos, el reino de Dios es visto como una habitación en la que se puede entrar. Al mismo tiempo, se le puede imaginar como un dominio soberano en el que uno puede participar. Así, el reino se convierte en una metáfora para una nueva comunidad. Parece ser difícil, sin embargo, para algunas personas, por ejemplo, los ricos, el poder entrar en esta comunidad (Marcos 9:47; 10:23-25).

En vista de esta inseguridad, la parábola es un signo de esperanza. El arbusto de mostaza, que aparentemente creció por sí mismo, ofrece espacio para "vivir" y sombra en la que establecerse. Pensar solo en los animales es perder el hecho de que la parábola, como cualquier texto metafórico, puede y debe estar

---

856. Vea por ejemplo, Müller, "Das Gleichnis vom Senf".

relacionada con la gente y, por tanto, con la comunidad humana. El arbusto de mostaza se convierte en un centro de atracción para los demás. Nos invita a pasar tiempo a su sombra, eliminando así la dinámica del tiempo. El "vivir" expresamente formulado no es algo que ocurre rápidamente. Así, una comunidad residencial crece a su sombra. El reino de Dios provee espacio para una nueva comunidad social. Esto no debe considerarse necesariamente con una interpretación eclesiástica, que en mi opinión no sería adecuada para Marcos.[857]

Esta comunidad puede por lo menos romper las fronteras habituales porque, en la exégesis judía, las "aves" eran usadas como símbolo de los gentiles[858] y el fondo de la tradición (véase más adelante) también vincula explícitamente las dimensiones escatológicas (paz animal, el motivo de peregrinación) a vivir a la sombra. También podemos llegar a comprender porqué las interpretaciones eclesiásticas más recientes se inspiran en la parábola, incluso si, a mi juicio, un concepto misionero es completamente ajeno a la parábola.[859] Sin embargo, no hay duda de que la parábola tiene el potencial para la interpretación escatológico-eclesiástica. Promete la esperanza de una comunidad.

Parábola de protesta: un mundo alternativo – dimensión religioso-política (aspecto sociológico)

Finalmente, este relato en miniatura lleva una dimensión adicional de interpretación. Jesús escoge una planta sencilla, una maleza al lado del camino, como punto de comparación con el reino de Dios. Esta imagen posee un poder impactante.[860] No es el tamaño de la planta, sino su sencillez, su carácter común lo que nos desafía a reflexionar. La mostaza contrasta implícitamente con la higuera o la vid,

---

857. En la parábola de Q, Wendy Cotter mira al grupo Q que debe ser fortalecido en vista de las hostilidades durante la misión. Vea Cotter, "Parables," 45-48. Por el contrario, esa es a menudo la interpretación de Mateo 13:31-32 (por ejemplo, O. Kuss, "Sinngehalt," 97, Zingg, *Wachsen*, 106-07). Para un punto de vista católico romano, véase Schultze, "Bedeutung".

858. Vea *1 Enoc* 90:30, 33, 37; *Midr. Ps.* 104: 10, para esto, Manson, *Teaching of Jesus*, 133; vea más recientemente Marcus, *Mark*, 324: "Estos vínculos intertextuales sugieren que las aves en nuestra parábola pueden simbolizar a los gentiles". Para K. Snodgrass estas lecturas son interpretaciones alegóricas: "Nada de esto tiene suficiente base". Snodgrass, *Stories with Intent*, 223.

859. Así, por ejemplo, una interpretación casi misionero-eclesiástica en Blomberg, *Parables*, 395: "la semilla diminuta se ha convertido en un arbusto de mostaza notablemente grande, pero hasta este día no es majestuoso cedro. ... Dios todavía está plantando semillas en todo el mundo". Refiriéndose a Peter Jones, advierte sobre una iglesia "demasiado numerosa" o "poderosa": "Respeta la infinitud de lo poco. La obsesión con el tamaño es obscena".

860. Una de las primeras interpretaciones en este sentido se puede encontrar en Funk, "Looking-Glass Tree". Jesús creó una burla y una sátira de todo orgullo. Similares Scott, *Hear then the Parables*, 71-73.

que eran los símbolos clásicos de Israel. Este contraste se revela en el contexto del evangelio de Marcos porque el abrumador crecimiento del arbusto de mostaza desconocido (Marcos 4:30-32) se opone al marchitamiento de la higuera en la entrada de Jesús a Jerusalén (Marcos 11:13, 20-21). Además, existe la parábola de la viña en Marcos 12:1-12. Este puente entre la mostaza y la higuera es ciertamente una clasificación problemática que, al igual que la vinculación de Marcos 4 y Marcos 12, ha conducido repetidamente a interpretaciones anti judías. ¿El contraste entre las plantas crea una incitación conscientemente provocadora a los oyentes judíos, correspondiendo así a la teoría de la parábola de Marcos?

Esta referencia gana plausibilidad porque el término utilizado para las ramas del arbusto de mostaza –ὁ κλάδος– se utiliza solo una vez más en el evangelio de Marcos –en la parábola de la higuera en el discurso escatológico de Marcos: "Él les dijo: «Un enemigo ha hecho esto» Y los siervos le dijeron: «¿Quieres, pues, que vayamos y la arranquemos?»" (Marcos 13:28).

Con respecto a este contexto, tal vez podamos incluso referirnos al sabor de la mostaza, que puede estar en la mente de los destinatarios. Se correlaciona con el sabor de la sal, que se produce en Marcos y que utiliza escatológica y eclesiásticamente como una metáfora (Marcos 9:49-50).

Sin embargo, el potencial del significado de la parábola no se agota en los campos religiosos de referencia. En el ámbito de la tiranía romana en el primer siglo, no es posible hablar en forma neutral del "reinado de Dios". En cambio, esto representa un mundo alternativo que debe estar en contraste con el "reino de los romanos". Estas tonalidades políticas son intensificadas, sobre todo, por la referencia anteriormente mencionada de la parábola a los textos del Antiguo Testamento (Daniel 4, Ezequiel 17, 31, véase más arriba). Las "aves del cielo" llevan consigo, a partir de textos lejanos de la tradición, las semillas de la protesta contra el abuso político del poder. Aquello que es aparente en Mateo a través de la adición del simbolismo del árbol (véanse Daniel y Ezequiel)[861] puede fácilmente existir en Marcos.[862] Como uno de los primeros intérpretes de la parábola, Mateo nos hace conscientes de un aspecto que de otra manera no podríamos ver. El reino de Dios representa un mundo alternativo al de los gobernantes políticos de la época. Esto es apoyado por el hecho de que la interpretación de la parábola del sembrador (Marcos 4:13-20) también podría implicar esta dimensión política.[863]

---

861. Vea Carter, "Matthew's Gospel". Para la interpretación de Lucas, véase Van Eck, "Kingdom are Kingdom no More".

862. En el mismo pensamiento Collins, "Discourse". Sin embargo, Liebenberg niega cualquier referencia en esa dirección y señala otras ocurrencias de "las aves del aire" en el Nuevo Testamento (como Mateo 6:26; 8:20/ Lucas 9:58; Lucas 8:5) como la realidad ordinaria.

863. En la interpretación de la "falta de fruto" en Marcos 4:13-20, Weissenrieder ve una alusión a la propaganda romana que representa al emperador como portador del fruto del país. Ella

La crítica de la clase reinante, sin embargo, es más radical de lo que puede justificarse por una lectura político-anti-imperial de la parábola porque el significado político no puede construirse sobre la teología de la crucifixión de Marcos, lo cual debe alejarse de expectativas políticas exageradas. De acuerdo con la crítica del título "hijo de David", en Jerusalén Jesús monta en un asno y no en un caballo. Correspondientemente, no es coincidencia que una hierba de jardín como la mostaza se elija para describir el nuevo reino en lugar de una rama de cedro. Debemos estar de acuerdo con la conclusión de Bovon de que: "Es sintomático para la teología de Jesús que no eligió el cedro orgulloso, sino la humilde mostaza para expresar esta esperanza. El uno evoca un poder de señorío, mientras que el otro tal vez una comunidad acogedora y amistosa".[864]

LITERATURA ADICIONAL

Blomberg, C. L. "The Mustard Seed and the Leaven (Lk 13:18-21pars.)". In idem, *Interpreting the Parables, Second Edition*. Downers Grove, IL: InterVarsity Press, 2012, 391–95.

Carter, W. "Matthew's Gospel, Rome's Empire, and the Parable of the Mustard Seed (Matt 13:31–32". In *Hermeneutik der Gleichnisse Jesu. Methodische Neuansätze zum Verstehen urchristlicher Parabeltexte*, edited by R. Zimmermann. 2nd ed. WUNT 231. Tübingen: Mohr Siebeck, 2011, 181–201.

Cotter, W. J. (CSJ), "The Parables of the Mustard Seed and the Leaven: Their Function in the Earliest Stratum of Q," *TJT* 8 (1992), 37–51.

Crossan, J. D. "The Mustard Seed". In idem, *In Parables. The Challenge of the Historical Jesus*. New York: Polebridge Press, 1973, 45–52.

Dahl, N. A. "The Parables of Growth," *StTh* 4 (1951), 132–66.

Eck, E. van. "When Kingdoms are Kingdoms no More. A Social Scientific Reading of the Mustard Seed (Lk 13:18-19)," *Acta Theologica* 33 (2013), 226–54.

Gäbel, G., "Mehr Hoffnung wagen (Vom Senfkorn)—Mk 4,30-32 (Q 13,18–19/Mt 13,31–32/Lk 13,18–19/EvThom 20)". *In Kompendium der Gleichnisse*

---

apoya esta teoría con material numismático de Judea y de Siria de 29-44 DC. Vea Weissenrieder, "Didaktik der Bilder".

864. Bovon, *Lukas*, 416: "Sigue siendo un síntoma de la teología de Jesús, que no es la figura del orgulloso cedro, sino de la humilde mostaza la que eligió para expresar esta esperanza. El que evoca el señorío poderoso, el otro tal vez el, una amigable comunidad hospitalaria". Del mismo modo Collins, "Discourse," 537:" El autor de Marcos ha optado por situar este símil en una posición culminante con el fin de parodiar las expectativas mesiánicas exageradas. ... El aspecto más difícil del misterio del reino de Dios en Marcos es la revelación de que el Mesías, Jesús, tiene que sufrir y morir".

Jesu, edited by R. Zimmermann et al. 2nd ed. Gütersloh: Gütersloher Verlag, 2015, 327–36.

Kogler, F. *Das Doppelgleichnis vom Senfkorn und vom Sauerteig in seiner traditions-geschichtlichen Entwicklung. Zur Reich-Gottes-Vorstellung Jesu und ihren Aktualisierungen in der Urkirche*, fzb 59. Würzburg: Echter Verlag, 1988.

Lampe-Densky, S. "Die größere Hoffnung – Gleichnis vom Senfkorn – Markus 4,30–32. " In M. Crüsemann et al. (ed.), *Gott ist anders. Gleichnisse neu gelesen auf der Basis der Auslegung von Luise Schottroff*, Gütersloh: Gütersloher Verlag, 2014, 202–10.

Levine, A.-J. "The Mustard Seed". In eadem, *Short Stories by Jesus. The Enigmatic Parables of a Controversial Rabbi*. New York: Harper, 2014, 151–67.

Liebenberg, J. "The Parable of the Mustard Seed in the Synoptic Tradition and the Gospel of Thomas". In idem, *The Language of the Kingdom and Jesus. Parable, Aphorism, and Metaphor in the Sayings Material Common to the Synoptic Tradition and the Gospel of Thomas*. Berlin u.a.: De Gruyter, 2001, 276–335.

Müller, P., Büttner, G., and Heiligenthal, R. "Das Gleichnis vom Senf (Mk 4,30–32)". In idem, *Die Gleichnisse Jesu. Ein Studien- und Arbeitsbuch für den Unterricht*. 2nd ed. Stuttgart: Calwer, 2008, 118–26.

Schellenberg, R. "Kingdom as Contaminant? The Role of Repertoire in the Parables of the Mustard Seed and the Leaven," *CBQ* 71 (2009), 527–43.

Snodgrass, K. "The Mustard Seed (Matt 13:31–32; Mark 4:30–32; Luke 13:18–19)". In idem, *Stories with Intent*. Grand Rapids, MI: Eerdmans, 2008, 216–28.

9

LAS DIEZ VÍRGENES (MATEO 25:1-13) Y LAS PARÁBOLAS EN MATEO

En el Evangelio de Mateo las parábolas juegan un papel importante, lo cual ha inspirado a muchos estudiosos, a lo largo de varias décadas, a tratar con el concepto y la teología de las parábolas de Mateo.[865] No es tarea de estas observaciones preliminares dar una introducción a esta historia de la investigación. En su lugar, ofrezco un breve resumen de varias observaciones sobre las parábolas que aparecen en el primer evangelio, derivadas del propio texto.

LAS PARÁBOLAS EN EL EVANGELIO DE MATEO

Una primera pregunta que uno debe hacerse es ¿dónde encontramos parábolas en el evangelio de Mateo? Sin embargo, antes de poder identificar una parábola, uno debe aclarar qué es una parábola, según Mateo.

¿Qué textos considera Mateo como parábolas? El número de parábolas en Mateo es polémico[866] y depende en gran medida de la definición de parábola. Un punto de referencia inicial relativamente seguro es el término técnico παραβολή, *parabolē*. Mateo incluyó el término παραβολή de Marcos, pero se abstiene de usar el término hasta el capítulo 13. Una vez que empieza a emplearlo, sin embargo,

---

865. Vea Carlston, *Triple Tradition*; Jones, *Matthean Parables*; Kingsbury, *Parables*; Luz, *Matthäus*, 366–80 ("Exkurs: Zur matthäischen Gleichnisdeutung"); Münch, *Gleichnisse Jesu*; Olmstead, *Trilogy of Parables*; Roloff, *Jesu Gleichnisse*; vea mi resumen en Zimmermann, "Parables in Matthew".

866. Según la lista de Jeremías hay veintitrés parábolas en Mateo (véase Jeremías, *Parables of Jesus*, 247-48). Le sigue Donahue, *Gospel in Parable*, 63, que asume que entre éstos hay solo cuatro de Marcos. Carlston, sin embargo, ve a Mateo tomar trece parábolas de Marcos (véase Carlston, "Markan Parables"). Según Münch, *Gleichnisse Jesu*, 326-27 hay veintiuna parábolas en Mateo.

lo usa con bastante frecuencia (doce veces).[867] El evangelista concentra el término παραβολή en el capítulo 13 para marcar todo este discurso como una unidad coherente. No hay duda de que encontramos una concentración de parábolas en este llamado discurso parabólico de Mateo 13. Sin embargo, Mateo no limita el género de la parábola a los textos a los que se da explícitamente esta clasificación, que se puede ver incluso en el discurso parabólico en el capítulo 13 en sí. Solo cuatro textos se introducen explícitamente con el término παραβολή, aunque uno suele contar siete u ocho[868] parábolas en el discurso. Sin embargo, nadie discutiría que otras unidades son también parábolas. Esto es tanto más cierto porque en el versículo final 13:53 Mateo caracteriza explícitamente los textos anteriores como παραβολαί. Basado en la oración conclusiva estereotipada (Mateo 7:28; 11:1; 13:53; 19:1; 26:1), este discurso puede ubicarse dentro de uno de los cinco discursos ampliados. Las frases de conclusión difieren solo ligeramente, aunque en el 11:1 y en el 13:53 las formulaciones específicas son significativas. En el 13:53 en particular, las "palabras" no especificadas (λόγοι, véase 7:28 y 19:1, Mateo 26:1) se concretan al ser identificadas como "parábolas". Por lo tanto, parece ser que el mismo Mateo entendió la sección del 13:1-52 como un "discurso parabólico" (una colección de ocho parábolas) dentro del ciclo de cinco discursos.

Sin embargo, también se pueden identificar trece parábolas en el sermón del monte (Mateo 5-7)[869] y ocho parábolas en el discurso escatológico (Mateo 24:28-25:33).[870] El discurso de Mateo 18, que está dirigido a la comunidad, incluye dos parábolas prominentes: la "oveja perdida" (Mateo 18:12-14) y el "siervo inmisericorde" (Mateo 18:23-35). La colocación y el uso de las parábolas dentro del evangelio en su conjunto revela que, aunque hay una concentración de, e incluso una reflexión meta-nivel sobre, las parábolas en el capítulo 13, el discurso parabólico es una forma general de como hablaba Jesús según Mateo.

Esta concentración revela ideas generales sobre el concepto del discurso parabólico en Mateo: las parábolas consideran y reflexionan sobre cuestiones éticas con una visión hacia la ética individual y social. Y las parábolas se usan para considerar las preguntas escatológicas, a veces trabajando con un fuerte dualismo

---

867. Vea Mateo 13:3, 10, 13, 18, 24, 31, 33, 34 (dos veces), 35, 36, 53.

868. Mateo 13:52 es debatido. Roloff argumenta correctamente, que el siete se usa como un número simbólico (por ejemplo, de la unidad divina); sin embargo, no hay razones convincentes a nivel formal o temático para excluir a Mateo 13:52. Vea Roloff, *Jesu Gleichnisse*, 4-5.

869. Están localizadas programáticamente al principio (Mateo 5:13-16: sal, ciudad, luz) y al final (Mateo 7:24-26: constructores prudentes e insensatos) y se ponen en juego repetidamente a lo largo del discurso (vea Mateo 6:22-23: la lámpara del cuerpo, 6:24: servir a dos señores, 6:26-30: cuervos y lirios, 7:2: la medida, 7:3-5: la paja y la viga, 7:6: perlas echadas a los cerdos, 7:7-11: el niño que pide, 7:15-20: árbol y fruto), ver detalles Zimmermann, "Sermon on the Mount".

870. Además hay la llamada trilogía de parábolas en Mateo. 21:28—22:14 (tres parábolas); Vea Olmstead, *Trilogy*.

apocalíptico, así como con los imperativos (Mateo 24:52; 25:13: "¡Velad!") Y frases concluyentes duras (por ejemplo, "allí será el lloro y el crujir de dientes", véase Mateo 13:42, 50; 22:13; 24:51).

Además, muchas parábolas suceden fuera de los cinco discursos. Tomando todas las parábolas en cuenta, las conclusiones unilaterales basadas en las llamadas parábolas largas o de ciertos grupos pueden y deben ser criticadas. Comenzando con Mateo. 5-7, a través de Mateo 13 y continuando todo el camino hasta el discurso final sobre el fin del tiempo (Mateo 24-25), uno puede identificar un total de cerca de cincuenta y un textos en el evangelio de Mateo como parábolas.[871] Estas parábolas se encuentran en el material tomado de Q (26) y de Marcos (12), pero también en el llamado *Sondergut* (13). El discurso de Jesús está impregnado de parábolas y también puede clasificarse como un todo en un discurso parabólico –el evangelista mismo lo dice en Mateo 13:34: ταῦτα πάντα ἐλάλησεν ὁ Ἰησοῦς ἐν παραβολαῖς τοῖς ὄχλοις καὶ χωρὶς παραβολῆς οὐδὲν ἐλάλει αὐτοῖς ("Todo esto habló Jesús por parábolas a la gente, y sin parábolas no les hablaba").

Muchos estudiosos han mostrado que Mateo demostró una conciencia pronunciada del género de la parábola, en particular a través del uso de tales textos en su evangelio y a través de sus introducciones y conclusiones.[872] En su uso de este género se puede ver la influencia del deseo de combinar dos recuerdos básicos de la tradición de Jesús.[873] Uno era el recuerdo de que Jesús anunció el reino de Dios como un punto central de su mensaje. El otro era la memoria de que el discurso de Jesús era hasta cierto punto parabólico. Contra la corriente principal de la investigación de Jesús (especialmente bajo la influencia de las opiniones de Charles H. Dodd),[874] sin embargo, la combinación de los dos recuerdos, esto es, que Jesús anunció el "reino de Dios en parábolas" en una medida significativa fue realmente desarrollado por Mateo. Si consideramos las fuentes de Mateo sobre la base de la teoría de las dos fuentes, encontramos la combinación directa de las dos tradiciones solo dos veces en Marcos (Marcos 4:26, 30) y dos veces en Q (Q 13:18, 20), aunque hay que señalar que una de estas parábolas (la semilla de mostaza) se produce en ambas fuentes. Hay un gran número de parábolas tanto en Marcos como en Q, y ambos escritos también se refieren frecuentemente al reino de Dios. Solo Mateo,

---

871. Vea la tabla en Zimmermann, *Kompendium der Gleichniss*e, 392-94. El número no debe ser entendido como un recuento absoluto, ya que siempre hay casos al límite que no cumplen claramente con todos los criterios establecidos en la definición de las parábolas utilizadas en el *Kompendium* (por ejemplo, Mateo 5:14). Uno podría además contar a Mateo 7:13 (la puerta estrecha).

872. Vea Münch, *Gleichnisse Jesu*, 129-60 (*Gleichniseinleitungen*); 249-90 (*Gleichnisschlüsse*).

873. Vea sobre el proceso de desarrollo de la memoria por los medios de las parábolas, véase el capítulo 3.

874. Dodd, *The Parables of the Kingdom*, 13: "Las parábolas son quizás el elemento más característico en la enseñanza de Jesucristo, como se registra en los evangelios... Ciertamente no hay parte del registro del evangelio que tenga para el lector un anillo más claro de la autenticidad".

sin embargo, introdujo prominentemente las parábolas de Jesús como "parábolas del reino" y usó la fórmula "el reino de los cielos es semejante a..." diez veces.[875]

Como ejemplo de una parábola del evangelio de Mateo, hablaré de la parábola de las diez vírgenes, que es una de las parábolas *Sondergut*, situada en el discurso escatológico.

LA PARÁBOLA DE LAS DIEZ VÍRGENES (MATEO 25:1-13)

Texto en Griego (Nestle-Aland)	Traducción
Τότε ὁμοιω θήσεται ἡ βασιλεία τῶν οὐρανῶν δέκα παρθένοις, αἵτινες λαβοῦσαι τὰς λαμπάδας ἑαυτῶν ἐξῆλθον εἰς ὑπάντησιν τοῦ νυμφίου. 2 πέντε δὲ ἐξ αὐτῶν ἦσαν μωραὶ καὶ πέντε φρόνιμοι. 3 αἱ γὰρ μωραὶ λαβοῦσαι τὰς λαμπάδας αὐτῶν οὐκ ἔλαβον μεθ᾽ ἑαυτῶν ἔλαιον. 4 αἱ δὲ φρόνιμοι ἔλαβον ἔλαιον ἐν τοῖς ἀμείοις μετὰ τῶν λαμπάδων ἑαυτῶν. 5 χρονίζοντος δὲ τοῦ νυμφίου ἐνύσταξαν πᾶσαι καὶ ἐκάθευδον. 6 μέσης δὲ νυκτὸς κραυγὴ γέγονεν·ἰδοὺ ὁ νυμφίος, ἐξέρχεσθε εἰς ἀπάντησιν [αὐτοῦ]. 7 τότε ἠγέρθησαν πᾶσαι αἱ παρθένοι ἐκεῖναι καὶ ἐκόσμησαν τὰς λαμπάδας ἑαυτῶν. 8 αἱ δὲ μωραὶ ταῖς φρονίμοις εἶπαν· δότε ἡμῖν ἐκ τοῦ ἐλαίου ὑμῶν, ὅτι αἱ λαμπάδες ἡμῶν σβέννυνται. 9 ἀπεκρίθησαν δὲ αἱ φρόνιμοι λέγουσαι· μήποτε οὐ μὴ ἀρκέσῃ ἡμῖν καὶ ὑμῖν· πορεύεσθε μᾶνον πρὸς τοὺς πωλοῦντας καὶ ἀγοράσατε ἑαυταῖς. 10 ἀπερχομένων δὲ αὐτῶν ἀγοράσαι ἦλθεν ὁνυμφίος, καὶ αἱ ἕτοιμοι εἰσῆλθον μετ᾽ αὐτοῦ εἰς τοὺς γάμους καὶ ἐκλείσθη ἡ θύρα. 11 ὕστερον δὲ ἔρχονται καὶ αἱ λοιπαὶ παρθένοι λέγουσαι· κύριε κύριε, ἄνοιξον ἡμῖν. 12 ὁ δὲ ἀποκριθεὶς εἶπεν· ἀμὴν λέγω ὑμῖν, οὐκ οἶδα ὑμᾶς. 13 γρηγορεῖτε οὖν, ὅτι οὐκ οἴδατε τὴν ἡμέραν οὐδὲ τὴν ὥραν.	25 ¹»Entonces el reino de los cielos será semejante a diez vírgenes que, tomando sus lámparas, salieron a recibir al novio. ² Cinco de ellas eran prudentes y cinco insensatas. ³ Las insensatas, tomando sus lámparas, no tomaron consigo aceite; ⁴ pero las prudentes tomaron aceite en sus vasijas, juntamente con sus lámparas. ⁵ Como el novio tardaba, cabecearon todas y se durmieron. ⁶ Y a la medianoche se oyó un clamor: "¡Aquí viene el novio, salid a recibirlo!" ⁷ Entonces todas aquellas vírgenes se levantaron y arreglaron sus lámparas. ⁸ Y las insensatas dijeron a las prudentes: "Dadnos de vuestro aceite, porque nuestras lámparas se apagan". ⁹ Pero las prudentes respondieron diciendo: "Para que no nos falte a nosotras y a vosotras, id más bien a los que venden y comprad para vosotras mismas". ¹⁰ Pero mientras ellas iban a comprar, llegó el novio; y las que estaban preparadas entraron con él a la boda, y se cerró la puerta. ¹¹ Después llegaron también las otras vírgenes, diciendo: "¡Señor, señor, ábrenos!" ¹² Pero él, respondiendo, dijo: "De cierto os digo que no os conozco". ¹³ Velad, pues, porque no sabéis el día ni la hora en que el Hijo del hombre ha de venir.

875. Vea Mateo 13:24–30; 13:44; 13:45–46; 13:47–50; 13:52; 18:23–35; 20:1–16; 21:28–32; 22:1–14; 25:1–13; más en Juan 3:3–5; *Evangelio de Tomás* 22, 64, 97, 98.

El texto: análisis de los elementos narrativos y del contexto

La parábola cuenta una historia sobre una boda, pero en realidad se centra en solo un aspecto específico de la celebración de la boda: las vírgenes que están esperando la llegada del novio. Desde la perspectiva del punto de vista de la parábola, las vírgenes están claramente en primer plano; a pesar del uso de la voz del autor, sus percepciones y su visión de la boda son el foco principal de la narración.

Estructura de la trama: Mateo 25:1-13 es una unidad narrativa autónoma enmarcada por el versículo 1 (introducción de la parábola) y el final (v. 13) y está así delineada por el contexto circundante. El desarrollo de la narrativa es directo e ininterrumpido.[876] El versículo 1 contiene todos los elementos de la exposición, incluyendo la identificación de los personajes principales y un resumen de la trama. El desarrollo subsiguiente puede ser categorizado de diferentes maneras.[877] Una tricotomía clásica es quizás la versión más intuitiva: versículos 2-5 como la introducción (πρότασις: descripción de la situación), versículos 6-9 como el segmento medio (ἐπίτασις: llegada del novio), y los versículos 10-12 como la conclusión trágica (καταστροφή). La segunda y tercera parte cada una hace clímax en un diálogo corto que involucra a las vírgenes insensatas, la primera vez con las vírgenes prudentes (v. 9), y la segunda vez con el novio (v.12).

También es posible interpretar la indicación del tiempo, colocado en una posición inicial de la cláusula, de manera enfática (v.6: μέσης δὲ νυκτός; v 11: ὕστερον), como una referencia organizacional que hace que la parte media de la parábola se extienda desde la llegada del novio al cierre de la puerta (vv. 6-10). Es sorprendente que la descripción polarizadora de las vírgenes en la introducción restrinja el desarrollo dramático de la parábola desde el principio. A pesar de que la llegada del novio y el hecho de que falta el aceite causan un cierto aumento en la tensión, no hay un "revuelo repentino" (περιπέτεια).[878] El final resulta ser lo que el lector sabía o al menos temía desde el principio (v. 2): los sabios son recompensados y los necios son castigados.

Tiempo y espacio: No hay descripción de la ubicación de la escena (espacio). Sin embargo, la mención de una puerta (v. 10), así como el "salir y entrar" (vv.1, 6, 10) indican que la escena tiene lugar delante y dentro de una casa. Se menciona

---

876. Desde una perspectiva diacrónica podemos establecer que, basándose en la tensión contextual, el comentario final (v. 13) contradice el versículo 5 (*todos* ellos tuvieron sueño y durmieron) y ciertamente no pertenecen a la narrativa original. Se toma prestado del concepto metafórico de vigilancia escatológica (vea Mateo 24:42) y puede haber sido agregado aquí por el evangelista.

877. Jones, *Matthean Parables*, 446-59 asume una forma quíntuple que intenta unir al uso de los adverbios (vv. 1, 5, 6, 10, 11); sin embargo, cuando analizamos los versos encontramos una estructura macro en tres partes. (A: 1-4, B: 5-9, C: 10-13).

878. Tal como señaló Luz, *Matthäus*, 467, por ejemplo.

una segunda ubicación en la cual los comerciantes están vendiendo aceite (vv. 9-10). Las especificaciones de tiempo, por otro lado, son más claras. En el versículo 6 descubrimos que hay un grito "a medianoche" proclamando la llegada del novio, y al parecer, él novio aparece sin más tardanza después, ya que las vírgenes insensatas regresan "más tarde" ὕστερον, pero ya están demasiado tarde.

En la primera parte, los plazos son imprecisos, y en el versículo 5 la espera y el sueño, parecen conspicuamente prolongados. Por el contrario, en los versículos 6-13, el "tiempo narrativo" está formado en una correspondencia casi directa con el "tiempo narrado"[879] (observe en particular el discurso directo en vv. 8-9 y 11-12). Esto crea la impresión de inmediatez para el lector y se ve reforzada por el uso de los tiempos. Mientras que el curso de la narración está determinado por el tiempo pasado, cambia al presente en el versículo 11 (llegaron las otras, diciendo). Al final, la participación directa en los eventos es facilitada por el imperativo final. El discurso directo del novio continúa; sin embargo, las palabras se dirigen ahora a los lectores, a quienes se les ordena que estén atentos.

Personajes: El entorno de la boda implica una novia y un novio, los invitados a la boda, y tal vez el padre de la novia y los asistentes. Sin embargo, la parábola identifica solo dos (grupos de) personajes que determinan la trama. Por un lado, está el novio, que se espera que llegue, y que finalmente habla, y actúa. Por otro lado, están las vírgenes, que se introducen como un grupo de personajes. El versículo introductorio identifica primero a las vírgenes, seguidas por su orientación hacia el novio ("recibir al novio"), que enmarca el final del versículo 1. La constelación de personajes muestra a las vírgenes en su relación con el novio, pero también en sus relaciones entre sí cuando se dividen en dos grupos. En primer lugar, la exposición (v.1) identifica de manera neutral un grupo de "diez vírgenes", que luego se caracteriza directamente en el versículo 2 en dos campos antitéticos: cinco son insensatas y cinco son prudentes. No es hasta los versículos 3 y 4, construidos usando un quiasmo,[880] que hay una razón dada para esta caracterización. Un grupo es insensato porque no llevaban aceite para sus lámparas, mientras que las otras eran prudentes porque pensaban en llevar vasijas de aceite. El contraste se crea mediante la colocación de palabras importantes al principio del verso (αἱ γὰρ μωραὶ-αἱ δὲ φρόνιμοι), así como por la asignación de los predicados (v. 3: οὐκ ἔλαβον μεθ᾽ ἑαυτῶν ἔλαιον-v. 4: ἔλαβον ἔλαιον). En el versículo 5, sin embargo, hay un factor de demora ya que ambos grupos de vírgenes se unen pacíficamente. El retraso del novio hace que "todas" (πᾶσαι) se duerman (v. 5), y esta perspectiva permanece sin cambios a través de la proclamación de la inminente llegada del

---

879. Vea el capítulo 6 para más detalles acerca de estos términos.

880. V. 3: tomaron sus lámparas (τὰς λαμπάδας αὐτῶν)—no tomaron aceite (οὐκ ἔλαβον μεθ᾽ἑαυτῶν ἔλαιον). V. 4: tomaron aceite (ἔλαβον ἔλαιον)—con sus lámparas (μετὰ τῶν λαμπάδων ἑαυτῶν).

novio. El grito que los despierta y los llama a salir es dirigido a todas las vírgenes igualmente (v. 6); "Todas" (πᾶσαι) se levantan y se preparan (v. 7).

En este punto, las vírgenes insensatas notan su problema: no tienen suficiente aceite para sus lámparas. Aunque esto no se expresa explícitamente en el estilo comprimido de la parábola, su petición a las vírgenes prudentes hace su problema claro (v. 8). Sin embargo, las vírgenes prudentes no pueden ni quieren renunciar a su aceite, y envían a las insensatas a los comerciantes para que compren más aceite. La ausencia de las vírgenes insensatas cuando el novio llega es entonces su caída. Él entra en la boda con las vírgenes que están listas (εἰς τοὺς γάμους, v. 10), y la puerta es cerrada.

En la conclusión, la relación de las vírgenes con el novio domina. Esto se revela a través de la atribución preposicional (entraron con él), a través de la forma de dirección (κύριε κύριε), a través del criterio de (no) conocerlas (οὐκ οἶδα ὑμᾶς), así como a través de la diferencia en terminología (αἱ ἕτοιμοι -αἱ λοιπαί en contraste con μωραί- φρόνιμοι, vv. 1-9). El relato entero puede ser descrita como el movimiento de ida y vuelta de la relación de las vírgenes con el novio (εἰς ὑπάντησιν τοῦ νυμφίου) como es subrayado a través de la manera en que se usa el verbo ἔρχομαι. En los versículos 1 y 6, la tarea de las vírgenes se identifica como el encuentro con el novio (ἐξέρχομαι), mientras que en el versículo 10, la polarización de las vírgenes es subrayada por su proximidad o distancia espacial –las insensatas se fueron (ἀπέρχομαι, v. 10a), las prudentes entraron con él (εἰσέρχομαι). Este es el mismo término que se usa en otras partes como un término señal para entrar en el reino de los cielos (Mateo 5:20; 28:3; etc.), que según el versículo 1 es lo que trata toda la narración. Las insensatas, sin embargo, llegan demasiado tarde (v.11: ὕστερον ἔρχομαι).

En última instancia, la parábola se centra en la relación con el novio. El contraste antitético de la insensatez y la prudencia de las vírgenes revela lo que la parábola en última instancia connota: las vírgenes prudentes entran con el novio, y las insensatas deben permanecer fuera; el novio ni siquiera las conoce.

Señales de transferencia: carácter metafórico y contexto

La frase introductoria típica ya revela que la breve narración es una historia ficticia, así como metafórica. La historia contada aquí no es el relato de una ceremonia de bodas como se encuentra en algún tipo de novela romántica antigua, sino más bien tiene un significado más profundo, es un texto simbólico. El escenario de la boda se transfiere al reino de los cielos. Sin embargo, el lector no sabe exactamente lo que se pretende transferir. ¿Es la vigilancia, como sugiere el versículo final? Pero las vírgenes prudentes también se quedan dormidas (v. 5). ¿Se trata de estar "preparados" (v. 10 ἕτοιμος), un término que también se utiliza en Mateo 22:4,

8 y 24:44? Este último versículo muestra un claro paralelo con Mateo 25:13. "Por tanto, también vosotros estad preparados, porque el Hijo del hombre vendrá a la hora que no pensáis". (Mateo 24:44). Mientras que el llamado a la vigilancia sigue siendo elíptico en Mateo 25:13 y tenemos que referirnos al "día y la hora" de nuevo a la llegada del novio, en Mateo 24:44 la llegada del "Hijo del hombre" en una hora incierta está claramente identificada.

Esto trae otra vez el contexto a la mente. La parábola de las diez vírgenes está incluida en el llamado discurso escatológico que comprende los capítulos 24 y 25 del evangelio de Mateo y cuyo tema central es la parusía del Hijo del hombre. Dentro de la triple construcción de este "discurso escatológico",[881] nuestra perícopa aparece en el segmento medio (24:32–25:30), que está formalmente determinado por las parábolas. Los motivos recurrentes, como la logia de despertarse o de estar preparados (24:42, 44; 25:13), así como el conocimiento correcto (24:32-33, 43) o la ignorancia de los signos de los tiempos (24:36, 39, 42, 44, 50; 25:13), crean esta coherencia.

La realidad: cartografía de los antecedentes socio-históricos

La mención del novio (νυμφίος v. 1, 5, 6, 10) y la boda (οἱ γάμοι v. 10) facilitan el reconocimiento de la escena como parte de una ceremonia de boda. El análisis de la fuente de la imagen figurada (*Bildspender*) se concentra así en la boda. ¿Qué detalles se identifican en el texto y cómo podemos clasificarlos teniendo en cuenta nuestros conocimientos acerca de los rituales de boda antiguos?[882]

Ceremonia nupcial (tipo ideal)

Como un mosaico, podemos juntar las actividades típicas ideales de una boda del primer siglo de los detalles fragmentados y dispersos de las diversas fuentes.[883]

---

881. 24:4-31: Cronología de la venida de los cielos; 24:32–25:30: parábolas; 25:31-46: escena del trono del día del juicio; vea Maartens, "Principles"; Luz, *Matthäus*, 402-04.

882. Vea en el siguiente artículo Zimmermann, "Hochzeitsritual".

883. Para más detalles véase Zimmermann, "Exkurs 4"; para la ceremonia judía, los tratados rabínicos (por ejemplo, Yeb, Qid, Ket) son indispensables, a pesar de la datación tardía; sin embargo, para una reconstrucción de los rituales de los primeros escritos judíos, como los textos de Filón, Josefo, así como los contratos matrimoniales de Murabaat o la Cueva de las cartas (Babatha) o textos de Qumrán (4Q502) también son esenciales; Ver Safrai, "Home and Family"; Archer, *Price*, 123-206; Ilan, *Women*, 57-96. En la ceremonia greco-romana, algunos comentarios se pueden encontrar en la literatura griega (por ejemplo, historias de amor, dramas, Aristophanes: Aves, Lucian: Symposion) y la evidencia arqueológica está disponible. Vea Pernice, *Privatleben*, 1-82; V. Stritzky, "Hochzeit"; Wagner-Hasel, "Ehe". Para las pinturas de los floreros, vea Deussen, "tema nupcial" y Fink, *Hochzeitsszenen*.

Según la antigua tradición oriental, una *boda judía* puede dividirse en dos etapas básicas: 1. El cortejo, incluyen las negociaciones y los esponsales con un contrato de matrimonio y la transferencia del precio de la novia. 2. La celebración de la boda en sí, incluyendo el llevar a la novia a casa en una procesión ceremonial, el banquete, y la entrada en la cámara nupcial (véase la tabla 1).

En el *ritual griego*, la ceremonia preliminar tuvo lugar no mucho tiempo –normalmente un día– antes de la ceremonia. En contraste con el ritual judío, cabe señalar que, en la ceremonia principal, la procesión de bodas no tuvo lugar hasta después del banquete de bodas (véase la tabla 2).[884]

Celebración de la boda judía

Llevar la novia a casa / procesión nupcial	Banquete	Entrada en la cámara nupcial
La novia es llevada de su casa a la del novio; procesión ceremonial con cantos y danzas; la novia es bendecida por su padre al abandonar el hogar de sus padres.	Se extiende durante siete días en el hogar del novio; el padre del novio bendice el matrimonio cada día con una copa de vino (*b. Ketub* 7b/8a); comidas abundantes.	En la noche del primer día de la boda, la novia y el novio entran en una habitación decorada (¡no un baldaquín de boda!) con el fin de consumar el matrimonio.

Tabla 1: Ritual del matrimonio judío

Ceremonia principal (γάμος, γάμοι, ἔκδοσις, τέλος)

Banquete de bodas (θοινὴ γαμική, γαμοδαίσια)	Procesión nupcial (πομπή, νυμφαγωγία)	Entrada en la cámara nupcial (νυμφών, παστός, θάλαμος)
En la casa de los padres de la novia. Se colocan guirnaldas sobre las cabezas de la novia y el novio, y son agasajados como rey y reina.	La novia es llevada a la casa del novio, generalmente por la noche. La madre de la novia y otras mujeres llevan antorchas; los invitados cantan canciones (ὑμέναιος).	Se acompaña de rituales apotropaicos. La novia recibe un pastel de bodas, los invitados cantan el ἐπιθαλάμιο

Tabla 2: Ritual del matrimonio griego

---

884. Vea para las tablas que ilustran el ritual entero del matrimonio Zimmermann, "Hochzeitsritual", 55-56.

Los detalles en Mateo 25:1-13: ¿Qué escena se describe?

¿Dónde podemos colocar la escena en Mateo 25:1-13? ¿A qué aspecto de la ceremonia de la boda alude? Los detalles concretos del texto son escasos y abiertos a la interpretación. El único detalle inequívoco es la mención del novio; sin embargo, su llegada nocturna exige explicación. ¿Se ha retrasado realmente, o su llegada por la noche es deliberada? También hay otra información que no está clara: ¿quiénes son las vírgenes? ¿Son amigas o incluso las "damas de honor" que vienen de la casa de la novia?[885] ¿o son "sirvientas" de la casa del novio que solo están esperando su regreso a casa de sus padres?

Además, no sabemos en qué casa entran la novia y las vírgenes prudentes y lo que significa "a la boda" (εἰς τοὺς γάμους). ¿El banquete de bodas comienza dentro de la casa, o se refiere a la entrada en la cámara nupcial? ¿Cómo se puede cerrar la puerta si asumimos que una celebración de bodas en Oriente continuaba durante varios días?[886]

Las parábolas son realistas, es decir, se refieren a actividades reales. La tarea de un análisis histórico, por lo tanto, es proporcionar tanta información como sea posible acerca de estas realidades. Al mismo tiempo, las parábolas son metafóricas y poseen señales de transferencia y elementos simbólicos que tienen un significado que trasciende el nivel narrativo. Los exegetas tienen la difícil tarea de intentar determinar cuándo algo en el texto debe ser entendido en el nivel realista y cuando en el simbólico. Dentro de nuestra parábola, la intensa discusión ha girado en torno a la cuestión de si el retraso y la llegada nocturna del novio o la puerta cerrada son rasgos extravagantes de la narración que aluden al nivel simbólico. Sin embargo, intentemos primero arrojar luz sobre la información textual sobre la base de lo que sabemos acerca del antiguo ritual de la boda.

¿Lámparas o antorchas (en la ceremonia nupcial)?

Con respecto a Mateo 25:1-13, la erudición se aferra obstinadamente a la idea de que las vírgenes llevaban lámparas de aceite cuyo aceite se habría agotado. Esta interpretación se remonta a Did. 16:1[887] y ciertamente se remonta a Agustín,

---

885. Asi en Jülicher, *Gleichnisreden*, 449-50; Luz, *Matthäus*, 468-69.

886. Vea Génesis 29:27; Jueces 14:12, 17; Tob. 8:20; 10:7; Flavio Josefo. *Ant.* 5:289 - 94.

887. Οἱ λύχνοι ὑμῶν μὴ σβεσθήτωσαν. El motivo de las lámparas que salen con el uso del mismo verbo que en Mateo 25:8, así como el contexto (sin saber la hora, llegada del Hijo del Hombre/Kyrios) apuntan a una proximidad tradicio-histórica en la parábola de las vírgenes. Sin embargo, Did. 16:1 habla claramente de λύχνοι, que se puede traducir como lámparas, y no de λαμπάδες. Además, las vírgenes, que son tan importantes para la parábola en Mateo 25, no son hayadas. Por lo tanto, es dudoso que haya alguna dependencia literaria.

después de quien se hace dominante en la exégesis occidental, así como en la iconografía de la parábola.[888]

Pero, ¿qué son realmente las λαμπάδες (*lampades*) de las vírgenes? Como lo demuestran Zorell, Jeremías y recientemente Luz,[889] no hay ninguna referencia antigua que documente λαμπάς como "lámpara de aceite" o "linterna". La palabra griega común para una lámpara de aceite es λύχνος.[890] El término usado en Mateo 25:1-13, sin embargo, significa una "antorcha" que era utilizada en la antigüedad para iluminación exterior durante la noche.[891] También vemos el término λαμπάς el cual significa "antorcha" en el Nuevo Testamento (ver Juan 18:8; Apocalipsis 4:5; 8:10). A pesar del hecho de que una antorcha era usualmente un palo con una capa inflamable de alquitrán o resina en un extremo, también había antorchas de aceite. Es dudoso que se tratara de palos alrededor de los cuales se habían envuelto harapos impregnados de aceite, como Jeremías suponía.[892] En cambio, es más plausible que fueran antorchas en las que una vasija que contenía aceite se sujetara al extremo de un palo.[893] Obviamente, ese es el tipo de antorcha usado en Mateo 25. Se sabe que las mujeres han sido con frecuencia portadoras de antorchas,[894] particularmente en ceremonias de boda, como lo demuestran vasos pintados griegos.[895] Además, en textos de la época y del cristianismo primitivo el término λαμπάδες se encuentra a menudo en combinación con la terminología técnica de llevar antorchas Δαδοῦχειν).[896]

Finalmente, la evidencia más antigua en el ámbito del arte pinta antorchas, confirmando que las λαμπάδες de Mateo 25 son en sí antorchas. Estos incluyen un grabado semicircular en el Coemeterium Ostrianum (Coemeterium Majus)

888. Vea Pseudo-Agustín, *Sermo* 76 = PL 39, 1892; Thomas Aquino *Lectura* Nr. 2013 (*vasa luminis*) o Alberto el Grande II, 118 (*lucerna lucida*).

889. Vea Zorell, "De lampadibus"; Jeremías, "ΛΑΜΠΑΔΕΣ"; También Luz, *Matthäus*, 469-71.

890. Los términos λαμπτήρ o λυχνοῦχος también se utilizan para lámparas de aceite y linternas. Según Poll. 6,103, así es φανός. Sobre esto ver Blümner, *Privataltertümer*, 142-44.

891. Para una discusión detallada ver Gagé, "Fackel".

892. Vea Jeremías, "ΛΑΜΠΑΔΕΣ", 198; Sin embargo, Jeremías no ofrece evidencia de fuentes antiguas para esta práctica.

893. Mayordomo señaló correctamente que la idea de piezas de tela que se quemaban no era práctico ni económica como la tela era valiosa; Vea Mayordomo, "Mädchen", 493.

894. Ver Parisinou, "El mundo de las mujeres".

895. Eur. IA 732-36; id., Tri. 315; id., Medea, 1027. Las siguientes pinturas de jarrones retratan las antorchas llevadas exclusivamente por mujeres: ARV (Attic Red figure Vase) 261:27; 513:21; 514:2; 539:44; 554:79; 726:12; 1079:1; 1103:1; 1127:19; 1155:42; 1428:14–15; ABV (Attic Black figure Vase) 296; Add I, 687,23. Vea Beazley, *red-figure*; Idem, *black-figure*.

896. Como en Philo, Quis rerum divinarum heres sit, 311; Eusebio, Praeparatio Evangelica, Libro II 3:41; Hippolyt, Danielkommentar I 33:1; IV 60:2.

en la Vía Nomentana (principios del siglo IV) y un fresco en las catacumbas de Cyriaca en la Via Tiburtina (siglo IV), los cuales están en Roma, así como un fresco en la cúpula de la capilla del Éxodo en Al-Bagawat en el Oasis de Karga (Egipto, siglo IV).[897] Otro paralelo sorprendente se encuentra en el comentario de Rashi sobre *m. Kelim* 2:8, ya que informa que era práctica común en la tierra de Ismael acompañar a una novia de la casa de sus padres a la casa de su novio con diez antorchas de vaso.[898]

Como el uso de las antorchas solo tenía sentido si la procesión de la boda tenía lugar por la noche, esto es un indicio de cómo se sitúa la escena en el tiempo. Esto se considerará más adelante.

La procesión y el banquete de bodas

Los verbos de movimiento –venir, salir, etc.– así como el clamor a la llegada del novio sugieren que este segmento introduce la procesión de la boda. Tanto en la tradición judía como en la tradición greco-romana, la procesión era de gran importancia porque reunía a la pareja nupcial.

Según fuentes rabínicas, la celebración en la tradición judía comenzaba en casa de la novia. El novio, el padrino de la novia, y los amigos de la novia están en la casa para llevar a la novia de la casa de su padre a la del novio. La novia, ungida y adornada, era bendecida, en especial por su padre, antes de salir de la casa. Las bendiciones se referían a la duración y la fertilidad del matrimonio.[899]

Durante la procesión de bodas, la novia virgen era llevada en una litera rodeada por el novio y sus amigos.[900] Durante la procesión se distribuían nueces y granos tostados a los espectadores (*Ketub* 2:1). A su vez, los espectadores honraban a la pareja nupcial, vertiendo vino y aceite en el camino y extendiendo ramas de mirto y palmas (*Ketub* 16b-17a, *b, Ber.* 50b). También cantaban canciones sobre la belleza y la pureza de la novia. Según *b. Ketub.* 17a, los rabinos no se ponen de

---

897. Obsérvese también la representación de antorchas en el Codex Rossanensis (siglo VI), que se representa en Luz, *Matthäus*, 487. En este punto véase Körkel-Hinkfoth, *Jungfrauen*, 280-86.

898. "Varillas con una especie de cuenco de cobre en la parte superior, en el que se colocan fragmentos de ropa junto con aceite y resina de árbol". La traducción es la de Billerbeck, *Kommentar* I, 969.

899. Vea Génesis 24:60; Rut 4:11-12; Tob. 10:11-12. Y más tarde *b. Ber.* 59b; segundo. *b. Mo'ed Qaṭ.* 9b; *Gen. Rab.* 26. Vea Nussbaum, "Geleit", 918.

900. Según *m. Sot.* 9:14; *t. Soṭah* 15:9 esta costumbre fue abandonada después de la insurgencia del Bar Kochba.

acuerdo sobre el grado en que este elogio tenía que corresponder con la realidad.[901] La celebración, se completaba con bailes y música interpretada con flautas, trompetas y tambores (m. *B. Meṣi'a* 6:1; *m. Sot.* 9:14; *b. Ketub.* 17a). La historia en *b. Ketub.* 17a sobre el baile de Rav Acha con la novia en sus hombros demuestra la exuberancia de tales festividades. 1 Mac. 9:39 hace referencia al ruido y la música de la procesión nupcial:

καὶ ἦραν τοὺς ὀφθαλμοὺς αὐτῶν καὶ εἶδον καὶ ἰδοὺ θροῦς καὶ ἀποσκευὴ πονή καὶ ὁ νυμφίος ἐξῆλθεν καὶ οἱ φίλοι αὐτοῦ καὶ οἱ ἀδελφοὶ αὐτοῦ εἰς συνάντησιν αὐτῶν μετὰ τυμπάνων καὶ μουσικῶν καὶ ὅπλων πονῶν.

Se asomaron y vieron una procesión tumultuosa con una gran cantidad de equipaje; y el novio salió con sus amigos y sus hermanos a su encuentro con panderetas y músicos y muchas armas.

La procesión constaba de los amigos de la novia y el novio, el padrino de la novia, y los invitados de la boda, así como la participación de la gente del pueblo.[902] La participación en la procesión nupcial era tan importante que era posible para ser excusado de otros deberes religiosos e incluso se podía interrumpir los estudios de la Torá con el fin de participar (*y. Ḥag* 1:7, 66c; *b. Ketub* 17a). Incluso del propio rey Agripa se dice que dio paso y espacio a una novia, lo que le valió el elogio de los sabios (*b. Ketub.* 17a).

En el ritual griego, la procesión de bodas[903] no tenía lugar sino hasta después del banquete en la casa de la novia, por tanto, tarde por la noche. El que presidía la procesión (προηγητής) asumía un papel similar al que Hermes haría en el caso de los dioses, actuando como director y heraldo de la procesión. Además, son mencionados individualmente el padrino de la novia (νυμφαγωγός, νυμφευτής, παράνυμφος, πάροχος), un buen amigo o pariente del novio,[904] y la madre de la novia.[905] La madre de la novia y otras mujeres llevaban antorchas para proporcionar luz. Como se ve en los grabados de los vasos, la pareja nupcial

901. Ver *b. Ketub.* 17a sobre de la disputa entre Shamai y Hillel. En esta controversia ver Archer, *Price*, 197ª.

902. Era prácticamente obligatorio para un número suficientemente grande de personas –de acuerdo con los sabios, doce mil hombres y seis mil trompetas (véase Archer, *Price*, 196– el acompañar la procesión de bodas (*b. Ketub*, 17a).

903. Sobre esto vea Nussbaum, "Geleit", 919-23. La primera descripción de una procesión nupcial es dada por Homero (*Il* 18:491-96), que fue tomada por Hesíodo (Scutum Herculis 272-85).

904. Vea Aristófanes: Aves fin .; Pollux 3:40; 10:33; Menandro, Sikyonios, 397-405; Pausanias Atico; Focio. En Chariton, Kallirhoe, III, 2:5 (νυμφαγωγός) y Aristófanes, Aves V, 1737 (πάροχος) en las canciones nupciales de Zeus y Hera, Eros es identificado como el padrino, aunque con terminología diferente. Ver Avagianou, *Marriage*, 11.

905. En el sueño del Kallirhoe de Chariton la novia es conducida por su padre y su madre. Vea Char., Kallirhoe I, 5:5.

montaba en un carro nupcial, una cuadriga tirada por mulas o un equipo de caballos, mientras que los familiares y los invitados caminaban detrás. La procesión griega también era muy exuberante e incluía flautas, arpas y baile. Los invitados cantaban la canción de bodas, los *hymenaios* (ὑμέναιος),[906] y otras canciones en las que la pareja nupcial era comparada, por ejemplo, con parejas mitológicas.[907] Los padres del novio esperaban en la casa con el resto de su familia para prodigar a la novia con dátiles, higos, y nueces (καταχύματα). La madre del novio y sus criadas portaban antorchas con las que esperaban a la puerta de la pareja nupcial.[908] El novio llevaba de la mano a la novia a la casa y rodeaban el hogar (ἀμφιδρομία). Finalmente, las damas de honor (νυμφεύτριαι), o el encargado varón, llevaban a la novia a la cámara nupcial decorada y les daban un pedazo del pastel de bodas de sésamo y miel y un membrillo como símbolo de fertilidad. Mientras la pareja cerraba la puerta, los invitados cantaban la *epithalamion* (ἐπιθαλάμιον, es decir, ἐπιθαλάμιος)[909] y hacían mucho ruido para ahuyentar a los demonios, a los que se creía que una pareja estaba particularmente expuesta la primera vez que tenían relaciones sexuales. Algunos textos hablan de un portero, el θυρωρός, que custodiaba la cámara nupcial.[910]

Conclusión: La escena aludida en Matt. 25: 1-13 se puede entender mejor utilizando el conocimiento a fondo del ritual griego. Es posible que las vírgenes fueran doncellas / esclavas de la casa del novio y que esperaran la llegada de la pareja nupcial, lo que habría tenido lugar tarde en la noche después del banquete en casa de la novia. Las antorchas también encajan bien con esta escena nocturna, ya que hay mucha evidencia arqueológica de las antorchas que se utilizan en las procesiones nupciales. También hubieran sido necesarias para iluminar el área frente a la casa. Finalmente, con este conocimiento de trasfondo, a la "puerta cerrada" se le puede dar una interpretación real, histórica como la pareja nupcial puede desaparecer en la cámara nupcial y no —como en el ritual judío— en el banquete, de la que no habría sido posible o deseable el excluir a nadie.

Sin embargo, todavía no tenemos ninguna explicación de por qué cinco vírgenes entran en la casa con el novio. ¿Es el número diez significativo para ser

---

906. Hay ejemplos en Focio, Aristófanes, Safo y Eurípides. Ver Contiades-Tsitsoni, *Hochzeitslied*.

907. Por ejemplo, Zeus-Hera (Aristófanes, Aves) o Hector-Andromache (Safo); Peleus-Thetis (Eurípides). Según Avagianou, *Marriage*, 13.

908. Eur., Medea 1026–27; Eur., Phoen. 344; ABV, 115; ARV², 841:75.

909. Los términos ἐπιθαλάμιον se originan en la era helenística y caracterizan las canciones fuera de la cámara nupcial, véase Schol. Theokr 18, 331:17 (Wendel); más en Erdmann, *Ehe*, 259; con más detalle Contiades-Tsitsoni, *Hochzeitslied*, 30-54.

910. Ver Hesych, Lex: θυρωρός ὁ παράνυμφος, ὁ τὴν θύραν τοῦ θαλάμου κλείων, cf. Theokr 15.77; Poll 3.42; Sappho Frg. 110, vgl. Avagianou, *Marriage*, 13-14.

simbólico y no precisamente el indicar un número real de personas? ¿Por qué no se menciona a la novia? En una interpretación simbólica, las diez vírgenes podrían ser vistas como representativas de la novia. Como un personaje colectivo de grupo que expresan una cierta ambivalencia o conflicto interno en cuanto a la novia se refiere. Sin embargo, desde esta perspectiva, la escena con las antorchas no es realmente plausible ni comprensible. Uno está más inclinado a decir que la escena se representa con realismo, aunque contiene elementos que invitan a una interpretación simbólica. La novia que no se menciona es, por lo menos, una brecha narrativa que requiere una interpretación. En términos más generales, el ritual griego ofrece buenas explicaciones para algunos detalles, pero no para todos. Las parábolas son realistas, pero al mismo tiempo metafóricas, lo que requiere el siguiente paso en el análisis.

La tradición: estudio de las metáforas y los símbolos

El análisis de los antecedentes contextuales debería dar claridad a la tradición de los símbolos y las metáforas que la parábola puede usar o con los que al menos los lectores pueden relacionarse. En Mateo 25:1-13, me gustaría destacar tres dominios metafóricos tradicionales (en realidad *Bildfelder*, que son dominios metafóricos convencionalizados), para los cuales la imagen nupcial es particularmente importante:

Metáforas nupciales y de los novios: el Mesías como novio/esposo

Hay una larga tradición judía y posteriormente de la era cristiana primitiva en la que la boda era utilizada como una imagen del tiempo de salvación. La imaginería nupcial es, pues, una faceta de la tradición más amplia de metáforas (*Bildfeld*) en la que la relación entre un hombre y una mujer se utiliza de muchas maneras diferentes como metáfora de la relación entre Dios y los seres humanos.[911]

El profeta Oseas (siglo ocho AC) habla de una relación sexual entre YHWH y el pueblo de Israel, posiblemente en una contra distinción con otros cultos existentes en el tiempo en que a menudo se hace referencia a parejas divinas con connotaciones sexuales (Baal/Ishtar, el matrimonio sagrado). La ambigüedad del término Baal, que se usa no solo para el dios ugarítico, sino también para "amo" o "esposo",[912] lleva a la máxima de que no es Baal sino YHWH el que debe ser el único Dios y marido de Israel (Oseas 2:18). Así, Oseas llama infidelidad

---

911. Vea los aspectos diferentes de esta larga tradición en Zimmermann, *Geschlechtermetaphorik*.

912. Vea, por ejemplo, el uso del término con este significado en Génesis 20:3.

y adulterio a la devoción del pueblo de Israel al culto de Baal y al hacerlo, crea una metáfora que se establece léxicamente por sí misma. Los terminos *Naaph* (adulterio) y *zanah* (prostitución) también significan "practicar la idolatría".[913] La acción simbólica de casarse con una mujer adúltera por mandato de YHWH (Oseas 1:2; 3:1) alude simultáneamente, sin embargo, a la reconciliación y a la renovación de la relación con Dios. El nuevo tiempo de salvación así proclamado está conectado con imágenes de esponsales:

> Te desposaré conmigo para siempre; te desposaré conmigo en justicia, juicio, benignidad y misericordia. Te desposaré conmigo en fidelidad, y conocerás a Jehová… (Oseas 2:19-20)

En la literatura profética subsecuente también encontramos muchas referencias que emplean este ámbito figurado, por ejemplo, en Ezequiel 16 y 23 o en el Deutero –y Trito– Isaías. En Isaías 62:4-5, por ejemplo, las imágenes nupciales se utilizan explícitamente:

> Ya no te llamarán «Abandonada», ni a tu tierra la llamarán «Desolada», sino que serás llamada «Mi deleite»; tu tierra se llamará «Mi esposa»; porque el Señor se deleitará en ti, y tu tierra tendrá esposo. Como un joven que se casa con una doncella, así el que te edifica se casará contigo; como un novio que se regocija por su novia, así tu Dios se regocijará por ti. (Isaías 62:4-5 NVI)

En general, YHWH es el novio y el esposo, mientras que en varias unidades colectivas como el pueblo de Israel, la tierra (Oseas 1:2; 9:1; Jeremías 2:20; 3:1, 6, 8), o las ciudades de Samaria, Jerusalén o Sión (Isaías 1:21; Ezequiel 16, 23) se identifican metafóricamente como la novia y la esposa. En el Segundo Templo del judaísmo nos encontramos con diversas modificaciones de las metáforas tradicionales (*Bildfeld*). Por un lado, hay individualización, en la cual no el pueblo o la ciudad, sino más bien la persona individual está en una relación sexualmente metafórica con Dios o con la señora Sabiduría (Proverbios 8:22-31; Sirac 15:2, 51:13-30; 11Q05).[914] Por otro lado, aparecen personajes que median la relación directa entre Dios y las personas. Estos son en particular la sabiduría, que asume el papel femenino (Sabiduría de Salomón 6:12; 7:10; 8:3-4), y también la Torá, con la que Dios "se casa" (*m. Taʿannit* 4:8 con referencia a Cantares 3:11). La interpretación de que la dadiva de la Torá en el Sinaí fue una "boda" aparece con frecuencia en la literatura rabínica. En la homilía de la boda de la Pesikta de Rav Kahana 12:11,[915]

---

913. Vea, en los escritos proféticos, Jeremías 5:7-8; 13:27-28; 23:9; Ezequiel 16, 23. Vea también, fuera del corpus profético, Éxodo 34:15-16; Deuteronomio 31:16; Jueces 2:17; 8:27, 33, ver detalles Zimmermann, *Geschlechtermetaphorik*, 104-52.

914. Vea Zimmermann, "Love Triangle".

915. Vea el texto en Mandelbaum, 210-11. Vea también los paralelos en MHG Shem 19:1; YalqShem yitro 273.

la fecha de la boda era de gran importancia: "Como un rey que desposó a una mujer noble. Puso la fecha (para que la llevaran a casa). Cuando la fecha estaba sobre ellos, dijeron: ahora es la hora en que entran en la cámara nupcial. Cuando llegó el tiempo en que la Torá fue dada, ellos dijeron: La hora está sobre nosotros, a Israel se le da la Torá".

Desarrollando la metáfora tradicional profética del tiempo de salvación como una boda, el Mesías y no YHWH es posteriormente metaforizado como el novio.[916] Ejemplos pueden ser encontrados en la interpretación mesiánica del Salmo 45 (boda del rey) (Salmos Targúmicos 45:3, 45:7, 4Q 171, véase también Hebreos 1:8), la interpretación alegórica de los Cánticos (*m. Ta'anit* 4:8; Cánticos Targúmicos 7:12–8:14), o la conexión del novio en Isaías 61:10 con el Mesías sacerdotal de los textos de Qumrán 1QIs 61:10; 11Q13 1:7-20). Según el Targum Zacarías 3:1-10, el sumo sacerdote Josué también es retratado como el novio de los últimos días. El prerrequisito para la boda escatológica es la purificación de los pecados, que se intensifica con la metáfora de la ropa. El texto es particularmente interesante porque, al final, el sumo sacerdote está vinculado al Mesías, aunque no está claro si se trata de una analogía o de una identificación: "Escucha ahora, Josué el sumo sacerdote, tú y tus compañeros que están sentados delante de vosotros, porque son hombres dignos de que se les haga una señal; porque he aquí, yo traeré a mi siervo el Mesías (o el ungido), y él será revelado".[917]

La homilía en la Pesikta Rabbati, Piska 37, que habla de un "esposo mesiánico sufriente", refleja la metáfora tradicional del Mesías judío como novio en una era posterior. Es un sermón sobre Isaias 61:10 y da una interpretación mesiánica de la metáfora nupcial en el libro del profeta: "Otra observación: *semejante a un novio que luce su diadema sacerdotal* (Isaías 61:10). Este texto enseña que el Santo, bendito sea, llevará a Efraín, nuestro verdadero Mesías, una vestidura cuyo esplendor fluirá desde un confín del mundo hasta el otro confín del mundo ... *Y como una novia se adornó con joyas* (Isaías 61:10): ¿Por qué la congregación de Israel se asemeja a una novia? Para decir que, así como una novia puede destacar solamente por sus joyas, así también los adversarios de la congregación de Israel pueden ser avergonzados solamente por el mérito de ella".[918]

En el Nuevo Testamento, la persona y el ministerio de Jesús se explican en varios lugares usando la imagen del novio, por ejemplo, en la cuestión del ayuno (Marcos 2:18-20, par. Lucas/Mateo) en Juan 2-4[919] y en Apocalipsis (vea Apocalip-

---

916. Para más detalles, véase R. Zimmermann, "Bräutigam", y Zimmermann, *Geschlechtermetaphorik*, 258-76.

917. Vea Gordon, "Sacharja".

918. Traducción según Braude, *Pesikta Rabbati*, 689.

919. Juan 3:29-30 se enfoca en el Mesías. Para la discusión vea M. y R. Zimmermann, "Freund". En Juan 2:1-12 como una metáfora narrativa ver Zimmermann, *Christologie*, y en Juan

sis 19:6-9).[920] Según varios textos del Nuevo Testamento, la novia es la comunidad o la iglesia cristiana (vea 2 Corintios 11:2-3; Efesios 5:25-27; 2 Juan 1; Hermas, Visión 3-4; 2 Clem. 12, 14).[921] Sin embargo, esta serie de referencias demuestra que la idea pre-formada de la "esposa" de Cristo se concentra en las epístolas. En los evangelios, por el contrario, la idea de la novia se deja notablemente abierta (por ejemplo, en Juan 2:1-11, en Juan 3:30 sin una explicación clara de quién es la novia). Mateo no solo recoge la metáfora de la boda de Marcos 2:18-20 sino que transforma la parábola de la fiesta de la cena, desviándose de las tradiciones paralelas (véase Lucas 14:12-24, *Evangelio de Tomás* 64), a una parábola acerca de una boda (vea Mateo 22:1-14). Mateo aparentemente tenía un interés particular en esta tradición.

La venida de Dios

Los textos del Antiguo Testamento hablan repetidamente de una repentina "venida de Dios" (Jueces 5:4, Salmos 68:8-9, Isaías 59:19, Miqueas 1:3-4). La llegada de un tiempo desconocido se expresa sucintamente, sobre todo en la metáfora del "día del SEÑOR" (*yom YHWH*), que se suele describir como amenazante y aterrador.[922]

> He aquí el día de Jehová viene: día terrible, de indignación y ardor de ira, para convertir la tierra en soledad y raer de ella a sus pecadores. (Isaías 13:9; Isaías 13:6)

La inminente pero incierta llegada de este día es una figura fija del anuncio profético y, por tanto, particularmente apocalíptico:

> »¡Cercano está el día grande de Jehová! ¡Cercano, muy próximo! Amargo será el clamor del día de Jehová; hasta el valiente allí gritará. (Sofonías 1:14, véase también Habacuc 2:3, 4 Esdras 7:74)

La venida de Dios o la llegada de una figura salvífica en el judaísmo temprano está generalmente asociada escatológicamente con el fin de los tiempos y el juicio final (2 Baruc 7:47; Salmos de Salomón 17:21). También encontramos frecuentemente la idea de una llegada sorpresa en el Nuevo Testamento, donde generalmente encuentra su clímax en el Hijo del hombre (Marcos 13:13-37; Lucas 12:16-21; 1 Tesalonicenses 5:2; 2 Pedro 3:10 y Apocalipsis 3:3). La dimensión amenazante también es abundantemente clara por ejemplo, en el apocalipsis marquiano

---

4, Zimmermann, "Jewish Man".

920. Vea Zimmermann, "Revelation".

921. Vea Zimmermann, *Geschlechtermetaphorik*, 300–25.

922. Vea Joel 1:15; 2:1, 11; 3:4; 4:14; Amós 5:18–20; Abdías. 1:15; Sofonías 1; 7:14; Malaquías 3:23.

(Marcos 13) o en metáforas como la del "ladrón en la noche". Mateo, de la misma manera, toma esta idea en su discurso escatológico (véase Mateo 24:43).

Luz y obras

Finalmente, hay un tercer ámbito de metáforas tradicionales que podría jugar un papel en Mateo 25:1-13. Dentro de las múltiples entregas e interconexiones de la luz con las dimensiones religiosas, una faceta se encuentra en la relación metafórica de la luz con las declaraciones éticas. La "luz" se usa a menudo para simbolizar la justicia de Dios (Isaías 51:4) o el juicio divino (Oseas 6:5 y Zacarías 3:5). Sin embargo, también está presente para el mandamiento y las exigencias impuestas a la gente, como se puede ver, por ejemplo, en Proverbios 6:32: "Porque el mandamiento es lámpara, la enseñanza es luz, y camino de vida son las reprensiones que te instruyen".

El Testamento de Benjamín dice: "Porque donde alguien tiene en sí respeto por las buenas obras y tiene luz en el entendimiento, las tinieblas se apartarán de esa persona"[923] (*T. Benj.*, 5:3). Así, la luz de las antorchas también se puede ver desde una perspectiva ética, particularmente como en el evangelio de Mateo. En Mateo. 5:15-16, en la parábola de la lámpara en el candelero, se dibujan paralelos entre la luz y las "buenas obras": "Ni se enciende una luz y se pone debajo de una vasija, sino sobre el candelero para que alumbre a todos los que están en casa. Así alumbre vuestra luz delante de los hombres, para que vean vuestras buenas obras y glorifiquen a vuestro Padre que está en los cielos" (Mateo 5: 15-16).

El significado: ampliación de los horizontes de interpretación

La intención de este resumen no es elegir una interpretación favorita, sino más bien crear redes de observaciones realizadas hasta ahora, cada una con un enfoque diferente. En consecuencia, se enfatizarán diversas perspectivas y opciones interpretativas.

Interpretación cristológico-escatológica

La parábola se sitúa en el contexto del discurso escatológico, que en Mateo no se refiere solamente a los acontecimientos del final de los tiempos (por ejemplo, los sucesos apocalípticos de Mateo 24:1-28, el juicio final en Mateo 25:31-46), sino también acerca de la "venida del Hijo del hombre" (Mateo 24:27; 24:37, 39, 44;

---

923. Vea Charlesworth, *The Old Testament Pseudepigrapha*, 826.

25:31). Sin embargo, como se muestra con dureza en la parábola del "ladrón en la noche" (Mateo 24:43-44), esta venida es incierta. La llegada del Hijo del hombre es tan incierta como la hora en que un ladrón irrumpe en una casa: "Por tanto, también vosotros estad preparados, porque el Hijo del hombre vendrá a la hora que no pensáis". (Mateo 24:44).

Este es un claro paralelo con Mateo 25:1-13, en la cual el tiempo de la llegada del novio es también incierto (Mateo 25:5). Llega como un ladrón en la noche (Mateo 25:6), y la parábola termina con el mismo atractivo que en Mateo 24:42, la única diferencia es que en Mateo 24 es la venida del "Señor", no el novio, que es incierta:

Velad, pues, porque no sabéis a qué hora ha de venir vuestro Señor. (Mateo 24:42)

Velad, pues, porque no sabéis el día ni la hora... (Mateo 25:13)

Los motivos temporales del "día" (Mateo 24:42) y la "hora" (Mateo 24:44) están unidos en Mateo 25:13. La formulación incompleta lleva al lector inicialmente a asociar los detalles temporales con el novio, cuyo tiempo de llegada es desconocido. Sin embargo, los paralelos directos entre las formulaciones en Mateo 24 y Mateo 25 relacionan al novio con "El Hijo del hombre" o el "Señor". De esta manera, el novio se convierte así en una metáfora del Hijo del hombre o del Señor, que está por venir, particularmente porque esta metáfora ha sido introducida previamente en la parábola de la boda con respecto a la cuestión del ayuno (Mateo 9:14-15). Mientras que la parábola allí se ocupa explícitamente de la salida o la partida del novio (Mateo 9:15: "Vendrán días cuando el esposo les sea quitado"), en Mateo 25 el tema es la venida o quizás el regreso del novio.

La venida del Hijo del hombre es interpretada por muchos eruditos como la parusía, que es como la segunda venida de Cristo en el juicio final. La llegada tardía estaba conectada con la idea del aplazamiento de la parusía.[924] Según esta idea, no se cumplió la espera del fin inminente de los tiempos del cristianismo primitivo (véase, por ejemplo, 1 Corintios 7:29-31), así como el hecho de que Cristo no regresara llevó a un declive en la fe y por tanto requirió una llamada a la vigilancia. Tal interpretación claramente se aleja de la vida de Jesús y apunta a la tradición de la comunidad cristiana.[925]

La conexión de la aparición escatológica de Cristo con la selección y el juicio simultáneo es claramente parte de la escatología de Mateo y está representada repetidamente en muchas variaciones de las parábolas (Mateo 25:31-46: ovejas y cabras, Mateo 13:47-50: la red; Mateo 13:24-30: el trigo y la cizaña). Así, la

---

924. Véase Bornkamm, "Verzögerung"; Además Gräßer, *Parusieverzögerung*, 119-27.

925. F. A. Strobel hizo una sugerencia concreta, defendiendo una interpretación litúrgica basada en una expectativa siria del regreso de Cristo en la oración de medianoche de la pascua oriental. Vea Strobel, *Verständnis*.

llegada del novio también conduce a una separación entre las vírgenes prudentes y las insensatas. La "puerta cerrada" que produce alboroto en el escenario de la boda encaja en el ámbito escatológico del evangelio. El título de "Señor" (Mateo 25:11: κύριος), así como el discurso, "de cierto os digo..." (Mateo 25:12),[926] que es inusual para un personaje en una parábola, también apoya tal interpretación cristológica. Esto no trata solo acerca de un novio, sino también acerca de Cristo, que es representado como el esposo que regresa para el juicio.

La metáfora del novio también tiene aspectos positivos. Aunque la metáfora del "ladrón" apela a emociones negativas, el "novio" activa sentimientos positivos, recuerdos y esperanzas que se vinculan con la metáfora nupcial profética. Así YHWH como un novio viene y se entrega a un pueblo infiel (Oseas, Isaías), el banquete y el tiempo de la salvación puede comenzar con la llegada del novio.

Interpretación ética

Según Mateo, no hay tiempo para el sueño o para la ociosidad en vista de la proximidad del fin del de los días. Por el contrario, el alcance escatológico tiene consecuencias éticas, que, a pesar de esta estrecha relación, debe ser identificada como su propio dominio de interpretación. La anticipación del futuro juicio es directamente relevante para el día de hoy, o para ponerlo más claro, el propósito real de la conducta amenazadora del "lloro y crujir de dientes" (véase Mateo 8:12; 13:42, 50; 22:13; 24:51; 25:30) es cambiar el comportamiento aquí y ahora. La orientación ética de todo el evangelio es incontrovertible y tiene su mayor impacto en el "sermón del monte" (Mateo 5-7).

En este contexto, es probable que la parábola contenga también una motivación ética. Esto es confirmado por el contexto inmediato donde se encuentran cuatro parábolas[927] dentro del discurso escatológico en un marco de eventos apocalípticos (Mateo 24:3-31; Mateo 25:31-46) y cada una de estas parábolas saca sus propias conclusiones éticas de la perspectiva del fin que se acerca. Debido a que el fin es inminente, es importante estar "vigilante" y "listo" y comportarse de la misma manera.

La caracterización directa de las mujeres como "prudentes" e "insensatas" en el segundo versículo (Mateo 25:2) introduce categorías de valor que son familiares al lector de la antigua ética de la virtud. Φρόνησις (la prudencia) era un término principal en la ética inicialmente para Platón (*Leyes* I 631c, *Prot.* 352c)

---

926. Los dichos de „en verdad os digo..." solo ocurren con Jesús como hablante en el evangelio de Mateo. Vea Mateo 5:18; 6:2, 5, 16; 8:10; 10:15; etc. Según Vía, "Jesús ... no los puso en boca de sus personajes parabólicos" (Vía, *Parables*, 123).

927. Parábola del ladrón (Mateo 24:43-44); parábola del siervo infiel (Mateo 24:24-51); parábola de las diez vírgenes (Mateo 25:1-12); parábola de los talentos (Mateo 25:14-30).

y subsecuentemente en particular para Aristóteles (*Ética eudemia* VI 5, 1140a, 24-31, *Ética nicomachea* I 1, 1214a, 32). La evaluación comienza de manera muy general, pero se intensifica a lo largo de la parábola a través del comportamiento de las mujeres. Cinco vírgenes son "insensatas" porque han olvidado el aceite, el cual es claramente necesario para que las antorchas ardan (v.3), mientras que las vírgenes prudentes se han acordado del aceite (v.4). El comportamiento prudente de un grupo en la planificación y el comportamiento descuidado y miope del otro justifican los títulos de "prudentes" e "insensatas" porque, cuando el novio llega, se revela que tan solo el comportamiento de las vírgenes prudentes traerá el resultado deseado. El tiempo se utiliza para subrayar el atractivo implícito del comportamiento correcto. Es imprescindible interpretar correctamente el tiempo y reconocer el momento propicio para la acción, ya que cuando las vírgenes insensatas se van a comprar aceite e intentan compensar su error, llegan demasiado tarde.

La parábola no revela si el intento de comprar aceite de los comerciantes a una hora tan tarde es exitoso o no. Teniendo en cuenta las costumbres orientales, no tenemos que preocuparnos tanto de los tiempos de cierre de las tiendas, como han hecho algunos académicos alemanes.[928] Lo importante es que el error de las mujeres descuidadas ya no puede ser corregido. Incluso la referencia a la "puerta cerrada" al final del versículo 10 es un mal augurio, y esto se enfatiza posteriormente en el diálogo final con el novio, que no deja entrar a las vírgenes y declara que no las conoce.

También hay un paralelo lingüístico significativo que conecta la parábola de las vírgenes con el final del sermón del monte (Mateo 7:20-23) y que apoya una interpretación ética. Siguiendo la parábola del árbol y su fruto (la metáfora del fruto se usa a menudo para las obras), se usa el doble llamado de "Señor" (como en Mateo 25:11): "No todo el que me dice: 'Señor, Señor,' entrará en el reino de los cielos, sino solamente el que hace la voluntad de mi Padre que está en los cielos" (Mateo 7:21). Tanto la dirección κύριε κύριε (Mateo 7:21, y también en v. 22) como el término "entrar" (véase Mateo 25:10) en el reino de los cielos (véase Mateo 25:1), así como la declaración paralela: "No os conozco" (Mateo 7:23: οὐδέποτε ἔγνων ὑμᾶς; 25:12: οὐκ οἶδα ὑμᾶς) crea una estrecha relación entre Mateo 7 y 25. En Mateo 7:21, hacer la voluntad del Padre es explícitamente requerido para entrar en el reino. Así que, entrar en el reino depende de hacer lo correcto, es decir, depende de la ética.

Visto de esta manera, la ética de la parábola puede caracterizarse como una reflexión consecuencialista o teleológica: actuar de una manera que conduzca a la consecución de una meta particular. El comportamiento correcto se determina por el resultado que se debe lograr. En la parábola es la entrada en el banquete de la boda; desde una perspectiva escatológica, es la entrada en el reino de Dios. Para

---

928. Vea Luz, *Matthäus*, 476.

alcanzar este objetivo es necesario "estar preparados" (v. 7). Esta correlación entre hechos y consecuencias (en aleman *Tun-Ergehen-Zusammenhang*) conectada con el dualismo mencionado anteriormente y a la meta del conocimiento es una reminiscencia de la ética de la sabiduría. La parábola puede incluso evocar el paradigma de los "dos caminos"–uno que conduce a la salvación, el otro a la condenación.

¿Es esta, sin embargo, la ética de la parábola? ¿Las implicaciones teológicas de tal ética encajan en el marco de la teología de Mateo? ¿La salvación, acaso, debe de ser primero ganada a través de buenas obras? ¿O puede incluso ser puesta en peligro si los convidados no demuestran ser dignos de misericordia (vea Mateo 22:11-13), o si la comunidad no demuestra estar en fe? En mi opinión, uno termina en tales contradicciones teológicas solo cuando se desprecia la forma lingüística de la parábola.

La ética de la parábola no debe ser atraída hacia la estrechez del consecuencialismo o del dualismo. En cambio, solo puede entenderse apropiadamente en el contexto de la estética ética de las parábolas de Mateo.[929] Como se mencionó anteriormente,[930] las directivas éticas se expresan en y están ligadas al lenguaje estético, es decir, a las imágenes y a las expresiones retóricas. Como tales, no deben ser malinterpretadas como áridas leyes morales. De hecho, es característico de las parábolas de Mateo el trabajar con contrastes retóricos. La parábola de las diez vírgenes demuestra una tensión entre el brillo de una escena de boda y la oscuridad de la exclusión, así como el juicio (la puerta cerrada), que culmina en la declaración directa del novio diciendo: "¡No os conozco! 25:12).

Sin embargo, la parábola no solo activa reservas tradicionales de conocimiento, como las imágenes de una "boda" y una "corte judicial" También se centra en la posibilidad y necesidad de una experiencia empática y estética. La intención pragmática no es tanto convencer mediante el uso de argumentos y lógica, sino más bien sentirla y experimentarla. El discurso parabólico de la boda es un discurso figurado que utiliza el carácter provocador de la parábola con el fin de dejar al público sin ninguna opción. Las parábolas de bodas de Mateo 25:1-13 y Mateo 22:1-14 en especial buscan atraer en lugar de advertir. Es el novio mismo quien hace que surjan la alegría, las expectativas esperanzadoras y lo sentimientos positivos. Por tanto, cualquiera que se dé cuenta del contraste entre entrar con el novio a la fiesta o permanecer afuera en la oscuridad de inmediato habrá hecho su elección. Uno hará todo lo posible para entrar con el novio. Lo que se sigue de lo dicho es un llamamiento a estar preparados para el novio. Por lo tanto, no es de extrañar que, en la iglesia primitiva, particularmente en el Este, las vírgenes prudentes se convirtieran en figuras de identificación para las ascetas femeninas que interpretaron literalmente la metáfora nupcial y que vincularan la preparación

---

929. Vea en este enfoque Zimmermann, "Ethico-Ästhetik".

930. Vea el capítulo 5.

expectante del novio como "esposa de Cristo" con el celibato y la castidad.[931] El texto mismo, sin embargo, no provee base para una resolución literal de la metáfora, excepto por el hecho de que la novia no se menciona explícitamente.

Sin embargo, otro aspecto se destaca en el ámbito ético de la parábola: Las vírgenes "insensatas" piden a las prudentes compartir su aceite. Estas, sin embargo, rechazan duramente ("¡No!" V. 9), demostrando ser carentes de solidaridad y de ninguna manera útiles o éticamente ejemplares. Esto abre el margen para una interpretación adicional.

Interpretación feminista

Aunque el par contrastante "prudentes" e "insensatas" anticipa claramente que el lector tomará partido desde el principio, la interpretación feminista fractura esta expectativa aparentemente obvia. Según Vicky Balabanski, "la dureza de la joven 'prudente' hacia las demás al enviarlas a buscar fuera aun sabiendo que el novio estaba a punto de llegar ... debe ser un tema central"[932] para una lectura feminista de esta parábola.

Balabanski por lo tanto re-lee el texto (y su historia de recepción) críticamente y rompe con las interpretaciones tradicionales. Para ella, el predicado *phronimos* no es exclusivamente positivo. Ella sugiere la traducción por "inteligente" en vez de "prudente" porque "en esta parábola... la prudencia *phronimos* contrasta claramente con la sabiduría *sophia*".[933] En el macro-nivel del evangelio de Mateo, la sabiduría está estrechamente relacionada con Jesús mismo, que llama a los cargados y oprimidos (Mateo 11:28-30) o enseña que aquellos que quieran salvar sus vidas la perderán (Mateo 16:25). Así, la sabiduría *sophia* ayuda a criticar el egoísta comportamiento *phronimos* de las vírgenes de Mateo 25. Balabanski concluye así: "también hemos encontrado que no podemos simplemente adoptar la "prudencia" de las jóvenes que estaban preparadas; la joven astuta, aunque preparada, no es modelo del tipo de ética relacional imprescindible en un replanteamiento feminista".[934]

Ciertamente, Balabanski no está pensando en una audiencia principalmente femenina para la parábola original de Jesús, sino que está dirigida a hombres que pueden haber estado entretenidos con la combinación extrañamente discordante de las "vírgenes insensatas" y su intento nocturno de comprar aceite.

---

931. Vea, por ejemplo, Methodius de Olympus, *Symposion* (BKV I/2, 388); *Acts of Andrew* 4:6-10 (Papa Utrecht). Vea en este aspecto Zimmermann, *Geschlechtermetaphorik*, 529-61.

932. Balabanski, "Closed Door", 73.

933. Ibíd., 81.

934. Ibíd., 81.

Sin embargo, "el giro, o aguijón en la cola de la historia, viene en el v. 12 .... La broma se ha agriado. Lo que empezó como una broma a expensas de un grupo de mujeres insensatas se ha desatado.... El oyente que ha sentido la indignación del rechazo vislumbraría el mundo de nuevo, y al hacerlo encontraría a un Dios impredecible, un Dios que no está jugando el juego según las reglas".[935] La presunta ridiculización de las vírgenes insensatas y las prudentes podría en última instancia estar dirigida a hombres poderosos de la audiencia que se dan cuenta de que la broma es realmente acerca de ellos. Así, la parábola en su etapa temprana "tenía un potencial liberador para los iniciales oyentes masculinos".[936]

Luise Schottroff afirma de manera similar: "Es una historia que habla de opresión social, de hecho, de violencia. Puede ser que en la realidad social la gente se riera de jóvenes feas o ingenuas, pero en realidad esa risa era algo así como una sentencia de muerte social".[937] Del término παρθένος Schottroff deriva que la parábola se trata de chicas que están en edad de casarse. "Están disponibles en el mercado matrimonial, que, por regla general, estaba regulado por los padres de la joven y sus potenciales esposos. Es el deber de las mujeres jóvenes presentarse como buenas futuras esposas. Y de esto trata esta historia".[938] Mientras que una interpretación patriarcal-eclesiástica ha adoptado demasiado rápidamente las evaluaciones superficiales de las figuras femeninas, Schottroff nos hace conscientes de las dificultades y la realidad social de esta triste historia. Las jóvenes se convierten en peones de intereses patriarcales. En lugar de elogiar a la "virtuosa ama de casa", esta es una historia de catástrofe que presenta a la "virgen ingenua". Los oyentes reconocen, sobre todo a través de esta caricatura, que es una "anti-parábola". La llamada a despertar ("velar") debe finalmente despertar a los oyentes para que vean que Dios no es así, que el reino de Dios que Jesús describe no tiene puertas cerradas. En lugar de estar de acuerdo con los tópicos, deben ser desafiados a contradecirlos: "La respuesta de los oyentes solo puede ser: Pero nosotros os conocemos, y os recibiremos. Esta puerta no está cerrada. Todavía tenemos tiempo para poner fin a la violencia".[939]

Tania Oldenhage lleva esta interpretación crítica aún más allá. Ella no solo contextualiza la parábola –como hace Schottroff– en su entorno histórico contemporáneo, sino que empuja la perspectiva hacia la situación actual de recepción. En el curso de su trabajo como pastora en el Zürichberg en Suiza, varios grupos de lectores abren diferentes facetas del texto, cada uno inspirando a su manera. Los niños preescolares se quejan del egoísmo de las "vírgenes prudentes" mientras que

935. Ibíd., 82.
936. Ibíd., 86.
937. Schottroff, "Closed Door", 33.
938. Ibíd., 29.
939. Ibíd., 37.

los adolescentes reconocen semejanzas significativas entre la búsqueda de una esposa en la parábola y las normas de género actuales. Así como las vírgenes de la parábola actúan en su propio interés y sin consideración de la una con la otra (v. 9: "que no nos falte a nosotras y a vosotras"), en los modelos actuales también compiten entre sí y deben probar su valía frente a un solo hombre, como por ejemplo en programas de televisión como *The Bachelor* (El bachiller). En los servicios para jóvenes "la parábola ha servido para plantear el tema de la competencia entre chicas y mujeres jóvenes, y ponerla en tela de juicio".[940] Y debemos estar de acuerdo con Oldenhage en que mucho se ha logrado "cuando los jóvenes sienten que algo está siendo denunciado en esta parábola, que tampoco funciona bien en sus vidas".[941] Las parábolas captan situaciones de la vida real y desean ser narradas de nuevo en tales situaciones. Al igual que en la era cristiana primitiva, nos inspiran a ver variaciones y a extrapolar creativamente, incluso si al hacerlo ciertos rasgos y motivos (por ejemplo, para Oldenhage la "puerta cerrada") vienen al frente y otros son desestimados.

LITERATURA ADICIONAL

Balabanski, V. "Opening the closed door: A feminist rereading of the 'wise and foolish virgins' (Matt. 25.1–13)". In *The lost coin. Parables of women, work and wisdom*, edited by M. A. Beavis. The Biblical Seminar 86, Sheffield: Sheffield Academic, 2002, 71–97.

Donfried, K. P., "The Allegory of the Ten Virgins (Matt. 25,1–13) as a Summary of Matthean Theology", *JBL* 83 (1974), 415–28.

Flusser, D. *Die rabbinischen Gleichnisse und der Gleichniserzähler Jesus, Bd. 1: Das Wesen der Gleichnisse*. Bern: Peter Lang, 1981, 177–92.

Jones, I. H., "The Ten Young Women Matt 25:1–13". In idem, *The Matthean Parables. A Literary and Historical Commentary*. NovT.S 80. Leiden et al.: Brill, 1995, 443–62.

Körkel–Hinkfoth, R., "Die Parabel von den klugen und törichten Jungfrauen (Matt 25,1–13)". In der bildenden Kunst und im geistlichen Schauspiel. EHS 28:190, Frankfurt am Main et al. 1994.

Mayordomo, M. "Kluge Mädchen kommen überall hin (Von den zehn Jungfrauen) Matt 25,1–13". In *Kompendium der Gleichnisse Jesu*, edited by R. Zimmermann et al. 2nd ed. Gütersloh: Gütersloher Verlagshaus, 2015, 488–503.

940. Oldenhage, "Jungfrauen", 246.

941. Ibíd.

Oldenhage, T., "Die zehn Jungfrauen auf dem Zürichberg–Matthäus 25,1–13". In *Gott ist anders. Gleichnisse neu gelesen,* edited by M. Crüsemann et al. Gütersloh: Gütersloher Verlagshaus, 2014, 239–49.

Puig i Tàrrech, A. *La parabole des dix vierges. Mt 25,1–13.* AnBib 102, Rom: Gregorian & Biblical Press, 1983.

Schottroff, L. "The Closed Door. Matthew 25:1–13". In idem, *The Parables of Jesus,* trans. by Linda M. Maloney. Minneapolis, MN: Augsburg Fortress, 2006, 29–37.

Snodgrass, K. "The Ten Virgins (Matt 25:1–13)". In idem, *Stories with Intent. A Comprehensive Guide to the Parables of Jesus.* Grand Rapids, MI: Eerdmans, 2008, 505–19.

Zimmermann, R. "Das Hochzeitsritual im Jungfrauengleichnis. Sozialgeschichtliche Hintergründe zu Matt 25.1–13", *NTS* 48 (2002), 48–70.

_____. Parables in Matthew: Tradition, Interpretation and Function in the Gospel, in *An Early Reader of Mark and Q. New and Old on the Composition, Redaction, and Theology of the Gospel of Matthew*, edited by G. van Belle and J. Verheyden. Biblical Tools and Studies. Leuven: Brill 2015 (forthcoming).

10

EL BUEN SAMARITANO (LUCAS 10:30-35) Y LAS PARÁBOLAS EN LUCAS

Lucas es conocido como el narrador de historias por excelencia entre los evangelistas. También es alabado por su exposición de parábolas, y más porque recuerda el mayor número de parábolas de Jesús (alrededor de 57) y relata historias que no se encuentran en ninguna otra fuente disponible del cristianismo primitivo. Algunas de ellas están también entre las parábolas más conocidas en general (por ejemplo, la parábola del buen samaritano, Lucas 10:30-35, o la parábola del hijo pródigo, Lucas 15:11-32).

LAS PARÁBOLAS EN EL EVANGELIO DE LUCAS

Algunas de las parábolas de Lucas representan un sorprendente nivel de complejidad de elementos estilísticos y personajes. Por ejemplo, dos introducciones marcadas para las parábolas son características de Lucas: la fórmula ἄνθρωπός τις ("cierto hombre…") y la pregunta retórica τίς ἐξ ὑμῶν ("¿quién de vosotros…?"). Además, se encuentran varios mecanismos literarios como el "monólogo interno"[942] (por ejemplo, el hijo pródigo entre los cerdos [Lucas 15:17-19], el rico insensato [Lucas 12:17-19], el fariseo [Lucas 18: 11-12]),[943] finales abiertos/brechas narrativas

---

942. Vea Heininger, *Metaphorik*, 31-82.

943. Vea también Lucas 16:3-4; 18:4-5; Similarmente 12:45; 20:13.

(Lucas 15:32), y el uso de preguntas retóricas (Lucas 12:20). La presentación de los personajes en las parábolas más largas también revela una gran complejidad como evidencia, por ejemplo, en el juez "injusto" que termina escuchando la súplica de la viuda (Lucas 18:1-8); el hijo fiel, aunque enojado, que permaneció en casa (Lucas 15:25-32); o el administrador desleal pero astuto (Lucas 16:1-8). Además, la constelación de personajes es a menudo un "triángulo dramático" en el que un par de contrastes se opone a una tercera figura (clásicamente, dos hijos y un padre, como en Lucas 15:11-32).

Junto a la calidad de los textos de las parábolas, se observa también la cantidad. No hay un solo evangelio que tenga tantas parábolas como Lucas. En el *Kompendium der Gleichnisse Jesu* enumeramos cincuenta y cuatro pasajes,[944] de los cuales veintiocho se encuentran en Q[945] y ocho en Marcos. Lucas 10:22 (Padre e Hijo) se amplía a parábola en Juan 5:19-23, mientras que Lucas 18:17 (recibir el reino como un niño) es comparable a *Ev. Tom. 22*. Dieciséis parábolas fueron consideradas como *Sondergut* de Lucas.[946] A la luz del hecho de que las parábolas se encuentran en todo el evangelio y se reparten entre Lucas 4:32 y Lucas 21:29-31, no hay indicación de un arreglo compositivo de las parábolas. A diferencia de Marcos o Mateo, no se puede discernir una verdadera colección de discursos parabólicos. Más bien, hay agrupaciones más pequeñas de pasajes temáticamente conectados a lo largo de las líneas de los temas de "oración" (Lucas 11:5-13; 18:1-8), "comidas" (Lucas 14:7-11; 12-24), o "buscar a los perdidos" (Lucas 15:1-7; 8-10; 11-32). Al mismo tiempo, sin embargo, Lischer tiene razón en que las parábolas de Lucas están más estrechamente entretejidas en la macro narrativa del evangelio, revelando así un propósito compositivo para las

944. Sin embargo, la lista no es exhaustiva. Faltan las parábolas cortas como las de poner la mano en el arado (Lucas 9:62), dar de beber a los animales (Lucas 13:15), o la de salvar a un niño o un buey que han caído en un pozo (Lucas 14:5). Thurén también ha señalado con razón que la historia de ficción en la pregunta planteada por los saduceos (Lucas 20:28-33) también puede considerarse una parábola, aunque aquí no es una parábola de Jesús.

945. La semilla de mostaza (Q 13:18-19) también podría ser contada para Marcos 4:30-32.

946. Las parábolas del médico (Lucas 4:23), los dos deudores (Lucas 7:41-42), el buen samaritano (Lucas 10:30-35), el amigo a medianoche (Lucas 11:5-8), el rico insensato (Lucas 12:16-21), los esclavos que se convierten en invitados (Lucas 12:35-38) la higuera (Lucas 13:6-9), la jerarquía de los invitados (Lucas 14:7-11), la parábola doble de construir una torre e ir a la guerra (Lucas 14:28-32), la moneda perdida (Lucas 15:8-10), y el hijo pródigo (Lucas 15:11-32). Lucas 16:1-8: el mayordomo despiadado; Lucas 16:19-31: el hombre rico y el pobre Lázaro; Lucas 17:7-10: el pago por el esclavo; Lucas 18:1-8: la viuda; Lucas 18:9-14: el fariseo y el publicano

parábolas: "Lucas... los integra más orgánicamente en la narración más amplia del ministerio de Jesús".[947]

La plétora de textos parabólicos a menudo ha invitado a intentar agruparlos y dividirlos en subgéneros.[948] Por esta razón, las parábolas de Lucas son paradigmáticas para la cuestión del género. En Lucas se encuentran todos los géneros postulados en la literatura erudita, de los dichos figurados a los símiles, parábolas propiamente dichas e incluso a las llamadas "historias de ejemplo", una categoría creada por Jülicher para cuatro textos encontrados en Lucas.[949]

Por esta razón, es particularmente provechoso considerar la percepción del género de este evangelista, ya que emplea el término genérico de παραβολή con más frecuencia que cualquiera de los otros evangelistas (un total de dieciocho veces). En su uso del término, revela que los diversos textos que la historia de la investigación sobre las parábolas querían dividir en varios subgéneros son, para él, aparentemente todos igual y simplemente, "parábolas".[950] En las introducciones a los llamados dichos figurados (por ejemplo, "el médico que debe curarse a sí mismo", Lucas 4:23), símiles (por ejemplo, "humildad y hospitalidad", Lucas 14:7), parábolas (por ejemplo, "la viuda y el juez" Lucas 18:1), e ilustraciones ("el fariseo y el publicano" Lucas 18:9), Lucas simplemente se refiere a todos ellos como παραβολή. Una vez más, se puede ver que el término παραβολή no está definido por la longitud o el contenido, sino más bien por su carácter metafórico y de ficción. Los mini-relatos se distinguen por la manera en que comunican puntos teológicos y sus proposiciones hermenéuticas.

De este modo, las parábolas reflejan el *énfasis teológico* de Lucas. En el sermón de apertura en Nazaret, el evangelio ya está explícitamente identificado que es para los extranjeros, los pobres, y los oprimidos, como de hecho, a menudo los niños y las mujeres son tratados por Jesús el sanador de los relatos milagrosos de Lucas.[951] Las parábolas revelan la misma sensibilidad con los extranjeros y los socialmente marginados, ya sean esclavos (por ejemplo, Lucas

947. Lischer, *Reading the Parables*, 94.

948. Ver, más recientemente, Thurén, *Parables Unplugged*, 200-06, y su declaración: "Voy a dividir las parábolas de Lucas en *Reglas Simples, Reglas Extendidas* y *Narrativas* "(ibid., 201). Él continúa, sin embargo: "Todos estos tipos deben ser estudiados como parábolas, ya que Lucas aplica la etiqueta παραβολή a todas ellas".

949. Las cuatro parábolas son las del buen samaritano (Lucas 10:30-35), el rico insensato (Lucas 12:16-21), el rico y Lázaro (Lucas 16:19-31), y el Fariseo y el publicano (Lucas 18:10-14) (Jülicher, *Gleichnisreden Jesu*, I, 112). Para comentarios críticos sobre Jülicher, vea Tucker, *Example Stories*.

950. Para más detalles, véase el capítulo 4

951. Vea Zimmermann, "Wundererzählungen". 513-25.

12:35-38), mujeres (Lucas 15:8-10, 13:20-21, 18:1-7), o niños (Lucas 7:31-35; 11:11-13). El conocimiento de Lucas sobre el contexto urbano y el mundo, visto en varios contextos (vea el uso de πόλις, Lucas 14:21; 18:2; 19:17), es también llamativo.[952] La realidad y la vida de los marginados son asumidos de manera deliberada en las parábolas y se emplean en la representación de la soberanía y el reino de Dios. Esto es particularmente evidente en la colección de las tres parábolas de Lucas 15 concernientes a lo "perdido" (la oveja, la moneda, el hijo). En la introducción a este capítulo, se dice que los pecadores y recaudadores de impuestos se acercaron para escuchar a Jesús. El deseo de Jesús es lo que les permite acercarse, sin embargo, es criticada por otros: "y los fariseos y los escribas murmuraban, diciendo: «Este recibe a los pecadores y come con ellos»" (Lucas 15:2). En respuesta, Jesús relata las tres parábolas que involucran a los "perdidos". Así, las parábolas se encuentran aquí como una justificación para ciertas acciones y cumplen una función retórica, como recientemente ha argumentado Thurén.[953] Jesús quiere que sus interlocutores lleguen a la perspectiva adecuada; sin embargo, él no apunta un dedo acusatorio contra ellos, sino más bien pone estas parábolas ante ellos como un espejo.

Un ejemplo particularmente apropiado de este uso comunicativo de las parábolas se puede encontrar en el relato de la comida que tiene lugar en la casa de Simón (Lucas 7:36-50). Las acciones de la mujer pecadora y la respuesta de Jesús son elucidadas por medio de una parábola (Lucas 7:42-43), de modo que aquí –como también en Lucas 10:36 (vea más adelante)– una parábola conduce a una pregunta de Jesús a sus compañeros de conversación, para que ellos mismos puedan dar una respuesta. Buscar a los perdidos, así como a los que comparten comida con Jesús destacó convicciones teológicas fundamentales. Además, se nota que la situación de los esclavos en una casa, también se comentan muy a menudo (Lucas 12:42-46, Lucas 17:7-10), y la ética particular de Lucas acerca de las posesiones llega a expresiones notables en las parábolas de *Sondergut*, como la parábola del rico insensato (Lucas 12:16-21) o el rico y el pobre Lázaro (Lucas 16:19-31). Y a pesar de tener una orientación hacia los forasteros, la dimensión universal que implica un discurso para toda la humanidad permanece presente.[954] Así, las parábolas no solo conciernen a los esclavos, sino que a menudo tienen al

---

952. Vea Merz, "Parabeln im Lukasevangelium". 515: "La perspectiva urbana es visible dentro de la tradición de la parábola de muchas maneras". También ofrece varios ejemplos.

953. Vea Thurén, *Parables Unplugged*, capítulo 7: "Las parábolas como persuasión". 249-343.

954. Vea Lischer, *Reading the Parables*, 111: "Lucas es literario y universal".

amo como el personaje principal en ellos.[955] O incluso la auto-consciencia que surge en medio de los ricos y poderosos, ya sea en el nivel del mundo narrado de la parábola (por ejemplo, el hombre rico en Lucas 16:23-28) o en el nivel de un oyente de la parábola (por ejemplo, Simón en Lucas 7:36-50) tiene como objetivo una reconciliación de los que se encuentran a cada extremo del polo. De esta manera, se puede reconocer la dimensión de la salvación histórica y positiva de las parábolas. Aunque Lucas no conserva la memoria de la higuera seca (vea Marcos 11:12-14), él cuenta la parábola de la higuera estéril que recibe un tiempo de gracia (Lucas 13:6-9). Como si se tratara de una *inclusio* consciente para la parábola del médico en Lucas 4:23, el discurso de la parábola de Jesús en el tercer evangelio concluye con una visión esperanzadora de árboles brotando: "También les dijo una parábola: «Mirad la higuera y todos los árboles. Cuando veis que ya brotan, sabéis por vosotros mismos que el verano está cerca. Así también vosotros, cuando veáis que suceden estas cosas, sabed que está cerca el reino de Dios". (Lucas 21:29-31).

LA PARÁBOLA DEL BUEN SAMARITANO (LUCAS 10:30-35)

La parábola del buen samaritano podría ser uno de los textos más conocidos del Nuevo Testamento, quizás incluso de la Biblia como un todo. Ciertamente, apenas hay una escuela dominical o congregación en la que el samaritano no haya hecho su camino "desde Jerusalén hasta Jericó". Ha hecho su camino a través de la tradición oral de Jesús en el capítulo décimo del evangelio de Lucas por medio de las exégesis, los comentarios y las monografías, y a través de los sermones, el arte y la literatura durante los últimos dos mil años. ¿Cómo es posible acercarse a un texto como este? ¿Hay algo nuevo que descubrir después de esta abrumadora historia de recepción? ¿Por qué utilizar modelos sofisticados de interpretación para terminar con algo que ya sabíamos antes?

Sin embargo, no solo a pesar de esta larga tradición, sino también debido a esta larga tradición, un enfoque metodológico es útil y aún más necesario. Los métodos nos ayudan a encontrar una pista fuera de los caminos trillados. Los métodos nos ayudan a alejarnos de interpretaciones bien gastadas, así como ayudar a revelar presupuestos a menudo ocultos. Como lectores post-modernos estamos muy alejados del análisis objetivo ideal. Sin embargo, la red metodológica para interpretar las parábolas como se sugiere en este libro puede resultar útil cuando se aplica a un texto como este. Por tanto, seguiremos los pasos de la misma manera que con los otros ejemplos.

---

955. Vea Thurén, *Parables Unplugged*, 211-12.

Texto en Griego (Nestle-Aland)	Traducción
Ὑπολαβὼν ὁ Ἰησοῦς εἶπεν· ἄνθρωπός τις κατέβαινεν ἀπὸ Ἰερουσαλὴμ εἰς Ἰεριχὼ καὶ λῃσταῖς περιέπεσεν, οἳ καὶ ἐκδύσαντες αὐτὸν καὶ πληγὰς ἐπιθέντες ἀπῆλθον ἀφέντες ἡμιθανῆ.	Le dijo: «Un hombre que descendía de Jerusalén a Jericó cayó en manos de ladrones, los cuales lo despojaron, lo hirieron y se fueron dejándolo medio muerto.
³¹ κατὰ συγκυρίαν δὲ ἱερεύς τις κατέβαινεν ἐν τῇ ὁδῷ ἐκείνῃ καὶ ἰδὼν αὐτὸν ἀντιπαρῆλθεν·	³¹ Aconteció que descendió un sacerdote por aquel camino, y al verlo pasó de largo.
³² ὁμοίως δὲ καὶ Λευίτης [γενόμενος] κατὰ τὸν τόπον ἐλθὼν καὶ ἰδὼν ἀντιπαρῆλθεν.	³² Asimismo un levita, llegando cerca de aquel lugar, al verlo pasó de largo.
³³ Σαμαρίτης δέ τις ὁδεύων ἦλθεν κατ' αὐτὸν καὶ ἰδὼν ἐσπλαγχνίσθη,	³³ Pero un samaritano que iba de camino, vino cerca de él y, al verlo, fue movido a misericordia.
³⁴ καὶ προσελθὼν κατέδησεν τὰ τραύματα αὐτοῦ ἐπιχέων ἔλαιον καὶ οἶνον, ἐπιβιβάσας δὲ αὐτὸν ἐπὶ τὸ ἴδιον κτῆνος ἤγαγεν αὐτὸν εἰς πανδοχεῖον καὶ ἐπεμελήθη αὐτοῦ.	³⁴ Acercándose, vendó sus heridas echándoles aceite y vino, lo puso en su cabalgadura, lo llevó al mesón y cuidó de él.
³⁵ καὶ ἐπὶ τὴν αὔριον ἐκβαλὼν ἔδωκεν δύο δηνάρια τῷ πανδοχεῖ καὶ εἶπεν· ἐπιμελήθητι αὐτοῦ, καὶ ὅ τι ἂν προσδαπανήσῃς ἐγὼ ἐν τῷ ἐπανέρχεσθαί με ἀποδώσω σοι.	³⁵ Otro día, al partir, sacó dos denarios, los dio al mesonero y le dijo: "Cuídamelo, y todo lo que gastes de más yo te lo pagaré cuando regrese".

El texto: análisis de los elementos narrativos y del contexto

La trama de la narración se compone de tres secciones. En primer lugar, se desarrolla el escenario de trasfondo. Un hombre es atacado por ladrones durante un viaje de Jerusalén a Jericó. Los ladrones le quitan sus vestidos, lo golpean y le roban (v. 30). Todo sucede rápidamente –esto es sugerido por el estilo vívido (seis verbos en rápida sucesión). Al final de la exposición vemos a la persona que ha sido robada que yace herida en el suelo, en una condición crítica. Él está –como el texto enfatiza al final de la oración– ἡμιθανῆς ("medio muerto").

La siguiente sección (versículos 31-33) retrata los encuentros de tres personas que pasan cerca de la víctima. El estilo narrativo conciso con una estricta construcción paralela llama nuestra atención aquí. Los viajeros llegan por separado –un "reparto de responsabilidad"⁹⁵⁶ puede ser excluido de inmediato. Cada uno ve a la víctima (ἰδών abre anafóricamente la segunda parte de cada oración).

---

956. En las teorías socio-psicologicas este "reparto de responsabilidades" es una de las razones encontradas por las investigaciones empíricas del porqué la gente no ayuda en situaciones críticas. Vea Bierhoff, "Theorien". 187-89.

El estilo ahorrativo subraya la brevedad de los encuentros. El sacerdote y el levita ciertamente ven a la víctima, pero no le prestan atención. Su comportamiento no afectado se describe estereotipadamente con las mismas palabras: pasan de largo (v. 31b-32b).[957] El tercer encuentro también se parece a los otros dos en su estructura básica. El samaritano, al igual que los anteriores, llega casualmente al lugar del accidente; él también ve a la víctima (ἰδών). Sin embargo, diferente a lo que la construcción paralela nos llevaría a anticipar, él no pasara de largo. Se permite ser afectado interiormente; interrumpe su viaje, se vuelve hacia el herido y le ayuda.

La tercera sección (versículos 34-35) describe en detalle la asistencia prestada por el samaritano. Hace más de lo necesario. Él no solo lleva a cabo los "primeros auxilios en el lugar del accidente" (v. 34), sino que él mismo lleva a la víctima a la posada y también asegura el "pago" de los costos futuros de la recuperación de la víctima (v.35). El cuadro detallado de la asistencia (vv. 34-35: se acercó y vendó sus heridas, bañándolas con aceite y vino, luego lo levantó sobre su propia bestia, etc.) vuelve a adoptar el estilo vivo verbal de la escena del accidente[958] y así crea una conexión con la exposición.

De esta manera, el comportamiento del samaritano se enfatiza con un doble contraste. Por un lado, el acto de amor está en marcado contraste con el acto de violencia de los ladrones, que además es subrayado por pares de contrastes lingüísticos (por ejemplo, heridas-vendas, se fueron-se acercó, ἀπῆλθον-ἦλθον κατ᾽ αὐτόν). Por otra parte, la construcción paralela de los encuentros hace hincapié en la reacción del samaritano en contraste con las del sacerdote y el levita.

Este contraste para algunos comentaristas es tan sorprendente que localizan la ruptura estructural entre el levita y el samaritano. De hecho, la aparición del samaritano parece ser subrayada usando δέ en el texto griego; sin embargo, el δέ también se usó para introducir a las otras dos personas que pasaban (v. 31, v. 32) y, por tanto, no debería ser malinterpretado. Aunque la misericordia del samaritano es el punto de inflexión de toda la historia, al participar en la crítica narrativa, es importante atender primero a las observaciones literarias. Por lo tanto, la estructura paralela de los encuentros, así como el estilo verbal usado arriba y abajo, apuntan al pasaje medio como una unidad. Por tanto, tenemos una construcción de tres partes cuyas secciones dramáticas podrían ser tituladas "exposición" (v. 30: el ataque), "crisis" (vv. 31-33: tres encuentros) y "solución" (versículos 34-35).

Dentro de la crítica narrativa, el *análisis de los personajes* recibe una atención significativa. Aunque los personajes en las parábolas como mini-relatos no son tan

---

957. En el texto en griego, el objeto αὐτόν se deja de lado en la repetición, lo que llevó a editores posteriores a completarlo, vea los manuscritos A y D.

958. V. 30: (los ladrones) lo despojaron, lo hirieron, se fueron, lo dejaron medio muerto; V. 34: (el samaritano) vino, vendó, lo curó, lo puso en su cabalgadura, lo llevó y lo cuidó.

desarrollados como los de, por ejemplo, las novelas modernas, un análisis de los personajes puede revelar perspectivas instructivas en la historia. Esto es aún más cierto cuando, como en la parábola del buen samaritano, se mencionan varios personajes e interactúan entre sí. Aquí, el lector encuentra a seis personajes en la parábola, un grupo de personajes (los ladrones, que se limitan al v. 30) y cinco personajes individuales (el hombre, el sacerdote, el levita, el samaritano y el posadero). El hombre, que está presente desde el principio (primera palabra: ἄνθρωπος) está hasta el final (v. 34 cuída*lo*) es sin duda uno de los personajes principales. Sin embargo, solo en la primera escena se introduce como sujeto activo, caminando de Jerusalén a Jericó. Después del ataque no hace nada y solo es referido como un objeto del comportamiento de los demás, como alguien que es "visto" (v. 31: "al ver*lo*") o que recibe la atención y el cuidado del samaritano o (supuestamente) del posadero. El atacado, aunque permanece en el centro de la trama, no es más que un sujeto pasivo al que se le relacionan las acciones de los demás.

En la mayoría de los comentarios, solo tres de los personajes restantes se tienen en cuenta. Una de las razones internas del texto es la siguiente pregunta planteada por Jesús según el relato de Lucas: "¿Quién, pues, de estos tres te parece que fue el prójimo del que cayó en manos de los ladrones?" (Lucas 10:36).

La historia en sí, sin embargo, menciona *cuatro* personajes, y todos ellos tienen que ver con el hombre herido. Con respecto a las constelaciones de personajes, los cuatro se pueden agrupar en dos pares: el sacerdote y el levita se mencionan brevemente con poca variación en el relato. Llegaron al lugar coincidentemente, aunque esto se menciona explícitamente solo para el sacerdote. Vieron al herido, pero pasaron de largo. El prefijo doble del verbo ἀντι-παρ-έρχομαι lleva a la suposición de que no solo pasaron de largo sino que se pasaron "al otro lado" (*anti*...) del camino. Esta visión se refleja en la mayoría de las traducciones, aunque no hay otra ocurrencia de este verbo en el Nuevo Testamento. Evidentemente, estos dos personajes no ayudan. En yuxtaposición, los otros dos personajes (el samaritano y el posadero) cuidan al herido. Uno lo hace durante el tiempo narrado, mientras que el otro lo hará en el futuro de acuerdo con la directiva dada por el samaritano en el discurso directo en la conclusión de la parábola. La motivación de los dos difiere: el samaritano es movido por la piedad. La palabra griega σπλαγχνίζομαι usada aquí es etimológicamente arraigada en τὰ σπλάγχνα, que significa las entrañas del cuerpo (Hechos 1:18). Tener misericordia, por lo tanto, es similar a ser tocado no solo superficialmente sino internamente, esto es, profundamente. Tener piedad no es una decisión cognitiva sino un sentimiento holístico. En la semántica de la simpatía (que tiene raíces en la palabra griega συμ-πάθειν sym-pathein = tener compasión), esta idea sigue siendo obvia. Es como sentir el dolor de la persona que sufre como si fuera propio. El sufrimiento del otro se convierte en compasión. No se nos dice ninguno de estos aspectos con respecto al posadero. Ni siquiera sabemos si sigue la petición final del samaritano o no. La historia termina con el habla directa, que, por el uso del estado de ánimo imperativo, está claramente en forma de mandamiento: "¡Cuídamelo! y todo lo que gastes de más yo te lo pagaré cuando regrese" (v. 34). El samaritano (y con él también el lector) asume que el posadero hace lo que se le dice que haga. De lo contrario, el anuncio de reembolso (en lugar de control) no tiene sentido. El posadero recibe dinero por su ayuda. No ayuda por su propia iniciativa o por misericordia. Sin embargo, el samaritano confía en él, que continuará cuidando al paciente. Particularmente, desde la perspectiva del hombre herido, no hay diferencia en la calidad de la atención que recibe. Esto se demuestra usando el mismo vocabulario (ἐπιμελέομαι) para la ayuda del samaritano (verso 34: ἐπεμελήθηαὐτοῦ –cuidó de él) así como para la ayuda anticipada del posadero (v. 35: "πιμελήθητι αὐτοῦ· ¡Cuídamelo!").

Por último, destaca *el aspecto temporal del discurso*, especialmente en lo que se refiere a la relación entre "tiempo narrativo" y "tiempo narrado". Aunque el texto es muy breve, el lector puede observar una notable diferencia de estilo entre la narración de las acciones del samaritano (contrastando las acciones de los ladrones al principio) y la narración de la gente que pasa por el otro lado. Mientras que las acciones de los ladrones, así como las del samaritano, se narran con algún detalle, el transitar del sacerdote y del levita se narran de manera aproximada y se evita cualquier elaboración. El tiempo narrado para las acciones concretas corresponde casi al tiempo que toma la acción en la vida real (por ejemplo, los ladrones lo despojaron, lo hirieron y se marcharon; el samaritano se le acercó y le vendó sus heridas, habiéndoles vertido aceite y vino. Luego lo puso en su propio animal). En cambio, el paso de las otras dos figuras en realidad habría tomado algún tiempo. Ellos no están conduciendo, ni siquiera montando en un burro, sino simplemente caminando. Pueden haber visto ya al hombre herido desde una distancia. Habría habido mucho tiempo para observar, pensar, interactuar. Sin embargo, en el discurso de la historia estos momentos pasan rápidamente y por lo tanto dejan una "brecha narrada", que debe ser llenada por el lector. En otras palabras, el ritmo de la narración se ralentiza en las acciones y se acelera cuando se tienen en cuenta consideraciones y argumentos. Por tanto, la manera en que se cuenta el evento se centra en la acción, no en la reflexión.

En un análisis literario nuestra atención se dirige al género del texto. La perícopa fue categorizada por Jülicher como una así llamada ilustración, junto con otros tres textos parabólicos de Lucas.[959] Sin volver a la discusión sobre la

---

959. Jülicher entiende que este tipo de discurso figurado son "relatos que 'visten' la declaración de un principio moral general con la 'ropa' de un caso individual llamativo" y que "confirman la verdad general a través de la evidencia proporcionada por la acción realizada". Vea Jülicher, *Gleichnisreden Jesu* I, 114-15; además de Lucas 10:30-35, también Lucas 12:16-21; 16:19-31; 18:9-14), con respecto a la exégesis, véase ibíd., II, 585-641.

supuesta justificación y los problemas con este género,[960] es posible hacer una crítica directa, ya que ¿es acaso la definición de las ilustraciones postulada por Jülicher realmente válida para esta perícopa? ¿La historia misma se concentra en cuestiones teológicas o éticas sin transferencia metafórica?[961] ¿Es acaso solo un ejemplo para el mensaje teológico? Si es así, ¿cuál es este "carácter moral general" que se supone debe ser demostrado a través de un caso notable o llamativo? ¿Es esto una manera de "mostrar la alegría del amor sacrificial" como fue postulado por Jülicher?[962] "Uno debe ayudar a los que están heridos y en necesidad" –¿es esta la "moraleja de la historia"? Si la parábola en última instancia hace solo un punto tan simple, ¿cuál es el punto de la estructura artística y la forma cuidadosamente diseñada narrativa? ¿Qué propósito tienen? Además, una simple "moraleja" crea inconsistencias internas.[963] Si la historia pretende ser una ilustración *del amor al prójimo*, su constelación de personajes sigue siendo incomprensible. ¿Cómo podría el samaritano en particular ser utilizado como un modelo motivacional para los primeros oyentes, exclusivamente judíos? Si se pretendía crear un *efecto anti-autoritario* o *anti-clerical*, habría bastado si, después del sacerdote y el levita, un judío laico hubiera entrado en la historia. Sin embargo, si el *amor del enemigo* se quiere demostrar aquí, el samaritano debería haber sido el hombre que cayó entre los ladrones y, por tanto, el que necesitaba recibir amor y no el que demostrase amor. Por tanto, toda la narración es todo menos inequívoca. Provoca, cuestiona, y ofrece acciones alternativas. Los oyentes se ven obligados a participar en diversos roles y a experimentar emociones mixtas.[964] Todos estos son criterios que identifican la narrativa como una parábola, lo cual no significa que el texto sea menos provocador y orientado a la acción que una ilustración, pero sí significa que no existe una aplicación ética simple. La ética implícita de la parábola está más –este más queda clara ahora– que la aplicación de un ejemplo o de una regla general de acción. De hecho, es un desafío.

Estas referencias intertextuales y metafóricas solo pueden ser descubiertas o creadas considerando el relato en su contexto. La buena acción del samaritano se caracteriza a menudo como un "acto de amor". Sin embargo, en la parábola misma no se menciona el amor. Solo la incorporación del contexto más profundo pone en juego el motivo del amor. Uno encuentra la parábola ubicada dentro del evangelio de Lucas como parte de una llamada historia de conflicto.[965] Jesús está

---

960. Para obtener más información, consulte el capítulo 4.

961. Jülicher, *Gleichnisreden* I, 112.

962. Ibíd., II, 596.

963. Sobre las cuestiones siguientes véase Harnisch, "Zufall". 284-85.

964. Como en Dormeyer, "Parabel". 107.

965. Existe un debate sobre si esta ubicación es secundaria para lo que originalmente era una parábola oral de Jesús. Sin embargo, siguiendo el enfoque de la memoria (ver el capítulo 3),

hablando aquí con un intérprete de la Ley judío, que lo provoca con una pregunta: "¿haciendo qué cosa heredaré la vida eterna?" (v. 25). Se desarrolla un diálogo largo compuesto de preguntas, contra-preguntas y llamadas a la acción que revela, en su versión literaria del evangelio de Lucas, una doble estructura paralela.[966] La parábola está estrechamente entretejida en el contexto.[967]

1ª Parte	2ª Parte
V. 25: La pregunta del intérprete de la Ley .	V. 29: La pregunta del intérprete de la Ley
	V. 30-35: *La parábola de Jesús*
V. 26: La contra-pregunta de Jesús	V. 36: La contra-pregunta de Jesús
V. 27: Respuesta del intérprete (como cita)	V. 37a: Respuesta del intérprete
V. 28: Llamada a la acción de Jesús	V. 37b: Llamada a la acción de Jesús

Figura 1: Doble estructura paralela de la conversación-enseñanza
de Lucas 10:25-37

Es de importancia secundaria si la interpretación literaria debe interpretarse como un argumento halájico o en la tradición helenística como *chreia*, es decir, como una anécdota didáctica. Ambas formas reflejan una forma de discusión típica de la tradición judaica y helenística. Uno habla, discute y lucha con la verdad, y con la acción correcta que, en el contexto del judaísmo, es inseparable del cumplimiento de la Torá.

Entremos un poco más profundamente en este argumento sobre las leyes a las que Jesús se refiere directamente con su primera contra-pregunta: "¿Qué está escrito en la ley? ¿Cuál es tu interpretación de esta?" El intérprete de la Ley cita

---

no hay manera de saber lo que hay "detrás" de la única fuente que tenemos. Por tanto, debemos tomar en serio el contexto de la parábola como se da en el evangelio.

966. Es prácticamente imposible determinar, a partir de la forma actual de la tradición/versión, si la parábola existió originalmente en este contexto o quizá fue transmitida primero sin esta conversación argumentativa. Así también, Bovon, *Lukas*, 82-83, y similarmente Schürmann, *Lukasevangelium*, 129-50. Bovon se refiere justificadamente a ciertos elementos incongruentes–la primera respuesta del abogado es una cita escrita combinada y, además, ninguna alabanza precede al segundo llamamiento de acción de Jesús (v.37). La ruptura más llamativa de la paralelización reside ciertamente en la parábola misma, aunque permanece estrechamente entretejida en el contexto. Sellin, ya había resuelto esto: "Lucas 10:29-37 no puede ser desmontada de manera crítica literaria, o históricamente tradicional. Los versículos 29 y 36-37 están en su función primaria al cuerpo de la narración v. 30-35. El v. 29 por otra parte es editorialmente independiente del v. 25-28". Vea Sellin, "Lukas als Gleichniserzähler". 59, similarmente, Wiefel, *Evangelium nach Lukas*, 206-07.

967. La frecuente referencia a la "incongruencia de la serie de enunciados" en la que la pregunta del versículo 29 está en tensión con la contra-pregunta del versículo 36 (véase Harnisch, *Gleichniserzählungen*, 272), no es un argumento suficiente para una división literaria, ya que también puede considerarse como un punto retórico de esta sección del texto.

entonces dos leyes de la Torá: "Ama al Señor tu Dios con todo tu corazón, con toda tu alma, con todas tus fuerzas y con toda tu mente" –aquí casi literalmente de Deuteronomio 6:4– y como segunda parte, "y a tu prójimo como a ti mismo" –aquí versión resumida de Levítico 19:18.

El amor de Dios y el amor al prójimo –ese es el resumen de toda la Torá. Un consenso sobre esta convicción básica puede ser fácilmente alcanzado; sin embargo, como tantas veces, los problemas surgen en los detalles. Para actuar en verdad, el intérprete de la Ley debe plantear una pregunta más precisa: ¿Quién es mi prójimo? (v. 29: τίς ἐστίν μου πλησίον;). Con la ayuda de la parábola, Jesús quiere responder exactamente a esta pregunta.

Mirando más de cerca, notamos que el argumento sobre estas leyes se continúa implícitamente dentro del relato. Oímos acerca de un sacerdote que "descendía" de Jerusalén (καταβαίνω v. 31). Tal vez haya completado su trabajo de una semana en el templo. Quizá pretenda llevar a cabo sacrificios en Jericó que eran posibles fuera del templo.[968] En cualquier caso, su función cultual no carece de importancia para comprender su comportamiento. Incluso si el texto no nos da una razón exacta, todo oyente judío sabe que un sacerdote está sujeto a las normas especiales de la Torá. Así, por ejemplo, según las leyes de pureza de Levítico 21:1-3,[969] se prohibía a los sacerdotes tocar un cadáver.[970] La descripción del estado de la víctima con el inusual adjetivo "medio muerto" podía indicar que tales regulaciones de pureza eran un factor. Así, dentro de la parábola, Jesús conduce al sacerdote a un conflicto, ya que debe sopesar la ley de amar al prójimo contra la ley de pureza cúltica. La historia no narra ninguna de estas consideraciones. Simplemente se dice que el sacerdote pasó al otro lado.[971] El Samaritano, sin embargo, se preocupa por el herido. Por lo tanto, este tercer personaje puede ser identificado –así como lo demuestra el intérprete de la Ley en el diálogo final– como aquel que se ha convertido en el prójimo del herido. La disputa termina con la invocación final de Jesús: "Ve y haz tú lo mismo" (Lucas 10:37).

---

968. Dormeyer, basándose en Lucas 2:24, menciona los sacrificios de limpieza o considera otras tareas sacerdotales tales como la entrega de la bendición del sacerdote en la sinagoga, Dormeyer, "Parabel". 108. Para Bovon, Lukas, el sacerdote ha "completado indudablemente su trabajo y regresa a casa".

969. Otras referencias son Levítico 5: 2-3; Números 5:2; 6:6-8; 19:1-22; Ezequiel 44:25-27.

970. Derrett, *Law*, 208-27, ha indicado esto; más recientemente también Bauckham, "Scrupulous Priest". 477; Esler, "Jesus". 339.

971. Bauckham indicó que para los conceptos judíos antiguos, la impureza se transmite a sí misma a través del espacio (por ejemplo, a través de una sombra): "la impureza del cadáver viaja verticalmente por el aire". Ver Bauckham, "Scrupulous Priest". 477". Más MacCane, "Corpse".

La realidad: cartografía del contexto socio-histórico[972]

En la primera frase, la escena está localizada con precisión *geográfica*: un viajante se dirige de la ciudad de Jerusalén a Jericó. Puesto que Jerusalén se encuentra en las montañas de Judea a una altura de alrededor de 750 metros y Jericó en el valle del Jordán a unos 250 metros bajo el nivel del mar, queda claro por qué el texto dice que "descendía". En una distancia de 27 km, se tiene que superar una diferencia de elevación de 1.000 metros. No se puede suponer que la vía romana entre Jerusalén y Jericó, un camino que continuaba como ruta comercial a Rabá, en la región de Transjordania, ya existía.[973] En cambio, uno seguía los cauces que conducían al Jordán para viajar de este a oeste en Palestina. Es posible, como postulaba la tradición posterior, que en este relato Jesús se refería al estrecho sendero en el cauce Qelt que serpenteaba a lo largo de los precipicios escarpados del cauce del río y solo podía ser andado con dificultad por personas y animales. El peligro se ocultaba en las fisuras de las rocas que permitían a los hombres aparecer y desaparecer en los rincones y recovecos a lo largo del camino. La persecución era casi imposible, por lo que esta área era ideal para ladrones y bandidos, como también lo señaló Josefo (Josefo *G.J.* 4:474). Por esta razón, las emboscadas y los robos habrían sido comunes en este camino.

La parábola también refleja extremos sociales. Los *ladrones* representan un grupo socialmente marginado, en toda probabilidad perteneciente a las clases inferiores. El término λῃστής (ladrones) se usa como un término comprehensivo para todos los tipos de delincuentes violentos (Josefo *G.J.* 2:117-18, Josefo *A.J.* 18:1-10), independientemente de si se está refiriendo a criminales callejeros que roban debido a su abyecta pobreza (llamada *Anomietäter*)[974] o a guerrilleros políticamente motivados (la denominada *gelabelte Kriminelle*).[975] Una distinción social entre diferentes tipos de ladrones, tal como se sugiere en la historia criminal de la modernidad temprana, podría aplicarse heurísticamente a la antigüedad romana, pero no se puede demostrar terminológicamente. En las breves referencias de Lucas 10:30, 36, casi con seguridad se pueden excluir las motivaciones políticas ya que los ladrones no están interesados tanto en la persona sino en sus posesiones. En cuanto a este último, los ladrones son muy extremosos, ya que literalmente le roban hasta la camisa de su cuerpo.

En este punto, un *sacerdote* y un *levita*, dos representantes del culto del templo de Jerusalén, entran en escena. Estos dos personajes tienen roles precisamente

---

972. La siguiente sección es la traducción y revisión de Zimmermann, "Berührende Liebe". 543-48.

973. Vea Böhm, *Samarien*, Anh. II/10.

974. Para una discusión de estos términos, véase Riess, *Apuleius*, 62-82.

975. Ibíd., Vea, por ejemplo, Marcos 15:27 par.; Juan 18:40.

definidos. A pesar de que la función política de los sacerdotes, que habían ejercido en la época asmonea (140-63 AC), había sido suprimida bajo el gobierno herodiano y romano, el sacerdocio era todavía un grupo estimado y poderoso de las clases altas durante el tiempo de Jesús. Kalimi se refiere a ellos como "la dirección espiritual y social de los judíos".[976] Como el número de sacerdotes y levitas en el segundo período del templo había llegado a varios miles, se desarrolló un sistema de rotación en el que diferentes grupos de sacerdotes eran responsables de una semana de servicio. Los sacerdotes estaban organizados en veinticuatro grupos (*mishmarot*), cada uno de ellos compuesto de solo cuatro a nueve familias. Debido a que la mayoría de los sacerdotes vivían fuera de Jerusalén, llegaban a Jerusalén durante dos semanas al año para servir en el templo. El personal de culto mencionado en Lucas 10 podría haber estado en el camino de dicho servicio en el templo o en el camino a la realización de cultos en otros lugares. Los sacerdotes tenían una variedad de deberes: junto con los deberes cultuales, en particular la ofrenda de sacrificios en el templo, los sacerdotes tenían responsabilidades de enseñar y juzgar (Deuteronomio 17:8-13, Ezequiel 44:24). Además, la limpieza y restauración de la pureza de, por ejemplo, los enfermos, era un deber importante y significativo de los sacerdotes.

Puesto que los sacerdotes en Israel eran vistos como más santos que los laicos, como era generalmente el caso en el antiguo Oriente Próximo, también estaban sometidos a leyes especiales de pureza. Así, por ejemplo, tenían que lavarse de una manera particular antes de realizar los deberes cultuales (Éxodo 30:18-21), no se les permitía consumir bebidas alcohólicas (Levítico 10:9, Ezequiel 44:21), y tenían que evitar el contacto con los impuros, incluyendo los muertos (Levítico 5:2–3; 21:1–3; Números 5:2; 6:6–8; 19:1–22; Ezequiel 44:25–27), gentiles, y también mujeres menstruando. Aunque muchas prescripciones solo se aplicaban durante el tiempo en que se realizaban actos de culto, otros –como las prescripciones referentes al matrimonio (Levítico 21:13-15, Ezequiel 44:22) –estaban permanentemente en vigor. A pesar de que todas las familias sacerdotales trazaban su linaje de la tribu de Leví, el término *levita* designaba un grupo especial de personal de culto en la era del segundo templo, esto es, un grupo que desempeñaba deberes más humildes en el templo (Números 1:48-54; 8:5-20). Al igual que los sacerdotes, los levitas realizaban servicios semanales en el templo, que incluían el canto de los Salmos, la custodia de las puertas del templo (*m. Mid.* 1:1; 2:5), y la enseñanza (2 Crónicas 17:7-9; Nehemías 8:7-9). Los levitas presumiblemente no ofrecían sacrificios y por tanto no estaban sujetos a las mismas leyes de pureza que los sacerdotes.

---

976. Kalimi, "Robbers on the Road". 48. Él se refiere a Levítico 10:10-11; Deuteronomio 16:8-11; 21:5; 33:8-11; Malaquías 2:7 y 1 Crónicas 23:2-5.

Los samaritanos

El tercer individuo que pasó es identificado como un Σαμαρίτης (samaritano). Se le identifica como un habitante de Samaria en la región montañosa y central de Palestina (*b. Ber.* 47b, 51b).[977] Esta identificación, sin embargo, es mucho más que simplemente geográfica. Los samaritanos eran considerados, en la perspectiva polémica de los judíos, no solo como "extranjeros", sino como "incrédulos" e "idólatras". Aunque la polémica de 2 Reyes 17:6-41 (vea Josefo *A.J.* 9:277-82, 288-91) consideró el asentamiento de los extranjeros (asirios) en la región después de la caída de Samaria en 722 a.C. como responsable de la creación de un pueblo mixto judío-gentil con una religión sincrética, la erudición moderna lo ve como un conflicto entre "hermanos".[978]

Inicialmente los samaritanos eran simplemente un grupo particular dentro del judaísmo. Una división apareció por primera vez durante la construcción del segundo templo (véase Esdras 4:4-24, Josefo *A.J.* 11: 19-20) y el establecimiento de un templo samaritano en el monte Gerizim, cerca de Siquem, a finales del siglo IV AC (Josefo *A.J.* 11:321-25). Una profunda enemistad surgió después de la destrucción de este templo por el rey judío asmoneo Juan Hircano en el año 128 AC (Josefo *A.J.* 13:254-56). Nuestras fuentes informan que disputas y conflictos surgieron repetidamente entre judíos y samaritanos (Josefo *A.J.* 12:156; 13:74-79).[979] Para mencionar solo dos ejemplos notables, se informa que los samaritanos profanaron el patio del templo dispersando huesos (Josefo *A.J.* 18:29-30) y que en los cultos de la sinagoga los judíos maldecían públicamente a los samaritanos y solicitaban su exclusión de la "vida eterna". Las huellas de este conflicto étnico y religioso también pueden ser encontrados en los textos del NT (Mateo 10:5-6), y es parte del trasfondo de Lucas 10:30-35. No puede ser coincidencia que, junto a los individuos asociados con el templo de Jerusalén, un crítico de este templo, un samaritano, sea el que aparezca. Esto es aún más llamativo en el contexto de una escena en la que se discute la Torá, ya que tanto los judíos como los samaritanos afirmaban ser los intérpretes apropiados de este texto sagrado.[980] Parece que Jesús y los primeros Cristianos adoptaron una posición integradora frente a los Samaritanos (Juan 4:1-43, Lucas 17:11-19) y una presentación ideal y típica de una misión a los samaritanos se encuentra en Hechos (Hechos 8:4-25).

977. Vea Ferdinand Dexinger y Pummer, *Samaritaner*; Böhm, *Samarien*, 255-58; Magen, *Samaritans*; Ver también el resumen de Zangenberg, "Die Samariter".

978. Ibid., 48. Detrás de esta opinión polémica que, por ejemplo, es retomada por Josefo (Josefo *A.J.* 9:277-82, 288-91), hoy sospechamos una pelea de la familia judía.

979. Algunas de las fuentes relevantes se ofrecen en la traducción al inglés en Snodgrass, *Stories with Intent*, 345-47.

980. Böhm, *Samarien*, 239-60.

La posada y el posadero

El análisis estructural y de los personajes ha llevado a la *posada* y al *posadero* a la vanguardia, un personaje que a menudo se pasa por alto.[981] ¿Qué podemos saber acerca de este individuo e institución en la antigüedad? En tiempos antiguos helenístico-romanos, había dos tipos diferentes de posadas, y se usaban términos diferentes para ellas. Por un lado, había posadas no comerciales (καταλύματα),[982] basadas en la obligación de la hospitalidad que era muy valorada en la tradición del antiguo oriente y en el judaísmo.[983] Por otro lado, había posadas comerciales (πανδοχεῖον), que tenían mala reputación en todo el mundo antiguo porque se consideraba deshonroso tomar dinero de un huésped.[984] Además, la clientela de este último provenía casi exclusivamente de las clases sociales más bajas y no tenían anfitriones propios, lo que influía en los estándares y las costumbres en estas posadas. Por último, las posadas comerciales también eran consideradas como lugares de vicio, ya que se esperaba que las empleadas también cumplieran los deseos sexuales de los invitados.[985] Así, el posadero era una de las profesiones más despreciadas,[986] y se practicaba en Palestina casi exclusivamente por no judíos.[987] Longenecker tiene razón cuando resume: "se desconfiaba de los posaderos del mundo antiguo... como figuras de dudosa moralidad que se pensaba que aprovechaban de su clientela de cualquier manera posible para conseguir sus propios fines".[988] Las posadas cristianas no comenzaron a aparecer hasta el siglo IV DC, con aquellos ξενοδοχεῖον u hospicios (latín: *hospitium*) convirtiéndose pronto en instalaciones para el cuidado de enfermos y pobres.[989]

981. Para más detalles, véase Zimmermann y Zimmermann, "Wirt".

982. Esta parece ser la posada del nacimiento de Jesús (Lucas 2:7) o la sala para la cena de Pascua en Jerusalén (Marcos 14:14par.). Vea Hiltbrunner, "Herberge".

983. Vea, por ejemplo, Génesis 18:1-8 (Abraham); 1 Reyes 17:8-16 (la viuda de Sarepta). Más detalles en Hiltbrunner, "Gastfreundschaft". 1061-123.

984. Platón incluso exigió una sentencia de un año de prisión para cualquier ciudadano que se degradara a sí mismo y a su familia tomando dinero de un huésped. Vea Platón, *Leyes* XI 919e; También Hiltbrunner, "Herberge". 607.

985. Vea Kleberg, *Hôtels*, 89-91; Kirchhoff, *Sünde*, 37-50.

986. En una lista de las profesiones más despreciadas, de la mejor a la peor, del poeta M. Valerius Martialis (alrededor del 40-120 DC) el posadero (*caupo*) se nombra en último lugar (epig. 3:59: zapatero, batanero, posadero).

987. Según Hiltbrunner, "Herberge". 615.

988. Longenecker, "Samaritan". 432.

989. Más conocido es el hospicio (*hospitium*) de Fabiola, una cristiana de Roma, que estaba abierto a los peregrinos, así como a los necesitados. Las referencias se hacen a menudo a este hospicio de la era temprana en Roma en tentativas de reconstruir la historia del hospicio. Vea Weiß, *Sterben*, 13.

El Jesús de Lucas deja claro, como se ve a través del uso de los términos πανδοχεῖον (v. 34b) y πανδοχεύς (v. 35), que la posada en la parábola es una posada comercial. Esto es, además, subrayado por el énfasis en el pago. La acogida del samaritano y del herido no tiene nada que ver con la hospitalidad, es puramente de negocios. Esto, sin embargo, no impide que el samaritano transfiera la responsabilidad del cuidado del hombre herido al dueño de mala reputación. Si el ejemplo de la propia conducta del samaritano era una impertinencia para los oídos judíos, la transferencia del cuidado al posadero debe haber sido una provocación muy fuerte. El posadero comercial, y probablemente no judío, de todas las personas, se involucra en el cumplimiento ejemplar de la ley de Torá del amor a los demás. Por tanto, el mismo desarrollo que ya se podía observar en los dos personajes que pasaron de largo, se desarrolla con los dos encargados de ayudar. Como el levita tiene menos razones para *no* ayudar, el posadero tiene menos razones para ayudar. Sin embargo, el levita pasa de largo, tal como hizo el sacerdote. De la misma manera, el lector puede asumir que el posadero también hará lo inesperado.[990] Por tanto, en términos de los personajes auxiliares, vemos una progresión y escalada desde el samaritano como persona extraña de fuera de la región al posadero como persona aún más extraña de fuera de la sociedad.

La tradición: análisis de las metáforas y símbolos

La búsqueda de metáforas existenciales o, más ampliamente, de un significado semántico más profundo para los aspectos individuales de la parábola puede ser reducida a la cuestión de si la asociación metafórica de amar y ayudar, así como el prójimo y samaritano, se pueden encontrar en el trasfondo tradicional y el contexto contemporáneo de la parábola.

¿Amar significa ayudar?

La ayuda proporcionada por el samaritano se encuentra dentro del marco contextual del tema del amor. Por esta razón, la pregunta se plantea si la ayuda de emergencia se atestigua como un aspecto de la ética (judía) del amor. El término hebreo אהב *ahab* (griego, ἀγαπάω, amar) se usa para referirse al amor divino (Deuteronomio 6:5, 7:13), el amor apasionado entre un hombre y una mujer (Génesis 24:67; 29:18, Cantares 8:6-7), así como el amor que un ser humano tiene por otro. Esta última categoría incluye el amor entre padres e hijos (Génesis 22:2; 37:3-4), entre un marido y su esposa (Deuteronomio 21:15), un amo y un esclavo

990. Vea Longenecker, "Samaritan". 439; en contraste con Donahue, *Gospel in Parable*, 133, que utiliza al posadero como contraste para resaltar la bondad del samaritano una vez más.

(Éxodo 21:5), o entre amigos (1 Samuel 18:1, Salmos 38:12, Proverbios 17:17). La ampliación ocasional a amar a los extranjeros en la tierra (Levítico 19:34) es una teología establecida basada en el amor de Yahveh por el extranjero.[991]

No es hasta que la literatura sapiencial que se encuentra el amor visto en abstracto como una postura humana básica (Proverbios 10:12, Eclesiastés 3:8). La concentración de los términos ἀγάπη (*agapē*; amor) en la LXX.[992] contribuye al proceso de que el "amor" se convierta en una virtud de interacción interpersonal.

Proporcionar ayuda y auxilio a un necesitado –incluso a un enemigo (Éxodo 23:4-5)– es parte de los valores judíos. En la Torá y los Profetas hay repetidos llamados a cuidar de los que sufren y de los necesitados. Al mismo tiempo, sin embargo, tales acciones no son referidas como "amor", sino que se basan en la actividad de Dios (Jeremías 9:23), como "justicia" (Isaías 1:17, Jeremías 7:5), o "misericordia" (Zacarías 7:9). Las acciones del samaritano en Lucas 10:37 se ubican explícitamente dentro de la tradición de mostrar misericordia. No es necesario limitar esta tradición más general a un solo texto, como 2 Crónicas 28:8-15 ó 2 Reyes 6:20-23, como se ha sugerido en ocasiones.[993] Además, el contraste que se produce entre el culto (sacrificial) y los actos de misericordia ya está fuertemente conformado en la tradición de los profetas. En LXX Oseas 6:6, la voz profética que habla por Dios dice: "misericordia (ἔλεος) quiero y no sacrificio", un versículo citado varias veces en el NT (Mateo 9:13; 12:7), aunque no en Lucas. Al mismo tiempo, una conexión convencional entre amar y mostrar misericordia o ayuda no puede demostrarse de estas fuentes. No es hasta los *Testamentos de los doce Patriarcas* que tal conexión se hace visible en que aquí el amor a Dios y el amor a los demás humanos son las normas que rigen para todos los comportamientos y acciones (véase *T. Isacar 5:2, 7:6; T. Dan 5:3*).[994]

En el NT se hace una conexión explícita entre amor y misericordia, aunque a menudo Dios es nombrado como sujeto (Efesios 2:4; 2 Juan 1, 3; Judas 2, 21). En 1 Pedro 3:8, el amor y la misericordia se reúnen con referencia a la acción interpersonal: "En fin, sed todos de un mismo sentir, compasivos, amándoos fraternalmente, misericordiosos, amigables". La ubicación de la parábola En Lucas 10:25-37, que resulta en una transferencia contextual de los actos de misericordia hacia el amor al prójimo, es, por tanto, algo que no estaba tan fuertemente presente

---

991. Jenni, "אָהַב lieben". 68.

992. Wischmeyer, *Der höchste Weg*, 23-26; Vea recientemente Söding, *Nächstenliebe*, 62-81.

993. Vea, por ejemplo, Bultmann, *History of the Synoptic Tradition*, 204; Más recientemente Kalimi, "*Robbers on the Road*". 48-53.

994. Vea Söding, *Nächstenliebe*, 82-96, que además menciona la interpretación social del mandamiento del amor en el libro de los *Jubileos*, véase *Jubileos* 7:20; 20:1-2.

y formado en la tradición anterior, a pesar de la naturaleza casi autoevidente de tal conexión para los lectores de hoy en día.

El samaritano como prójimo es más que amar a un enemigo

El término prójimo en el contexto de una discusión concerniente a la Torá se relaciona, en particular, con un compañero israelita (Éxodo 20:16-17; 22:6-25), prójimo literal (Éxodo 11:2, Deuteronomio 19:14; 27:17), y hermano (Levítico 19:16-17). Un "prójimo" es un israelita, un miembro de igual estatus del pueblo de Dios. En Qumrán, el concepto se reduce aún más en que aquí un "prójimo" es identificado como un miembro de la comunidad de Qumrán (por ejemplo, 1Q28 6:1-26).

Aunque los samaritanos y los judíos compartían la Torá y la circuncisión, según las fuentes antiguas, no se veían exactamente como miembros del pacto o como prójimos, sino todo lo contrario. En la medida en que las fuentes tardías de los samaritanos incluso permiten un sentido del estado de cosas antes del NT, los samaritanos son presentados realmente como el ejemplo típico de un extranjero o un forastero (z.B. Josefo *A.J.* 11:341). Es cierto que el extranjero, o incluso un enemigo, ya es identificado como alguien que ha de ser amado en el Antiguo Testamento y en los primeros textos judíos (Levítico 19:34; Deuteronomio 10:19; Carta a Aristeas 227; Filón *Sobre virtudes* 102-4). La ampliación explícita del mandamiento del amor subraya, sin embargo, que el extranjero no estaba todavía incluido en el concepto de "prójimo" en Levítico 19:18. La llamada antítesis en Mateo 5:44 permanece totalmente dentro de esta perspectiva, ya que es un enemigo en contraste con un "prójimo", del que se dice que debe ser amado.

Poner juntos metafóricamente al prójimo y al samaritano puede así entenderse como una nueva metáfora. Aquí se fuerza a algo que tradicionalmente no corresponde: el samaritano no es un "prójimo". Esta valoración es confirmada por la estructura del relato, que establece una drástica interrupción en la expectativa del lector. Puesto que muchas de nuestras fuentes y textos indican que la antigua sociedad israelita estaba dividida en tres clases socio-religiosas: "sacerdotes, levitas, e israelitas".[995] uno tiene que ver una serie que empieza con un sacerdote y un levita como una guía consciente de la expectativa del oyente o lector en una dirección en particular. "Mencione un sacerdote y un Levita, y cualquiera que conozca algo acerca del judaísmo sabrá que la tercera persona es un israelita".[996]

---

995. Vea Esdras 2:70; 3:1a; Nehemias 7:72; Esdras 7:7; 10:5, 18–25; también Deuteronomio 18:1; 27:9; Josue 3:3; 1 Reyes 8:4–5; Esdras 44:15; 1Q28 2:11, 19–21; Josefo *A.J.* 4:222; 7:363; Cf. También las "trinidades" en los escritos de Qumrán, por ejemplo, en la batalla de los hijos de luz en "Israel, Levi, Aarón" (1QM II:1; V:6). Vea también otras referencias: Gourgues, "Priest". 710-11; Talmon, "Israelit". 152.

996. Levine, *Short Stories*, 95.

Y, sin embargo, el que viene[997] no es un israelita. Bien al contrario. Casi podría decirse que lo contrario de un Israelita aparece, viene un "samaritano malo". [998]Si el lector ya estaba sorprendido por el hecho de que el sacerdote y el levita no ayuden, él o ella se sorprenderá y aún más se irritara por la aparición de un samaritano. Toda esperanza de que este hombre sea ayudado se pierde. El hecho de que sea, sobre todo, un samaritano el que ayuda da lugar a un doble choque en las expectativas del lector. Esta ruptura intencional de la convención tradicional fue nombrada una contra-determinación semántica por Weinrich.[999] Que Lucas 10:31-33 rompe la progresión narrativa esperada con la aparición, y aún más la ayuda proporcionada por el samaritano confirma el carácter metafórico de esta historia.

El significado: ampliación de los horizontes de interpretación

Los horizontes de interpretación en un texto como esta parábola se han abierto mucho a lo largo de los siglos. Ni siquiera es posible cubrir una selección básica de ellos en el siguiente pasaje. Sin embargo, me gustaría proporcionar algunas interpretaciones tradicionales y otras más exageradas, todas las cuales pueden encontrar cierta evidencia dentro del texto mismo.

Lectura teológica (cristológica, escatológica)

La historia de la interpretación en el transcurso de muchos siglos revela un claro dominio de las interpretaciones cristológicas.[1000] En tales interpretaciones, Cristo se identifica con el samaritano, aunque también en ocasiones con el hombre

---

997. A menudo se ha considerado si podría haber una versión original de la parábola en la que, en lugar del samaritano, había un israelita común. A favor de tal suposición, además de la secuencia clásica de tres ya mencionada (sacerdote-levita-israelita), está la incongruencia que aparece en la respuesta del intérprete de la Ley, cuando no menciona a un samaritano y dice solo "el que mostró de misericordia con él" (v. 37a). Vea Halévy, "Sens et Origine". últimamente Talmon, "Israelit". 149-60. Sin embargo, esta tradición interpretativa no reconoce que la decepción de la expectativa del lector es un rasgo constitutivo de la metáfora y ese discurso impreciso que puede haber sido empleado conscientemente aquí.

998. Ver Thurén, *Parables Unplugged*, 67: "En principio son malos (o insensibles)". Estoy completamente de acuerdo con Thurén. Sin embargo, ¿cómo sabe esto? Siguiendo su propia presuposición metodológica (lectura desconectada) no hay razón para suponer que el samaritano sea "malo". De hecho, por medio de la caracterización indirecta, se presenta como "bueno" en el texto mismo, porque se preocupa por el hombre herido.

999. Vea el capítulo 4.

1000. Vea Binder, "Gleichnis"; Capon, *Parables of Grace*, 61-65.

herido.[1001] Un ejemplo se puede encontrar en Clemente de Alejandría (ca. 150-215 d.C.), quien hizo la siguiente declaración en su obra *Quis dives salvetur*:[1002]

> ¿Quién más puede ser sino el Salvador mismo? ¿O quién más que él se ha compadecido de nosotros, que por los gobernantes de las tinieblas no hemos sido más que muertos con muchas heridas, temores, concupiscencias, pasiones, dolores, engaños, placeres? De todas estas heridas el único médico es Jesús, que corta las pasiones a fondo por la raíz –no como los efectos vanos de la ley, los frutos de las plantas malignas, sino que aplica su hacha a las raíces de la maldad. Él es el que derramó vino sobre nuestras almas heridas (la sangre de la vid de David), quien trajo el aceite que fluye de las misericordias del Padre, y lo concedió copiosamente. Él es quien produjo las ligaduras de salud y de salvación que no se pueden deshacer –amor, fe, esperanza. (Clem. *Quis div.*, 29)[1003]

Otros padres de la iglesia primitiva, como Ireneo y Orígenes, también presentan una interpretación cristológica. Ireneo combina esto con una interpretación pneumatológica, ya que identifica al samaritano con Cristo y al posadero con el Espíritu Santo, que cuida indirectamente a la gente en el lugar de Cristo.[1004] Para Orígenes, el sacerdote representa la Ley y el levita los profetas, los cuales son contrastados con el samaritano como Cristo.[1005]

En varias interpretaciones los detalles individuales se interpretan alegóricamente. En el *Evangelio de Felipe*, por ejemplo, las acciones del samaritano están vinculadas al sistema sacramental de siete etapas que se presenta en ese texto, donde la "unción" se identifica como el quinto sacramento: "El samaritano no dio más que vino y aceite al herido. No es otra cosa que el ungüento. Curaba la herida, porque 'el amor cubrirá multitud de pecados' (1 Pedro 4:8)". (Evangelio de Felipe NHC I,2 p. 78:7-12).[1006] En la exégesis de la Reforma, por otra parte, los dos denarios que el samaritano da al posadero fueron identificados como los dos sacramentos, "bautismo" y "comunión".[1007] Uno de los últimos intentos de una lectura cristológica fue explorado en el siglo XX por Birger Gerhardsson.[1008] Según

---

1001. Vea ibíd.

1002. Clemente se refiere a Lucas 10:30-35 en el contexto de su comentario sobre Marcos 10:17-22 (el hombre rico).

1003. http://www.earlychristianwritings.com/text/clement-richman.html (9.3.2015). (Traducción provista por el traductor)

1004. Ireneo, *Against Heresies*, III 17:3.

1005. Origen, *Hom. Luc.* 34:3.

1006. La traducción [al Ingles] es la que se encuentra en James M. Robinson, ed., *The Nag Hammadi Library in English: The Definitve New Translation of the Gnostic Scriptures, Complete in One Volume* (rev. ed.; Leiden: Brill, 1996), 155

1007. Vea Ebeling y Klemm, *Evangelienauslegung*, 76-77, 169-70, 496-506.

1008. Vea Gerhardsson, "Good Samaritan".

Gerhardsson, la pregunta más profunda detrás de la parábola era: "¿Quién es el verdadero pastor?" Él argumentó que la parábola surgió de un juego de palabras hebreas entre *rea'* (vecino o projimo) y *ro'eh* (pastor) y propone que El Hijo del hombre es el verdadero pastor que cuida a Israel (identificado con la víctima).[1009]

No es difícil convenir en que tales vuelos interpretativos alegóricos de fantasía deben ser rechazados, y no tan solo porque ni Jesús ni Lucas tenían una noción de los sacramentos eclesiásticos. Sin embargo, ¿se rechazan todas y cada una de las interpretaciones cristológicas como lo hace Snodgrass: "Todos los intentos de encontrar a Jesús (o Israel) reflejados en la parábola son alegorización ilegítima"?[1010]

El texto en sí ofrece dos puntos de contacto para una interpretación cristológica. Uno de ellos es que el término σπλαγχνίζομαι (*splanchnizomai*, ser conmovido interiormente) se usa en el NT y también en Lucas con Jesús como sujeto (Mateo 9:36, Marcos 1:41; 6:34; 8:2, Lucas 7:13).[1011] El segundo es el anuncio de que el samaritano volverá en el futuro (v 35b) se puede leer como una insinuación de la parusía del Hijo del hombre. La declaración, sin embargo, tiene pleno sentido en el nivel de la trama, porque el samaritano podría toma la misma ruta hacia o desde su destino.

Sin embargo, esta frase final ofrece material para una segunda interpretación teológica, a saber, escatológica.[1012] Retrospectivamente se hace plausible la identificación del samaritano con Cristo. Solo en el versículo 35 se emplea un tiempo futuro, y dentro de la narrativa, el regreso del samaritano podría indicar que se aseguraría de que la atención se proporcionase o que el cuidado se proporcionara en el futuro. No hay, sin embargo, ninguna motivación clara para el retorno. La venida (otra vez) del Hijo del hombre, sin embargo, es un tema en la cristología que se encuentra ya retomado en Q, donde, por ejemplo, el tiempo desconocido del regreso del maestro o del novio en el mundo narrativo incluye

---

1009. Vea ibíd., 12-31.

1010. Snodgrass, *Stories with Intent*, 356. Afirma: "es injusto inyectar a Jesús (y el resto del esquema salvación) alegóricamente en la parábola"; Similar a Thuren, *Parables Unplugged*, 53

1011. Debido a que la compasión de Jesús fue obtenida al ver a la gente como "ovejas sin pastor" (Marcos 6:34, Mateo 9:36), Gerhardsson identificó a Jesús como el Buen Samaritano y el Buen Pastor. Vea Gerhardsson, "Good Samaritan". Sin embargo, este argumento era demasiado especulativo y no desempeñaba ningún papel en Lucas, así como solo en la tradición es que el Samaritano es llamado "bueno". Hay tres ocurrencias en el Evangelio de Lucas. La tercera es la misericordia del padre del hijo pródigo (véase Lucas 15:20). Ver los argumentos contra Gerhardsson en Funk, "*The Old Testament in Parable*". 67-84; y en Snodgrass, *Stories with Intent*, 356.

1012. Vea, por ejemplo, Crossan, *In Parables*, 65-66; Funk, "Good Samaritan as Metaphor". 74-81.

alusiones cristológicas.[1013] Esta interpretación se vuelve más plausible en el contexto de la historia de la controversia con el intérprete de la Ley. Sus preguntas acerca de la vida eterna (Lucas 10:25-28) se centran claramente en la "vida eterna" misma ("¿haciendo qué cosa heredaré la vida eterna?", v. 25). Sin embargo, la respuesta y el desafío de Jesús al intérprete de la Ley incluyen una reducción del horizonte escatológico. Su respuesta, "Bien has respondido; haz esto y vivirás" (v. 28) contiene un verbo futuro, pero la frase se formula sin la adición "eternamente".

En Lucas 10 existe un uso consciente de este conflicto étnico-religioso a través de la caracterización de las figuras narrativas en grupos y roles. La ubicación (entre Jerusalén y Jericó) localiza la situación en territorio judío, y asumimos que la víctima es también judía. Entonces, el sacerdote y el levita, dos representantes claros del personal religioso judío son introducidos. Como se mencionó anteriormente, era común dividir la antigua sociedad israelita en tres clases socio-religiosas: sacerdotes, levitas, e israelitas. Después del sacerdote y el levita se esperaría normalmente la entrada del israelita "normal", que falta en la secuencia típica de estas tres clases. Por lo tanto, es aún más sorprendente que un samaritano entra como el tercer personaje. Ahora sabemos, a partir del análisis socio-histórico (véase más arriba) que este no era simplemente un viajero extranjero, como la parábola lo describe claramente. Debido a las continuas diferencias religiosas y culturales entre judíos y samaritanos, lo que ahora se aproxima es aún peor que un extranjero o un enemigo. Es un verdadero anti-israelita.[1014] Por lo tanto, la secuenciación puede entenderse como una dirección consciente de las expectativas del lector o del oyente.

Intentemos, por un momento, ponernos en el lugar del primer oyente de la parábola, que presumiblemente era judío. Hemos oído hablar del destino trágico de un judío que ha caído en manos de ladrones. Está gravemente herido. No sabemos si puede ser ayudado. Sin embargo, coincidentemente, la salvación se acerca en la forma de dos prominentes representantes de la comunidad de fe. Respiramos más fácilmente. Seguramente lo ayudarán. A medida que la narración continúa, sin embargo, esta esperanza es abruptamente aplastada. Sin ofrecer ninguna razón para hacerlo, ambos pasan de largo. Un escándalo incomprensible. La tercera persona que aparece es, sobre todo, un "disidente de Samaria condenado al ostracismo"[1015] de quien no podemos esperar ayuda. Estrictamente hablando, ni siquiera cae en la categoría de prójimo, al menos no si interpretamos a esta

---

1013. Así Labahn, *Der Gekommene als Wiederkommender*, 290-92 (con referencia a Q 12:40; 17:24, 26, 30).

1014. Para destacar el efecto de este choque, Levine propone para el lector estadounidense: "En términos modernos, esto sería como ir de Larry y Moe a Osama bin Laden". ver Levine, *Short Stories*, 95.

1015. Harnisch, *Gleichniserzählungen*, 287.

persona como miembro de un pueblo común. Ahora la víctima está verdaderamente perdida. Sin embargo, igualmente sorprendente, de todas las personas este hombre interviene para ayudar y se convierte en el único que puede salvar una vida. Como oyentes judíos, estaríamos confundidos. Nos enfrentamos a un mundo puesto patas arriba, no una, sino dos veces. Ambas acciones, la de los que no ayudan y la del samaritano, provocativamente incitan nuestras expectativas y experiencias.

Usted, como lector, probablemente está menos confundido. No habría esperado otra cosa. Ustedes, como cristianos, se han alejado desde hace tiempo de la observación judía de las leyes. Ustedes, como teólogos, se han comprometido en todo caso con el extraño. Incluso ustedes, si son ateos, han dejado atrás a los representantes del culto y la iglesia, ya sean judíos, cristianos o de cualquier otra religión. ¡Aquí vemos una vez más la hipocresía de los piadosos! Y yo, como un erudito crítico y profesor con experiencia en América Latina, sé especialmente qué lado tomar. Es evidente que uno no puede esperar mucho de los funcionarios públicos. En cambio, el samaritano, el proscrito, el hereje y el comunista, el fascinante oponente se plantea como un ideal. Es una historia maravillosa. Nos sentimos bien, cualquiera que sea nuestra perspectiva, estamos de acuerdo en una cosa: representamos el mundo del samaritano. Y en esta creencia, entramos en la trampa narrativa de la parábola. La supuesta superación de las barreras culturales y religiosas conduce a la construcción de nuevas barreras y precisamente entonces, cuando los oyentes se colocan en el "lado correcto". La larga tradición anti-judía y antisemita de interpretación de la parábola proporciona un triste ejemplo de este fariseísmo.[1016]

La estrategia literario-hermenéutica de la parábola adopta una dirección. En la representación provocadora del mundo al revés, la narración trae una experiencia a la luz que a menudo se suprime o se anula en la vida cotidiana. La exageración de los clichés sociales nos lleva de vuelta a las experiencias humanas más básicas. El fracaso del sacerdote y el levita no es tan inusual como parece al principio: "Su comportamiento inhumano es en verdad lo que es más humano".[1017] La parábola, en su estilo narrativo neutro en valores, se convierte en un reflejo aleccionador de la propia rectitud humana. ¿No somos también, muy a menudo, como el sacerdote y el levita? Solo con esta perspicacia pueden quedar abandonados los roles etnológicos, religiosos y sociológicos. Esler habla de un proceso de desclasificación.[1018]

Desde el principio, la parábola apoya este proceso expositivo. Aunque, por supuesto, supusimos que el hombre asaltado era, en esta región, judío, la

---

1016. Vea, por ejemplo, Leutzsch, "Nächstenliebe als Antisemitismus ?". 77-95.

1017. Biser, *Gleichnisse Jesu*, 98.

1018. Esler habla de un proceso de "Decategorization". ver Esler, "Jesus". 349-50.

parábola se refiere explícitamente solo a una persona (ἄνθρωπος). A diferencia de los personajes posteriores, este personaje principal pasivo no se identifica de ninguna manera en cuanto a su profesión o etnia. Por el contrario, al informar expresamente que los ladrones le despojan de su ropa (ἐκδύσαντες v. 30b), en sentido figurado eliminan el último indicio de su identidad cultural y estatus social.[1019] Después de dejarlo, todo lo que queda es una persona en necesidad, desnudo, solo, y mortal. En la doble estrategia subversiva que sigue involucrando a judíos y samaritanos, esta persona pone en tela de juicio toda resistencia cultural y religiosamente fundada a la acción. Lo que tenemos es solo una persona a quien otras personas pueden y deben ayudar. La motivación religiosa de la acción cambia a una trama secundaria. La conclusión de Gerd Theißen es que la parábola en sí misma trata sobre un *"ethos* universal de ayudar", sobre las motivaciones humanas generales para ayudar.[1020] "El destinatario potencial de la ayuda es universal. El tema de la ayuda es universal en su motivación. Este *ethos* de ayudar... también puede ser universal".[1021]

Sin embargo, ¿está la alternativa religiosa partidista real en contra del *ethos* universalista de ayudar? ¿Deben las motivaciones religiosas para ayudar ser superadas en favor de la ética humanista general de la razón?

Aquí también, me gustaría ir un paso más allá. Ciertamente, la parábola puede romper clichés étnicos y religiosos en la medida en que son impedimentos para la acción y amenazan los intereses básicos de la vida. La persona que necesita ayuda se introduce de esta manera como "solo" una persona. La necesidad de los demás humanos derriba las barreras étnico-religiosas. Sin embargo, no hay "universalidad del sujeto de la ayuda". La motivación de los que ayudan no puede ser formulada de manera general y universalista, sino más bien siempre sigue siendo profundamente particular, vinculada étnicamente e incluso en gran parte con raíces religiosas. El samaritano no es una persona neutra. Él es, aun cuando en muchos casos no nos interese oírlo, un representante de un determinado grupo étnico-religioso. La parábola confirma así la parcialidad de quien ayuda. Como han reconocido los estudios de paz más recientes, se exige un cierto partidismo de quienes ayudan incluso en los campos actuales de conflicto.

1019. Philip F. Esler señaló que los judíos y los no judíos eran reconocibles por su ropa (por ejemplo, por el *tzitzit* o *tefilín*), de modo que la descripción de la eliminación de la ropa se menciona muy conscientemente para aumentar el problema: la falta de la especificación de la etnia del hombre es absolutamente esencial para la situación que él establece y para lo que transpira a partir de ahí." Para la discusión de la ropa en Palestina, véase Esler, "Jesus". 337-38; también Knowles, "Victim"; Leutzsch, "Grundbedürfnis."

1020. Theißen, "Hilfsethos".

1021. Ibíd., 35.

La lectura ética: ayuda práctica en vez de discusión legal o reflexión ética

En el contexto de Lucas 10 la primera pregunta del intérprete de la Ley es: "¿Qué debo hacer...?" Sin duda, se trata de un impulso que abre un debate ético, cuya conclusión retoma el mismo tema con el mandato de Jesús: "¡Ve y haz tú lo mismo!"[1022]

Para el público judío, el discurso ético está estrechamente ligado a la Torá como la colección canónica de reglas de conducta. Por esta razón, Jesús contesta con una pregunta: "¿Qué está escrito en la ley?" (Versículo 26). El diálogo continúa en buena forma halájica citando versículos centrales (Levítico 19:18) y pidiendo mayor precisión. Debido a la estructura de la escena, la parábola intenta responder a la pregunta: "¿Quién es mi prójimo?"

Sin embargo, ¿está Jesús realmente interesado en una discusión de las normas de varias leyes de la Torá? ¿Es la cuestión decisiva aquí, como puede leerse en muchas interpretaciones, la ley de la pureza frente a la ley de amar al prójimo? ¿Es verdaderamente la intención de que la obligación de la pureza cultual y del prójimo –o, más exactamente, las leyes de Dios y las leyes del hombre– se eliminen mutuamente? El pre-cristiano, uniendo los mandamientos del amor en un llamado "doble mandamiento de amor",[1023] en mi opinión, no permite esta posición. La relación con Dios y la relación con los seres humanos pertenecen y no deben ser separadas la una de la otra. Varios exegetas, en particular lectores judíos, también han señalado que con respecto a "salvar una vida", no había controversia de acuerdo con la ley judía contemporánea y su interpretación. "Salvar una vida es más importante aún que el mandamiento de guardar el *Shabbat* ... El mandamiento de *Shabbat* es mucho más alto que cualquier mandamiento de impureza".[1024] Levine también observa: "Enterrar a los muertos es uno de los *mizvot,* de los más altos e importantes mandamientos del judaísmo".[1025] Por tanto, si el hombre hubiera muerto, habría sido la responsabilidad y el deber religioso del sacerdote y el levita enterrar el cadáver. Los dos personajes fallaron en cualquier caso, y no hay excusa legítima para su comportamiento.

Por tanto, al volver a contar la parábola, Jesús abre un campo completamente nuevo de preguntas concernientes a la ética. La parábola no muestra

---

1022. Vea para una lectura ética recientemente Söding, *Nächstenliebe*, 129-144.

1023. Este es un vínculo, ya demostrado en Marcos 12:28-34, de dos citas del Antiguo Testamento sobre el amor de Dios (Deuteronomio 6:5) y la caridad (Levítico 19:18). Ver más Thyen, "Nächstenliebe;" Theißen, "Doppelgebot".

1024. Kalimi, "Robbers on the Road"; de la misma manera Levine, *Short Stories*, 94. Ambos refieren a 1 Macabeos. 2:31–41; 2 Macabeos. 6:11; *m. Šabb.* 18:3.

1025. Levine, *Short Stories*, 94.

interés en la discusión de las leyes. No se dan las razones a la negativa a ayudar. Así también el cumplimiento de los mandamientos del amor no desempeña claramente un papel directo para la acción de ayudar. Lo decisivo es el acto de ser conmovido, de tener compasión, que se expresa en el texto en griego con el verbo gráfico σπλαγχνίζομαι, que literalmente significa "conmover las entrañas" (ver arriba). El sufrimiento de los demás no solo es notado, sino que uno es movido hacia el núcleo; se experimenta por completo; se sufre; y es "sufrir con", en el sentido más profundo de la palabra. De esta manera, la capacidad de empatizar se convierte en la clave decisiva para entender quién es el prójimo, la interpretación de los mandamientos e incluso la ética misma. Esto se hace visible en la reformulación de Jesús de su propia pregunta. El intérprete de la Ley preguntó: "¿Y quién es mi prójimo?" (Lucas 10:29). Jesús, a continuación, vuelve esta pregunta de una manera sorprendente al final de la parábola: "¿Quién, pues, de estos tres te parece que fue el prójimo del que cayó en manos de los ladrones?" (Lucas 10:26). La pregunta sobre el prójimo recae en el intérprete de la Ley. La categoría de prójimo no se revela en la designación de un prójimo como destinatario u objeto de mis esfuerzos para expresar amor, sino más bien en que yo venga a ser prójimo a través de su empatía. Al menos entre los teólogos, esta sutil reinterpretación de la cuestión se ha reconocido como el punto consciente de la parábola y es, por ejemplo, interpretada sociológicamente por G. Theißen: "el que ayuda y el que tiene que ser ayudado (son igualmente) llamados 'prójimos' Basados en el mismo 'etiquetado' lingüístico, ambos tienen el mismo estatus".[1026] La oposición sociológica a ayudar como un "juego de poder oculto" puede ser invalidada desde este punto de vista.

Me gustaría ir un paso más allá en mi búsqueda de la "ética implícita". En mi opinión, lo que tenemos aquí no es solo un cambio de perspectiva del que necesita ayuda al sujeto de quien ayuda. Hay un salto categórico en el sistema ético. La formulación es en realidad: τίς … πλησίον … γεγονέναι (infinitivo perfecto) y la traducción "era un prójimo" (NRSV) es realmente imprecisa: γίνομαι significa "llegar a un estado de ser, de convertirse en algo". Entonces esto es, "¿quién se ha convertido en el prójimo?" De la misma forma entiendo esta formulación de tal manera que es menos la descripción del estado o el curso de acción de un "prójimo como sujeto" que el proceso mismo de "convertirse en prójimo". La diferencia es decisiva. La pregunta, por tanto, es ¿debemos observar la discusión de la ley bajo el aspecto de –en el lenguaje moderno– libertad de acción de un sujeto ético? ¿Se trata aquí de demostrar cómo uno debe actuar, estos es, cómo debo cumplir mi deber a mi prójimo?

En este punto exacto la parábola debe asumir el control. Está tratando de demostrar que incluso el intérprete de la Ley pregunta, en esencia, la pregunta equivocada. No lo que deberíamos hacer, como sujetos éticos, sino ¿cómo me

1026. Theißen, "Legitimitätskrise". 386.

puedo convertir en el sujeto de la acción? Esta perspectiva de la pregunta aproxima la parábola a la ética del filósofo Judío Emanuel Lévinas, quien abordó intensamente la cuestión del proceso ético de convertirse en el sujeto. El *"ego"* ético no se manifiesta ni a través del *"cogito"*, un proceso de reconocimiento, ni a través de la libertad de acción, sino solo a través de la experiencia del encuentro con el otro. Según Lévinas, es el rostro, el rostro del otro lo que me habla en su lenguaje pre-lingüístico, en su alteridad, y más aún en su impotencia y necesidad. Solo la relación intencional con el otro me permite convertirme en "yo". El "prójimo" –según Lévinas– puede "desarrollarse no a través del reconocimiento, sino solo a través del ver y tocar".[1027] El encuentro precede a la ontología, que (y esto es interesante con respecto a nuestra ley doble) para Lévinas simultáneamente incluye una epifanía, un encuentro con Dios. En el otro, me doy cuenta de un rastro, siempre en movimiento, de "piedad" (*illéite*); el amor de Dios y el amor al prójimo convergen en el encuentro con el otro.

El impulso ético de la parábola se lleva a cabo, pues, de manera relacional.[1028] Solo aquellos que se dejan tocar, solo aquellos que permiten que otros en su necesidad se acerquen a ellos, se convertirán en personas capaces de actuar. Solo ellos se convertirán en agentes morales.

Un último aspecto relativo a la ética de la parábola. Es el discurso, el arte de la narración, o más generalmente la estética de la parábola lo que crea o "hace" la ética. La expresión *ética narrativa*[1029] o *"etopoiética"*.[1030] introducida por Foucault, parece ser útil para considerar la "ética parabólica". La estructura narrativa o estética de la parábola es una "estética de la existencia" y en su estilo poético, como obra de arte, apunta a la ética. La parábola, por lo tanto, no necesita tener una ética impuesta sobre ella. En su lugar de parábola, siempre ha sido ética y encarna una "ética estética". Esta ética estética corresponde –a la semántica de la estética como el estudio y la enseñanza de la percepción– a una ética de ver.[1031] La parábola es una invitación a mirar de cerca, para ver, para ser conscientes, no solo de las personas necesitadas que sufren y que vemos a lo largo del camino, sino también de nuestros propios límites y fallos.

1027. Vea Lévinas, *Hors Sujet*, 151.

1028. Aquí la tradición de la profundidad psicológica de la interpretación del mandamiento del amor el cual intenta separar el amor a mí mismo del amor a los otros debe de ser contradicha.

1029. Vea el capítulo 5; vea Roose, "Narrative Ethik". 61–75 como una aplicación de la idea de la "ética narrativa" en Lucas 10:30–35. ("La parábola del buen samaritano. ¿Un buen ejemplo de ética narrativa?" ibid., 61–62).

1030. Foucault, *Freiheit und Selbstsorge*, 50; idem, *Gebrauch der Lüste*, 19.

1031. Para una discusión más a fondo sobre este aspecto vea Zimmermann, "Etho-poietik".

Sin embargo, ¿qué puede aportar una ética literaria del ver en una cultura de mirar hacia el otro lado? El sacerdote y el levita no eran ciegos. Ellos ven –pero no ven. En nuestra cultura de mirar al otro lado, tenemos precisamente esta relación paradójica. Vemos y a la vez no vemos. El ver es más que un objetivo del proceso sensorial. Hans Blumenberg escribe: "Ver no está siempre abierto a todo lo que es visible; lo que ocurre debe der ser considerado posible antes de que lo veamos".[1032] La ética de ver, por lo tanto, tiene que ver con creer. Es una experiencia y un don al mismo tiempo. En ella podemos reconocer la señal de Dios. Nadie puede prescribir esta manera de ver. Sin embargo, puedo señalar aspectos de ver a los demás, abrir la puerta a nuevas perspectivas y mostrar, como Ricoeur, basándose en Wittgenstein, lo describe,[1033] que uno puede "ver algo como" algo.[1034] La exégesis y la teología pueden realizar las tareas del oftalmólogo. La teología nunca puede reemplazar a la acción. Pero a veces necesitamos impulsos para ver más claramente, para percibir y finalmente para poder actuar.

Lectura diaconal: la ayuda institucional es un modelo de misericordia

Desde el punto de vista ético, la parábola no solo debe entenderse como un recurso a una ética individual, como ha sido a menudo el caso en la historia de la interpretación. Como hemos visto anteriormente, hay dos personas introducidas como ayudadores: el samaritano y el posadero. Utilizando el mismo vocabulario para la ayuda proporcionada (ἐπιμελέομαι), no hay necesidad de degradar al posadero, a pesar de su diferente motivación en el cuidado del herido. Siguiendo la estructura de la trama, se puede argumentar que la narrativa alcanza su punto más alto en el discurso y directiva al final.

La ayuda en la parábola no es llevada a cabo solo por un héroe, sino que alcanza su culminación a través de la delegación del trabajo al posadero.

Esto no es para pintar un cuadro ideal del posadero. Como ya se señaló, cuando la historia se contó primero en el primer siglo DC, los posaderos tenían una reputación tan mala como los samaritanos, al menos desde la perspectiva judía. No se espera que el posadero ofrezca un hospicio de peregrinos, ni ningún otro cuidado institucional habitual.

Sin embargo, al igual que el samaritano ayudó inesperadamente, el posadero se encarga de cuidar al hombre herido. Según el análisis socio-histórico, no hay

---

1032. Blumenberg, "Vorbereitung". 115.

1033. Wittgenstein, *Werkausgabe*, 551: "El término aspecto está relacionado con el término imaginación". o "la formulación, 'ahora la veo como...' está relacionada con 'ahora me imagino'".

1034. Vea Ricoeur, *Lebendige Metapher*, 204-05

razón para que este hombre cumpla esta tarea. Al mismo tiempo, sin embargo, no hay nada contado en la parábola que diera a un lector la causa de dudar de que lo haga. De hecho, "la historia del samaritano representa una asociación poco común de figuras, un colectivo sorprendente, un modelo sin precedentes de confianza mutua y servicio consecuente. En una sociedad excepcional, el samaritano y el posadero entran en una relación que implica la vulnerabilidad y pérdida personal por un lado, así como la confianza y cooperación mutuas por el otro. Es de esta asociación arriesgada, frágil y excepcional, de donde la bondad fluye en beneficio de los desfavorecidos".[1035]

Longenecker ofrece una conclusión teológica: "La parábola de Jesús representa una excepcional asociación de personajes dudosos como medio para obtener una visión momentánea del reino encarnado de Dios".[1036]

Sin negar que la parábola corresponde a los principios cristianos básicos y las experiencias de fe (que también se ajustan al contexto de Lucas), el aspecto del posadero también tiene sentido en un nivel inferior, ético. Si consideramos seriamente que la ayuda se hace en cooperación, involucrando incluso a personas que carecen de motivación impulsadas por la compasión y la inclusión del dinero pagado por el servicio, se podría considerar que la narrativa prefigura la asistencia institucional. Un aspecto del significado de la parábola representa un impulso para una ética de la caridad. Podemos concluir que los valores del individuo están protegidos por sistemas de seguros sociales e institucionales. En consecuencia, la responsabilidad secundaria[1037] y la ayuda individual no son excusas para aliviar prematuramente las instalaciones públicas actuales o los gobiernos de sus funciones. La dimensión estructural e institucionalizada del sistema ético se preserva precisamente en la persona del posadero y su tarea asignada. Hofmann da un paso más allá y extrae los principios económicos de la parábola y los aplica a los debates actuales sobre las instituciones eclesiásticas y diaconales. Debido a que el samaritano indica que él cubrirá a su regreso los costos que superen los fondos que ha dejado (Lucas 10:35), el cuidado que él encarga incluye trabajar con déficits fiscales. Según Hofmann, el trabajo diaconal en las instituciones no debe guiarse meramente por las realidades fiscales de la economía de mercado, sino guiarse en primer lugar por las necesidades de la gente que sufre.[1038]

1035. Ver Longenecker, "Samaritan". 444.

1036. Ibid., 447.

1037. Este principio se encuentra por primera vez como una formulación consciente en la encíclica *"Quadrigesimo anno"* (1931) del Papa Pío XI. Sin embargo, analogías contextuales son encontradas en el documento inicial de la enseñanza social católica, la encíclica *"Rerum Novarum"* (1891) (véase el número 10) se encuentran analogías contextuales. Vea la literatura mencionada en Strohm, "Renaissance". 69; También Mäder, *Subsidiarität*.

1038. Vea, Hofmann, *Zur sozio-ökonomischen Positionierung.*

El enfoque diaconal incluye un aspecto más: la crítica de la ayuda desde los puntos de vista del psicoanálisis o la psicología del aprendizaje (es decir, "síndrome del ayudador"[1039] o "síndrome de quemarse")[1040] no son aplicables a la ayuda descrita en la parábola. Por mucho que el samaritano se permita ser conmovido por las necesidades del hombre herido, corre el riesgo de perderse o de agotarse en el acto de ayudar. Continúa sus viajes al día siguiente, aunque no sin asegurarse de que el cuidado continuará. Aunque el samaritano mismo actuó por motivaciones superiores, ahora no espera tal disposición desinteresada de que otros ayuden. Más bien, le da el dinero de posadero para el cuidado y por lo tanto transforma la posada en una organización de servicio de caridad. La delegación del cuidado e incluso del pago no deben ser entendidos peyorativamente, porque no disminuyen el carácter ejemplar de la caridad. De lo contrario. En lugar de ser un sistema de valores de ayuda exagerada en el sentido de auto-explotación, también se puede entender la transferencia del cuidado como una retirada totalmente consciente del mismo ayudador.[1041] Este aspecto de la parábola sí permite la adición de "como a ti mismo "a la ley del amor. Mientras el amor de Dios exige devoción absoluta, el amor al prójimo tiene límites y límites para la protección de otros intereses justificables.

LITERATURA ADICIONAL

Bauckham, R. "The Scrupulous Priest and the Good Samaritan: Jesus' parabolic Interpretation of the Law of Moises". *NTS* 44 (1998), 475–89.

Dormeyer, D. "Die Parabel vom barmherzigen Samariter Lk 10:25–37 oder die Kunst, dem anderen zum Nächsten zu werden: Erzählen und interaktionales Lesen als katechetische Arbeitsweisen der Bibel". In *Katechese im Umbruch: Positionen und Perspektiven.* FS D. Emeis, edited by F.-P. Terbartz van Elst, 100–16. Freiburg i. Br.: Herder, 1998.

Esler, P. F. "Jesus and the reduction of intergroup conflict: The Parable of the Good Samaritan in the light of social identity theory". *Biblical Interpretation* 8 (2000), 325–57.

Funk, R. W., "The Good Samaritan as Metaphor". In idem, *Parables and Presence. Forms of the New Testament Tradition.* Philadelphia: Augsburg Fortress, 1982, 29–34.

1039. Así, el retrato clásico en Schmidbauer, Helfer; Idem, *Helfen.*

1040. Vea Pines, Aronson y Kafry, *Ausgebrannt*; También Müller, *Ausgebrannt.*

1041. Theißen expresa un pensamiento similar como respuesta a la crisis psicológica de la legitimidad de ayudar: "Él [el samaritano] practica la participación limitada –no la participación ilimitada en el destino del destinatario de la ayuda que abruma al ayudador". Theißen, "Legitimitätskrise". 384

Harnisch, W. "Der Zufall der Liebe (Die Parabel vom barmherzigen Samariter)". In idem, *Die Gleichniserzählungen Jesu*. 4th ed., Göttingen: Vandenhoeck & Rupprecht, 2001, 275–96.

Hofmann, G. R. *Zur sozio-ökonomischen Positionierung von Sozialstationen in kirchlicher Trägerschaft—unternehmensethische Konsequenzen aus einer Interpretation von Lukas 10,25–37*. Aschaffenburg: University Press, 2015.

Kalimi, I. "Robbers on the road to Jericho. Luke's Story of the Good Samaritan and Its origin in Kings/Chronicles". *Ephemerides theologicae Lovanienses* 85 (2009), 47–53.

Knowles, M. P. "What was the Victim Wearing? Literary, Economic, and Social Contexts for the Parable of the Good Samaritan". *Biblical Interpretation* 12 (2004), 145–74.

Jens, W. ed., Der barmherzige Samariter. Stuttgart: Kreuz-Verlag, 1973. Leutzsch, M. "Nächstenliebe als Antisemitismus? Zu einem Problem der christlich-jüdischen Beziehung". In ,*Eine Grenze hast Du gesetzt.*' FS E. Brocke, edited by E. W. Stegemann and K. Wengst, 77–95. Stuttgart: Kohlhammer, 2003.

Longenecker, B. W. "The story of the Samaritan and the innkeeper (Luke 10:30–35). *Biblical Interpretation* 17 (2009), 422–47.

Magen, Y., *The Samaritans and the Good Samaritan*. Jerusalem: Israel Antiquities Authority [u.a.], 2008.

McDonald, J. I. H. "Alien Grace (Luke 10:30–36)". In *Jesus and His Parables. Interpreting the Parables of Jesus Today*, edited by V. G. Shillington, 35–51. Edinburgh: T & T Clark, 1997.

McFarland, I. A. "Who is My Neighbor? The Good Samaritan as a Source for Theological Anthropology". *Modern Theology* 17 (2001), 57–66.

Oakman, D. "Was Jesus a Peasant? Implications for Reading the Samaritan Story (Luke 10:30-35)". *BTB* 22 (1992), 117–125.

Roose, H. "Narrative Ethik und Adressierung am Beispiel des Gleichnisses vom barmherzigen Samariter (Lk 10,30–35)". *Religion lernen* 4 (2013), 61–75.

Roukema, R. "The Good Samaritan in Ancient Christianity". *VigChr* 58 (2004), 56–74.

Snodgrass, K. "The Good Samaritan (Luke 10:25–37)". In idem, *Stories with Intent*. Grand Rapids, MI: Eerdmans, 338–62.

Söding, T. "Das Urbild der Nächstenliebe — der barmherzige Samariter". In idem, *Nächstenliebe. Gottes Gebot als Verheißung und Anspruch*. Freiburg: Herder, 2015, 129-144.

Talmon, S. "Der 'barmherzige Samariter'—ein 'guter Israelit'?" *KuI* 16,2 (2001), 149–60.

Theis, J. *Biblische Texte verstehen lernen. Eine bibeldidaktische Studie mit einer empirischen Untersuchung zum Gleichnis vom barmherzigen Samariter*. Stuttgart: Kohlhammer, 2005.

Theißen, G. "Die Bibel diakonisch lesen: Die Legitimitätskrise des Helfens und der barmherzige Samariter". In *Diakonie—biblische Grundlagen und Orientierungen: ein Arbeitsbuch zur theologischen Verständigung über den diakonischen Auftrag*, edited by G. K. Schäfer and Th. Strohm, 376–401. 3rd ed. Heidelberg: Heidelberger Verlagsanstalten, 1998.

_____. "Universales Hilfsethos im Neuen Testament, Mt 25,31–46 und Lk 10,25–37 und das christliche Verständnis des Helfens". *Glaube und Lernen* 15 (2000), 22–37.

Zimmermann, M. and Zimmermann, R. Der barmherzige Wirt. Das Samariter-Gleichnis (Lk 10,25–37) und die Diakonie. In *Diakonie und Kirche*, hg. v. A. Götzelmann. Heidelberg: FS Th. Strohm, 2003, 44–57.

Zimmermann, R. "Berührende Liebe (Der Barmherzige Samariter) Lk 10,30–35". In *Kompendium der Gleichnisse Jesu*, edited by R. Zimmermann et al. Second Ed. Gütersloh: Gütersloher Verlag, 2015, 538–55.

_____. "The etho-poietic of the parable of the good Samaritan (Lk 10:25–37). The ethics of seeing in a culture of looking the other way". *Verbum et Ecclesia* 29/1, 2008, 269–92.

11

EL GRANO QUE MUERE Y REVIVE (JUAN 12:24) Y LAS PARÁBOLAS EN JUAN

La siguiente parábola ha sido tomada del evangelio de Juan. Pero ¿hay realmente alguna parábola en Juan? En una gran parte de la erudición sobre las parábolas, Juan es ignorado como fuente de las parábolas de Jesús. Esto puede deberse a la estrecha relación entre la investigación de las parábolas y la investigación del Jesús histórico. Si el objetivo era reconstruir las palabras originales de Jesús, el *Cuarto Evangelio* parecía no tener valor con respecto a las parábolas. Muchas de estas presuposiciones han sido desafiadas en la actual erudición del Nuevo Testamento. Esto solo justifica un breve comentario preliminar sobre el tema con respecto a la historia de la investigación y aspectos más generales sobre las parábolas en el *Cuarto Evangelio*. Posteriormente, nos volvemos a un ejemplo concreto de Juan 12:24.

LAS PARÁBOLAS EN EL EVANGELIO DE JUAN

En la erudición del Nuevo Testamento parece haber un amplio consenso de que no hay parábolas en el evangelio de Juan. Las razones de esta creencia se repiten a menudo estereotipadamente: el evangelio de Juan fue escrito demasiado tarde y no contiene ningún material histórico antiguo. El término genérico παραβολή no aparece en Juan; además, la forma de las imágenes de Juan no es histórica. Jesús no podría haber hablado de una manera tan compleja. Los discursos figurados de Juan son alegorías agrestes. Mientras que el Jesús de los evangelios sinópticos habla del reino de Dios en parábolas, el Jesús según Juan habla de sí mismo en primera persona, vistiendo este discurso con el ropaje de los dichos "Yo soy".

Como he demostrado con detalle en otra publicación,[1042] ninguno de estos argumentos se opone al examen crítico. Aquí me gustaría hacer solo algunos comentarios: independientemente de la datación concreta del *Cuarto Evangelio*, hay una creciente convicción en la investigación reciente de que los detalles históricos y remembranzas han sido realmente preservados en Juan.[1043] El término técnico para el lenguaje figurado utilizado en Juan, es decir, παροιμία, es tradicionalmente muy similar al término παραβολή, y en algunos casos los términos son sinónimos (Sirac 39:3; 47:17). Además, en la retórica antigua el término παροιμία aparece junto a παραβολή como subgénero bajo el título de "ilustraciones (παραδείγμα)" (Quint. *Inst.* V 11).

Las palabras claras y sencillas sobre el "andar de día o de noche" (Juan 11:9-10), la "mujer con dolores de parto" (Juan 16:21), o el "pastor que saca a sus ovejas" (Juan 10:1-5), por mencionar solo algunos ejemplos, no se pueden caracterizar simplemente como alegorías; más bien, surgen de las experiencias cotidianas de la vida agraria en Galilea. Por el contrario, el concepto de parábolas no teológicas en los sinópticos debe ser cuestionado, ya que los términos clave y los temas como la viña, el pastor o la cosecha ya estaban impregnados de significados teológicos en la tradición judía. Igualmente problemática es la tesis de que las parábolas se refieren principalmente al reino de Dios, ya que en las parábolas de Marcos y de Q esta conexión rara vez es atestiguada directamente, y solo en Mateo se hace dominante las "parábolas del reino de Dios".[1044]

Además, la forma de los dichos "Yo soy" no puede caracterizarse en modo alguno exclusivamente como de Juan, ya que los evangelios sinópticos utilizan precisamente esta forma de expresión en puntos clave de sus narraciones, como se puede ver, por ejemplo, en Marcos 6:50 (Jesus caminando sobre el mar) o 14:62 (la respuesta de Jesús al sumo sacerdote en el juicio).[1045] Finalmente, los sinópticos reúnen y caracterizan como pertenecientes al género de παραβολή[1046] los textos de longitud y carácter variables, un estado de cosas que corresponde a la variedad del discurso figurado en Juan. La investigación de las parábolas nunca

1042. Vea Zimmermann, "Are there Parables in John?"

1043. Vea, por ejemplo, las publicaciones que surgen del proyecto "John, Jesus, and History" (Anderson, Just, y Thatcher, *John, Jesus, and History*, I y II) o Anderson, *The Fourth Gospel*; O Charlesworth, The Historical Jesus".

1044. Vea, por ejemplo, Q 13:18, 20 y Marcos 4:26, 30 en contraste con las muchas otras parábolas en ambos textos. En Mateo el caso es diferente, ya que la referencia a la *basileia* es dominante (vea Mateo 13:24-30; 13 44-46; 13:52; 18:23-35; 20:1-16; 21:28-32; 22:1-14; 25:1-13).

1045. Vea ya Charlesworth, "The Historical Jesus", 28-29 y especialmente el artículo de Anderson, "The Origin and Velopment".

1046. Vea, por ejemplo, la variedad de formas de texto en Lucas 5:36; 6:39; 8:4, 9, 11; 8:1; 12:16; 14:7; 18:9; y 21:29, todos los cuales son introducidos por el autor de Lucas como παραβολή. Para más detalles, vea Zimmermann, "Parabeln-sonst nichts!" 395-97.

se ha limitado a una clasificación explícita por el evangelista (por ejemplo, en una introducción); muchos pasajes se identifican como parábolas simplemente porque cumplen criterios literarios.

Teniendo en cuenta la teoría dinámica de los géneros, varios pasajes de Juan pueden ser identificados como textos de ficción, realistas, narrativos y metafóricos.[1047] Por lo tanto, utilizando el mismo estándar de justificación con el que las llamamos "parábolas" sinópticas, también podemos llamarlas parábolas de Juan. En otras palabras: ¡hay parábolas en Juan! Contra el consenso general, algunos exegetas han sostenido que hay, de hecho, parábolas en Juan y han ofrecido análisis de estos textos.[1048] De acuerdo con estos análisis y ampliándolos el *Kompendium der Gleichnisse Jesu* enumeró dieciocho pasajes como parábolas de Jesús en Juan.[1049]

Aceptando que hay parábolas en Juan, se podría incluso preguntar si también se encuentra un concepto específico de las "parábolas de Juan": ¿Existe un arreglo de estos textos, un uso consciente de este género, o incluso un punto de contenido teológico vinculado especialmente a este subgénero dentro del *Cuarto Evangelio*?[1050]

En primer lugar, el discurso de la parábola, una vez más, hace teología encarnacional. En las parábolas, las experiencias de la vida se transforman en afirmaciones teológicas. De este modo son realistas y metafóricas. Las parábolas de Juan se basan en experiencias humanas fundamentales como el hambre o la sed (Juan 4:13-14; 6:32-40) o dar a luz (Juan 16:21). Además, las declaraciones teológicas se hacen a través del ámbito de las relaciones sociales y las estructuras en las que tiene lugar la vida (por ejemplo, criar un hijo en Juan 5:19-23, una puerta en Juan 10:7-9, o una casa en Juan 14:1-4), así como experiencias culturales (por ejemplo, el templo en Juan 2:19-20 o la fiesta de los Tabernáculos en Juan

---

1047. Para más información sobre estas características, vea Zimmermann, "Parabeln-sonst nichts!", 409-19. Para un resumen en inglés, vea Zimmermann, "Parables of Jesus", 170-73.

1048. Para una breve historia de la investigación, vea Stare, "Gleichnisse", 325-33. Charles H. Dodd clasificó siete pasajes en Juan como parábolas y examinó Juan 12:24; 16:21; 11:9-10; 8:35; 10:1-5; 3:29; 5:19-20a, en este orden (Dodd, *Historical Tradition*, 366-87); Archibald M. Hunter, en un comentario dirigido más hacia un público laico, compiló una lista de doce parábolas en Juan: Juan 3:8; 4:35-38; 5:19-20a; 8:35; 10:1-5; 11:9-10; 12:24; 12:35-36; 14:2; 15:1-2, y 16:21. Vea Hunter, *Gospel According to John*, 78-89. Michael Theobald en un capítulo titulado "Gleichnisse und weitere Bildworte" (Parables and other *Bildworte*) se clasifica como "en un sentido parabólico estricto ... formas de comunicación": Juan 3:8; 3:29; 4:35-36; 4:37b; 5:19-20; 5:35; 8:35; 9:4; 10:3-5; 10:11-12; 11:9-10; 12:24; 12:35-36; 15:1-2, 5-6; 16:21 vea Theobald, *Herrenworte*, 334-423, aquí 419-20.

1049. Una tabla de estos textos se encuentra en Zimmermann, *Kompendium der Gleichnisse Jesu*, 709; una vez más Zimmermann, *Parables in John*, 15.

1050. Vea para más detalles sobre estos temas Zimmermann, "Are there Parables in John?" 270-74.

7:37-38). Junto a éstos, las imágenes se toman de las experiencias que surgen de la naturaleza (por ejemplo, el viento en Juan 3:8, el día y la noche en Juan 11:9-10, o un grano de trigo en Juan 12:24) o de la agricultura, (por ejemplo, la cosecha en Juan 4:35-38, la cría de ovejas en Juan 10:1-5, 12-13, o vinicultura en Juan 15:1-8).

El arte de la parábola es hablar de Dios con imágenes del mundo. Precisamente esta característica de transferir las experiencias de la vida cotidiana a realidades teológicas es parte integrante del atractivo de la parábola. Por esta razón, un *Bildwort* puro no existe en Juan, al igual que no existe en los sinópticos;[1051] sin embargo, el cuarto evangelista revela una habilidad magistral para contar una parábola brevemente y claramente, por un lado, y por otro con el vocabulario teológico que revela el significado teológico más profundo dentro del contexto del evangelio en su conjunto. Así, en la parábola de la mujer de parto en Juan 16:21, el cambio emocional narrado durante la hora de dar a luz era el conocimiento y la experiencia común en una cultura donde el parto tenía lugar en el hogar. Al mismo tiempo, los lexemas ἡ λύπη, ἡ ὥρα, γεννάω o venir "al mundo" (Εἰς τὸν κόσμον) están cargados teológicamente y pueden ser reconocidos como señales metafóricas de transferencia.[1052] El niño que viene al mundo puede identificarse fácilmente con el Hijo del hombre, es decir, Jesucristo. Así, Juan 16:21 puede servir también de ejemplo para el aspecto cristológico de las parábolas de Juan. La visión a menudo repetida de que una interpretación cristológica del discurso figurativo de Jesús se hace visible por primera vez en Juan, o que aquí una proclamación del reino de Dios fue reemplazada por la cristología,[1053] no se puede proponer en esta forma. En cambio, ya en las parábolas de Q,[1054] pero también en otras parábolas sinópticas, la persona de Jesús se refleja a través de las parábolas.[1055] Por lo tanto, las parábolas de Juan no se diferencian de las parábolas sinópticas en su potencial para la interpretación cristológica. Por supuesto, esta línea de interpretación se desarrolla de manera dominante en Juan. Este puede ser el caso ya que la dirección cristológica de las parábolas fluye en la concepción cristológica integral en Juan. De la misma manera que el lado histórico-humano de Jesús

---

1051. Para la crítica de los términos "Bildwort" y "Gleichnis im engeren Sinn", cf. Zimmermann, "Parabeln-sonst nichts!", 395-406

1052. Vea, por ejemplo, λύπη en Génesis 3:16. Para los motivos la "hora de Jesús", vea Juan 2:4; 4:6, 23; 12:23; etc.; y para "venir al mundo", vea Juan 1:9; 3:17, 19; 6:14; 11:27; 17:18; etc. Para más detalles Zimmermann, "Woman in Labor".

1053. Así, más recientemente, Theobald, *Herrenworte*, 421: "La visión teocéntrica de anunciar a Jesús debe producir una convergencia cristológica de la cuestión de Dios".

1054. Tenga en cuenta las implicaciones cristológicas de Q 6:40; 10:22; 12:39-40; 15 4-7; 19:12-26.

1055. Vea Erlemann, "Selbstpräsentation", 37-52.

se entrelaza directamente con la llamada alta cristología de Juan, lo realista y lo teológico se entremezclan en la parábola. Por esta razón, el significado teológico más profundo no es la alegorización subsiguiente, sino más bien un componente genuino de la parábola misma.

Si uno busca localizar las parábolas de Juan en el contexto de todo el *Cuarto Evangelio*, se descubre que se encuentran en casi todas las secciones del evangelio, desde la primera aparición pública de Jesús (Juan 2:19-20) hasta el final de los discursos de despedida (Juan 16:21).[1056] Después de la reflexión retrospectiva en el discurso *paronímico* en Juan 16:25-29, es decir, en la oración sacerdotal (Juan 17) y en la pasión y resurrección (Juan 18–21), no se pueden percibir las parábolas, aunque el habla figurada puede ser encontrada claramente (por ejemplo, la inversión de papeles en la conversación con Pilato en Juan 18, el simbolismo del agua en la lanzada en la cruz en Juan 19:34 o del jardín en Juan 20, y la metáfora del pastor en Juan 21). Dado el cuidado y la reflexión de la composición reflejada en otras partes de Juan, parece probable que aquí se reconozca una clara intención compositiva de indicar que Jesús habló en parábolas durante su ministerio terrenal, aunque no sea solamente "para los de fuera" (Marcos 4:10-11). El hecho de que incluso en los discursos de despedida, la forma de Juan para la instrucción de los discípulos, se encuentran parábolas (Juan 14:1-4; 15:1-8; 16:21) elimina la distinción entre "los de adentro" y "los de afuera" y en su lugar dirige la atención a la distinción temporal establecida en Juan 16. Es solo desde la perspectiva después de la Pascua, en la terminología de Juan después de la" hora de ser levantado", que el velo de los enigmas del discurso figurado puede ser levantado también, y que el discurso *paroimia* de Jesús puede ser transformado en un discurso *parrēsia* claro y sencillo (16:25-29).

El objetivo teológico de las parábolas para Juan es el reconocimiento de Cristo, que se desarrolla especialmente en relación con Cristo. Los destinatarios del evangelio deben ser atraídos a un proceso dinámico de comprensión y fe a través de la παροιμία, un proceso que culmina en una comunión holística con Cristo, un "permanecer en Cristo" como unión con el resucitado. Si uno ve la disposición de las parábolas en contraste con este fondo teológico, una concepción bien pensada puede ser reconocida. La creatividad artística y las sensibilidades poéticas del escritor evangélico, sin embargo, se resisten a la aplicación de una lógica rigurosa para que la construcción se emplee más como una invitación a la interpretación que como una manera dogmática ineludible. Alrededor de la parábola localizada centralmente en Juan 10:1-5 –una parábola claramente designada como παροιμία por el evangelista– las otras parábolas se agrupan en una especie de inclusión: el caminar de día y de noche corresponde a la palabra concerniente

---

1056. Vea también, Zimmermann, "Parabeln im Johannesevangelium", 704-07.

a la luz en Juan 8:12, y la parábola de la cosecha (Juan 4:35-38) se relaciona con la palabra concerniente al grano de trigo que muere y da fruto (Juan 12:4-25). Si al principio se habla del agua que sacia la sed (Juan 4:13-14; 7:37), la conversión ya prefigurada del agua en vino en la boda de Cana conduce a que el vino sea recogido en la parábola de la vid (Juan 15:1-8). Finalmente, se crea una *inclusio* llamativa entre las parábolas de "nacimiento" de Juan 3:3-7 y Juan 16:21, que están al principio y al final de las parábolas de Juan. Aquí las parábolas hablan de un nuevo nacimiento, de una nueva vida en la comunidad de Cristo.[1057] El supuesto que está detrás de esta nueva vida y existencia, es un cumplimiento cristológico del culto ceremonial y la comunión con Dios como se expresa en las parábolas sobre el templo (Juan 2:19-20) y la casa del Padre (Juan 14:1-4).

Cuando uno reconoce que la metáfora del templo también pertenece al trasfondo narrativo de Juan 10, en que no solo la santificación del Hijo en el momento de la celebración de la dedicación del Templo (Juan 10:36) sino que también tienen lugar en la liberación de los corderos de los sacrificios del patio exterior (αὐλή),[1058] uno puede concluir que la metáfora del templo se coloca al principio, en medio y al final de las parábolas. La búsqueda de la presencia de Dios en el culto del templo se ha manifestado ahora en Cristo, aunque, análogamente se convierte en el cordero sacrificial, solo después de su muerte. De esta manera, el sacrificar la vida del pastor es llevado al centro de la comprensión de la parábola en Juan 10, así las metáforas narrativas apuntan especialmente a la participación en Cristo, ya sea a través de la alegría, el comer y el beber, o el discipulado transformador. Las parábolas pretenden –como sugiere la *inclusio*– actuar como parteras en el nacimiento del conocimiento y la fe para que los creyentes puedan ser llevados a una nueva vida en Cristo.

LA PARÁBOLA DEL GRANO QUE MUERE Y [RE]VIVE (JUAN 12:24)

Texto en Griego (Nestle-Aland)	Traducción
ἀμὴν ἀμὴν λέγω ὑμῖν,	De cierto, de cierto os digo
ἐὰν μὴ ὁ κόκκος τοῦ σίτου πεσὼν εἰς τὴν γῆν ἀποθάνῃ,	que si el grano de trigo que cae en la tierra no muere,
αὐτὸς μόνος μένει·	queda solo,
ἐὰν δὲ ἀποθάνῃ, πολὺν καρπὸν φέρει.	pero si muere, lleva mucho fruto.

1057. Van der Watt, *Family of the King*, 166-200.

1058. Cf. Zimmermann, *Christologie der Bilder*, 355-71.

El texto: análisis de los elementos narrativos y del contexto

Encontramos este breve relato de un grano que lleva fruto dentro de un discurso pronunciado por Jesús a sus discípulos (Juan 12:23: "Y Jesús les respondió diciendo: "..."). No hay indicación de que se trate de un ejemplo histórico, como: "Ayer vi a un sembrador", o, "¿Recuerdan, cuando observamos al sembrador en primavera"... Así, el breve aforismo representa un texto inventado dentro de un macro texto de la trama del evangelio, en otras palabras, un texto de *ficción*.

    ¿Cómo se construye este texto? ¿Qué podemos observar con respecto a la estructura sintáctica del texto? La estructura condicional consta de dos partes que están relacionadas antitéticamente entre sí (si.../pero si...; solo.../mucho...). La primera cláusula condicional es formulada negativamente (si... no...), la segunda positivamente (pero si...); sin embargo, en ambos casos la frase se completa de la misma manera. El acortamiento de la segunda frase hace que el contenido sea más certero, lo que se destaca a través de la colocación paralela del verbo: el grano de trigo muere, o más exactamente, ¡debe morir! Esto es evidente en la apódosis, que revela los diferentes resultados evaluativos: si el grano de trigo no muere, permanece solo, si el grano de trigo muere, da fruto. Por tanto, debe morir para que dé fruto.

    Una estructura condicional antitética, pero ¿es eso una parábola? El criterio para que sea una parábola es que algo sea narrado, pero ¿es que el caso aquí? La conjunción ἐάν utilizada aquí es más a menudo empleada en el llamado sentido iterativo[1059] y puede traducirse como "siempre" o "cada vez que". Lo que se relata aquí no es una sola ocurrencia; sino que es un evento que se repite una y otra vez. Es más, en realidad es un evento, una actividad que exhibe elementos secuenciales: un grano de trigo es sembrado, cae al suelo, muere y, finalmente, da fruto. Se presenta un proceso de múltiples etapas, un evento que se repite en cada ciclo de siembra y cosecha; Es decir, es un evento que tiene lugar en el tiempo y el espacio. Un sembrador representado como un personaje, aunque no se menciona explícitamente, se presume implícitamente que está presente. Sin embargo, la estructura gramática presenta el grano mismo como el sujeto que actúa a lo largo de la escena: cae, muere, queda solo, muere, da fruto. De acuerdo con la teoría moderna de personajes, el grano mismo puede ser visto como el "personaje principal" de la historia.[1060] Así, aquí se narra un acontecimiento cotidiano, y un evento en el que se puede reconocer un mini-relato realista.

1059. Vea Blass, Debrunner and Rehkopf, *Grammatik*, § 371.

1060. Vea Margolin, "Character", 66-79; Jannidis, "Character", 14: "El personaje es una figura basada en el texto o en los medios de comunicación en un mundo de cuentos, por lo general humano o similar". La personificación del grano lo convierte en un personaje; hay varios recursos literarios similares en el *Cuarto Evangelio*, mediante los cuales, por ejemplo, "la Escritura" o "el mundo" se presentan personificados. Vea, por ejemplo, Skinner, "The World", 61-70.

¿De qué manera el texto es *metafórico*? ¿No se trata simplemente de un "principio común de la agricultura"? Consideremos una vez más algunos detalles. Si leemos atentamente, notamos que el grano de trigo no se *siembra*. En lugar de una formulación pasiva, se utiliza un participio activo, πεσών. El grano de trigo como actor solitario en nuestra parábola hace que uno tome nota. Igualmente, el siguiente pensamiento es sorprendente: "queda solo". ¿Cuándo, sin embargo, está un grano de trigo verdaderamente solo? Los granos de trigo no existen individualmente en el mundo real, ni como semilla ni como cabeza de grano, y ciertamente no cuando se va a moler una porción utilizable de harina. La impresión de lo inusual se fortalece a través del uso de μένειν, un verbo de profundo significado para Juan.[1061] De esta manera, a los lectores u oyentes se les presentan "señales de transferencia" inmanentes que el grano de trigo, que es el sujeto aquí, lleva un significado más profundo.

Este significado se desarrolla más adelante, especialmente en el contexto inmediato. Aquí uno nota primero la fórmula introductoria del "de cierto, de cierto os digo" (v. 24a) con su señal de transferencia externa significativa. Lo que se afirma aquí es más que una clara obviedad natural; tiene peso en un contexto religioso y se habla con autoridad.[1062] Además, la oración posterior (Juan 12:25), sobre la base de su estructura y contenido análogos, demuestra una estrecha interconexión semántica. En la erudición, a menudo se ha asumido que un *logión* independiente con respecto a la pérdida de la propia vida se encuentra detrás del versículo 25, un *logión* que también está atestiguado tanto en Marcos 8:35 par., y Q (Lucas) 17:33 (Mateo 10:39) .[1063]

Con respecto a la parábola del grano de trigo, es digno de mencionar que, a través de la disposición paralela de estos dos versos, el pasaje estrechamente vincula el reino vegetal del versículo 24 con el reino humano del versículo 25. De esta manera una interacción metafórica se produce en la que diferentes reinos se interrelacionan contextualmente.[1064] En ambos casos, los versos tienen que ver con la vida y la muerte, que están relacionados entre sí a través de la disposición paralela. Haciendo la comparación explícita, uno podría formular la interacción entre los dos versos como sigue: el que aborrece su vida es como el grano de trigo que muere para dar fruto. Aborrecer la vida conduce entonces, de manera análoga con el fruto del grano de trigo, a la vida eterna. Parece que se crea una conexión

1061. Vea Scholtissek, *In ihm sein*.

1062. En los "de cierto de ciertos digo…" vea Culpepper, "Amen, Amen-Sayings".

1063. Así Dodd, *Historical Tradition, 338-43;* Con más detalles Theobald, *Herrenworte*, 103-29; críticamente Morgen, "Perdre sa vie", 29-46.

1064. Sobre la teoría de la interacción de la metáfora (Black, Ricoeur) vea mi artículo Zimmermann, "Metapherntheorie"; Más recientemente Zimmermann, "Metapher: Neutestamentlich".

inevitable: el objetivo de la vida eterna solo puede lograrse a través del aborre-cimiento, o incluso, la pérdida de la propia vida. Ciertamente, la lógica de esta afirmación escapa no solo al lector moderno. ¿Es realmente necesario aborrecer la propia vida? ¿Qué experiencia ineludible puede estar detrás de estas declaraciones? ¿Qué se entiende por ellas?

Una referencia creada en el contexto más amplio cuando la parábola señala a Jesús o al Hijo del hombre como el ámbito objetivo (*Bildempfänger*) puede ser de ayuda con estas preguntas. Juan 12:23 proclama la "hora" en que el hijo del hombre ha de ser glorificado (Juan 12:23 vea más abajo). El motivo de "la hora" es un tema recurrente en todo el evangelio (Juan 2:4, 4:21, 23, 5:25, 28, 7:30, 8:20, 13:1, 16:2, 4 , 25, 32; 17:1).[1065] Lo que se quiere decir es la hora de la muerte de Jesús, como se explica en los versículos posteriores (versículos 27-33). La muerte, sin embargo, no se considera una catástrofe, sino más bien la hora de la "glorificación". Es posible que el motivo de la "hora" provenga de la narración de la pasión en Marcos (Marcos 14:41), particularmente como otros motivos de la perícopa de Getsemaní puede ser incorporada en Juan 12:27-28.[1066] Por lo menos, la reflexión en Juan 12:27-33, que explícitamente hace la conexión entre la hora (de glorificación) y la muerte de Jesús, demuestra un interés teológico que es muy similar al de la perícopa de Getsemaní (Marcos 14:32-42 par.).

Escapar de la amenaza de la hora (de la muerte) ha sido defendido. En Juan, el lamento y súplica, "Aparta de mí esta copa;" se formula simplemente como una pregunta retórica. Desde el principio, no es un comportamiento alternativo plausible. La inevitable muerte de Jesús y su renuncia al rescate representan una analogía estructural con la entrega de la vida en el versículo 25 y con la consistencia lógica del grano de trigo que muere en el versículo 24. Evidentemente debe de ser así. Al mismo tiempo, es en particular el dominio figurativo del grano de trigo lo que demuestra que esta inevitabilidad de la muerte realmente sirve a un propósito más elevado. Sin la muerte no hay fruto. La transferencia metafórica sugiere así que la muerte de Jesús también sirve a un propósito superior.

El motivo de la "hora" (v. 23, 27) y el de "glorificación" (v. 23, 28) crea una doble referencia inconfundible, al menos para aquellos que están familiarizados con este código semántico, con la muerte de Jesús en la cruz. Sin embargo, el "morir del grano de trigo" (v. 24), así como el dicho sobre "perder la vida" (v. 25) también construyen un puente semántico explícito al versículo 33, que habla de la muerte de Jesús. En el comentario al lector, el "levantamiento" mencionado en el versículo 32 se explica como una metáfora de la crucifixión. Ser levantado significa la muerte en la cruz y existe dentro del distintivo sistema de metáfora espacial del

---

1065. Vea Leinhäupl-Wilke, "Die Stunde des Menschensohns".

1066. Frey, "Das vierte Evangelium", 88–93.

evangelista.[1067] El hecho de que el levantamiento se describe como una necesidad, como es correctamente entendido por la multitud (v. 34: δεῖ ὑψωθῆναι –cuando sea levantado de la tierra...), vuelve a la inevitabilidad de la muerte del grano de trigo tal como está formulada en las cláusulas condicionales. Al mismo tiempo, sin embargo, el movimiento se invierte: mientras que el grano de trigo cae en la tierra (πεσὼν εἰς τὴν γῆν), Jesús es levantado de la tierra (ὑψωθῶ ἐκ τῆς γῆς). Así, la crucifixión misma lleva la semilla de la nueva vida.

El entrelazamiento con el contexto crea una interacción semántica de los elementos que revela claramente la importancia metafórica de la parábola del grano de trigo.[1068] El "morir del grano de trigo" se convierte en una referencia a la "muerte de Jesús". La glorificación de Jesús a través de su muerte en la cruz (en Juan "ser levantado") se interpreta así a través de la imagen del grano de trigo que muere. Jesús es como el grano de trigo que muere; su muerte se coloca en un contexto más amplio de significado y finalmente sirve para dar fruto.

V. 23-24a: Jesús les respondió diciendo: Ha llegado la hora para que el Hijo del hombre sea glorificado. 24 De cierto, de cierto os digo			
V. 24bc: que si el grano de trigo que cae en la tierra no muere	queda solo,	pero si muere,	lleva mucho fruto.
V. 25: El que ama su vida,	la perderá,	y el que oda su vida en este mundo	para vida eterna la guardará".
V. 26: *Seguidores que sirven* V. 27: "Ahora está turbada mi alma. ¿Y qué diré? ¿Padre, sálvame de esta hora? V. 28: *Solicitud de glorificación y confirmación de la voz del cielo*: "Lo he glorificado, y lo glorificaré otra vez". V. 29: *Reacción de la multitud*			
V. 32: "Y yo, cuando sea levantado de la tierra, a todos atraeré a mí mismo". V. 33: Esto decía dando a entender de qué muerte iba a morir.			

Tabla 1: La parábola del grano de trigo (Juan 12:24) en contexto

En resumen, hemos visto que cada uno de los criterios de la parábola (ficción, realismo, narrativo, metafórico, contexto, según el lector) se pueden observar en Juan 12:24. Por tanto, podemos concluir que, según la exploración del género

1067. Zimmermann, *Christologie der Bilder,* 226-31.
1068. Vea ibid., 117-21.

anterior, el género de este pasaje se puede identificar apropiadamente como una parábola.[1069]

Pero, ¿cuál es el significado más amplio o más profundo? O para emplear los términos encontrados en la imagen del texto, ¿cuál es el "mucho fruto" de la muerte de Jesús? ¿Cuál es la intención y la declaración teológica de la parábola? Para responder a esta pregunta, debemos ahondar más en la fuente del dominio figurativo y las metáforas tradicionales.

La realidad: cartografía de los antecedentes socio-históricos

En esta parábola, una observación cercana de los procesos naturales, similar al crecimiento de la semilla de mostaza o de la semilla que crece por sí misma, revela una visión teológica. En consecuencia, en lugar de un análisis "socio-histórico" en sentido estricto, la realidad del grano y el proceso de siembra y cultivo –referido a los antiguos estudios agrarios– es de mayor interés en el siguiente pasaje.

El grano y el fruto del trigo

Juan 12:24 es sobre el "grano de trigo" (ὁ κόκκος τοῦ σίτου). Para ser exactos, σῖτος es el término genérico para el grano. Por lo tanto, la parábola no se refiere a un tipo particular de grano, que ciertamente podría haber sido indicado mediante las diferenciaciones terminológicas (como κριτή para la cebada, ζειά para la espelta, o πυρός para el trigo),[1070] sino más bien sobre el grano en general. En la práctica, sin embargo, se empleó este término para referirse al tipo de grano más vasto, esto es, el trigo, que dio lugar al rango semántico del término, incluyendo "trigo" y "grano".[1071] La traducción "grano de trigo", por lo tanto, corresponde al significado de las palabras griegas.

El "grano" es la parte más importante de la planta y se encuentra en la espiga. El erudito romano Marcus Terentius Varrón provee una descripción exacta de la aparición de la llamada espiga perfecta (*spica non mutilata*) (Varrón *rust.*, I, 48). Se compone de tres partes: el grano (*granum*), la cáscara (*gluma*), y el tallo (*arista*). El grano es la parte más importante. Como semilla, se utiliza para sembrar; cruda, o como harina, es un alimento básico. El grano es tanto la semilla como el fruto al mismo tiempo.

1069. Vea el capítulo 4.

1070. Vea Sallares, "Getreide III"; Dalman, *Der Ackerbau*, 243 - 63.

1071. Vea Exegetisches Wörterbuch zum Neuen Testament, vol. III, 587-88 (no hay autor individual).

Cada espiga contiene muchos granos, cuyo número varía de planta en planta. La calidad de la cosecha se mide por el número de granos en la espiga (vea Q 10:2), aunque la información en las fuentes antiguas varía con respecto a cuántos granos constituían una cosecha normal o abundante. Claramente, la cosecha era muy diferente de una región a otra.[1072] En una región, el rendimiento de una cosecha que daba diez veces más era normal.

En áreas fértiles como Etruria, se podía alcanzar un rendimiento de cosecha de quince veces, y Marcos 4:8 habla de cosechas del treinta, sesenta o del ciento por ciento (vea Marcos 4). De acuerdo con Dalman, en el área alrededor de Jerusalén las espigas podían contener de quince a cuarenta granos, mientras que en el Mar de Galilea podían contener hasta setenta granos.[1073] Aunque Varrón también nombra regiones muy precisas en las que se suponía que había cientos de cultivos,[1074] esta información difícilmente puede ser históricamente plausible si consideramos que hoy en día, con la cría híbrida moderna, podemos producir un rendimiento de cosecha solo de treinta a cuarenta.

Sin embargo, no es el rendimiento preciso lo importante. Cuando Juan 12:24 habla de "mucho fruto" (πολὺς καρπός), es la reproducción de la semilla lo que es esencial. El número de granos en la espiga no es esencial para la reproducción; en cambio los muchos tallos que crecen fuera de la semilla reproducen el fruto. Una semilla lleva mucho fruto, o con respecto a la identidad de semillas y frutos, se podría decir que un grano produce muchos granos.

Morir en la siembra

Debido a que el grano podía sobrevivir fácilmente al frío del invierno, generalmente se sembraba en el otoño y vivía durante el invierno como plantas pequeñas (*Colum.* II 9). Los antiguos estudios agrarios se refieren a la discusión sobre el momento correcto para sembrar grano (*Columela* II 8, *Plinio, Hist. Nat.,* XVIII 201–04, Varrón *rust.* I 6:37), demostrando la importancia atribuida a la siembra. La elección de la semilla también se tomó en cuidadosa consideración, y factores como el tamaño, el color y la edad fueron decisivos para la selección de las semillas. Se creía que los granos rojizos de un año de edad eran los mejores, así como los más grandes y pesados. Tuvieron que ser separados durante la cosecha misma porque cayeron al fondo de la era en el vaciado (vea *Colum.* II 9; *Plinio,*

1072. Vea Sallares, "Getreide III", 1033; Hanson y Oakman, *Palestine*, 104-05.

1073. Dalman, *Der Ackerbau*, 243.

1074. Por ejemplo en la región Siria alrededor de Gadara, vea Varrón *rust.* I, 44: "en Siria ad Gadara".

Hist. Nat., XVIII, *Teofrasto Hist. Planta.* VIII, 195; *Teofrasto Hist. Plant.* VIII 11:5). Con el fin de acelerar el proceso de germinación en la tierra, las semillas se empapaban en líquido antes de la siembra. El líquido era un caldo de hierbas o en el caso del trigo, vino (*Plinio, Hist. Nat.*, XVIII 158-59).

Después de que las semillas habían sido sembradas y habían "caído en tierra" (vea también Marcos 4:4-8 par., para esta expresión aparentemente común), fueron dejadas a sí mismas. Dependiendo del tiempo, la germinación tardaba entre quince y veinte días, período de espera prolongado e incierto para determinar si la semilla era capaz de germinar o si tal vez se había estropeado, una cuestión existencial con respecto al siguiente ciclo de vegetación. Esto puede ser la fuente de la antigua idea de que la semilla muere antes de crecer nuevamente.[1075] Epicteto afirma que la semilla está "enterrada" (καταρυγῆναι, *Diatr.* IV 8:36), y de acuerdo con un fragmento de Plutarco en el Comentario sobre la obra de Hesíodo ,de Prócolo, el grano debe (δεῖ) ser enterrado en tierra (κρυφθῆναι) y debe pudrirse (σαπῆναι), "de modo que un solo (ἐξ ἑνός) grano de trigo o cebada pueda llegar a ser una gran cantidad (πλῆθος)" (frg. 104).[1076]

Así, el grano no solo duerme en tierra para despertar en algún momento a una nueva vida. En épocas antiguas y específicamente en el judaísmo, se asumió que el grano se pudría y moría y luego se hinchaba de nuevo con una vida nueva.[1077]

Por tanto, el discurso del Nuevo Testamento sobre el "morir el grano" como se ve en Juan 12:24 y en 1 Corintios 15:36 (vea más abajo) no es metafórico, sino más bien literal. Sin embargo, no es sorprendente que esta idea más bien mística de la muerte y resurrección del grano esté estrechamente ligada al significado simbólico religioso, que se examinará a continuación.

La tradición: estudio de las metáforas y de los símbolos

La comparación entre el acto de siembra, de cosecha en la naturaleza, la vida y la muerte del hombre es tan antigua como la humanidad. En consecuencia, las metáforas tradicionales (*Bildfelder*) y los mitos que vinculan la aporía fundamental de la vida humana con respecto a la muerte con los procesos en el ciclo de la vegetación son múltiples. A continuación, analizaré aspectos individuales de los antecedentes lingüísticos y metafóricos que pueden contribuir a la comprensión de Juan 12:24.

1075. Vea Braun, "Stirb und Werde", 140-41.

1076. Vea Plutarco, *Moralia*, vol. XV (LCL 429), 212 - 13

1077. Vea *m. Kil.* II:3; *m. Ḥal.* I:1; *t. Kil.* 1:16, según Dalman, *Der Ackerbau*, 305.

(Espigas de) trigo en los cultos mistéricos

En algunos "cultos mistéricos", las iniciaciones religiosas y los rituales secretos del mundo griego,[1078] la celebración de una vida nueva estaba conectada con el símbolo del trigo.

De acuerdo con la evidencia de Hipólito (*Ref.* V 8:39–40) en los "Misterios Eleusinos", que había sido promulgada desde el siglo VIII AC para honrar a Deméter, la diosa de la cosecha, una espiga de trigo era exhibida en el clímax de la noche de iniciación. La espiga de trigo estaba destinada a ser un símbolo para los iniciados, los llamados *mystai*, de la "encarnación de la vida que surgió recientemente del vientre de la tierra".[1079] Siguiendo la espiga del grano, Perséfone, la hija de Deméter que había sido secuestrada por el dios del inframundo y se creía muerta, apareció y mostró su hijo recién nacido, similar a un dios. Los espectadores veían así que, con ella, la fertilidad que se convertiría en la bendición del grano y las riquezas para ellos venía de las profundidades de la tierra.

Los misterios de Isis, que giraban alrededor del mito de Isis y Osiris, eran otra puesta en escena de la muerte y el renacimiento. Según el mito, la diosa Isis encontró el cuerpo muerto y desmembrado de su hermano y esposo Osiris y lo volvió a reconectar. Después de ser ungido con el agua de la vida, Osiris despertó, e Isis pudo concebir a su hijo Horus con él. Osiris se convirtió en el dios del reino de los muertos. El grano de trigo, expresado en particular a través de la "momia de grano" de Osiris, fue el símbolo de la muerte y el renacimiento en las celebraciones mistéricas anuales que tenían lugar a finales de octubre/principios de noviembre o al mismo tiempo que el brote del trigo de invierno. La momia de Osiris, que estaba hecha de arcilla y envuelta con vendajes de lino, era sembrada con granos de cebada y trigo. Como se ha demostrado recientemente, los brotes surgían de la momia[1080] y se convertían así, para la gente, en un signo visible de una nueva vida procedente de los muertos.[1081]

La "resurrección" de la semilla

Mientras que los ritos mistéricos se basaban en el retorno cíclico de una nueva vida después de la muerte, el significado religiosamente transferido del proceso de

---

1078. Vea Giebel, "Weizenkorn und Weinstock"; Para una descripción de tales cultos, vea Klauck, *Stadt- und Hausreligion*, 77-128.

1079. Giebel, "Weizenkorn und Weinstock", 250, con una útil descripción del ritual; vea también Burkert, *Homo necans*, 274-327.

1080. Sokiranski y Adrario, "Der sprießende Osiris".

1081. Vea Giebel, *Das Geheimnis der Mysterien*, 149-94; Idem, "Weizenkorn und Weinstock", 252-53.

germinación también se encuentra en los conceptos de resurrección que prometen la vida después de la muerte en la tierra. En este sentido, H. Braun se refirió al antiguo parsismo persa o mazdeísmo de la religión del zoroastrismo.[1082] De acuerdo con el Bundahis, capítulo 30, Zaratustra le preguntó a Aura Mazda cómo era posible que un cuerpo que había sido destruido por los elementos podía ser formado de nuevo. Aura Mazda respondió que el dios era capaz de crear una nueva vida sin ayuda y al hacerlo construyó un puente entre la semilla y el crecimiento del grano. Aura Mazda despertó a una nueva vida, así como "el maíz fue creado [por él] para que, esparcido por la tierra, volviera a crecer y volviera aumentado".[1083] La resurrección del cuerpo es retratada como una analogía del crecimiento del grano o en otras palabras, la resurrección del grano.

El grano de trigo también está conectado con la idea de la resurrección en la literatura rabínica. El Talmud de Babilonia transmite un diálogo entre Rabí Meir y Cleopatra según el cual la reina quiere saber si uno "surge" después de la muerte con o sin prendas de vestir. El rabino responde: "Podrás deducir de un argumento con mayor razón la discusión de un grano de trigo: si un grano de trigo, que está enterrado desnudo, brota en muchas vestiduras, ¡tanto más los justos, que están enterrados con sus ropas!"[1084]

La parábola está relacionada con Juan 12:24 debido a que no solo se compara la siembra en la tierra con el entierro del grano de trigo, con su crecimiento y su renacimiento, sino que también se expresa el contraste entre el simple grano de trigo y la planta desarrollada (pero no el fruto).

El grano que muere y crece es también usado como metáfora para la resurrección en el cristianismo primitivo, aparte de Juan 12:24. En 1 Corintios 15:35-49 encontramos una parábola dentro del marco de las declaraciones de Pablo sobre la resurrección.[1085] Sin embargo, no parece posible, usando los textos, confirmar una influencia recíproca entre 1 Corintios 15 y Juan 12 porque Pablo usó la imagen para la resurrección de los cristianos y no crea una referencia cristológica. Es posible que Pablo y Juan se refieran independientemente a un proverbio que Pablo provee en 1 Corintios 15:36 como σὺ ὃ σπείρεις, οὐ ζωοποιεῖται ἐὰν μὴ ἀποθάνῃ. (lo que tú siembras no vuelve a la vida si no muere antes).

Más tarde, el autor del libro de Clemente combina diferentes tradiciones cuando habló de la futura resurrección de los cristianos: "Debemos considerar

---

1082. Braun, "Stirb und Werde", 141-42.

1083. Vea la traducción inglesa de E.W. West, tr. (1880), en Sacred Books of the East, Pahlavi Texts, Part 1, vea http://www.sacred-texts.com/zor/sbe05/sbe0539.htm (30.12.2016).

1084. Vea la traducción De Soncino, vea The Babylonian Talmud (Traducción de Soncino al ingles completa), https://archive.org/details/TheBabylonianTalmudcompleteSoncinoEnglishTranslation (30.12.2016).

1085. Vea Riesenfeld, "Das Bildwort vom Weizenkorn", 43–55.

las cosechas: ¿cómo, y de qué manera, las siembras ocurren? ⁵ El sembrador sale y lanza cada una de las semillas (ἕκαστον τῶν σπερμάτων) sobre el suelo. Debido a que están secas y estériles se descomponen (διαλύεται) cuando caen sobre el suelo. Pero entonces la magnífica previsión del Maestro las eleva de su decadencia, y de la semilla crecen más, y producen así la cosecha" (1 Clem. 24:4–5).[1086]

La resurrección de los cristianos se explica así mediante una síntesis de diversas imágenes de siembra de la parábola del sembrador de Marcos 4, la parábola de 1 Corintios 15 y la de Juan 12. Las formulaciones al final, en particular, apuntan a Juan 12:24-25, ya que el contraste entre el "uno" y los "muchos" es característico de la versión de Juan.

Por último, debemos mencionar el grano de trigo de la parábola del Apócrifo de Santiago en el primer códice de Nag Hammadi (Apócrifo Santiago NHC I, 2 p. 8:10–27). El grano de trigo se compara con la palabra que se siembra y trae nueva vida. Aunque, como en Juan 12:24, el pasaje habla del amor y el contraste entre uno y muchos, existen también diferencias sustanciales. Esta parábola no se refiere al amor a la propia vida (como en Juan 12:25), sino al amor al grano de trigo ("él lo amó, porque había visto muchos granos en lugar de uno").[1087] Adicionalmente, el aspecto importante de la muerte no es mencionado en absoluto en el Apócrifo de Santiago.

El fruto de la fe

Finalmente, debemos referirnos a una metáfora tradicional completamente diferente (*Bildfeld*) que es parte del trasfondo de Juan 12:24. Es el acoplamiento convencional del fruto con los fenómenos religiosos, que puede incluso encontrarse en la todavía actual metáfora alemana del "Glaubensfrucht" (fruto de la fe). El "fruto" puede usarse como una metáfora en general para la consecuencia de una acción (Miqueas 7:13; Proverbios 1:31) o más específicamente para el resultado del trabajo (Proverbios 31:16, 31). El fruto también se entiende a menudo como el objetivo y el resultado de la acción religiosa en el sentido más amplio en que las acciones justas (Amós 6:12) o los pensamientos (Jeremías 6:19) se caracterizan como fruto. El autor del Salmo 1 pinta un cuadro precioso comparando a los fieles con árboles: "Será como árbol plantado junto a corrientes de aguas, que da su fruto en su tiempo y su hoja no cae, y todo lo que hace prosperará" (Salmo 1:3).

1086. *The Apostolic Fathers*, Vol. I (LCL 24), 81 (trans. Ehrman).
1087. *The Nag Hammadi Library* en Ingles, 33.

También se encuentra la evidencia de esta metáfora tradicional en la literatura del Segundo Templo, como la escritura apocalíptica de Enoc (por ejemplo 1 Enoc 32:3-6),[1088] en la cual la abundancia del fruto es interpretada como un símbolo de salvación (3 Baruc 29:5, 1 Enoc 10:18-19, 26:5-6, Oráculos Sibilinos 3:619-23).

En el Nuevo Testamento, esta metáfora tradicional ocurre en el contexto de los dichos sobre juicio (por ejemplo, en la predicación de Juan el Bautista, Mateo 3:8, 10) o en Pablo en relación con las declaraciones éticas (Gálatas 5:22: fruto del Espíritu, Filipenses 1:11) o con la misión evangelística. Pablo quisiera acercarse a la comunidad romana de esta manera "para tener también entre vosotros algún fruto, como lo he tenido entre los demás gentiles" (Romanos 1:13).

El significado: ampliación de los horizontes de interpretación

Según la investigación de la parábola tradicional, las imágenes de Juan transformaron las imágenes sinópticas en alegorías cristológicas. Sin lugar a dudas, el enfoque cristológico del *Cuarto Evangelio* es obvio. Sin embargo, el significado de las parábolas todavía se se esfuerza por proveer múltiples interpretaciones. Esto también puede demostrarse con respecto al ejemplo de muestra de este capítulo.

Interpretación cristológico-soteriológica (la muerte de Jesús)

La parábola del grano que vive y muere aplica el concepto de la siembra, la muerte y fructificación del grano de trigo a la muerte de Jesús. Así, el discurso bíblico provee una interpretación de esta muerte que, en la posibilidad de ser un dicho auténtico Jesús,[1089] da lugar prospectivamente al caso de la muerte presupuesta de Jesús, de manera retrospectiva. El significado de la muerte de Jesús, que es difícil de comprender, se hace accesible al lector a través de una imagen que es una experiencia cotidiana muy conocida.[1090] La semilla muere para que el nuevo fruto pueda crecer. Este campo de experiencia se usa ahora para hacer una declaración religiosa; metafóricamente hablando, hay una transferencia de la vegetación a la muerte de Jesús –es decir, del dominio agrícola al dominio religioso.

Si continuamos la línea de investigación sobre cómo se genera y amplía este significado metafórico, puede llamar la atención a una variedad de detalles.

1088. Vea von Gemünden, *Vegetationsmetaphorik*, 94–101.

1089. Ensor, "The authenticity".

1090. También Kaipuram, *Paroimiai*, 66–67.

Primero, está el foco teleológico de la muerte. De la misma manera que el grano de trigo muere para tener en última instancia un nuevo fruto, la crucifixión de Jesús no es el fin en sí mismo, sino que sirve a una meta más elevada.

En segundo lugar, se expresa la necesidad de la muerte. Tanto la formulación concreta que utiliza cláusulas condicionales negativas (vea más arriba) como las referencias al lugar del grano de trigo que muere en la literatura relacionada (por ejemplo. Plut. Frg. 104, vea más arriba)[1091] hacen hincapié en lo inevitable del evento. El "es necesario" (δεῖ) de la crucifixión o glorificación (Juan 12:34), que se formula explícitamente en la referencia a la "hora" en la perícopa de Getsemaní (Marcos 14:35, 41, Juan 12:27) y también en la pregunta de Juan 12:34 ¿Cómo, pues, dices tú que es necesario que el Hijo del hombre sea levantado?), así se hace comprensible. Por sí solo, la necesidad, el "es necesario", no se comprende fácilmente; sin embargo, con una visión hacia el proceso natural del grano, se vuelve abundantemente claro.

Además, la transferencia metafórica también recoge la paradoja de la parábola del grano que vive y muere en que, con respecto a la resurrección futura, la muerte no se presenta aquí como algo por lo que se pasa o algo a lo que uno debe asumir. Lo que aquí se expresa es una fusión paradójica de opuestos. La muerte misma contiene nueva vida y, por tanto, es el prerrequisito e incluso el comienzo de la vida; por tanto, la parábola del grano de trigo corresponde por completo, al nivel de las metáforas espaciales, a la declaración paradójica de que la humillación más profunda es una "exaltación" (vea más arriba). En todas sus estructuras paradójicas, la teología de la crucifixión de Juan conduce –análogo a Pablo en 1 Corintios– a una reafirmación de todos los valores.

La parábola del grano de trigo no es, pues, simplemente una "imagen de la resurrección".[1092] Ciertamente, la perspectiva posterior de la resurrección puede ser propuesta a los primeros lectores a través de la tradición figurativa porque el crecimiento de la semilla es considerado como "evidencia de la resurrección" (vea más arriba). Además, se puede reconocer el concepto de Juan de la recreación a través de la resurrección de Jesús, como se ve en el simbolismo del jardín o en la impartición del Espíritu del Jesús resucitado sobre los discípulos (Juan 20:22),[1093] así está inscrito en Juan 12:24. Sobre todo, los paralelismos metafóricos de la "vida eterna" (v. 25), el levantamiento "de la tierra" (v. 32) y la imagen del fruto trascienden una simple superación o reevaluación de la muerte en la cruz. La muerte de Jesús cumple una función para los demás y se enriquece con el significado

1091. También von Gemünden, *Vegetationsmetaphorik*, 206.

1092. Ibíd., 204.

1093. Vea Zimmermann, *Christologie der Bilder*, 154-63.

soteriológico que crea la salvación. El significado concreto de esta salvación se discute a continuación.

Interpretación ascético-martirológica

El *logión* agregado de la pérdida o ganancia de vida fue interpretado individualmente basado en su formulación usando el singular (verso 25a: "El que ama a su vida la perderá, y el que odia a su vida en este mundo, para vida eterna la guardará").[1094]

La idea de dar la vida por otra persona o por una causa no se limita al evento de Cristo. En el Antiguo Testamento[1095] y en el judaísmo temprano, tales conceptos existen dentro del concepto judío del martirio.[1096] Dentro de la tradición griega, debemos pensar sobre todo en el concepto estoico de la "buena muerte" o específicamente del motivo de "morir por los amigos" que también desempeña un papel en el evangelio de Juan (vea Juan 15:13).[1097] De acuerdo con este entendimiento, uno debe leer Juan 12:24 desde la perspectiva del presumiblemente versículo primario número 25. El dicho sobre la ganancia paradójica de la vida (de Marcos 8:35 par.)[1098] fue ligado a los granos que viven y mueren de trigo. Quien intenta preservar su vida la pierde; cualquiera que abandone su vida la salvará. Este es el significado de la oración original que presumiblemente recoge un topos de la exhortación, el *cohortatio* del comandante.[1099] Renunciar a la vida, expresada aquí de forma drástica como odiando a la propia, puede conducir paradójicamente a ganar la vida. Sin embargo, una versión completamente no cristológica tendría que aislar a Juan 12:24-25 del contexto. Sería más apropiado comenzar con Juan 12:24 para mantenerse a la par de Juan y reconocer un *imitatio Christi* en la entrega de su vida por parte del individuo. La fructificación existe en el hecho de que Jesús encuentra sucesores para seguir su ejemplo de morir por otros (vea Juan 15:13). Este versículo era importante en la teología de los mártires de la iglesia primitiva, e incluso llegó a ser una convicción persistente de que los mártires eran la semilla de la iglesia.[1100] Ignacio de Antioquía, por ejemplo, en su carta a los Romanos, explica su martirio venidero con la imagen del grano que muere: "Escribo a todas las iglesias, dando instrucciones a todos, que muero voluntariamente por

---

1094. Ebner, "Überwindung", 93–94.

1095. Janowski, "Leben", 2005.

1096. Vea la colección de textos en van Henten y Avemarie, *Martyrdom*.

1097. Vea Scholtissek, "Liebe".

1098. Así Theobald, *Herrenworte*, 400.

1099. Ibíd., 97–129; Ebner, "Überwindung", 81.

1100. Becker, *Evangelium des Johannes*, 400.

Dios, a menos que me lo impidáis. Os exhorto, no os convirtáis en una bondad inoportuna para mí. Permitidme ser pan para las bestias salvajes; a través de ellas puedo alcanzar a Dios. Yo soy trigo de Dios (σῖτός εἰμι θεοῦ) y soy molido por los dientes de las bestias salvajes, para que pueda ser encontrado como pan puro de Cristo".[1101]

Aunque al principio esta interpretación debe parecer extraña a sus lectores contemporáneos, las nuevas formas de ascetismo sexual, dietético o profesional en particular demuestran su validez duradera. No siempre son el "más" y la "abundancia", sino más bien el "menos" y las "medias medidas" las que conducen a ganancias vitales. Goethe se basó en esta paradoja de ganar la vida a través de su pérdida en su poema "Selige Sehnsucht" (Goethe, Westöstlicher Divan) y lo expresó en la fórmula lingüística "Stirb und werde!" ("¡Muere y se!"). Esta máxima individualista, que está completamente alejada del modelo de Cristo, demuestra al mismo tiempo el peligro de una interpretación unilateral y abreviada de Juan 12:24-25.

Por supuesto, los diversos enfoques interpretativos pueden fusionarse. El significado creador de salvación en la muerte de Jesús tiene una función constitutiva para la comunidad y está dirigido en particular a la participación de los gentiles. La renuncia de Jesús a su vida se convierte entonces, como en otras partes del evangelio (por ejemplo, Juan 15:12-14), en un modelo para los discípulos, que adquiere relevancia particularmente en una situación aguda de persecución.

Interpretación eclesiológico-evangelística (gentiles)

La interpretación final establece otra prioridad. El fruto del grano de trigo no necesariamente tiene que estar relacionado con el individuo. El fruto abundante del grano de trigo en relación con la declaración de que Jesús, cuando es levantado de la tierra, traerá a sí mismo a "todos" (Juan 12:32) puede interpretarse en el sentido de que la muerte de Jesús cumple su propósito en particular en la reconstitución de la comunidad de discípulos o incluso en el esfuerzo misionero.[1102] Para apoyar esta interpretación, podemos señalar una comprensión evangelística de la metáfora del fruto (Romanos 1:13) o de las parábolas relacionadas del sembrador (Marcos 4:3-20) o la semilla de mostaza (Marcos 4:30-32), en la cual la semilla y el crecimiento también están ligados al efecto evangelístico de la palabra proclamada o la predicación del reino de Dios. Sin embargo, la conexión no es tan evidente

---

1101. Vea *The Apostolic Fathers*. Vol. I (LCL 24), 275 (trans. Ehrman).

1102. Vea Ruiz, *Der Missionsgedanke*, 189–90; también Frey, "Heiden—Griechen— Gotteskinder", 260 y otros.

como lo indica Schnackenburg[1103], porque, aunque la palabra proclamada pueda tener el poder de atracción, ¿es esto también cierto de la muerte?

Por tanto, primero es necesario determinar la posición que la metáfora del fruto en Juan 12:24 tiene dentro del alcance en todo el evangelio. Al considerar esta posición, se encuentra que hay una conexión estrecha e incluso lingüística con la parábola de la vid y los pámpanos (Juan 15:1-8, 16), en el que la formulación καρπὸν πολύν φέρειν (llevar mucho fruto; Juan 15:5, vea Juan 12:24c) también se utiliza. La parábola en Juan 4:35-38 (en particular, v. 36) también habla del fruto.[1104] Mientras que en Juan 15, la declaración acerca de la imposición de la vida (Juan 15:13) crea una estrecha relación con Juan 12:24-25, Juan 4:36 se encuentra en el contexto de los "esfuerzos misioneros" del samaritano. Correspondientemente, se puede concluir que la metáfora del fruto en Juan puede conducir a los pensamientos tanto acerca de la muerte de Jesús como de la propagación del evangelio (vea también Juan 15:16). Ambas hebras se juntan en Juan 12:24-25 para que se pueda hablar de una dimensión evangelística de la muerte.[1105]

¿Pero a quién se aplica la misión? ¿A quién se dirige el mensaje? Veamos el marco narrativo contextual extendido de la parábola del grano de trigo.[1106] La unidad narrativa comienza con Juan 12:20, refiriéndose a los "griegos" (Ἕληνες) que habían ido a Jerusalén para adorar en la fiesta de la Pascua. Estos griegos, o —en el nivel del mundo narrativo— gentiles temerosos de Dios (vea Juan 7:35), quieren "ver" a Jesús (v. 21). Esto es comunicado a Jesús por Felipe y Andrés (Juan 12:21-22). Sin responder a esta petición, Jesús da un discurso (Juan 12:23-32), que solo es interrumpido brevemente por la voz del cielo (Juan 12:28b, 29). En el corazón de este discurso está la parábola del grano de trigo que muere, que es, al menos indirectamente, dirigido a los griegos, que fueron introducidos previamente.

Para Juan, la mención explícita de los griegos no es ciertamente una coincidencia. En el nivel del mundo narrativo, los griegos son los "representantes del κόσμος en la medida en que llega a la creencia en Dios, representantes del mundo de los gentiles que llegan a la fe".[1107] El contenido del discurso de Jesús también crea una conexión con el mundo griego. La tradición figurativa reveló que Juan 12:24 es mucho más que un mensaje de bajo nivel que toma de la experiencia básica humana. El grano de trigo recoge directamente un símbolo central de los

---

1103. See Schnackenburg, *Johannesevangelium* II, 480: "La muerte de Jesús es necesaria para traer fruto misionero abundante".

1104. Para más detalles vea Zimmermann, "Geteilte Arbeit—doppelte Freude!"

1105. Con Berger, "Evangelium nach Johannes", 48.

1106. Busse, *Das Johannesevangelium*, 196–200.

1107. Frey, "Heiden-Griechen-Gotteskinder", 255; Diferente Draper, "Holy seed", quien, con una lectura targúmica de Isaías 6:13, tiene a los judíos de la diáspora en mente.

cultos mistéricos. Ciertamente no se puede llegar tan lejos como para identificar la "búsqueda" de los griegos con la búsqueda de una vida nueva a través de Deméter o Isis. Sin embargo, una conexión más clara puede estar presente en el deseo expresamente formulado de "ver" a Jesús, porque los cultos mistéricos son, en cierto sentido, una representación. Por ejemplo, el clímax de la liturgia es ver a Perséfone, que convierte al *mystai* en "Epoptes" (supervisores).[1108] Se les niega ver; sin embargo, el mensaje del grano de trigo de Jesús conduce a una comprensión más profunda. No es el culto mistérico, sino la muerte de Jesús lo que provoca la perpetuación de la vida eterna. Es importante proclamar este mensaje en particular en el mundo gentil. Por tanto, para M. Ebner, Juan 12:24-26 "se formula como una ofrenda espiritual en particular para cualquiera que esté abierto a los cultos mistéricos".[1109]

Según Juan 7:35 –formulado con la ironía de Juan– eran, de entre todas las gentes que no entendían de Jerusalén quienes anunciaron el impacto futuro de Jesús en el mundo gentil.[1110] A pesar de que la escena en Juan 12:20-36, que Schenke correctamente tituló "el último llamamiento de Jesús al público",[1111] no implica una reunión directa, sino que en sí es indirecta. Y esa es precisamente la intención. El paso de la información de un discípulo a otro, que sorprende al lector como algo extraño, corresponde estrechamente al modo narrativo de Juan de apelar a los discípulos (vea Juan 1:35-51). Así, las palabras de Jesús deben comunicarse de esta manera a través de los discípulos a los griegos. Esto contiene un matiz importante en el nivel figurativo. Mientras que en los cultos mistéricos, la superación de la muerte era visible en la germinación y el crecimiento, la parábola del grano de trigo apunta explícitamente al fruto. La parábola funciona en un principio de lapso de tiempo, ya que hay realmente una cantidad considerable de tiempo entre el morir del grano y el dar fruto. Si uno interpreta el contexto en consecuencia, el tiempo presente es el tiempo que debe ser llenado con la misión de los discípulos para atraer a la gente en el mundo gentil.

En el plano de la comunicación evangélica, la imagen de Cristo como el "grano de trigo que muere" forma parte de la estrategia cristológica de comprensión para el público gentil. El don de la vida pertenece a todos, judíos y griegos por igual.[1112]

La posterior historia de la recepción (*Wirkungsgeschichte*) de la parábola de Juan del grano de trigo confirma su potencial. Theobald atribuye el hecho de que Juan 12:24 "ha tenido una influencia duradera en la memoria religiosa del

1108. Giebel, "Weizenkorn und Weinstock", 250.

1109. Ebner, "Überwindung", 95.

1110. Frey, "Heiden-Griechen-Gotteskinder", 251–53; Beutler, "Greeks", 333–47.

1111. Schenke, *Johannesevangelium*, 241.

1112. Así Theobald, *Herrenworte*, 129.

cristianismo"[1113] debido a su poder arquetípico y de estética. La parábola también ha tenido un impacto fuera del contexto eclesial como lo demuestra el hecho de que Dostoievski introdujo su novela *Los hermanos Karamazov* con esta parábola. Aún hoy, es plausible que una percepción de los procesos naturales pueda traer una comprensión acerca de la vida y la muerte. Así, ahora como en la era de los griegos, la parábola del grano de trigo puede ayudar a las personas que tienen dificultades con las interpretaciones teológicas de la tradición como la expiación o el sacrificio a comprender mejor el sentido teológico y la necesidad de la muerte de Jesús.

LITERATURA ADICIONAL

Braun, H. "Das 'Stirb und Werde' in der Antike und im NT". In idem, *Gesammelte Studien zum Neuen Testament und seiner Umwelt*, 2nd ed., 136–58. Tübingen: Mohr Siebeck, 1967.

Draper, J. "Holy seed and the return of the diaspora in John 12:24". *Neotestamentica* 34 (2000), 347–59.

Ebner, M. "Überwindung eines 'tödlichen' Lebens. Paradoxien zu Leben und Tod in den Jesusüberlieferungen". *Jahrbuch für Biblische Theologie* 19 (2004), 79–100.

Ensor, P. W. "The authenticity of John 12.24". *EvQ* 74,2 (2002), 99–107. Gemünden, Petra von. *Vegetationsmetaphorik im Neuen Testament und seiner Umwelt: Eine Bildfelduntersuchung.* 204–09. Novum testamentum et orbis antiquus 18. Göttingen/Freiburg: Universitätsverlag, 1993.

Giebel, M. "Weizenkorn und Weinstock. Todesüberwindung in antiken Mysterienkulten". *Jahrbuch für Biblische Theologie* 19 (2004), 245–57.

Kaipuram, S. *Paroimiai in the Fourth Gospel and the Johannine Parables of Jesus' Self-Revelation. With Special Reference to John 12,24: The Grain of Wheat.* Rom: Pontificia Universitas Gregoriana, 1993.

Leinhäupl-Wilke, A. "'Die Stunde des Menschensohns' (Joh 12,23). Anmerkungen zur, heimlichen Mitte' des Johannesevangeliums". *In Die Weisheit— Ursprünge und Rezeption*, edited by M. Faßnacht, M. et al. FS K. Löning. Münster: Aschendorff, 2003, 185–210.

Theobald, M. *Herrenworte im Johannesevangelium*, Herders Biblische Studien 34. Freiburg: Herder, 2002, 393–401.

Zimmermann, R. "Jesus als Brot (Joh 6,35.48) und Weizenkorn (Joh 12,24). Wie Kindergartenkinder Christologie 'bilden.'" In *Man hat immer ein Stück Gott in sich". Mit Kindern biblische Geschichten deuten. Teil 2: Neues Testament.* edited by G. Büttner/ M. Schreiner Stuttgart: Calwer, 2006, 122–38.

1113. Ibíd., 393.

_____. Are there Parables in John? It is Time to Revisit the Question". *Journal for the Study of the Historical Jesus* 9 (2011), 243–76.

_____. The Woman in Labor (John 16:21) and the Parables in the Fourth Gospel, in *The Gospel of John as Genre Mosaic,* edited by K. B. Larsen, Studia Aarhusiana Neotestamentica 3, Göttingen: Vandenhoeck & Ruprecht, 2015 (forthcoming).

12

LA JARRA VACÍA (*EVANGELIO DE TOMÁS* 97) Y LAS PARÁBOLAS EN TOMÁS

Los primeros padres de la iglesia como Hipólito y Orígenes hace mucho tiempo testificaron de la existencia del *Evangelio de Tomás*;[1114] sin embargo, no existía un manuscrito completo hasta que un texto copto fue descubierto en las excavaciones en Nag Hammadi en 1945. El manuscrito copto data, en su más temprana fecha, del siglo IV. Tres fragmentos del papiro griego encontrados en Oxirrinco dan testimonio de una versión griega del *Evangelio de Tomás* que, según la evidencia paleográfica, debería ser fechada al principio del siglo III.[1115] La mayoría de los eruditos interpretan estos hallazgos como significando que el *Evangelio de Tomás* fue originalmente un texto griego que luego fue traducido al idioma copto.[1116] Por supuesto, los manuscritos y las referencias halladas en los escritos de los padres de la iglesia sirven solo como *término a quo* porque los propios textos podrían ser mucho más antiguos. La cuestión de la datación exacta del *Evangelio de Tomás*, un asunto que todavía se debate en la erudición,[1117] entrará en juego en el siguiente examen

---

1114.   Vea Hipólito, *Refutatio O. H.*, V 7:20; Orígenes, Hom. En Luc. 1, 5, 13; Didym. Eccl. I p. 8:3–5; Eusebio, h.e. 3, 25, 6. Para mas información vea Schröter, "Evangelium", y para una discusión mas detallada Gathercole, *Gospel of Thomas*, 3–90.

1115.   *Papiro Oxirrinco* I 1 fue publicado en 1897; *Papiro Oxirrinco* IV 654 y 655 en 1904.

1116.   Un grupo más pequeño de eruditos opina que, basándose en la similitud entre el *Evangelio de Tomás* y el Diatessaron, el *Evangelio de Tomás* fue originalmente escrito en siriaco y luego fue traducido al griego. Vea Perrin, *Thomas and Tatian*.

1117.   Vea el resumen en Gathercole, *Gospel of Thomas* 112-27. La tabla en las páginas 125-27 (con bibliografía) enumera la mayoría de las fechas que se han sugerido en la erudición sobre el *Evangelio de Tomás*, comenzando con "antes de 50 DC" (DeConick), primer siglo (Patterson, Dunderberg) e incluyendo varias fechas a lo largo del siglo II (Valantasis, cerca de 100-110 DC,

de las parábolas de este evangelio. Antes de analizar una parábola del *Evangelio de Tomás*, un breve resumen de las parábolas en este evangelio es requerido.

PARÁBOLAS EN EL EVANGELIO DE TOMÁS

De los primeros textos cristianos extra-canónicos, el *Evangelio de Tomás* es el texto que contiene el mayor número de parábolas. El número exacto varía según la definición de parábola utilizada;[1118] sin embargo, existe un amplio consenso de que un gran número de *logia* son parábolas.

La cuestión fundamental en la erudición sobre las parábolas en el *Evangelio de Tomás* ha sido y sigue siendo la cuestión de la dependencia literaria de las parábolas de la tradición sinóptica. Relacionado con este tema está la cuestión de la datación, así como el tema de las fuentes y la tradición textual del *Evangelio de Tomás*.

¿Es esta una colección de dichos de Jesús que se remonta a los tiempos más antiguos y es, por tanto, comparable al documento Q de la quinta década DC? En este caso, el *Evangelio de Tomás* sería una fuente temprana e independiente de la tradición de Jesús que merecería gran atención en la erudición sobre el Jesús histórico. ¿O es una colección de *logia* del siglo II o posterior que extrae y compila refranes de varios textos y demuestra claras tendencias gnósticas?

Estas dos posibilidades podrían ser interpretadas con respecto a las parábolas de la siguiente manera: o tenemos aquí versiones más originales de las parábolas de Jesús (por ejemplo, la versión de la parábola del banquete, *Evangelio de Tomás* 64 en comparación con Lucas 1:12- 24 y Mateo 22: 1-14) e incluso algunas parábolas auténticas de Jesús que faltan en los textos canónicos (por ejemplo, *Evangelio de Tomás* 97 y 98),[1119] o las parábolas del *Evangelio de Tomás* son reelaboraciones posteriores de material sinóptico o incluso invenciones de las

---

Perrin, Drijvers: finales del siglo II). Los comienzos de un consenso se pueden encontrar en una fecha alrededor de 135-140 CE (Schenke, Goodacre, Gathercole).

1118. Vea la tabla de Kim, "Unknown Parables", 585. El número varía entre cinco (vea Schoedel, "Parábolas") y cuarenta y una en el *Kompendium der Gleichnisse Jesu* (vea la tabla en Zimmermann, *Kompendium*, 859-61). Otros totales se pueden encontrar en Cameron, "Parable" (14 Logia); Stroker, "Parables" (14 Logia); Morrice, *Hidden Sayings* (15 Logia).

1119. Vea, por ejemplo, las conclusiones del Seminario de Jesús del Instituto Westar, que incluyó al *Evangelio de Tomás* 97 entre la lista de veintidós parábolas auténticas de Jesús (No. 13: El Asesino, *Evangelio de Tomás* 98:1-3, No. 22: La Jarra vacía, *Evangelio de Tomás* 97: 1-4); Vea para más detalles el capítulo 3; Además de eso, Patterson, "Synoptic Problem"; Idem, "Historical Jesus"; Hedrick, *Poetic Fictions*, 236-51; Scott, *Re-Imagine the World*; Nordsieck, *Das Thomasevangelium*.

primeros tradiciones cristianas, con la forma del texto encontrado en el códice de Nag Hammadi mostrando una tendencia gnóstica.[1120]

Estas alternativas demuestran una vez más la estrecha interconexión entre la erudición histórica de Jesús y la investigación de las parábolas.[1121] Siguiendo el enfoque de la memoria, no quiero reconstruir la versión original ni, más especulativamente, la auténtica voz de Jesús. Por lo tanto, no evaluaré los textos de parábola diacrónicamente y los pondré en diferentes clases, sino que antes examinaré cada texto por sí solo en su propio contexto de memoria. En general, estoy inclinado a estar de acuerdo con aquellos eruditos que afirman que el *Evangelio de Tomás* en su conjunto no fue escrito antes del segundo siglo. De manera similar al *Cuarto Evangelio*,[1122] sin embargo, podría haber tradiciones más antiguas de dichos de Jesús preservadas y transmitidas en líneas de transmisión distintas de las que llevan a los sinópticos y a Juan. En algunos casos no es fácil, y yo diría que ni siquiera es posible, decidir si tenemos una versión anterior o simplemente una aplicación diferente o un extracto de una parábola conocida de los sinópticos. De hecho, ambos fenómenos podrían ser reflejados en el *Evangelio de Tomás* como se conoce en la Versión Copta.

Las investigaciones más recientes sobre el *Evangelio de Tomás* están más abiertas a la no homogeneidad de los textos disponibles, permitiendo que tanto las primeras versiones como las remanentes posteriores se encuentren en el mismo manuscrito. Por tanto, es difícil determinar una tendencia uniforme, características literarias, o una sola inclinación teológica en las parábolas de Tomás. Si se hubiera querido derivar la firma del compilador o del editor del material único, como es común en la crítica de la redacción, así como David W. Kim enfatizó recientemente, que especialmente las parábolas desconocidas pueden tener orígenes pre-gnósticos: "el carácter peculiar de una tradición pre-gnóstica ha sido claramente demostrado en cada *Logión*".[1123] Basándose en la referencia a las tradiciones que se encuentran en los textos Judíos (por ejemplo, en 1 Reyes), Kim postuló el contexto de la "tradición de la *sophia* Judía", que luego extendió a todo el *Evangelio de Tomás*.

¿Qué material parabólico encontramos en el *Evangelio de Tomás*? Siguiendo la definición de parábola en este libro (incluyendo los llamados dichos parabólicos),[1124] es posible identificar al menos veintinueve parábolas en el *Evan-*

1120. Vea Montefiore, "Comparison", 220-48; Blomberg, "Tradition", 177-205; Lindemann, "Gleichnisinterpretation"; Liebenberg, *Language of the Kingdom*. Más general Schrage, *Das Verhältnis des Thomasevangeliums, Fieger, Thomasevangelium*.

1121. Concerniente a este problema, vea el capítulo 3.

1122. Sobre la tradición de Jesús en Juan, vea Theobald, *Herrenworte*.

1123. Kim, "Unknown Parables", 595. Kim investiga en particular el *Evangelio de Tomás* 8, 97, 98, 109.

1124. Vea el capítulo 4.

gelio de Tomás. Hay muchas parábolas (veintiséis en total) que tienen un paralelo directo en la tradición sinóptica, así como en la triple tradición, en la doble tradición y en el *sondergut* sinóptico:

Logión 8: El pescador—Mateo 13:47–50

Logión 9: El sembrador—Marcos 4:3–9; Mateo 13:3–9; Lucas 8:5–8

Logión 20: La semilla de mostaza—Q 13:18–19; Marcos 4:30–32; Mateo 13:31–32/Lucas 13:18–19

Logión 21:5–7: El ladrón—Q 12:39–40; Mateo 24:43–44; Lucas 12:30–40

Logión 21:9–10: La semilla que crece—Marcos 4:26–29

Logión 31: El médico en su propio pueblo—Lucas 4:23 (donde es llamada "parábola")

Logión 32: La ciudad sobre un monte—Mateo 5:14

Logión 33: La lámpara en el candelero—Q 11:33; Marcos 4:21; Mateo 5:15; Lucas 11:33

Logión 34: Ciegos guías de ciegos—Q 6:39; Mateo 15:14; Lucas 6:39

Logión 35: Entrar en la casa del hombre fuerte—Marcos 3:27; Mateo 12:29; Lucas 11:21–22

Logión 36 (incluyendo Oxy 655): Los lirios y contra la ansiedad—Q 12:24, 26–28; Mateo 6:26, 28–30

Logión 45: Los frutos del árbol—Q 6:43–45; Mateo 7:15–20; 12:33–35; Lucas 6:43–45

Logión 47:1–2: Servir a dos señores—Q 16:13; Mateo 6:24; Lucas 16:13 Logión 47:3–5: vestido viejo y vino nuevo—Marcos 2:21–22; Mateo 9:16–17; Lucas 5:36–39

Logión 57: El trigo y la cizaña—Mateo 13:24–30

Logión 63: El rico insensato—Lucas 12:16–21

Logión 64: El gran banquete—Mateo 22:1–14; Lucas 14:15–24

Logión 65: Los arrendatarios malvados—Marcos 12:1–12; Mateo 21:33–46; Lucas 20:9–18

Logión 73: Obreros para la cosecha—Q 10:2; Mateo 9:37–38; Lucas 10:2

Logión 76: La perla (y el tesoro)—Mateo 13:44–46 (vea Logión 109)

Logión 91: La señal del tiempo—Q 12:54–56; Mateo 16:2–3; Lucas 12:54–56

Logión 93: Las perlas echadas a los cerdos—Mateo 7:6

Logión 96: La levadura—Q 13:20–21; Mateo 13:33; Lucas 13:20–21

Logión 104: El novio y el ayuno—Marcos 2:18–20; Mateo 9:14–15; Lucas 5:33–35

Logión 107: La oveja perdida—Q 15:4–7; Mateo 8:12–14; Lucas 15:1–7

Logión 109: El tesoro escondido—Mateo 13:44–46

También existen algunas parábolas para las cuales no tenemos ningún otro testimonio:

Logión 21:1–4: Los niños en el campo

Logión 97: La jarra vacía

Logión 98: El asesino

Es debatible si los otros dichos tales como el "león y el hombre" (Logión 7), "El samaritano con la lámpara" (Logión 60), o el "perro durmiendo en el pesebre" (Logión 102) pertenecen completamente al genero de la parábola.

Incluso sin el objetivo de reconstruir la redacción original, es valiosa la lectura intertextual de las diferentes versiones de las parábolas paralelas. Uno puede reconocer una variedad de superposiciones. A veces, la versión del *Evangelio de Tomás* es la versión más corta, ya que no tiene ninguna adición narrativa o teológica (*Evangelio de Tomás* 64, 65, etc.). A veces hay aspectos específicos (*Evangelio de Tomás* 8: hay un pez grande y bueno en la red; *Evangelio de Tomás* 107: la oveja perdida es la más grande) que parecen ser parte de una redacción común.

Sin embargo, el problema general y sin resolver de la composición y estructura del *Evangelio de Tomás*[1125] también aparece con respecto a las parábolas. Encontramos algunos enlaces basados en palabras capturadas, como la "mujer" como personaje principal en el *Evangelio de Tomás* 96 o 97, o en grupos de motivos, como las tres parábolas relativas a las riquezas/negocios (véase *Evangelio de Tomás* 63, 64, 65),[1126] o sobre una introducción similar, que vincula la serie de las tres parábolas conocidas como el reino del Padre (*Evangelio Tomás* 96, 97, 98).[1127] Con respecto a este último agrupamiento, vale la pena señalar, sin embargo, que la misma frase aparece también en parábolas en algún otro sitio del evangelio (*Evangelio de Tomás* 57: la parábola de las malas hierbas; *Evangelio de Tomás* 76: la parábola de la perla) así como en *Evangelio de Tomás* 99 y 113 sin forma de parábola. Por tanto, ¿podemos encontrar una regla en este arreglo?

Además, se ha afirmado que hay menos armonías alegóricas o cristológicas en el *Evangelio de Tomás* que en los sinópticos más tardíos.[1128] Sin embargo, ¿es esto realmente cierto para las parábolas? Simon Gathercole, por ejemplo, afirma con respecto al *Evangelio de Tomás* 76: "Esta parábola se entiende claramente que tiene elementos alegóricos, ya que en la explicación de la parábola de GTh 76.3, el comerciante inteligente es el discípulo, y la perla es (en algún sentido) la salvación".[1129]

Hay muy poca evidencia de una meta-reflexión acerca de un género de parábola o una teología parabólica en el *Evangelio de Tomás*. De hecho, el término *parábola* no aparece; Sin embargo, la partícula ⲦⲚⲦⲰⲚ (*tentón-comparable*) ocurre varias veces (*Evangelio de Tomás* 8, 20, 22, 57, 76, 96, 97, 98, 107, 109).

1125. Vea la reseña en Gathercole, *Gospel of Thomas,* 128-36.

1126. Vea Sevrin, "Un groupement", 217-18; Gathercole, *Gospel of Thomas,* 461: "un trío de parábolas que tratan de negocios".

1127. Vea Doran, "Complex".

1128. Vea Popkes, "Parabeln", 857: "interpretaciones alegóricas cuestión".

1129. Gathercole, *Gospel of Thomas,* 489; además "La parábola de los niños en el campo (21: 2-4) se entiende mejor como una especie de alegoría" (ibid., 301).

Sin embargo, no se puede limitar el género parábola a estos dichos. Según Enno Edzard Popkes, hay una analogía entre la teoría de la parábola en Marcos 4:10-12, y Logión 62:1, especialmente en el contexto del prólogo (*Evangelio de Tomás* 1) y *logión* 13.[1130] Mientras que en Marcos hay una separación entre los discípulos (iniciados) y el mundo (extraños), que está estrechamente vinculada a las parábolas, en el *Evangelio de Tomás* esta separación se centró en uno entre los discípulos mismos. Según Popkes, el apóstol Tomás es el testigo de la verdadera tradición, y él ofrece su revelación esotérica solo a un selecto círculo de discípulos. Por tanto, ya no existe una división estricta entre las parábolas (para los de fuera) y los dichos (para los iniciados). Las parábolas son solo una forma de los dichos secretos encontrados en este Evangelio.

Esta breve introducción demuestra que aún queda mucho por hacer sobre las parábolas en el *Evangelio de Tomás,* no solo desde el punto de vista diacrónico, sino más bien con respecto a los textos mismos, a su composición y a su teología.[1131]

LA PARÁBOLA DE LA JARRA VACÍA
(*EVANGELIO DE TOMÁS* 97)

Texto Copto (NHC II p. 49:7–15)	Traducción [1132]
97:1 ⲡⲉϫⲉ ⲓ̅ⲥ̅ ϫⲉ ⲧⲙ̅ⲛ̅ⲧⲉⲣⲟ ⲙ̅ⲡⲉⲓ[ⲱⲧ ⲉⲥ]ⲧⲛ̅ⲧⲱⲛ ⲁⲩⲥϩⲓⲙⲉ ⲉⲥϥⲓ ϩⲁ ⲟⲩϭⲗ̅[ⲙⲉⲉⲓ] ⲉϥ'ⲙⲉϩ ⲛ̅ⲛⲟⲉⲓⲧ' 97:2 .ⲉⲥⲙⲟⲟϣⲉ.ϩ[ⲓ.ⲟⲩ]ϩⲓⲏ'.ⲉⲥⲟⲩⲏⲟⲩ. ⲁⲡⲙⲁⲁϫⲉ ⲙ̅ⲡϭⲗ̅ⲙ[ⲉ]ⲉⲓ ⲟⲩⲱϭⲡ' ⲁⲡⲛⲟⲉⲓⲧ' ϣⲟⲩⲟ ⲛ̅ⲥⲱⲥ [ϩ]! ⲧⲉϩⲓⲏ 97:3 ⲛⲉⲥⲥⲟⲟⲩⲛ ⲁⲛ ⲡⲉ ⲛⲉ ⲙ̅ⲡⲉⲥⲉⲓⲙⲉ ⲉϩⲓⲥⲉ 97:4 ⲛ̅ⲧⲁⲣⲉⲥⲡⲱϩ ⲉϩⲟⲩⲛ ⲉⲡⲉⲥⲏⲉⲓ ⲁⲥⲕⲁ ⲡϭⲗ̅ⲙⲉⲉⲓ ⲁⲡⲉⲥⲏⲧ' ⲁⲥϩⲉ ⲉⲣⲟϥ ⲉϥ'ϣⲟⲩⲉⲓⲧ'	Jesús dice: "El reino del Padre es como una mujer Que lleva un jarro lleno de harina. (2) Mientras ella caminaba por un [largo] camino El asa de la jarra se rompió, (y) la harina se derramó detrás de ella [por] la calle. (3) (Pero) ella no (lo) sabía; no había notado ningún problema. (4) Cuando llegó a su casa, Dejó la jarra en el suelo (y) lo encontró vacío".

1130. Vea Popkes, "Mysterion", 314-20.

1131. Por esta razón espero con interés las contribuciones hechas en la disertación de Konrad Schwarz "Gleichnisse im Thomasevangelium" (Berlín, próximo en 2016/17).

1132. Basada en Plisch, *Gospel of Thomas*, 213-14.

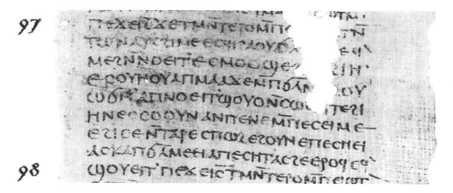

Figura 1: Evangelio de Tomás, NHC II, p. 49,7-15.
(http://www.gnosis.org/naghamm/ GTh-pages/th_scan/18.jpg).

El texto: análisis de los elementos narrativos y del contexto

El *Evangelio de Tomás* 97 presenta una parábola que solo se transmite a nosotros en este contexto. La parábola se encuentra en una serie de tres "parábolas del reino del Padre", que comienzan con el dicho introductorio: "El reino del Padre es como"... La frase "reino del Padre" (ⲧⲙⲛ̄ⲧⲉⲣⲟ ⲙ̄ⲡⲉⲓⲱⲧ) se destaca en contraste con los dichos del "reino de Dios" y el "reino de los cielos" encontrados en los evangelios sinópticos, aunque también lo encontramos dos veces en el Nuevo Testamento (Mateo 13:43; 26:29). Después de la introducción (Jesús dice: ...), el relato corto puede dividirse en cuatro secciones: 97:1 es la introducción a la parábola e indica inmediatamente que se trata de un texto de ficción entendido como una referencia metafórica al "reino del Padre". La sintaxis de la oración conecta el Reino con la mujer ("El reino del Padre es como una mujer"...); sin embargo, como es bien sabido de las parábolas sinópticas, el objeto de la comparación no es simplemente una persona o una cosa, sino que siempre es el relato entero.

La estructura de la historia de la mujer es simple. En 97:1 se presenta como una mujer anónima que se caracteriza por sus acciones, está llevando una jarra de harina. La acción no comienza sino hasta el 97:2 y crea un arco de suspenso sobre el resto de la historia (97:2-4): la mujer está en la calle, como se expresa por la doble mención de ⲉ̄ⲓⲏ (camino). La calle es a la vez ancha o larga. Algunos traductores interpretan el adverbio del lugar ⲟⲩⲏⲟⲩ como "muy lejano (de la casa)".[1133] En cualquier caso, dado el final de la historia, podemos hacer la suposición lógica de que ella está lejos de su casa. Así, ella llega a su casa; la calle la ha llevado hasta ahí. El lector no descubre dónde comienza la calle o cuánto tiempo se tarda en llegar a su casa. Sino que encontramos la escena en un punto en el que ya va en

1133. Vea Patterson/Robinson, *The Fifth Gospel*, 29.

camino. Durante este tiempo, el asa de la jarra de harina se rompe y ocasiona que la harina se derrame detrás de ella por la calle. Una vez más, el *hapax legomon* ϣⲟⲩⲟ no permite una traducción precisa. Suele traducirse como "derramar" o "vaciar". El indicador preposicional "detrás de ella (ⲛ̄ⲥⲱⲥ) por la calle" indica un proceso lento. Un proceso tan lento que parece indicar una cierta distancia del viaje, así como dar una explicación para el hecho de que ella no nota la pérdida de la harina –si la harina se hubiera derramado de repente, seguramente habría notado el cambio brusco en el peso. En cualquier caso, la expresión ya es una referencia al "vacío" (ϣⲟⲩⲉⲓⲧ) de la jarra, que viene al final de la historia (97:4fin).

Para el lector, este accidente debe parecer una catástrofe porque la característica esencial a través de la cual se caracteriza la mujer es el traer la harina. En 97:3 el foco está dirigido hacia la mujer: dos frases cortas indican que ella no había notado el problema, "(Pero) ella no (lo) sabía; no había notado ningún problema". Las frases en sí son lingüísticamente inusuales puesto que ya no están en el tiempo perfecto de la narrativa copta, sino más bien el pasado simple y el tiempo perfecto y negativo.[1134] La siguiente oración también es gramaticalmente ambigua como la preposición prefijada en ⲉϩⲓⲥⲉ la cual permite que el término sea entendido como un infinitivo (hacer un esfuerzo, sufrir) o como sustantivo (accidente, adversidad, desastre).[1135]

Desde una perspectiva narratológica, la focalización en el 97:3 también cambia a medida que adquirimos una visión de lo que la mujer no sabía y no notó. Las oraciones no prejuzgan nada y, por lo tanto, crean espacio para dos interpretaciones opuestas:

1. Es un momento de desaceleración que en última instancia intensifica el drama del momento. Si hubiera notado el problema, podría haber reaccionado antes de que se acabara la harina. El lector de la escena observa cómo la mujer se dirige hacia el desastre, y esto intensifica sus emociones. Uno quiere advertirle esto a la mujer o, al menos detenerla.
2. La aparente ignorancia de la mujer establece conscientemente un contrapunto. Aunque el lector lamenta el derrame de la harina y quiere evitarlo, la mujer demuestra una ecuanimidad notable y confusa. Ella no ve el problema, sino que permanece tranquila.

1134. Ibíd., 214; para más detalles ver idem, "Frau", 754.

1135. Para más comentarios, vea Nagel, "Gleichnis", 239-42; Plisch, "Frau", 754-55. Nagel mismo sugiere una enmienda y lee ⲙ̄ⲡⲉⲥⲉⲓⲙⲉ ⲉ(ⲥ)ϩⲓⲥⲉ insertando ⲥ para crear una construcción verbal subordinada, que puede traducirse "ella no se dio cuenta *mientras* se esforzaba". Ver Nagel, "Gleichnis", 241-42.

La forma misma de la narración indica una cierta preferencia. Se dice explícitamente que la mujer desconoce el problema; Por tanto, ella no puede mantener conscientemente la calma. El "no saber" la protege de un juicio incorrecto y precipitado. Sin embargo, con respecto al lector, el impacto del texto y el "descuido" de la mujer podrían provocar cierta confusión o incluso irritación, lo que conduciría a una reflexión más profunda.

El versículo 97:4 relata el regreso de la mujer a casa. Dejó la jarra, que claramente llevaba sobre la cabeza o los hombros. Solo ahora se da cuenta de la pérdida radical de la harina. La jarra está completamente vacío, como se pone de relieve por la colocación consciente del adjetivo "vacío" (ϣⲟⲩⲉⲓⲧ) al final. La mujer no es reprendida, y ella misma no reacciona con ninguna emoción cuando se da cuenta de la pérdida. El texto termina con una descripción y sin una reacción, ya sea del personaje o del narrador.

En este punto hay una brecha que debe ser llenada por el lector. Blessing está en lo correcto al afirmar: "El lector mismo se queda con algo de una 'jarra vacía'".[1136] Y la manera concisa de la narración es por el contrario sorprendente porque da lugar al receptor para el pensamiento creativo y espacio para hacer sus propias asociaciones. ¿Dónde va la mujer a recoger la harina? ¿Para quién va a buscarla? ¿Hasta dónde viajó? ¿Cómo es la jarra? ¿Cuál es su tamaño, y cómo está construido el asa que se rompe? ¿De qué manera puede romperse para que el agujero sea lo suficientemente grande para que la harina se derrame, pero claramente lo suficientemente pequeño para que la harina no caiga al suelo? ¿Es quizá una pequeña fractura que permite que la harina molida finamente escape? ¿Y cómo se sale la harina de la jarra? ¿Deja un rastro que podría seguirse?

Al mismo tiempo, la forma de la trama se caracteriza por los contrastes. Se crea un espacio entre la casa y la calle distante. La jarra, llena al principio, se contrasta con la jarra vacía al final. La jarra es llevada a lo largo de la calle, y es puesta sobre el suelo en la casa. Vemos una tragedia en la trama: el mango se rompe, la mujer no se da cuenta, y al final se queda sin nada. Al mismo tiempo, según Lotman, la profundidad semántica surge como los espacios, los semantemas y las declaraciones y se relacionan entre sí.[1137] Una oposición se hace evidente en esto que invierte los énfasis emocionales y los juicios. La "casa" es fundamentalmente más positiva que "la distancia"; de la misma manera, la jarra "llena" es superior a la "vacía". Aunque queremos que la jarra llena esté en la casa, la posición en la parábola contrasta: la jarra lejos de la casa está "llena", y cuando llega a la casa esta "vacía". Tal vez esto sea una inversión consciente de las valoraciones, una consideración que será examinada más adelante.

1136. Blessing, "The Woman Carrying", 163.
1137. Vea Lotman, *Structure,* 217-30, 261-65.

La realidad: cartografía de los antecedentes socio-históricos

En la cuestión del fondo real de la parábola, debemos iluminar los detalles de la jarra, así como examinar críticamente todo el acontecer narrativo. ¿Podemos imaginar una jarra que pierde su contenido como se describe a pesar de que "solo" el mango está roto? ¿Es realista que la mujer de ninguna manera note la pérdida de la harina antes de que ella llegue a casa? ¿Debería al menos notar que la jarra se estaba haciendo más ligero? Para Lindeman y muchos otros, esta es por tanto una "escena completamente artificial" que "está enteramente construida".[1138] ¿Cómo podemos representar exactamente la trama tal como está narrada? ¿Es realista?

El objeto central de la parábola es la jarra o, más generalmente, el recipiente en el que se lleva la harina. Contrariamente a las declaraciones de Kim, el mundo académico está de acuerdo en que el contenido de la jarra es "harina" (ⲚⲞⲈⲓⲦ de ⲚⲞⲨⲦ = moler).[1139] La palabra usada en *Evangelio de Tomás* 97 para el recipiente, es ϭⲗⲙⲉⲉⲓ (*kjelmei*), ocurre solamente aquí en el evangelio de Thomas y no se encuentra en cualquier otro texto de Nag Hammadi. Por tanto, es difícil determinar un significado inequívoco.[1140]

A partir de la información contenida en el texto, podemos postular que se trata de un recipiente adecuado para el transporte y almacenamiento de harina. La historia no nos dice de qué estaba hecha la jarra, y de hecho era posible usar una variedad de recipientes para transportar y almacenar harina. G. Dalmann menciona un "saco" (*sak*) y una "bolsa" (*kīs*) hecha de tela o cuero, una "hornacina" (*megūrā*) hecha de arcilla, una "caja de madera" (*tēbā*), un tarro de arcilla (*kad*) y una cesta de harina (*kuppaijā*).[1141]

Debemos imaginar el recipiente en el *Evangelio de Tomás* 97 como hecho de un material frágil; así, el metal y la madera no son posibilidades. La opción más probable es una jarra de barro, pero también podría ser un recipiente de cerámica,

---

1138. Lindemann, "Gleichnisinterpretation", 232; Fieger, *Thomasevangelium*, 247: "El editor de la parábola ha diseñado una escena completamente artificial que no puede corresponder a la realidad".

1139. Kim se mostró claramente engañado por la traducción inglesa "comida" (por ejemplo, en Lambdin), pensando que la historia trataba sobre la comida en general y concluía así: "probablemente llevaba una especie de "comida sólida", (como harina, grano, cebada, trigo, arroz, patata o maíz) o "líquido" (como leche, aceite, agua o miel)". Kim, "Unknown Parables", 590.

1140. Helderman presume un origen arameo occidental *kalmi* = *kalpi* = κάλπη/κάλπηις, vea Helderman, "Manichäische Züge", 489, cf. El termino griego κάλπη encontrado en 4 Macabeos 3:12.

1141. Dalmann, *Ernte*, 303-08. En paréntesis los términos utilizados en los textos antiguos.

como los recipientes de piedra caliza tallados que se encuentran a menudo en Israel,[1142] aunque esto es menos probable debido al asa.

Las jarras se usaban generalmente para líquidos tales como aceite, agua y vino. Las palabras griegas κεράμιον (Marcos 14:13, Lucas 22:10) o ὑδρία (Génesis 24:14-18; Juan 2:6-7; 4:28) son así más comunes. Primera de Reyes 17 menciona explícitamente una vasija como un lugar de almacenamiento de harina (ver 1 Reyes 17:14: ἡὑδρία τοῦ ἀλεύρου). Según Zwickel, la palabra utilizada (Hebreo *kad*, Griego ὑδρία) indica un recipiente de almacenamiento multifuncional que, debido a su boca más ancha, no se usaba frecuentemente para líquidos valiosos (como el aceite y el vino) y no se usaba para beber.[1143]

Así podemos suponer que el recipiente del *Evangelio de Tomás* 97 era una vasija de arcilla, presumiblemente una jarra, que se llevaba sobre los hombros o la cabeza (97:4).

Figura 2: Jarra de un asa, *keramion*

Las vasijas de arcilla tenían una gran variedad de formas. Había jarras con una o dos asas. El *Evangelio de Tomás* 97 habla de una sola asa en el singular usando el artículo definido; de lo contrario podría ser "una de dos".[1144] Los recipientes de transporte podrían tener la forma de un ánfora con dos asas, pero también había recipientes con una sola asa. Los recipientes con un asa solían ser jarras (por ejemplo, *oenochoe* Ὀινοχόη, *lekythos* Λήκυθος). Por ejemplo, el *keramion* era presumiblemente una vasija de una sola asa que tenía muchos usos (véase la

---

1142. Vea el estudio exhaustivo de Deines, *Steingefäße*

1143. Vea la compilación exhaustiva de todos los términos para los recipientes en Zwickel, *Gefäßbezeichnungen*.

1144. Contra Petersen, que se refiere a "un recipiente de barro con dos asas, tal vez cónico en el fondo", ver Petersen, "Frau".

figura 2).[1145] Para que la jarra se llene y se vacié fácilmente, debemos imaginar algo con una boca más ancha (por ejemplo, en forma de un *karele*, plato 11, véase la figura 3) de modo que la harina también podría ser retirada con una cuchara.

Independientemente de la forma de la vasija, nos queda la cuestión de si la rotura del asa conduciría necesariamente a la pérdida del contenido. Si el asa estaba unida al borde de la vasija (véase la figura 3),[1146] podría haber quedado harina en el fondo del recipiente.

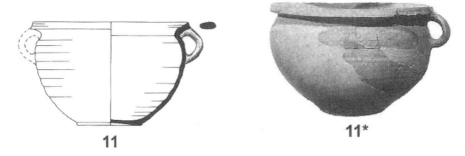

Figura 3: Vasija de una o dos asas, *karele*.

Por lo tanto, con el fin de poder imaginar la escena de manera más realista, Nagel presume que hubo un error en la traducción. En el texto en griego que suponemos que es la base del *Evangelio copto de Tomás*, podría haber sido πούς (*pous*-base/fondo) en lugar de οὖς (*ous*-asa/mango). En este caso, la "p" al principio de la palabra habría sido entendida como el artículo copto singular en lugar de la primera letra de la palabra.[1147] Sin embargo, en mi opinión, esto no hace la escena más realista. Si el fondo se cayera, sería aún más probable que una gran cantidad de harina se perdiera inmediatamente y así ser notado por la mujer.

Sin embargo, es concebible que en un recipiente más superficial, el asa pueda extenderse desde el borde a la base, y si tal asa se rompiera, un pedazo del recipiente también podría haberse roto, dejando un agujero o una grieta a través de la cual podría haberse vaciado lentamente.[1148] De acuerdo con Zwickel, es muy posible que, para el transporte, se hubiera colocado un paño sobre la parte superior de la jarra y sujetado con una cuerda debajo de la borde. De lo contrario,

1145. Placa en Zwickel, "Keramik", aquí: 132.

1146. Placa en R. Bar-Nathan, La cerámica de Masada, Masada VII, Israel Exploration Soc., Jerusalem 2006, 147 (placa 23). Agradezco a mi colega Wolfgang Zwickel por esta información.

1147. Nagel, "Gleichnis", 236-39.

1148. Ver Berger, *Jesus*, 160: "Hay mangos (rotos) de este tipo en innumerables hallazgos de cerámica recibidos".

con cada movimiento o con la brisa habría llevado a una pérdida ligera de la harina. Esta cuerda podría haber sido sujetada bajo el asa, y si hubiera sido atada firmemente, la presión en el asa podría haber sido demasiado grande y podría haberla roto.[1149]

En conclusión, el juicio brusco de que la escena es artificial y poco realista no puede ser confirmado sobre la base de nuestro conocimiento de los métodos antiguos de transporte y arqueología de la cerámica. Los hallazgos arqueológicos han dado lugar a una gran variedad de jarras, y era posible que las asas se rompieran de muchas maneras diferentes. Era un hecho común que los alimentos eran transportados por mujeres y que los recipientes de transporte se rompían, lo que provocaba la pérdida de las mercancías transportadas. La escena concreta es ciertamente estilizada y exagerada con respecto a su declaración contextual; sin embargo, la escena no es del todo imposible.

La tradición: análisis de las metáforas y símbolos

¿Qué metáforas y símbolos en el *Evangelio de Tomás* 97 influenciados por la tradición pueden ser encontrados en textos antiguos judíos o greco-romanos? ¿Dónde vemos motivos y escenarios similares en la literatura relacionada? Como siempre en este paso del análisis, enumeraremos tantos paralelos y motivos relacionados como sea posible para que el lector pueda llegar a sus propias conclusiones en cuanto a cuál de estos son relevantes para una mejor comprensión del *Evangelio de Tomás* 97.

Hay palabras clave en el *Evangelio de Tomás* 97 que crean asociaciones con el relato de la viuda de Sarepta (1 Reyes 17:10-16), que es el relato de una mujer que almacena alimentos en una jarra.[1150] Según el profeta Elías, esta comida no se gastar (1 Reyes 17:14 LXX: ὅτι τάδε λέγει κύριος ἡ ὑδρία τοῦ ἀλεύρου οὐκ ἐκλείψει–– "El Señor, Dios de Israel, ha dicho así: «*La harina de la tinaja no escaseará*»" (RVR1995). Según 1 Reyes 17:16, la profecía de Elías se cumple. Basado sobre ciertos paralelos (mujer, comida en una tinaja, las cantidades), se contrasta con el *Evangelio de Tomás* 97 y 1 Reyes 17 –la tinaja de comida en el texto del profeta permanece llena, pero en el *Evangelio de Tomás* es vaciada.

También hay una "vasija" involucrada en un plato a base de harina en la tradición del Éxodo (Éxodo 16:33; Hebreo צִנְצֶנֶת, griego στάμνος[1151] *stamnos*). El

---

1149. Según Zwickel, correspondencia postal (17.02.2015).

1150. En la Septuaginta la jarra de comida de la viuda se llama ὑδρία (1 Reyes 17:12, 14, 16), el vaso con el cual la viuda va a obtener agua para el profeta se llama ἄμος (1 Reyes 17:10).

1151. Según Liddle-Scott existen al menos trece referencias a στάμνος (e.g., Demostenes, Contra Lacritus, 35:32).

"maná" del milagro del desierto debía ser colocado en la jarra sobre el altar para que Israel recordara su milagrosa salvación.

Esta costumbre se observaba todavía en el Segundo Templo y fue adoptada por la memoria literaria del cristianismo primitivo (Hebreos 9:4: una urna de oro que contenía el maná). La combinación de una mujer y una vasija también nos recuerda las escenas en un pozo de Génesis 24 y Juan 4, que se organizan como un cortejo. Una "jarra" se menciona varias veces en Génesis 24 (ὑδρία: vv. 14, 15, 16, 17, 18, 20, 43, 45, 46) y también se encuentra en Juan 4:28. Aunque el encuentro de Jesús con la mujer samaritana en el pozo de Jacob contiene elementos típicos de una narración de cortejo, también rompe este molde de muchas maneras.[1152] El abandono del cántaro (Juan 4:28) podría representar ciertos paralelos con el *Evangelio de Tomás* 97, en la que la jarra rota se ha vuelto en última instancia inútil. Este es el punto de vista de Kamilia Blessing, que hace una conexión simbólica entre la disposición del cántaro en Juan 4 y el asa rota del *Evangelio de Tomás* 97: "No importa si la jarra está llena o vacía de comida física. Lo que importa es que la mujer/vasija/jarra simbólica está llena del conocimiento –en Tomás, el conocimiento que de alguna manera se relaciona con el Reino".[1153]

Si ampliamos el término *jarra* para incluir vasos de arcilla en general, encontramos que la metáfora del vaso para el cuerpo humano, o más ampliamente, para el pueblo de Israel, ya se encuentra en el Antiguo Testamento. Jeremías 18 describe claramente cómo el profeta percibe un símbolo para el destino de Israel en la obra de un alfarero:

> Descendí a casa del alfarero, y hallé que él estaba trabajando en el torno. Y la vasija de barro que él hacía se echó a perder en sus manos, pero él volvió a hacer otra vasija, según le pareció mejor hacerla. Entonces vino a mí palabra de Jehová, diciendo: «¿No podré yo hacer con vosotros como este alfarero, casa de Israel?, dice Jehová. Como el barro en manos del alfarero, así sois vosotros en mis manos, casa de Israel. (Jeremías 18: 3-6)

Aunque el tema principal de Jer. 18 es el poder del creador, la metáfora de la vasija de arcilla (hebreo כְּלִי *kᵉlî*, griego σκεῦος *skeuos*) también es usado con frecuencia para expresar la fragilidad y la fugacidad del pueblo de Israel (Oseas 8:8; Isaías 30:14) y de todas las personas. Por ejemplo, en su lecho de muerte el salmista se siente como un "vaso quebrado" (ὡ σεὶ σκεῦος ἀπολωλός Sal 31:12). La imagen del hombre como un vaso vacío en el que puede residir el espíritu de Dios, los demonios, la sabiduría o el alma de uno *(T. Neftalí* 8:6; 4 Esdras 7:88; vea *b. Ta'anit* 7a; *b. Nedarim* 50b) también está muy extendida.[1154] También hay referencias en

---

1152. Para más detalles vea Zimmermann y Zimermmann, "Brautwerbung".

1153. Blessing, "The Woman Carrying", 169.

1154. Vea Maurer, "σκεῦος κτλ", 361.

el Nuevo Testamento a estas metáforas tradicionales (Romanos 9:21-23; Hechos 9:15; 2 Timoteo 2:20-21; Apocalipsis 2:27), en las que, a diferencia de gran parte de la literatura griega, Pablo entiende el cuerpo, a pesar de su transitoriedad, no como una prisión, sino como el depósito del tesoro divino: "Pero tenemos este tesoro en vasos de barro, para que la excelencia del poder sea de Dios y no de nosotros", (2 Corintios 4:7). Esta idea se recoge en el cristianismo primitivo y, posteriormente, los seres humanos son representados como vasijas del Espíritu Santo (véase Herm. *Mand.* V 1:2; *Bernabé* 7:3; 11:9). El uso del término *vaso* como metáfora de una esposa, sin embargo, es un caso especial. Esta manera de hablar se encuentra con frecuencia en los textos judíos (Isaías 54:5; 4Q416 frg 2:21; *b. Sanhedrin,* 22b), así como en el Nuevo Testamento (1 Pedro 3:7 y probablemente 1 Tesalonicenses 4:4).

Un texto que es más relevante para el *Evangelio de Tomás* 97 se encuentra en el manuscrito de Nag Hammadi *Evangelium Veritatus* (Evangelio de la Verdad = NHC I, 3). Se trata de personas como jarras o vasijas (ϲⲕⲉⲩⲟϲ *skeuos*) y también usa el vacío o la plenitud como una metáfora para la salvación:

Si efectivamente estas cosas han sucedido a cada uno de nosotros,[20] entonces debemos velar por que la casa sea santa y silenciosa para la unidad. [25] (Es) como en el caso de algunas personas que se trasladaron de las viviendas con vasijas que en partes no eran buenas. Las romperían, y el amo de la casa no sufriría pérdida. Más bien, <el> se alegra porque en lugar de las malas jarras (hay) *unas llenas* que son hechas perfectas.[35] Pues tal es el juicio que viene de 26 arriba. Ha juzgado a todos; es una espada desenvainada, con dos filos, cortando por cada lado. Cuando apareció la [5] Palabra, la que está dentro del corazón de aquellos que la pronuncian –no es un sonido solo, sino que se hizo un cuerpo– se produjo una gran perturbación entre [10] las jarras, porque algunas habían sido vaciadas, otras llenadas; es decir, algunas habían sido provistas, otras habían sido derramadas, otras habían sido purificadas, otras [15] estaban rotas. Todos los espacios fueron sacudidos y perturbados, porque no tenían orden ni estabilidad. El error estaba disgustado, sin saber [20] qué hacer; estaba afligido, de luto, afligiéndose a sí mismo porque no sabía nada. Cuando el conocimiento se acercó –esta [25] es la caída de (error) y todas sus emanaciones– el error está vacío, no hay nada dentro....

Por eso se habló de Cristo en medio de ellos, [25] para que los que estaban perturbados pudieran recibir un rescate, y él pudiera ungirlos con el ungüento. Este ungüento es la misericordia del Padre, que tendrá misericordia de ellos. Pero los que él ha ungido [20] son los que han sido hechos perfectos. Porque las jarras llenas son los que son generalmente ungidos. Pero cuando la unción de una (jarra) se disuelve, se vacía, y la [25] razón de que haya una deficiencia es aquello por lo cual su ungüento se va. Porque en ese tiempo un aliento lo atrae, algo en el poder de lo que está con él. [30] Mas de aquel que no tiene deficiencia, no se quita el sello, ni se vacía nada, sino que lo que le falta, el Padre perfecto lo vuelve a llenar. [35] Él es bueno. (El *Evangelio de Tomás* 25:25—26:35 NHC I,3 p. 25:25-26:35)

Finalmente, el *Evangelio de la Infancia de Tomás* 10 (Sabaiticus)/11 (Tischendorf) habla de un *cántaro que se rompe*. El Jesús de seis (Tischendorf) o siete años de edad (Sabaiticus) es enviado por su madre a traer agua, pero el cántaro se rompe. Jesús reconoce el problema y extiende su manto para recoger el agua:

(1) Cuando el niño Jesús tenía cerca de siete años, fue enviado por su madre María para traer agua. Pero había una gran multitud en la fuente y el cántaro fue golpeado y se quebró (Ἐν δὲ τῇ ὑδρείᾳ ἦν ὁ ὄχλος πολύς, κρουσθεῖσα ἡ κάλπη ἀπερρασεν.) (2) Entonces Jesús extendió (ἁπλώσας) la capa que llevaba, la llenó con el agua, y la llevó a su madre. Pero cuando María vio la señal que Jesús había hecho, lo besó diciendo: "Señor, Dios mío, bendice a mi hijo", porque temía que alguien se lo prohibiera. (*Evangelio de la Infancia de Tomás* 10)[1155]

Mientras que, en el Codex Sabaiticus, el *cántaro se rompe* claramente en la fuente, según el texto Tischendorff el accidente ocurre más probablemente en el camino a casa. Como mínimo al niño se le dijo que lo llevara a casa (φέρειν ἐν τῷ οἴκῳ).[1156] Vemos una similitud con el *Evangelio de Tomás* en el rompimiento de la jarra, posiblemente incluso en el camino a casa. Por supuesto, la diferencia decisiva es que Jesús nota el problema y logra lo imposible salvando el agua que fluye a diferencia de la mujer en el *Evangelio de Tomás* que no nota la pérdida de la harina. Esto puede deberse al hecho de que en el *Evangelio de Tomás* 97 solo se rompe el asa, pero en el *Evangelio de la infancia de Tomás* es el propio cántaro el que se rompe. Mientras que el hecho de que Jesús salve el contenido del cántaro es una señal de su poder milagroso, el *Evangelio de Tomás* 97 concluye con la pérdida de la harina.

Otro campo metafórico se desarrolla a través de la palabra *camino* como metáfora de la vida. La metáfora del camino, ya sea una metáfora para "el modo de vida/estilo de vida" o para la duración de toda una vida ("vida"), está generalmente extendida en la antigüedad.[1157] Los textos bíblicos también contienen una gran cantidad de referencias a las metáforas del camino, ya sea en un sentido ético (por ejemplo, Éxodo 18:20; Proverbios 4:11; Mateo 7:14) o en un sentido religioso extendido (Jeremías 21:8; Salmos 16:11, Hechos 18:26). El camino puede ser considerado como el cambio requerido por Dios (2 Pedro 2:21) o imaginado como el camino a Dios o al santuario/ el lugar santo (Hebreos 9:8; 10:20; Juan 14:6). En el cristianismo primitivo, "entrar en el reino de los cielos" era una frase hecha.

1155. La traducción y el texto griego (basado en el *Codex Sinaiticus*) son de Aasgard, Childhood, 227 (griego), 238 (inglés).

1156. Vea el texto de Tischendorf Schneider, *Evangelia infantiae apocrypha*, 158.

1157. Vea Michaelis, "ὁδός κτλ".

Podemos citar dos textos de este rico campo de metáforas de la vida que contienen aspectos específicos que también juegan un papel en el *Evangelio de Tomás* 97. Dado que la carga se hizo cada vez más ligera en el *Evangelio de Tomás* 97, hay un texto en Hesíodo, "Obras y Días", que es relevante ya que enfatiza en particular la manera en que el camino se hace más fácil cuanto más tiempo se persiste en él:

> A vosotros, persas necios, hablaré con sentido común. La maldad se puede conseguir fácilmente y por montones; el camino a ella es suave, y ella vive muy cerca de nosotros. Pero entre nosotros y la bondad los dioses han puesto el sudor de nuestras frentes; [290] larga y empinada es la senda que conduce a ella, y es dura al principio; pero cuando un hombre ha llegado a la cima, entonces es fácil de alcanzar, aunque antes era difícil. [295] Ese hombre es el mejor hombre que considera todas las cosas y marca lo que será mejor después y al final.[1158]

En las llamadas nuevas homilías del monje copto Makarios de Egipto (300-391 DC), la Homilía 23 presenta un impresionante paralelo de motivos con el *Evangelio de Tomás* 97. Dada la antigüedad del texto, podría ser, por supuesto, una *Wirkungsgeschichte* directa de nuestra parábola. En este caso, un intérprete relativamente temprano proclamaría así su aplicación de la jarra de harina de la parábola de Tomás:

> Es como si alguien se fuera y viajara en un viaje largo a una ciudad particular, y llevara una bolsa llena de arena, pero esta tiene un agujero muy pequeño en la parte inferior. Y cuanto más va, se derrama a lo largo del camino, y su carga se aligera. Y cuando ha llegado a su destino en la ciudad, la arena muy pesada se ha vaciado, y está aliviado y descansa perfectamente del peso de la arena. (Así es con el alma probada cuando deja su carga de pecado detrás).[1159]

Esta es también una "parábola del reino": los bienes transportados (aquí: la arena) salen del recipiente (aquí: la bolsa) en el camino hacia la ciudad. Sin embargo, la pérdida de arena no es negativa; por el contrario, es beneficiosa. El alivio de la carga, sin embargo, es la condición para entrar en el Reino y finalmente lograr la ligereza y el descanso.

1158. Vea Hesiodo, "Homeric Hymns".

1159. La traducción al inglés es de Gathercole, *Gospel of Thomas*, 552; Para el texto griego y una traducción al alemán, vea Klostermann y Berthold, *Neue Homilien*, 121: "Como caminar un largo camino hasta un pueblo, cargando un saco lleno de arena, pero con un agujero muy pequeño en el fondo. Y cuanto más avanza, más se agota y se alivia. cuando finalmente llega a la ciudad, la arena tan pesada se vacía y se siente aliviado, y descansó perfectamente del peso de la arena, así es con el alma que va por el camino de la justicia a la ciudad del reino, pero lleva la pesada carga del pecado de las pasiones. Cuanto más se aferra al Señor ... las pasiones disminuyen ... y así llega al reposo de la plenitud de la gracia, es decir, del desapasionamiento. (Εἰς τὴν κατάπαυσιν τοῦ πληρώματος τῆς χάριτος ... τουτέστι τῆς ἀπαθείας). "Helderman", Manichäische Züge", 491.

El significado: ampliación de los horizontes de interpretación

Aunque la historia exegética de la parábola de la jarra de harina es directa, hay una sorprendente variedad de interpretaciones. Gathercole enumera ocho diferentes interpretaciones,[1160] que ya revelan la cantidad de trabajo exegético que se ha ejercido sobre este pasaje. Para Koester, el significado sigue siendo enigmático: "Pero que podría haber sido la interpretación de... la parábola de la mujer que llevaba una jarra (*Evangelio de Tomás* 97), continúa siendo una cuestión abierta".[1161] Sin embargo, solo aquellos que buscan para una interpretación única y sin ambigüedades necesitan sentirse incómodos. A continuación, me gustaría esbozar cuatro vías interpretativas, cada una de las cuales trata de extraer elementos del texto y hacer uso de los aspectos contextuales.

Interpretación ético-gnóstica: una advertencia sobre la ignorancia y la pérdida del conocimiento

Desde el momento en que aparecieron los primeros comentarios sobre el *Evangelio de Tomás*, la parábola ha sido considerada como un ejemplo negativo y de admonición. Hähnchen, por ejemplo, se refirió a ella como una "parábola de amonestación".[1162] Esta línea de interpretación es particularmente crítica con la falta de atención de la mujer (97:3). Ella no percibe el daño. El verbo usado aquí (cooYn–percibir) es un término clave en el *Evangelio de Tomás* y ocurre veinticinco veces. Por tanto, no es sorprendente que esta línea de interpretación esté a menudo conectada con una interpretación gnóstica. Es su falta de percepción lo que destruye a la mujer. Así, Lindemann declara: "La vigilancia también se requiere del gnóstico; la mujer no observadora no percibe el peligro es un ejemplo de advertencia".[1163]

Sin embargo, hay diferentes maneras en que Log. 97 puede entenderse en el contexto del *Evangelio de Tomás*. M. Fieger ve una conexión cercana a Log. 113 y concluye que debemos tener cuidado constantemente de no perder el conocimiento que hemos adquirido para que al final no quedemos –como la mujer– con las

---

1160. Vea Gathercole, *Gospel of Thomas*, 550-53.

1161. Köster, *Ancient Christian Gospels*, 106–07.

1162. Hähnchen, *Botschaft*, 61: "Es una parábola de amonestación que describe la pérdida inadvertida del 'Reino' que solo se hace evidente cuando ya es demasiado tarde". Similares Hultgren, *Parables*, 443: "La parábola es, al menos, una advertencia contra la falsa seguridad".

1163. Lindemann, "Gleichnisinterpretation", 232: "Así que también se requiere vigilancia para el gnóstico - la mujer descuidada que no reconoce la calamidad es un ejemplo de advertencia".

manos vacías.[1164] Por el contrario, para Hultgren, el puente a Log. 3 es iluminante. Allí se describe el Reino como "ambos, 'dentro de vosotros' así como 'fuera de vosotros'",[1165] el cual es un contraste que él conecta con la harina de la jarra y esparcida por la calle. Es importante entender el Reino desde el interior. En este caso, Log. 97 "advertiría contra la pérdida del Reino dentro de uno mismo".[1166]

Un argumento inmanente al texto para esta interpretación gnóstica también podría encontrarse en el juego de palabras que se revela en el nivel del lenguaje copto. El término para la harina, ⲚⲞⲈⲒⲦ (*noeit*), nos recuerda la palabra prestada del griego ⲚⲞⲈⲒ (*noei* del verbo griego νοέω = *percibir*), que se usa con frecuencia en copto. En este sentido, la pérdida de la harina podría referirse a la amenazada pérdida de conocimiento. Esto se correlaciona con el uso metafórico de los términos "lleno" y "vacío" en algunos textos gnósticos porque "lleno" significa rico en conocimiento y *pneuma* mientras que "vacío" significa la pérdida del conocimiento y del *pneuma*.[1167]

En esta interpretación, se presume que la jarra es en última instancia un símbolo o *pars pro toto* para la humanidad en general –una metáfora tradicional que viene de una larga tradición (véase arriba).[1168] En el ambiente gnóstico, en particular en el *Evangelium Veritatis* (vea arriba), también encontramos la idea de las vasijas como metáforas para las personas: los vasos malos se describen como "vaciados" (ⲁϩⲞⲨϣⲞⲨⲰⲞⲨ) mientras que un neumático perfecto está "lleno" (ⲁϩⲞⲨⲘⲀϩⲞⲨ) como un "vaso lleno" (ⲚⲤⲔⲈⲨⲞⲤ ⲈⲦⲘⲎϩ).[1169]

En este contexto, vale la pena prestar más atención al vaciado de la jarra del *Evangelio de Tomás* 97. ¿Cómo y por qué se vacía la jarra? La rotura del asa arranca la cadena de eventos que hace que la jarra se vacíe. De hecho, el texto afirma que la "oreja" de la jarra se rompió. Esta expresión es inusual. Hay varias palabras en griego para "asa", como λαβή, κώπη o δίωτος o ἀμφίστομος para vasijas de

---

1164. Vea Fieger, Thomasevangelium, 247: (nicht übersetzen): "Der Mensch darf nicht leer', d.h. ohne die Erkenntnis des Lichtes bleiben und muß auch ständig darauf achten, die erlangte Erkenntnis nicht wieder zu verlieren". Sin embargo, podemos derivar, en el mejor de los casos, un recurso para ver/percibir el "Reino del Padre" de Log. 113.

1165. Hultgren, *Parables*, 443.

1166. Ibíd.

1167. Vea Helderman, "Manichäische Züge", 489.

1168. Vea Klauck, *Apokryphe Evangelien*, 158-59: "jarra sirve como símbolo para el hombre que se encuentra 'vacío', exhausto, sin vida interior y sin una existencia productiva".

1169. Ménard fue uno de los primeros intérpretes en señalar esta conexión, que luego fue adoptada por muchos otros. Vea Ménard, *L'évangile*, 197-98; Vea también Helderman, "Manichäische Züge", 48-990; Petersen, "Frau", 918.

dos asas. El término "oreja de la jarra" existe como una metáfora lexicalizada en griego y copto; sin embargo, ocurre con poca frecuencia.[1170]

En el *Evangelio de Tomás* la palabra ⲙⲁⲁϫⲉ (oreja) se usa solo en un sentido ético-apelativo, generalmente en conexión con "toque de alerta" ("el que tiene oídos para oír, oiga!").[1171] Escuchar con los oídos no se limita a los sonidos acústicos, sino que se produce con frecuencia en el contexto de las parábolas (comenzando con Marcos 4:9, 23) y está dirigido a la afiliación de los sentidos para el conocimiento en una manera religiosa. Los oídos no deben ser sordos al mensaje de la verdad, a la proclamación de Jesús que aún no ha sido vista por ningún ojo o escuchada por ningún oído (Log. 17).

Así, podemos entender Log. 97, la "rotura de la oreja", en un doble sentido: el asa de la jarra se rompe y al mismo tiempo el órgano de la percepción se vuelve sordo. La insensibilidad o la sordera de la mujer al problema intensifica este alcance interpretativo. Ella no nota nada –no puede percibir o conservar el mensaje y está en última instancia vacía.

Interpretación feminista: la mujer en el camino, ¿alabanza por su pasividad y descuido?

Si la parábola es una historia admonitoria, el paradigma negativo es proporcionado no solo por el escenario. El personaje principal –la mujer– también está bañada por una luz desfavorable. Por esta razón, Gerhard Marcel Martin pregunta: "¿Por tanto, una mujer debe aparecer al final como ignorante, torpe e inconsciente?".[1172] Esta interpretación misógina encuentra incluso cierto apoyo en textos como Log. 114, según el cual la mujer debe convertirse en varón antes de que pueda entrar

---

1170. Según Crum, *Coptic Dictionary*, 212b, hay varias referencias, según las cuales ⲙⲁⲁϫⲉ se utiliza tanto como asa de una cesta (Zoega Nr. 310) como la de una jarra (Annales de Musée Guimet Nr. 25:203; Kircher, Scalae in Lingua Aegyptiaca Restituta 244). Mis gracias a Plisch por esta información. En las lexicografías posteriores (Paton, Antología Griega) encontramos la expresión griega μονούατος (una oreja) o ἀνούατος (sin oreja).

1171. *Evangelio de Tomás*. 8, 21, 24, 63, 65, 96; esto se remonta al dicho del Nuevo Testamento ὃς ἔχει ὦτα ἀκούειν ἀκουέτω. (Marcos 4:9, 23 etc.). En el *Evangelio de Tomás* 17 y 33 también se habla de orejas.

1172. Martin, Thomasevangelium, 280: "Entonces, ¿tiene una mujer que actuar al final como estúpida, torpe e inconsciente?" Véase Blessing, "The Woman Carrying", 162: "la mujer en Ev. Tom. 97. A menudo se piensa que es un ejemplo de lo que el Reino no debería ser, específicamente porque ella es mujer".

en el Reino.[1173] Debido a que los personajes principales son femeninos, algunos intérpretes incluso cuestionan los orígenes gnósticos de la parábola.[1174]

La interpretación feminista[1175] comienza honrando a la mujer misma, que puede convertirse en una representación visual del reino del Padre. Como en la parábola de la mujer de la moneda perdida (Lucas 15:8-10), la parábola de la viuda persistente (Lucas 18:1-8), o la parábola de la mujer que da a luz (Juan 16:21), aquí también hay una mujer que provee una visión del reino de Dios. También hay parábolas que describen explícitamente el trabajo de las mujeres, aunque no se menciona directamente un personaje femenino.[1176] Con respecto a esto, es sorprendente que la parábola de la levadura en los evangelios sinópticos identifique la levadura misma como el punto de comparación (véase Lucas 13:21: "Es como levadura que una mujer tomó"), mientras que el *Evangelio de Tomás* 96 menciona primero a la mujer: "El reino del Padre es como [una] mujer. Ella tomó un poco de levadura".

Esta apreciación de la mujer continúa en Log. 97. El transporte de agua o alimentos en jarras era típicamente trabajo de mujeres. Al mismo tiempo, era un trabajo difícil y arduo, sobre todo si el camino −como se dice explícitamente en la parábola− era "largo". Es aún más sorprendente que no se hable de la mujer como fatigada por su tarea cotidiana, sino más bien como descuidada. No se da cuenta de que la harina de la jarra se está derramando; aparentemente no le importa. Y precisamente es esta característica lo que la convierte en un modelo a seguir. De esta manera, la parábola puede tomar una dimensión de la teología de la liberación para cualquier persona que sufre bajo la carga de su trabajo diario y lo experimenta como inútil y sin sentido. A la mujer se le permite regresar a su casa con las manos vacías. No importa que ella no cumpla con los requisitos de su trabajo diario. Sin embargo, la parábola va más profundamente en esta dimensión socio-crítica. Según G. M. Martin, la parábola también alaba la pasividad y el vacío, sobre todo en comparación con el exceso de celo, como es criticado en Log.

1173. Log. 114:3: (Pero yo te digo), "Cualquier mujer, si se hace varón, entrará en el reino de los cielos". En contraste Log. 122, que habla explícitamente de superar la diferencia entre los géneros: *Evangelio de Tomás* 22:4-7: "Jesús les dijo: Cuando os hicierais los dos uno, y cuando hagáis el interior como el exterior, y el exterior como el interior, y el arriba como el abajo, −(5) esto es, hacer al varón y la hembra uno solo, de modo que el varón ya no sea varón y la hembra ya no sea hembra− (6) y cuando hagáis ojos en vez de ojo, y una mano en lugar de una mano y un pie en vez de un pie, y una imagen en vez de una imagen, (7) entonces entrarás en el [reino]". Sobre este dicho, vea Zimmermann, *Geschlechtermetaphorik*, 510-14.

1174. Vea Montefiore, "Comparison", 242-43: "es muy difícil imaginar que los gnósticos hayan inventado una parábola cuyo tema fuera una mujer".

1175. Ver en la siguiente Blessing, "The Woman Carrying", 163-73.

1176. Vea en este Hearon y Clark Wire, "Women's Work".

63 (la parábola del agricultor rico).[1177] También incluye la abstinencia y el ayuno en contraste con la preocupación (Log. 36), el placer (Log. 28–vino, alcohol), o más generalmente, con las reglas del mundo (Log. 27). Sin embargo, este vacío es teológicamente importante y necesario. Esto se afirma particularmente en Log. 28,[1178] la abundancia (aquí de vino) hace a la gente ciega. En cambio, deberían volverse vacíos, lo cual se identifica como una condición antropológica básica, entendida místicamente. Log. 28:3 dice: "Y mi alma se dolió por los hijos de la humanidad, porque son ciegos en su corazón y no pueden ver; porque vinieron al mundo vacíos, (y) también buscan apartarse del mundo vacíos".

La gente debe salir del mundo "vacía" tal como entraron en él. En Log. 28 encontramos la misma palabra copta para "vacío" (ϣⲟⲩⲉⲓⲧ) así como en Log. 97. En Log. 28 esta tiene una connotación positiva. El hecho de que el vacío en Log. 97 tiene un significado más profundo puede derivarse lingüísticamente del contraste "lleno-vacío" así como del posicionamiento consciente del semantema al final de la parábola. La parábola está dirigida directamente a esta palabra clave, con la cual concluye.

Helderman demostró que tal interpretación se muestra con gran ventaja en el contexto del pensamiento maniqueo. Mani elogió la "tranquilidad de las manos" (ἀνα[πα]ύσις τῶν χειρῶν) en el *Codex Mani* de Colonia.[1179] En los Salmos de los errantes se enfatiza su falta de esfuerzo (ⲙ̄ⲡⲟⲩϩⲓⲥⲉ),[1180] y el día de su muerte, los "electus" deben de estar "sin pesadumbre" (ⲙⲛ̄ ϩⲓⲥⲉ).[1181] Como en el *Evangelio de Tomás* 97:3, se usa la palabra ϩⲓⲥⲉ (*hise*), aunque es utilizada de una manera que alaba la meta de la liberación de los cuidados y las dificultades. Sin embargo, el maniqueísmo no es la única fuente de alabanza para "descuidados" o "negligentes". En la fuente Q, la parábola de los cuervos y los lirios elogia la falta

1177. Según Scott, *Re-Imagine the World*, hay "la mayor similitud estructural" entre Log. 97 y la parábola del campesino rico/inversor (Lucas 12:16-20, *Evangelio de Tomás* 63): "Las dos parábolas pasan de la recompensa (jarra llena, gran cosecha) a la pérdida (jarra vacía, muerte)". Sin embargo, Scott interpreta esta pérdida negativamente en ambos. Martin, *Thomasevangelium*, 281: la parábola critica "los demasiados mandamientos de acciones occidentales", limita una "actividad masculina... machista y de poder".

1178. *Evangelio de Tomás* 28 (traducción de Plisch): (1) Jesús dice: "Me paré en medio del mundo, y en carne me aparecí a ellos. (2) Encontré a todos ellos borrachos. No encontré a ninguno de ellos sediento. (3) Y mi alma se dolió por los hijos de la humanidad, porque están ciegos en su corazón y no pueden ver; porque ellos vinieron al mundo vacíos, (y) también buscan apartarse del mundo vacíos. (4) Pero ahora están borrachos. (Pero) cuando sacudan su vino (frenesí), entonces cambiarán de opinión".

1179. Vea Koenen y Römer, *Kölner Mani-Kodex*, 72 (= 102, 16).

1180. Vea Allberry, 142:1, similar en el Manifiesto de Jesuspsalm ManPsB, vea ed. Allberry, 82:27-29 de acuerdo con Helderman, "Manichäische Züge", 491 para más ejemplos.

1181. Vea ManKephalaia II, 253.

de preocupación (Q 12:24, 26-28, véase el *Evangelio de Tomás* 36:1-4),[1182] y en Lucas 10:38-42, María es identificada como un modelo a seguir por su inactividad. El hecho de que en las metáforas tradicionales las mujeres también se vean como "vasijas vacías" (véase más arriba) también puede ser tomado en consideración aquí. Así, la mujer en el *Evangelio de Tomás* 97 puede servir como un ejemplo positivo de la falta de cuidado que una persona puede alcanzar para estar abierta al reino del Padre: "El Reino también tiene el punto de ocurrencia pasiva y lo inconsciente permitiendo así que algo ocurra, el hecho de volver a casa vacío".[1183] El derramamiento de la harina no sería entonces entendido negativamente, sino más bien como un requisito necesario para el regreso a casa. El vaciarse es la condición para poder recibir a Dios.

Sin embargo, el elogio de la pasividad se califica más en el contexto de las tres parábolas en Log. 96-98.[1184] Mientras la mujer en Log. 96 debe demostrar una cierta cantidad de actividad (tomando la levadura; no se menciona que amase) con el fin de preparar los panes, Log. 97 y 98 representan cada uno un extremo opuesto: por un lado, una actitud (demasiado) pasiva como la de la mujer (Log. 97) y, por otro, una actitud (demasiado) activa como la del asesino masculino. El hecho de que la mujer representa pasividad y el hombre actividad corresponde a estereotipos de roles antiguos (y también contemporáneos). Tomándolo de manera ideal o típicamente, esto puede ser recibido como una inspiración, pero también puede ser criticado como un cliché, ya que también hay mujeres activas y hombres pasivos.

Interpretación escatológica: la llegada y presencia del Reino en el mundo

El *Evangelio de Tomás* 97 es identificado como un "reino de la parábola del Padre". El nivel transferencial prescrito por la introducción, así como el contexto nos permite mirar más de cerca la presencia del Reino. Las preguntas orientadoras

---

1182. Con respecto a esta parábola vea Frey, "Lilien".

1183. Martin, *Thomasevangelium*, 281: "El Reino tiene, en todo caso, la idea de la acción pasiva y la omisión inconsciente, la idea es regresar a casa vacío".

1184. La estrecha conexión y equilibrio de las tres parábolas también es subrayado (de diferentes maneras) por Doran, "Complex", 350-51: "El mensaje en 97 parece directamente opuesto al del 96 y 98 que lo enmarcan... Sin embargo, es precisamente la tensión entre las parábolas lo que transmite el mensaje. Sugiero que estas tres parábolas han sido ingeniosamente arregladas para enfatizar que uno debe esforzarse por el Reino, pero que uno no es suficiente". Comentarios similares se encuentran en Ford", Body Language", 295: "Estas parábolas equilibran tres dominios aparentemente incompatibles".

sobre el reino de Dios que aparecen regularmente en el Evangelio de Tomás son: "¿Dónde está?" Y "¿Cuándo llegará?" Por lo tanto, podemos examinar Log. 97 con miras a encontrar respuestas a estas preguntas. La dinámica temporal de la parábola arroja luz sobre la dimensión cronológica: el relato, con toda probabilidad, cuenta el desplazamiento por un "largo" camino. ¿Acaso esto indica que el Reino, después de un largo viaje, llega al final? ¿Es la llegada a casa la entrada escatológica al Reino? Gathercole lee el 97:4 como sigue: "Presumiblemente, el pensamiento aquí es que al final, ella (el alma) experimenta el descanso en su destino final".[1185] Quizás esto también refleja la experiencia del llamado retraso de la segunda venida: "La parábola habría contado la historia de las expectativas desvanecidas, ya que el Reino no había llegado como la gente había esperado".[1186]

En la perspectiva temporal del movimiento apocalíptico del cristianismo primitivo, no es solo el retraso, sino también el final incierto, pero seguro, que nos insta a ser más vigilantes. El motivo de la vigilancia también se encuentra con frecuencia en los evangelios sinópticos en textos como "el ladrón en la noche" (Q/Lucas 12:39, véase el *Evangelio de Tomás*, 21:5), el regreso repentino del amo que había estado ausente (Q/Lucas 12:42-46), o las parábolas de vigilancia en Mateo. Por tanto, la exhortación a la vigilancia también podría ser una de las principales declaraciones de la parábola en el *Evangelio de Tomás* 97 que permite la tendencia trágica de la narrativa. La ruptura del asa, la pérdida de la harina y la mención inclusiva del "vacío" demuestran la tragedia de los acontecimientos.[1187] Sin embargo, a diferencia de Mateo, donde la dimensión escatológica se combina siempre con un cierto dualismo, como en el ejemplo en la parábola de las vírgenes (mujeres prudentes-insensatas), el *Evangelio de Tomás* 97 carece de este aspecto dualista. ¿Debe la parábola ser leída como una especie de anti-parábola para el Reino que presenta un "contra-mundo" en el que solo hay acontecimientos negativos?

Una interpretación escatológica que toma más en cuenta la dimensión espacial nos señala una dirección diferente. En la comparación contrastiva con la viuda de la vasija llena de harina de Sarepta, Scott encuentra la crítica de la presencia de Dios y de una concepción particular de la presencia del reino de Dios: "No hay intervención divina; se va a casa con las manos vacías. El imperio se identifica no con la intervención apocalíptica, sino con la paradoja del vacío divino"...[1188]

1185. Gathercole, *Gospel of Thomas*, 97.

1186. Vea DeConick, *Original*, 271.

1187. Esto es cierto incluso si uno ve 97:3 como secundario, como sugiere Plisch. Vea Plisch, "Frau", 757-60; Plisch advierte la diferencia lingüística y crítica del versículo, pero en última instancia, es el punto contextual, el carácter exhortatorio-moralista de la tercera oración lo que, para él, justifica descartar la afirmación como una acumulación secundaria.

1188. Scott, *Re-Imagine the World*, 46. Una declaración similar se encuentra ya en Scott, "Empty Jar", 79: "Como la levadura, esta parábola ataca y subvierte el mito de la aparición de Dios". Gathercole argumenta en contra de esta lectura como una interpretación posmoderna de

Teniendo en cuenta este punto de vista, se plantea la pregunta: ¿Trata la parábola sobre una ausencia fundamental del reino o de Dios en el mundo, o es quizá una crítica de una falsa expectativa en cuanto a la visibilidad de Dios? Si nos fijamos en la harina en sí, el vaciado de la jarra es solo una cara de la moneda. La harina se derrama sobre el camino, se desliza al mundo. Debido a que es una parábola del reino de Dios, debemos preguntar si esta parábola –como las otras de su clase– está haciendo una declaración positiva. El reino del Padre no es una historia de pérdida, sino mucho más bien un relato de esperanza. Así, Pokorný postula: "El dicho es probablemente una parábola de la influencia imperceptible del reino de Dios en la tierra".[1189] El reino de Dios se infiltra en el mundo de la misma manera que la harina fluye hacia el camino. Para Merkelbach, la "senda en el camino" indirectamente visualizado en Log. 97 finalmente se convierte en el símbolo del Reino. Lo más importante es el camino hacia Dios y al mismo tiempo, el camino es el destino. "El reino y el camino son lo mismo. La mujer que está en el camino es el símbolo del reino de Dios".[1190]

A pesar de que esto puede hacer hincapié en el breve comentario de que la harina se derrama "detrás de ella por la calle", y simultáneamente no tener en cuenta la llegada de la mujer, el proceso de la jarra que se está vaciando puede ser transferido al nivel teológico como característica primaria del reino del Padre. El reino no es un tesoro, sino que se metaforiza en la imagen dinámica y abnegada de la harina derramada.

Este pensamiento se conecta directamente a la parábola de la levadura que, en Log. 96, abre el trío del Reino de las parábolas del Padre. La levadura se mezcla con la masa tan completamente que ya no se puede separar. En el contexto de; *Evangelio de Tomás*, esta idea tiene un sentido particular con respecto a la declaración final del reino en el *Evangelio de Tomás* en Log. 113:4: "Más bien el reino del Padre se extiende sobre la tierra, y el pueblo no lo ve".

Temáticamente similar a Lucas 17:20, la venida del reino de Dios se describe aquí como imperceptible. Está sembrado sobre la tierra como harina, pero como la mujer, la gente no la percibe. Podemos ver paralelos con los motivos de otras parábolas tales como la parábola de la levadura (*Evangelio de Tomás* 96), la semilla que crece (*Evangelio de Tomás* 21:9-10), y las parábolas del crecimiento en general (*Evangelio de Tomás* 9, 20, 57). Algunos estudiosos también ven una

---

la "muerte de Dios"; sin embargo, pierde la idea de Scott, cuando dice explícitamente: "el imperio no puede ser visto, pero está presente" (ibid.). Vea Gathercole, *Gospel of Thomas*, 550.

1189. P. Pokorný, *Commentary*, 139; Igualmente Plisch, *Gospel of Thomas*, 215: "Por lo tanto el *Evangelio de Tomás* 97 se entiende mejor como una metáfora para la extensión imperceptible del reino de Dios quitado del alcance humano e imposible de capturar".

1190. Merkelbach, *"Logion 97"*, 229: "El Reino y el camino son los mismos ... La mujer que está en el camino, que es el símbolo del reino de Dios", con referencia a Boethius, Consolatio Philosophiae III m. 9,26-28.

conexión en el nivel figurado porque la harina hecha de granos de trigo o semillas crea un puente entre las parábolas de la siembra y el crecimiento y la parábola de la levadura. Sin embargo, el dominio que es la fuente de la imagen también demuestra similitudes con el receptor de la imagen: "Grano, siembra, crecimiento y levadura están relacionados por el hecho de que algo tan pequeño crece en algo grande sin el conocimiento o la acción del agente humano".[1191]

El reino de Dios fluye lentamente, casi imperceptiblemente, para el mundo. Crece constantemente, pero no espectacularmente, y al final, leuda toda la masa.[1192] A pesar de que la mujer solo participa en las actividades diarias, contribuye al desarrollo del Reino. A primera vista podríamos pensar que sus acciones no son importantes, o incluso inútiles, y de esta manera la parábola es de alguna manera reconfortante. Ella muestra que el reino del Padre llega; se infiltra en el mundo incluso a través de las grietas.

EPÍLOGO

Así, la parábola de la mujer con la jarra de harina revela un tremendo potencial para la interpretación. Los estudiosos a menudo han encontrado esto insatis-factorio, ya que la apertura de las parábolas no conduce a una interpretación única y sin ambigüedad. ¿Es, por tanto, una "exégesis inventiva" lo que da como resultado una riqueza de interpretaciones, a veces contradictorias? El texto del *Evangelio de Tomás* 97 y sus diversas interpretaciones demuestran una vez más que el significado de las parábolas no puede reducirse y confinarse a los estrechos límites de un lecho interpretativo de Procusto. En cambio, el texto crea espacio y amplitud para una variedad de significados. Que la jarra de harina de la parábola se convierta en un símbolo para el mismo erudito impaciente.[1193] Mientras que, en el nivel del mundo narrado, la harina parece estar perdida, es tarea del lector seguir el rastro de la harina, para recolectar gradualmente nuevas ideas y ver cómo estas pueden llegar a ser alimento en un sentido espiritual. Por tanto, no hay manera de escapar de la incomprensión de las parábolas. Las parábolas de Jesús siguen siendo desconcertantes. Hay, sin embargo, hay algo que podemos hacer:

1191. Blessing, "The Woman Carrying", 170.

1192. Al igual que en Berger, *Jesus*, 160: "El reino de Dios, el gran momento crucial, de lo que Jesús habla, ocurrió y creció sin cesar, y sucede en secreto, detrás de nuestras espaldas, y bajo nuestros pies ... Pero fluye y sucede sin nosotros ... Imperceptiblemente fluye a través de nuestras acciones a través de nuestras manos, lo que significa la esperanza".

1193. Esta idea se presenta de una manera diferente en Blessing, "The Woman Carrying", 173: "Si el lector llega al conocimiento de la manera en que un miembro del Reino debe de caminar, ha cumplido el propósito de este evangelio: Para discernir una parte del conocimiento oculto que conduce, en última instancia, a la vida eterna".

no darnos por vencido. Precisamente la forma en que podemos seguir abordando las parábolas es en la búsqueda de su significado, siguiendo los caminos de su impacto, y permaneciendo en contacto con ellas. Las parábolas nos mantienen en un proceso dinámico de lectura de la Biblia y en la búsqueda de la verdad teológica. Al hacer esto, estamos siguiendo la intención del discurso teológico y parabólico mismo. Donde haya servido como guía para navegar entre los diversos caminos interpretativos, este libro ha cumplido con su objetivo.

LITERATURA ADICIONAL

Blessing, K. "The Woman Carrying the Jar of Meal". In *The lost coin: Parables of women, work and wisdom*, edited by M. A. Beavis, 158–73. The Biblical Seminar 86. London: Continuum International, 2002.

Doran, R. "A Complex of Parables". *GTh* 96–98, *NovT* 29 (1987), 347–52.

Ford, R. Q. "'Body Language. Jesus' Parables of the Woman with the Yeast, the Woman with the Jar, and the Man with the Sword". *Interpretation* 56 (2002), 295–306.

Gathercole, S. *The Gospel of Thomas. Introduction and Commentary*. Brill: Leiden 2014, 549–54.

Hartenstein, J. and Petersen, S. "Das Evangelium nach Thomas: Frühchristliche Überlieferungen von Jüngerinnen Jesu oder: Maria Magdalena wird männlich". In *Kompendium feministische Bibelauslegung*, edited by L. Schottroff and M.-T. Wacker, 768–77. 2nd ed. Gütersloh: Gütersloher Verlagshaus, 1999.

Helderman, J. "Log 97 vom manichäischen Gesichtspunkt aus gesehen". In *Der Gottesspruch in der koptischen Literat*ur. FS H.-M. Schenke, edited by W. Weltz, 149–61. Halle: Druckerei der Martin- Luther-Universität, 1994.

———. "Manichäische Züge im Thomasevangelium". In *Ägypten und Nubien in spätantiker und christlicher Zeit*. Akten des 6. internationalen Koptologenkongresses: Münster 20.-26. Juli 1996 II. Sprachen und Kulturen des christlichen Orients 6/2, edited by S. Emmel, M. Krause, S. G. Richter et al., 483–94. Wiesbaden: Reichert, 1999.

Kim, D. W. "Where does it fit? The unknown parables in the Gospel of Thomas". *Bib.* 94,4 (2013), 585–95.

Lindemann, A. "Zur Gleichnisinterpretation im Thomas-Evangelium". *ZNW* 71 (1980), 214–43 (esp. 232).

Martin, G. M. *Das Thomas-Evangelium. Ein spiritueller Kommentar*. Stuttgart: Radius-Verlag, 1998, 280–83.

Merkelbach, R. "Logion 97 des Thomasevangeliums". *Bulletin of the American Society of Papyrologists* 22 (1985), 227–30.

Nagel, P. "Das Gleichnis vom zerbrochenen Krug. EvThom 97". *ZNW* 92, 2001, 229–56.

Petersen, S. "Die Frau auf dem Weg (Vom Mehlkrug)—EvThom 97". In *Kompendium der Gleichnisse Jesu*, edited by R. Zimmermann et al., 916–20. 2nd ed. Gütersloh: Gütersloher Verlagshaus, 2015.

Plisch, Uwe-Karsten. "Die Frau, der Krug und das Mehl: Zur ursprünglichen Bedeutung von EvThom 97". In *Coptica – Gnostica – Manichaica: mélanges offerts à Wolf-Peter Funk*, 747–60. Bibliothèce Copte de Nag Hammadi 7. Louvain: Peeters, 2006.

_____. *The Gospel of Thomas: Original Text with Commentary*. New York: American Bible Society, 2008, 213–15.

Scott, B. B. "The Empty Jar". *Forum* (Westar Institute) 3 (1987), 77–80.

_____. *Re-Imagine the World: An Introduction to the Parables of Jesus*. Santa Rosa, CA: Polebridge Press, 2001.

BIBLIOGRAFÍA

Aasgaard, Reidar. *The childhood of Jesus: Decoding the apocryphal Infancy Gospel of Thomas*. Cambridge: James Clark, 2010.

Albert, Hans, *Kritik der reinen Hermeneutik* (EdG 85), 2nd. ed. (Broschur) Tübingen: Mohr Siebeck, 2012.

Alkier, Stefan. "Die „Gleichnisreden Jesu" als „Meisterwerke volkstümlicher Beredtsamkeit". Zur Aristoteles-Rezeption Adolf Jülichers in seiner Arbeit „Die Gleichnisreden Jesu"." In *Die Gleichnisreden Jesu (1899–1999): Beiträge zum Dialog mit Adolf Jülicher*. Beihefte zur Zeitschrift für die neutestamentliche Wissenschaft und die Kunde der älteren Kirche 103, editado poreditado por U. Mell, 39–74. Berlin/New York: de Gruyter, 1999.

_____. *Neues Testament*. Tübingen/Basel: Francke, 2010.

Allison, Dale C. *Constructing Jesus: Memory, Imagination, and History*. Grand Rapids, MI: Baker, 2010.

Anderson, Paul N., Just, Felix and Thatcher, Tom, eds. *John, Jesus, and History, I: Critical Appraisals of Critical Views*. Society of Biblical Literature Symposium Series 44. Atlanta: SBL, 2007.

_____. *The Fourth Gospel and the Quest for Jesus: Modern Foundations Reconsidered*. The Library of Biblical Studies 321. London: T&T Clark, 2007.

_____. Just, Felix and Tom Thatcher, Tom, eds. *John, Jesus, and History, II: Aspects of Historicity in the Fourth Gospel*. Society of Biblical Literature Symposium Series 44. Atlanta: SBL, 2009.

_____. "The Origin and Development of the Johannine Egō Eimi Sayings in Cognitive-Critical Perspective," *Journal for the Study of the Historical Jesus* 9 (2011), 139–206.

Ankersmit, Franklin R. *Narrative Logic: A Semantic Analysis of Historian's Language*. Groningen: Krips Repro Meppel, 1981.

Archer, Léonie J. *Her price is beyond rubies: the Jewish woman in Greco-Roman Palestine*. Journal for the Study of the Old Testament Supplement Series 60. Sheffield: JSOT Press, 1990.

Arens, Edmund. *Kommunikative Handlungen: Die paradigmatische Bedeutung der Gleichnisse Jesu für eine Handlungstheorie*. Düsseldorf: Patmos, 1982.

_____. "Metaphorische Erzählungen und kommunikative Handlungen Jesu: Zum Ansatz einer Gleichnistheorie". *Biblische Zeitschrift* 32 (1988), 52–71.

Aristotle, *The "Art" of Rhetoric*. With an English translation by J. H. Freese. Cambridge, Mass./London: LCL, 1982.

Assmann, Aleida and Harth, Dietrich, eds. *Mnemosyne: Formen und Funktionen der kulturellen Erinnerung*. Frankfurt a. M.: Fischer-Taschenbuch-Verlag, 1991.

Assmann, Aleida. "Kultur als Lebenswelt und Monument". In *Kultur als Lebenswelt und Monument*, editado poreditado por idem and D. Harth, 11–25. Frankfurt a. M.: Fischer-Taschenbuch-Verlag, 1991.

_____. "Was sind kulturelle Texte?" In *Literaturkanon – Medienereignis – kultureller Text: Formen interkultureller Kommunikation und Übersetzung*, editado por A. Poltermann, 232–44. Berlin: Erich Schmidt, 1995.

_____, ed. *Medien des Gedächtnisses*. Stuttgart: Metzler, 1998.

_____. *Erinnerungsräume: Formen und Wandlungen des kulturellen Gedächtnisses*. München: Beck, 1999.

Assmann, Jan and Hölscher, Tonio, eds. *Kultur und Gedächtnis*. Frankfurt a. M.: Suhrkamp, 1988.

Assmann, Jan. "Das kulturelle Gedächtnis: Erwägen. Wissen". *Ethik* 13.2 (2002), 239–47.

_____. *Das kulturelle Gedächtnis: Schrift, Erinnerung und politische Identität in frühen Hochkulturen*, quinta edición München: Beck, 2005.

Aurelio, Tullio. *Disclosures in den Gleichnissen Jesu: Eine Anwendung der disclosure-Theorie von I. T. Ramsey, der modernen Metaphorik und der Theorie der Sprechakte auf die Gleichnisse Jesu*. Regensburger Studien zur Theologie 8. Frankfurt a. M.: Lang, 1977.

Avagianou, Aphrodite. *Sacred Marriage in the Rituals of Greek Religion*. Europäische Hochschulschriften 15/54. Bern: Lang, 1991.

Baasland, Ernst. *Teologi og metodologi. En analyse av Rudolf Bultmanns tidligste arbeider*. Oslo: sn, 1980.

_____. "Zum Beispiel der Beispielerzählungen: Zur Formenlehre der Gleichnisse und zur Methodik der Gleichnisauslegung," *Novum Testamentum* 28 (1986), 193–219.

Backhaus, Klaus. "Die göttlichen Worte wachsen mit dem Leser: Exegese und Rezeptionsästhetik". In *Predigt als offenes Kunstwerk: Homiletik und Rezeptionsästhetik*, editado por E. Garhammer and H.-G. Schöttler, 147–67. München: Don-Bosco-Verlag, 1998.

Bailey, Kenneth E. *Poet and Peasant: A Literaryy Cultural Approach to the Parables in Luke*. Grand Rapids, MI.: Eerdmans, 1976.

_____. *Through Peasant Eyes: More Lucan Parables, Their Culture and Style*. Grand Rapids, MI: Eerdmans, 1980.

_____. *Poet and Peasant and Trough Peasant Eyes: A Literary-Cultural Approach to the Parables in Luke*. Grand Rapids, MI: Eerdmans, 1983.

_____. "Psalm 23 and Luke 15: A Vision Expanded". *Irish Biblical Studies* 12/2 (1990), 54–71.

_____. *Finding the Lost: Cultural Keys to Luke 15*. St. Louis, MO: Concordia, 1992.

Balabanski, Vicky. "Opening the Closed Door: A feminist rereading of the "Wise and Foolish Virgins" (Mt. 25.1–13)". In *The Lost Coin: Parables of Women, Work and Wisdom*, editado por M. A. Beavis, 71–97. The Biblical Seminar 86. London/New York/Sheffield: Continuum International, 2002.

Banschbach-Eggen, Renate. *Gleichnis, Allegorie, Metapher: Zur Theorie und Praxis der Gleichnisauslegung.* Texte und Arbeiten zum neutestamentlichen Zeitalter 47. Tübingen: Francke, 2007.

Barlett, Frederic C. *Remembering: A Study in Experimental and Social Psychology.* Cambridge: Cambridge University Press, 1967.

Barth, Karl. "Das Wort Gottes als Aufgabe der Theologie". In *Das Wort Gottes und die Theologie*, editado por idem., 156–78. München: Kaiser, 1924.

_____. *Die kirchliche Dogmatik.* Zürich: Theologischer Verlag, 1932–1967.

Barthes, Roland G. "La mort de l'auteur". In *Oevres completes*, editado por E. Marty, 491–95. Paris: Le Sueil, 1995.

Bauckham, Richard. "The Scrupulous Priest and the Good Samaritan: Jesus' parabolic Interpretation of the Law of Moises". *New Testament Studies* 44 (1998), 475–89.

Baum, Armin D. "Bildhaftigkeit als Gedächtnishilfe in der synoptischen Tradition". *Theologische Beiträge* 35 (2004), 4–16.

Baur, Ferdinand C. *Das Christentum und die christliche Kirche der ersten drei Jahrhunderte*, segunda edición, Tübingen: Mohr Siebeck, 1860.

Beavis, Mary A. "Parable and Fable," *Catholic Biblical Quarterly* 52 (1990), 473–98.

_____. "Introduction: Seeking the ‚Lost Coin' of Parables about Women". In *The Lost Coin: Parables of Women, Work and Wisdom*, editado por idem., 17–32. The Biblical Seminar 86. London/New York/Sheffield: Continuum International, 2002.

_____. *The Lost Coin: Parables of Women, Work and Wisdom.* The Biblical Seminar 86. London/New York/Sheffield: Continuum International, 2002.

Beazley, John D. *Attic red-figure vase-painters*, segunda edición Oxford: Clarendon Press, 1963, 1978.

Becker, Jürgen. *Das Evangelium des Johannes: Kapitel 11–21.* Ökumenischer Taschenbuchkommentar zum Neuen Testament 4/2. tercera edición Gütersloh: Mohn, 1991.

Bennema, Cornelis. *A Theory of Character in New Testament Narrative.* Minneapolis, MN: Fortress Press, 2014.

Berg, Horst K. *Handbuch des biblischen Unterrichts II: Grundriß der Bibeldidaktik: Konzepte, Modelle, Methoden.* München: Kösel, 1993.

Berger, Klaus. "Materialien zu Form und Überlieferungsgeschichte neutestamentlicher Gleichnisse". *Novum Testamentum* 15 (1973), 1–37.

_____. *Formgeschichte des Neuen Testaments.* Heidelberg: Quelle und Meyer, 1984.

_____. "Hellenistische Gattungen im Neuen Testament," *Aufstieg und Niedergang der römischen Welt* II 25/2 (1984), 1031–432.

_____. *Einführung in die Formgeschichte.* Tübingen: Francke, 1987.

_____. *Wer war Jesus wirklich?* Stuttgart: Quell-Verlag, 1995.

_____. *Hermeneutik des Neuen Testaments.* Gütersloh: Gütersloher Verlagshaus, 1988. Rev., *Hermeneutik des Neuen Testaments.* Uni-Taschenbücher 2035. Tübingen: Mohr Siebeck, 1999.

_____. *Gleichnisse des Lebens aus den Religionen der Welt.* Frankfurt a. M./Leipzig: Insel Verlag, 2002.

_____. "Das Evangelium nach Johannes und die Jesustradition". In *Johannesevangelium—Mitte oder Rand des Kanons? Neue Standortbestimmungen*, editado por T. Söding, 38–59. Questiones disputatae 203, Freiburg i. Br.: Herder, 2003.

_____. *Formen und Gattungen des Neuen Testaments.* Tübingen/Basel: Francke, 2005.

Beutler, Johannes. "Greeks come to see Jesus (John 20:20f.)," *Biblica* 71 (1990), 333–47.

Beutner, Edward F. *Listening to the Parables of Jesus: Jesus Seminar Guide.* Santa Rosa, CA: Polebridge Press, 2007.

Bierhoff, Hans–Werner. "Theorien hilfreichen Verhaltens". In *Theorien der Sozialpsychologie II: Interaktions– und Lerntheorien,* editado por D. Frey and M. Irle, 178–97. Bern/Göttingen: Huber, 2002.

Billerbeck, Paul and Strack, Hermann L. *Kommentar zum Neuen Testament aus Talmud und Midrasch I: Das Evangelium nach Matthäus.* segunda edición München: Beck, 1926.

Binder, Hans. "Das Gleichnis vom barmherzigen Samariter". *Theologische Zeitschrift* 15 (1959), 176–94.

Biser, Eugen. *Die Gleichnisse Jesu: Versuch einer Deutung.* München: Kösel, 1965.

Blass, Friedrich, Debrunner, Albert and Rehkopf, Friedrich, eds. *Grammatik des neutestamentlichen Griechisch.* 17th ed. Göttingen: Vandenhoeck & Ruprecht, 1990.

Blessing, Kamila. "The Woman Carrying the Jar of Meal". In *The lost coin: Parables of women, work and wisdom,* editado por M. A. Beavis, 158–73. The Biblical Seminar 86. London: Continuum International, 2002.

Blomberg, Craig L. "Tradition and Redaction in the Parables of the Gospel of Thomas". In *Gospel Perspectives 5,* editado por D. Wenham, 177–205. Sheffield: JSOT, 1985.

_____. "The Parables of Jesus: Current Trends and Needs in Research". In *Studying the Historical Jesus: Evaluations of the State of Current Research,* editado por B. Chilton and C. A. Evans, 231–54. Leiden: Brill, 1994.

_____. *Die Gleichnisse Jesu: Ihre Interpretation in Theorie und Praxis,* traducido por D. Schilken. Wuppertal: Brockhaus, 1998.

_____. *Interpreting the Parables.* segunda edición Downers Grove, IL: IVP Academic, 2012.

Bloom, Harold. *A Map of Misreading.* New York: Oxford University Press, 1975.

Blümner, Hugo. *Die römischen Privataltertümer.* Handbuch der klassischen Altertumswissenschaft in systematischer Darstellung IV 2/2. 3. ed. München: Beck, 1911.

Blumenberg, Hans. "Die Vorbereitung der Neuzeit". *Philosophische Rundschau* 9 (1961), 81–133.

_____. *Paradigmen einer Metaphorologie.* Frankfurt a.M.: Suhrkamp, 1998.

Böhm, Martina. *Samarien und die Samaritai bei Lukas: Eine Studie zum religionshistorischen und traditionsgeschichtlichen Hintergrund der lukanischen Samarientexte und zu deren topographischer Verhaftung.* Wissenschaftliche Untersuchungen zum Neuen Testament II/111. Tübingen: Mohr Siebeck, 1999.

Bösen, Willibald. *Galiläa als Lebensraum und Wirkungsfeld Jesu.* tercera edición Freiburg i.Br.: Herder, 1998.

_____. "Die Figurenwelt der Gleichnisse". *Welt und Umwelt der Bibel* 24 (2002), 60–66.

Böttrich, Christfried, *Themen des Neuen Testaments in der Grundschule: Ein Arbeitsbuch für Religionslehrerinnen und Religionslehrer.* Stuttgart: Calwer, 2001.

Bornkamm, Günther. "Die Verzögerung der Parusie". In *Geschichte und Glaube I: Gesammelte Aufsätze III,* editado por idem., 46–55. München: Kaiser, 1968.

Borsò, Vittoria, Krumeich, Gerd and Witte, Bernd, eds. *Medialität und Gedächtnis: Interdisziplinäre Beiträge zur kulturellen Verarbeitung europäischer Krisen*. Stuttgart: Metzler, 2001.

_____. "Gedächtnis und Medialität: Die Herausforderung der Alterität: Eine medienphilosophische und medienhistorische Perspektivierung des Gedächtnis-Begriffs". In *Medialität und Gedächtnis: Interdisziplinäre Beiträge zur kulturellen Verarbeitung europäischer Krisen*, editado por idem, G. Krumeich, and B. Witte, 23–54. Stuttgart: Metzler, 2001.

Boucher, Madeleine I. *The Mysterious Parable: A Literary Study*. The Catholic Biblical Quarterly Monograph Series 6. Washington, DC: Catholic Biblical Association of America, 1977.

Bovon, François. *Das Evangelium nach Lukas II: Lk 9,51-14,35*. Evangelisch-katholischer Kommentar zum Neuen Testament 3/2. Zürich/Düsseldorf/Neukirchen-Vluyn: Benziger, 1996.

Bowestock, Glen W. *Fiction as History: Nero to Julian*. Sather classical lectures 58. Berkeley, CA: University of California, 1995.

Boyarin, Daniel. "History Becomes Parable: A Reading of the Midrashic Mashal". In *Mapping of the Biblical Terrain: The Bible as Text*, editado por V. L. Tollers and J. Maier, 54–71. Lewisburg, NY: Bucknell University Press, 1990.

Braude, William G. *Pesikta Rabbati: Discourses for feasts, fasts and special Sabbaths I+II*. New Haven: Yale University Press, 1968.

Braun, Herbert. "Das „Stirb und Werde" in der Antike und im NT". In *Gesammelte Studien zum Neuen Testament und seiner Umwelt*, segunda edición, editado por idem., 136–58. Tübingen: Mohr Siebeck, 1967.

Breech, James. *The Silence of Jesus: The Authentic Voice of the Historical Man*. Philadelphia, PA: Fortress Press, 1983.

Bühler, Karl. *Sprachtheorie: Die Darstellungsfunktion der Sprache*. Uni-Taschenbücher 1159. 3. ed. Stuttgart: Lucius & Lucius, 1999.

Bultmann, Rudolf. *Die Geschichte der synoptischen Tradition*. 10. ed. Göttingen: Vandenhoeck & Ruprecht, 1995.

Buntfuß, Markus. *Tradition und Innovation: Die Funktion der Metapher in der theologischen Theoriesprache*. Theologische Bibliothek Töpelmann 84. Berlin/New York: de Gruyter, 1997.

Burkert, Walter. *Homo Necans: Interpretation altgriechischer Opferriten und Mythen*. segunda edición Berlin/New York: de Gruyter, 1997.

Bussby, Frederick. "Did a Shepherd Leave Sheep upon the Mountains or in the Desert?" *Anglican Theological Review* 45 (1963), 93–94.

Busse, Ulrich. *Das Johannesevangelium: Bildlichkeit, Diskurs und Ritual: Mit einer Bibliographie über den Zeitraum 1986–1998*. Bibliotheca ephemeridum theologicarum Lovaniensum 162. Leuven: University Press, 2002.

Byrskog, Samuel. "A century with the "Sitz im Leben": From Form-Critical Setting to Gospel Community and Beyond". *Zeitschrift für neutestamentliche Wissenschaft und die Kunde der älteren Kirche* 98 (2007), 1–27.

Byrskog, Samuel. "Memory and Identity in the Gospels: A New Perspective". In *Exploring Early Christian Identity*. Wissenschaftliche Untersuchungen zum Neuen Testament 226, editado por B. Holmberg, 33–57. Tübingen: Mohr Siebeck, 2008.

Caesar, Lael O. "Studying mashal without reading Proverbs". Davar Logos 4 (2005), 131–47.

Cameron, Ron. "Parable and interpretation in the Gospel of Thomas: Foundation and Facets". *Forum* 2 (1986), 3–39.

Capon, Robert F. *The Parables of Grace*. Grand Rapids, MI: Eerdmans, 1988.

Carlston, Charles E. *The Parables of the Triple Tradition*. Philadelphia, PA: Fortress Press, 1975.

_____. "The Markan Parables in Matthew". In *The Parables of the Triple Tradition*, editado por idem., 10–51. Philadelphia, PA: Fortress Press, 1975.

Carter, Warren. "Matthew's Gospel, Rome's Empire, and the Parable of the Mustard Seed (Matt 13:31–32)". In *Hermeneutik der Gleichnisse Jesu: Methodische Neuansätze zum Verstehen urchristlicher Parabeltexte*. Wissenschaftliche Untersuchungen zum Neuen Testament 231, editado por R. Zimmermann, 181–201. segunda edición Tübingen: Mohr Siebeck, 2011.

Charlesworth, James H. (Ed.). *The Old Testament Pseudepigrapha, Vol. I: Apocalyptic Literature and Testaments*, New York: Yale University Press, 1983.

_____. "The Historical Jesus in the Fourth Gospel: A Paradigm Shift?" *Journal for the Study of the Historical Jesus* 8 (2010), 3–46.

Collins, Adela Y. "The Discourse in Parables in Mark 4". In *Hermeneutik der Gleichnisse Jesu: Methodische Neuansätze zum Verstehen urchristlicher Parabeltexte*. Wissenschaftliche Untersuchungen zum Neuen Testament 231, editado por R. Zimmermann, 521–38. segunda edición Tübingen: Mohr Siebeck, 2011.

Contiades-Tsitsoni, Eleni. *Hymenaios und Epithalamion: Das Hochzeitslied in der frühgriechischen Lyrik*. Beiträge zur Altertumskunde 16. Stuttgart: Teubner 1990.

Conzelmann, Hans and Lindemann, Andreas. *Arbeitsbuch zum Neuen Testament*. lcuarta edición Tübingen: Mohr Siebeck, 2004.

Cotter, Wendy. "The Parables of the Mustard Seed and the Leaven: Their Function in the Earliest Stratum of Q". *Toronto Journal of Theology* 8 (1992), 38–51.

Croce, Benedetto. *Ästhetik als Wissenschaft vom Ausdruck und allgemeine Sprachwissenschaft. Gesammelte Philosophische Schriften in deutscher Übertragung I*. Editado por H. Feist. Tübingen: Mohr, 1930 (Original: *Estetica come scienza dell`espressione e linguistica generale*. Mailand: Sandron, 1902).

Crossan, John D. "Parable and Example in the Teaching of Jesus". *New Testament Studies* 18 (1971/72), 285–307.

_____. "A Metamodel for Polyvalent Narration". *Semeia* 9 (1977), 105–47.

_____. *Cliffs of Fall: Paradox and polyvalence in the parables of Jesus*. New York: Seabury Press, 1980.

_____. *The Historical Jesus: The Life of a Mediterranean Jewish Peasant*. San Francisco, Calif.: Harper, 1991.

_____. *In Parables: The Challenge of the Historical Jesus*. New York: Harper & Row, 1973. Rep., Sonoma: Polebridge Press, 1992.

_____. "Parable". *Anchor Bible Dictionary* V (1992), 146–52.

_____. "The Parables of Jesus". *Interpretation* 56 (2002), 247–59.

_____. *The Power of Parable: How fiction by Jesus became fiction about Jesus.* New York: Harper, 2012.

Crüsemann, Marlene, Janssen, Claudia and Metternich, Ulrike, eds. *Gott ist anders: Gleichnisse neu gelesen auf der Basis der Auslegung von Luise Schottroff.* Gütersloh: Gütersloher Verlagshaus, 2014.

Crum, Walter E. *A Coptic Dictionary.* Oxford: Clarendon Press, 1939.

Cruz, Antonio, *Parábolas de Jesús en el Mundo Postmoderno.* Terrassa (Barcelona): CLIE, 1998.

Culpepper, R. Alan. "The Origin of the 'Amen, Amen'-Sayings in the Gospel of John". In *Jesus in Johannine Tradition,* editado por R. T. Fortna and T. Thatcher, 253–62. Louisville, KY: Westminster John Knox Press, 2001.

Dahl, Nils A. "Parables of Growth". In idem, *Jesus in the Memory of the Early Church. Essays,* 141-66. Minneapolis, MN: Augsburg Publisher House, 1976.

Dalman, Gustav. *Arbeit und Sitte in Palästina I/2. Jahreslauf und Tageslauf: Frühling und Sommer.* Gütersloh: Bertelsmann, 1928. Repr. Hildesheim: Olms, 1987.

_____. *Arbeit und Sitte in Palästina II: Der Ackerbau.* Gütersloh: Bertelsmann, 1932.

_____. *Arbeit und Sitte in Palästina III: Von der Ernte zum Mehl: Ernten, Dreschen, Worfeln, Sieben, Verwahren, Mahlen.* Gütersloh: Gütersloher Verlag, 1933.

_____. *Arbeit und Sitte in Palästina VI: Zeltleben, Vieh- und Milchwirtschaft, Jagd, Fischfang.* Gütersloh: Bertelsmann, 1939. Repr. Hildesheim: Olms, 1987.

Dannhauer, Johann C. *Idea boni interpretis et malitiosi calumniatoris.* cuarta edición Straßburg: Argentorati, 1652.

Davies, William. D. and Allison, Dale C. *A critical and exegetical commentary on the Gospel according to Saint Matthew 1: Introduction and commentary on Matthew I – VII.* International Critical Commentary of the Holy Scriptures of the Old and New Testaments. Edinburgh: Clark, 1988.

DeConick, April D. *The Original Gospel of Thomas in Translation: With a Commentary and new English Translation of the Complete Gospel.* London/New York: T & T Clark Ltd., 2007.

Deines, Roland. *Jüdische Steingefäße und pharisäische Frömmigkeit: ein archäologisch-historischer Beitrag zum Verständnis von Joh 2,6 und der jüdischen Reinheitshalacha zur Zeit Jesu.* Wissenschaftliche Untersuchungen zum Neuen Testament 52. Tübingen: Mohr Siebeck, 1993.

Denis, Albert-Marie. *Fragmenta Pseudepigraphorum quae supersunt Graeca.* Pseudoepigrapha Veteris Testamenti Graece 3. Leiden: Brill, 1970.

Derrenbacker, Robert A. jr. and Kloppenborg Verbin, John S. "Self-Contradiction in the IQP? A Reply to Michael Goulder". *Journal of Biblical Literature* 120 (2001), 57–76.

Derret, J. Duncan M. *Law in the New Testament.* London: Darton, Longman & Todd, 1970.

Deussen, Paul. "The Nuptial Theme of Centuripe Vases," *Opuscula Romana* 9 (1973), 125–33.

Devitt, Amy J. *Writing Genres.* Carbondale: Southern Illinois University Press, 2008.

Dexinger, Ferdinand and Pummer, Reinhard, eds. *Die Samaritaner*. Wege der Forschung 604. Darmstadt: Wissenschaftliche Buchgesellschaft, 1992.

Dibelius, Martin. *Die Formgeschichte des Evangeliums*. segunda edición Tübingen: Mohr, 1933.

Dodd, Charles H. *The Parables of the Kingdom*. London: Nisbet, 1935 (Cited from the paperback ed. Glasgow: Collins, 1978).

_____. *Historical Tradition in the Fourth Gospel*. Cambridge: Cambridge University Press, 1963.

Donahue, John R. *The Gospel in Parable: Metaphor, Narrative, and Theology in the Synoptic Gospels*. Philadelphia, PA: Fortress Press, 1988.

Donfried, Karl P. "The Allegory of the Ten Virgins (Matt 25:1–13) as a Summary of Matthean Theology". *Journal of Biblical Literature* 83 (1974), 415–28.

Doran, Robert. "A Complex of Parables: GTh 96–98". *Novum Testamentum* 29 (1987), 347–52.

Dormeyer, Deltev. *Das Neue Testament im Rahmen der antiken Literaturgeschichte: Eine Einführung*. Darmstadt: Wissenschaftliche Buchgesellschaft, 1993.

_____. "Die Parabel vom barmherzigen Samariter Lk 10:25–37 oder die Kunst, dem anderen zum Nächsten zu werden: Erzählen und interaktionales Lesen als katechetische Arbeitsweisen der Bibel". In *Katechese im Umbruch: Positionen und Perspektiven*. FS D. Emeis, editado por F.-P. Terbartz van Elst, 100–16. Freiburg i. Br.: Herder, 1998.

_____. *Das Markusevangelium als Idealbiographie von Jesus Christus, dem Nazarener*. Stuttgarter biblische Beiträge 43. segunda edición Stuttgart: Katholisches Bibelwerk, 2002.

_____. "Parabeln im Markusevangelium: Einleitung". In *Kompendium der Gleichnisse Jesu*, editado por Ruben Zimmermann et al., 257–61. segunda edición Gütersloh: Gütersloher Verlagshaus, 2015.

_____. "Gleichnisse als narrative und metaphorische Konstrukte – sprachliche und handlungsorientierte Aspekte". In *Hermeneutik der Gleichnisse Jesu: Methodische Neuansätze zum Verstehen urchristlicher Parabeltexte*. Wissenschaftliche Untersuchungen zum Neuen Testament 231, editado por R. Zimmermann, 420–37. segunda edición Tübingen: Mohr Siebeck, 2011.

Draper, Jonathan A. "Holy seed and the return of the diaspora in John 12:24". *Neotestamentica* 34 (2000), 347–59.

Dronsch, Kristina. *Bedeutung als Grundbegriff neutestamentlicher Wissenschaft: Texttheoretische und semiotische Entwürfe zur Kritik der Semantik dargelegt anhand einer Analyse zu akoyein in Mk 4*. Neutestamentliche Entwürfe zur Theologie 15. Tübingen: Francke, 2010.

Drury, John. *The Parables in the Gospels: History and Allegory*. New York: Crossroad, 1989.

Dschulnigg, Peter. *Rabbinische Gleichnisse und das Neue Testament: Die Gleichnisse der PesK im Vergleich mit den Gleichnissen Jesu und dem Neuen Testament*. Judaica et Christiana 12. Bern: Lang, 1988.

_____. "Positionen des Gleichnisverständnisses im 20. Jh". *Theologische Zeitschrift* 45 (1989), 335–51.

Dürr, Hans-Peter. *Auch die Wissenschaft spricht nur in Gleichnissen: Die neue Beziehung zwischen Religion und Naturwissenschaft*. 2. ed. Freiburg i.Br.: Herder, 2004.

Duff, David, ed., *Modern Genre Theory*. New York: Routledge, 1999.

Dunn, James D. G. *Christianity in the Making I: Jesus remembered*. Grand Rapids, MI: Eerdmans, 2003.

Dutzmann, Martin. *Gleichniserzählungen Jesu als Texte evangelischer Predigt*. Arbeiten zur Pastoraltheologie 23. Göttingen: Vandenhoeck & Ruprecht, 1990.

Ebeling, Gerhard and Klemm, Hans G. *Evangelische Evangelienauslegung: eine Untersuchung zu Luthers Hermeneutik*. Forschungen zur Geschichte und Lehre des Protestantismus 10/1. Darmstadt: Wissenschaftliche Buchgesellschaft, 1962.

Ebner, Martin. "Überwindung eines "tödlichen" Lebens: Paradoxien zu Leben und Tod in den Jesusüberlieferungen". *Jahrbuch für Biblische Theologie* 19 (2004), 79–100.

Eck, Ernest van. "When Kingdoms are Kingdoms no More. A Social Scientific Reading of the Mustard Seed (Lk 13:18-19)," *Acta Theologica* 33 (2013), 226–54.

———. "Honour and debt release in the parable of the Unmerciful Servant (Mt 18:23–33): A social-scientific and realistic reading". *Hervomde Teologiese Studies* 71 (2015), 1–11.

Eco, Umberto. *Die Grenzen der Interpretation*. München: Hanser, 1995.

Eco, Umberto and Moll, Hans G. *Zwischen Autor und Text: Interpretation und Überinterpretation*. München: Hanser, 1996.

Ehrman, B. D., ed. and trans. *The Apostolic Fathers. I Clement, II Clement, Ignatius, Polycarp, Didache*, Vol. I (LCL 24). London/Cambridge, MA: LCL, 2003.

Eichholz, Georg. *Gleichnisse der Evangelien: Form, Übelieferung, Auslegung*. cuarta edición Neukirchen-Vluyn: Neukirchener, 1984.

Eißfeldt, Otto. *Der Maschal im Alten Testament: Eine wortgeschichtliche Untersuchung nebst einer literargeschichtlichen Untersuchung der Maschal genannten Gattungen „Volkssprichwort" und „Spottlied"*. Beihefte zur Zeitschrift für die alttestamentliche Wissenschaft 24. Gießen: Töpelmann, 1913.

Ensor, Peter W. "The authenticity of John 12:24". *Evangelical Quarterly* 74/2 (2002), 99–107.

Erdmann, Wallter. *Die Ehe im alten Griechenland*. Münchener Beiträge zur Papyrusforschung und antiken Rechtsgeschichte 20. München: Beck, 1934.

Erlemann, Kurt. "Adolf Jülicher in der Gleichnisforschung des 20. Jh". In *Die Gleichnisreden Jesu (1899–1999): Beiträge zum Dialog mit Adolf Jülicher*. Beihefte zur Zeitschrift für die neutestamentliche Wissenschaft und die Kunde der älteren Kirche 103, editado por U. Mell, 5–37. Berlin/New York: de Gruyter, 1999.

———. "Einführung in die Forschungsgeschichte". In *Die Gleichnisauslegung: Ein Lehr- und Arbeitsbuch*. Uni-Taschenbücher für Wissenschaft 2093, editado por idem., 11–52. Tübingen/Basel: Francke, 1999.

———. *Die Gleichnisauslegung: Ein Lehr- und Arbeitsbuch*. Uni-Taschenbücher für Wissenschaft 2093. Tübingen/Basel: Francke, 1999.

———. "Wohin steuert die Gleichnisforschung?" *Zeitschrift für Neues Testament* 3 (1999), 2–10.

_____. "Die Selbstpräsentation Jesu in den synoptischen Gleichnissen". In *Metaphorik und Christologie*. Theologische Bibliothek Töpelmann 120, editado por J. Frey, J. Rohls, and R. Zimmermann, 37–52. Berlin: de Gruyter, 2003.

_____. "Biblisch-theologische Gleichnisauslegung". In *Gleichnisse, Fabeln, Parabeln: Exegetische, literaturtheoretische und religionspädagogische Zugänge*, editado por idem, I. Nickel-Bacon, and A. Loose, 15–67. Tübingen: Francke, 2014.

Erll, Astrid. "Einleitung". In *Literatur, Erinnerung, Identität: Theoriekonzeptionen und Fallstudien*, editado por idem and M. Gymnich, iii–ix. Trier: Wissenschaftlicher Verlag Trier, 2003.

_____. "Gedächtniskonzepte der Literaturwissenschaft". In *Metzler Lexikon Literatur- und Kulturtheorie*, editado por A. Nünning, 219–20. tercera edición Stuttgart: Metzler, 2004.

Erll, Astrid and Nünning, Ansgar. "Gedächtniskonzepte der Literaturwissenschaft: Ein Überblick". In *Literatur, Erinnerung, Identität: Theoriekonzeptionen und Fallstudien*, editado por idem and M. Gymnich, 2–27. Trier: Wissenschaftlicher Verlag Trier, 2003.

_____, eds. *Medien des kollektiven Gedächtnisses: Konstruktivität – Historizität – Kulturspezifität*. Media and cultural memory 1. Berlin: de Gruyter, 2004.

_____. *Gedächtniskonzepte der Literaturwissenschaft: Theoretische Grundlegung und Anwendungsperspektiven*. Media and cultural memory 2. Berlin: de Gruyter, 2005.

Erll, Astrid and Seibel, Klaudia. "Gattungen, Formtraditionen und kulturelles Gedächtnis". In *Erzähltextanalyse und Gender Studies*, editado por V. Nünning and A. Nünning, 180–208. Stuttgart: Metzler, 2004.

Esler, Philip F. "Jesus and the reduction of intergroup conflict: The Parable of the Good Samaritan in the light of social identity theory". *Biblical Interpretation* 8 (2000), 325–57.

Evans, Craig A. "Authenticating the Words of Jesus". In *Authenticating the Words of Jesus*. New Testament Tools and Studies 28, editado por B. Chilton and idem., 3–14. Leiden: Brill, 1999.

Eve, Eric. "Reconstructing Mark: A Thought Experiment". In *Questioning Q*, editado por M. Goodacre and N. Perrin, 89–114. London: SPCK, 2004.

Fauna and Flora of the Bible: Prepared in Cooperation with the Committee on Translations of the United Bible Societies. segunda edición London/New York/Stuttgart: UBS, 1980.

Fiebig, Paul. "Die Chronologie der jüdischen Gleichnisse und die Originalität der Gleichnisse Jesu". In *Altjüdische Gleichnisse und die Gleichnisse Jesu*, editado por idem., 107–63. Tübingen: Mohr Siebeck, 1904. (Again In *Gleichnisse Jesu. Positionen der Auslegung von Adolf Jülicher bis zur Formgeschichte. Wege der Forschung* 366, editado por W. Harnisch, 20–57. Darmstadt: Wissenschaftliche Buchgesellschaft, 1982).

_____. *Die Gleichnisreden Jesu im Lichte der rabbinischen Gleichnisse des neutestamentlichen Zeitalters: Ein Beitrag zum Streit um die ‚Christusmythe' und eine Widerlegung der Gleichnistheorie Jülichers*. Tübingen: Mohr Siebeck, 1912.

Fieger, Michael. *Das Thomasevangelium: Einleitung, Kommentar und Systematik*. Neutestamentliche Abhandlungen N.F. 22. Münster: Aschendorff, 1991.

Fink, Friedrich F. *Hochzeitsszenen auf Attischen schwarz- und rotfigurigen Vasen.* Wien: Dissertation Universität Wien, 1974.

Fischer, Peter E. *Gedächtnis und Erinnerung.* München: Piper, 1998.

Fleddermann, Harry T. *Q: A Reconstruction and Commentary.* Biblical Tools and Studies 1. Leuven: Peeters, 2005.

Fludernik, Monika. "Fiction vs. Non-Fiction: Narratological Differentiations". In *Erzählen und Erzähltheorie im 20. Jahrhundert.* FS W. Füger, editado por J. Helbig, 85–103. Heidelberg: Winter, 2001.

Flusser, David. *Die rabbinischen Gleichnisse und der Gleichniserzähler Jesus.* Judaica et Christiana 4. Bern: Lang, 1981.

Foley, John M. *Immanent Art: From Structure to Meaning in Traditional Oral Epic.* Bloomington, IN: Indiana University Press, 1991.

_____. "Memory in Oral Tradition". In *Performing the Gospel: Orality, Memory, and Mark: Essays Dedicated to W. Kelber,* editado por R. A. Horseley, J. A. Draper, and J. M. Foley, 83–96. Minneapolis, MN: Fortress Press, 2006.

Forbes Royle, John. "On the Identification of the Mustard Tree of Scripture". *JSL* 3 (1849), 259–83.

Ford, Richard Q. "Body Language: Jesus' Parables of the Woman with the Yeast, the Woman with the Jar, and the Man with the Sword". *Interpretation* 56 (2002), 295–306.

Foster, Paul. "The Pastoral Purpose of Q's Two-Stage Son of Man Christology". *Biblica* 89 (2008), 81–91.

_____. "The Q Parables: Their Extent and Function". In *Metaphor, Narrative, and Parables in Q.,* editado por D. T. Roth, R. Zimmermann, and M. Labahn, 255–85. Wissenschaftliche Untersuchungen zum Neuen Testament 315. Tübingen: Mohr Siebeck, 2014.

Foucault, Michel. *Freiheit und Selbstsorge: Interview 1984 und Vorlesung 1982,* editado por H. Becker. Frankfurt a. M.: Materialis-Verlag, 1985.

———. *Sexualität und Wahrheit, Vol. 2: Der Gebrauch der Lüste.* 12th ed. Frankfurt a. M.: Suhrkamp, 2012.

Frankemölle, Hubert. "Kommunikatives Handeln in Gleichnissen Jesu: Historisch-kritische und pragmatische Exegese: Eine kritische Sichtung". In *Biblische Handlungsanweisungen: Beispiele pragmatischer Exegese,* editado por idem., 19–49. Mainz: Matthias-Grünewald-Verlag, 1983.

Frey, Jörg. "Heiden – Griechen – Gotteskinder: Zu Gestalt und Funktion der Rede von den Heiden im 4. Evangelium". In *Die Heiden: Juden, Christen und das Problem des Fremden,* editado por R. Feldmeier and U. Heckel, 228–68. Wissenschaftliche Untersuchungen zum Neuen Testament 70. Tübingen: Mohr Siebeck, 1994.

_____. "Das Vierte Evangelium auf dem Hintergrund der älteren Evangelientradition: Zum Problem: Johannes und die Synoptiker". In *Johannesevangelium - Mitte oder Rand des Kanons? Neue Standortbestimmungen,* editado por T. Söding, 60–118. Questiones disputatae 203. Freiburg i. Br.: Herder, 2003.

_____. "Die Lilien und das Gewand: EvThom 36 und 37 als Paradigma für das Verhältnis des ThomEv zur synoptischen Überlieferung". In *Das Thomasevangelium:*

Entstehung—Rezeption—Theologie, editado por J. Frey et al., 122–80. Beihefte zur Zeitschrift für die neutestamentliche Wissenschaft 157. Berlin: de Gruyter, 2008.

Freyne, Sean. *Jesus, a Jewish Galilean: A New Reading of the Jesus-Story*. London: T & T Clark International, 2006.

Fricke, Harald. *Norm und Abweichung: Eine Philosophie der Literatur*. München: Beck, 1981.

_____. "Definitionen und Begriffsnormen". In *Handbuch Gattungstheorie*, editado por R. Zymner, 7–10. Stuttgart: Metzler, 2010.

_____. "Definieren von Gattungen". In *Handbuch Gattungstheorie*, editado por R. Zymner, 10–12. Stuttgart: Metzler, 2010.

Fritz, Gerd. *Historische Semantik*. Sammlung Metzler 313. segunda edición Stuttgart/ Weimar: Metzler, 2006.

Frow, John. *Genre*. New York: Routledge, 2006.

Fuchs, Ernst. "Gleichnis und Parabel". In *Hermeneutik*, editado por idem., 219–30. Bad Cannstadt: Müllerschön, 1958.

_____. *Hermeneutik*. cuarta edición Tübingen: Mohr Siebeck, 1970.

Funk, Robert W. "The Parable as Metaphor". In *Language, Hermeneutic, and Word of God: The Problem of Language in the New Testament and Contemporary Theology*, editado por idem., 124–222. New York: Harper & Row, 1966.

_____. "The Looking-Glass Tree Is for the Birds". *Interpretation* 27 (1973), 3–9.

_____. "Structure in the Narrative Parables of Jesus". *Semeia* 2 (1974), 51–81.

_____. "Das Gleichnis als Metapher". In *Die Neutestamentliche Gleichnisforschung im Horizont von Hermeneutik und Literaturwissenschaft*. Wege der Forschung 575, editado por W. Harnisch, 20–58. Darmstadt: Wissenschaftliche Buchgesellschaft, 1982.

_____. "The Good Samaritan as Metaphor". In *Parables and Presence: Forms of the New Testament Tradition*, editado por idem., 29–34. Philadelphia,PA: Fortress Press, 1982.

_____. "Die Struktur der erzählenden Gleichnisse Jesu". In *Die Neutestamentliche Gleichnisforschung im Horizont von Hermeneutik und Literaturwissenschaft*. Wege der Forschung 575, editado por W. Harnisch, 224–47. Darmstadt: Wissenschaftliche Buchgesellschaft, 1982.

_____. *The Acts of Jesus: What Did Jesus Really Do? The Search for The Authentic Deeds of Jesus*. San Francisco, CA: Harper, 1998.

_____. "The Old Testament in Parable. The Good Samaritan". In *Funk on Parables: Collected Essays*, editado por B. B. Scott, 67–84. Santa Rosa CA: Polebridge Press, 2006.

_____. "Jesus: A Voice Print". In *Funk on Parables: Collected Essays*, editado por B. B. Scott, 171–75. Santa Rosa, CA: Polebridge Press, 2006.

_____. "Jesus: The Silent Sage". In *Funk on Parables: Collected Essays*, editado por B. B. Scott, 165–69. Santa Rosa: Polebridge Press, 2006. (First in: idem, *Jesus as Precursor*. Santa Rosa, CA: Polebridge Press, 1994.)

Funk, Robert W. and Hoover, Roy W. *The Five Gospels: What Did Jesus Really Say? The Search for the Authentic Words of Jesus*. San Francisco, CA: Harper, 1997.

Gadamer, Hans-Georg. *Wahrheit und Methode. Grundzüge einer philosophischen Herme-neutik*. Gesammelte Werke 1. 6th ed. Tübingen: Mohr Siebeck, 1990.

_____. "Klassische und Philosophische Hermeneutik". In *Wahrheit und Methode: Ergänzungen und Register*, editado por idem., 92–117. GW 2. segunda edición Tübingen: Mohr Siebeck, 1993.

Gäbel, Georg. "Mehr Hoffnung wagen (Vom Senfkorn): Mk 4,30par". In *Kompendium der Gleichnisse Jesu*, editado por Ruben Zimmermann et al., 327–36. segunda edición Gütersloh: Gütersloher Verlagshaus, 2015.

Gagé, Jean. "Fackel". *Reallexikon für Antike und Christentum* 7 (1969), 154–217.

Gardner, Howard, Winner, Ellen, Bechhofer, Roben et al. "The Development of Figura-tive Language". In *Children's Language I*, editado por K. E. Nelson, 1–38. New York: Gardner, 1978.

Gathercole, Simon J. *The Gospel of Thomas: Introduction and Commentary*. Brill: Leiden, 2014

Geeraerts, Dirk. *Diachronic prototype semantics: A contribution to historical lexicology*. Oxford: Clarendon Press, 1997.

Gemünden, Petra von. *Vegetationsmetaphorik im Neuen Testament und seiner Umwelt: Eine Bildfelduntersuchung*. Novum testamentum et orbis antiquus 18. Göttingen/ Freiburg i. Br.: Universitätsverlag, 1993.

Genette, Gérard. *Discours du récit*. Paris: Edition du Seuil, 1972.

_____. "Fictional Narrative, Factual Narrative". *Poetics Today* 11/4 (1990), 755–74.

_____. *Fiktion und Diktion*, traducido por H. Jatho. München: Fink, 1992.

Gerhardsson, Birger. "The Good Samaritan, the Good Shepherd?" *Coniectanea neotesta-mentica or Coniectanea biblica: New Testament Series* 16. Lund: Gleerup, 1958.

_____. "The Narrative Meshalim in the Synoptic Gospels". *New Testament Studies* 34 (1988), 339–42.

_____. *Memory and Manuscript: Oral Tradition and Written Transmission in Rabbinic Ju-daism and Early Christianity*. Acta Sem Neot Uppsal 22. Uppsala: Gleerup, 1961.

_____. "If We Do Not Cut the Parables Out of Their Frames". *New Testament Studies* 37 (1991), 321–35.

_____. "Illuminating the Kingdom: Narrative Meshalim in the Synoptic Gospels". In *Jesus and the Oral Gospel Tradition*. Journal for the Study of the New Testa-ment. Supplement Series 64. Editado por H. Wansbrough, 266–309. Sheffield: Academic Press, 1991.

_____. "The earthly Jesus in the synoptic Parables". In *Christology, Controversy, and Community: New Testament essays in honour of David R. Catchepole*, New Testa-ment Studies 99, editado por D. G. Horell, 49–62. Leiden: Brill, 2000.

Giebel, Marion. *Das Geheimnis der Mysterien: Antike Kulte in Griechenland, Rom und Ägypten*. 3. ed. Düsseldorf: Artemis und Winkler, 2003.

_____. "Weizenkorn und Weinstock: Todesüberwindung in antiken Mysterienkulten". *Jahrbuch für Biblische Theologie* 19 (2004), 245–57.

Goertz, Hans-Jürgen. *Umgang mit Geschichte: Eine Einführung in die Geschichtstheorie*. Reinbek: Rowohlt, 1995.

_____. *Unsichere Geschichte: Zur Theorie historischer Referentialität*. Stuttgart: Reclam, 2001.

Goodacre, Mark S. and Perrin, Nicholas, eds. *Questioning Q: A multidimensional critique.* London: SPCK, 2004.

Gordon, Robert P. "The Targum Sacharja". In *The Targum of the Minor Prophets: Translated with a critical Introduction, Apparatus and Notes.* The Aramaic Bible 14, editado por K. J. Cathcart, 191–92. Edinburgh: Clark, 1989.

Gorp, Hendrick van and Musarra-Schroder, Ulla, eds. *Genres as Repositories of Cultural Memory.* Amsterdam: Rodopi, 2000.

_____. "Introduction: Literary Genres and Cultural Memory". Pages i-ix in *Genres as Repositories of Cultural Memory.* Editado por idem. Amsterdam: Rodopi, 2000.

Goulder, Michael D. *Midrash and Lection in Matthew: The Speaker's Lectures in Biblical Studies 1969–1971.* London: SPCK, 1974.

_____. "Self-Contradiction in the IQP". *Journal of Biblical Literature* 118 (1999), 506–17.

_____. "The Derrenbacker-Kloppenborg Defense". *Journal of Biblical Literature* 121 (2002), 331–36.

Gourgues, Michel. "The Priest, the Levit, and the Samaritan revisited: A critical Note on Luke 10:31–35". *Journal of Biblical Literature* 117 (1998), 709–13.

Gowler, David. *What Are They Saying About the Parables?* New York: Paulist Press, 2000.

Gräßer, Erich. *Das Problem der Parusieverzögerung in den synoptischen Evangelien und in der Apostelgeschichte.* tercera edición Berlin: de Gruyter, 1977.

Grimm, Jacob and Grimm, Wilhelm. *Deutsches Wörterbuch IV.* München: Deutscher Taschenbuchverlag, 1984.

Groupe d'Entrevernes, *Signes et Paraboles. Sémiotique et texte évangélique.* Paris: Seuil, 1977.

Günther, Klaus. "Das gute und das schöne Leben: Ist moralisches Handeln ästhetisch und lässt sich aus ästhetischer Erfahrung moralische lernen?" In *Ethik und Ästhetik: Nachmetaphysische Perspektiven*, editado por G. Gamm and G. Kimmerle, 11–37. Tübingen: Edition Diskord, 1990.

Güttgemanns, Erhardt. "Der literaturwissenschaftliche Kontext der Gleichnisauslegung von D. O. Via". In *Die Gleichnisse Jesu. Ihre literarische und existentiale Dimension*, editado por Dan O. Via, 202–12. Beiträge zur Evangelischen Theologie 57. München: Kaiser, 1970.

_____. *Offene Fragen zur Formgeschichte des Evangeliums.* Beiträge zur Evangelischen Theologie 54. München: Kaiser, 1970.

_____. "Die linguistisch-didaktische Methodik der Gleichnisse Jesu". In, *studia linguistica neotestamentica: Gesammelte Aufsätze zur linguistischen Grundlage einer Neutestamentlichen Theologie.* Beiträge zur Evangelischen Theologie 60, editado por idem., 99–183. München: Kaiser, 1971.

_____. "Narrative Analyse synoptischer Texte". In *Die Neutestamentliche Gleichnisforschung im Horizont von Hermeneutik und Literaturwissenschaft.* Wege der Forschung 575, editado por W. Harnisch, 179–223. Darmstadt: Wissenschaftliche Buchgesellschaft, 1982 (first in *Linguistica Biblica* 25/26 [1973], 50–72).

Gumbrecht, Hans Ulrich, *Production of Presence—What Meaning Cannot Convey.* Redwood City, CA: Stanford University Press, 2004.

Häfner, Gerd. "Das Ende der Kriterien? Jesusforschung angesichts der geschichtstheoretischen Diskussion". *Historiographie und fiktionales Erzählen: Zur Konstruktivität in Geschichtstheorie und Exegese.* Biblisch-theologische Studien 86, editado por Knut Backhaus and idem, 97–130. Neukirchen-Vluyn: Neukirchener, 2007.

Haehnchen, Ernst. *Die Botschaft des Thomas-Evangeliums.* Berlin: Töpelmann, 1961.

Häußler, Manfred and Rieder, Albrecht. *Wunder und Gleichnisse im Religionsunterricht.* RU praktisch sekundar. segunda edición Göttingen: Vandenhoeck & Ruprecht, 2012.

Hahn, Ferdinand. *Theologie des Neuen Testaments I.* Tübingen: Mohr Siebeck, 2002.

Halbwachs, Maurice. *Das kollektive Gedächtnis.* Frankfurt a. M.: Fischer-Taschenbuch-Verlag, 1991.

_____. *Das Gedächtnis und seine sozialen Bedingungen.* Frankfurt a. M.: Suhrkamp, 2006.

Halévy, Jean. "Sens et Origine de la Parabole Evangélique Dite du Bon Samaritain". *Revue des études juives* 4 (1982), 249–55.

Hanson, Kenneth C. and Oakman, Douglas E. *Palestine in the Time of Jesus: Social Structures and Social Conflicts.* Minneapolis, MN: Fortress Press, 1998.

Harnisch, Wolfgang. "Die Sprachkraft der Analogie: Zur These vom ‚argumentativen Charakter' der Gleichnisse Jesu". Pages 45–64 in idem, *Die Zumutung der Liebe: Gesammelte Aufsätze.* Forschungen zur Religion und Literatur des Alten und Neuen Testaments 187. Editado por U. Schoenborn. Göttingen: Vandenhoeck & Ruprecht, 1999.

Harnisch, Wolfgang. "Der Zufall der Liebe: (Die Parabel vom barmherzigen Samariter)". In *Die Gleichniserzählungen Jesu: Eine hermeneutische Einführung*, editado por idem., 271–92. cuarta edición Göttingen: Vandenhoeck & Ruprecht, 2001.

_____. *Die Gleichniserzählungen Jesu: Eine hermeneutische Einführung.* cuarta edición Göttingen: Vandenhoeck & Ruprecht, 2001.

Hartenstein, Judith and Petersen, Silke. "Das Evangelium nach Thomas: Frühchristliche Überlieferungen von Jüngerinnen Jesu oder: Maria Magdalena wird männlich". In *Kompendium feministische Bibelauslegung*, editado por L. Schottroff and M.-T. Wacker, 768–77. segunda edición Gütersloh: Gütersloher Verlagshaus, 1999.

Hauerwas, Stanley. "The Self as Story: A Reconsideration of the Relation of Religion and Morality from the Agent's Perspective". In *Vision and Virtue: Essays in Christian Ethical Reflection*, editado por idem., 68–89. Notre Dame, IN: University of Notre Dame Press, 1974 (*Selig sind die Friedfertigen: Ein Entwurf christlicher Ethik*, editado por R. Hütter, traducido por V. Guy and M. Clicqué. Neukirchen-Vluyn: Neukirchener, 1995).

Haufe, Günter. "Parabolh," *Exegetisches Wörterbuch zum Neuen Testament* III (1992), 35–38.

Hearon Holly and Clark Wire, Antoinette. "Women's Work in the Realm of God (Mt. 13.33; Lk. 13.20, 21; Gos. Thom. 96; Mt. 6.28-30; Lk. 12.27-28; Gos. Thom. 36)". In *The Lost Coin: Parables of Women, Work and Wisdom*, editado por M. A. Beavis, 136–57. Sheffield: Sheffield Academic Press, 2002.

Hedrick, Charles W. *Parables as Poetic Fictions: The Creative Voice of Jesus.* Peabody, MA: Hendrickson, 1994.

_____. *Many Things in Parables: Jesus and His Modern Critics.* Louisville, KY: Westminster John Knox Press, 2004.

Heil, Christoph. "Beobachtungen zur theologischen Dimension der Gleichnisrede Jesu in Q". In: *The sayings source Q and the historical Jesus*, editado por A. Lindemann, 649–59. BEThL 158, Leuven: Brill, 2001.

Heininger, Bernhard. *Metaphorik, Erzählstruktur und szenisch-dramatische Gestaltung in den Sondergutgleichnissen bei Lukas*. Neutestamentliche Abhandlungen. Neue Folge 24. Münster: Aschendorff 1991.

_____. "Gleichnis, Gleichnisrede". *HWR* III (1996), 1000–09.

Helderman, Jan. "Log 97 vom manichäischen Gesichtspunkt aus gesehen". In *Der Gottesspruch in der koptischen Literatur. FS H.-M. Schenke*, editado por W. Weltz, 149–61. Halle: Druckerei der Martin-Luther-Universität, 1994.

_____. "Manichäische Züge im Thomasevangelium". In *Ägypten und Nubien in spätantiker und christlicher Zeit*. Akten des 6. internationalen Koptologenkongresses: Münster 20.-26. Juli 1996 II. Sprachen und Kulturen des christlichen Orients 6/2, editado por S. Emmel, M. Krause, S. G. Richter et al., 483–94. Wiesbaden: Reichert, 1999.

Hempfer, Klaus W. *Gattungstheorie: Information und Synthese*. München: Fink, 1973.

_____. "Ontologie und Gattung". In *Handbuch* Gattungstheorie, editado por R. Zymner, 121–23. Stuttgart: Metzler, 2010.

Hendricks, Herman. *The Parables of Jesus: Studies in the Synoptic Gospels*. London: Geoffrey Chapman, 1986.

Hengel, Martin and Schwemer, Anna M. *Geschichte des frühen Christentums I: Jesus und das Judentum*. Tübingen: Mohr Siebeck, 2007.

Henten, Jan W. van and Avemarie, Friedrich, eds. *Martyrdom and noble death: Selected texts from Graeco-Roman, Jewish and Christian Antiquity*. London: Routledge, 2002.

Hepper, Frank N. *Pflanzenwelt der Bibel: Eine illustrierte Enzyklopädie*. Stuttgart: Deutsche Bibelgesellschaft, 1992.

Hermann, Rudolf. "Der erinnerte Christus". In *Der historische Jesus und der kerygmatische Christus: Beiträge zum Christusverständnis in Forschung und Verkündigung*, editado por H. Ristow und K. Matthiae, 509–17. Berlin: Evangelische Verlagsanstalt, 1960.

Hermans, Christiaan A. M. *Wie werdet ihr die Gleichnisse verstehen? Empirisch-theologische Forschung zur Gleichnisdidaktik*. Theologie und Empirie 12. Kampen/Weinheim: Kok, 1990.

Herms, Eilert. "Theologische Geschichtsschreibung". *Kirchliche Zeitgeschichte* 10 (1997), 305–30.

Herzog, William R. II. *Parables as Subversive Speech: Jesus as Pedagogue of the Oppressed*. Louisville, KY: Westminster/John Knox Press, 1994.

Hesiod. "The Homeric Hymns and Homerica," traducido por Evelyn-White, Hugh G. Pages. In idem. *Works and Days*, 285–95. Cambridge, Ma./London: Harvard University Press/William Heinemann Ltd, 1914.

Hezser, Catherine. *Lohnmetaphorik und Arbeitswelt in Mt 20,1–16: Das Gleichnis von den Arbeitern im Weinberg im Rahmen rabbinischer Lohngleichnisse*. Novum testamentum et orbis antiquus 15. Göttingen/Freiburg: Universitätsverlag, 1990.

_____. "Rabbinische Gleichnisse und ihre Vergleichbarkeit mit neutestamentlichen Gleichnissen". *Hermeneutik der Gleichnisse Jesu: Methodische Neuansätze zum*

Verstehen urchristlicher Parabeltexte. Wissenschaftliche Untersuchungen zum Neuen Testament 231, editado por R. Zimmermann, 238–58. segunda edición Tübingen: Mohr Siebeck, 2011.

Hiltbrunner, Otto. "Gastfreundschaft". *Reallexikon für Antike und Christentum* 8 (1972), 1061–123.

_____. "Herberge". *Reallexikon für Antike und Christentum* 14 (1988), 602–26.

Hoffmann, Paul and Heil, Christopph, eds. *Die Spruchquelle Q: Studienausgabe Griechisch und Deutsch*. Darmstadt/Leuven: Wissenschaftliche Buchgesellschaft, 2002.

Hofheinz, Marco. "Narrative Ethik als „Typfrage": Entwicklungen und Probleme eines konturierungsbedürftigen Programmbegriffs". In *Ethik und Erzählung: Theologische und philosophische Beiträge zur narrativen Ethik*, editado por idem, F. Mathwig, and M. Zeindler, 3–58. Zürich: Theologischer Verlag, 2009.

Hofmann, Georg Rainer. *Zur sozio-ökonomischen Positionierung von Sozialstationen in kirchlicher Trägerschaft Konsequenzen für Unternehmensführung und -ethik aus der Refinanzierungszusage nach Lukas 10, 25-37*. Aschaffenburg: University Press, 2015.

Horn, András. *Theorie der literarischen Gattungen: Ein Handbuch für Studierende der Literaturwissenschaft*. Würzburg: Königshausen und Neumann, 1998.

Horseley, Richard A. and Draper, Johnathan A. *Whoever Hears You Hears Me: Prophets, Performance, and Tradition in Q*. Harrisburg, PA: Trinity Press International, 1999.

Horseley, Richard A., Draper, Jonathan A. and Miles, John, eds. *Performing the Gospel: Orality, Memory, and Mark: Essays Dedicated to W. Kelber*. Minneapolis, MN: Fortress Press, 2006.

Hübenthal, Sandra. *Das Markusevangelium als kollektives Gedächtnis*. Forschungen zur Religion und Literatur des Alten und Neuen Testaments 253. Göttingen: Vandenhoeck & Ruprecht, 2014.

Hultgren, Arland J. *The Parables of Jesus: A Commentary*. Grand Rapids, MI: Eerdmans, 2000.

Humphrey, Richard. "Literarische Gattung und Gedächtnis". In *Gedächtniskonzepte der Literaturwissenschaft: Theoretische Grundlegung und Anwendungsperspektiven*. Media and cultural memory 2, editado por A. Erll and A. Nünning, 73–96. Berlin: de Gruyter, 2005.

Hunt, Steven A. and Tolmie, D. Francois and Zimmermann, Ruben, "An Introduction to Character and Characterization in John and Related New Testament Literature". In *Character Studies in the Fourth Gospel*. Wissenschaftliche Untersuchungen zum Neuen Testament 314, editado por S.A. Hunt, D.F. Tolmie, and R. Zimmermann, 1–33. Tübingen: Mohr Siebeck, 2013.

Hunter, Archibald M. *The Gospel According to John*. London: Cambridge University Press, 1965.

Hunziker-Rodewald, Regine. *Hirt und Herde: Ein Beitrag zum alttestamentlichen Gottesverständnis*. Beiträge zur Wissenschaft vom Alten und Neuen Testament 155. Stuttgart: Kohlhammer, 2001.

Ilan, Tal. *Jewish Women in Greco-Roman Palestine. An inquiry into Image and Status*. Texte und Studien zum antiken Judentum 44. Tübingen: Mohr Siebeck, 1995.

Iser, Wolfgang. "Die Appellstruktur der Texte". In *Rezeptionsästhetik: Theorie und Praxis*, editado por Rainer Warning, 325–42. München: Fink, 1975.

_____. *Der Akt des Lesens: Theorie ästhetischer Wirkung*. Uni-Taschenbücher 636. cuarta edición München: Fink, 1994.

Jäger, Stephan. "Erzählen im historiographischen Diskurs". In *Wirklichkeitserzählungen: Felder, Formen und Funktionen nicht-literarischen Erzählens*, editado por C. Klein and M. Martínez, 110–35. Stuttgart: Metzler, 2009.

Jannidis, Fotis. "Character". In *Handbook of Narratology*. Narratologia Contributions to Narrative Theory 19, editado por P. Hühn, 14–29. Berlin: de Gruyter, 2009.

Janowski, Bernd. "Das Leben für andere hingeben: Alttestamentliche Voraussetzungen für die Deutung des Todes Jesu". In *Deutungen des Todes Jesu im Neuen Testament*. Wissenschaftliche Untersuchungen zum Neuen Testament 181, editado por J. Frey and J. Schröter, 97–118. Tübingen: Mohr Siebeck, 2005.

_____. "Die Einwohnung Gottes in Israel: Eine religions- und theologiegeschichtliche Skizze zur biblischen Schekina-Theologie". In idem and E. E. Popkes. *Das Geheimnis der Gegenwart Gottes: Zur Schechina-Vorstellung in Judentum und Christentum*, 3–40. Wissenschaftliche Untersuchungen zum Neuen Testament 318. Tübingen: Mohr Siebeck, 2013.

Janowski, Bernd and Popkes, Enno E. *Das Geheimnis der Gegenwart Gottes: Zur Schechina-Vorstellung in Judentum und Christentum*. Wissenschaftliche Untersuchungen zum Neuen Testament 318. Tübingen: Mohr Siebeck, 2013.

Jenni, Ernst. " אָהֵב lieben". *Theologisches Handwörterbuch zum Alten Testament* 1 (1994), 60–73.

Jeremías, Joachim. *Die Gleichnisse Jesu*. 6th ed. Göttingen: Vandenhoeck & Ruprecht, 1962.

_____. *The Parables of Jesus*. tercera edición New York: Charles Scribner's Sons, 1963.

_____. "LAMPADES - Matt 25,1.3f.7f". *Zeitschrift für die neutestamentliche Wissenschaft und die Kunde der älteren Kirche* 56 (1965), 196–210.

_____. *Die Gleichnisse Jesu*. 11th ed. Göttingen: Vandenhoeck & Ruprecht, 1998.

Jerome. *Commentary on Matthew*. The Fathers of the Church 117, traducido por T. P. Scheck. Washington, DC: The Catholic University of America Press, 2008.

Joisten, Karen. "Möglichkeiten und Grenzen einer narrativen Ethik: Grundlagen, Grundpositionen, Anwendungen". In *Narrative Ethik: Das Gute und das Böse erzählen*. Deutsche Zeitschrift für Philosophie Sonderband 17, editado por eadem, 9–21. Berlin: Oldenbourg Akademie Verlag, 2007.

Jolles, André. *Einfache Formen*. Halle: Niemeyer, 1930.

Jones, Geraint V. *The Art and Truth of the Parables: A Study in their Literary Form and Modern Interpretation*. London: SPCK, 1964.

Jones, Ivor H. *The Matthean Parables. A Literary and Historical Commentary*. New Testament Studies 80. Leiden/New York/Köln: Brill, 1995.

_____. "The Ten Young Women Matt 25:1-13". In idem., *The Matthean Parables. A Literary and Historical Commentary*, 443–62. New Testament Studies 80. Leiden/New York/Köln: Brill, 1995.

Jülicher, Adolf. *Die Gleichnisreden Jesu I/II*, segunda edición Tübingen: Mohr Siebeck, 1910. Repr., Darmstadt: Wissenschaftliche Buchgesellschaft, 1963.

Jüngel, Eberhard. "Die Problematik der Gleichnisrede". In *Gleichnisse Jesu. Positionen der Auslegung von Adolf Jülicher bis zur Formgeschichte*. Wege der Forschung 366, editado por W. Harnisch, 281–342. Darmstadt: Wissenschaftliche Buchgesellschaft, 1982.

_____. *Paulus und Jesus: Eine Untersuchung zur Präzisierung der Frage nach dem Ursprung der Christologie*. Hermeneutische Untersuchungen zum Neuen Testament 2. 6th ed. Tübingen: Mohr Siebeck, 1986.

_____. *Gott als Geheimnis der Welt: Zur Begründung der Theologie des Gekreuzigten im Streit zwischen Theismus und Atheismus*. 7th ed. Tübingen: Mohr Siebeck, 2001.

Jung, Hildegard. *Buch 18 und 19 der Geoponica: Übersetzung und Besprechung*. Institut für Palaeoanatomie. München: Univ. Diss., 1986.

Kähler, Christoph. *Jesu Gleichnisse als Poesie und Therapie: Versuch eines integrativen Zugangs zum kommunikativen Aspekt von Gleichnissen Jesu*. Wissenschaftliche Untersuchungen zum Neuen Testament 78. Tübingen: Mohr Siebeck, 1995.

Käsemann, Ernst. "Das Problem des historischen Jesus". In idem., *Exegetische Versuche und Besinnungen I*, 187–214. Göttingen: Vandenhoeck & Ruprecht, 1964.

_____. "Sackgassen im Streit um den historischen Jesus". In idem., *Exegetische Versuche und Besinnungen II*, 31–68. Göttingen: Vandenhoeck & Ruprecht, 1964.

Kahl, Werner. "Erhebliche matthäisch-lukanische Übereinstimmungen gegen das Markusevangelium in der Triple-Tradition: Ein Beitrag zur Klärung der synoptischen Abhängigkeitsverhältnisse". *Zeitschrift für die neutestamentliche Wissenschaft und die Kunde der älteren Kirche* 103 (2012), 20–46.

Kaipuram, Simon. *Paroimiai in the Fourth Gospel and the Johannine Parables of Jesus' Self-Revelation: With Special Reference to John 12:24: The Grain of Wheat*. Rom: Pontificia Universitas Gregoriana, 1993.

Kalimi, Isaac. "Robbers on the road to Jericho: Luke's Story of the Good Samaritan and Its origin in Kings/Chronicles". *Ephemerides theologicae Lovanienses* 85 (2009), 47–53.

Keith, Chris. *Jesus' Literacy: Scribal Culture and the Teacher from Galilee*. Library of New Testament Studies 413. London/New York: T&T Clark, 2011.

Keith, Chris and Le Donne, Anthony, eds. *Jesus, Criteria, and the Demise of Authenticity*. London/New York: T&T Clark, 2012.

Kelber, Werner H. *The Oral and the Written Gospel: The Hermeneutics of Speaking and Writing in the Synoptic Tradition, Paul, Marc, and Q*. Philadelphia, PA: Fortress Press, 1983. Rep., Indianapolis, IN: Indiana University Press, 1997.

_____. "Orality and Biblical Studies: A Review Essay". *The Review of Biblical Literature* 9 (2007), 1–24.

Keller, Rudi and Kirschbaum, Ilja. *Bedeutungswandel: Eine Einführung*. Berlin/New York: de Gruyter, 2003.

Kern, Gabi. "Parabeln in der Logienquelle: Einleitung." In *Kompendium der Gleichnisse Jesu*. Editado por Ruben Zimmermann et al., 49–60. segunda edición Gütersloh: Gütersloher Verlagshaus, 2015.

_____. "Absturzgefahr (Vom Blinden als Blindenführer) – Q 6,39f". In *Kompendium der Gleichnisse Jesu*. Editado por Ruben Zimmermann et al., 61–67. segunda edición Gütersloh: Gütersloher Verlagshaus, 2015.

Kim, David W. "Where does it fit?: The unknown parables in the Gospel of Thomas". *Biblica* 94/4 (2013), 585–95.

Kingsbury, Jack D. *The Parables of Jesus in Matthew 13: A Study in Redaction-Criticism.* London: SPCK, 1969.

Kirchhoff, Renate. *Die Sünde gegen den eigenen Leib: Studien zu πόρνη und πορνεία in 1.Kor 6,12-20 und dem sozio-kulturellen Kontext der paulinischen Adressaten.* Studien zur Umwelt des Neuen Testaments 18. Göttingen: Vandenhoeck und Ruprecht, 1994.

Kirk, Alan and Thatcher, Tom, eds. *Memory, Tradition, and Text: Uses of the Past in Early Christianity.* Semeia Studies 52. Leiden: Brill, 2005.

_____. "Jesus Tradition as Social Memory". In *Memory, Tradition, and Text: Uses of the Past in Early Christianity.* Semeia Studies 52, editado por idem, 25–42. Leiden: Brill, 2005.

Kissinger, Warren S. *The Parables of Jesus: A History of Interpretation and Bibliography.* American Theological Library Association Bibliography Series 4. Metuchen, NJ/London: Scarecrow Press, 1979.

Klauck, Hans-Josef. *Allegorie und Allegorese in synoptischen Gleichnistexten.* Neutestamentliche Abhandlungen. Neue Folge 13. segunda edición Münster: Aschendorff, 1986.

_____. *Die religiöse Umwelt des Urchristentums I: Stadt- und Hausreligion, Mysterienkulte, Volksglaube.* Stuttgart: Kohlhammer, 1995.

_____. "Adolf Jülicher – Leben, Werk, Wirkung". In *Historische Kritik in der Theologie: Beiträge zu ihrer Geschichte.* Studien zur Theologie und Geistesgeschichte 32, editado por G. Schwaiger, 99–150. Göttingen: Vandenhoeck & Ruprecht, 1980 (again in idem, *Alte Welt und neuer Glaube: Beiträge zur Religionsgeschichte, Forschungsgeschichte und Theologie des Neuen Testaments*, Novum Testamentum et Orbis Antiquus 29, 181–211. Freiburg i. Br./Göttingen: Universitätsverlag/Vandenhoeck & Ruprecht, 1994).

_____. *Apokryphe Evangelien: Eine Einführung.* tercera edición Stuttgart: Katholisches Bibelwerk, 2008.

Kleberg, Tönnes. *Hôtels, restaurants et cabarets dans l'antiqité romaine: études historiques et philologiques.* Uppsala: Almqvist & Wiksell, 1957.

Kloppenborg, John S. "Jesus and the Parables of Jesus in Q". In *The Gospel Behind the Gospels: Current Studies on Q.* Novum Testamentum Supplements 75, editado por R. A. Piper, 275–319. Leiden 1995, 275–319.

_____. *Excavating Q: The History and Setting of the Sayings Gospel.* Minneapolis, MN: Fortress Press, 2000.

_____. *The Tenants in the Vineyard: Ideology, Economics, and Agrarian Conflict in Jewish Palestine.* Wissenschaftliche Untersuchungen zum Neuen Testament 195. Tübingen: Mohr Siebeck, 2006.

_____. "Pastoralism, Papyri and the Parable of the Shepherd". In *Lights from the East: Papyrologische Kommentare zum Neuen Testament*, editado por P. Arzt-Grabner and C. M. Kreinecker, 48–69. Wiesbaden: Harrasowitz, 2010.

_____. "The Parable of the Burglar in Q: Insights from Papyrology". In Roth, Dieter, Zimmermann, Ruben and Labahn, Michael. *Metaphor, Narrative, and Parables in Q*, 287–306. Wissenschaftliche Untersuchungen zum Neuen Testament 315. Tübingen: Mohr Siebeck, 2014.

Klostermann, Erich and Berthold, Heinz, ed. *Neue Homilien des Makarius/Symeon: I aus Typus III*. Texte und Untersuchungen zur Geschichte der altchristlichen Literatur 72. Berlin: Akademie Verlag, 1961.

Knoch, Otto. *Wer Ohren hat, der höre: Die Botschaft der Gleichnisse Jesu: Ein Werkbuch zur Bibel mit 36 Holzschnitten von A. Braungart*. tercera edición Stuttgart: Katholisches Bibelwerk, 1987.

Knowles, Michael P. "What was the victim Wearing?: Literary, Economic, and Social Contexts for the Parable of the Good Samaritan". Biblical Interpretation 12 (2004), 145–74.

Koenen, Ludwig and Römer, Cornelia. *Der Kölner Mani-Kodex: Über das Werden seines Lebens*. Opladen: Westdeutscher Verlag, 1988.

Körkel-Hinkfoth, Regine. *Die Parabel von den klugen und törichten Jungfrauen (Matt 25,1–13) in der bildenden Kunst und im geistlichen Schauspiel*. Europäische Hochschulschriften 28/190. Bern: Lang, 1994.

Körtner, Ulrich H. J. Der inspirierte Leser: Zentrale Aspekte biblischer Hermeneutik. Göttingen: Vandenhoeck und Ruprecht, 1994.

_____. *Theologie des Wortes Gottes: Positionen – Probleme – Perspektiven*. Göttingen: Vandehoeck & Ruprecht, 2001.

_____. "Biblische Hermeneutik". In idem, *Einführung in die theologische Hermeneutik*, 75–105. Darmstadt: Wissenschaftliche Buchgesellschaft, 2006.

Köster, Helmut. *Ancient Christian Gospels: Their history and development*. London: SMC Press, 1990.

Kogler, Franz. *Das Doppelgleichnis vom Senfkorn und vom Sauerteig in seiner traditionsgeschichtlichen Entwicklung: Zur Reich-Gottes-Vorstellung Jesu und ihren Aktualisierungen in der Urkirche*. Forschung zur Bibel 59. Würzburg: Echter Verlag, 1988.

Kollmann, Bernd. "Jesus als jüdischer Gleichniserzähler". *New Testament Studies* 50 (2004), 457–75.

Kuss, Otto. "Zum Sinngehalt des Doppelgleichnisses vom Senfkorn und Sauerteig". *Biblica* 40 (1959), 641–53.

Labahn, Michael. *Der Gekommene als Wiederkommender: die Logienquelle ale erzählte Geschichte*. Arbeiten zur Bibel und ihrer Geschichte 32. Leipzig: Evangelische Verlagsanstalten, 2010.

_____. "Das Reich Gottes und seine performativen Abbildungen: Gleichnisse, Parabeln und Bilder als Handlungsmodelle im Dokument Q". In *Hermeneutik der Gleichnisse Jesu: Methodische Neuansätze zum Verstehen urchristlicher Parabeltexte*. Wissenschaftliche Untersuchungen zum Neuen Testament 231, editado por R. Zimmermann, 259–82. segunda edición Tübingen: Mohr Siebeck, 2011.

Lakoff, George and Johnson, Marc. *Metaphors we live by*. Chicago: University of Chicago Press, 1980.

Lampe, Peter. "Gleichnisverkündigung im Lichte konstruktivistischer Wissenssoziologie". In *Die Gleichnisreden Jesu (1899–1999): Beiträge zum Dialog mit Adolf Jülicher*. Beihefte zur Zeitschrift für die neutestamentliche Wissenschaft und die Kunde der älteren Kirche 103, editado por U. Mell, 223–36. Berlin/New York: de Gruyter, 1999.

_____. *Die Wirklichkeit als Bild: Das Neue Testament als ein Grunddokument abendländischer Kultur im Lichte konstruktivistischer Epistemologie und Wissenssoziologie.* Neukirchen-Vluyn: Neukirchener, 2006.

Lampe-Densky, Sigrid. *Gottes Reich und antike Arbeitswelten: Sozialgeschichtliche Auslegung neutestamentlicher Gleichnisse.* Frankfurt a. M.: Lang, 2012.

_____. "Die größere Hoffnung – Gleichnis vom Senfkorn – Markus 4,30–32." In *Gott ist anders. Gleichnisse neu gelesen auf der Basis der Auslegung von Luise Schottroff,* editado por M. Crüsemann et al., 202–10. Gütersloh: Gütersloher Verlag, 2014.

Le Donne, Anthony. *The historiographical Jesus: Memory, Typology, and the Son of David.* Waco, TX: Baylor University Press, 2009.

Lehnert, Volker A. *Die Provokation Israels: Die paradoxe Funktion Jes 6,9-10 bei Mk und Lk: Ein textpragmatischer Versuch im Kontext gegenwärtiger Rezeptionsästhetik und Lesetheorie.* Neukirchen-Vluyn: Neukirchener, 1999.

Leinhäupl-Wilke, Andreas. "'Die Stunde des Menschensohns' (Joh 12:23): Anmerkungen zur ,heimlichen Mitte' des Johannesevangeliums". In *Die Weisheit – Ursprünge und Rezeption.* Editado por M. Faßnacht et. al., 185–210. Neutestamentliche Abhandlungen. Neue Folge 44. Münster: Aschendorff, 2003.

Leutzsch, Martin. "Nächstenliebe als Antisemitismus? Zu einem Problem der christlich-jüdischen Beziehung". In *,Eine Grenze hast Du gesetzt.' FS E. Brocke,* editado por E. W. Stegemann and K. Wengst, 77–95. Stuttgart: Kohlhammer, 2003.

_____. "Grundbedürfnis und Statussymbol: Kleidung im Neuen Testament". In *Kleidung und Repräsentation in Antike und Mittelalter.* MittelalterStudien des Instituts zur Interdisziplinären Erforschung des Mittelalters und seines Nachwirkens 7, editado por A. Köb and P. Riedel, 9–32. München: Fink, 2005.

Lévinas, Emmanuel. *Hors sujet.* Paris: Fata Morgana, 1987.

Levine, Amy-Jill. *Short Stories by Jesus: The Enigmatic Parables of a Controversial Rabbi,* New York: HarperOne, 2014.

Levey, Samson H. *The Targum of Ezekiel Translated, with a Critical Introduction, Apparatus, and Notes.* The Aramaic Bible 13. Wilmington, DE: Michael Glazier, 1987.

Liebenberg, Jacobus. *The Language of the Kingdom and Jesus: Parable, Aphorism, and Metaphor in the Sayings Material Common to the Synoptic Tradition and the Gospel of Thomas.* Beihefte zur Zeitschrift für die neutestamentliche Wissenschaft 102. Berlin/New York: de Gruyter, 2001.

Lindemann, Andreas. "Zur Gleichnisinterpretation im Thomas-Evangelium". *Zeitschrift für die neutestamentliche Wissenschaft und die Kunde der älteren Kirche* 71 (1980), 214–43.

Link, Christian. "Gleichnisse als bewohnte Bildwelten". In *Metapher und Wirklichkeit: Die Logik der Bildhaftigkeit im Reden von Gott, Mensch und Natur,* editado por R. Bernhardt and U. Link-Wieczorek, 142–52. Göttingen: Vandenhoeck & Ruprecht, 1999.

Linnemann, Eta. *Gleichnisse Jesu: Einführung und Auslegung.* cuarta edición Göttingen: Vandenhoeck & Ruprecht, 1966. Traducido por J. Sturdy. Parables of Jesus: Introduction and Exposition. London: SPCK Publishing, 1966.

Lischer, Richard. *Reading the Parables: Interpretation: Resources for the Use of Scripture in the Church*. Louisville, KY: Westminster John Knox Press, 2014.

Löbner, Sebastian. *Semantik: Eine Einführung*. Berlin/New York: de Gruyter, 2003.

Lohmeyer, Ernst. "Vom Sinn der Gleichnisse". In *Gleichnisse Jesu. Positionen der Auslegung von Adolf Jülicher bis zur Formgeschichte*. Wege der Forschung 366, editado por W. Harnisch, 154–79. Darmstadt: Wissenschaftliche Buchgesellschaft, 1982.

Longenecker, Bruce W. "The story of the Samaritan and the innkeeper (Luke 10:30–35)". *Biblical interpretation* 17 (2009), 422–47.

Longenecker, Richard N, ed. *Challenge of Jesus' Parables*. Grand Rapids, MI: Eerdmans, 2000.

Lorenz, Chris. *Konstruktion der Vergangenheit: Eine Einführung in die Geschichtstheorie*. Beiträge zur Geschichtskultur 13. Köln: Böhlau, 1997.

Lotman, Jurij. *The Structure of the Artistic Text*. Michigan Slavic Contributions 7. Traducido por R. Vroon. Ann Arbor, MI: University of Michigan, 1977.

Luther, Susanne and Zimmermann, Ruben . *Studienbuch Hermeneutik: Bibelauslegung durch die Jahrhunderte als Lernfeld der Textinterpretation: Portraits – Modelle – Quellentexte*. Gütersloh: Gütersloher Verlagshaus, 2014.

Luther, Susanne. "Erdichtete Wahrheit oder bezeugte Fiktion? Realitäts- und Fiktionalitätsindikatoren in frühchristlichen Wundererzählungen". In *Mit Geschichten Geschichte schreiben*. Wissenschaftliche Untersuchungen zum Neuen Testament II. Editado por idem., J. Röder, and E. D. Schmidt. Tübingen: Mohr Siebeck, 2015 (forthcoming).

Luz, Ulrich. *Das Evangelium nach Matthäus: 2: Mt 8-17*. Evangelisch-katholischer Kommentar zum Neuen Testament I/2. 3. ed. Zürich/Düsseldorf/Neukirchen-Vluyn: Neukirchener, 1999.

Lyons, John. *Linguistic Semantics: An Introduction*. Cambridge: Cambridge University Press, 1995.

Maartens, Pieter, J. "The Structuring Principles in Matt 24 and 25 and the Interpretation of the Text". *Neotestamentica* 16 (1982), 88–117.

MacCane, Byron R. "'Is a Corpse Contagious?': Early Jewish and Christian Attitudes toward the Dead". *Society of Biblical Literature. Seminar Papers*. 128 (1992), 378–83.

MacIntyre, Alasdair. *After Virtue: A Study in Moral Theory*. segunda edición Notre Dame, IN: University of Notre Dame Press, 1984 (Der Verlust der Tugend: Zur moralischen Krise der Gegenwart. Traducido por W. Rhiel. Frankfurt a. M.: Suhrkamp, 1995).

Mäder, Ueli. *Subsidiarität und Solidarität*. Bern: Lang, 2000.

Magen, Yitshak. *The Samaritans and the good Samaritan*. Judea and Samaria publications 7. Jerusalem: Israel Antiquities Authority, 2008.

Manson, Thomas W. *The Teaching of Jesus: Studies of its Form and Contents*. Cambridge: Cambridge University Press, 1959.

Marcus, Joel. *Mark 1–8: A New Translation with Introduction and Commentary*. The Anchor Bible 27. New York: Doubleday, 2000.

Margolin, Uri. "Character". In *The Cambridge Companion to Narrative,* editado por D. Hermann, 66–79. Cambridge: Cambridge University Press, 2008.

Martin, Gerhard M. *Das Thomasevangelium: Ein spiritueller Kommentar.* Stuttgart: Radius Verlag, 1998.

Martínez, Matías and Scheffel, Michael. "Faktuales und fiktionales Erzählen". In idem., *Einführung in die Erzähltheorie,* 9–20. 9th ed. München: Beck, 2012.

Massa, Dieter. *Verstehensbedingungen von Gleichnissen: Prozesse und Voraussetzungen der Rezeption aus kognitiver Sicht.* TANZ 31. Tübingen: Francke, 2000.

Maurer, Christian. "σκεῦος". *Theologisches Wörterbuch zum Neuen Testament* 7 (1964), 359–68.

Mayordomo, Moisés. "Kluge Mädchen kommen überall hin... (Von den zehn Jungfrauen) – Mt 25,1". In *Kompendium der Gleichnisse Jesu,* editado por R. Zimmermann et al., 488–503. segunda edición Gütersloh: Gütersloher Verlagshaus, 2015.

McArthur, Harvey K. and Johnston, Robert M. *They Also Taught in Parables: Rabbinic Parables from the First Centuries of the Christian Era.* segunda edición Grand Rapids, MI: Wipf & Stock Publishers, 1990.

McCall, Marsh H. Jr., *Ancient Rhetorical Theories of Simile and Comparison.* Cambridge, MA: Harvard University Press, 1969.

McClendon, James W. Jr. *Systematic Theology I: Ethics.* segunda edición Nashville, TN: Abingdon Press, 2002

McDonald, J. Ian H. "Alien Grace (Luke 10:30–36)". In *Jesus and His Parables. Interpreting the Parables of Jesus Today,* editado por V. G. Shillington, 35–51. Edinburgh: T & T Clark, 1997.

Meier, John P. *A Marginal Jew: Rethinking the Historical Jesus II: Mentor, Message, and Miracles. New York, Doubleday, 1994.*

Mell, Ulrich, ed. *Die Gleichnisreden Jesu (1899–1999): Beiträge zum Dialog mit Adolf Jülicher.* Beihefte zur Zeitschrift für die neutestamentliche Wissenschaft und die Kunde der älteren Kirche 103. Berlin/New York: de Gruyter, 1999.

_____. "Die neutestamentliche Gleichnisforschung 100 Jahre nach Adolf Jülicher: Part 1". *Theologische Rundschau* 76 (2011), 37–81.

_____. "Die neutestamentliche Gleichnisforschung 100 Jahre nach Adolf Jülicher: Part 2". *Theologische Rundschau* 78 (2013), 431–61.

Ménard, Jacques-E. *L'évangile selon Thomas.* Nag Hammadi Studies 5. Leiden: Brill, 1975.

Merkelbach, Reinhold. "Logion 97 des Thomasevangeliums". *Bulletin of the American Society of Papyrologists* 22 (1985), 227–30.

Mersch, Dieter, *Posthermeneutik.* Berlin: Akademie-Verlag, 2010.

Merz, Annette, "Parabeln im Lukasevangelium. Einleitung". In *Kompendium der Gleichnisse Jesu,* editado por Ruben Zimmermann et al., 513–21. segunda edición Gütersloh: Gütersloher Verlagshaus, 2015.

Meurer, Hermann-Josef. *Die Gleichnisse Jesu als Metaphern: Paul Ricoeurs Hermeneutik der Gleichniserzählung Jesu im Horizont des Symbols "Gottesherrschaft/Reich Gottes".* Bonner Biblische Beiträge 111. Bodenheim: Philo, 1997.

Michaelis, Wilhelm. "ὁδός κτλ". *Theologisches Wörterbuch zum Neuen Testament* 5 (1954), 42–118.

Michelfelder, Diane F. and Palmer, Richard E., eds. *Dialogue and Deconstruction. The Gadamer-Derrida Encounter.* Albany, NY: Suny Press, 1989.

Mieth, Dietmar. "Narrative Ethik: Der Beitrag der Dichtung zur Konstituierung ethischer Modelle". In idem., *Moral und Erfahrung: Beiträge zur etheolgoisch-ethischen Hermeneutik*, 60–90. Studien zur Theologischen Ethik 2. Freiburg i.Br.: Herder, 1977.

_____. "Literaturethik als narrative Ethik". In *Narrative Ethik: Das Gute und das Böse erzählen*, editado por K. Joisten, 215–33. Deutsche Zeitschrift für Philosophie Sonderband 17. Berlin: Oldenbourg Akademie Verlag, 2007.

Montefiore, Hugh. "A Comparison of the Parables of the Gospel according to Thomas and of the Synoptic Gospels". In *Thomas and the Evangelists*, editado por idem and H. E. Tuner, 240–78. Naperville: Alec R. Allenson, 1962.

Moos, Peter von. *Geschichte als Topik: Das rhetorische Exemplum von der Antike zur Neuzeit und die historiae im "Policraticus" Johanns von Salisbury.* Ordo 2. Hildesheim: Olms, 1988.

Morgan, Valda C. *The Amazing Parables of Jesus Christ: The Parables Collection Discovery without Commentary.* No Publication Place: Xlibris Corporation, 2005.

Morgen, Michèle. "'Perdre sa vie': Jean 12,25. Un dit traditionel?" *Revue des Sciences Religieuses* 69 (1995), 29–46.

Morgenthaler, Robert. *Statistische Synopse.* Zürich: Gotthelf-Verlag, 1971.

Morrice, William G. *Hidden Sayings of Jesus: Words Attributed to Jesus Outside the Four Gospels.* London: SPCK, 1997

Mosteller, Timothy M. *Theories of truth: An Introduction.* London: Bloomsbury, 2014.

Müller, Eckhart H. *Ausgebrannt—Wege aus der Burnout-Krise.* 8. ed. Freiburg i. Br.: Herder, 2002.

Müller, Peter. "Die Gleichnisse in der Exegese". In idem, Büttner, G. and Heiligenthal, R., *Die Gleichnisse Jesu: Ein Studien- und Arbeitsbuch für den Unterricht.* segunda edición, 16–47. Stuttgart: Calwer, 2008.

Müller, Peter, Büttner, Gerhard and Heiligenthal, Roman. *Die Gleichnisse Jesu: Ein Studien- und Arbeitsbuch für den Unterricht.* segunda edición Stuttgart: Calwer, 2008.

Münch, Christian. *Die Gleichnisse Jesu im Matthäusevangelium: Eine Studie zu ihrer Form und Funktion.* Wissenschaftliche Monographien zum Alten und Neuen Testament 104. Neukirchen-Vluyn: Neukirchener, 2004.

Munslow, Alun. *Narrative and History.* Basingstoke: Palgrave Mcmillan, 2007.

The *Nag Hammadi* Library in English. Translated and introduced by Members of the Coptic Gnostic Library Project of the Institute for Antiquity and Christianity, Claremont, California, 4th revised edition, Leiden: Brill, 1996.

Nagel, Peter. "Das Gleichnis vom zerbrochenen Krug: EvThom 97". *Zeitschrift für die neutestamentliche Wissenschaft und die Kunde der älteren Kirche* 92 (2001), 229–56.

Nalbantian, Suzanne. *Memory in Literature: From Rousseau to Neuroscience.* Basingstoke: Palgrave Mcmillan, 2003.

Neubrand, Marja. "Die Gleichnisse Jesu in der neutestamentlichen Forschung," *Bibel und Kirche* 63 (2008), 89–93.

Neusner, Jacob. "The Parable (mashal)". *Journal of higher criticism* 1 (2005), 1–21 (again in *Ancient Israel, Judaism, and Christianity in Contemporary Perspective.* FS K.-J. Illman, editado por idem et al., 259–83. Lanham, MD: University Press of America, 2006).

Nißlmüller, Thomas. Rezeptionsästhetik und Bibellese: W. Isers Lese-Theorie als Paradigma für die Rezeption biblischer Texte. Regensburg: Roderer, 1995.

Noppen, Jean-Pierre van, ed. *Erinnern, um Neues zu sagen: Die Bedeutung der Metapher für die religiöse Sprache*. Frankfurt a. M.: Athenäum, 1988.

Nordsieck, Reinhard. *Das Thomasevangelium: Einleitung – zur Frage des historischen Jesus – Kommentierung aller 114 Logien*. Neukirchen-Vluyn: Neukirchener, 2004.

Notley, R. Steven and Safrai, Ze'ev, eds. *Parables of the sages: Jewish wisdom from Jesus to Rav Ashi*, traducido por R. S. Notley. Jerusalem: Carta, 2011.

Nünning, Ansgar. "Semantisierung literarischer Formen". In *Metzler Lexikon Literatur- und Kulturtheorie*, editado por idem, 603–04. tercera edición Stuttgart: Metzler, 2004.

_____. "How to Distinguish between Fictional and Factual Narratives: Narratological and Systemtheoretical Suggestions". In *Fact and Fiction in Narrative: An Interdisciplinary Approach*, editado por L.-A. Skalin and G. Andersson, 23–56. Örebro Studies in Literary History and Criticism 4. Örebro: Örebro University Library, 2005.

Nussbaum, Otto. "Geleit". *Reallexikon für Antike und Christentum* 9 (1976), 908–1049.

Oeming, Manfred. *Biblische Hermeneutik: Eine Einführung*. 2. ed. Darmstadt: Wissenschaftliche Buchgesellschaft, 2007.

Oesterley, William O. E. *The Gospel Parables in the Light of Their Jewish Background*. New York: Macmillan, 1936.

_____. "Die Gleichnisse der Evangelien im Lichte ihres jüdischen Hintergrundes (1936)". In *Gleichnisse Jesu. Positionen der Auslegung von Adolf Jülicher bis zur Formgeschichte*, editado por W. Harnisch, 137–53. Wege der Forschung 366. Darmstadt: Wissenschaftliche Buchgesellschaft, 1982.

Oldenhage, Tania. *Parables for Our Time: Rereading New Testament Scholarship after the Holocaust*. Oxford: Oxford University Press, 2002.

Oldenhage, Tania. "Spiralen der Gewalt. (Die bösen Winzer) – Mk 12,1-12". In *Kompendium der Gleichnisse Jesu*, editado por Ruben Zimmermann et al., 352–66. segunda edición Gütersloh: Gütersloher Verlagshaus, 2015.

_____. "Die zehn Jungfrauen auf dem Zürichberg – Matthäus 25,1-13". In *Gott ist anders: Gleichnisse neu gelesen*, editado por M. Crüsemann, C. Janssen, and U. Metternich, 239–49. Gütersloh: Gütersloher Verlagshaus 2014.

Olmstead, Wesley G. *Matthew's Trilogy of Parables: The Nation, the Nations and the Reader in Matthew 21:28-22:14*. Society for New Testament Studies Monograph Series 127. Cambridge: Cambridge University Press, 2003

Onuki, Takashi. *Jesus: Geschichte und Gegenwart*. Biblisch-theologische Studien 82. Neukirchen-Vluyn: Neukirchener 2007 (jap. *Iesu to iu Keiken*. Tokio: Iwanami, 2003).

Ostmeyer, Karl-Heinrich. "Gott knetet nicht (Vom Sauerteig) – Q 13,20f". In *Kompendium der Gleichnisse Jesu*, editado por Ruben Zimmermann et al., 185–92. segunda edición Gütersloh: Gütersloher Verlagshaus, 2015.

_____. "Urgestein der Jesusüberlieferung?" – Die synoptischen Gleichnisse als historische Quelle für die Umwelt Jesu". In *Jesus und die Archäologie Galiläas*, editado por C.

Claußen and J. Frey, 185–208. Biblisch-theologische Studien 87. Neukirchen-Vluyn: Neukirchener, 2008.

———. "Gleichnisse – Quelle des Verständnisse der Umwelt Jesu? Umwelt – Quelle des Verständnisses der Gleichnisse Jesu". In *Hermeneutik der Gleichnisse Jesu: Methodische Neuansätze zum Verstehen urchristlicher Parabeltexte*, editado por R. Zimmermann, 122–37, segunda edición Wissenschaftliche Untersuchungen zum Neuen Testament 231. Tübingen: Mohr Siebeck, 2011.

Oveja, Animosa. "Neunundneunzig sind nicht genug! (Vom verlorenen Schaf) – Q 15,4–5a.7". In *Kompendium der Gleichnisse Jesu*, editado por R. Zimmermann et al., 205–19. segunda edición Gütersloh: Gütersloher Verlagshaus, 2015.

Paivio, Allan. *Mental Representations: A dual Coding Approach.* New York: Oxford University Press, 1986.

———. *Images in Mind: The Evolution of a Theory.* New York: Harvester Wheatsheaf, 1991.

Parisinou, Eva. "Lighting the World of Women: Lamps and Torches in the Hands of Women in the Late Archaic and Classical Periods". *Greece & Rome* 47 (2000), 19–43.

Parris, David P. *Reception Theory and Biblical Hermeneutics.* Princeton Theological Monograph Series 107. Eugene, OR: Pickwick Publications, 2009.

———. "Imitating the Parables: Allegory, Narrative, and the Role of Mimesis". *Journal for the Study of the New Testament* 25 (2002), 33–53.

Patte, Daniel, ed. *Semiology and Parables: Exploration of the Possibilities offered by Structuralism for Exegesis.* Pittsburgh, PA: Pickwick Press, 1976.

Patterson Stephen J. and Robinson, James M. *The Fifth Gospel: The Gospel of Thomas comes of age.* Harrisburg/PA: Trinity Press International, 1998.

———. "The Gospel of (Judas) Thomas and the Synoptic Problem". In *New Studies in the Synoptic Problem: Oxford Conference April 2008.* In honor of C. M. Tuckett, editado por P. Foster, A. Gregory, J. S. Kloppenborg et al., 783–808. Leuven: Peeters, 2011.

———. "The Gospel of Thomas and the Historical Jesus". In *The Oxford Handbook to the Early Christian Apocrypha*, editado por A. F. Gregory and C. M. Tuckett. Oxford: Oxford University Press, 2015 (forthcoming).

Pentecost, J. Dwight. *The Parables of Jesus: Lessons in Life from the Master Teacher.* Grand Rapids, MI: Kregel Publications, 1982.

Pernice, Erich. *Griechisches und Römisches Privatleben.* Einleitung in die Altertumswissenschaft 2. tercera edición Leipzig: Teubner, 1930.

Perrin, Norman. *Rediscovering the Teaching of Jesus.* New York: Harper & Row, 1967.

———. *Jesus and the Language of the Kingdom: Symbol and Metaphor in New Testament Interpretation.* Philadelphia, PA: Fortress Press, 1976.

———. *Thomas and Tatian: The Relationship between the Gospel of Thomas and the Diatessaron.* SBL Academia Biblica 5. Atlanta, GA: Brill Academic Pub, 2002.

Peters, Joris. *Römische Tierhaltung und Tierzucht: Eine Synthese aus archäozoologischer Untersuchung und schriftlich-bildlicher Überlieferung.* Passauer Universitätsschriften zur Archäologie 5. Rahden (Westf.): Leidorf, 1998.

Petersen, Silke. "Die Frau auf dem Weg (Vom Mehlkrug) EvThom 97". In *Kompendium der Gleichnisse Jesu*, editado por R. Zimmermann et al., 916–20. segunda edición Gütersloh: Gütersloher Verlagshaus, 2015.

Pfeifer, Anke. *Wie Kinder Metaphern verstehen: Semiotische Studien zur Rezeption biblischer Texte im Religionsunterricht.* Bibel – Schule – Leben 3. Münster: LIT Verlag, 2002.

Pines, Ayala M., Aronson Elliot and Kafry, Ditsa. *Ausgebrannt: Vom Überdruß zur Selbstentfaltung.* 9th ed. Stuttgart: Klett-Cotta, 2000.

Plisch, Uwe-Karsten. "Die Frau, der Krug und das Mehl: Zur ursprünglichen Bedeutung von EvThom 97". Kn *Coptica – Gnostica – Manichaica: mélanges offerts à Wolf-Peter Funk*, 747–60. Bibliothèce Copte de Nag Hammadi 7. Louvain: Peeters, 2006.

_____. *Das Thomasevangelium: Originaltext mit Kommentar.* Stuttgart: Deutsche Bibelgesellschaft, 2007.

_____. *The Gospel of Thomas: Original Text with Commentary.* New York: American Bible Society, 2008.

Pokorný, Petr. "Lexikalische und rhetorische Eigentümlichkeiten der ältesten Jesustradition". In *Der historische Jesus: Tendenzen und Perspektiven der gegenwärtigen Forschung*, editado por J. Schröter and R. Brucker, 393–408. Berlin: de Gruyter, 2002.

_____. *A Commentary on the Gospel of Thomas: From Interpretations to the Interpreted.* New York/London: T&T Clark, 2009.

Popkes, Enno E. "Das Licht in den Bildern—Gospel of Thomas 83". In *Kompendium der Gleichnisse Jesu*, editado por R. Zimmermann et al., 909–15. segunda edición Gütersloh: Gütersloher Verlagshaus, 2015.

_____. "Parabeln im Thomasevangelium: Einleitung". In *Kompendium der Gleichnisse Jesu*, editado por R. Zimmermann et al., 851–58. segunda edición Gütersloh: Gütersloher Verlagshaus, 2015.

_____. "Das Mysterion der Botschaft Jesu': Beobachtungen zur synoptischen Parabeltheorie und ihren Analogien im Johannesevangelium und Thomasevangelium". In *Hermeneutik der Gleichnisse Jesu: Methodische Neuansätze zum Verstehen urchristlicher Parabeltexte*, editado por R. Zimmermann, 294–320. segunda edición Wissenschaftliche Untersuchungen zum Neuen Testament 231. Tübingen: Mohr Siebeck, 2011.

Poplutz, Uta. "Paroimia und Parabolē: Gleichniskonzepte bei Johannes und Markus". In *Imagery in the Gospel of John: Terms, Forms, Themes, and Theology of Johannine Figurative Language*, editado por J. Frey, J. G. van der Watt, and R. Zimmermann, 103–20.Wissenschaftliche Untersuchungen zum Neuen Testament 200. Tübingen: Mohr Siebeck, 2006.

Puigi Tàrrech, Armand. *La parole des dix vierges (Mt 25,1–13).* Analecta Biblica 102. Rome: Biblical Institute Press, 1983.

Quintilian, *The Institutio Oratoria.* 4 vols. Edited and traducido por H. E. Butler. London/ Cambridge, MA: LCL, 1966–1969.

Räissänen, Heikki. *Das ‚Messiasgeheimnis' im Markusevangelium: Ein redaktionskritischer Versuch.* Helsinki: Finnische Exegetische Gesellschaft, 1976.

Ragaz, Leonhard. *Die Gleichnisse Jesu: Seine soziale Botschaft*. Gütersloher Taschenbücher 450. tercera edición Gütersloh: Gütersloher Verlagshaus, 1985.

Rahner, Johanna. "Mißverstehen, um zu verstehen: Zur Funktion der Missverständnisse im Johannesevangelium". *Biblische Zeitschrift* 43 (1999), 212–19.

Randall, William L. *The Stories We Are: An Essay in Self-Creation*. Toronto: University of Toronto Press, 1995.

Rau, Eckhard. *le: Hintergrund, Form und Anliegen der Gleichnisse Jesu*. Forschungen zur Religion und Literatur des Alten und Neuen Testaments 149. Göttingen: Vandenhoeck & Ruprecht, 1990.

Reich-Ranicki, Marcel, ed. *Erfundene Wahrheit: Deutsche Geschichten 1945–1960*. 8th ed. München/Zürich: Piper, 1995.

Reinmuth, Eckart. *Neutestamentliche Historik: Probleme und Perspektiven*. Theologische Literaturzeitung Forum 8. Leipzig: Evangelische Verlagsanstalt, 2003.

———. "Vom Sprachereignis zum Kommunikationsereignis: Diskurstheoretisch Überlegungen zu den Kontexten der Gleichnisreden Jesu". In *Hermeneutik der Gleichnisse Jesu: Methodische Neuansätze zum Verstehen urchristlicher Parabeltexte*, editado por R. Zimmermann, 541–57. segunda edición Wissenschaftliche Untersuchungen zum Neuen Tesament 231. Tübingen: Mohr Siebeck, 2011.

Resseguie, James L. *Narrative Criticism of the New Testament: An Introduction*. Grand Rapids, MI: Baker Academic, 2005.

Reventlow, Henning Graf. History of Biblical Interpretation: Vol. 1–4. Atlanta, GA: Society of Biblical Interpretation, 2009–2010.

Ricœur, Paul. "Philosophische und Theologische Hermeneutik". In *Metapher: Zur Hermeneutik religiöser Sprache*, editado por idem and E. Jüngel, 24–45. München: Kaiser, 1974.

———. "Stellung und Funktion der Metaphor in der biblischen Sprache". In *Metapher: Zur Hermeneutik religiöser Sprache*, editado por idem and E. Jüngel, 45–70. München: Kaiser, 1974.

———. "Biblical Hermeneutics". *Semeia* 4 (1975), 29–145.

———. "Biblische Hermeneutik". In *Die Neutestamentliche Gleichnisforschung im Horizont von Hermeneutik und Literaturwissenschaft*. Editado por W. Harnisch, 248–339. Wege der Forschung 575. Darmstadt: Wissenschaftliche Buchgesellschaft, 1982.

———. *Zeit und Erzählung: Vol. 1: Zeit und historische Erzählung; Vol. 2: Zeit und literarische Erzählung; Vol. 3: Die erzählte Zeit*. Übergänge 18/1–3. München: Fink, 1988/1989/1991. Orig., *Temps et récit*, Paris: Édition du Seuil 1983/1984/1985.

———. *Das Selbst ist ein anderer*. München: Fink, 1996.

———. *Die Lebendige Metapher: Mit einem Vorwort zur deutschen Ausgabe*. Übergänge 12. tercera edición München: Fink, 2004.

———. "Narrative Identität". In idem., *Vom Text zur Person: Hermeneutische Aufsätze (1970–1999)*, edited and traducido por P. Welsen, 209–26. Hamburg: Meiner, 2005.

Ricœur, Paul and Jüngel, Eberhard, eds. *Metapher: Zur Hermeneutik religiöser Sprache*. München: Kaiser, 1974.

Riesenfeld, Harald. "Das Bildwort vom Weizenkorn bei Paulus (zu 1Cor 15)". In *Studien zum Neuen Testament und zur Patristik*, editado por Kommision für Spätantike Religionsgeschichte, 43–55. Berlin: Akademie Verlag, 1961.

Riesner, Riesner. *Jesus als Lehrer: Eine Untersuchung zum Ursprung der Evangelien-Überlieferung*. Wissenschaftliche Untersuchungen zum Neuen Testament 2/7. tercera edición Tübingen: Mohr Siebeck, 1988.

Riess, Werner. *Apuleius und die Räuber: Ein Beitrag zur historischen Kriminalitätsforschung.* Stuttgart: Steiner, 2001.

Rimmon-Kenan, Sulammit. *Narrative Fiction: Contemporary Poetics*. London: Methuen,1983.

Ritschl, Dietrich and Jones Hugh O. *‚Story' als Rohmaterial der Theologie.* Theologische Existenz Heute 192. München: Kaiser, 1976.

Robinson, James M. "A Critical Text of the Sayings Gospel Q". In idem. *The Sayings Gospel Q: Collected Essays*, editado por J. Verheyden and C. Heil, 309–17. Bibliotheca ephemeridum theologicarum Lovaniensium 189. Leuven: Leuven University Press, 2005.

Robinson, James M., Hoffmann, Paul and Kloppenborg, John S., eds. *The Critical Edition of Q: A Synopsis, Including the Gospels of Matthew and Luke, Mark and Thomas: With English, German and French Translations of Q and Thomas.* Hermeneia Supplements. Leuven/Minneapolis, MN: Peeters/Fortress Press, 2000.

Rodríguez, Rafael. *Structuring Early Christian Memory: Jesus in Tradition, Performance and Text.* Library of New Testament Studies 407. London: T & T Clark, 2010.

Rohrbaugh, Richard L. "A Peasant Reading of the Parable of the Talents/Pounds. A Text of Terror?" *Biblical Theology Bulletin* 23 (1993), 32–39.

Roloff, Jürgen. *Jesu Gleichnisse im Matthäusevangelium. Ein Kommentar zu Matt 13,1-52*, editado por H. Kreller and R. Oechslen. Biblisch-Theologische Studien 73. Neukirchen-Vluyn: Neukirchener, 2005.

Roose, Hanna. "Narrative Ethik und Adressierung am Beispiel des Gleichnisses vom barmherzigen Samariter (Lk 10,30-35)". *Religion lernen* 4 (2013), 61–75.

Roth, Dieter. "Die Parabeln in der Logienquelle: 'Alte' Probleme und 'Neue' Ansätze". In *Built on Rock or Sand? Q Studies – Retrospects, Introspects and Prospects*, editado por C. Heil and G. Harb. Bibliotheca ephemeridum theologicarum Lovaniensium. Leuven: Peeters, 2015 (forthcoming).

Roth, Dieter, Zimmermann, Ruben, and Labahn, Michael, eds. *Metaphor, Narrative, and Parables in Q.* Wissenschaftliche Untersuchungen zum Neuen Testament 315. Tübingen: Mohr Siebeck, 2014.

Rubins, David C. *Memory in Oral Traditions: The Cognitive Psychology of Epic, Ballads, and Counting-out-Rhymes*. Oxford: Oxford University Press, 1995.

Rüsen, Jörn. *Grundzüge einer Historik I–III*. Göttingen: Vandenhoeck & Ruprecht, 1983/1986/1989.

_____. "Historische Sinnbildung durch Erzählen: Eine Argumentationsskizze zum narrativistischen Paradigma der Geschichtswissenschaft und der Geschichtsdidaktik im Blick auf nicht-narrative Faktoren". *Internationale Schulbuchforschung* 18 (1996), 501–44. Rev., in idem, "Historisches Erzählen". In idem. *Zerbrechende Zeit: Über den Sinn der Geschichte*, 43–105. Köln: Böhlau, 2001.

Ruiz, Rodríguez M. *Der Missionsgedanke im Johannesevangelium: Ein Beitrag zur johanneischen Soteriologie und Ekklesiologie*. Forschung zur Bibel 55. Würzburg: Echter, 1987.

Safrai, Shemuel. "Home and Family". In *The Jewish People in the First Century: Historical Geography, Political History, Social, Cultural and Religious Life and Institutions*, editado por idem and M. Stern, 748–64. Compendia RErum Iudicarum ad Novum Testamentum I/2. Philadelphia, PA: Fortress Press, 1976.

Sallares, Robert. "Getreide III". *Der Neue Pauly* IV (1998), 1030–37.

Schapp, Wilhelm. *In Geschichten verstrickt: Zum Sein von Mensch und Ding*. cuarta edición Frankfurt a.M., 2004.

Schellenberg, Ryan S. "Kingdom as Contaminant? The Role of Repertoire in the Parables of the Mustard Seed and the Leaven". *Catholic Biblical Quarterly* 71 (2009), 527–43.

Schenke, Ludger. *Johannes: Kommentar*. Düsseldorf: Patmos, 1998.

Schillebeeckx, Edward. *Jesus: Die Geschichte von einem Lebenden*. Traducido por H. Zulauf. Freiburg i. Br.: Herder, 1992.

Schleiermacher, Friedrich D. E. *Hermeneutik und Kritik*. Suhrkamp Taschenbusch Wissenschaft 211. Edited and introduced by M. Frank. 7. ed. Frankfurt a. M.: Suhrkamp, 1999.

Schmid, Wolf. "Die Semantisierung der Form: Zum Inhaltskonzept Jury Lotmans". *Russian Literature* 5 (1977), 61–80.

Schmidbauer, Wolfgang. *Helfen als Beruf: Die Ware Nächstenliebe*. Reinbek: Rowohlt, 1999.

_____. *Die hilflosen Helfer: Über die seelische Problematik der helfenden Berufe*. 15th ed. Reinbek: Rowohlt, 2006.

Schnackenburg, Rudolf. Das Johannesevangelium II: Kommentar zu Kap. 5–12. Herders Theologischer Kommentar zum Neuen Testament 4/2. cuarta edición Freiburg: Herder, 1985.

Schneider, Gerhard, ed. *Evangelia infantiae apocrypha [griechisch, lateinisch, deutsch] = Apokryphe Kindheitsevangelien*, translated and introduced by Gerhard Schneider. Fontes Christiani 18. Freiburg im Breisgau et al.: Herder, 1995.

Schoedel, William R. "Parables in the Gospel of Thomas: Oral Tradition or Gnostic Exegesis?," *Concordia Theological Monthly* 43 (1972), 548–60.

Schöpflin, Karin. " מָשָׁל – ein eigentümlicher Begriff der hebräischen Literatur". *Biblische Zeitschrift* 46 (2002), 1–24.

Scholtissek, Karl. *In ihm sein und bleiben: Die Sprache der Immanenz in den johanneischen Schriften*. Herders Biblische Studien 21. Freiburg i.Br.: Herder, 2000.

_____. "„Eine größere Liebe als diese hat niemand, als wenn einer sein Leben hingibt für seine Freunde" (Joh 15:13): Die hellenistische Freundschaftsethik und das Johannesevangelium". In *Kontexte des Johannesevangeliums: Das vierte Evangelium in religions- und traditionsgeschichtlicher Perspektive*, editado por J. Frey and U. Schnelle,413–42. Wissenschaftliche Untersuchungen zum Neuen Testament 175. Tübingen: Mohr Siebeck, 2004.

Schottroff, Luise. "The Closed Door: Matthew 25:1-13". Pages 29–37 in idem. *The Parables of Jesus*. Traducido por L. M. Maloney. Minneapolis/MN: Augsburg Fortress, 2006.

———. *Die Gleichnisse Jesu*. 2. ed. Gütersloh: Gütersloher Verlagshaus, 2007.

———. "Verheißung für alle Völker (Von der königlichen Hochzeit) – Mt 22,1-14". In *Kompendium der Gleichnisse Jesu*, editado por Ruben Zimmermann et al., 479–87. segunda edición Gütersloh: Gütersloher Verlagshaus, 2015.

———. "Der Sommer ist nahe: Eschatologische Gleichnisauslegung". *Bibel und Kirche* 63 (2008), 72–75.

———. "Sozialgeschichtliche Gleichnisauslegung: Überlegungen zu einer nichtdualistischen Gleichnistheorie". In *Hermeneutik der Gleichnisse Jesu: Methodische Neuansätze zum Verstehen urchristlicher Parabeltexte*, editado por R. Zimmermann, 138–49. segunda edición Wissenschaftliche Untersuchungen zum Neuen Testament 231. Tübingen: Mohr Siebeck, 2011.

Schrage, Wolfgang. *Das Verhältnis des Thomasevangeliums zur synoptischen Tradition und zu den koptischen Evangelienübersetzungen: zugleich ein Beitrag zur gnostischen Synoptikbedeutung*. Beihefte zur Zeitschrift für die neutestamentliche Wissenschaft und die Kunde der älteren Kirche 29. Berlin: Töpelmann, 1964.

Schramm, Tim and Löwenstein, Kathrin. *Unmoralische Helden: Anstößige Gleichnisse Jesu*. Göttingen: Vandenhoeck & Ruprecht, 1986.

Schröter, Jens. *Erinnerung an Jesu Worte: Studien zur Rezeption der Logienüberlieferung in Markus, Q und Thomas*. Wissenschaftliche Monographien zum Alten und Neuen Testament 76. Neukirchen-Vluyn: Neukirchener, 1997.

———. *Jesus und die Anfänge der Christologie: Methodologische und exegetische Studien zu den Ursprüngen des christlichen Glaubens*. Biblisch-theologische Studien 47. Neukirchen-Vluyn: Neukirchener 2001.

———. "Von der Historizität der Evangelien: Ein Beitrag zur gegenwärtigen Diskussion um den historischen Jesus". In *Der historische Jesus: Tendenzen und Perspektiven der gegenwärtigen Forschung*, editado por idem and R. Brucker, 163–212. Berlin: de Gruyter, 2002.

———, ed. *Konstruktion von Wirklichkeit: Beiträge aus geschichtstheoretischer, philosophischer und theologischer Perspektive*. The Bible Today 127. Berlin: de Gruyter, 2004.

———. "Geschichte im Licht von Tod und Auferweckung Jesu Christi: Anmerkungen zum Diskurs über Erinnerung und Geschichte aus frühchristlicher Perspektive". *Berliner Theologische Zeitschrift* 23 (2006), 3–25.

———. *Von Jesus zum Neuen Testament: Studien zur urchristlichenTheologiegeschichte und zur Entstehung des neutestamentlichen Kanons*. Tübingen: Mohr Siebeck, 2007.

———. "Das Evangelium nach Thomas". In *Antike Christliche Apokryphen in deutscher Übersetzung I. Evangelien und Verwandtes I*, editado por C. Markschies and idem, 483–526. Tübingen: Mohr Siebeck, 2012.

Schröter, Jens and Brucker, Ralph, eds. *Der historische Jesus: Tendenzen und Perspektiven der gegenwärtigen Forschung*. Berlin: de Gruyter, 2002.

Schüle, Andreas, "Mashal (מָשָׁל) and the Prophetic 'Parables.'" In *Hermeneutik der Gleichnisse Jesu: Methodische Neuansätze zum Verstehen urchristlicher Parabeltexte*.

Wissenschaftliche Untersuchungen zum Neuen Testament 2311, editado por R. Zimmermann, 205–16. Tübingen: Mohr Siebeck, 2011.

Schürmann, Heinz. *Das Lukasevangelium: Kommentar zu Kapitel 9,51–11,54.* Herders Theologischer Kommentar zum Neuen Testament III/2. Freiburg i. Br.: Herder, 1994.

Schultze, Bernhard. "Die Ekklesiologische Bedeutung des Gleichnisses vom Senfkorn (Mt 13,31-32; Mk 4,30-32; Lk 13,18-19)". *Orientalia ChristianarPeriodica* 27 (1961), 362–86.

Schwankl, Otto. "Recordati sunt: ‚Erinnerungsarbeit' in den Evangelien". In *"Für alle Zeiten zur Erinnerung": Beiträge zu einer biblischen Gedächtniskultur,* editado por M. Theobald and R. Hoppe, 53–94. Stuttgarter Bibelstudien 209. Stuttgart: Katholisches Bibelwerk, 2006.

Schweizer, Eduard. *Jesus, das Gleichnis Gottes: Was wissen wir wirklich vom Leben Jesu?* Göttingen: Vandenhoeck & Ruprecht 1995.

Scott, Bernard B. "The Empty Jar". *Forum (Westar Institute)* 3 (1987), 77–80.

―――. *Hear then the Parable: A Commentary on the Parables of Jesus.* Minneapolis, MN: Fortress Press, 1989.

―――. *Re-Imagine the World: An Introduction to the Parables of Jesus.* Santa Rosa, CA: Polebridge Press, 2001.

―――. "The Empty Jar". In idem, *Re-Imagine the World: An Introduction to the Parables of Jesus,* 41–46. Santa Rosa, CA: Polebrige Press, 2001.

―――, ed. *Funk on Parables: Collected Essays.* Santa Rosa, CA: Polebridge Press, 2006.

Sellew, Philip. "Interior Monologue as a Narrative Device in the Parables of Luke". *Journal of Biblical Literature* 111 (1992), 239–53.

Sellin, Gerhard. *Studien zu den großen Gleichniserzählungen des Lukas-Sonderguts: Die* אנקרופט-תט-*Erzählungen des Lukas-Sonderguts – besonders am Beispiel von Lk 10,25–37 und 16,14–31 untersucht.* Münster: Univ. Diss., 1973.

―――. "Lukas als Gleichniserzähler: Die Erzählung vom barmherzigen Samariter," *Zeitschrift für die neutestamentliche Wissenschaft und die Kunde der älteren Kirche* 65/66 (1974/1975), 166–89/19–60.

―――. "Allegorie und „Gleichnis": Zur Formenlehre der synoptischen Gleichnisse," *Zeitschrift für Theologie und Kirche,* 75 (1978), 281–335 (again in *Die Neutestamentliche Gleichnisforschung im Horizont von Hermeneutik und Literaturwissenschaft.* Wege der Forschung 575, editado por W. Harnisch, 367–429. Darmstadt: Wissenschaftliche Buchgesellschaft, 1982).

Sevrin, Jean Marie. "Un groupement de trois paraboles contre les richesses dans l'Évangile selon Thomas (63, 64, 65)". In *Paraboles évangeliques: Perspectives nouveaux,* editado por J. Delorme, 425–39. Paris: Cerf, 1989.

Shillington, George. "Engaging with the Parables". In *Jesus and His Parables: Interpreting the Parables of Jesus Today,* editado por idem., 1–20. Edinburgh: T & T Clark, 1997.

―――, ed. *Jesus and His Parables: Interpreting the Parables of Jesus Today.* Edinburgh: T & T Clark, 1997.

Sider, John W. "Proportional Analogy in the Gospel Parables". *New Testament Studies* 31 (1985), 1–23.

Skinner, Christopher W. "The World: Promise and Unfulfilled Hope". In *Character Studies in the Fourth Gospel*. Wissenschaftliche Untersuchungen zum Neuen Testament 314, editado por S.A. Hunt, D.F. Tolmie, and R. Zimmermann, 61–70. Tübingen: Mohr Siebeck, 2013.

Snodgrass, Klyne. "From Allegorizing to Allegorizing: A History of the Interpretation of the Parables of Jesus". In *The Challenge of Jesus' Parables*, editado por R. N. Longenecker, 3–29. Grand Rapids, MI: Eerdmans, 2000.

_____. *Stories with Intent: A comprehensive Guide to the Parables of Jesus*. Grand Rapids, MI: Eerdmans, 2008.

Söding, Thomas. "Die Gleichnisse Jesu als metaphorische Erzählungen: Hermeneutische und exegetische Überlegungen". In *Die Sichtbarkeit des Unsichtbaren: Zur Korrelation von Text und Bild im Wirkungskreis der Bibel*. AGWB 3, editado por B. Janowski and N. Zchomelidse, 81–118. Stuttgart: Deutsche Bibelgesellschaft, 2003.

_____. *Ereignis und Erinnerung: Die Geschichte Jesu im Spiegel der Evangelien*- NRW-Akademie der Wissenschaften: Vorträge G 411. Paderborn: Schöningh, 2007.

_____. "Lehre in Vollmacht: Jesu Wunder und Gleichnisse im Evangelium der Gottesherrschaft". *Communio* 36 (2007), 3–17.

_____. "Gottes Geheimnis sichtbar machen: Jesu Gleichnisse in Wort und Tat". *Bibel und Kirche* 63 (2008), 58–62.

Sohns, Ricarda, ed. *Gleichnisse Jesu: Der Sommer ist nahe – Gott kommt*. Religion betrifft uns 6 (2008).

Sokiranski, Roman and Adrario, Claudia. "Der ‚sprießende Osiris': Spiral-Computertomographie entdeckt keimende Gerste aus dem antiken Ägypten". *Antike Welt* 2 (2003), 137–42.

Sorger, Karlheinz. *Gleichnisse im Unterricht: Grundsätzliche Überlegungen, Hilfen für die Praxis*. segunda edición Düsseldorf: Patmos, 1987.

Sparn, Walter. "Johann Conrad Dannhauer (1603-1666): Allgemeine und Biblische Hermeneutik". In *Studienbuch Hermeneutik: Bibelauslegung durch die Jahrhunderte als Lernfeld der Textinterpretation*, editado por R. Zimmermann and S. Luther, 187–97. Gütersloh: Gütersloher Verlagshaus, 2014.

Staiger, Emil. *Grundbegriffe der Poetik*. Zürich: Atlantis, 1946.

Stare, Mira. "Gibt es Gleichnisse im Johannesevangelium?" In *Hermeneutik der Gleichnisse Jesu: Methodische Neuansätze zum Verstehen urchristlicher Parabeltexte*. Wissenschaftliche Untersuchungen zum Neuen Testament 231, editado por R. Zimmermann, 321–64. segunda edición Tübingen: Mohr Siebeck, 2011.

Steier, August. "Senf," *Paulys Real-Encyclopädie der classischen Alterthumswissenschaft* Supplement 6 (1935), 812–17.

Steinhauser, Michael G. *Doppelbildworte in den synoptischen Evangelien: Eine form- und traditionskritische Studie*. Forschung zur Bibel 44. Würzburg: Echter Verlag, 1981.

Stern, Frank. *A Rabbi Lools at Jesus' Parables*. Lanham, MD: Rowman & Littlefield, 2006.

Stolz, Fritz. "Paradiese und Gegenwelten". *Zeitschrift für Religionswissenschaft* 1/1 (1993), 5–24.

Straus, Erwin. *Vom Sinn der Sinne: Ein Beitrag zur Grundlegung der Psychologie*. segunda edición Berlin: Springer, 1978.

Strauss, David F. *Das Leben Jesu: Für das deutsche Volk bearbeitet I* . 8th ed. Bonn: Strauß, 1895.

Strecker, Georg. *Literaturgeschichte des Neuen Testaments*. Göttingen: Vandehoeck & Ruprecht, 1992.

Stritzky, Maria-Barbara von. "Hochzeit," *Reallexikon für Antike und Christentum* 15 (1991), 915–92.

Strobel, Friedrich A. "Zum Verständnis von Matt XXV 1–13". *Novum Testamentum* 2 (1958), 199–227.

Strohm, Theodor. "Die unerwartete Renaissance des Subsidiaritätsprinzips". *Zeitschrift für Evangelische Ethik* 45 (2001), 64–72.

Stroker, William D. "Extra canonical Parables and the Historical Jesus". *Semeia* 44 (1988), 95–120.

Szondi, Peter. *Einführung in die literarische Hermeneutik*. Studienausgabe der Vorlesungen 5. Editado por J. Bollak and H. Stierlin. Frankfurt a.M.: Suhrkamp, 1975.

———. *Schriften II: Essays: Satz und Gegensatz, Lektüren und Lektionen, Celan-Studien.* Frankfurt a.M.: Suhrkamp, 1978.

Talmon, Shemaryahv "Der "barmherzige Samariter"—ein "guter Israelit"?" *Kirche und Israel* 16 (2001), 149–60.

Taureck, Berhard H. F. *Metaphern und Gleichnisse in der Philosophie: Versuch einer kritischen Ikonologie der Philosophie*. Frankfurt a.M.: Suhrkamp, 2004.

The Entrevernes Group. *Signs and Parables: Semiotics and Gospel Texts*. With a Study by J. Geninasca. Postface by A. J. Greimas. Traducido por G. Phillips. Pittsburgh theological monograph series 23. Pittsburgh, PA: Wipf & Stock Pub, 1978.

Theis, Joachim. *Biblische Texte verstehen lernen: Eine bibeldidaktische Studie mit einer empirischen Untersuchung zum Gleichnis vom barmherzigen Samariter*. Stuttgart: Kohlhammer, 2005.

Theißen, Gerd. "Die Bibel diakonisch lesen: Die Legitimitätskrise des Helfens und der barmherzige Samariter". In *Diakonie–biblische Grundlagen und Orientierungen: ein Arbeitsbuch zur theologischen Verständigung über den diakonischen Auftrag*. Veröffentlichungen des Diakoniewissenschaftlichen Instituts an der Universität Heidelberg 2, editado por G. K. Schäfer and Th. Strohm, 376–401. tercera edición Heidelberg: Heidelberger Verlagsanstalten, 1998.

———. "Das Doppelgebot der Liebe: Jüdische Ethik bei Jesus". In *Jesus als historische Gestalt: Beiträge zur Jesusforschung*, 57–72. FS G. Theißen. Forschungen zur Religion und Literatur des Alten und Neuen Testaments 202. Göttingen: Vandenhoeck & Ruprecht, 2003.

———. "Universales Hilfsethos im Neuen Testament: Mt 25,31-46 und Lk 10,25-37 und das christliche Verständnis des Helfens". *Glauben und Lernen* 15 (2000), 22–37.

———. *Die Entstehung des Neuen Testaments als literaturgeschichtliches Problem*. Heidelberg: Universitätsverlag Winter, 2007.

Theißen, Gerd and Merz, Annette. *The historical Jesus in Recent Research*, editado por J. D. G. Dunn and S. McKnight. Winona Lake: Eisenbrauns, 2005.

———. *The Historical Jesus: A Comprehensive Guide,* traducido por J. Bowden. London: SCM Press, 1998.

_____. *Der historische Jesus: Ein Lehrbuch.* tercera edición Göttingen: Vandenhoeck & Ruprecht, 2001.

Theißen, Gerd and Winter, Dagmar. *Die Kriterienfrage in der Jesusforschung: Vom Differenzkriterium zum Plausibilitätskriterium.* Novum testamentum et orbis antiquus 34. Freiburg (CH): Universitätsverlag, 1997.

Theobald, Michael: *Herrenworte im Johannesevangelium.* Herders biblische Studien 34. Freiburg: Herder, 2002.

Thiselton, Anthony C. *Hermeneutics: An Introduction.* Grand Rapids, MI: Eerdmans, 2009.

Thoma, Clemens, Lauer, Simon and Ernst, Hanspeter. *Die Gleichnisse der Rabbinen I: Pesiqta deRav Kahana: Einleitung, Übersetzung, Parallelen, Kommentar, Texte.* Judaica et Christiana10. Bern: Lang, 1986.

Thurén, Lauri. *Parables Unplugged: Reading the Lukan Parables in Their Rhetorical Context.* Minneapolis, MN: Fortress Press, 2014.

Thyen, Hartwig. "Gottes- und Nächstenliebe". In *Diakonie–biblische Grundlagen und Orientierungen: ein Arbeitsbuch zur theologischen Verständigung über den diakonischen Auftrag.* Veröffentlichungen des Diakoniewissenschaftlichen Instituts an der Universität Heidelberg 2, editado por G. K. Schäfer and Th. Strohm, 263–96. tercera edición Heidelberg: Heidelberger Verlagsanstalten, 1998.

Todorov, Tzvetan. *Genres in Discourse.* Cambridge: Cambridge University Press, 1990.

Tolbert, Mary A. *Perspectives on the Parables: An Approach to Multiple Interpretations.* Philadelphia, PA: Fortress Press, 1979.

Tolmie, D. Francois. *Narratology and Biblical Narratives: A Practical Guide.* Eugene, OR: Wipf & Stock, 2012.

Tucker, Jeffrey T. *Example Stories: Perspectives on Four Parables in the Gospel of Luke*, Journal for the Study of the New Testament. Supplement Series 162. Sheffield: Academic Press, 1998.

Tuckett, Christopher M. "The Existence of Q". In *The Gospel Behind the Gospels: Current Studies on Q.* Novum Testamentum Supplements 75, editado por R. A. Piper, 19–47. Leiden: Brill, 1995.

Tuve, Rosemund. *Allegorical Imagery: Some Mediaevil Books and their Posteriority.* Princeton, NJ: Princeton University Press, 1966.

Tuving, Endel and Craik, Fergus I. M., eds. *The Oxford Handbook of Memory.* Oxford: Oxford University Press, 2005.

Vanoni, Gottfried and Heininger, Bernhard. *Das Reich Gottes.* Neue Echter Bibel 4. Würzburg: Echter, 2002.

Via, Dan. O. *The Parables: Their Literary and Existential Dimension.* Philadelphia, PA: Fortress Press, 1967.

_____. *Die Gleichnisse Jesu: Ihre literarische und existentiale Dimension.* Beiträge zur Evangelischen Theologie 57. München: Kaiser, 1970.

_____. "Parable and Example Story: A Literary-Structuralist Approach". *Semeia* 1 (1974), 105–33.

Vouga, François. "Jesus als Erzähler: Überlegungen zu den Gleichnissen". *Wort und Dienst* 19 (1987), 63–85.

_____. "Formgeschichtliche Überlegungen zu den Gleichnissen und zu den Fabeln der Jesus-Tradition auf dem Hintergrund der hellenistischen Literaturgeschichte". In *The Four Gospels. FS F.* Neirynck, BEThL 100, editado por F. Van Segbroeck et al., 173–87. Leuven: Peeters, 1992.

_____. "Zur form- und redaktionsgeschichtlichen Definition der Gattungen: Gleichnis, Parabel/ Fabel, Beispielerzählung". In *Die Gleichnisreden Jesu 1899–1999. Beiträge zum Dialog mit Adolf Jülicher.* Beihefte zur Zeitschrift für die neutestamentliche Wissenschaft 103, editado por U. Mell, 75–95. Berlin/New York: de Gruyter, 1999.

Vouga, François. "Die Parabeln Jesu und die Fabeln Äsops: Ein Beitrag zur Gleichnisforschung und zur Problematik der Literalisierung der Erzählungen der Jesus-Tradition". *Wort und Dienst* 26 (2001), 149–64.

Wagner-Hasel, Beate. "Ehe II: Griechenland". *Der neue Pauly* 3 (1997), 893–95.

Warning, Rainer (ed.). *Rezeptionsästhetik: Theorie und Praxis.* cuarta edición München: Fink, 1994.

Weaks, Joe A. *Mark Without Mark: Problematizing the Reliability of a Reconstructed Text of Q.* Brite Divinity School: PhD diss., 2010.

Weder, Hans. *Neutestamentliche Hermeneutik.* segunda edición Zürich: Theologischer Verlag, 1989.

_____. *Die Gleichnisse Jesu als Metaphern: Traditions- und redaktionsgeschichtliche Analysen und Interpretationen.* cuarta edición Göttingen: Vandehoeck & Ruprecht, 1992.

Weinrich, Harald. *Tempus: Besprochene und erzählte Welt.* segunda edición Stuttgart: Kohlhammer, 1971.

_____. "Münze und Wort: Untersuchungen an einem Bildfeld". In idem., *Sprache in Texten,* 276–90. Stuttgart: Klett, 1976.

Weiß, Wolfgang. *Im Sterben nicht allein: Hospiz: Ein Handbuch für Angehörige und Gemeinden.* Berlin: Eichern-Verlag, 1999.

Weissenrieder, Annette. "Didaktik der Bilder: Allegorie und Allegorese am Beispiel von Mk 4,3-20". In *Hermeneutik der Gleichnisse Jesu: Methodische Neuansätze zum Verstehen urchristlicher Parabeltexte.* Wissenschaftliche Untersuchungen zum Neuen Testament 231, editado por R. Zimmermann, 494–520. segunda edición Tübingen: Mohr Siebeck, 2011.

Wenham, David. *The Parables of Jesus: Pictures of Revolution.* London: Hodder & Stoughton, 1989.

White, Hayden. *The Content of the Form: Narrative Discourse and Historical Representation.* Baltimore, MD: The Johns Hopkins University Press, 1987.

_____. "Die Bedeutung der Narrativität in der Darstellung der Wirklichkeit". In idem., *Die Bedeutung der Form: Erzählstrukturen in der Geschichtsschreibung,* 11–39. Frankfurt a.M.: Fischer Taschenbuchverlag, 1990.

_____. "Die Fiktionen der Darstellung des Faktischen". In idem., *Auch Klio dichtet oder Die Fiktion des Faktischen: Studien zur Tropologie des historischen Diskurses,* 145–60. Stuttgart: Klett-Cotta, 1991.

_____. *Metahistory: Die historische Einbildungskraft im 19. Jahrhundert in Europa.* Frankfurt a. M.: Fischer-Taschenbuch-Verlag, 1994.

Wiefel, Wolfgang. *Das Evangelium nach Lukas*. Theologischer Handkommentar zum Neuen Testament 3. Berlin: Evangelische Verlagsanstalt, 1988.

Witherington, Ben. *The Christology of Jesus*. Minneapolis, MN: Fortress Press, 1990.

Williams, James G. "Parable and Chreia: From Q to Narrative Gospel". *Semeia* 43 (1988), 85–114.

Wischmeyer, Oda. *Der höchste Weg: das 13. Kapitel des 1. Korintherbriefs*. Studien zum Neuen Testament 13. Gütersloh: Gütersloher Verlagshaus Mohn, 1981.

_____. *Hermeneutik des Neuen Testaments: Ein Lehrbuch*. Tübingen: Francke, 2004.

Wischmeyer, Oda. *Lexikon der Bibelhermeneutik: Begriffe, Methoden, Theorien, Konzepte*. Berlin: de Gruyter, 2009.

Wittgenstein, Ludwig. *Werkausgabe in 8 Bänden 6: Bemerkungen über die Grundlagen der Mathematik*. Suhrkamp-Taschenbuch Wissenschaft 506. Frankfurt a. M.: Suhrkamp, 1984.

Young, Brad H. *Jesus and His Jewish Parables: Rediscovering the Roots of Jewish Teaching*. New York: Paulist Press, 1989.

_____. *The Parables: Jewish Tradition and Christian Interpretation*. Peabody, MA: Hendrickson, 1998.

Zangenberg, Jürgen. "Die Samaritaner". *Neues Testament und Antike Kultur* 3 (2005), 47–50.

Zimmermann, Mirjam and Ruben. "Brautwerbung in Samarien? Von der moralischen zur metaphorischen Lesart von Joh 4". *Zeitschrift für die neutestamentliche Wissenschaft und die Kunde der älteren Kirche* 2 (1998), 40–50.

_____. "Der Freund des Bräutigams (Joh 3,29f.): Deflorations- oder Christuszeuge?" *Zeitschrift für die neutestamentliche Wissenschaft und die Kunde der älteren Kirche* 90 (1999), 123–30.

_____. "Der barmherzige Wirt: Das Samaritergleichnis (Lk 10,25–37) und die Diakonie". In *Diakonische Kirche: Anstöße zur Gemeindeentwicklung und Kirchenreform*. FS Th. Strohm, editado por A. Götzelmann, 44–58. Veröffentlichungen des Diakoniewissenschaftlichen Instituts 17. Heidelberg: Universitätsverlag Winter, 2003.

_____. "Mimesis in Bible Didactics: An Outline. Hermeneutics in the Context of Religious Education". *Hervomde Teologia Studies* 2015 (forthcoming).

Zimmermann, Ruben. "Bildersprache verstehen oder Die offene Sinndynamik der Sprachbilder: Einführung". In *Bildersprache verstehen: Zur Hermeneutik der Metapher und anderer bildlicher Sprachformen: Mit einem Geleitwort von H.-G. Gadamer*. Übergänge 38, editado por idem., 13–54. München: Fink, 2000.

_____. "Bräutigam als frühjüdisches Messiasprädikat? Zur Traditionsgeschichte einer urchristlichen Metapher". *Biblische Notizen* 103 (2000), 85–100.

_____. "Metapherntheorie und biblische Bildersprache: Ein methodologischer Versuch". *Theologische Zeitschrift* 5 (2000/2), 108–33.

_____. *Geschlechtermetaphorik und Gottesverhältnis: Traditionsgeschichte und Theologie eines Bildfelds in Urchristentum und antiker Umwelt*. Wissenschaftliche Untersuchungen zum Neuen Testament 2/122. Tübingen: Mohr Siebeck, 2001.

_____. "Exkurs 4: Hochzeitsrituale in hellenistisch-römischer Zeit". In idem. *Geschlechtermetaphorik und Gottesverhältnis: Traditionsgeschichte und Theologie eines*

Bildfelds in Urchristentum und antiker Umwelt, 230–58. Wissenschaftliche Untersuchungen zum Neuen Testament 2/122. Tübingen: Mohr Siebeck, 2001.

_____. "Das Hochzeitsritual im Jungfrauengleichnis: Sozialgeschichtliche Hintergründe zu Mt 25:1–13". *New Testament Studies* 48 (2002), 48–70.

_____. "Nuptial Imagery in the Revelation of John: A Contribution to the Old Testament Background of Rev". *Biblica* 83/2 (2003), 153–83.

_____. "Pseudepigraphie/Pseudonymität". *RGG*⁴ VI (2003), 1786–88.

_____. *Christologie der Bilder im Johannesevangelium: Die Christopoetik des vierten Evangeliums unter besonderer Berücksichtigung von Joh 10*. Wissenschaftliche Untersuchungen zum Neuen Testament 171. Tübingen: Mohr Siebeck, 2004.

_____. "Jesus im Bild Gottes: Anspielungen auf das Alte Testament im Johannesevangelium am Beispiel der Hirtenbildfelder in Joh 10". In *Kontexte des Johannesevangeliums: Das vierte Evangelium in religions- und traditionsgeschichtlicher Perspektive*. Wissenschaftliche Untersuchungen zum Neuen Testament 175, editado por J. Frey and U. Schnelle, 81–116. Tübingen: Mohr Siebeck, 2004.

_____. "Imagery in John: Opening up paths into the tangled thicket of John's figurative world". In *Imagery in the Gospel of John. Terms, Forms, Themes, and Theology of Johannine Figurative Language*. Wissenschaftliche Untersuchungen zum Neuen Testament 200, editado por J. Frey, J. G. van der Watt and idem, 1–43. Tübingen: Mohr Siebeck, 2006.

_____. "Berührende Liebe: (Der barmherzige Samariter) Lk 10,30–35". In *Kompendium der Gleichnisse Jesu*, editado por idem et al., 538–55. Gütersloh: Gütersloher Verlagshaus, 2007.

_____. "Parabeln im Johannesevangelium. Einleitung". In *Kompendium der Gleichnisse Jesu*, editado por idem et al., 699–709. segunda edición Gütersloh: Gütersloher Verlagshaus, 2015.

_____. "Geteilte Arbeit – doppelte Freude! (Von der nahen Ernte) Joh 4:35-38". In *Kompendium der Gleichnisse Jesu*, editado por idem et al., 737–44. segunda edición Gütersloh: Gütersloher Verlagshaus, 2015.

_____ et al., eds. *Kompendium der Gleichnisse Jesu*. Gütersloh: Gütersloher Verlagshaus, 2007.

_____. "Formen und Gattungen als Medien der Jesus-Erinnerung: Zur Rückgewinnung der Diachronie in der Formgeschichte des Neuen Testaments". In *Die Macht der Erinnerung*. JBTh 22, editado por O. Fuchs and B. Janowski, 105–30. Neukirchen-Vluyn: Neukirchener, 2008.

_____. "Symbolic Communication Between John and His Reader: The Garden Symbolism in John 19–20". In *Anatomies of narrative criticism: the past, present, and future of the Fourth Gospel as literature*. Resources for biblical study 55, editado por T. Thatcher and S. D. Moore, 221–35. Atlanta, GA: Society of Biblical Literature, 2008.

_____. "The etho-poietic of the parable of the Good Samaritan (Lk 10:25–37): the ethics of seeing in a culture of looking the other way". *Verbum et Ecclesia* (2008), 269–92.

_____. "The Love Trangle of Lady Wisdom". In *Sacred Marriages: The Divine-Human Sexual Metaphor from Sumer to Early Christianity*, editado por M. Rissinen and R. Uro, 243–58. Helsinki: Eisenbrauns, 2008.

_____. "Die Ethico-Ästhetik der Gleichnisse Jesu: Ethik durch literarische Ästhetik am Beispiel der Parabeln im Matthäus-Evangelium". In *Jenseits von Indikativ und Imperativ: Contexts and Norms of New Testament Ethics 1*. Wissenschaftliche Untersuchungen zum Neuen Testament 238, editado por idem and F. W. Horn, 235–65. Tübingen: Mohr Siebeck, 2009.

_____. "How to understand the Parables of Jesus? A paradigm shift in Parable Exegesis". *Acta Theologica* 29 (2009), 157–82.

_____. "Are there Parables in John? It is Time to Revisit the Question". *Journal for the Study of the Historical Jesus* 9 (2011), 243–76.

_____. "Gleichnishermeneutik im Rückblick und Vorblick: die Beiträge des Sammelbandes auf dem Hintergrund von 100 Jahren Gleichnisforschung". In *Hermeneutik der Gleichnisse Jesu: Methodische Neuansätze zum Verstehen urchristlicher Parabeltexte*. Wissenschaftliche Untersuchungen zum Neuen Testament 231, editado por idem., 25–63. segunda edición Tübingen: Mohr Siebeck, 2011.

_____. "Gleichnisse als Medien der Jesuserinnerung. Die Historizität der Jesusparabeln im Horizont der Gedächtnisforschung". In *Hermeneutik der Gleichnisse Jesu: Methodische Neuansätze zum Verstehen urchristlicher Parabeltexte*. Wissenschaftliche Untersuchungen zum Neuen Testament 231, editado por idem., 87–121. segunda edición Tübingen: Mohr Siebeck, 2011.

_____, ed. *Hermeneutik der Gleichnisse Jesu: methodische Neuansätze zum Verstehen urchristlicher Parabeltexte*. Wissenschaftliche Untersuchungen zum Neuen Testament 231, editado por idem. segunda edición Tübingen: Mohr Siebeck, 2011.

_____. "Im Spielraum des Verstehens: Chancen einer integrativen Gleichnishermeneutik". In *Hermeneutik der Gleichnisse Jesu: Methodische Neuansätze zum Verstehen urchristlicher Parabeltexte*. Wissenschaftliche Untersuchungen zum Neuen Testament 231, editado por idem., 3–24. Tübingen: Mohr Siebeck, 2011.

_____. "Jesus' Parabels and Ancient Rhetoric: The Contribution of Aristotle and Quintilian to the Form Criticism of the Parables". In *Hermeneutik der Gleichnisse Jesu: Methodische Neuansätze zum Verstehen urchristlicher Parabeltexte*. Wissenschaftliche Untersuchungen zum Neuen Testament 231, editado por idem., 238–58/ segunda edición Tübingen: Mohr Siebeck, 2011.

_____. "Parabeln – sonst nichts! Gattungsbestimmung jenseits der Klassifikation in „Gleichnis", „Parabel" und „Beispielerzählung"". In *Hermeneutik der Gleichnisse Jesu: Methodische Neuansätze zum Verstehen urchristlicher Parabeltexte*. Wissenschaftliche Untersuchungen zum Neuen Testament 231, editado por idem,383–419. 2. ed. Tübingen: Mohr Siebeck, 2011.

_____. "Bildwort/Bildrede/Bildersprache". In *Wissenschaftliches Bibellexikon im Internet (WiBiLex)*. http://www.bibelwissenschaft.de/stichwort/50003/ (last revision 2012).

_____. "Gleichnisse/Parabeln Jesu". In *Handbuch Bibeldidaktik*, editado por Mirjam and Ruben Zimmermann, 196–201. Tübingen: Mohr Siebeck, 2013.

_____. "Metapher: Neutestamentlich". In *Lexikon der Bibelhermeneutik*, editado por O. Wischmeyer et al., 377–78. Berlin/New York: de Gruyter, 2013.

_____. "The Parables of Jesus as Media of Collective Memory: Making sense of the Shaping of New Genres in Early Christianity: With Special Focus on the Parable of the Wicked Tenants (Mark 12:1-12)". In *Making Sense as Cultural Practice: Historical Perspectives*. Mainz Historical Cultural Sciences 18, editado por J. Rogge, 23–44. Bielefeld: Transcript, 2013.

———. "Fable III. NT". *Encyclopedia of the Bible and its Reception* 8 (2014), 650–51.

———. "From a Jewish Man to the Savior of the World: Narrative and Symbols forming a step by step Christology in John 4:1–42". In *Studies in the Gospel of John and its Christology*. Bibliotheca Ephemeridum theologicarum Lovaniensis 265, editado por J. Verheyden, G. van Oyen, and M. Labahn, 99–118. Leuven: Peeters, 2014.

———. "Gattung "Wundererzählung". Eine literaturwissenschaftliche Definition". In *Hermeneutik der frühchristlichen Wundererzählungen. Geschichtliche, literarische und rezeptionsorientierte Perspektiven*. Wissenschaftliche Untersuchungen zum Neuen Testament 339, editado por B. Kollmann and idem., 3411–43. Tübingen: Mohr Siebeck, 2014.

———. "Phantastische Tatsachenberichte?!: Wundererzählungen im Spannungsfeld zwischen Historiographie und Phantastik". In *Hermeneutik der frühchristlichen Wundererzählungen. Geschichtliche, literarische und rezeptionsorientierte Perspektiven*. Wissenschaftliche Untersuchungen zum Neuen Testament 339, editado por B. Kollmann and idem., 469–94. Tübingen: Mohr Siebeck, 2014.

———. "Metaphorology and Narratology in Q Exegesis: Literary Methodology as an Aid to Understanding the Q Text". In *Metaphor, Narrative, and Parables in Q*, editado por D. T. Roth, idem., and M. Labahn, 3–30. Wissenschaftliche Untersuchungen zum Neuen Testament 315. Tübingen: Mohr Siebeck, 2014.

———. Parables in Matthew: Tradition, Interpretation and Function in the Gospel, in *An Early Reader of Mark and Q. New and Old on the Composition, Redaction, and Theology of the Gospel of Matthew*, editado por J. Verheyden. Biblical Tools and Studies. Leuven: Brill 2015 (forthcoming).

———. "Sermon on the Mount". In *The (Oxford) Encyclopedia of Bible and Ethics*. Oxford 2014 (forthcoming).

———. "Moralische Signifikanz durch Sprachbilder. Ein Beitrag zur ‚metaphorischen Ethik' der Paulusbriefe". In *Metapher - Narratio - Mimesis - Doxologie: Begründungsformen frühchristlicher und antiker Ethik*. Kontexte und Normen neutestamentlicher Ethik Vol. VI, editado por U. Volp, F. W. Horn, and R. Zimmermann. Tübingen: Mohr Siebeck, 2015 (forthcoming).

———. The Woman in Labor (John 16:21) and the Parables in the Fourth Gospel, in *The Gospel of John as Genre Mosaic*, editado por K. B. Larsen, Studia Aarhusiana Neotestamentica 3, Göttingen: Vandenhoeck & Ruprecht, 2015 (forthcoming).

Zingg, Paul. *Das Wachsen der Kirche: Beiträge zur Frage der lukanischen Redaktion und Theologie*. Freiburg (CH): Universitätsverlag, 1974.

Zohary, Michael. *Pflanzen der Bibel: Vollständiges Handbuch*. tercera edición Stuttgart: Calwer, 1995.

Zorell, Franz. "De lampadibus decem virginum". *Verbum Domini* 10 (1930), 176–82.

Zumstein, Jean. *Kreative Erinnerung: Relecture und Auslegung im Johannesevangelium*. Abhandlungen zur Theologie des Alten und Neuen Testaments 84. segunda edición Zürich: Theologischer Verlag, 2004.

Zwickel, Wolfgang. "Keramik im Neuen Testament". In *Judäa und Jerusalem: Leben in römischer Zeit: Die Welt der Umwelt der Bibel erschlossen und vorgestellt mit Schätzen aus Israel*, editado por J. Schefzyk and idem., 129–33. Stuttgart: Katholisches Bibelwerk, 2010.

_____. *Gefäßbezeichnungen in der Bibel: Eine archäologisch-lexikographische Untersuchung zum Alten und Neuen Testament*. Mainz 2015 (Manuscript from author).

Zymner, Rüdiger. *Uneigentlichkeit: Studien zur Semantik und Geschichte der Parabel*. Paderborn: Schöningh, 1991.

_____. *Gattungstheorie: Probleme und Positionen der Literaturwissenschaft*. Paderborn: Mentis, 2003.

_____. "Parabel". *Historisches Wörterbuch der Rhetorik* VI (2003), 502–14.

_____, ed. *Handbuch Gattungstheorie*. Stuttgart: Metzler, 2010.

ÍNDICE DE TEMAS

ÍNDICE DE TEXTOS ANTIGUOS